한국어와 한국어교육

한국어와 한국어교육

2008년 2월 20일 1판 1쇄 발행
2010년 1월 30일 2판 1쇄 발행
2013년 8월 30일 2판 2쇄 발행

지　음 : 박 영 순 외 20인
발　행 : 김 진 수
편　집 : 최 정 미

발행처 : **한국문화사**
등록번호 / 2-1276호(1991.11.9)
주소 / 서울시 성동구 성수1가2동 656-1683번지
전화 / 464-7708(대표)・팩스 / 499-0846
URL / www.hankookmunhwasa.co.kr
e-mail / hkm77@korea.com

잘못된 책은 교환해 드립니다.
이 책의 내용은 저작권법에 따라 보호받고 있습니다.

책값은 뒤표지에 있습니다.　　　ISBN 978-89-5726-733-2　93710

이 도서의 국립중앙도서관 출판시도서목록(CIP)은 e-CIP 홈페이지
(http://www.nl.go.kr/cip.php)에서 이용하실 수 있습니다.
(CIP제어번호: CIP2010000327)

한국어와 한국어교육

한국어 교사가 알아야 할 지식

박영순 외 지음

한국문화사

머리말

　본서는 외국어로서의 한국어교사가 반드시 숙지하고 있어야 할 내용을 정리한 책이다.

　국어학자와 한국어교육자들이 함께 머리를 맞대고 깊이 있게 논의한 결과라고 감히 말하긴 어렵지만, 국어학 전공자와 한국어교육 전공자의 균형있는 필진으로 한국어교사에게 필요한 국어학적 지식과 한국어교육을 위한 교육과정, 교재, 교수법, 교육내용, 교육평가까지 실제로 교사가 알아야할 지식 및 가르쳐야 할 내용 요소를 골고루 비교적 체계적으로 제시하였다. 기술의 방법과 수준에서 매우 균질적이라고 하기는 어렵지만 그래도 한국어교사에게는 많은 도움이 되리라 믿는다.

　국어학자들이 한국어에 대해 연구하고 기술한 내용은 국어학 자체의 업적도 되지만, 동시에 한국어교육자에게는 주요 핵심 정보가 되고, 교육 내용이 된다는 점에서 국어학과 한국어교육자 그리고 한국어교육학자의 공동 작업은 매우 가치있고 긴요하다 할 것이다. 또한 순수 국내 국어교육학자들도 이제는 모국어로서의 한국어만 대상으로 할 수가 없게 되었다. 왜냐하면 이미 한국은 외국인의 수가 150만 명이 되었고, 연간 전체 결혼 건수의 약 10% 이상이 국제결혼을 하는 다문화사회에 진입해 있기 때문이다. 따라서 모국어로서의 한국어, 제2언어로서의 한국어, 외국어로서의 한국어교육이 때로는 종합적으로 검토되어 적절한 정책도 나와야 하고, 때로는 각각 구별되어 연구되고 교육되어야 한다.

　본서는 이러한 시대적 요구에 맞춰 기획된 맞춤교과서의 성격을 띠고 있다고 할만하다. 학부에서 대학원에서, 교육대학원에서 한국어교육을 전공하는 학생이나, 현재 각 대학의 한국어센터에서 외국인에게 한국어를 가르치는 교강사, 그리고 한두 달의 연수를 거쳐 한국어교육이 필요한 현장에 투입되는 자원봉사자로서의 한국어교사에 이르기까지 막막하기만 한 국어학적 지식과 한국어교사로서 알아야 하고 수행하는 데 필요한 기초적이고 핵심적인 내용이 알차게 담겨져 있다고 자부한다. 물론 해외에서 한국어를 교육하는 다양한 유형의 한국어교육자에게도 당연히 도움이 될 것이다.

본서는 크게 5부로 구성되어 있다. 제1부는 한국어교육의 목표와 현황이 간단하게 기술되어 있다. 제2부는 한국어에 대한 이해를 돕기 위한 한국어의 역사와 훈민정음 창제, 한국어의 발음, 한국어의 어휘, 한국어의 문법, 한국어의 의미와 표현 및 한국어의 정서법이 설명되어 있다. 제3부는 한국어 교육과정과 교재 구성의 원리가 기술되어 있고, 제4부는 한국어 교수법의 흐름과 일반 원리, 한국어 능력 평가의 원리와 방법이 제시되어 있다. 제5부에서는 한국어교육의 내용과 방법을 좀 더 구체적으로 제시하였다. 말하기 교육, 듣기 교육, 읽기 교육, 쓰기 교육, 문법 교육, 어휘 교육, 문화 교육, 발음/억양 교육이 비교적 체계적으로 기술되어 있다. 총 21명의 전문가가 각자의 영역을 맡아 집필하였다.

본서를 위해 바쁘신 와중에도 옥고를 주신 모든 필자들에게 깊이 감사드리며 경의를 표하는 바이다. 끝으로 본서를 근사하게 출판해 주신 한국문화사에 심심한 감사를 표하며 회사의 무궁한 발전을 빈다.

2008. 1. 20.
박 영 순

차례

머리말...v

제1부 한국어교육의 개관 | 박영순__1

1. 한국어교육의 개념과 목표 ··· 3
   1.1. 한국어교육의 개념과 목표 ··3
   1.2. 한국어교육의 내용 체계 ··5
2. 한국어의 위상과 한국어교육의 현황 ·· 10
   2.1. 세계의 주요 언어와 그 인구 수 ······································10
   2.2. 한국어 세계화의 개념과 필요성 ······································11
   2.3. 외국에서의 한국어교육 현황 ··14
3. 한국어의 진흥 방안 ··· 20
   3.1. 교육기반 구축 ···20
   3.2. 어휘 목록 설정 ···21
   3.3. 문법 체계 구축 ···22
4. 다문화 가정의 자녀를 위한 언어교육 정책 ······························ 23
   4.1. 제2언어로서의 한국어교육 시스템 구축 ··························23
   4.2. 제2언어로서의 한국어교육 예산 편성 ·····························25
   4.3. 한국어 교사 양성 및 정기적인 연수 ·······························25
   4.4. 다문화 가정을 위한 협력망 구축 ·····································26
5. 다문화 가정을 위한 다언어문화 교육이론 ······························· 29
   5.1. 이중·다중언어교육의 개념과 현황 ···································29
   5.2. 미국의 이중언어교육 ···30
   5.3. 이중·다중언어교육의 철학적 배경 ···································31
   참고문헌 ··33

제2부 한국어에 대한 이해__35

1. 한국어의 역사와 훈민정음 창제 ┃ 김무림 ·· 37
   1.1. 개관 ·· 37
   1.2. 한국어 변천의 역사적 개관 ·· 38
   1.3. 중세 한국어의 음운 체계 ·· 41
   1.4. 훈민정음의 창제 ··· 47
   1.5. 훈민정음에서 한글로 ·· 53
   1.6. 맺음말 ·· 57
   참고문헌 ·· 58

2. 한국어의 발음 ┃ 박선우 · 오새내 ·· 59
   2.1. 개관 ·· 59
   2.2. 발음을 적는 방법 ··· 60
   2.3. 한국어의 발음과 국제음성부호 ·· 63
   2.4. 분절음의 체계와 발음 ·· 68
   2.5. 말소리의 장단과 고저 ·· 81
   2.6. 한국어의 음운현상 ··· 83
   2.7. 맺음말 ·· 96
   참고문헌 ·· 97

3. 한국어의 단어와 어휘 ┃ 이현희 ·· 99
   3.1. 개관 ·· 99
   3.2. 형태소, 단어, 어휘 ··· 99
   3.3. 단어의 분류 ··· 105
   3.4. 어휘의 체계와 분류 ··· 117
   참고문헌 ·· 122

4. 한국어의 문법 ▮ 정주리 · 고은숙 ········· 123
4.1. 개관 ································· 123
4.2. 문장의 성분 ······················ 124
4.3. 문장의 짜임새 ··················· 138
4.4. 문법 요소의 통사적 기능과 의미 ·········· 148
4.5. 높임법 ······························ 158
참고문헌 ····································· 177

5. 한국어의 의미 ▮ 심지연 ·········· 179
5.1. 개관 ································· 179
5.2. 의미란 무엇인가? ··············· 180
5.3. 어휘의 의미 ······················ 185
5.4. 문장의 의미 ······················ 197
5.5. 담화와 텍스트의 의미 ········· 201
5.6. 맺음말 ······························ 206
참고문헌 ····································· 207

6. 한국어의 정서법 ▮ 김진아 ······ 208
6.1. 개관 ································· 208
6.2. 한글 맞춤법의 원리 ············ 208
6.3. 한글 맞춤법의 실제 ············ 210
6.4. 띄어쓰기의 원리 ················ 221
6.5. 띄어쓰기의 실제 ················ 224
참고문헌 ····································· 228

제3부 한국어 교육과정과 교재 구성__229

1. 한국어 교육과정 ∥ 박영순·원진숙 ·· 231
   1.1. 개관 ··231
   1.2. 교육목표와 교육과정 ··231
   1.3. 교육과정의 설계의 예 ··233
   1.4. 국내대학의 한국어 교육과정 ··236
   1.5. 외국대학의 한국어 교육과정 ··240
   1.6. 맺음말 ··248
   참고문헌 ··249

2. 한국어 교재 구성 ∥ 김지영 ·· 251
   2.1. 개관 ··251
   2.2. 한국어 교재와 그 역사 ··252
   2.3. 한국어 교재의 개발 방안 ··259
   2.4. 한국어 교재의 활용 ··272
   2.5. 맺음말 ··275
   참고문헌 ··276

제4부 한국어 교수법과 평가__279

1. **한국어 교수법의 일반 원리** ┃김정숙 ·· 281
   1.1. 개관 ··· 281
   1.2. 의사소통 능력과 한국어교육의 내용 ······························· 281
   1.3. 한국어교육의 목표와 내용 ·· 287
   1.4. 한국어교육의 모형 ··· 288
   1.5. 한국어교육의 원리 ··· 293
   1.6. 맺음말 ··· 301
   참고문헌 ·· 301

2. **한국어 교수법의 흐름** ┃정다운 ··· 304
   2.1. 개관 ··· 304
   2.2. 한국어교육의 시대 구분 ·· 305
   2.3. 국내 한국어 교수법의 흐름 ·· 308
   2.4. 한국어 교수법의 발전 방향 ·· 330
   2.5. 맺음말 ··· 334
   참고문헌 ·· 335

3. **한국어 능력 평가** ┃김유정 ·· 338
   3.1. 한국어 능력 평가의 개념과 목적 ···································· 339
   3.2. 한국어 능력 평가의 개발 절차 ······································ 346
   3.3. 한국어 능력 평가 실례 ·· 351
   참고문헌 ·· 363

제5부 한국어교육의 내용과 방법__365

1. 한국어 말하기 교육 ▮ 전은주 ··· 367
   1.1. 한국어 말하기 교육의 중요성과 목표 ·································368
   1.2. 한국어 말하기 교육의 내용 선정 원리 ································372
   1.3. 한국어 말하기 교육의 방법 ···379
   1.4. 한국어 말하기 교육에서의 평가 방안 ································398
   참고문헌 ··400

2. 한국어 듣기 교육 ▮ 최은지·오현진 ··· 402
   2.1. 한국어 듣기 교육의 목표 ···402
   2.2. 한국어 듣기 교육의 내용 ···406
   2.3. 한국어 듣기 교육의 방법 ···414
   2.4. 한국어 듣기 평가 ···423
   참고문헌 ··425

3. 한국어 읽기 교육 ▮ 신미경 ··· 427
   3.1. 한국어 읽기 교육의 목표 ···428
   3.2. 한국어 읽기 교육의 내용 ···432
   3.3. 한국어 읽기 교육의 방법 ···435
   3.4. 한국어 읽기 평가 ···447
   참고문헌 ··451

4. 한국어 쓰기 교육 ▮ 원진숙 ··· 454
   4.1. 쓰기의 개념과 특성 ··455
   4.2. 쓰기 지도 접근법 ···461
   4.3. 한국어 쓰기 교육의 목표와 내용 ·······································466
   4.4. 한국어 쓰기 교육의 방법 ···471
   4.5. 한국어 쓰기 교육 평가 ···478
   참고문헌 ··485

5. 한국어 문법 교육 | 고경태 ··· 488
- 5.1. 한국어 문법 교육의 목표와 얼개 ··· 488
- 5.2. 한국어 문법 교육의 내용 ··· 492
- 5.3. 한국어 문법 교육의 방법 ··· 501
- 5.4. 한국어 문법 교육 평가 ··· 505
- 참고문헌 ··· 506

6. 한국어 어휘 교육 | 김유범 ··· 508
- 6.1. 어휘 교육의 중요성과 목표 ··· 508
- 6.2. 어휘 교육의 내용 ··· 511
- 6.3. 어휘 교육의 방법 ··· 516
- 6.4. 어휘 교육에서의 평가 방안 ··· 519
- 참고문헌 ··· 521

7. 한국어 문화 교육 | 박영순 ··· 522
- 7.1. 언어 능력과 문화 인지 ··· 522
- 7.2 문화 교육의 필요성과 목표 ··· 527
- 7.3 문화 교육의 내용 ··· 531
- 7.4. 문화 교육 방법과 평가 ··· 541
- 참고문헌 ··· 549

8. 한국어 발음/억양 교육 | 오새내 · 임마누엘 ··· 552
- 8.1. 한국어 발음/억양 교육의 목표 ··· 552
- 8.2. 한국어 발음/억양 교육과 교사 교육 ··· 553
- 8.3. 한국어 발음/억양 교육의 실제 ··· 560
- 8.4. 한국어 발음/억양 교육의 평가 ··· 585
- 참고문헌 ··· 592

찾아보기 / 593

제1부
한국어교육의 개관

1. 한국어교육의 개념과 목표
2. 한국어의 위상과 한국어교육의 현황
3. 한국어의 진흥 방안
4. 다문화 가정의 자녀를 위한 언어교육 정책
5. 다문화 가정을 위한 다언어문화 교육이론

1. 한국어교육의 개념과 목표

1.1. 한국어교육의 개념과 목표

한국어교육이란 한국어가 모국어가 아닌 재외 동포나 외국인에게 한국어를 말하고 듣고 읽고 쓸 수 있도록 체계적으로 가르치는 행위를 말한다. 여기서 '체계적으로'라는 말은 많은 내용을 함축하고 있다. 즉 학습자의 한국어 영역별 능력을 합리적으로 평가하여 능력에 맞게 가르친다든가, 학습 목적에 맞게 가르친다든가, 학습자에게 적절한 교육과정을 가지고 가르친다든가, 적절한 교재와 적절한 교수법으로 가르친다든가, 필요한 때에 필요한 평가를 하며 가르친다든가 하는 모든 절차를 포함하고 있는 말이다. 그러므로 학습자의 연령, 지식 정도, 한국어 학습 목적, 한국어 학습의 목표 기간, 한국어의 유창도 혹은 구사능력, 학습자의 모국어 등이 모두 고려되어 이상적인 교육과정에 따라 교수요목이 만들어지고, 이에 기초하여 교재를 제작하며, 이 교재를 가지고 숙련된 교사가 한국어를 가르치는 것이 가장 이상적이다. 이러한 한국어교육은 한국 내에서 이루어질 수도 있고, 외국에서 이루어질 수도 있다. 물론 이러한 환경 역시 교육의 고려대상이 된다.

요컨대 한국어교육은 내국인에 대한 국어로서의 한국어교육과 대비되는 제2언어로서나 외국어로서의 한국어교육을 말하는 것이다. 제2언어(Second language)란 화자의 모국어 혹은 제1언어가 공용어가 아닌 환경에서 정상적인 생활을 영위하기 위하여 사용하지 않으면 안 되는 언어이다. 그러므로 이런 화자는 새로운 환경에서 생활하기 위하여 새로운 공동체의 언어를 필수적으로 배우지 않으면 안 되는데, 이런 경우의 언어를 제2언어라고 하며, 이러한 환경에 놓인 사람은 이중언어인(bilingual)이 되어야 한다. 예를 들어 적어도 5, 6세 이후 미국에 이민 간 한국인의 경우 모국어 또는 제1언어는 한국어이고 미국에서 교육받고 생활하기 위해서는 영어를 필수적으로 배워야하기 때문에 영어가 제2언어가 되는 것이다.

그러나 가령 10세 전 어린이의 경우는 제2언어로 시작한 영어가 1, 2년이 지나면서 한국어보다 더 잘하게 되고, 한국어는 점차 잊어버리게 되는데, 이런 현상을 언어상실(language loss)이라고 한다. 이러한 언어상실은 개인이나 양 국가에 모두 손실이 되므로 제1언어를 보존하는 노력이 필요하고, 제도적 장치가 필요한 것이다. 그래서 미국, 인도, 캐나다, 이스라엘, 유럽과 아프리카의 많은 국가들은 이중 다중언어교육을 통하여 제1언어와 제2, 제3언어를 제대로 학습하고 보존하기 위한 제도적, 재정적, 교육적 지원을 하는 것이다.

외국어(Foreign language)는 한국 내에서 배우게 되는 영어와 같이 생활어는 아니지만 여러 가지 이유로 필요하기 때문에 배우는 언어이다. 영어의 중요성은 아무리 강조해도 지나치지 않을 만큼 학습의 목적이 뚜렷하다. 그러나 영어는 어디까지나 한국 내에서 사는 한국 사람에게는 외국어지 제2언어가 될 수는 없다. 물론 개인에 따라 외국공관, 외국계회사, 수출회사 같은 곳에서 근무하거나 외교부와 같이 외국과의 업무를 주로 하는 사람들은 영어나 다른 외국어를 제2언어로 배워서 사용해야 할 것이다. 그러나 일반적인 한국인에게는 영어는 외국어이다. 물론 유창도면에서 제2언어 못지않게 잘 구사할 수 있다면 매우 편리하거나 유용할 수 있을 것이다.

따라서 한국에서의 영어공용화 같은 일은 절대 일어날 수 없으며, 일어나서도 안 된다. 왜냐하면 공용어는 국가적이고 공식적인 모든 언어활동에 사용되는 언어를 말하는 것인데 만일 동사무소에서, 버스나 기차 안에서 영어가 사용된다면 대부분의 한국 사람을 문맹으로 만들고 이방인을 만들어 의사소통의 어려움으로 불편하고 불행하게 만드는 일이 되기 때문이다. 그리고 전 지구상에 지배-피지배 관계에 있지 않은 독립 국가가 문자를 포함한 자국의 국어가 있는데 어느 날 갑자기 다른 언어를 공용어로 하는 나라는 없기 때문이다. 그러므로 우리는 제2언어와 외국어를 구별해야 하고, 한국어도 제2언어냐 외국어냐에 따라 교육 방법이나 목표도 달리해야 하는 것이다.

한국어를 제2언어로 배워야 할 첫 번째 대상은 국내에 살고 있는 다문화 가정의 외국인 배우자와 그 자녀들이다. 이들은 한국에서 생활하기 위하여 한국어를 모국어처럼 구사할 수 있어야 불편, 불이익, 불행을 겪지 않게 된다. 그러므로 이들에게는 국가 차원에서 한국어교육을 적극 지원해야 한다. 그들은 이미 한국인이 되었기 때문이다. 그러나 이런 경우에도 모국어와 모문화를 상실하지 않도록 도와주고, 오히려 한국의 사회적 자원(social resource)으로 활용할 방안도 모색되면 이상적이다.

그 다음은 한국에서 다년간 직장에 다니거나, 한국인과 거래를 해야 하는 외교관, 외국계 상사주재원, 한국에서 취재활동을 해야 하는 언론인, 근로자, 한국학 전공자, 한국에서 다년간 유학을 할 사람 등도 한국어를 제2언어로 배워 한국인과 원활한 의사소통이 되면 매우 이상적일 것일 것이다. 이렇게 한국어를 제2언어로 배워야 하는 사람들에게는 집중적인 한국어교육, 깊이 있는 한국 문화 교육을 해야 한다. 그러기 위해서는 최대한 한국어와 한국 문화에 많이 노출시켜야 할 것이다.

그 다음 한국어를 제2언어로나 외국어로 배우는 사람에게는 그의 유창도나 학습 목적에 맞게 필요한 교육과정을 수립하여 체계적으로 가르치되, 교육의 극대화를 위한 한국어교육계의 노력이 필요하다. 즉 한국어교육의 목표는 한국어 학습자가 목표로 하는 한국어 능력을 획득하여 필요로 하는 만큼 한국어를 구사할 수 있도록 도와주고, 이끌어 주는 것이다. 간단한 한국어 회화에서 한국어학과 한국어문학을 학부와 대학원에서 전공하고, 다시 이러한 전공자들에게 한국어학과 한국어문학을 한국어로 강의할 수 있는 정도의 능력에 이르기까지 한국어 학습의 목표는 다양하고도 넓다고 본다. 그러므로 이러한 목표를 달성하기 위하여 학습자들에게 교수-학습해야 할 내용들을 간단히 정리해 보면 다음 절과 같다. 이러한 내용을 가장 효과적으로 교수-학습하기 위해서는 내용의 단계에 맞는 교수-학습 방법, 그리고 평가 체계를 제대로 갖추어야 할 것이다.

1.2. 한국어교육의 내용 체계

한국어교육은 크게 다음과 같이 여섯 가지로 나누거나 여기에 어휘를 첨가하여 일곱 분야로 나눌 수도 있다고 본다. 물론 조금 더 통합적으로 이해, 표현, 문법, 어휘, 문화 등으로 나눌 수도 있을 것이나 본고에서는 다음과 같이 일곱 가지로 나누어 간단히 언급하기로 한다.

- 말하기
- 듣기
- 읽기
- 쓰기
- 문법
- 어휘
- 문화

그러나 이 일곱 분야의 구체적인 내용 구성은 학자마다 혹은 교육자마다 다를 수 있겠으나 본고에서는 다음과 같이 하위 분류해 보고자 한다.

1.2.1. 말하기

① 인사하기와 소개하기
② 설명하기와 주장하기
③ 언어 예절에 맞게 말하기
④ 문법에 맞게 말하기
⑤ 상황에 적절하게 말하기
⑥ 효과적으로 말하기
⑦ 정확한 발음과 적정한 어조, 적절한 속도로 말하기
⑧ 목적에 맞게 전략 세워 말하기

1.2.2. 듣기

① 발음을 정확하게 듣기
② 예절에 맞는 태도로 듣기
③ 듣고 의미 해석하기
④ 적절한 피드백이나 답변 말하기
⑤ 화자의 발화 의도 알기
⑥ 의도에 맞추어 반응하기

1.2.3. 읽기

① 문장 단위로 소리 내어 읽기
② 담화 단위로 소리 내어 읽기
③ 텍스트 전체를 소리 내어 읽기
④ 문장 단위의 의미 해석하기
⑤ 담화 단위의 의미 해석하기
⑥ 텍스트 단위의 의미 해석하기

⑦ 텍스트에서 핵심단어 정리해 보기
⑧ 글의 종류와 텍스트의 줄거리 파악하기
⑨ 글의 응집 의미 찾기

1.2.4. 쓰기

① 한글 문자의 창제 원리를 알고 한글 자모 써보기
② 교과서의 문장이나 글을 따라서 써보기
③ 긴 글을 읽고 요약해 보기
④ 편지 쓰기
⑤ 일기 쓰기
⑥ 설명문 쓰기
⑦ 주장하는 글 쓰기
⑧ 논문 쓰기
⑨ 창의적인 글 쓰기

1.2.5. 문법

① 한국어 자모 알기
② 한국어 음운 규칙 알기
③ 한국어 주요 문법 형태소 알기
④ 한국어 단어형성법 알기
⑤ 한국어 문장 구성 원리 알기
⑥ 한국어 문장 유형 알기
⑦ 한국어 경어법 알기
⑧ 한국어 시상 및 양태 알기
⑨ 한국어 문장 접속 원리 알기
⑩ 한국어 담화 구성 원리 알기
⑪ 한국어 화용 원리 알기

1.2.6. 어휘

어휘는 다시 여러 가지로 하위 분류가 가능할 것 같다.

① 기초어휘
　 중급어휘
　 고급어휘
② 생존어휘
　 초급어휘
　 중급어휘
　 고급어휘
　 학문어휘
③ 기초어휘　　300
　 기초어휘　　500
　 초급어휘　　1000
　 중급어휘　　3000
　 고급어휘　　5000
　 학문어휘　　2000

위와 같은 분류 외에도 품사별로 나눌 수도 있고, 품사와 위의 분류를 종합할 수도 있을 것으로 보인다.

1.2.7. 한국 문화

① 한국인의 인사 예절(경어법 포함)
② 한국인의 식사 예절
③ 한국어의 문화어 알기: 큰절, 세배, 양반, 선비, 족보, 춘향, 심청, 효도, 충성, 정, 멋, 의리, 태극기, 한복, 한식, 한옥, 온돌, 고인돌, 경복궁, 창경궁, 숭례문, 종묘, 종묘제례(악), 판소리, 강강술래, 민요, 민화 등
④ 한국의 명절과 세시 풍속 알기
⑤ 한국의 문화재 이름 알기

⑥ 한국의 도시와 항구, 산, 강 이름 알기
　⑦ 한국어의 속담, 관용어, 은유 알기
　⑧ 한국의 제도 알기
　⑨ 한국 기초적인 법 알기
　⑩ 한국인의 이념 및 사상 알기
　⑪ 한국의 도로와 교통체계 알기
　⑫ 한국의 관광지 알기

　이러한 각 영역별 내용들은 난이도나 중요도에 따라 몇 단계로 나눌 수 있을 것이다. 그리고 이러한 개별 내용에 대한 교수-학습 방법이 연구되어야 하고,[1] 평가 방안이 모색되어야 할 것[2]이다.

---

[1] 한재영 외(2005)에서는 말하기, 듣기, 읽기, 쓰기, 발음, 어휘, 문법, 문화로 나누어 교수법을 제시하였다.
[2] 강승혜 외(2006)에서는 듣기, 말하기, 읽기, 쓰기 평가의 네 분야로만 나누어 기술하고 있다.

2. 한국어의 위상과 한국어교육의 현황

세계에는 약 6,000개의 언어가 약 60억의 인구에 의해 사용되고 있다. 그러나 약 60억 인구 중 80% 이상이 사용하는 언어는 불과 몇 십 개에 불과하고, 나머지 언어들은 화자 수가 많게는 1, 2백만에서 적게는 몇 만 명이 사용하는 군소언어이다. 언어는 그 언어를 사용하는 사람이 있는 한 사라지지 않는다. 그러나 설사 언어가 사라진다고 해도 그것은 문자 체계를 갖지 못한 군소언어들일 것이며, 최대로 많이 사라진다고 해도 6,000개 언어 중 80% 이상이 사라지지는 않을 것이며, 10%만 남는다 해도 600개는 남는다는 계산이 나온다. 그렇다면 한국어의 세계적 위상은 어떠한지 살펴보고, 한국어의 진흥 방안을 모색해 보기로 하자.

2.1. 세계의 주요 언어와 그 인구 수

세계의 주요 언어의 인구수는 2006년 말 기준 통계로 10만 단위 이하를 생략하고 보면 대략 다음과 같다. 2007년 11월 현재에는 약간의 변동이 있을 것이나 대략적인 윤곽을 이해하는 데는 별 문제가 없을 것이다.

〈표 1〉 세계 주요 언어의 인구 수

순 위	국 가	국 어	인 구
1	중국	중국어	13억
2	인도	힌디어	10억
3	미국	영어	3억
4	인도네시아	인도네시아어	2억
5	러시아	러시아어	1억 5천만
6	일본	일어	1억 2천 5백만
7	파키스탄	우르투어	1억 2천 5백만
8	방글라데시	뱅갈어	1억 2천만
9	멕시코	스페인어	9천만

10	독일	독일어	8천만
11	한국(남북)	한국어	7천 4백만
12	베트남	베트남어	7천만
13	필리핀	필리핀어	7천만
14	프랑스	프랑스어	6천 2백만
15	이탈리아	이탈리아어	6천만
16	타일랜드	타이어	6천만
17	이집트	아랍어	6천만
18	터키	터키어	5천만

한국보다 서열에 있어 앞서는 언어 중 힌두어, 우르투어, 뱅갈어는 파키스탄과 인도, 방글라데시에서만 사용되고, 교육될 뿐이고 다른 제3국에서 외국어로서 교육하는 경우가 극히 드물기 때문에 실질적인 한국어의 위상은 2, 3단계 위인 8-9위 정도로 보아도 된다. 더구나 국력과 함께 종합적으로 보면 한국어의 중요도가 전 세계에서 10위권 내에 진입해 있다는 것을 확인할 수 있다.

우선 1997년부터는 미국의 대학입학자격시험인 SAT II에 한국어가 아홉 번째로 포함되었다. 그리고 2007년 현재 66개국의 750개 대학에서 한국어 강좌를 개설하고 있으며, 중·고등학교에서도 한국어를 제2외국어로 가르치는 학교가 미국, 일본, 중국, 호주, 대만 등 여러 나라에 수백 개 있다. 이를 종합해 보면 한국어의 위상은 세계 8-9위의 위상을 갖고 있는 것으로 보아도 무리가 없을 것이다. 즉, 어떻게 계산을 하던 한국어의 위상이 세계 10대 언어에 속한다는 것은 분명하다. 앞으로 더 노력하여 한류 확산에 박차를 가하고, 조금만 더 경제 발전을 이룬다면 한국어의 국제적 위상은 보다 높아지고 확고해질 수 있다.

2.2. 한국어 세계화의 개념과 필요성

'한국어의 세계화' 또는 '한국어 국제화'란 용어는 지난 1, 20년 동안 많이 사용되고 있지만, 그 개념 규정이 정확히 되어있는 것 같지 않다. 여기서는 '한국어의 세계화(Globalization of Korean language)'를 '한국어의 국제화(Internationalization of Korean Language)'와 같은 의미로 보고 다음과 같이 규정하고자 한다. 한국어의 세계화란 다음의 다섯 가지 경우를 종합해서 일컫는 말이다.

첫째로, 인지도에 있어서 세계 사람들이 '한국어'의 존재를 확실히 인식하고 관심을 가지는 것이다.

둘째로, 세계에서 당당한 하나의 외국어로서 학생이나 일반인들이 한국어를 배우게 되는 것이다.

셋째로, 국제 무대에서 몇 개의 주요 언어로 인정받아, 각 나라 고등학교의 외국어 선택 과목에 한국어가 포함되고, 대학에서 하나의 학문으로 한국어를 교육하고 연구하는 것이다.

넷째로, 위와 같은 여건이 마련되어 한국어를 제2언어 또는 외국어로서 배우겠다는 사람들이 세계적으로 많이 나오고, 대학원에서 한국어학을 전공하겠다는 사람도 많이 나오며, 또 그들이 일할 자리가 많이 생기는 것이다.

다섯째로, 제2언어 또는 외국어로서의 한국어를 과학적으로, 체계적으로 그리고 객관적으로 연구하고 또한 효율적으로 교육하고 평가할 수 있는 모든 준비가 완료되어 한국어교육이 극대화되는 상태를 말한다.

즉, 한국어의 세계화란 세계 사람들이 한국어가 형성 배경으로나 문자 체계에 있어서 완전히 독립, 독창적인 것임을 인식하고, 사용 인구로 보거나 우리의 유구한 역사와 독특한 문화 그리고 국력으로 볼 때 적어도 제2 또는 제3언어로 배울 가치가 충분히 있고 배울 필요도 있는 당당한 하나의 외국어로서 위상을 차지하는 것이다. 그리고 여기에 더해 많은 세계인들이 관심을 갖고 세계의 유수한 대학에서 하나의 학문으로 교육되고 연구되는 상태를 말한다.

그렇게 되거나, 될 경우에 대비하여 외국어로서의 한국어를 가르치기 위한 이론적 바탕 위에 다양한 교육과정 개발, 교수요목 개발, 그에 따른 다양한 교재 개발, 사전 편찬, 난이도에 따른 독서 목록, 권위 있는 표준평가, 유능한 한국어 교사 확보 등이 갖춰지는 상태를 말한다. 뿐만 아니라 한국어가 하나의 학문으로서 다른 분야와 마찬가지로 깊고 넓게 활발히 연구되는 것이 곧 세계화인 것이다. 이런 모든 연구결과와 교육 자료들이 전 세계의 한국어교육기관에 보급되면 그만큼 한국어의 세계화는 빨라질 것이다. 마침 1997년부터 교육부에서 한국어능력시험을 매년 실시하고 있고, 1998년부터 문화관광부에서는 몇 개년 계획으로 한국어 세계화 추진 사업을 수행하였으며 2001년부터는 한국어세계화재단을 설립하여 한국어 국외보급 사업을 다각도로 시행하고 있다.

위에서도 언급하였듯이 전 세계에는 수천 개의 언어가 있지만 언어 주체성을 확실히 가지고 있는 나라는 많지 않다. 특히 문자 창제자, 창제일, 창제 원리를 명확하게 알 수 있는 문자는 한글뿐이다. 그러므로 정치, 경제, 사회, 문화 면에서도 그렇지만 언어 자체로도 몇 개의 유수한 언어에 포함되어 세계화될 조건을 충분히 가지고 있다. 현재 한국은 세계 거의 모든 나라와 수교를 하고 있다.

한국어가 세계화되는 것은 두말할 나위도 없이 이들 나라에서 한국어를 주요 언어로 인정하여 고등학교와 대학에서 한국어 강좌를 실시하고, 학자들이나 일반인들이 한국어에 관심을 가지고, 배우려고 노력하는 상태에 이르는 것을 말한다. 이렇게 될 경우 한국어의 세계적 위상이 높아질 것이고, 한국어의 세계적 명성이 높아지며, 한국어의 해외 수출이 촉진됨으로써 궁극적으로 국위 선양과 국력 신장에 큰 도움이 되어 국민들의 국가 민족에 대한 자긍심을 높여주고, 애국애족 정신을 함양하게 될 것이다.

또 현실적으로도 세계의 주요 언어 소개에 항상 한국어가 포함되고, 한국어로 쓴 책이나 문학작품들이 외국어로 번역되며, 주요 국제 행사나 주요 관광 안내서에 한글이 포함된다면 얼마나 편리하고 기분 좋겠는가? 또한 세계의 네티즌들이 인터넷으로 한국어를 배우고, 한국어 교재를 사고, 한국어로 된 소프트웨어를 사용한다면 비록 국토는 작아도 문화 면이나 인터넷 안에서는 한국이 선진국, 강대국이 될 것이다. 특히 21세기 지식정보화 시대에서는 우리나라처럼 문맹이 없고, 지식 정보 면에서 앞서가는 나라가 분명 선진국이 될 것이다.

따라서 한국어를 세계화하느냐 못 하느냐는 국가적 위상은 물론이고, 국민들에게 민족적 자긍심과 애국심을 갖게 하며, 한국의 문화를 세상에 알리고 전파하는 데 결정적인 역할을 할 것으로 보인다. 우리의 문자인 한글은 과학적이고, 체계적이어서 배우기도 쉽고, 컴퓨터화하기도 쉬워서 모든 종류의 소프트웨어 개발이 가능하다. 따라서 소위 디지털 시대에 한국어 세계화 전망은 매우 밝다 하겠다.

첫째로 한국어에 대한 세계적 인지도 문제를 들 수 있다. 올림픽, 아시안 게임, 엑스포, ASEM, 부산 국제영화제, 월드컵을 비롯한 각종 대규모 국제행사, 각 기업들의 외국진출, 세계 거의 모든 나라와의 외교 관계, 유엔의 안보리 이사국 진출, OECD 가입, 민간인 차원의 다양한 국제 활동 등 높아진 국력과 함께 자연스럽게 한국어가 알려지고 있고 한국어에 대한 인식과 관심이 상당히 높아졌다.

둘째로 한국의 국가적 위상이 옛날에 비해 많이 향상되었다. 즉, 정치, 경제, 사회, 문화 등에서 한국은 거의 선진국 대열에 들어있다는 것이다. 특히 한국은 문맹이 거의 없음은 물론, 교육열이 높아서 어느 선진국 못지않은 교육 기반이 구축되어 있고 특히 지식 정보화 시대로 불리는 21세기형 인터넷 인구 비율이 이미 세계

최고의 선진국화되어 있다는 것이다.

그러나 현재 한국과 외교 관계를 가진 국가는 180개국이 넘는데 한국어 강좌를 개설한 나라는 66개국에 불과하다. 더구나 미국의 경우 한국어 강좌 개설 대학은 140개가 넘으나 영구직 교수가 있는 대학은 15개 대학뿐이며 13개 대학은 전임 강사가 맡고 있고, 나머지 대학들은 거의 시간 강사가 담당하고 있는 실정이다.

그 다음 국력도 크고 문화 수준이 높은 나라, 예를 들면 스페인이나 이탈리아, 브라질, 멕시코 등에는 한국어 강좌를 개설하는 대학이 한두 개씩 밖에 없으며 중동 지역, 남미 지역, 아프리카 지역에는 한국어교육이 매우 미미한 실정이다. 이들 지역에는 어떤 외교적 노력이나 어느 정도의 재정적 지원을 해서라도 적어도 한 국가에 한두 곳에서는 더 한국어 강좌가 개설되도록 해야 할 것 같다. 물론 20년 전에 비하면 괄목할만한 증가세를 보여주고 있긴 하지만 여기서 만족할 수는 없다. 한국어문학과나 한국어 강좌를 개설하는 나라를 적어도 2, 30개는 더 늘리고 대학 수도 1000개 이상으로 만들어야 한다. 이렇게 되어야 정기적으로 한국을 방문하는 외국인 수도 불어날 것이고 한국 문화의 세계 홍보도 저절로 더 잘 이루어질 것이다.

정부와 민간이 힘을 모으면 안 될 일도 없다고 본다. 그러나 이러한 숫자만 늘려서는 안 되고 질적인 변화도 일어나야 한다. 질적인 변화란 단순히 한국어를 교양 과목으로 가르칠 뿐만 아니라 학부와 대학원에서 한국학을 전공하고자 하는 사람이 많이 나와야 한다는 것이다. 이런 사람들이 많아질 때에 세계 속에서 한국학(Korean Studies)이 하나의 학문으로서 제대로 발전할 수 있으며 이렇게 될 때 진정한 한국어의 세계화가 이루어졌다고 할 수 있을 것이다.

2.3. 외국에서의 한국어교육 현황

외국에서의 한국어교육은 우선 재외 동포들을 위하여 한국정부가 세운 14개국 26개의 재외한국학교, 14개국 35개의 한국어교육원이 있다. 그리고 현지 교포들이 운영하는 한글학교가 2000개 이상 있다. 그리고 대학 이상의 기관에서 외국어로서의 한국어를 가르치는 대학은 전 세계 65국 750개 대학에 이른다. 26개의 재외 한국학교에는 46명의 교원들이 파견되어 있고 이들 학교에 재학 중인 학생은 8646명이다. 교육인적자원부는 2007년 4월 30일 가정 형편이 어려운 재외한국학교 재학생들의 학업을 돕고 이들에게 교육 기회를 확대하기 위하여 재외한국학교의 저소득층 자녀 학생 400명(재학생 8,646명의 약 4.6%)에게 2007학년도 수업료 및 입학금 총 8억 2천 6백만 원을 지원한다고 발표하였다.

2007년 현재 전 세계에 거주하고 있는 동포 수는 약 700여만 명이고 각 지역별 한국동포 수는 다음과 같다.

〈표 2〉 전 세계의 한국동포 수 (2006년 말)

중국	2,762,160
미국	2,016,911
일본	893,740
독립국가연합	532,697(러시아 20만, 우즈베키스탄 20만, 카자흐스탄 10만 등)
유럽	111,276
중남미	107,624
중동	9,440
아프리카	8,485
총계	7,044,716

주말 한글학교 역시 2006년 통계 기준으로 살펴보면 각국의 학교 수, 교사 수, 재학생 수는 다음과 같다.

〈표 3〉 주말 한글학교 (2006년 통계 기준으로)

국가		학교 수	교사 수	재학생 수
미국		1017	8500	59018
캐나다		115	664	6338
중남미		58	439	3596
	과테말라	1		
	온두라스	1		
	도미니카	4		
	멕시코	8		
	베네수엘라	2		
	브라질	33		
	아르헨티나	6		
	우루과이	2		
	엘살바도르	1		
	칠레	1		
	콜롬비아	1		

	파나마	1		
	파라과이	4		
	페루	1		
	볼리비아	3		
	코스타리카	1		
	니카라과	1		
아시아		209	1695	16813
	네팔	1		
	뉴질랜드	13		
	대만	2		
	라오스	1		
	말레이사아	2		
	몽골	2		
	미얀마	1		
	방글라데시	3		
	베트남	2		
	브루나이	1		
	스리랑카	1		
	싱가포르	1		
	아프가니스탄	1		
	호주	58		
	인도네시아	12		
	일본	55		
	중국	29		
	캄보디아	1		
	태국	3		
	파키스탄	2		
	파푸아뉴기니아	1		
	필리핀	14		
	휘지	2		
유럽		96	644	4217
	그리스	2		
	네델란드	2		
	노르웨이	1		
	덴마크	3		
	독일	38		
	루마니아	1		
	벨기에	1		
	룩셈부르크	1		
	불가리아	1		
	스웨덴	1		
	스위스	5		
	스페인	3		

	영국	22		
	오스트리아	1		
	이탈리아	2		
	체코	1		
	터키	2		
	포르투갈	1		
	폴란드	1		
	프랑스	10		
	헝가리	1		
CIS		516	921	27399
	러시아	95		
	우즈베키스탄	112		
	우크라이나	17		
	카자흐스탄	183		
	키르키즈스탄	63		
중동·아프리카		28	241	1149
	가나	1		
	토고	1		
	가봉	1		
	나이지리아	3		
	남아프리카	5		
	보츠와나	1		
	리비아	1		
	모로코	3		
	레바논	1		
	바레인	2		
	수단	1		
	아랍에미리트	1		
	요르단	1		
	이스라엘	2		
	이란	1		
	이집트	1		
	카타르	1		
	세네갈	1		
	짐바브웨	1		
	에티오피아	1		
	케냐	1		
	우간다	1		
	탄자니아	1		
	튀니지	1		
	코트디브와르	2		
	쿠웨이트	1		
총계	94개국	2070	13145	118431

위의 통계가 보여주는 것은 한국과 외교 관계를 맺은 180여 개국 가운데 약 절반의 국가인 94개국에만 1개 이상의 한글학교가 있다는 것, 미국이 압도적으로 많은 1017개교로 전체 한글학교의 절반을 차지하고 있다는 것, 캐나다와 일본, 중국, 러시아, 호주, 카자흐스탄, 우즈베키스탄, 키르키즈스탄, 독일, 영국 등 10개국에 20개 이상씩의 한글학교가 있다는 것이다. 그러므로 아직 한글학교 수는 좀 더 증가할 여지가 있어 보인다.

여기서 또 한 가지 중요한 점은 한글학교 교사들의 전문성 확보이다. 한국어교육에 필요한 전문적인 지식과 방법론에 대한 연구 및 숙지 없이 열정만 가지고 가르치는 경우가 많아 처음 얼마동안 한글학교를 다니지만 계속해서 다니게 하는 데는 한계가 있어 보인다. 그러므로 이들 교사들을 위한 교사 연수를 많이 제공해주고, 한글학교가 처한 어려움을 해결해주는 시스템이 필요해 보인다. 이런 의미에서 지역별로, 전국적으로 정기적으로 교사 연수 및 워크숍을 하고 있는 미국의 NAKS(미국한글학교연합회)[3]의 활동은 매우 바람직해 보인다. 그러나 그마저도 지도부 위주의 행사라는 비판도 나오고 있으나 해마다 전국학술대회에 600-700명의 교사가 모여 서로의 정보와 노하우를 공유하고, '나의 꿈 말하기 대회' 등을 통해 교포 자녀들의 한국어 학습을 격려하는 행사 등은 매우 유익해 보인다. 그러나 이렇게 할 수 없는 나라의 한글학교 교사들을 위해서는 정부 차원의 교사 연수가 꾸준히 이루어져야 할 것이다.

한편 2007년 3월 현재 전 세계에서 한국어 강좌를 개설한 대학 수는 다음과 같다.

〈표 4〉 전 세계의 한국어 강좌 개설 대학

일본	335	멕시코	3	스웨덴	1
미국	140	폴란드	3	덴마크	1
중국	58	인도네시아	3	네덜란드	1
러시아	42	키르키즈스탄	2	요르단	1
몽골	11	홍콩	2	불가리아	1
카자흐스탄	10	유고	2	이란	1
베트남	10	모로코	2	가나	1
독일	10	뉴질랜드	2	알제리	1
대만	9	필리핀	2	아제르바이잔	1
캐나다	9	터키	2	칠레	3

---

[3] National Association of Korean Schools은 LA를 제외한 미국 전역의 한글학교연합회이다. 이 기관에서는 정기적으로 뉴스레터도 발간하고 교사 연수도 하고, 교재도 발간하고 있으며, 매년 전국 학술대회도 개최하고 교포2세들의 '나의 꿈 말하기 대회'도 개최하고 있다.

태국	8	오스트리아	2	벨기에	1
프랑스	7	루마니아	2	포르투갈	1
호주	7	스페인	2	핀란드	1
말레이시아	6	싱가포르	2	수단	1
우즈베키스탄	5	이스라엘	2	노르웨이	1
인도	4	체코	2	아일랜드	1
영국	3	헝가리	2	과테말라	1
이탈리아	3	우크라이나	2	스리랑카	1
아르헨티나	3	페루	2	부르나이	1
이집트	2	미얀마	2	에스토니아	1
세르비아-몬테네그로	2	이스라엘	2		
튀지니	1	파라과이	1		
모로코	1	브라질	1	66개국	750

1990년에는 32개국 151개 대학에서 한국어강좌를 개설했었으나 2009년 현재 66개국 750개 대학에서 한국학과를 운영하거나 한국어강좌를 개설하고 있다. 특히 다음의 11개 국가들에서 두드러진 신장세를 보여준다.

일본 6 → 335   미국 25 → 140   러시아 5 → 42
중국 3 → 58   호주 1-7   태국 0 → 8
베트남 0 → 10   몽골 1 → 12   대만 2 → 9
카자흐스탄 0 → 10 우즈베키스탄 1 → 5

또한 중고등학교에서 한국어를 외국어 교육에 포함한 학교 수도 미국, 중국, 일본[4], 호주, 뉴질랜드, 대만 등을 비롯해 수백 개가 있다.

이와 같이 이제 한국어는 더 이상 한반도에서만 사용되고 교육되는 언어가 아니다. 한글의 문자적 우수성과 IT 기술의 접목으로 앞으로 더욱 발전될 수 있는 여지가 충분히 있다. 앞으로 조금만 더 노력하면 좀 더 많은 대학에 한국어과를 개설하거나 한국어강좌를 증가시키고, 더 많은 세계의 중고등학교에서 외국어 과목으로서 한국어를 넣는 학교 수가 증가하게 할 수 있다. 특히 동남아시아 국가들에는 우리가 조금만 노력하면 고등학교 제2외국어 과목에 한국어를 포함시킬 수 있는 여지는 충분히 있어 보인다.

---

4) 일본의 경우 지난 2007년 9월 현재 제2외국어에 한국어를 포함시킨 학교가 286개라는 문부성의 발표가 있었다. 종래에 불어와 독일어를 제2외국어로 가르치던 많은 학교들이 최근에 들어 중국어와 한국어로 대치하였다고 한다.

3. 한국어의 진흥 방안

여기서 말하는 한국어 진흥 방안은 한국어세계화를 촉진하고, 강화하는 방안을 말하는 것이다. 이러한 방안은 한두 가지가 아니지만 다음과 같이 교육기반 구축, 어휘 목록 설정, 문법 체계 구축으로 나누어 살펴보기로 한다.

3.1. 교육기반 구축

3.1.1. 교재 문제

교재는 지금까지 매우 다양한 교재가 이미 개발된 바 있다. 그러나 여전히 교재 부족 현상은 도처에서 일어나고 있다. 교재는 기본적으로 영역별, 능력별, 언어권 별로 개발되어야 하고 주교재, 부교재, 워크북, 교사용 지도서 등 목적에 따라 체계적으로 개발되어야 한다. 종이 교재뿐 아니라 인터넷으로도 한국어를 제대로 배우고 자기의 능력을 평가할 수 있는 프로그램이 필요하다. 말하기, 듣기, 읽기, 문법, 어휘까지는 인터넷으로 혼자 공부하고 시험볼 수 있는 소프트웨어가 필요하고 장기적으로는 쓰기 학습과 자체 평가도 가능하도록 되어야 할 것이다. 또한 교사용 교재도 다양하게 개발되면 좋을 것 같다.

3.1.2. 교사, 교수 문제

한국어 교수나 교사의 자질도 중요하다. 한국어교육자는 국어학 분야, 국문학 분야, 언어학 분야, 언어교육론 분야, 대조언어학 분야, 교육심리 분야, 외국어 구사 능력 등 필요한 자질이 많다. 또한 민간외교관으로서의 자질도 갖추어야 할 것이다. 그리고 교사 연수는 지속적으로 이루어져야 한다.[5] 최근 몇 년 사이에 여러 학부나 대학원에 외국어로서의 한국어교육학과가 생긴 것은 바람직해 보인다. 이런 변화들은 하나의 학문으로서 한국어교육학이 발전할 수 있는 결정적인 계기가 될 것이기 때문이다. 그러나 이상적으로는 한국어교육 관련 학회들이 더 활성화되고, 대형 한국어센터에서는 연구 전담 교수도 확보하여 교육과 연구가 상호 피드백이 되도록 노력할 필요가 있어 보인다.

3.1.3. 평가 문제

한국어를 세계화하기 위해서는 한국어 능력 평가도 국제 표준에 맞게 개발되어야 하며, 연중 인터넷으로도 볼 수 있는 시스템을 갖추어야 할 것이다. 그리고 문화부 장관의 명의로 교사 자격증을 수여하기 위하여 현재 한국어세계화재단에서 주관하고 있는 한국어교육능력시험도 적어도 1년에 두 번은 개최되어야 한다. 수험자의 요구에 맞춰 상반기, 후반기 2회 시험은 필수적이라고 본다. 예산상의 어려움, 행정적인 어려움이 있겠지만 예산상의 문제는 수익자 부담 원칙으로 하여 지금보다 응시료를 높이면 얼마든지 해결될 수 있다고 본다. 또한 객관식 문제는 온라인으로 보고, 쉽게 채점하여 경비를 줄이고, 주관식 시험과 실제 수업만 오프라인으로 보면 어느 정도 예산을 절감할 수 있을 것으로 보인다. 그리고 행정적인 어려움은 행정의 효율성을 제고함으로써 얼마든지 해결할 수 있을 것으로 보인다.

3.2. 어휘 목록 설정

여기서 말하는 어휘목록은 난이도와 사용 빈도를 종합하여 한국어 기초 어휘 500개, 1000개, 3000개, 10000개 등과 같은 목록이 나와야 한다는 것이다. 이것은 한두 학자의 노력으로 될 수 있는 일이 아니므로 국립국어원에서 국책사업으로 체계적인 연구와 조사를 하여 학계에 제시하여야 한다. 이러한 권위있는 기관에서 철저한 연구를 거쳐 하루 속히 체계적인 어휘 목록을 제시해야 한국어교육에서 교재를 개발할 때나 한국어 평가에도 반영될 수 있고, 국내의 국어교육에서도 활용

---

5) 한국어세계화재단에서는 민간자격시험으로 2001년부터 2005년까지 한국어교육능력시험을 치른 바 있고 2006년부터는 문화부의 공식시험으로 바뀌어 한국어교사자격증을 부여하기 위한 시험을 개최해오고 있다.

할 수 있다. 아직도 이러한 목록이 없다는 것은 심각한 문제이다.

3.3. 문법 체계 구축

문법은 한국어교육을 위한 간략화된 핵심 문법을 말하는 것이다. 국내의 국어학자들의 기술문법은 한국어교육에 큰 도움이 되지 않는다. 외국어로서의 한국어교육에 반드시 필요한 표준문법을 기술해 놓아야 한다. 한국어교육자들 간에 문법위원회 같은 기구라도 만들어 이러한 표준문법을 한국어교육자들에게 제시해야 할 것이다. 마침 2005년 국립국어원에서 김정숙 교수 외 여러 학자들이 공동 집필한 [한국어문법] 1, 2로 발간해 낸 것은 매우 바람직하다고 할 수 있다. 그러나 아직 좀 더 간결해지고, 좀 더 규칙적이 되도록 할 필요가 있어 보인다. 어문규범 문제도 이 위원회에서 정비되면 좋을 것 같다.

4. 다문화 가정의 자녀를 위한 언어교육 정책

4.1. 제2언어로서의 한국어교육 시스템 구축

현재 한국에는 약 80만 명의 이주노동자와 약 18만 명으로 추산되는 결혼이주민이 있고, 이들에 대한 한국어교육을 위한 구체적인 정책이나 시스템이 갖추어져 있지 않고, 단지 산발적으로 비체계적으로 소규모로 이루어지고 있을 뿐이다. 물론 정부의 지원이나 종교 단체 등의 민간 차원에서 교육이 이루어지고 있지만, 좀 더 체계화될 필요가 있다. 즉 이제 한국도 다문화시대에 진입해 있다는 것을 인정한다면 국가 차원의 체계적이고 적극적인 정책 수립이 절실한 때이다.

2007년 10월 현재 교육인적자원부 통계에 따르면 국제결혼가정 초·중등생이 14000명이 넘었다고 한다. 이들 중 어머니가 외국인인 자녀의 수는 약 85%에 달하고, 아버지가 외국인인 경우는 14%이고 양쪽이 모두 외국인인 경우도 1%라고 한다. 이 중 85%가 초등학생이고 중학생은 11.6%, 고등학교 3.5%이다. 지역별로는 경기도가 23%로 가장 많고, 다음이 서울로 12.2% 전남 11.8%, 전북 9.1%, 경북 6.1% 순으로 나타났다. 이 같은 추세라면 오는 2020년쯤에는 이주민이 전국적으로 167만 명(전국민의 3%)에 이르게 될 것으로 교육부에서는 전망하고 있다(매일신문 2007.10.24). 특히 농촌에서는 초·중등학생의 4분의 1에 이를 정도로 큰 비중을 차지할 것으로 보인다.

실제로 다문화 가정 학령기 청소년의 몇 분의 1만 학교에 다닌다는 설도 나온 바 있다. 정확한 규모나 이유를 정확하게 알 수는 없으나, 중요한 것은 한국정부에서 이들에게 교육을 시킬 책임과 의무가 있다는 것이다. 전세계 어느 나라에 가도 이민자나 장기 거주자의 자녀가 그 나라의 학교에 다닐 수 없는 경우란 없기 때문이다. 비록 경제력이 약하고, 심지어 불법체류자라고 해도 학령기의 아동은 무조건 학교에서 받아주는 것이 세계적인 관례이므로 이에 대한 정책이 수립되어야 한다.

문제는 이런 다문화 가정의 자녀들이 기초적인 한국어조차 제대로 구사하지 못하는 경우가 많다는 것이다. 어머니가 한국어 유창도가 너무 낮다 보니 가정에서 한국어로 대화할 시간이 없어 이들 2세들 대다수가 아주 일상적이고 간단한 대화조차 어려운 심각한 언어 장애를 겪고 있다는 것이다. 그러니 학교 수업을 제대로 따라갈 리 만무하다. 언어 장애는 곧 학습 장애, 정서 장애로 이어지기 쉽다. 한국말이 서툰 외국인 어머니와의 의사소통 부재, 가난으로 인한 자녀 교육 무관심, 그리고 매년 2배씩 늘어나는 높은 이혼율과 가출 등 가정 해체 현상 또한 문제 악화의 원인이 된다는 보고도 있다. 최근 결혼 이주 여성 한국어교육의 장이 점차 늘고 있지만 맞벌이 등으로 교육기회를 얻지 못하거나 심지어 아내가 도망갈까 봐 외출을 막는 사례도 있어 한국어교육에 참여하지 못하는 사람들이 많다고도 한다. 현재 결혼 이주 여성의 한국어교육을 위해 정부 차원의 지원이 조금이나마 이루어지고 있으나 아직 턱없이 부족한 실정이며 자녀들을 위한 지원은 더욱 부족한 현실이다.

다문화 가정 자녀들도 엄연한 한국의 자녀들이다. 이들을 위해 해결해야 할 과제가 많겠지만 당장 언어 소통 해결이 급선무다. 그러므로 이들이 진정으로 한국 국민으로 불편 없이 불이익을 받지 않고 살 수 있게 하기 위해서는 정부, 학계, 교육계가 힘과 지혜를 모아 유효적절한 정책을 수립해야 할 것이다.

우선 국가 차원에서 다문화 가정 자녀의 교육을 위하여 제2언어로서의 한국어교육을 위한 본격적인 시스템 구축이 필요하다. 현재 국어 관련 주무 부처가 교육인적자원부와 문화부로 나누어져 있는 것은 매우 불행한 일이다. 이상적으로는 하나의 부처에서 국내의 국어 문제, 외국어교육 문제, 제2언어 및 외국어로서의 한국어교육을 유기적으로 연관시키되, 전담부서는 따로 두어 유효적절한 정책을 수립하는 것이 시대적 요구에 대처하는 길이다.

현재 한국에는 50개가 넘는 대학에 한국어교육원이 있다. 한국에 유학 온 외국인 학생들에게 한국어를 가르치기 위해서 설립된 기관들이다. 웬만한 대학의 한국어센터에는 자체 개발한 교재가 있고 많은 교강사들이 교육에 참여하고 있다. 그러나 외국어가 아닌, 제2언어로서의 한국어교육을 위해서는 교육기관도, 교육자도, 교육과정도, 교재도 아무 것도 없다. 이를 위한 연구도 축적된 것이 별로 없고, 이를 위해 교사 양성도 별로 하지 않았다. 그러므로 위에서 말한 다문화 가정 자녀들을 위한 교육시스템이 매우 미약한 상태다. 그러나 이러한 시스템의 필요성은 이미 절실한 지 오래다. 그러므로 지금부터라도 집중적으로 이 문제를 해결하기 위하여 교육부는 위원회도 만들고 예산도 확보해야 한다. 이 위원회에서는 제2언어로서의 한국어 교육과정, 교재, 교수-학습 방법, 평가, 교사 양성 및 교육에 관한 계획을 최대한 빨리 세워야 한다.

이런 시스템은 다문화 가정 자녀들의 어려움을 호소할 수 있는 상담 교사를 확보하는 것도 포함되어야 한다. 2009년부터 서울교육대학교에서 다문화 가정의 부모들 중 본국에서 4년제 대학을 졸업한 사람으로 일정한 시험을 거쳐 80명을 선발하여 2학기 동안 집중 교육을 시켜 이중언어교사를 양성한 뒤 서울의 일선 학교에 배치한 것은 매우 바람직한 일로 보인다. 앞으로도 좀 더 양질의 이중언어교사를 육성하는 것은 여러 가지 측면에서 필요하고 중요한 일이다.

4.2. 제2언어로서의 한국어교육 예산 편성

여기서 말하는 예산은 전국적으로 일선 학교에서 제2언어로서의 한국어교육을 하기 위하여 실질적으로 확보해야 하는 예산을 말하는 것이다. 이 예산은 위의 위원회 활동을 지원하기 위해서도 사용되어야 하고 연구비, 교사 연수비, 강의료, 교재 개발비, 시청각자료실 구축비, 한국어 관련 도서 구입, 전시 및 열람실 운영비, 상담 교사 수당 등에 사용되는 실질적인 예산을 말하는 것이다. 궁극적으로는 모든 개별 학교가 이런 시스템을 구축하고 운영해야겠지만 우선은 소단위 지역(서울로 말하면 각 구에 3, 4개 학교) 거점 학교를 지정하여 위에서 말한 시스템을 먼저 구축하고 점진적으로 모든 단위학교에서 제2언어로서의 한국어 프로그램을 운영할 수 있도록 준비하면 좋을 것 같다.

4.3. 한국어 교사 양성 및 정기적인 연수

제2언어로서의 한국어교육을 담당할 교사는 현재 국내 학부에서 한국어학과를 졸업한 사람, 문화부의 의뢰를 받아 한국어세계화재단에서 실시하는 한국어교육능력시험에 합격하여 한국어교사자격증을 딴 사람, 국내 국어국문학과와 국어교육과를 졸업한 사람 중 한국어 교사 연수를 받고 한국어교사자격증을 딴 사람들이 현장에 투입되면 제일 이상적이다. 이런 사람들이 부족할 경우 현재 재직 중인 초·중·고 국어교사들이 일정한 시간 동안 연수를 받고 방과 후에 2, 3시간씩 돌아가며 한국어 수업을 따로 해주는 등의 안을 생각해 볼 수 있다. 이때 교사들에게는 충분한 강의료를 지불해야 한다. 그리고 이러한 교사들을 위해서는 방학 동안 인근 대학이나 교육청에서 집중적인 연수를 실시해주면 좋을 것 같다. 물론 이런 연수비는 국가에서 지원하되, 교사들의 적극적인 참여를 이끌어내기 위하여 수익자 부담 원리에 따라 일부는 수혜자가 지불하게 하는 것도 좋다고 본다.

4.4. 다문화 가정을 위한 협력망 구축

뿐만 아니라 단위 학교마다 적어도 한 명씩의 상담 교사를 배치하면 좋을 것 같다. 그리도 만일 상담교사와 언어 장벽이 있어 충분히 의사소통이 되지 않을 경우를 대비해 한국의 가정과 다문화 가정의 자매결연, 자원봉사자나 대학생 도우미와 다문화 자녀와 네트워크를 구축하여 이들이 한국에서 불편이나 불안, 그리고 불이익을 받지 않고 하루 빨리 적응하고 정을 붙여 살아갈 수 있도록 다문화 가정 안정망 혹은 협력망을 구축하면 좋을 것 같다. 영어, 베트남어, 중국어를 모국어로 하는 자녀와 대학에서 이들 언어를 전공하는 대학생과 자매결연을 맺어주어 한국에서 생활하면서 한국어와 한국 문화를 몰라서 느끼는 불편과 불만을 해소해 줄 수 있는 모든 방법을 강구해야 할 것이다.

요즈음 지방단체나 민간단체에서는 도시와 떨어진 곳에 거주하는 다문화 가정을 위해 '찾아가는 서비스'로 그들 가족 전체를 위해 봉사하는 경우도 있다. 이러한 것도 정말 필요하지만 모든 다문화 가정의 여성이나 자녀들에게 찾아가서 한국어 문화를 가르친다는 것은 한계가 있고, 또한 그런 방법은 그대로 계속하더라도 교실에서 할 수 있는 곳에서는 교실에서 집단으로 하는 것이 역시 쉽고 효율적이다.

이런 정책이 소기의 성과를 거두기 위해서는 다음과 같은 일들이 함께 이루어져야 할 것이다.

4.4.1. 다문화 이해 및 수용 분위기 조성

일반 국민들이 다문화 자녀도 국내 어린이와 다르지 않음을 인정하고, 혹 다르더라도 다름을 인정하고 존중해 주는 사회 분위기 조성이 필요하며, 특히 학교는 더욱 이러한 분위기 확립이 절실히 요구된다. 교사나 학생들이 그들을 따뜻하게 대하고, 국내 친구와 다름없는 우정을 가질 수 있고, 세계인으로서의 안목을 가질 수 있도록 교육해야 한다. 이러한 분위기 조성을 위해서는 크게는 언론 기관에서 이들도 우리의 가족임을 느낄 수 있도록 뉴스, 다큐, 드라마에서 자연스럽게 많이 다루고, 좁게는 교사가 수업 시간에 문화에 대한 얘기를 하는 중에 문화보편성과 개별성에 대한 이야기를 들려주어야 한다.

또한 가정통신문을 통해 다문화 가정 어린이에 대한 편견 없는 관심과 애정을 부탁하는 학교장 메시지를 보내는 등의 노력이 필요하다. 교사는 수업과제를 통해서 동남아 여러 나라, 특히 자기 반에 있는 다문화 가정 자녀의 모국에 대한 문화와 한국과의 교류 등에 대한 것을 찾아와 발표하게 하는 학습 과제를 주는 방법도 필요하다. 또한 국내 학생과 다문화 가정 학생을 짝을 지어서 공동으로 하는 과제를 내주고 발표하게 하는 등의 과제를 주면 자연스럽게 한국 학생과 친구도 되고 대화를 할 기회도 많아져서 한국어 학습에도 도움이 되고 한국 학생도 다른 나라 문화에 대한 이해의 폭을 넓히게 되어 교육적 효과가 있을 것이다.

이러한 활동을 통하여 이 어린이는 자신감을 얻게 되고, 한국인들이 가진 인정이나 남에 대한 배려정신을 느끼게 되어 한국에 대한 호감을 가질 수 있게 될 것이다. 그리고 이런 기회에 이 어린이와의 대화를 통해 현재 이 어린이가 겪고 있는 가장 큰 고통이 무엇인지, 가장 어려운 점이 무엇인지를 편안하고 자연스럽게 말하게 함으로써 문제점을 알아내어 해결해 줄 수 있다면 금상첨화일 것이다.

4.4.2. 한국 문화 체험 학습 제공

다문화 가정 자녀들에게 한국 문화를 알 수 있고, 자신의 문화와 다문화 가정 자녀의 문화가 가지는 공통점과 차이점을 알 수 있는 기회를 많이 제공해 주면 좋을 것 같다. 우선 한국의 산하를 보여주고 한국의 사찰, 궁궐, 향교 등도 보여주고 한국의 놀이, 한국의 음식, 한복, 한국의 명절, 한국의 가정 생활 등을 알 수 있는 프로그램을 개발하여 후원자를 모집하여 한국 가정과 다문화 가정의 자매결연 등을 맺어주는 방법, 대도시 학교와 다문화 가정 자녀가 많은 지방의 학교와 자매결연을 주선해 주는 방법을 생각해 볼 수 있다. 또한 관광공사와 대기업 등의 협찬을 받아 민속촌, 경복궁, 중앙박물관, 조계사, 성균관, 종묘, 남대문시장, 인사동 등을 탐방하고, 판소리 공연, 한국 영화 관람, 한국 뮤지컬 관람, 전통혼례, 민속놀이, 김치 만들기, 떡 만들기 등을 관람 혹은 직접 해볼 수 있는 기회를 제공해 줄 수 있도록 후원자를 모집하여 이들에게 최대한 한국 문화 체험을 시켜주는 방법도 시도해 볼 만하다.

5. 다문화 가정을 위한 다언어문화교육 이론

5.1. 이중·다중언어교육의 개념과 현황

앞 장에서 제시한 정책은 시급히 이루어져야 할 단기적인 처방이라면, 50년, 100년 후를 위해서는 근본적인 발상의 전환이 필요하다. 우리보다 훨씬 먼저 다문화 사회를 경험하고, 문제를 해결한 국가들의 사례를 이해하고 참고하는 것도 매우 유익할 것 같다.

다언어문화 국가에서는 거의 예외 없이 이중·다중언어교육을 하고 있다. 이중·다중언어 교육(bilingual/multilingual education)이란 두 개, 세 개의 언어 환경에 놓인 아동들에게 두 개 혹은 세 개의 언어에 모두 통달하게 하는 교육을 말한다. 예를 들어 미국에 사는 한국 동포 자녀의 경우 부모의 언어인 한국어와 현재 거주하고 있는 나라의 공용어인 영어 두 가지를 모두 잘 할 수 있게 하는 교육을 말하는 것이다. 미국의 경우 멕시코에서 이민 온 사람들이 제일 많은데, 이들을 위해 일찍부터 영어-스페인어 이중언어 교육을 해왔고, 캐나다의 경우 불어를 모어로 하는 퀘백주 사람들을 위해 영어-불어 이중언어 교육을 하고 있는 것이다.

현재 이중·다중언어교육을 실시하고 있는 나라들은 전 세계에 걸쳐 있다. 특히 아프리카의 경우는 대부분의 국가가 세 개의 언어 교육 모델(Three-Language Formula)을 채택하고 있고 룩셈부르크 역시 전국민이 의무적으로 룩셈부르크어, 불어, 독어 등 3개의 언어를 배워야 하기 때문에 자연스럽게 3중언어인이 되어 있다.

사실상 지구의 대부분의 나라가 다언어문화 국가라 할 수 있고 정도의 차이나 방법의 차이는 있지만 이중·다중언어교육을 하고 있다고 할 수 있다. Bhatia and Ritchie(2004:1)에서는 '다언어문화주의(multilingual-multiculturalism)는 오늘날 세계의 주류이다'라고 하고 있고, David Crystal(1997)에서는 전세계 어린이의 3분의 2가 이중언어 환경에서 자라고 있다고 하였다. 이들 어린이들에게는 이중언어교육이 필수적이고도 절실히 필요한 교육인 것이다. 유럽의 국제학교에서는 4개의 언어까지 학습할 수 있도록 교육과정이 짜여 있다. 그러나 국가적으로 체계적으로 이론과 실제에서 이중언어교육을 선도하고 있는 나라는 룩셈부르크, 캐나다, 미국, 이스라엘, 스위스, 벨기에 등이지만 다음 절에서는 미국의 이중어교육의 흐름과 정책을 간단히 살펴보기로 한다.

5.2. 미국의 이중언어교육

1964년 이중언어교육법(bilingual act)이 통과되어 본격적으로 시작한 미국의 초기 이중언어 교육은 소위 과도기적 이중언어교육(Transitional Bilingualism)으로서 소수민족 어린이들이 표준영어를 완전히 익히고, 학교에 적응하게 되는 2, 3년간만 과도기적으로 모국어로 교육하는 이중언어교육이었다. 그러므로 영어를 터득하여 학업에 지장이 없게 되면 학생의 제1언어는 더 이상 교실에서 사용하지 않는다. 그러므로 개인이나 가정에 따라 제1언어를 계속 보존할 수도 있고, 버리기도 하였다.

그러나 70-80년대로 오면서 소위 보존적 이중언어교육(Maintenance Bilingualism)으로 발전하였다. 보존적 이중언어교육은 과도기적 언어교육과는 달리 기왕에 배운 제1언어, 제2언어 두 개를 모두 계속해서 공부하여 완전한 이중언어인이 되게 하는 교육 모델이다. 그러다가 1990년대부터는 다수 언어인 표준영어를 모어로 하는 미국 본토 학생들에게도 영어 외에 또 하나의 언어를 모어처럼 잘할 수 있도록 하는 소위 첨가적 이중언어교육(Enrichment Bilingualism) 방향으로 가고 있다. 교육이란 인간이 가진 잠재 능력을 최대한 개발하는 것이므로, 인간이 선천적으로 타고난 언어습득 능력을 최대한 개발해야 한다는 철학과 정책에 따라 많은 학교에서 Spanish-English, Chinese-English, Vietnamese-English, Korean-English Two way bilingual education을 실시하고 있는 것이다. 물론 Spanish-English class가 월등하게 많다.

즉 국제적 경쟁력의 향상이나 교육의 평등성 원리 확대 등의 이유로 이중·다중언어교육은 적극적인 성격으로 변화되었다. 그리하여 미국을 비롯한 세계의 다민족, 다언어문화 국가들에서는 그 사회에 존재하는 다양한 언어와 문화를 버리지 않고 그것을 사회적 자원(social resource)으로 활용하는 노력을 기울이고 있다는 사실에 주목할 필요가 있다. 자국의 국민들로서 쉽게 획득하기 어려운 다른 나라의 언어와 문화를 가진 국민이나 영주권자를 가진다는 것은 그만큼의 언어와 문화적 자원을 더 갖게 되는 것이므로 사장시키지 않고 활용하는 방안으로 양방향이중언어교육(two-way bilingual education 혹은 dual bilingual education)으로 승화하여 자국인 자녀가 교실에서 자연스럽게 상대방 학생의 언어와 문화를 서로 배우게 한다든가, 따로 초등학교부터 외국어 교육의 일환으로 상대방 어린이의 언어를 배울 수 있게 해 주고 있다는 것이다.

한국도 이제 다문화 사회가 되었다는 것을 인정한다면 중장기적으로 혹은 당장에라도 이중언어문화교육을 시범적으로 도입할 수도 있어 보인다. 예를 들어 중국어권 학생이 많은 학교에서는 한국어-중국어 이중언어반을 구성하여 운영해 볼 수 있을 것 같다. 그리고 연극대회 같은 문화 행사도 기획해 볼 수 있지 않을까 한다. 가령 중국어를 구사하는 자녀는 자국의 동화 같은 작품을 한국어로 연극하게 하고, 한국 어린이는 한국 작품을 중국어로 연극을 하는 연극대회를 개최하는 등 교육적 배려가 있을 수 있다. 베트남 어머니가 많은 지역의 경우는 한국어-베트남어 이중언어문화교육을 부분적으로라도 시도해 볼 수 있을 것이다. 특히 필리핀 어머니들이 많이 거주하는 지역의 경우 한국어-영어 이중언어교육을 잘 운영하면 호응도도 높을 것으로 전망된다.

또한 운전시험, 공무원 시험, 대학 입학시험에 다른 외국어로도 볼 수 있게 하고, 중국의 날, 베트남의 날, 필리핀의 날 같은 것을 정해 그 나라의 문화 행사를 마음껏 하도록 한다든가, 또는 미술 교류전, 합동음악회, 합동 영화제, 합작 드라마 등 제작에 일정 부분 어려움이 예상되더라도 이런 노력을 통해 두 국가의 친선이 더 강화될 것이며, 경제적, 문화적 교류가 더 활성화되어 기대 이상의 성과를 거둘 수도 있을 것이다.

교육이란 인간이 가진 잠재능력을 최대한 개발하는 것이므로, 인간이 선천적으로 타고난 언어습득 능력을 최대한 개발하여 사회에 필요한 인재가 되고 이렇게 되었을 때 각 개인이 행복한 삶을 영위할 수 있을 것이다.

5.3. 이중·다중언어교육의 철학적 배경

이렇게 국제적 경쟁력의 향상이나 교육의 평등성 원리 확대 등의 이유로 적극적인 성격으로 변화된 다중언어·다중문화교육의 배경에는 이중·다중언어를 보는 관점에 변화가 일어났기 때문이다. 즉, Baker(1996:353-359)에 의하면 다중언어 사회에서 종래까지는 언어를 하나의 사회적 '문제(problem)'로 보던 관점에서 '인간

권리(human rights)'로 보는 관점으로 바뀌었다는 것이다. 이러한 권리는 인간에게는 어떤 언어든지 자유로 배우고 보존할 수 있는 기본 권리가 있고, 이러한 기본 권리는 더 나아가서는 국제적으로도 인정되는 인권이기도 하다는 것이다. 일례로 UNESCO나 유럽공동체(EU) 같은 데에서는 소수민족들이 자기들의 언어를 보존하고 발달시킬 수 있는 권리가 있다고 명시되어 있다.

여기서 더 나아가 최근에는 언어를 하나의 '자원(resources)'으로 보고 있다. 즉, 언어는 개인적으로나 국가적으로 하나의 힘이요, 능력이므로 결과적으로 개인적으로나 국가적으로 여러 언어를 구사할 수 있다는 것은 현대와 같이 전 세계가 개방되고 상호 교류하는 국제화 시대에는 더없이 소중하고 필요한 자원이라는 인식이 확산되면서 세계 각국이 다중언어 교육을 위해 노력을 하고 있는 것이다.

그리하여 다언어교육은 모든 사람들의 인권과 개인과 사회의 이익을 위한 종합적 선택이 되었다. '인종적'이라고 이름 붙는 모든 편견, 차별, 적대감을 불식시키는 데 필요한 하나의 수단이 됨은 말할 것도 없고, 세계적 실체를 창조하고 이해하기 위해 다양한 렌즈를 가진 세계 시민증을 제공하기 위한 하나의 훌륭한 방안도 되는 것이다. 이러한 다언어 교육의 목적과 이유에 있어서는 개개인의 자신감의 증대에서부터 경제적 이익까지, 상호이해의 증대에서 민족의 생존에 이르기까지, 그리고 확대된 교육 기회에서부터 그 결과에 이르기까지 아주 다양하게 되었다.

이제 21세기에 들어와 이미 9년이나 지난 지금 세계는 교육을 통하여 모든 어린이들이 2개 이상의 언어에 유창할 수 있도록 교육과정, 교육 방법, 교재 개발, 언어 능력의 합리적인 평가 방안을 마련하는 데 분주하다. 한국은 다중언어 교육에 대한 인식이나 준비, 교육 정책 수립이나, 교육 제도, 교육 방법 연구, 교육 자료 개발 모든 면에서 아직은 낙후되어 있는 실정이다. 국제 경쟁에서 승리하기 위해서는 우리도 다언어문화교육을 위한 연구와 실험 그리고 심포지엄, 공청회 등의 과정을 거쳐 하루 속히 제대로 된 정책이 수립되어야 한다. 또한 한국어의 국제화도 제대로 이루어지도록 학문적, 교육적, 행정적, 경제적, 정치적, 문화적 노력이 이루어져야 하겠다. 즉 안으로는 한국어를 제대로 배우고 세계의 유수한 언어들도 빨리 흡수하고 대외적으로는 한국어를 전 세계에 체계적으로 신속하게 보급하여 국제화가 튼실하게 이루어지도록 노력해야 할 것이다.

또한 국내의 이주민들과 그 자녀들이 불편 없이 생활하고 교육받을 수 있도록 모든 필요한 정책을 세우고 실천하는 것이 한국의 선진화에도 매우 긴요한 일들이다. 이는 훗날 지불해야 할 사회적 비용을 사전에 예방하는 현명한 정책이라는 것을 각성할 때이다.

한국의 국력과 한국어의 위상은 상호 밀접하게 연관되어 있다. 특히 한국어는 '한글'이라는 문자 체계가 완벽하게 과학적이고 체계적이며, 교수-학습하기에 쉽기 때문에 한국어의 세계화에 매우 유리하다. 우리는 이 한국어 문자의 장점을 앞세워 한국어교육에 임한다면 훨씬 더 큰 성과도 기대해 볼 수 있을 것이다. 한글 교육을 시작으로 좀 더 효율적인 한국어교육을 위해 교육과정, 교재, 교사 연수, 교수법, 교육평가 등 모든 면에서 국제 기준(global standard)에 맞는 수준으로 끌어올려야 한다.

참고문헌

강승혜 외(2006), [한국어평가론], 태학사.
국제교류재단(2006), [해외한국학백서], 을유문화사.
김무림(2005), [국어의 역사], 한국문화사.
김영아(1996), 외국어로서의 한국어 능력 평가 연구, 고려대학교 박사학위논문.
김영자(1995), 이중언어로서의 해외 한국어교육과 한국문화의 세계화: 독일사회 안의 국어 문화교육과 교재 검토, [이중언어학회] 제 12호, 서울: 이중언어학회.
김정숙(2003), 통합교육을 위한 한국어교수요목 설계방안 연구, [한국어교육] 14-3, 국제한국어교육학회.
김정숙(2004), 한국어 읽기, 쓰기 교재 개발 방안 연구, [한국어교육] 15-3, 국제한국어교육학회.
김정숙 외 편(2005), [한국어문법] 1, 2, 커뮤니케이션북스.
김정은(2004), 한국어교육에서의 언어 문화 교육, [이중언어학] 26, 이중언어학회.
김중섭(2002), 중국인학습자를 위한 한국어읽기교육방안 연구, [한국어교육] 13-1, 국제한국어교육학회.
민현식(2004), 한국어표준교육과정 기술 방안, [한국어교육] 15-3, 국제한국어교육학회.
박영순(2001), [외국어로서의 한국어교육론], 월인.
박영순(2002), [외국어교육을 위한 한국문화론], 한국문화사.
박영순(2007), [다문화사회의 언어문화 교육론], 한국문화사.
박준언(1995), 미국에서의 이중언어 사용 및 이중언어교육에 대한 인식의 변천 과정, [사회언어학] 3-1, 서울: 한국사회언어학회.

방성원(2002), 한국어교육용 문법 용어의 표준화 방안, [한국어교육] 13-1, 국제한국어교육학회.

백봉자(1999), 서양어권 학습자를 위한 한국어교재 개발 연구, [한국어교육] 14-2, 국제한국어교육학회.

오미정(2004), 한국어교육용 어휘 교재 개발 연구, [한국어교육] 15-3, 국제한국어교육학회.

원진숙(1992), 의사소통 능력 개발을 위한 교수요목 설계, [교육 한글] 5, 한글학회.

이해영(2004), 학문 목적 한국어 교과과정 설계 연구, [한국어교육] 15-3, 국제한국어교육학회.

전은주(2003), 국제도시 부산에서의 한국어교육 실태와 발전방안 연구, [한국어교육] 14-3, 국제한국어교육학회.

최정순(2002), 영어권 청소년 교포를 위한 웹 교재개발, 박영순 편저, [21세기 한국어교육의 현황과 과제], 한국문화사.

한재영 외(2005), [한국어교수법], 태학사.

허용(2002), 한국어 발음교육을 위한 음운론적 고찰, 박영순 편저, [21세기 한국어교육학의 현황과 과제], 한국문화사.

Baetens Beardsmore, H.(ed.)(1993), *European Models of Bilingual Education*, Clevedon: Multilingual Matters.

Bhatia, Tej K. & William C. Ritchie(eds.)(2004), *The Handbook of Bilingualism*, Oxford: Blackwell publishing.

Baker, Colin(1996), *Foundations of Bilingual Education and Bilingualism*, Philadelphia: Multilingual Matters.

Gibbons, John(1995), Multilingualism for Australians?, In Skutnabb-Kngas(eds) *Multingualism for All*, Liss: Swets & Zetlinger.

Li, David C.S. & Sherman Lee(2004), Bilingualism in East Asia, In Bhatia & Richie (eds.), *The Handbook of Bilingualism*, Oxford: Blackwell Pub.Co.

Mackey, William F.(2004), Bilingualism in North America, In Bhatis and Richie(eds.), *The Handbook of Bilingualism*, Oxford: Blackwell Pub. Co.

Skutnabb-Kangas, Tove.(ed.)(1995), *Multilingualism for All*, Lisse: Swets & Zeitlinger.

제2부
한국어에 대한 이해

❶ 한국어의 역사와 훈민정음 창제
❷ 한국어의 발음
❸ 한국어의 단어와 어휘
❹ 한국어의 문법
❺ 한국어의 의미
❻ 한국어의 정서법

1. 한국어의 역사와 훈민정음 창제

1.1. 개관

　훈민정음(한글)은 한국어를 적기 위한 문자(文字)로서, 조선의 왕 세종(1397-1450)에 의하여 1443년에 창제되었다. 훈민정음(訓民正音)이 창제된 15세기는 한국어의 역사에서 중세 한국어(中世韓國語)에 해당하여, 고대 한국어(古代韓國語)와 근대 한국어(近代韓國語)의 중간에 위치하던 시대이다. 그러므로 훈민정음의 문자론적 성격을 제대로 이해하고 기술하기 위해서는 훈민정음이 창제된 당시의 한국어의 역사적 면모를 파악할 필요가 있다.

　본고에서는 한국어의 역사(특히 음운사)와 훈민정음의 문자론적 가치에 대하여 서술하는 것이 목적이다. 그러므로 먼저 한국어의 음운사를 개관하면서 중세 한국어의 음운 체계를 기술하고, 나아가 훈민정음의 문자론적 위상을 서술하게 될 것이다. 특히 훈민정음 창제 이전에는 한자(漢字)를 이용한 차자표기(借字表記)에 의하여 한국어를 표기하였으므로, 훈민정음 창제의 역사적 의의는 외래 문자에 의한 차자표기를 새로운 우리의 문자로 대체하였다는 점에서도 찾을 수 있다.

　문자로서의 훈민정음은 근대를 지나 현대에 이르면서 그 체계에 변화를 겪었다. 이것은 한국어의 변화에 적응하면서 여기에 수반하는 문자의 용법에 수정이 가해졌기 때문이다. 문자로서의 훈민정음 체계의 변화도 본고의 서술에 포함된다. 한편, '한글'이란 명칭은 20세기의 산물로서 역사적으로는 '훈민정음'을 계승한 것이다. 본고에서는 문자의 명칭으로서 '훈민정음'과 '한글'이라는 이름을 혼용하되, 현대적인 '한글'과 역사적인 '훈민정음'이라는 개념으로서 이들 용어를 적절히 분별하여 사용할 것이다.

1.2. 한국어 변천의 역사적 개관

한국어 역사의 시대 구분은 음운 및 문법 체계의 변화, 그리고 민족어 형성이라는 역사적 상황 변화를 기준으로 하여 다음과 같은 4분법이다(김무림 2004:29).

[한국어 역사의 시대 구분]
    가. 선사: 〈상고 한국어〉
    나. 역사
        ① 고대 한국어
            - 전기: 삼국 및 통일신라(10세기 이전)
            - 후기: 고려의 초기 및 중기(10-13세기)
        ② 중세 한국어: 고려 후기 및 조선 초기, 중기(14-16세기)
        ③ 근대 한국어: 조선 중기 및 후기(17-19세기)
        ④ 현대 한국어: 조선 말기 이후(20세기 이후)

역사 시대 이전의 시기를 명기하지 않은 상고 한국어의 개념은 고대의 이전이라는 막연한 의미로 사용하였다. 고대 한국어는 언어 자료의 부족으로 인하여 실증성에 있어서 시비(是非)가 엇갈리는 역사적 성격을 갖는다. 그러나 중세를 회고의 기점으로 하면서 차자 표기(借字表記)를 살펴보면, 고대의 음운 및 문법 체계에 대한 상당한 시사를 얻을 수 있다. 한국어의 전반적인 체계는 훈민정음에 의한 언어 기록에 의하여 비로소 그 실상이 선명히 드러나기 때문에, 한국어에 대한 역사적인 연구는 항상 15세기의 중세 한국어가 확고한 좌표가 된다. 그러므로 15세기의 언어는 고대로 소급하는 징검돌과 같고, 현대를 바라보는 망루와 같아서, 고대에 대한 회고적 연구와 현대에 대한 전망적 연구의 기점이 된다.

한국어 역사의 시대 구분은 그 기준이 음운 및 문법, 그리고 어휘 체계의 변화(change)이다. 그러나 시대 구분에 있어서 음운, 문법, 어휘 체계의 세 방면이 보조가 맞는 것은 아니기 때문에, 여기에 역사 서술의 관점이 필요하게 된다. 기존의 연구에 의하면, 시대 구분의 기준에 있어서 중세 이전은 중점적인 음운사에 문법사가 보조적이지만, 중세 이후는 음운사는 물론, 문법사 및 어휘사, 그리고 문체사에 이르기까지 종합적인 기준을 적용하게 된다. 이제 이러한 상황을 고려하면서 한국어 역사의 시대 구분에 대한 부문별 요점을 간추려 약술하기로 하겠다.

한국어의 음운사에서 특히 자음 체계는 평음, 격음, 경음 계열의 순차적 발달이 특징이다. 김무림(2004)의 논의에 의하면 기본적인 평음 계열 위에 격음 계열의 성립은 통일신라 시대의 발달 과정을 거쳐 고려 초에 완성된 것으로 추정되며, 경음 계열은 마찰음까지의 불파음화가1) 완성된 13세기를 지나서 14세기 무렵에 확립된 것으로 보인다. 그러므로 자음 체계를 기준으로 한다면, 14세기 이후의 중세 한국어는 평음, 격음, 경음 계열의 삼지적 상관 체계가 확립된 최초의 시대가 되어 고대 한국어와 구분된다. 자음 체계의 발달 역사에 있어서 고대 한국어는 유기음화와 불파음화라는 동적인 음운 현상을 통하여 격음과 경음 계열을 꾸준히 확장시킨 시대적 특성이 있는 것이다.

음운사의 측면에서 근대 한국어의 특색은 성조의 소멸과 특징적인 몇몇 음운 현상을 들 수 있다. 이미 16세기 중엽에 성조의 소멸을 논의할 수 있으나, 성조의 역사적 소멸을 17세기 이후의 근대 한국어의 특색으로 들어 과부족이 없을 것이다. 구개음화와 움라우트 같은 음운 현상은 근대 한국어의 특색이다. 특히 구개음화는 파찰음(ㅈ, ㅉ, ㅊ)의 조음 위치 이동과 관련되고2), 움라우트는 'ㅔ, ㅐ'의 단모음화와 관련시킬 여지가 있으므로3), 동적인 음운 현상이 정적인 음운 체계와 상호 긴밀히 작용한다는 것을 잘 보여 준다. 근대 한국어에 들어 'ㆍ'의 소실이 완료된 것은 18세기에 들어서의 일이며, 이어서 'ㅔ, ㅐ'의 단모음화가 이루어졌으므로, 모음 체계의 측면에서는 18세기가 변화의 전환점이 된다. 근대 한국어에 있어서의 이러한 모음 체계의 변화를 기준으로 근대 한국어를 전기와 후기로 구분하는 경우도 있다.

근래의 구결문에 대한 연구는 위에 제시한 고대 한국어와 중세 한국어의 구분을 문법사의 측면에서 동조하는 양상이다. 특히 훈독 구결의 형태는 향가의 문법 형태와 상당한 동질성을 보이면서, 14세기 이후의 음독 구결이나 중세 한국어의 형태적 특성과 구분되는 양상을 나타내기 때문이다. 예를 들어 중세 한국어에 있어서 전성 어미 '-ㄴ, -ㄹ'은 동명사 용법이 지양되고 관형사형 용법으로 거의 기운 상황이지만4), 향가 및 구결 문헌의 전성 어미 '-ㄴ, -ㄹ'은 관형사형 용법이 아니

---

1) 불파음화는 종성 위치의 장애음이 외파(外破)하지 않는 음운 현상이다. 현대 한국어의 종성 위치에서 'ㄷ, ㅌ, ㄸ, ㅈ, ㅉ, ㅊ, ㅅ, ㅆ' 등이 불파음 'ㄷ'으로 중화되어 변별되지 않는 것은 불파음화 현상에 의한 것이다.
2) 중세 한국어에서 파찰음 'ㅈ, ㅉ, ㅊ'은 경구개음이 아니라 치경음이었다.
3) 중세 한국어에서 'ㅔ, ㅐ'는 각각 əj와 aj로 발음되는 하향 이중모음이었으나, 단모음화에 의하여 e와 æ로 변하였다.

라 동명사 용법이 일반적이었다. 종결 어미에 있어서도 '-ㅉ다(ㅎㄴㅣ/音如)'와 같은 형태는 중세 한국어에서 거의 사라졌지만, 향가 및 구결 문헌에서는 생산적이며, 상대 존대 선어말 어미인 중세 한국어의 형태 '-이-'는 향가나 훈독 구결에서는 찾을 수 없으나[5], 후대의 음독 구결에서는 '-이-'에 대응하는 구결 형태가 출현하는 것이다.

근대 한국어의 문법적 특색은 쌍형 어간의 단일화[6], 객체 존대 형태소(-습/숩/좁-)의 소멸[7], 과거(-엇/앗-) 및 미래(-겟/깃-) 시제 선어말 어미의 새로운 등장 등이 특색이다.[8] 이러한 사항들은 근대 한국어의 초기에서 후기에 걸쳐 다져진 문법 변화로 기록될 것이다. 아울러 주격 조사 '-가'의 등장이나, 불규칙 활용 양상의 변화를 가져 온 'ㅿ'의 소멸도 중세에 이미 소멸한 'ㅸ'과 함께 현대적 면모에 접근한 근대 한국어의 양상이다.

음운 및 문법 체계의 변화를 적용한다면, 'ㅚ, ㅟ'의 단모음화나 몇몇 어미의 변화 등이 근대와 현대 한국어를 가르는 기준으로 지적될 수 있으나, 언어 체계의 본질적인 관점에서 근대 한국어와 현대 한국어의 구분이 반드시 유효한 것은 아니다. 오히려 현대 한국어의 면모는 공공연한 언문일치와 세계로 열린 어휘 체계의 개방화에서 찾는 것이 바람직할 것 같다. 이것은 언어 외적인 사회 변화에 의하여 언어 생활이 입은 영향을 고려한 것이라고 하는 것이 올바른 지적이다. 문체의 새로움과 어휘 체계의 변화는 언어에 의한 의식의 변모를 이끌기 때문에, 언어에 의한 현대적 인식을 현대 한국어의 중요한 역사적 좌표로 삼게 되는 것이다. 한글로

---

4) 중세 한국어의 '虞芮質成ㅎㄴ로 方國이 해 모드나(용비어천가 11)'와 같은 문장에서 '虞芮質成ㅎㄴ로'는 '虞芮質成ㅎ+ㄴ+ㅇ로'로 분석된다. 여기에서 어미 '-ㄴ' 다음에 조사 '-ㅇ로'가 바로 접속되므로 어미 '-ㄴ'은 명사형 전성어미가 된다. 이에 따라 '虞芮質成ㅎㄴ로 方國이 해 모드나'는 '虞芮質成한 것으로 方國이 많이 모이나'로 해석된다.
5) 상대 존대 선어말어미 '-이-'가 쓰인 중세 한국어 '니르신 양으로 호리이다(석보상절 6-24)'는 '이르신 대로 하겠습니다'로 해석된다.
6) 중세 한국어에서 체언 및 용언이 쌍형으로 나타나는 경우가 있다. 체언을 예로 들면, '나모~낡(木)'은 '남기, 남골, 남근, 나모와' 등과 같이 조사의 선택에 따른 어형 교체가 이루어졌다.
7) 객체 존대는 서술어의 객체, 즉 문장의 목적어나 부사어를 높이는 문법 장치이다. 중세 한국어의 '그 쁴 王이 부텨를 請ㅎ슨바'와 같은 문장에서 '請ㅎ슨바'는 '請ㅎ+숩+아'로 분석되며, 이 때의 '숩'은 객체인 '부텨'를 높이는 선어말 어미이다.
8) 중세 한국어에서 동사의 과거 시제는 부정형(不定形)에 의해 표현되며, 미래 시제는 선어말어미 '-리-'에 의해 나타낸다. 즉 '大王을 보스ᄫ라 오이다'는 '대왕을 뵈러 왔습니다'로 해석되며, '涅槃 得호물 나 ᄀᆞ게 호리라'는 '열반 득함을 나와 같게 하리라(하겠다)'로 해석된다.

된 문서가 법적인 공공성을 얻을 수 있게 된 것은 갑오경장 이후의 일이다.

언문일치의 달성은 문체의 현대화를 통하여 공고화되고, 개화기를 기점으로 하여 물밀듯이 들어온 다국적인 외래어는 언어를 통한 사고의 세계화에 기여하였다. 이러한 와중에서 국권의 상실에 따른 한국어에 대한 인식은 민족주의와 결부되면서, 실천적인 문법 연구와 언어 규범화로 이어졌다. 삼국 시대 이후 한국어의 역사는 줄곧 통합의 길을 걸었으나, 남북 분단 이후의 현대 한국어는 일시적인 이질화(異質化)의 길을 걷고 있다. 인위적인 이질화를 극복하고 남북의 언어를 굳건히 잇는 일이 현대의 새로운 과제가 되었다. 하루빨리 이 과제가 달성되어 한국어의 역사에서 남북의 언어가 분화의 노정으로 기록되지 않기를 바랄 뿐이다.

서술로서의 역사는 진실했던 것에 대한 일종의 가설이며 허구이다. 아무리 정확한 기록이라도 시간의 흐름은 당시의 색을 바래게 하고, 옛날의 것을 바라보는 시각에는 당시와는 구조적으로 다른 지금의 시점이 작용하기 때문이다. 특수 역사로서의 한국어의 역사도 아직은 많은 것이 불투명한 상태로 있고, 비교적 선명한 기록에 대해서도 역사가의 해석 입장은 사뭇 다르다. 자료가 제법 풍부한 15세기의 언어에 대해서도 상당한 부분에서 견해 차이가 있는 것은, 당시의 기록을 당시의 언어로 되살리는 것과 그리고 현대적 편견을 극복하는 것이 얼마나 어려운 것인가를 잘 보여주는 것이다.

1.3. 중세 한국어의 음운 체계

중세 한국어의 음운 체계는 음소 체계로서 자음과 모음 체계, 그리고 운소 체계로서 소리의 고저가 음운적으로 변별되는 성조 체계가 있다. 자음 체계는 평음, 격음, 경음의 대립적 상관속의 존재와 함께 유성 마찰음인 'ㅿ'과 'ㅸ'이 음운으로 기능하였으며, 모음 체계는 7단모음 체계가 모음 조화에 의한 내적 질서에 의하여 구성되어 있었다.

1.3.1. 자음 체계

중세 한국어의 자음 체계는 훈민정음이 창제된 15세기 중반을 그 중심으로 삼는다. 중세 한국어는 14, 15, 16세기의 3세기에 걸치지만, 15세기 후반이나 16세기의 음운 체계는 다시 체계상의 변화가 있기 때문에, 중세 한국어의 자음 체계라 하여 단일한 것은 아니다. 한글 문헌을 귀납하고 훈민정음의 기술을 토대로 설정한 15세기 중반의 자음 체계는 다음과 같다.

[15세기 한국어의 22자음 체계]

		양순음	치경음	연구개음	후음
파열음	평음	ㅂ p	ㄷ t	ㄱ k	
	격음	ㅍ p^h	ㅌ t^h	ㅋ k^h	
	경음	ㅃ p'	ㄸ t'	ㄲ k'	
	비음	ㅁ m	ㄴ n	ㅇ ŋ	
파찰음	평음		ㅈ ts		
	격음		ㅊ ts^h		
	경음		ㅉ ts'		
마찰음	평음		ㅅ s		ㅎ h
	경음		ㅆ s'		ㆅ h'
	유성음	ㅸ [β]	ㅿ z		
유음			ㄹ l		

중세 한국어의 자음 체계에서 경음의 기능 부담량은 크지 않았다. 이것은 14세기를 전후하여 경음 계열이 비로소 변별 기능에 참여하면서 음운화하였기 때문이다. 경음 계열은 주로 사잇소리 현상에 의한 어중 경음화에 의하여 음운화가 유발되었기 때문에, 'ㅅ'계 합용 병서에 의한 표면적 경음형이 정음 문헌에 많이 나타나는 이유이다. 이러한 이유 때문에 중세 한국어의 경음을 'ㅅ'계 합용 병서로 표기하는 경우가 종종 있으나, 이것은 적절한 방법이라 할 수 없다. 'ㅅ'계 합용 병서는 그 기저 의식에서 여전히 음운 복합으로 이해되는 경우가 있을 수 있는 것이 그 이유이다. 경음에 대한 음성적 단일함을 보여 주는 인식은 오히려『東國正韻』에서 자모(字母) 단위로 사용된 각자 병서에서 찾을 수 있다.9) 그러므로 중세 한국어의 음소로서 경음 표기는 'ㄲ, ㄸ, ㅃ, ㅉ, ㅆ, ㆅ' 등과 같이 각자 병서로 나타내는 것이 바람직하다.

음소로서의 지위는 반드시 형태소 내부 표기에 사용된 것을 전제하지 않는다.

---

9) 각자 병서는 훈민정음에서는 단독 字母가 아니지만, 『東國正韻』에서는 漢語 字母觀에 의하여 23字母가 설정되므로, 실제적으로 단독 字母의 역할을 하고 있다. 즉 훈민정음의 초성은 17자모 체계이지만, 동국정운의 초성 체계는 각자 병서 'ㄲ, ㄸ, ㅃ, ㅉ, ㅆ, ㆅ'에 의한 전탁음 여섯 자모를 합하여 23자모 체계이다.

이것은 기능 부담량을 따지는 논리와 비슷한 것이지만, 음소의 여부는 최소 소리 단위의 변별성 여부에 있기 때문에, 형태소 연결 과정에 나타나는 소리 단위의 변별성도 음소를 결정하는 기준이 된다. 경음 'ㅉ'을 음소로 설정하지 않는 경우가 있는 것은 이와 같은 음운을 보는 태도나 견해 차이에 의한 것이지만, 'ㅉ'의 음소로서의 변별성은 다음과 같은 용례에 의하여 의심할 여지가 없다.10)

[각자 병서 'ㅉ'의 용례]
    가. 관형사형 어미 '-ㄹ' 뒤의 경음화 표기에
        ① 받ᄌᆞᄫᅩᆯ 쩌긔(석보상절 6-8)
        ② 그듸 가 들 찌비 볼쎠 이도다(석보상절 6-35)
    나. 경음화되는 객체 존대 선어말 어미 표기에
        ① 金几 우희 연쭙고(월인석보 9-21)
        ② 나도 조쭙바 가다니(석보상절 24-45)
    다. 합성어 표기에
        ① 눈쯔ᅀᆞ롤 뮈우디 아니ᄒᆞ야(능엄경언해 2-109)
    라. 한자음 표기에
        ① 字 쫑(훈민정음)

위의 용례들에서 인위적인 한자음 표기인 (라)를 제외하면, 결합적 변이음으로 나타나는 경음 'ㅉ'을 표기에 반영한 것이다. 이들 표기를 형태적으로 되돌리면 '받ᄌᆞᄫᇙ 저긔, 듫 지비, 옆줍고, 좇줍고, 눉ᄌᆞᅀᆞ' 등이 된다. 이러한 형태 결합에서 후행하는 'ㅈ'이 경음화되는 것인데, 경음 'ㅉ'에 대한 변별적 인식이 없는 상황이라면, (가, 나, 다)와 같은 병서 표기는 문헌에 나타나지 않았을 것이다. 좀더 자세히 말하여 기저 음운 형태인 /들 집이/의 경우에 경음 'ㅉ'에 대한 변별적 인식이 없다면, 언중은 표면 음성형에서 [들지비]와 [들찌비]를 구분할 수 없으므로, (가-②)의 표기는 나타날 수 없다는 것이다. (라)의 동국정운식 한자음 표기는 비록 인위적인 교정음의 성격이지만, 경음 'ㅉ'에 대한 변별성의 여부를 떠나서, 최소 단위 음성에 대한 인식의 실증이 된다.

---

10) 'ㅈ'의 경음 'ㅉ'을 중세 국어의 음운 체계에 포함시키지 않는 대표적인 논의로는 李基文 (1998:140-144)을 들 수 있다.

중세 한국어의 자음 체계를 논의하면서, 훈민정음 자모체계의 후음 불청불탁자인 'ㅇ'을 다음과 같은 특수한 경우에 한정하여 음운적 지위를 부여하고자 하는 경우가 있다.

['ㅇ'의 음운 여부 논의와 관련된 표기]
    가. 알어늘, 알오
    나. 몰애, ㅈ애
    다. 뮈우다, 메우다

위의 용례에서 'ㄹ, ㅿ' 등이 다음 음절의 초성으로 표기되지 않는 (가, 나)의 표기, 그리고 사동 접미사 '-오-/-우-'가 'ㅣ' 모음에 의한 순행 동화의 위치에 있음에도 불구하고 '요/유'로 표기되지 않는 (다)의 사항은 이런 경우의 'ㅇ'이 그냥 영(zero)이 아니라 음성적 실체를 가졌기 때문이라는 것이다. 이와 같은 이해를 바탕으로 李基文(1998:142-144)에서는 위와 같은 경우의 'ㅇ'을 [g > ɣ > ɦ]의 약화 과정에 의해 생성된 후두 유성 마찰음 [ɦ]로 설정하여 위의 표기 용례를 이해하면서, 중세 한국어의 자음 체계에 'ㅇ'을 포함시키고 있는 것이다.

그러나 훈민정음의 자모 체계에서 음가가 서로 다른 'ㅇ'을 설정해야 하는 무리도 하나의 어려움이 되는 것이지만, 중세의 표기에서는 'ㅸ'의 약화나 탈락과 관련된 '열본 > 열운, 볼봐 > 볼와, 굴봐 > 굴와' 등의 경우도 'ㄹ'이 다음 음절의 초성으로 옮기지 않는다는 것도 아울러 고려할 사항이다. 이러한 경우의 'ㅇ'은 분명히 그 기원이 'ㅸ [β]'과 관련되는 것인데, 허웅(1983:360)에서는 이런 경우의 표기를 '없어진 소리의 그림자'를 반영한 표기로 이해하였다. 아무튼 훈민정음의 'ㅇ'은 어느 경우에나 무음가(無音價, zero)라고 하는 것이 옳다.

특히 설측음 'ㄹ'에 대해서는 종성과 초성 위치에서 그 음가의 변이에 주목할 일이다. 종성에서는 [l]이고, 모음과 모음 사이의 초성 위치에서는 탄설음 [ɾ]이 된다. 훈민정음에서는 'ㄹ'의 변이음 [ɾ]을 위하여 반설경음의 표기를 고려했을 정도이므로, 'ㄹ'의 위치에 따른 변이음의 실체를 잘 인식하고 있었다고 하겠다. 그러므로 '알고〉 알오, 열본〉 열운' 등과 같은 음운 탈락을 경험하면서도, 언중의 발음이 갑자기 탄설음화된 '아로[aɾo], 여룬[jəɾun]'이 되지 않고, 음운이 탈락하기 전의 음절 형태를 유지한 '알-오[alo], 열-운[jəlun]'으로 발음되는 언어적 사실을 표기에 반영했다고 하는 것이 올바른 이해라는 것이다. 음운의 탈락 후에 음절 재구조화가 유보되고, 탈락 이전의 음절 형태가 지속되는 현상을 공시적 관점에서는 형태 음운적 방법으로 기술하게 되겠으나, 위의 표기에 대한 이해의 요체는 'ㅇ'의 음가 여부에 있는 것이 아니라, 음절 구조의 관성에 의한 탈락된 흔적(trace)의 음운적 잔존에 있다는 것을 지적해 둔다.

1.3.2. 모음 체계

중세 한국어가 7단모음으로 이루어졌다는 것은 주지의 사실이지만, 각 단모음의 음가가 정확하게 밝혀진 것은 아니다. 대개의 경우 현대 한국어의 모음 체계나 음가에 비추어 중세 한국어의 7모음 체계를 이해하는 것은 최선이라기보다는 부득이함에서 비롯된 것이다. 다음과 같은 15세기 모음도(추정)를 참조할 수 있다.

[중세 한국어 7단모음에 대한 음가 추정]

　　가. 朴炳采(1971)
　　　　　이　　우　　오
　　　　　으　　ㅇ
　　　　　어　　아

　　나. 李基文(1972/1998)
　　　　　이　　으　　우
　　　　　　　　어　　오
　　　　　　　　아　　ㅇ

　　다. 許雄(1965), 金完鎭(1978)
　　　　　이　　　　으(우)
　　　　　　　어
　　　　　　　　　　ㅇ(오)
　　　　　　　　아

(가)가 훈민정음의 기술에 충실하고자 한 모음도로 체계 위주라 할 수 있다면, (나)는 훈민정음의 중성이 현대 한국어의 모음의 음가와 큰 차이가 없었을 것이라는 점을 근거로, 훈민정음의 기술에 얽매이지 않고 설정한 모음도이다. (다)는 훈민정음의 기술과 현대 한국어 음가의 두 측면을 적절히 절충하고자 한 것으로서, (가, 나)의 견해를 지양 종합한 모음도라 할 수 있다. 중세 한국어의 중모음 체계는 반모음의 위치에 따라 다음과 같이 상향 중모음과 하향 중모음이 모두 가능하며, 삼중 모음의 경우는 상향과 하향 반모음이 모두 나타난다는 것이 특징이다.

[중세 한국어의 중모음 체계]
    가. 이중 모음
        ① [j-]계 상향 이중모음: ㅛ, ㅑ, ㅠ, ㅕ
        ② [-j]계 하향 이중모음: ㅓ, ㅢ, ㅐ, ㅔ, ㅚ, ㅟ
        ③ [w-]계 상향 이중모음: ㅘ, ㅝ
    나. 삼중 모음
        ① [j-j]계 상하향 이중모음: ㆈ, ㆊ, ㅒ, ㅖ
        ② [w-j] 상하향 이중모음: ㅙ, ㅞ

1.3.3. 운소 체계(초분절 음운 체계)

중세 한국어는 소리의 고저(高低)가 변별적 기능을 하는 성조 언어였다. 소리의 높낮이를 나타내는 성조로는 낮은 소리의 평성(平聲), 높은 소리의 거성(去聲), 그리고 처음은 낮고 나중이 높은 상성(上聲)이 있었다. 성조소(聲調素) 설정에는 상성에 대한 처리가 관건이다. 상성을 복합 성조로 보아 [低素]와 [高素]로 분해하면 운소의 수를 하나 줄이는 효과가 있으나, 언어 의식의 측면에서 경제적인 것이 항상 우선되는 것은 아니다. 특히 중세 한국어의 상성에는 고정적인 것과 유동적인 것이 있다. 용언 어간에만 나타나는 유동적인 상성은 그 기저 운소의 설정 논의에 이견이 있을 것이나, 다음과 같은 어휘에 나타나는 고정적 상성은 [低素/L] 및 [高素/H]와 마찬가지로 [上素/R]를 한 단위로 설정하여 기저 운소로 파악하는 것이 바람직하다.11)

[고정적 상성]
    가. 체언
        ① 냏(川): 내히[RH], 내흘[RH], 내해[RH], 내콰[RH], 내히며[RHH]
        ② 돓(石): 돌히며[RLH], 돌히오[RLH], 돌ᄒᆞ로[RLH]
        ③ 말(言): 마래[RH], 마리[RH], 마롤[RH], 마리니[RLH], 마리라[RLH]
        ④ 일(事): 이리[RH], 이론[RH], 이롤[RH], 이리라[RLH], 이리어나[RHLH]

---

11) 이와 같은 견해는 車載銀(1999:77-86)을 참조할 수 있다. [L]은 평성, [H]는 거성, [R]은 상성이며, 용례는 車載銀(1999)에서 가져온 것이므로 문헌 출처는 생략하였다.

나. 용언
① 둏-(好): 됴타[RLH], 됴커나[RLH], 됴ᄒᆞ며[RLH], 됴흔[RL]
② 곱-(麗): 곱고[RH], 곱다[RH], 고ᄫᆞᆫ[RL], 고ᄫᆞ시고[RHLH]
③ 없-(無): 업게[RH], 업고[RH], 업다[RH], 업더니[RLH], 업스니라[RHLH]
④ 혜-(量): 혜논[RL], 혜면[RH], 혜샤[RH], 혜여[RH]

요컨대, 고정적 상성과 유동적 상성을 기저형의 차원에서 구분하는 것은 어휘에 따른 정밀한 형태론적 분석이 수반되어야 할 것이지만, 성조소로서 [低素/L], [高素/H], [上素/R]의 셋을 설정하는 것이 중세 한국어의 언어적 직관에 부합된다. 이렇게 되면 중세 한국어의 음운은 분절 음소에 22자음과 7단모음이 귀납되고, 초분절적인 3운소가 설정되어 모두 32음운으로 종합된다.

1.4. 훈민정음의 창제

문명 사회는 문자의 기록에 의한 문화 전승의 산물이다. 우리 민족은 옛날부터 한자를 이용한 문자 생활을 하면서, 한편으로는 한자의 음훈(音訓)에 의한 차자 표기를 창안하기도 하였으나[12], 우선 한자 한문은 배우기가 어려울 뿐만 아니라, 더욱 문제가 되는 것은 교착어이면서 음절 형태가 다양한 한국어의 전면적인 표기에 한계가 있었다는 점이다.[13] 이러한 상황에서 조선의 세종(1397-1450)은 일반 백성이 하루나 이틀 만에 쉽게 배워 사용할 수 있으면서도, 한국어의 전면적인 표기에 부족함이 없는 문자의 필요를 염원하고, 결국 '훈민정음'이라는 간결하면서도 쓰임이 무궁한 음소 문자의 창제에 이른 것이다. 표기 수단인 훈민정음을 갖게 됨으로써, 민족의 의식은 자주적으로 창달되고 언어 문화는 비로소 꽃을 피울 수 있게 되었다.

훈민정음은 자모(字母)의 개념과 분류법을 이론적 토대로 하여 창안한 새로운 음소 문자이다. 범어의 실담학(悉曇學)에서[14] 유래한 숭국의 자모(字母) 개념은

---

12) 향가(모죽지랑가/慕竹旨郎歌)에서 '去隱春'은 '간 봄'으로 해석된다. 그러므로 去(가)는 차훈 표기, 隱(ㄴ)은 차음 표기, 春(봄)은 차훈 표기가 된다.
13) 음절 구조가 간단한 일본어는 한자에 기원을 둔 음절 문자 '가나(假名, 平假名과 片假名)'에 의한 표기에 만족할 수 있었다. 한국어의 가능한 음절 수는 3천이 넘고, 상용 음절 수도 1천 정도로 많지만, 일본어의 경우 음절 수가 100을 넘지 않기 때문이다.

성운(聲韻)의 관념에 의하여 운모를 제외한 성모(initial)의 분류에 한정시킨 것이지만,15) 조선의 세종은 초성, 중성, 종성의 삼분법에 의한 자모(字母) 체계로서 훈민정음을 세종 25년(1443년)에 창제하였다.

1.4.1. 훈민정음의 자모 체계

중세 한국어의 표기에는 훈민정음 외에도 전래의 한문이나 차자 표기 등이 아울러 사용되었지만, 언어학적 자료의 관점에서는 표음 문자인 훈민정음의 가치가 월등하여 한자를 이용한 표기가 갖는 언어학적 의의는 훈민정음 창제 이후에는 지극히 미약하게 되었다. 훈민정음은 발음 기관을 본떠 만든 초성(初聲) 17자(字)와 삼재(天地人)를 형상화시킨 중성(中聲字) 11자(字)의 28문자 체계이다. 표음 문자로서 창제된 정음은 중국의 자모(字母) 개념을 음소 문자 단위로 전환시키고, 독창적인 중성과 성조 표시인 방점 체계를 구비하여 편리하면서도 과학적인 문자가 되었다. 훈민정음의 28자모 체계를 보이면 다음과 같다.

[28자모 체계]

　가. 초성 17자모 체계

　　① 17자모

	牙	舌	脣	齒		喉	半舌	半齒
全淸	ㄱ	ㄷ	ㅂ	ㅈ	ㅅ	ㆆ		
次淸	ㅋ	ㅌ	ㅍ	ㅊ		ㅎ		
全濁	(ㄲ)	(ㄸ)	(ㅃ)	(ㅉ)	(ㅆ)	(ㆅ)		
不淸不濁	ㆁ	ㄴ	ㅁ			ㅇ	ㄹ	ㅿ

　　② 제자 원리

　　　牙音ㄱ 象舌根閉喉之形 舌音ㄴ 象舌附上齶之形 脣音ㅁ 象口形 齒音ㅅ 象齒形 喉音ㅇ 象喉形 ㅋ比ㄱ 聲出稍厲 故加畫 ㄴ而ㄷ ㄷ而ㅌ ㅁ而ㅂ ㅂ而ㅍ ㅅ而ㅈ ㅈ而ㅊ ㅇ而ㆆ ㆆ而ㅎ 其因聲加畫之義皆同 而唯ㆁ爲異 半舌音ㄹ 半齒音ㅿ 亦象舌齒之形而異其體 無加畫之義

---

14) 실담학은 산스크리트어의 문자를 연구하는 학문을 말하는 것이다. 실담(悉曇)이란 말은 산스크리트어를 표기하던 문자인 '싯다마트리카체'를 중국인이 '悉曇'으로 음역한 것이다.
15) 중국의 음운학에서 성(聲)은 음절의 초성을 가리키고, 운(韻)은 성조를 포함한 초성 이외의 요소를 가리킨다. 그래서 중국의 음운학을 성운학(聲韻學)이라고도 하는 것이다.

(아음 ㄱ은 혀뿌리가 목을 막는 것을 본떴고, 설음 ㄴ은 혀가 윗잇몸에 붙는 모양은 본떴고, 순음 ㅁ은 입의 모양을 본떴고, 치음 ㅅ은 이의 모양을 본떴고, 후음 ㅇ은 목의 모양을 본떴다. ㅋ은 ㄱ에 비하여 소리가 조금 세므로 획을 더하였다. ㄴ에서 ㄷ, ㄷ에서 ㅌ, ㅁ에서 ㅂ, ㅂ에서 ㅍ, ㅅ에서 ㅈ, ㅈ에서 ㅊ, ㅇ에서 ㆆ, ㆆ에서 ㅎ으로 그 소리로 인하여 획을 더한 뜻이 모두 같으나, 오직 ㆁ은 다르다. 반설음 ㄹ, 반치음 ㅿ도 혀와 이의 모양을 본뜬 것으로서 글자의 모양을 다르게 하였으나 획을 더한 뜻은 없다.)

나. 중성 11 자모 체계
　① 기본자
　　· 舌縮而聲深 天開於子也 形之圓 象乎天也(·는 혀가 오그라들어 소리가 깊다. 하늘이 자시에 열렸다. 모양을 둥글게 한 것은 하늘에서 본떴다.)
　　ㅡ 舌小縮而聲不深不淺 地闢於丑也 形之平 象乎地也(ㅡ는 혀가 조금 오그라들어 소리가 깊지도 얕지도 않다. 땅이 축시에 열렸다. 모양이 평평한 것은 땅에서 본떴다.)
　　ㅣ 舌不縮而聲淺 人生於寅也 形之立 象乎人也(ㅣ는 혀가 오그라들지 않아 소리가 얕다. 사람이 인시에 생겼다. 모양이 선 것은 사람에서 본떴다.)
　② 초출자
　　ㅗ 與·同而口蹙(ㅗ는 ·와 같으나 입을 오무린다.)
　　ㅏ 與·同而口張(ㅏ는 ·와 같으나 입을 벌린다.)
　　ㅜ 與ㅡ同而口蹙(ㅜ는 ㅡ와 같으나 입을 오무린다.)
　　ㅓ 與ㅡ同而口張(ㅓ는 ㅡ와 같으나 입을 벌린다.)
　③ 재출자
　　ㅛ 與ㅗ同而起於ㅣ(ㅛ는 ㅗ와 같으나 ㅣ에서 시작된다.)
　　ㅑ 與ㅏ同而起於ㅣ(ㅑ는 ㅏ와 같으나 ㅣ에서 시작된다.)
　　ㅠ 與ㅜ同而起於ㅣ(ㅠ는 ㅜ와 같으나 ㅣ에서 시작된다.)
　　ㅕ 與ㅓ同而起於ㅣ(ㅕ는 ㅓ와 같으나 ㅣ에서 시작된다.)

　자모(字母) 체계로서의 훈민정음은 위에 보인 바와 같이 28자가 기본이다. 그러므로 병서와 연서에 의한 'ㄲ(ㄱ+ㄱ), ㅐ(ㅏ+ㅣ), ㅸ(ㅂ+ㅇ)' 등은 자모의 복합이므로, 훈민정음의 28자모 체계에 들지 않는다. 또 하나의 자모라 하여 반드시 하나의 소리가 되고, 둘 이상의 복합 자모라 하여 반드시 둘 이상의 소리 단위가 되는 것도 아니다. 즉 'ㄲ, ㅐ, ㅸ'에서 'ㄲ[kʼ], ㅸ[β]'는 두 개의 문자에 하나의 소리인 반면에 'ㅐ[aj]'는 두 개의 문자에 두 개의 소리 단위가 된다. 이러한 것은 자모 단위와 음성 단위라는 서로 다른 차원에서 동일성이 논의될 수 없기 때문이다.

1.4.2. 훈민정음의 표기 규정과 실제

훈민정음 28자모에 의한 글쓰기에는 표기에 대한 규정이 필요한 것은 당연하다. 표기 규정은 음절 단위와 문장 단위로 나누어 생각할 수 있다. 훈민정음의 표기 규정은 방점을 포함하여 본질적으로 음절 차원에 대한 다음과 같은 규정으로 요약된다.

[표기 규정]
    가. 연서(連書), 병서(竝書), 부서(附書)
        ① ㅇ連書脣音之下則爲脣輕音(ㅇ을 순음 밑에 이어쓰면 순경음이 된다.)
        ② 初聲合用則竝書(초성을 함께 쓸 때는 나란히 쓴다.)
        ③ ㆍㅡㅗㅜㅛㅠ附書初聲之下 ㅣㅏㅓㅑㅕ附書於右(ㆍㅡㅗㅜㅛㅠ는 초성의 아래에 붙여 쓰고, ㅣㅏㅓㅑㅕ는 초성의 오른쪽에 붙여 쓴다.)
    나. 방점 규정(傍點規定)
        ① 左加一點則去聲 二則上聲 無則平聲 入聲加點同而促急(좌측에 한 점을 더하면 거성이고, 둘을 더하면 상성이며, 없으면 평성이다. 입성은 점을 더하는 것은 같으나 촉급하다.)
        ② 去聲은 뭇 노푼 소리라
           上聲은 처석미 눗갑고 乃終이 노푼 소리라
           平聲은 뭇 눗가본 소리라
           入聲은 샐리 긋듣는 소리라(注釋에서)
    다. 종성 규정(終聲規定)
        ① 終聲復用初聲(종성은 다시 초성을 사용한다.)
        ② 然ㄱㅇㄷㄴㅂㅁㅅㄹ八字可足用也(그러나 ㄱㅇㄷㄴㅂㅁㅅㄹ의 여덟 자로 족히 쓸 수 있다.)

위에 보인 '連書, 竝書, 附書' 등의 용어는 훈민정음의 창제 당시에는 명사적 개

넘이 아니었다. 이것들은 '이어 쓰다, 나란히 쓰다, 붙여 쓰다' 등의 서술적 의미로 사용된 것이며, '傍點/旁點' 역시 옆에 더하는 점이라는 뜻에서 후대에 붙인 명칭일 뿐이다.16) 방점은 자모로서의 문자는 아니고 구별 기호(diacritical symbol)의 일종이다. 병서의 경우 흔히 초성자 병서를 예로 들게 되나, '其合用竝書 自左而右 初中終三聲皆同(合字解)'에서 알 수 있는 바와 같이 중성자의 경우에도 병서 규정은 두루 적용된다. 그러므로 병서는 초성과 중성이라는 동일한 범위의 자모 차원에서 적용되고, 차원이 다른 초성과 중성이 합용될 때는 부서가 된다고 하겠다.

(다)의 종성 규정은 (다-①)의 대원칙에 (다-②)의 편의 규정으로 이해하는 것이 좋다. 그러므로 두 규정이 서로 대립하는 것이 아니라 (다-②)를 포괄하는 (다-①)의 원리가 되는 것이다. 즉 음소적 표기법을 적용할 때는 ②로써 충분하게 되지만, 형태적 표기법이 되면 ①의 대원칙으로 환원되어야 한다.

문장 표기의 관점에서 훈민정음의 표기법은 실제의 문헌 용례로부터 귀납되어야 한다. 훈민정음에 의한 문장 표기는 오른쪽에서 왼쪽으로 나아가는 세로쓰기를 하면서, 띄어쓰기는 하지 않으며, 조사와 어미를 어근이나 어간과 분리하지 않는 연철에 의한 음소적 표기법 원리가 통용되었다고 할 수 있다. 그러나 여기에는 몇몇 예외적인 경우도 있고, 사잇소리 및 'ㆆ'의 표기 등에 대한 문제도 있으므로 그리 간단하지는 않다. 특히 분철과 연철의 문제는 현대 맞춤법에서도 '일찍이, 더욱이, 갑자기, 아무튼' 등의 예에서 알 수 있는 바와 같이 교착어이면서 음절 단위로 모아쓰는 한국어 표기의 계속된 과제로서, 훈민정음 창제 당시부터 논란거리였다고 생각된다.

[초기 훈민정음 문헌에서 분철과 연철의 표기 실제]

    가. 『월인천강지곡/月印千江之曲』에서
       ① 다ᄉᆞ곶, 곶비, 낯과, 맞나ᅀᆞᄫᅳ며, 딮동울, 깊거다, 높고도 등
       ② 일이시나, 눈에, 말이시나, 뒷님을, 꿈을, 감온(黑), 늡이, 날둘이, 혼몸애, 쑬울, 아둘이, 죵을, 즁을, 쳥盟誓, ᅟᅠᆲ업스니 등
       ③ 담아, 안아, 안ᄋᆞ시니이다, 졈ᄋᆞ며, 빚여 등 87

       ④ 하놂고지, 고줄, 겨지비, 늘구믈, 저푸미, 겨틔, ᄂᆞ출, 토빈둘(爪) 등

---

16) 훈민정음의 표기 규정에 의한다면 방점(傍點)이란 용어보다는 좌점(左點)이나 가점(加點)이란 용어가 더 적절하다. 방점(旁點)이란 용어는 『사성통해/四聲通解』권말에 첨부된 「번역노걸대박통사범례/飜譯老乞大朴通事凡例」에서 사용되었고, 방점(傍點)이란 용어는 『훈몽자회/訓蒙字會』범례에서 사용되었다.

⑤ ᄆᆞᄎᆞ시니, 불ᄀᆞ며, 기프실ᄊᆡ, 무드시니, 자ᄇᆞ샤, 버서, 지ᅀᅥ, 주구려 등
⑥ 아라(知), 도라(回), ᄲᅡ라뇨(吮), 우러(泣), 우ᅀᅳ샤(笑) 등

나. 『용비어천가/龍飛御天歌』에서
① 앞이, ᄀᆞᆲ업스시니, 곶됴코, 좇거늘, 빛나시니이다, 깊고, 새닢, 흔낱뿔 등
② 기픈, 노프시니, 조ᄎᆞ샤, 나지, ᄂᆞ치, 소ᄂᆞ로, 므른, ᄀᆞᄆᆞ래, ᄇᆞᄅᆞ매 등

다. 『석보상절/釋譜詳節』에서
① 모몰(身), 사ᄅᆞ미(人), 도ᄂᆞ로(錢), ᄠᅳ들(意), 소내(手), ᄂᆞ미(他人), 누니라(眼), 즈ᅀᅵ(貌), 죠이라(僕), ᄒᆞᆯᄀᆞ(土) 등
② 업슬, 업시(無), 아나(抱), 빌머그라(乞食), 안자(坐), 바다(受), 어드리라(得), 소사(聳) 등

위의 세 훈민정음 문헌은 모두 세종 29년(1447)에 간행된 것이기 때문에 그 표기 역시 다름이 없을 것이 예상되나, 실제는 각각의 표기에 보는 바와 같이 차이가 있다. 분철 표기가 체계적으로 확대되어 있는 『월인천강지곡』에 비하여, 부분 분철인 『용비어천가』에, 연철인 『석보상절』로서 각각 그 특징을 요약할 수 있다. 이로써 추측하건대 분철과 연철에 대한 표기의 실제에는 훈민정음 창제와 더불어 시행착오와 논란이 있었던 사항이라 하겠으며, 아마도 처음의 분철 의도가 연철의 편의성에 밀린 것이 아닌가 생각된다. 특히 (가, 나)는 세종이 직접 관여한 문헌이란 점에서 세종의 표기 의식은 원칙적으로 분철에 있었다고 생각된다. 중세에서 근대를 거쳐 현대에 이르는 표기법의 변천은 연철에서 분철로 전환하게 하는 언어 표기 의식의 단계적 각성과 성숙에 관련되므로, 위의 표기의 갈등을 통하여 언어학자로서의 세종의 형태적 표기 의식을 엿볼 수 있게 된다. 분철은 읽는 자를 위한 표기법이고, 연철은 쓰는 자를 위한 표기법이다. 문자 표기의 속성은 쓰는 자의 편의성보다는 읽는 자의 독해에 초점이 맞추어지기 때문에 언어학자로서 세종의 혜안을 짐작할 수 있다.

중세 한국어에서 사잇소리의 문법적 기능은 단어 구성에 한정되지 않고, 통사적인 관형 구성에도 관여한다는 점이 특징이다. 관형 구성에 사용된 'ᅘ'도 사잇소리 표기의 일종이므로, 'ᅘ'의 표기도 사잇소리의 범주에서 함께 보이면 다음과 같다.

[사잇소리 표기]
가. 사잇소리 'ㄱ, ㄷ, ㅂ, ㅸ, ㅿ, ᅙ'
① 냉죵(乃終)ㄱ소리

②군(君)ㄷ쭝(字)
③땀(覃)ㅂ쭝(字)
④꿈(虯)ㅸ쭝(字)
⑤ㄱ샏움훌, 英ㅿ알픠, 님긊ㅁㅅ미, 우휭龍이
⑥퀭(快)ㆆ쭝(字), 하눓ᄠᅳ디시니, 先考ㆆ뜯
　홇배이셔도, 건너싫제, 도라옳軍士
나. 사잇소리 'ㅅ'
①나랏 말ᄊᆞ미, 가온딧 소리, 목소리옛 쭝(字), 즘겟 가재, 즈 개, 즈 나 라해셔
②졍칭(正齒)ㅅ 소리, 狄人ㅅ 서리예, 西水ㅅ ᄀᆞᇫ
③엄쏘리, 니쏘리, 션째, 뒷쉽꼴, 왕끠

사이 'ㅅ'으로 대표되는 사잇소리는 『훈민정음』과 『용비어천가』에서는 (가)에서처럼 조음 위치에 따라 다양하게 사용되었으나, 이후의 문헌에서는 'ㅅ'으로 통일되었다. 사잇소리 표기는 한자어가 선행하는 부득이한 경우를 제외한다면, 종성과 초성 위치에서 유동적이었다.

1.5. 훈민정음에서 한글로

훈민정음은 창제(1443) 이후 반포(1446)를 거쳐 현대의 한글에 이르고 있다. 훈민정음의 28자모 체계는 한국어 음운 체계의 변화에 따라 문자가 없어지기도 하였고, 자모의 배열 순서에도 변화가 있었다. 그리고 현대에 사용하고 있는 한글 자모의 명칭도 창제 및 반포 당시부터 있었던 것이 아니었다. 여기에서는 이와 같은 자모 체계의 변화에 대해서 살펴보기로 하겠다.

1.5.1. 자모의 명칭

훈민정음의 예의(例義)에 기술된 초성 및 중성 자모에 대한 음가는 한자의 소리를 빌려서 다음과 같이 되어 있다.

[자모(字母)의 발음법]

가. ㄱ는 엄쏘리니 君ㄷ字 처섬 펴아나는 소리 ᄀᆞ트니 골바 쓰면 虯ㅸ字 처섬 펴아나는 소리 ᄀᆞ트니라
나. ㆍ는 呑ㄷ字 가온딧 소리 ᄀᆞ트니라
다. ㅡ는 卽字 가온딧 소리 ᄀᆞ트니라
라. ㅣ는 侵ㅂ字 가온딧 소리 ᄀᆞ트니라

(가)의 'ㄱ'은 'ㄱ는'으로 되어 있는 것으로 보아 지금처럼 '기역'으로 읽히지 않았다는 것을 알 수 있으며, (나, 다, 라)의 'ㆍ, ㅡ, ㅣ'는 당연히 'ᄋ, 으, 이'로 읽혔을 것으로 생각된다. 그렇다면 'ㄱ'은 뒤에 붙는 양모음(陽母音) 계열의 조사 '는'으로 미루어 'ᄀᆞ'나 '기'로 읽혔을 것으로 우선 추측할 수 있다. 그런데 『훈몽자회』(1527)의 언문자모(諺文字母)에 'ㄱ其役, ㄴ尼隱, ㄷ治, ㅍ皮' 등의 명칭으로 적은 것을 보아, 훈민정음 창제 당시에 'ㄱ, ㄴ, ㄷ, ㅍ' 등은 'ᄀᆞ, ᄂᆞ, ᄐᆞ, ᄑᆞ' 등이 아닌 '기, 니, 티, 피' 등으로 읽혔을 것으로 생각된다. 현대의 한글 자모 명칭의 원조(元祖)라고 할 수 있는 『훈몽자회』(1527) 범례의 언문자모(諺文字母)를 소개하면 다음과 같다.

[『훈몽자회』 범례의 언문자모((諺文字母, 俗)所謂反切二十七字)에서]

가. 초성종성통용팔자(初聲終聲通用八字)[17]
　　ㄱ其役 ㄴ尼隱 ㄷ池<u>末</u> ㄹ梨乙 ㅁ眉音 ㅂ非邑 ㅅ時<u>衣</u> ㆁ異凝
나. 초성독용팔자(初聲獨用八字)
　　ㅋ箕 ㅌ治 ㅍ皮 ㅈ之 ㅊ齒 ㅿ而 ㅇ伊 ㆆ屎
다. 중성독용십일자(中聲獨用十一字)
　　ㅏ阿 ㅑ也 ㅓ於 ㅕ余 ㅗ吾 ㅛ要 ㅜ牛 ㅠ由 ㅡ應(不用終聲) ㅣ伊(只用中聲) ㆍ思(不用初聲)

현대에 사용하고 있는 한글 자모의 명칭은 기본적으로 『훈몽자회』(1527)에서 비롯된 것이다. 'ㄱ, ㄷ, ㅅ' 등의 명칭이 '기윽, 디읃, 시읏'이 아닌 '기역, 디귿, 시옷'이 된 것은 한자로 표기된 명칭에서 '윽, 읃, 읏'에 해당하는 음의 한자가 사용되지 않은 까닭이다. 다만 초성독용팔자 'ㅋ, ㅌ, ㅍ, ㅈ, ㅊ, ㅿ, ㅇ, ㆆ' 등은 종성

---

17) 밑줄 친 한자는 원래의 문헌에는 동그라미 속에 넣었으며, 새김으로 읽는다는 뜻이다.

음가를 나타낼 필요가 없었으므로, 그 명칭 역시 『훈몽자회』(1527)에서는 초성으로서의 음가를 나타낸 '키, 티, 피, 지, 치, ㅿl, 이, 히' 등이었으나, 한글 맞춤법에서는 종성에도 표기되므로, 초성 및 종성 음가를 함께 나타낸 '키읔, 티읕, 피읖, 지읒, 치읓, 히읗' 등으로 한자음 여부에 구애되지 않고 한글식 이름으로 짓게 되었을 뿐이다.

1.5.2. 자모의 순서

훈민정음의 자모 순서는 칠음(七音: 牙音, 舌音, 脣音, 齒音, 喉音, 半舌音, 半齒音)과 청탁(淸濁: 全淸, 次淸, 不淸不濁)에 따라 초성 17자가 'ㄱ, ㅋ, ㆁ, ㄷ, ㅌ, ㄴ, ㅂ, ㅍ, ㅁ, ㅈ, ㅊ, ㅅ, ㆆ, ㅎ, ㅇ, ㄹ, ㅿ'의 순서로 배열되고, 중성 11자는 기본자, 초출자, 재출자에 따라 'ㆍ, ㅡ, ㅣ, ㅗ, ㅏ, ㅜ, ㅓ, ㅛ, ㅑ, ㅠ, ㅕ'의 순서로 배열되어 있다. 그러나 『훈몽자회』(1527)의 언문자모(諺文字母)에서는 자모의 순서를 전술한 바와 같이 초성 자모가 'ㄱ, ㄴ, ㄷ, ㄹ, ㅁ, ㅂ, ㅅ, ㆁ, ㅋ, ㅌ, ㅍ, ㅈ, ㅊ, ㅿ, ㅇ, ㅎ'으로 배열되고, 중성 자모는 'ㅏ, ㅑ, ㅓ, ㅕ, ㅗ, ㅛ, ㅜ, ㅠ, ㅡ, ㅣ, ㆍ'로 배열되었다. 이러한 자모의 배열은 초성 자모의 배열에서 약간의 차이를 제외한다면 현대의 한글 자모의 배열에 가까워졌다. 이렇게 배열이 바뀌게 된 것은 초종성의 통용 여부와 자획(字劃)의 수에 의해 초성 자모를 배열하고, 중성 자모의 배열은 훈민정음의 제자(制字) 원리, 즉 기본, 초출, 재출에 의한 순서에서 벗어나, 개구도(開口度)에 의한 배열로 그 기준이 바뀐 까닭이라고 생각된다. 그러나 이러한 재배열이 어떻게 누구에 의해 고안되었는지는 미상이다. 『훈몽자회』(1527)의 '俗所謂'라는 문맥은 최세진(崔世珍)의 창안이 아님을 분명히 하고 있기 때문이다.

『훈몽자회』(1527) 이후의 근대 문헌에서 한글 자모에 대해 주목할 만한 것으로는 『삼운성휘(三韻聲彙)』(洪啓禧, 1751)를 들 수 있다.

[『삼운성휘』의 언자초중성지도(諺字初中終聲之圖)]
    가. 初終聲通用(八字): ㄱ, ㄴ, ㄷ, ㄹ, ㅁ, ㅂ, ㅅ, ㅇ
    나. 初聲獨用(六字): ㅈ, ㅊ, ㅌ, ㅋ, ㅍ, ㅎ
    다. 中聲(十一字): ㅏ, ㅑ, ㅓ, ㅕ, ㅗ, ㅛ, ㅜ, ㅠ, ㅡ, ㅣ, ㆍ

『삼운성휘』의 자모 배열은 'ㅌ'과 'ㅋ'의 순서, 그리고 현대에 쓰이지 않는 'ㆍ'를 제외한다면 현대의 한글 자모와 같아졌다.

1.5.3. 한글 자모의 명칭과 순서

자모의 명칭으로서 '훈민정음'이란 용어는 준말인 '정음(正音)'으로도 통용되었으나, 보다 일반적으로는 '언문(諺文)'이라는 용어가 사용되었다. 현대에 들어 1894년(고종 31)의 갑오개혁으로 개국기년(開國紀年)을 사용하게 되고, 새로운 관제(官制)에서 그동안의 '언문(諺文)'을 '국문(國文)'으로 고침에 따라 '국문'이라는 용어가 정식으로 등장하게 되었다. 그러나 경술국치(庚戌國恥, 1910)에 의하여 대한제국이 멸망함에 따라 '국문'은 다시 '언문'으로 전락하게 되었다. 이러한 상황에서 망국의 비애를 품고 등장한 새로운 명칭이 바로 '한글'이다.[18] '한글'이란 명칭이 공식적으로 사용된 것은 아동잡지 『아이들보이』(新文館, 1913)의 '한글欄'이다. '한글'이란 명칭이 사용된 유래에 대해서는 주시경(周時經)의 작명이란 것이 통설이지만 확실한 증거는 없다.

현행의 '한글 맞춤법(문교부 고시 제88-1호, 1988. 1. 19.)'은 '한글 맞춤법 통일안(조선어학회, 1933. 10.)'으로부터 출발한 것이다.[19] 한글 맞춤법은 맞춤법, 표준어 규정, 외래어 표기 등에 있어서 개정되어 왔으나, 자모의 명칭과 배열 순서에는 변화가 없었다. 조선어학회가 1933년에 마련한 '한글 맞춤법 통일안'의 제1장 자모(字母)에 대한 것을 옮기면 다음과 같다.

[한글 맞춤법 통일안(1933)]

    第一章 字母
   第一節 字母의 數와 및 順序
  第一項 한글의 字母의 數는 二十四字로 하고, 그 順序는 다음과 같이 定한다.
    ㄱ ㄴ ㄷ ㄹ ㅁ ㅂ ㅅ ㅇ ㅈ ㅊ ㅋ ㅌ ㅍ ㅎ ㅏ ㅑ
     ㅓ ㅕ ㅗ ㅛ ㅜ ㅠ ㅡ ㅣ
 〔附記〕前記의 字母로 적을 수가 없는 소리는 두 개 以上의 字母를 어울러서 적기로 한다.

---

18) '한글'이란 명칭의 '한'은 '大'와 '韓'을 의미한다.
19) 원래의 표기는 '맞춤법'이 아니라 '마춤법'이었다.

　　　　　ㄲ ㄸ ㅃ ㅆ ㅉ ㅒ ㅖ ㅚ ㅟ ㅒ ㅖ ㅘ ㅝ ㅙ ㅞ ㅢ
　　第二節 字母의 이름
　　　第二項 字母의 이름은 다음과 같이 定한다.
　　　　　ㄱ 기역　ㄴ 니은　ㄷ 디귿　ㄹ 리을　ㅁ 미음　ㅂ 비읍　ㅅ 시옷　ㅇ 이응
　　　　　ㅈ 지읒　ㅊ 치읓　ㅋ 키읔　ㅌ 티읕　ㅍ 피읖　ㅎ 히읗
　　　　　ㅏ 아　ㅑ 야　ㅓ 어　ㅕ 여　ㅗ 오　ㅛ 요　ㅜ 우　ㅠ 유　ㅡ 으　ㅣ 이
　　　　〔附記〕 다음의 글자들은 아래와 같이 이름을 定한다.
　　　　　ㄲ 쌍기역　ㄸ 쌍디귿　ㅃ 쌍비읍　ㅆ 쌍시옷　ㅉ 쌍지읒

1.6. 맺음말

　훈민정음의 창제는 한국 문화에 있어서 하나의 축복일 뿐만 아니라, 문자의 역사에 있어서도 하나의 경이(驚異)이다. 자신의 언어를 옮길 수 있는 문자가 없으면서 고유한 문화의 전승을 기대할 수 없고, 문학과 같은 언어 예술의 고양(高揚)을 바랄 수 없다. 한국의 언어 문화가 유구한 역사를 자랑함에도 불구하고, 훈민정음 창제 이전의 시대에 있어서는 매우 불투명한 상태로 남아 있는 것은 우리의 언어를 우리의 문자로 적지 못했던 당시의 상황에 말미암는다. 이것을 보더라도 훈민정음의 창제가 한국인의 언어 문화 창달에 기여한 바는 아무리 강조해도 지나치지 않을 것이다.

　훈민정음은 중세 한국어라는 시대적 배경과 함께 중국에서 성립된 음운학을 이론적 배경으로 하고 있다. 시대적 배경이 된 중세 한국어에 대한 공시적 음운 분석을 성립시키고, 중국의 음운학을 우리의 실정에 맞게 재정립하여, 세종은 거의 혼자만의 노력에 의하여 훈민정음을 창제하였다. 15세기에 중세 한국어의 음운 분석을 마무리했다는 것도 언어사에 있어서 특기할 만한 일이지만, 중국의 음운학을 창조적으로 수용하여 한국어의 실정에 맞는 초성, 중성, 종성의 삼분법을 성립시킨 것은 놀라운 세종의 창의이다. 특히 중성자(中聲字)의 음가 설명에 있어서 설(舌)과 구(口)의 조음법, 즉 혀의 위치와 입의 모양을 적용한 것은 현대 언어학의 입장에서도 전혀 손색이 없는 새로운 이론의 창안인 것이다.

　문자의 창제와 성공 사례를 염두에 둔다면 훈민정음은 세계의 문자의 역사에서 유일한 존재이다. 특히 초성자의 발음기관 상형과 중성자의 삼재(三才, 天地人) 상형, 그리고 종성부용초성(終聲復用初聲)에 의한 변이음 개념의 적용 등은 훈민정

음이란 문자가 성공하게 된 이유를 논리적으로 증언하고 있다. 훈민정음의 이러한 과학성과 합리성, 그리고 편의성에 의하여 훈민정음은 한자와 한문에 경도된 조선 시대 지식인들의 외면에도 불구하고 그 생명력을 잃지 않았다. 그 결과 근대 국가의 성립과 더불어 훈민정음은 다수 언중(言衆)의 지지를 받으면서 '한글'이라는 자랑스러운 이름으로 거듭나게 되었다. 한국어의 거울인 한글을 갈고 닦아 민족 문화 창달의 소명을 달성하는 것은 이제 현대를 사는 우리의 몫이다.

참고문헌

강신항(1990), [훈민정음연구(증보판)], 성균관대학교출판부.
김무림(2004), [국어의 역사], 한국문화사.
김민수(1979), [신국어학사(전정판)], 일조각.

■ 기타의 본고에 언급된 참고문헌의 내용은 김무림(2004)에서 재인용한 것임.

2. 한국어의 발음

2.1. 개관

 필자들은 수년 전에 한국인의 발음에 관련된 재미있는 경험을 한 적이 있다. 한 학회에서 동경외국어 대학교의 한국학과에 재직하고 있는 '노마 히데키'(野間 秀樹) 교수는 발표 중간에 이러한 이야기를 하였다. 교재에 소개된 한국어의 발음법과 실제의 발음이 다른 경우가 많다. 예를 들어 '전화'의 규범적인 발음은 [전화]이지만 대부분의 한국인들은 일상적인 대화에서 [저놔]나 [저나] 정도로 발음하며 매우 신중하고 격식적인 발화 상황에서나 드물게 [전화]로 발음된다. 간단한 이야기이지만 우리말의 발음을 정확하게 인식하는 것이 결코 쉬운 일이 아님을 보여주는 사례이다. 외국인과 달리 모국어 화자들은 한국어 말소리의 추상적인 구조와 실제의 발음을 함께 이해하고 있으므로 두 가지를 혼동하는 경우가 많다. 따라서 실제로는 [저나]로 발음을 해도 /전화/로 발음을 하고 있다고 생각을 한다.
 우리가 숨을 쉬는 공기는 만질 수도 없고 눈에 보이지도 않기에 그 소중함을 알 수 없다는 이야기가 있듯이 한국어의 발음을 객관적으로 관찰하고 그 원리를 설명하는 일은 생각보다 쉽지 않다. 일단 인체의 조음기관에 의해 만들어지는 말소리는 물리학적으로는 공기를 통하여 전파되는 일종의 파동이므로 어떠한 수준까지 자세하게 기술할 것인지 기준을 마련해야 한다. 이러한 기준에 의하여 만들어진 발음기호, 구체적으로 말하자면 국제음성부호(international phonetic alphabet, IPA)를 이용하여 말소리를 객관적으로 기술하는 것은 음운론이나 음성학을 공부하는 이들에게는 일반적이지만 한국어학이나 언어학을 처음 접하는 이들에게는 낯설고 힘들다. 설사 관찰의 대상이 우리에게 너무나 친숙한 모국어라 할지라도 이러한 어려움을 피할 수 없다.
 역설적으로 모국어인 한국어에 익숙하다는 사실은 한국어를 객관적으로 관찰하는 과제에 방해가 될 수 있다. 예를 들어 한국어 자음 가운데 기본적으로 무성 폐쇄음인 /ㄱ/, /ㄷ/, /ㅂ/은 모음과 같은 유성음과 유성음 사이에 위치할 경우 예외 없이 규칙적으로 유성 폐쇄음 [g], [d], [b]가 된다. 하지만 한국어에서 무성 폐쇄음과 유성 폐쇄음 사이의 구별은 아무런 기능을 갖지 못하므로 한국인들은 대부분 이러한 규칙적 변화를 깨닫지 못한다. 한편 프랑스어나 스페인어와 같이 무성 폐쇄음과 유성 폐쇄음의 구분이 중요한 기능을 갖는 언어의 화자들은 이러한 변화에 민감하다. 여기서 '중요한 기능'이란 주로 단어의 의미를 구별하는 역할을 의미한다(2.4.1과 2.4.2 참조).

본장의 목표는 이와 같이 추상적인 한국어의 음운구조를 체계적으로 파악하고 이를 바탕으로 한국어의 발음을 정확하고 객관적으로 관찰하고 기술할 수 있는 능력을 키우는 것이다. 우리는 머릿속의 추상적인 음운구조가 어떠한 체계를 가지고 있으며 어떠한 원리와 규칙에 의해 발음되는지 살펴볼 것이다. 본서의 목적상 독자를 위한 설명은 일반언어학적 음운이론보다는 한국어의 음운체계와 발음에 집중될 것이다.

본장의 구성은 다음과 같다. 2.2와 2.3에서는 '발음'을 표기하는 언어보편적 방법을 소개하고 국제음성부호를 중심으로 한국어의 발음을 표기하는 방법을 구체적으로 살펴보겠다. 2.4에서는 한국어 분절음의 체계와 발음을 설명하겠다. 분절음들은 말소리를 분류하는 보편적인 기준에 의거하여 자음과 모음으로 나누어 체계적으로 기술할 것이다. 2.5에서는 한국어의 운율적 요소인 말소리의 장단(長短)과 고저(高低)에 대하여 살펴볼 것이다. 2.6에서는 한국어의 음운현상을 음운론적 현상과 형태론적 현상, 그리고 주로 기초어휘로 사용되는 규칙/불규칙 용언의 활용에서 나타나는 현상으로 나누어 살펴볼 것이다. 2.7에서는 이전까지의 설명을 요약하고 표준발음의 의미에 대하여 다시 생각해 보면서 본장을 마무리 하겠다.

2.2. 발음을 적는 방법

인간의 음성언어를 객관적으로 기술하는, 말하자면 음성을 기록하는 가장 보편적인 방법은 문자를 이용하는 것이다. 일반적으로 '말'을 '음성언어'(spoken language)라고 하고 문자로 표기된 음성언어는 '문자언어'(written language)라고 한다. 언어학의 연구대상은 음성언어이어야 한다는 19세기의 언어학자 '소쉬르'(Saussure, 1857-1913)의 논의에서도 알 수 있듯이 언어를 공부하는 사람들이 주요 연구대상으로 삼는 것은 문자언어가 아니라 음성언어이다. 음성언어인 '말'과 문자언어인 '글'은 비슷한 비중을 가진 것처럼 보이지만 문자는 단지 음성언어를 기록하는 표기수단에 불과하므로 근본적인 언어로 볼 수는 없다. 우리가 잘 알고 있는 세계의 주요 언어들은 대부분 표기수단으로서 문자를 가지고 있지만 실제로는 문자가 없는 소수민족 언어들의 수효가 훨씬 더 많다. 15세기에 '훈민정음'(訓民正音)이 창제되기 전까지 한국어를 온전하게 기록할 수 있는 문자도 존재하지 않았다. 음성언어가 없다면 문자언어도 존재할 수 없지만 문자언어가 없어도 음성언어는 존재할 수 있다.

문자는 일반적으로는 단어의 의미를 나타내는 '표의문자'(表意文字)와 말소리를 표기하는 '표음문자'(表音文字)로 구분할 수 있다. 우리 민족이 오랫동안 사용해 오고 있는 한자(漢字)는 전형적인 표의문자인 반면 로마자나 한글은 전형적인 표음문자이다. 말소리를 정확하게 표기하는 수단으로서는 표의문자보다는 표음문자가 편리하다. 하지만 표음문자라 할지라도 음성언어를 완전하게 표기할 수 없다. 한국어 화자들이 영어를 배울 적에 골치 아픈 문제 가운데 하나가 바로 강세인데 로마자에는 강세를 표기하는 별도의 문자가 없으므로 영어사전에서는 '양음 악센트'(acute accent, [´])나 '억음 악센트'(grave accent, [`])와 같은 별도의 부호를 사용할 수밖에 없다. 강세와 같은 운율적 요소들뿐만 아니라 분절음의 경우도 마찬가지이다. 로마자에서 모음을 표기하는 문자는 'a, e, i, o, u' 다섯 가지에 불과하지만 현대 영어에는 이보다 더 많은 모음이 있으므로 같은 문자로 다른 말소리를 표기하거나 같은 발음이라도 단어에 따라 다른 문자로 표기되는 경우가 흔하다. 간단히 말하자면 발음과 이를 표기하는 문자 사이에는 '1 : 1의 대응관계'가 성립되지 않는다. 한글의 'ㅇ'도 '어머니'에서는 어떠한 말소리도 표기하지 않지만 '동생'에서는 연구개 비음 [ŋ]을 표기하는 문자이다.

요컨대 문자로는 인간의 말소리를 충분하고 정확하게 표기할 수 없다. 문자는 음성언어의 일부분만을 표기할 수 있으며 음성과 문자가 규칙적으로 대응되지도 않으므로 동일한 문자라 할지라도 단어에 따라서 다르게 발음되는 경우가 많다. 이러한 문제는 여러 가지 언어를 동일한 문자로 표기하는 경우에는 더욱 심각하다. 예를 들어 대부분 로마자를 사용하는 있는 유럽 각국의 언어들에서 문자의 음가는 나라마다 조금씩 다르다. 표음문자는 아니지만 동양에서 공통적으로 사용되고 있는 漢字 역시 한국, 중국, 일본에서 독음이 다르다.

외국어 혹은 모국어의 발음교육을 중요하게 생각했던 학자들이 일찍이 문자 이

외에 말소리를 적는 다른 방법에 관심을 가졌던 까닭을 여기서 찾을 수 있다. 규범적인 발음을 교육하기 위해서는 말소리를 객관적으로 표기할 수 있는 수단이 필요한데 대부분의 표음문자는 언어마다 혹은 단어마다 문자의 소릿값이 다르므로 정확한 발음을 표기하기에는 충분하지 못했다. 따라서 말소리를 보다 규칙적이고 객관적으로 기술할 수 있는 방법이 필요했다. 시대와 공간은 동떨어져 있지만 15세기 조선의 '세종대왕'(1397-1450)이 정확한 발음을 표기할 수 있는 훈민정음을 만든 것처럼 19세기 유럽의 영어교육자들은 정확한 발음을 표기할 수 있는 음성부호가 필요하다는 공감대를 가지고 있던 것으로 보인다. 이러한 공감대와 관심은 결과적으로 오늘날 우리에게 음성부호라는 표기수단을 제공하였다.

 외국인으로서 영어를 학습하는 한국인들에게 철자와 발음 사이의 괴리로부터 오는 혼란은 이만저만한 것이 아니다. 예를 들어 영어 'cat'에서 c의 발음은 [k]인데 'center'의 c는 왜 [s]로 발음되는가? 'kite'에서 i의 발음은 [ai]인데 'kit'의 i는 왜 [i]인가? 영어에서 관찰되는 발음과 철자의 불일치는 모국어 화자들에게도 악명이 높았던 모양이다. 19세기 중엽 철자와 발음의 불일치 문제를 해결하려 했던 영국의 발음교육가 아이작 피트먼 경(Sir. Isaac Pitman 1813-1897)은 로마자와 전혀 다른 72개의 문자로 구성된 '표음 속기자모'(phnotypic alphabet 1845) 체계를 고안하였다.

 1886년에 설립된 '국제음성학회'(International Phonetic Association)는 본래 영어교육을 위한 음성학의 응용에 관심을 두고 설립된 단체였다. 특히 발음을 교육하기 위해서는 영어의 발음을 정확하게 적을 수 있는 음성부호 문자가 필요했다. 하지만 로마자는 철자와 발음이 일치하지 않을 뿐만 아니라 로마자를 사용하는 언어마다 그 음가가 조금씩 다르므로 적합한 문자가 될 수 없었다. 학회가 설립된 이후 회원들의 관심이 보다 일반적인 문제로 확대되면서 덴마크의 저명한 언어학자이자 영어학자인 예스페르센(Jespersen 1860-1943)은 모든 언어의 발음을 적을 수 있는 음성부호를 만들자고 제안하였다. 이 제안의 결과로 로마자를 바탕으로 삼은 '국제음성부호'(International Phonetic Alphabet, IPA)의 초안이 1888년에 마련되었다.

 국제음성부호는 오늘날까지 몇 차례의 개정을 거듭하면서 언어보편적인 부호체계로서 언어학과 관련된 모든 분야에서 사용되고 있다. 본래 영어의 발음을 정확하게 적을 수 있는 음성부호를 마련하기 위한 시도로부터 태어난 부호이지만 국제음성부호는 특정한 언어에 구애받지 않는 부호체계이므로 한글이나 로마자와 같은 표음문자만으로는 적을 수 없는 세세한 부분까지 정확하게 적을 수 있다. 게다가 국제음성부호 체계에는 '말소리의 강약(強弱), 장단(長短), 고저(高低), 음절 사이의 경계' 등과 같은 요소들까지 정확하게 표기할 수 있는 부호들도 포함되어 있다.

2.3. 한국어의 발음과 국제음성부호

이제 국제음성부호를 이용하여 한국어의 발음을 간략하게 표기하는 방법을 살펴보자. 국제음성부호의 전반적인 체계와 각 부호의 용법에 대하여 상세하게 파악하는 것이 이상적이지만 여기서는 한국어의 발음을 중심으로 이와 관련된 음성부호들만 한글자모와 대응시키면서 실용적인 설명을 덧붙이겠다. 먼저 자음을 표기하는 주요 부호들을 살펴보자. 아래의 도표는 폐에서 나오는 날숨으로 발음되는 자음을 표기하는 국제음성부호이다. 다소 복잡해 보이지만 한국어의 발음 표기에는 이들 가운데 일부분만이 사용된다.

(1) IPA 부아(폐) 날숨소리 자음부호 (2005년 개정판)

	양순음	순치음	치아음	치경음	후치경음	권설음	경구개음	연구개음	구개수음	인두음	성문음
폐쇄음	p b			t d		ʈ ɖ	c ɟ	k ɡ	q ɢ		ʔ
비음	m	ɱ		n		ɳ	ɲ	ŋ	ɴ		
전동음	B			r					R		
단타음/탄설음		ⱱ		ɾ		ɽ					
마찰음	ɸ β	f v	θ ð	s z	ʃ ʒ	ʂ ʐ	ç ʝ	x ɣ	χ ʁ	ħ ʕ	h ɦ
설측마찰음				ɬ ɮ							
접근음		ʋ		ɹ		ɻ	j	ɰ			
설측접근음				l		ɭ	ʎ	ʟ			

※ 쌍으로 표시된 부호들 가운데 왼쪽 부호는 무성 자음, 오른쪽 부호는 유성 자음이다. 음영은 조음이 불가능한 경우를 의미한다. 파찰음의 부호들인 [ts], [dz], [tʃ], [dʒ], [tɕ], [dʑ]는 폐쇄음과 마찰음의 부호를 조합한 것이므로 도표에 포함되지 않았다.

먼저 자음 가운데 장애음으로 분류되는 폐쇄음, 마찰음, 파찰음의 표기에 대하여 살펴보자. ㄱ, ㄷ, ㅂ, ㅅ, ㅈ은 각각 [k], [t], [p], [s], [tɕ]로 표기할 수 있다. 다만 ㅈ의 표기에는 경구개음 [tɕ] 대신 후치경음 [tʃ]가 사용되는 경우도 많다. 두 부호의 음가가 똑같지는 않지만 대동소이(大同小異)하다. 여기서 주의할 사항은 [k], [t], [p]의 음가가 ㅋ, ㅌ, ㅍ와 대응되지 않는다는 점이다. ㄱ, ㄷ, ㅂ, ㅈ이 '아기, 아동, 아비, 오지'와 같이 모음 사이나 유성음 사이에 위치하는 경우에는 규칙적으로 유성음화되므로 [g], [d], [b], [dʑ]로 적어야 한다.

ㄱ, ㄷ, ㅂ, ㅈ에 ㅎ의 음가가 결합된 ㅋ, ㅌ, ㅍ, ㅊ은 [kʰ], [tʰ], [pʰ], [tɕʰ]로 표기할 수 있다. 유감스럽게도 된소리 ㄲ, ㄸ, ㅃ, ㅆ, ㅉ의 국제음성부호는 마련되어 있지 않다. 국내의 학자들은 주로 [kʔ], [tʔ], [pʔ], [sʔ], [tɕʔ]나 [kʼ], [tʼ], [pʼ], [sʼ], [tɕʼ] 혹은 [k˭], [t˭], [p˭], [s˭], [tɕ˭]와 같은 임시방편적 부호를 사용하고 있다. 본서에서는 문제가 있긴 하지만 한국어 음운론이나 음성학과 관련된 논저에서 가장 많이 사용되고 있는 [kʼ], [tʼ], [pʼ], [sʼ], [tɕʼ]로 적겠다.[1] 목구멍에서 발음되는 마찰음 ㅎ은 기본적으로 유기음이라 할 수 있으며 환경에 따라 다양한 음가를 갖지만 편의상 [h]로 통일하여 적도록 하자.

(2) 한국어 장애음의 IPA 표기

ㄱ. 평음(무성음)	ㄴ. 평음(유성음)	ㄷ. 유기음	ㄹ. 경음
'가락'의 'ㄱ' [k]	'아가'의 'ㄱ' [g]	'칼날'의 'ㅋ' [kʰ]	'깡통'의 'ㄲ' [kʼ]
'다리'의 'ㄷ' [t]	'아들'의 'ㄷ' [d]	'타령'의 'ㅌ' [tʰ]	'딸기'의 'ㄸ' [tʼ]
'바다'의 'ㅂ' [p]	'나비'의 'ㅂ' [b]	'파도'의 'ㅍ' [pʰ]	'빨래'의 'ㅃ' [pʼ]
'사랑'의 'ㅅ' [s]			'싸움'의 'ㅆ' [sʼ]
'자갈'의 'ㅈ' [tɕ]	'가족'의 'ㅈ' [dʑ]	'차돌'의 'ㅊ' [tɕʰ]	'짜증'의 'ㅉ' [tɕʼ]

※ '하루'의 'ㅎ' [h]

다음으로 공명음으로 분류되는 비음, 유음의 표기에 대하여 살펴보겠다. 비음 ㄴ, ㅁ, ㅇ은 각각 [n], [m], [ŋ]으로 적는다. 이들은 본래 유성음이므로 환경에 따라 별도의 유성음 부호를 사용할 필요가 없다. 유음 ㄹ은 한국어의 음운체계 안에서 하나의 단위로 인식되지만 음절 종성의 ㄹ과 음절 초성의 ㄹ은 음가가 전혀 다르다. 따라서 음절 종성, 즉 받침의 ㄹ은 [l]로 표기하고 음절 초성의 ㄹ은 [ɾ]로 표기한다. [ɾ]은 모양이 비슷한 R의 소문자 r과 혼동되지 않도록 유의해야 한다. '몰라' '흘러', '콜라'와 같이 음절의 종성과 초성에 ㄹ이 연속적으로 나타나는 단어에서 ㄹㄹ의 음가는 모두 [l]이다. 예를 들어 '콜라'는 [kʰolla]로 적는다.

---

[1] 국제음성부호의 된소리 표기법에 대한 문제점과 이에 대한 대안은 신지영(2000:47)의 설명을 참고하기 바란다.

(3) 한국어 공명음의 IPA 표기
   ㄱ. 비음　　　　　　ㄴ. 유음(탄설음)　　　ㄷ. 유음(설측음)
     '나라'의 'ㄴ' [n]　　　'라면'의 'ㄹ' [ɾ]　　　'칼날'의 'ㄹ' [l]
     '마을'의 'ㅁ' [m]　　　　　　　　　　　　　'빨래'의 'ㄹㄹ' [ll]
     '강산'의 'ㅇ' [ŋ]

이상 19가지 자음의 음가를 국제음성부호로 표기하는 방법을 살펴보았다. 자음의 설명을 마무리하기에 앞서 자음이 특수한 음가를 갖게 되는 두 가지 경우에 대하여 설명할 필요가 있다. 첫 번째 경우는 자음이 음절 종성에 위치하는 경우, 즉 '받침'으로 사용되는 경우의 발음이다. 음절의 초성과는 대조적으로 한국어의 음절말 위치에 올 수 있는 자음은 ㄱ[k], ㄴ[n], ㄷ[t], ㄹ[l], ㅁ[m], ㅂ[p], ㅇ[ŋ]의 7가지로 제한되어 있는데 이러한 현상을 학교문법에서는 '음절말 끝소리 규칙'이라는 용어로 설명하고 있다. 음절말의 7가지 자음들을 자세히 살펴보면 비음(ㄴ, ㅁ, ㅇ)은 초성의 음가와 다르지 않다. 유음(ㄹ)은 앞서 설명하였듯이 초성에서는 탄설음 [ɾ]로 실현되지만 음절말 위치에서는 설측음 [l]로 실현된다.

문제가 되는 음절말 자음은 폐쇄음(ㄱ, ㄷ, ㅂ)이다. 이들은 음절말 위치에서 '불파음화'를 겪으므로 음절의 초성에 위치하는 경우와 비교해 보았을 때 음가가 전혀 다르다. 폐쇄음은 날숨을 특정한 조음위치에서 막는 방법으로 만들어지는데 폐쇄 이후에는 보통 기류의 개방이 동반된다. '불파음화'란 폐쇄 이후 개방이 일어나지 않은 현상을 의미한다.[2] IPA 체계에서는 불파음화된 폐쇄음을 구별부호 [˺]로 표기한다. 따라서 음절말의 폐쇄음은 ㄱ[k˺], ㄷ[t˺], ㅂ[p˺]로 표기할 수 있다.

(4) 불파음화된 폐쇄음의 IPA 표기
    '악수'[악쑤]의 'ㄱ' [k˺]
    '낱개'[낟깨]의 'ㄷ' [t˺]
    '입가'[입까]의 'ㅂ' [p˺]

자음이 특수한 음가를 갖는 두 번째 사례는 '이, 야, 여, 요, 유, 예', 소위 '이선행 모음' 앞에 위치하는 경우이다. 이들 모음에는 모음 '이'[i] 혹은 '이'와 유사한 반모

---

[2] 입 앞에 손바닥을 펴서 바짝 붙이고 '바'와 '압'을 차례로 발화해 보면 개방이 동반된 폐쇄음 ('바'의 [p])과 불파음화된 폐쇄음('압'의 [p˺])의 차이를 쉽게 이해할 수 있다. '바'와 달리 '압'에서는 폐쇄 이후 이어지는 날숨의 개방을 손바닥으로 느낄 수 없다.

음이 포함되어 있는데 이러한 이선행모음의 영향으로 이들에 앞서는 자음들은 경구개음화를 겪는다. IPA 체계에서는 경구개음화된 자음을 구별부호 [ʲ]로 표기하지만 아예 별도의 부호를 사용하는 경우도 많다. 실질적으로는 모든 자음들이 경구개음화되지만 특히 치경에서 조음되는 'ㄴ, ㄷ, ㄸ, ㅌ, ㅅ, ㅆ, ㄹㄹ'이 큰 영향을 받는다. 이들 자음은 모음 '이'가 발음되는 혀의 위치로 조음위치가 조금씩 뒤로 당겨져 발음된다. 따라서 이선행모음 앞에서 경구개음화된 자음들은 ㄴ[nʲ](혹은 [ɲ]), ㄷ[tʲ/dʲ], ㄸ[tʲ], ㅌ[tʰʲ], ㅅ[ʃ], ㅆ[ʃ], ㄹㄹ[ʎʎ]로 표기한다. (1)의 도표를 보면 이러한 부호들이 치경보다 뒤쪽, 즉 목구멍에 가까운 방향에서 조음되는 후치경음이나 경구개음의 부호들임을 확인할 수 있다.

(5) '경구개음화된 치경음'(혹은 '경구개음')의 IPA 표기
    '어머니'의 'ㄴ' [nʲ] / [ɲ]
    '디스크'의 'ㄷ' [tʲ]
    '활력'의 'ㄹㄹ' [ʎʎ]
    '가시'의 'ㅅ' [ʃ]

(1)의 도표를 한국어의 19가지 자음을 표기하는 부호만으로 간략하게 정리하면 아래와 같이 한층 단순해진다. 이 도표에는 [ʰ], [ʼ], [ˀ], [ʲ]와 같은 보조적 구별부호가 결합된 부호는 포함되지 않았지만 본래의 IPA 도표에 포함되지 않은 파찰음 부호를 추가하였다는 점에 유의하기 바란다. 한국어 ㅈ의 조음위치를 일반적으로는 경구개음으로 분류하지만 ㅈ의 부호 [tɕ]와 [dʑ]는 엄밀히 말하자면 치경과 경구개 사이에서 조음되는 치경경구개음의 부호이다.

(6) 한국어의 자음과 관련된 IPA 자음 부호

	양순음	치아음	치경음	후치경음	경구개음 (치경경구개음)	연구개음	성문음
폐쇄음	p b		t d			k g	
비음	m		n		ɲ	ŋ	
단타음 탄설음			ɾ				
마찰음		s	ʃ				h
파찰음					tɕ dʑ		
접근음					j	ɰ	
설측 접근음			l		ʎ		

이제 모음의 표기에 대하여 알아보자. 자음과 마찬가지로 IPA에서는 많은 수의 모음 부호를 제공하고 있지만 한국어에서는 긴장모음과 이완모음의 구분이 없으므로 간략한 표기법을 적용한다면 대체로 7-10개 정도의 부호만으로 적을 수 있다.

(7) IPA 모음 부호
ㄱ. 평순모음   ㄴ. 원순모음

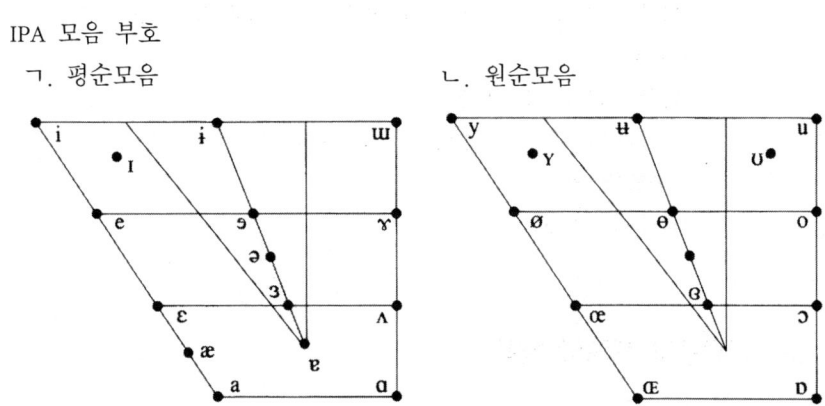

한국어의 단모음들은 일반적으로 '아[a], 어[ə], 오[o], 우[u], 으[ɨ], 이[i], 애/에[e]'로 표기한다. '애'와 '에'를 각각 [ɛ]와 [e]로 구별하기도 하지만 두 모음은 문자로만 구별이 될 뿐 대개 [e]로 발음된다. 현행 학교문법에서는 '애'[ɛ]와 '에'[e]를 엄격하게 구분하므로 '개 : 게, 내 : 네, 때 : 떼, 매 : 메, 배 : 베, 새 : 세, 재 : 제' 등의 발음을 정확하게 구분할 것을 요구하고 있으나 사실 극도로 신중하거나 의식적인 발화가 아닌 이상 두 모음을 구별하여 발음하거나 지각하기란 어렵다.

(8) 한국어 단모음의 IPA 표기
    '아가'의 '아' [a]   '어깨'의 '어' [ə]   '오이'의 '오' [o]
    '우리'의 '우' [u]   '으뜸'의 '으' [ɨ]   '이랑'의 '이' [i]
    '에누리'의 '에' [e]   '애벌레'의 '애' [e]

이중모음은 일반적으로 '야[ja], 얘/예[je], 여[jə], 요[jo], 유[ju], 와[wa], 왜/외/웨 [we], 워[wə], 위[wi], 의[ɨj]'로 표기하는데 '의'는 [ɰi]로 표기하기도 한다. 본서에서는 일단 '의'를 편의상 [ɨj]로 통일하여 표기하겠다. 현행 학교문법에서는 '위'와 '외'가 각각 원순성을 가진 단모음 [y]와 [ø]로 발음된다고 설명하고 있지만[3] 일부 방언이나 노년층의 발음에서나 이러한 단모음이 관찰될 뿐 현대한국어에서 '위'와 '외'

67

는 대부분의 세대와 방언에서 각각 이중모음 [wi]와 [we]로 발음된다.

   (9) 한국어 이중모음의 IPA 표기
      ㄱ. j계열
         '야단'의 '야' [ja]   '예감'의 '예' / '얘기'의 '얘' [je]
         '여자'의 '여' [jə]   '요리'의 '요' [jo]   '유리'의 '유' [ju]
      ㄴ. w계열
         '와글, 와르르'의 '와' [wa]
         '왜가리'의 '왜' / '외눈'의 '외' / '웨이터'의 '웨' [we]
      ㄷ. 이중모음 '의'
         '의사'의 '의' [ij]

2.4. 분절음의 체계와 발음

  지금까지 우리말의 자음과 모음을 음성부호로 적는 간략한 전사법을 익혔다. 이제 본격적으로 한국어의 분절음과 그 체계에 대하여 자세하게 살펴보자. 하지만 분절음의 체계를 익히기 위해서 먼저 알아두어야 할 개념이 있다. 그 개념은 '음소'(音素, phoneme)이다.

2.4.1. 음소의 개념

  조음기관에 의해 발음된 말소리는 물리적 파동의 형태로 우리의 귀와 청각기관에 도달하므로 물리학적으로 본다면 완전히 동일한 말소리를 발음한다는 것은 불가능하다. 예를 들어 '엄마'라는 단어를 하루에 수십 번씩 말한다 할지라도 물리학적으로 동일한 음파를 만들어내는 것이 아니며 '엄마'를 구성하는 분절음 어[ə], ㅁ[m], 아[a] 역시 발화 때마다 동일하게 발음된다고 보기 어렵다. 예컨대 "엄마! 엄마!"라고 두 번 반복하여 발화를 했을 때 첫 번째 '엄마'의 '어'와 두 번째 '엄마'의 '어'가 동일하다고 볼 수 없다. 두 가지 '어'를 '어¹'과 '어²'라고 가정해 보자. '어¹'과 '어²' 사이의 파형(波形, 파동의 모양)에 차이가 있으며 음악적인 음높이나 말소리

---

3) IPA와는 별도로 미국식 전사법에서는 단모음 '위'를 [y] 대신 [ü]로, 단모음 '외'를 [ø] 대신 [ö]로 표기한다. 단모음 '위'와 '외'는 각각 '이'와 '에'의 위치에서 조음되는 원순모음이다.

의 강약은 분명히 다르다.

그렇다면 우리는 수많은 사람들에 의해서 반복적으로 발화되는 분절음들을 모두 따로 따로 분석해야 하는가? 물론 그러한 분석은 불가능하며 그럴 필요도 없을 것이다. 물리학적 세계와 달리 한국어를 이해하는 사람이라면 누구나 우리들의 입에서 나온 여러 개의 '엄마'란 단어를 모두 '母'의 의미로 이해할 수 있으며 다른 사람의 입에서 나온 '엄마' 역시 내가 말한 '엄마'와 같은 단어로 이해할 수 있기 때문이다. 이러한 이해는 비록 물리학적인 파형이나 음의 높이, 소리의 강도는 달라도 한국어를 구사하는 화자들이 '엄마'란 단어를 심리학적으로는 어[ə], ㅁ[m], 아[a]라는 동일한 분절음의 단위로 분석하는 능력에 바탕을 두고 있다. 이것은 마치 과수원에서 딴 수많은 사과들을 상품, 중품, 하품으로 나누어 분류하는 능력과 비슷하다. 거두어들인 사과들은 그 맛과 모양, 크기가 분명히 조금씩 다르지만 농부가 일정한 기준에 따라 이들을 몇 가지 등급으로 나누어 분류하고 동일한 등급으로 분류된 사과들에 동일한 값을 매기듯이 우리들은 물리학적으로 조금씩 다른 소리들을 분절음 단위로 묶어서 동일한 말소리로 이해할 수 있다.

농부에게 사과를 분류하는 일정한 기준과 등급이 필요하듯이 우리가 말소리를 동일한 부류로 나누고 이해하기 위해서는 '음소'라는 개념이 필요하다. '음소'란 앞서 설명한 개개의 말소리를 분류하는 가장 유용한 단위이다. 예를 들어 '엄마'란 단어는 네 개의 음소 '/어/+/ㅁ/+/ㅁ/+/아/'로 구성된 단어이며 이들 가운데 두 번째와 세 번째 음소 /ㅁ/는 같은 음소이다.

2.4.2. 음소의 설정 기준

음소는 여러 가지 기준에 의해서 설정될 수 있다. 하지만 오늘날 가장 합리적이고 논리적인 기준은 언어의 구조주의적 분석에 의한 기준이다. 일반적으로 구조주의적 분석에서는 음소를 설정하는 기준을 4가지로 제시하고 있다.

① **최소대립 (最小對立, minimal pair contrast)**

최소대립이란 두 가지 이상의 단어들이 최소한의 차이에 의하여 다른 의미를 가진 단어들로 구별되는 경우를 의미한다. 여기서 최소한의 차이는 보통 분절음 하나의 차이를 의미한다. 예를 들어 '달[tal]-딸[t'al]-탈[tʰal]-갈[kal]-발[pal]-살[sal]'

과 같은 일련의 단어들은 모두 두 가지 분절음 '아'와 'ㄹ'을 공유하고 있으므로 각 단어의 의미는 오직 음절 초성에 위치하는 하나의 분절음에 의하여 결정된다. 최소대립을 형성하는 분절음들은 별개의 음소로 설정되며 '달-딸'과 같이 최소대립에 의해 변별되는 두 단어의 쌍을 최소대립쌍(minimal pair), '달-딸-탈'과 같이 최소대립에 의해 변별되는 단어들의 집합을 최소어군(minimal set)이라 부른다.

이와 같은 최소대립의 기준은 그 성격이 매우 유사한 말소리를 음소로 설정하는 데 효과적이다. 예를 들어 'ㅂ, ㅍ, ㅃ'은 음성학적으로 매우 비슷한 분절음들인데 이들이 한국어에서 음소로 설정될 수 있는지 그렇지 못한지는 최소대립의 기준을 통해 확인할 수 있다. 이 분절음들을 '□ㅜㄹ'과 같은 틀에 대입해 보면 '불[火]-풀[草]-뿔[角]'로 각각 다른 의미를 가진 단어로 구분되는 것을 확인할 수 있다. 따라서 한국어에서 분절음 'ㅂ, ㅍ, ㅃ'는 각각의 음소로 설정된다고 볼 수 있다. 최소대립은 기능과 가격이 조금씩 다르지만 본래는 같은 종류의 상품을 한 자리에 놓고 비교하는 경우로 이해할 수 있다. 동일한 조건 아래에서 우리는 여러 가지 제품들의 공통점과 차이점을 쉽게 비교하고 파악할 수 있는 것처럼 동일한 조건에 분절음을 대입함으로써 각 분절음의 차이에 의한 의미의 대립을 쉽게 이해할 수 있다.

하지만 최소대립만으로는 모든 분절음들을 음소로 분류하고 검토할 수 없다. 비교할 대상이 되는 분절음들을 한 자리에 모을 수 없다면 동일한 조건 아래에서 비교할 수도 없기 때문이다. 따라서 분절음의 분포가 제한되는 위치에서는 최소대립을 관찰할 수 없다. 예를 들어 불파음화된 폐쇄음 'ㄱ, ㄷ, ㅂ'은 음성학적으로는 일반적인 폐쇄음과 구별되지만 오직 음절 종성에만 분포하므로 불파음화되지 않는 일반적인 폐쇄음과 최소대립을 형성할 수 없다. 예를 들어 'ㄴㅏ□'과 같은 틀에는 오직 불파음 'ㄱ[k̚], ㄷ[t̚], ㅂ[p̚]'만 대입될 수 있으므로 불파음화되지 않는 '[k], [t], [p]'가 불파음화된 '[k̚], [t̚], [p̚]'와 최소대립을 형성하는지 알 수 없다. 이러한 경우에는 다음에 살펴볼 '상보적 분포'와 '음성학적 유사성'이라는 기준에 의지하여 '[k]-[k̚]', [t]-[t̚], [p]-[p̚]'와 같은 쌍을 각각 하나의 음소로 묶을 수 있다.

② 자유변이 (自由變異, free variation)

'최소대립'과는 반대로 동일한 조건 아래에서 음성학적으로 다른 분절음이 교체되어도 단어의 의미가 구별되지 않는 경우도 있다. 영어의 어말에 위치하는 폐쇄음은 한국어처럼 불파음화되기도 한다. 물론 영어의 불파음화는 한국어와 달리 규칙적인 현상은 아니다. 영어의 어말 불파음화는 수의적으로 일어나므로 어말에서 불파음과 일반적인 폐쇄음의 교체를 확인할 수 있다. 예를 들어 'book'의 어말 폐쇄음은 [buk]나 [buk⁻]으로 실현된다. 하지만 어느 쪽으로 발음되든 'book'의 의미에는 변화가 없다. '최소대립'과 달리 이러한 교체는 단어의 의미를 좌우할 수 없다. 이러한 교체를 '최소대립'과 구분하여 '자유변이'라 하고 '자유변이'에 의해 교체되는 분절음들은 하나의 음소로 묶을 수 있다.

③ 상보적 분포 (相補的 分布, complementary distribution)

앞서 살펴본 불파음화된 폐쇄음과 일반적인 폐쇄음처럼 음성학적으로 비슷한 두 개 이상의 분절음들이 결코 동일한 환경에 결코 나타나지 않는 경우를 '상보적 분포'라고 부른다. 상보적 분포를 형성하는 분절음들은 묶어서 하나의 음소로 설정할 수 있으며 상보적 분포를 형성하면서 하나의 음소로 묶이는 분절음들은 각 음소의 '변이음'(allophone)이라 부른다. 예를 들어 한국어의 'ㅂ'은 어두에서는 [p]로, 어중의 유성음 사이에서는 [b]로, 음절 종성에서는 불파음 [p⁻]로 실현되는데 이 세 가지 분절음은 결코 서로의 분포환경을 침범하는 일이 없다. 어두에는 [b]와 [p⁻]가 올 수 없으며 유성음 사이의 어중 환경에는 [p]와 [p⁻]가 나타나지 않고, 음절 종성에는 불파음화 규칙이 적용되므로 [p]와 [b]가 올 수 없다. 세 분절음들이 '상보적 분포'를 형성하므로 하나의 음소 /ㅂ/(혹은 /p/)로 묶을 수 있으며 [p], [b], [p⁻]는 /ㅂ/의 변이음들이다.

(10) /ㅂ/의 상보적 분포

음소	분절음	분포 환경	예
/p/ (ㅂ)	[p] (무성음)	어두	'바다' [pada]
	[b] (유성음)	어중(유성음 사이)	'나비' [nabi]
	[p⁻] (불파음)	음절 종성	'입' [ip⁻]

'상보적 분포'는 '최소대립'과 같이 동일한 조건 아래에서 각 분절음의 차이를 파악할 수 없는 경우에 적용되는 기준이다. 이것은 '지킬 박사와 하이드'처럼 본래는 한 사람이지만 환경에 따라 다른 모습으로 나타나는 사람들의 정체를 파악하는 방법이라 할 수 있다. 예를 들어 만화나 영화에 자주 등장하는 '스파이더맨'을 생각해

보자. 스파이더맨은 평상시 영웅이라는 자신의 정체를 숨기고 평범한 사진기자인 '피터 파커'로 살아가지만 사고나 악당들에 의해 사람들이 위험에 빠지면 스파이더맨으로 변신하여 사람들을 구원한다. 언제나 특이한 복장에 마스크를 쓰고 나타나기 때문에 사람들은 스파이더맨과 피터가 동일한 사람인지 알기 어렵지만 둘은 분명히 한 사람이므로 스파이더맨과 피터는 동시에 한 자리에 나타날 수 없다. 이와 같이 스파이더맨과 피터는 함께 등장하지 못하므로, 즉 '상보적 분포'를 이루므로 본래는 한 사람이라는 결론을 내릴 수 있는 것처럼 서로의 분포 환경에 동시에 나타날 수 없는 분절음들은 하나의 음소로 여길 수 있다. 스파이더맨과 피터를 하나의 인물로 묶어주는 정체성이 음소의 개념과 대응된다면 영웅 '스파이더맨'과 평범한 사진기자 '피터'는 한 음소로 묶이지만 환경에 따라 조금은 다른 모습으로 나타나는 변이음에 해당되는 셈이다.

④ 음성학적 유사성 (音聲學的 類似性, phonetic similarity)

'상보적 분포'의 기준을 만족하는 분절음들을 하나의 음소로 묶을 때 유의할 점이 하나 있다. 분포 환경이 겹치지 않는다 할지라도 서로 음성학적으로 닮은 분절음들이 아니라면 하나의 음소로 묶을 수 없다는 것이다. 앞서 살펴보았듯이 불파음화된 폐쇄음은 음절 종성에만, 일반적인 무성 폐쇄음은 어두의 음절 초성에만 분포하므로 무성 폐쇄음 [k], [t], [p]는 모든 불파음과 상포적으로 분포한다. 예를 들어 [k]는 [k⁻]와도 상보적 분포를 이루지만 [k]-[t⁻], [k]-[p⁻]도 상포적으로 분포한다고 볼 수 있다. 하지만 우리는 [k]-[k⁻]만을 하나의 음소로 묶을 수 있을 뿐, [k]-[t⁻], [k]-[p⁻]의 쌍은 각각 별개의 음소에 속한 분절음으로 본다. 그렇다면 [k]-[k⁻]와 [k]-[t⁻], [k]-[p⁻] 사이의 차이는 무엇일까? 해답을 바로 음소 설정의 넷째 기준인 '음성학적 유사성'이다. 분절음들이 서로의 영역을 침범하지 않는다 하더라도 음성학적으로 서로 닮은 점이 없다면 하나의 음소로 묶을 수 없다. 위에서 살펴본 [k]-[k⁻]의 쌍은 연구개에서 조음되는 폐쇄음이라는 공통점을 가지고 있으나 [k]-[t⁻], [k]-[p⁻]의 쌍은 이러한 공통점을 찾을 수 없으므로 하나의 음소로 묶을 수 없다.

음성학적 유사성의 기준이 유용하게 적용되는 또 하나의 사례는 'ㅎ'[h]과 'ㅇ'[ŋ]의 분포이다. 한국어에서 [h]는 음절 종성에 올 수 없고, [ŋ]은 음절 초성에 올 수 없으므로 [h]-[ŋ]은 분명히 상포적 분포의 사례로 볼 수 있다. 하지만 결코 두 분절음을 하나의 음소로 묶을 수 없다. [h]는 목구멍에서 조음되는 마찰음이지만 [ŋ]은 연구개에서 조음되는 비음이므로 음성학적으로 닮은 부분을 전혀 찾을 수 없기 때문이다. 다음 절부터는 이러한 네 가지 기준에 의해 설정된 한국어의 음소 체계를 자음과 모음으로 나누어 살펴보겠다.

2.4.3. 자음의 체계와 발음

어떠한 언어든 음소체계를 분류하는 가장 기본적인 분류 방법은 자음과 모음의 이분법(二分法)이다. 말소리가 형성되는 조음기관, 구체적으로 말하자면 목구멍으로부터 입술까지의 공간에서 어떠한 장애나 막힘에 의해 만들어지는 말소리를 자음, 어떠한 막힘이나 장애도 없이 만들어지는 말소리를 모음으로 분류한다. 아래의 그림에서 확인할 수 있듯이 말소리는 '성대-후두-인두-목젖-연구개-경구개-윗니-입술'로 연결되는 ㄱ자 모양의 관에서 만들어지는데 이러한 관을 '성도'(聲道, vocal tract)라 부른다. 자음은 성도의 막힘과 장애에 의해 만들어지는 말소리로 정의된다. 자음을 분류하는 가장 중요한 두 가지 기준은 말소리가 만들어지는 위치와 방법이다. 본절에서는 조음방법에 따라 자음들을 분류한 뒤에 분류된 자음들을 조음위치별로 설명하겠다.

(11) 발음기관 단면도 (교육 인적 자원부 2002a:54)

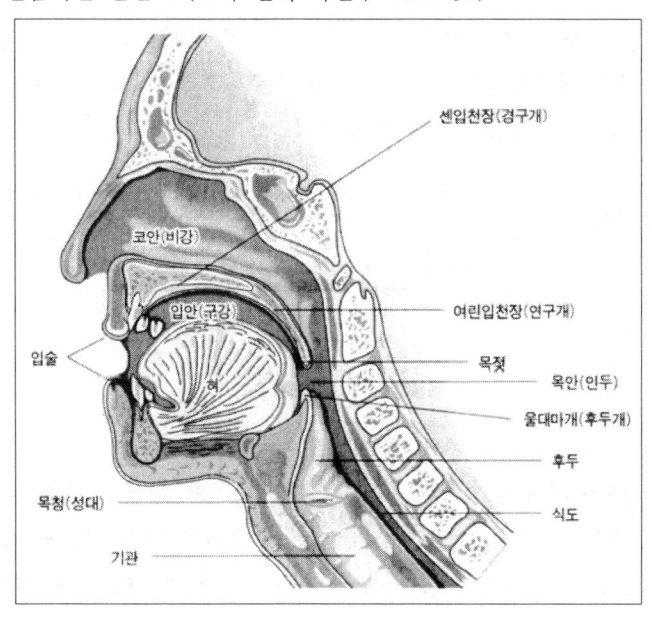

① 장애음 (obstruent)

성도 내에서 날숨의 흐름을 막거나, 날숨이 흘러가는 통로를 좁히고 거친 마찰을 일으켜 만들어지는 자음을 장애음이라 한다. 장애음은 조음방법에 따라 다시 폐쇄음, 마찰음, 파찰음으로 분류할 수 있다. '폐쇄음'(stop)은 날숨의 흐름을 완전히 막아서 만들어내는 소리이다. 기류를 막으므로 '폐쇄음' 대신 '정지음'이라 부르기도 하고 폐쇄 이후에는 기류의 개방이 이어지므로 '파열음'이라는 용어를 사용하기도 한다. 다만 폐쇄음이란 용어는 위의 그림에서 연구개를 올려 비강으로 통하는 기류를 차단한 상태에서 구강에서만 폐쇄가 일어나는 분절음에 주로 사용된다. 따라서 우리가 일반적으로 폐쇄음이라 부르는 말소리들은 비강으로는 기류가 흐르지 않는 '구강 폐쇄음'(oral stop)이다. 한국어의 'ㄱ/ㅋ/ㄲ, ㄷ/ㅌ/ㄸ, ㅂ/ㅍ/ㅃ'은 모두 폐쇄음에 해당되는 음소이다.

조음위치에 의하면 'ㄱ/ㅋ/ㄲ'은 연구개음, 'ㄷ/ㅌ/ㄸ'은 윗니와 경구개 사이의 치경에 혀를 붙여 기류를 막는 치경음, 'ㅂ/ㅍ/ㅃ'은 양 입술로 기류를 막는 양순음이다. 연구개/치경/양순 폐쇄음은 조음방법이나 조음위치와는 별도로 성대의 상태에 따라 평음(예사소리), 유기음(거센소리), 경음(된소리)으로 구분된다. 유기음은 성대 사이에서 [h]와 같은 마찰성 소음이 형성되어 폐쇄음 뒤에 이어지는 모음을 발음할 때 일어나는 성대의 진동이 지연되는 분절음이다. 경음은 평음에 비하여 성대를 비롯한 조음 관련 근육조직이 긴장된 상태로 발음되는 분절음이다. 아래와 같은 세 가지 폐쇄음의 대립은 한국어 장애음 체계의 가장 큰 특징으로서 뒤이어 살펴볼 파찰음과 마찰음에서도 찾아볼 수 있다.

(12) 한국어 폐쇄음의 세 가지 종류

'마찰음'(fricative)은 혀나 입술과 같이 능동적인 조음체가 구강 안의 조음위치에 충분한 마찰이 일어날 수 있을 정도로 접근하여 형성되는 말소리이다. 조음위치에서 성도가 좁혀지고 그 사이로 기류가 흘러가면 공기의 마찰에 의해 일종의 거친

소음이 발생하는데 이러한 말소리가 바로 마찰음이다. 한국어에서는 'ㅅ'[s]와 'ㅆ'[s'] 그리고 'ㅎ'[h]가 마찰음인데 영어에 [f], [v], [θ], [ð], [s], [z], [ʃ], [ʒ], [h]와 같이 다양한 마찰음들이 있다는 점을 고려한다면 한국어의 자음체계에서 마찰음은 적은 편이다.

'파찰음'(affricate)은 폐쇄음과 마찰음 두 가지 분절음의 성격을 함께 갖는 분절음이다. 앞부분은 폐쇄음처럼 기류를 막지만 후반부에서는 일반적인 폐쇄음과 달리 전면적인 개방이 일어나지 않고 마찰이 이어진다. 따라서 '폐쇄음(전반부)+마찰음(후반부)'으로 구성되는 장애음이다. 언어에 따라서 이러한 구성이 연속적으로 이어진 두 개의 분절음으로 인식되기도 하지만 한국어에서는 파찰음이 하나의 분절음으로 인식된다.

조음위치상 마찰음 'ㅅ'[s]와 'ㅆ'[s']는 ㄷ계열과 같은 위치에서 조음되는 치경음이며 'ㅎ'[h]는 성대에서 마찰이 일어나는 성문음이다. ㅈ계열의 파찰음 'ㅈ'[tɕ], 'ㅊ'[tɕʰ], 'ㅉ'[tɕ']는 경구개음이다. 폐쇄음과 마찬가지로 마찰음과 파찰음도 성대의 상태에 따라 평음(예사소리), 유기음(거센소리), 경음(된소리)으로 구분된다. 다만 마찰음은 유기음이 없으므로 '평음-경음'으로만 구분된다.

(13) 한국어 마찰음과 파찰음의 분류
　　　　치경 마찰음　　　경구개 파찰음

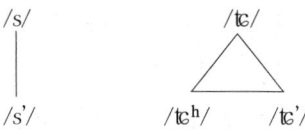

② 공명음 (resonant/sonorant)

'공명음'은 성도 안에서 날숨의 흐름이 구강이나 비강에서 발생하는 장애로부터 비교적 자유로운 상태로 조음되는 비장애음이다. 공명음은 조음방법에 따라 다시 비음, 탄설음, 설측음, 활음으로 분류할 수 있다. '비음'(nasal)은 연구개를 내린 상태에서 기류가 비강과 구강을 동시에 통과하면서 조음된다. 이 때 구강에서는 폐쇄음과 동일한 방식으로 기류의 장애가 형성되므로 기류가 구강뿐만 아니라 비강도 통과한다는 점을 제외한다면 '구강 폐쇄음'과 조음방법이 동일하다. 이러한 이유로 비음을 '비강 폐쇄음'(nasal stop)이라고도 한다. 한국어의 비음은 폐쇄음과 마찬가지로 양순, 치경, 연구개에서 조음된다. 'ㅁ'[m]는 양순음, 'ㄴ'[n]는 치경음, 'ㅇ'[ŋ]은 연구개음이다.

　한국어의 ㄹ은 음절 초성에서는 '탄설음'(flap) [ɾ]로 발음되고 음절 종성에서 혹은 반복되어 겹자음을 형성하는 경우에는 '설측음'(lateral) [l]로 발음된다. 두 가지 분절음은 상보적으로 분포하고 음성학적 유사성을 가지고 있으므로 한국어의 자음체계 내에서 하나의 음소(/ㄹ/)로 묶인다. 한국어의 탄설음 [ɾ]과 설측음 [l]은 모두 공명음이며 조음위치(치경음)도 같지만 조음방법에는 다소 차이가 있다. 탄설음은 혀와 같이 능동적인 조음체가 치조와 같은 부위를 매우 빠른 속도로 가볍게 치면서 조음된다. 이러한 조음동작이 여러 번 반복되지 않고 한 번만 일어나므로 탄설음을 '단타음'(tap)이라고도 부른다. 달리 말하자면 탄설음은 지극히 짧은 폐쇄가 일어나는 아주 약한 폐쇄음이라 할 수 있다. 따라서 치경 탄설음 [ɾ]은 음성학적으로 치경 폐쇄음 [t]와 비슷하다고도 볼 수 있다. 이와 같은 유사성 때문에 미국 영어의 'Sáturdày'나 'wáter'와 같은 단어에서 강세를 받지 않는 음절의 /t/가 우리말에서 초성의 /ㄹ/과 비슷한 탄설음 [ɾ]로 약화되는 경우를 흔하게 관찰할 수 있다.

　설측음은 구강을 통과하는 기류가 혀의 가운데 부분에 막혀 양 옆으로 빠져 나가면서 조음되는 말소리이다. 혀의 중앙부가 치경에 붙어 기류를 막으므로 조음위치는 치경 폐쇄음과 같지만 혀의 양 옆으로는 기류를 개방한다. 한국어의 자음체계에서 탄설음과 설측음이 하나의 음소로 묶이므로 탄설음과 설측음을 묶어서 '유음'(liquid)이란 범주로 설정하는 것이 효과적이다. 일반언어학적으로 유음이란 조음방법상 설측음과 'r'의 변이음들을 아우르는 용어이다.

　'활음'(glide)은 마찰음과 같이 기류의 통로가 좁아서 협착이 일어나지만 마찰음보다는 협착의 정도가 약한 분절음이다. 그렇다고 해서 모음과 같이 구강을 완전히 개방하는 것이 아니므로 자음의 기준에서는 가장 모음에 가까운 자음, 모음의 기준에서는 가장 자음에 가까운 모음, 한 마디로 '박쥐'처럼 모호한 범주의 말소리이다. 이러한 이유로 '활음' 대신 반모음(semivowel)이라고 부르기도 하며 IPA에서는 '활음'과 'r'의 일부 변이음을 묶어서 '접근음'(approximant)으로 분류하고 있다. 한국어에는 [j]와 [w] 두 가지 활음이 있는데 이들은 주로 모음 앞에 결합하여 상향이중모음을 형성한다.[4] 활음 [j]와 [w]의 조음위치는 각각 모음 [i], [u]와 동일한데 자음의 조음위치를 기준으로 [j]는 경구개음, [w]는 돌출된 입술과 연구개의 협착

---

4) 활음 [j]는 [y]로 전사하는 경우가 많은데 이는 미국식 전사법을 따른 것이다. IPA의 경구개 활음 부호는 [j]이다.

부위에서 동시에 조음되는 순연구개음(labial-velar)으로 볼 수 있다.

지금까지 살펴본 한국어 자음의 음소 목록을 정리한다면 다음의 도표와 같이 분류할 수 있다.

(14) 한국어의 자음 체계

조음방법 \ 조음위치	양순음	치경음	경구개음	연구개음	성문음
폐쇄음 (정지음, 파열음)	ㅂ /p/ ㅃ /p'/ ㅍ /pʰ/	ㄷ /t/ ㄸ /t'/ ㅌ /tʰ/		ㄱ /k/ ㄲ /k'/ ㅋ /kʰ/	
비음	ㅁ /m/	ㄴ /n/		ㅇ /ŋ/	
마찰음		ㅅ /s/ ㅆ /s'/			ㅎ /h/
파찰음			ㅈ /tɕ/ ㅉ /tɕ'/ ㅊ /tɕʰ/		
유음 (설측음, 탄설음)		ㄹ [ɾ](탄설음) [l](설측음)			
활음 (반모음)			/j/	/w/ (순연구개음)	

2.4.4. 모음의 체계와 발음

다양한 조음방법에 의해 만들어지는 자음과 달리 모음은 모두 성도에서 어떠한 장애도 받지 않고 조음되는 말소리이다. 모음과 관련된 한국어의 음운체계는 단모음 체계와 이중모음 체계로 나누어 살펴볼 수 있다. 하지만 이중모음 체계 역시 단모음 체계와 밀접한 관계를 맺고 있으므로 단모음 체계에 의해 결정된다.

① 단모음 체계

기본적으로 모음은 조음방법이 모두 동일하므로 주로 조음위치를 기준으로 분류할 수 있다. 모음을 조음할 때에는 혀나 입술을 조음위치에 붙이거나 바짝 접근시키지 않으므로 자음처럼 입술, 치경, 경구개, 연구개 등과 같이 구체적인 부위를 조음위치로 잡을 수 없다. 모음의 음가는 혀의 자세에 따라 결정되는데 혀의 모양 전체를 기술할 수 없으므로 모음의 조음위치는 해당 모음을 발음할 때 혀에서 가장 높은 부분을 기준점으로 잡고 기준점의 위치를 다른 모음과 비교하여 상대적으로 기술한다.

모음을 기술할 때에는 전통적으로 입술을 왼쪽에, 연구개와 인두를 오른쪽에 오도록 사각형의 단면도를 작성하고 왼쪽을 앞쪽으로, 오른쪽을 뒤쪽으로 가정한다. 따라서 혀의 부위 가운데 가장 높은 부분이 구강의 앞부분에 위치하면 '전설모음'(front), 구강의 중간에 위치하면 '중설모음'(central), 구강의 뒷부분에 위치하면 '후설모음'(back)으로 분류된다. 모음의 분류에서 고려해야 할 기준이 한 가지 더 있는데 바로 입술의 모양이다. 입술이 동그란 모양으로 조음되면 '원순모음'(rounded), 입술이 평평한 일자의 모양으로 조음되면 '평순모음'(unrounded)이라 하는데 엄밀히 말하자면 원순모음은 입술이 돌출된 상태에서 조음되는 모음이다.

결론적으로 세 가지 기준인 혀의 높낮이, 혀의 전후 위치, 입술의 모양의 의해 모음의 체계를 효과적으로 기술할 수 있다. 예를 들어 [i]를 조음할 때 혀의 가장 높은 부분은 대략 경구개 부근인데 이 기준점은 다른 모음들과 비교하여 가장 높고, 가장 왼쪽에 치우친 위치이므로 '전설 고모음'의 자리로 볼 수 있다. 반면 [a]는 다른 모음들과 비교하여 가장 낮은 중간 위치에서 조음되므로 '중설 저모음'이다.

(15) 한국어의 단모음 체계 (교육 인적 자원부 2002a:57)

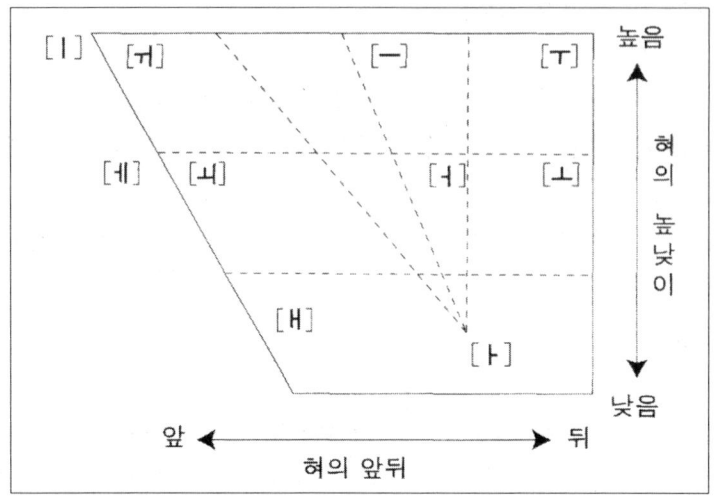

현행 학교문법에서는 위와 같이 규범적인 10개의 단모음 체계를 제시하고 있다. 그러나 이러한 10모음 체계를 현대한국어의 현실적인 단모음 체계로 받아들이기

는 어렵다. 일부 방언을 제외하고 '위'[y]와 '외'[ø]는 대부분 이중모음화를 겪어서 각각 이중모음 [wi]와 [we]가 되었으며 전설 중모음 '에'[e]와 전설 저모음 '애'[ɛ]도 [e]로 합류되었다. 철자법 상으로는 '에'와 '애'가 엄격하게 구별되고 있으나 음성언어의 변화를 반영하지 않는 보수적인 문자표기가 나타나는 것은 일반적인 현상이므로 표기와 발음의 불일치가 그리 이상한 일은 아니다.

이러한 현실을 고려한다면 한국어의 단모음 체계는 7가지 모음으로 구성된 체계라 할 수 있다. 7모음 체계는 수도권과 중부권 방언의 현실적인 모음체계이다. 혀의 높이는 고·중·저의 3단계, 혀의 전후위치 역시 전설·중설·후설의 3단계로 구분된다. 전설과 중설에는 평순모음만, 후설에는 원순모음만 포함되는데 이러한 경향은 세계의 여러 언어에서 보편적으로 발견된다.

(16) 한국어의 현실적인 단모음 체계

혀의 높이 \ 혀의 위치	전설		중설		후설	
	평순	원순	평순	원순	평순	원순
고모음	이 /i/		으 /ɨ/			우 /u/
중모음	에 /e/		어 /ə/			오 /o/
저모음			아 /a/			

② 이중모음 체계

단모음 체계와 마찬가지로 오늘날 한국어의 이중모음 체계도 역사적인 변화를 겪어 왔으며 방언에 따라 조금씩 다르다. 중부방언을 중심으로 정리된 현대한국어의 이중모음 목록은 다음과 같다.

(17) 한국어의 이중모음 체계
  ㄱ. j계열 : je(예/얘), jə(여), ja(야), ju(유), jo(요), ɨj(의)
  ㄴ. w계열 : wi(위), we(웨/외/왜), wə(워), wa(와)

현대한국어의 이중모음은 논란의 여지가 있는 '의'를 제외하고 모두 활음이 모음 앞에 위치하는 '상향 이중모음'(활음+모음)이다. '의'는 상향 이중모음 /ɰi/로도, 하향 이중모음 /ɨj/로도 논의되고 있다. 일반적으로 '의'는 이중모음으로서의 지위가 매우 불안정하여 비어두음절에서는 거의 실현되지 않으며 어두음절에서도 자주 단모음화를 겪는다는 논의에는 이견이 없다. 본서에서는 '의'를 j계 하향 이중모음으로 처리하고 있으나 어디까지나 설명의 편의를 위한 것이다.

자신과 조음위치가 같은 '이'[i]를 제외하고 활음 /j/는 모든 단모음과 결합할 수 있으나 반모음 /w/는 원순성을 가진 단모음 /u/, /o/와 무표적 모음 /ɨ/와 결합할 수 없다. 따라서 현실적인 7개의 단모음 체계를 기준으로 현대한국어의 단모음과 이중모음 체계는 다음과 같이 기술할 수 있다.

(18) 한국어의 단모음 체계와 이중모음 체계
ㄱ. 단모음 체계

높이＼위치	전설	중설	후설
고모음	이 /i/	으 /ɨ/	우 /u/
중모음	에 /e/	어 /ə/	오 /o/
저모음		아 /a/	

ㄴ. j계 상향 이중모음 체계

높이＼위치	전설	중설	후설
고모음	*/ji/	(의) /ɨj/	유 /ju/
중모음	(예) /je/	여 /jə/	요 /jo/
저모음		야 /ja/	

ㄷ. w계 상향 이중모음 체계

높이＼위치	전설	중설	후설
고모음	(위) /wi/	*/wɨ/	*/wu/
중모음	(웨·왜·외) /we/	(워) /wə/	*/wo/
저모음		(와) /wa/	

(18나)와 (18다)의 이중모음 체계는 활음에 후행하는 모음을 기준으로 조음위치를 표시한 것이다. '의'는 j계 상향 이중모음은 아니지만 반모음 /j/와 조음점을 공유하므로 j계 이중모음의 체계에 포함시켰다. '*'가 붙은 이중모음은 논리적으로는 조합이 가능하지만 한국어에서는 관찰되지 않은 것들이다. 괄호로 표시된 이중모음은 발화의 스타일이나 속도에 따라 활음이 탈락되어 단모음화를 겪을 수 있는 것들이다. 예를 들어 '예'[je]의 발음이 어렵다는 점은 현행 어문규정에서도 확인할 수 있다. '표준발음법' 5항에는 '예, 례' 이외의 '예'는 [에]로도 발음한다는 규정에 있으며 '한글맞춤법' 8항에서는 '계, 례, 몌, 폐, 혜'의 '예'는 [에]로 소리나는 경우가

있더라도 '예'로 적는다고 규정하고 있다. 이러한 조항들은 활음이 탈락되면서 '예'가 '에'로 단모음화되는 현실을 반영한 것이다. 아무런 표시를 갖지 않는 이중모음은 활음의 탈락을 잘 겪지 않는 안정적인 이중모음들이다.

7개의 단모음 체계를 기준으로 /j/와 /w/의 이중모음 체계를 비교해 보았을 때 /j/는 조음점이 동일한 /i/를 제외한 모든 모음에 결합할 수 있다. 그러나 /j/와 조음위치가 가까운 /e/나 /ɨ/가 결합된 이중모음은 전후 분절음의 환경, 음절의 위치, 발화속도에 따라 단모음화된다.5) 반면 /w/는 원순모음 /u/와 /o/, 그리고 조음위치가 가까운 /ɨ/와 결합할 수 없으며 나머지 이중모음 /wi/, /we/, /wə/, /wa/도 반모음 탈락을 겪을 수 있다.

j계와 w계 이중모음 체계를 비교해 보았을 때 전반적인 분포와 활음의 수의적 탈락에 상당한 차이가 있지만 양 체계는 공통점도 갖고 있다. 활음 /j/와 /w/는 조음위치가 동일한 /i/, /u/를 기준으로 조음위치가 가깝거나 성격이 유사한 단모음과의 결합을 기피한다. 활음과 조음위치가 동일한 /i/, /u/와 조음위치가 가까운 /ɨ/, /e/, /o/에 선행하는 활음은 존재하지 않거나 불안정하다. 결론적으로 이중모음을 구성하는 활음과 모음 사이의 조음위치가 가까울수록 활음의 탈락이나 단모음화의 가능성이 높다. 이러한 경향은 두 가지 구성요소의 조음위치가 매우 가까운 '의'의 발음에서도 확인할 수 있다. 이중모음으로서 '의'의 발음은 매우 불안정하므로 표준발음법에서도 '늴리리'[닐리리], '띄어쓰기'[띠어쓰기/띠여쓰기], '무늬'[무니], '희망'[히망], '유희'[유히]와 같이 초성이 자음인 음절의 '의'를 [i]로 발음하는 것을 허용하고 있다. 또한 첫 음절 이외의 '의'는 단모음 [i]로, 관형격 조사 '-의'는 단모음 [e]로 발음하는 것을 허용하여 '주의'[주의/주이], '협의'[혀븨/혀비], '우리의'[우리의/우리에], '강의의'[강:의의/강:이에]와 같은 복수의 발음을 모두 인정하고 있다.

2.5. 말소리의 장단과 고저

한국어의 일부 방언에서는 음소뿐만 아니라 말소리의 길이[長短]나 높낮이[高低]에 의해서도 단어를 변별할 수 있는 사례가 관찰된다. '말[言]-말[馬]', '눈[雪]-눈[眼]'처럼 분절음의 종류와 순서가 동일한 단어들 가운데는 말소리의 장단이나 고저에

---

5) 차재은·안병섭(2004:285)에 의하면 /je/를 제외한 j계 이중모음에서는 활음 /j/가 운율적 환경이나 선·후행 분절음의 영향을 받아 탈락되는 일이 없다.

의해 의미가 구별되는 경우가 있다. 예를 들어 학교문법에서는 '말'의 모음을 장음(長音)으로 발음한 [ma : l]은 '言'을 뜻하고 단음(短音)으로 발음한 [mal]은 '馬, 斗'를 뜻하는 단어로 보고 있다.6) 다만 이러한 장단의 기능은 어두의 제1 음절에서만 확인할 수 있다. 제2 음절 이하의 장모음은 모두 단모음화되기 때문이다. 현행 학교문법에 제시된 예들은 아래와 같다. 이상억(2000)에 의하면 장단에 의한 단어의 구별은 서울과 중부권의 일부 방언에서만 관찰되는 현상이다.

(19) ㄱ. 장단에 의한 단어의 구별
    말 : [言], 말[馬, 斗]   눈 : [雪], 눈[眼]
    밤 : [栗], 밤[夜]   성 : 인(聖人), 성인(成人)
    무 : 력(武力), 무력(無力)   가 : 정(假定), 가정(家庭)
ㄴ. 장모음의 단모음화
    한국+말 : → 한국말   함박+눈 : → 함박눈
    구두+솔 : → 구둣솔

고저에 의한 단어의 구별은 함경도, 경상도 방언에서 주로 관찰된다. 아래의 예에서 H는 음높이가 높은 음절(high)을, L은 음높이가 낮은 음절(low)을 의미한다.

(20) 고저에 의한 단어의 구별(이상억 2000:208)
ㄱ. 함경도 방언
    말(L) [馬] 말(H) [斗, 言]
    배(L) [梨] 배(H) [腹]
ㄴ. 경상도 방언
    말(L) [言] 말(H) [馬, 斗]
    배(L) (倍) 배(H) [梨, 腹]

장단이나 고저와 같이 단어의 뜻을 구별하는 운율적 요소는 기능상 최소대립을 형성하는 음소와 동일한 자격을 가지므로 '초분절음소'(超分節音素, suprasegmental phoneme) 혹은 '운소'(韻素, prosodeme)라고 부른다. 장단이나 고저와 같은 운율적 요소들은 기본적으로 공명음과 밀접한 관계를 맺고 있으므로 주로 모음을 통해 실현된다. 예를 들어 영어의 강세나 중국어의 성조 역시 주로 모음에 의해 실현된다.

---

6) 모음 뒤에 붙은 [ː]은 장음(長音)을 표기하는 IPA의 구별부호이다.

한국어에서 하나의 음절은 오직 하나의 모음만을 가지므로 (19 · 20)과 같이 장단과 고저를 주로 음절단위로 표기한다.

하지만 장단과 고저는 표준어를 사용하는 젊은 세대들과는 거리가 먼 요소들이다. 한국어의 음운을 연구하는 학자들은 장단이 이미 초분절음소로서의 기능을 상실해 가고 있다는 공감대를 갖고 있으며 고저의 기능도 주로 한반도의 동쪽 지방(영남과 영동, 함경도)에서만 확인할 수 있다.[7] 따라서 초분절음소로서 장단과 고저의 역할은 한국어에서 미약한 편이며 수도권과 중부권 방언을 기준으로 한국어의 발음을 설명할 경우에는 언급되지 않는 경우도 많다.

2.6. 한국어의 음운현상

음운현상이란 모국어 화자로서 언중들이 의식하고 있는 어휘의 심리적, 추상적, 잠재적 형태가 실제의 발화에서 어떠한 변화를 겪는 현상을 의미한다. 일반적으로 음운론을 연구하는 언어학자들은 이러한 '어휘의 심리적, 추상적, 잠재적 형태'를 '기저형' 혹은 '기저표시'(基底形 / 基底表示, underlying form / underlying representation)라고 부르는데 기저형이란 단어와 형태소가 조음기관에 의해 발음되기 이전에 갖는 추상적 · 심리적 표상을 의미한다.

언어학자들은 눈에 보이지 않는 추상적인 기저형을 '예언력(predictability), 경제성(economy), 동형성(pattern pressure), 수긍 가능성(plausibility)' 등의 기준을 통하여 설정하는데 이 자리에서 이러한 기준들을 모두 설명하기는 어렵다. 하지만 기저형을 설정하는 복잡한 이론적 기준들을 잘 모르더라도 한국어의 경우 철자법을 통하여 기저형을 쉽게 파악할 수 있다. 한국어의 철자법은 단어를 발음대로 적는 '음소 표기법'이 아니라 단어의 형태를 적는 '형태 표기법'이므로 표기된 형태가 대부분 '기저형'과 일치한다. 예를 들어 우리는 '닭'[鷄]을 발음에 따라 '닥'으로 적지 않고 '닭'으로 적는데 이러한 형태의 표기는 기저형을 반영하고 있다.

음운현상은 음소와 변이음, 자음과 모음, 필수적 현상과 수의적 현상 등에 따라 다양하게 분류할 수 있는데 여기서는 음소의 음성학적 특성만으로 설명할 수 있는 음운론적 음운현상과 문법적 범주나 단어의 특성에 영향을 받는 형태론적 음운현

---

[7] 말소리의 장단과 고저에 대한 자세한 설명은 이상억(2000)을 참조하기 바란다.

상, 그리고 주로 기초 어휘에 해당되는 동사와 형용사의 활용에서 적용되는 '규칙 · 불규칙 활용'의 음운현상으로 나누어 간단하게 설명하겠다. 엄밀하게 말하자면 '규칙 · 불규칙 활용'의 음운현상은 형태론적 음운현상에 포함되지만 편의상 분리하여 논의하겠다.[8]

2.6.1. 음운론적 현상

① 음절말 평폐쇄음화

학교문법에서 '음절말 끝소리 규칙'으로 불리는 음절말 평폐쇄음화는 예외 없이 적용되는 필수적 현상이다. 음절 종성에 오게 되는 여러 장애음들이 불파음화된 평폐쇄음, 즉 예사소리의 폐쇄음으로 발음되는 현상이다.

   (21) 음절말 평폐쇄음화
      잎 [입]   햇볕 [핻뼏]   부엌 [부억]
      밖 [박]   꽃 [꼳]   낫, 났-, 낮, 낯, 낱 [낟]

② 불파음화에 의한 경음화

음절말 평폐쇄음화 현상에 의해 선행 음절의 종성이 불파음화되면 후행 음절의 초성 자리에 있는 자음은 경음화된다. 이 현상 역시 예외 없이 적용되는 필수적 현상이다.

   (22) 불파음화에 의한 경음화
      국밥 [국빱]   학생 [학쌩]   듣기 [듣끼]
      합당 [합땅]   벽장 [벽짱]

---

8) 한국어의 음운현상에 대하여 보다 다양하고 폭넓게 살펴보고자 한다면 배주채(2003)과 이기문 외(2000:283-309)의 설명을 참조하기 바란다.

③ 자음군 단순화와 경음화

한국어는 음절구조상 초성과 종성에 오직 하나의 자음만을 허용하므로 기저형에서 모음의 뒤에 이어지는 두 개의 자음이 음절 종성에 올 경우에는 하나의 자음으로 단순화된다. 표준발음법과 같은 규범에서는 겹받침의 발음을 규정해 놓았지만 일부 방언이나 세대의 발음에서는 규범을 따르지 않는 경우도 많다. 예를 들어 표준발음법에서는 'ㄳ, ㄵ, ㄼ, ㄽ, ㄾ, ㅀ, ㅄ'은 첫째 자음으로 단순화되고 'ㄺ, ㄻ, ㄿ'은 둘째 자음으로 단순화된다고 규정하고 있지만 '짧게'와 '밟고'는 일부 방언에서 규정과 달리 '짭께'와 '밥꼬'로 발음되기도 한다. 자음군의 단순화가 일어난 음절 종성에 장애음이 뒤따를 경우에 그 장애음은 반드시 경음화된다.

(23) ㄱ. 첫째 자음으로 단순화
    몫 [목]   앉고 [안꼬]   넓다 [널따]
    외곬 [외골] 핥고 [할꼬]   앓는 [알른]
    값 [갑]
  ㄴ. 둘째 자음으로 단순화
    닭 [닥]   젊다 [점따]
    읊지 [읍찌] 읽지 [익찌]

④ 어두 경음화

별다른 조건이 없이 어두의 장애음이 경음화되는 현상을 관찰할 수 있다. 어두 경음화는 표현의 강화로서 일어나는 현상이므로 발화의 스타일과 상황에 따라 수의적으로 일어나는 현상이다. 젊은 세대일수록 어두 경음화가 더 심하다는 조사결과가 보도된 적도 있지만[9] 어두 경음화의 정확한 원인과 경향을 밝혀내기 위해서는 더 많은 연구가 진행되어야 할 것이다.

(24) 어두 경음화
    고추 [꼬추] 공짜 [꽁짜] 과사무실 [꽈사무실]
    소주 [쏘주] 좀 [쫌]

---

9) 국민일보(2005.10.7) "[서울 토박이 153명 조사] 20代 '된소리' 발음 심하다." 기사 참조.

⑤ 자음 축약

성문 마찰음 'ㅎ'과 평폐쇄음 혹은 평파찰음이 서로 접하는 경우 두 자음은 예외 없이 유기폐쇄음이나 유기파찰음으로 축약된다.

(25) 자음 축약
급하다 [그파다]   놓고 [노코]   묵호 [무코]
않다 [안타]   앉히다 [안치다] 좋지 [조치]

⑥ 비음 동화

음절 종성의 장애음에 비음이 후행할 경우 장애음은 비음의 영향을 받아 예외 없이 비음으로 동화된다. 또한 음절 종성의 양순 비음 'ㅁ'과 연구개 비음 'ㅇ'에 유음 'ㄹ'이 이어질 경우 유음은 비음으로 동화된다. 이러한 현상은 이어지는 두 가지 분절음의 성격이 판이할 경우 발음이 어려우므로 성격이 비슷한 분절음으로 바꾸어 보다 용이하게 발음하는 동화작용으로 볼 수 있다. 다만 장애음이나 유음이 비음으로 변할지라도 조음위치는 그대로 유지되므로 연구개 폐쇄음 'ㄱ'은 연구개 비음 'ㅇ'으로, 치경 폐쇄음 'ㄷ'과 유음 'ㄹ'은 치경 비음 'ㄴ'으로, 양순 폐쇄음 'ㅂ'은 양순 비음 'ㅁ'으로 동화된다. 학교문법에서는 '비음 동화'를 '자음 동화'의 일종으로 다루고 있다.

(26) ㄱ. '장애음+비음'의 변화
먹는 [멍는]   닫는 [단는]   밥물 [밤물]
ㄴ. '비음+유음'의 변화
감리 [감니]   성리학 [성니학]

⑦ 자음의 위치동화

음절구조상 음절 초성의 경구개음이 선행음절 종성의 치경음이나 양순음을, 또는 음절 초성의 양순음이 선행음절 종성의 치경음을 자신과 동일한 조음위치로 동화시키는 현상이다. 따라서 연구개음은 양순음과 치경음을 연구개음으로 동화시키고, 양순음은 치경음을 양순음으로 동화시킨다. 반면 치경음은 연구개음과 양순음을 동화시킬 수 없으며 양순음은 연구개음을 동화시킬 수 없다. 위치동화는 현행 표준발음법에서는 인정되지 않는 수의적인 음운현상이다.

(27) ㄱ. 치경음의 양순음화
　　　　한밤 [한밤]-[함밤]　　　겉보기 [걷뽀기]-[거뽀기](겁뽀기)
　　ㄴ. 치경음·양순음의 연구개음화
　　　　한개 [한개]-[항개]　　　걷기 [걷끼]-[거끼](걱끼)
　　　　밤거리 [밤꺼리]-[방꺼리]　밥그릇 [밥끄륻]-[바끄륻](박끄륻)

⑧ 형태경계 사이에서 일어나는 구개음화

　선행음절의 종성이 'ㄷ'이나 'ㅌ'인 형태소가 모음 /i/나 활음 /j/로 시작되는 조사, 어미, 접미사와 만나면 각각 경구개 파찰음 'ㅈ'과 'ㅊ'으로 변한다. 이러한 현상을 흔히 '구개음화'라 부른다. 정확히 말하자면 구개음화는 이모음의 영향을 받아 치경 자음이 경구개 자음으로 바뀌는 현상이다. 모음 /i/와 활음 /j/의 조음위치가 경구개에 가까우므로 치경 자음이 경구개로 조음위치를 옮기는 일종의 동화현상이다. 구개음화는 자음 'ㄷ, ㅌ'과 모음 /i/, /j/ 사이에 형태소의 경계가 존재할 경우에만 제한적으로 일어나므로 라디오, 잔디 등은 [라지오], [잔지] 등으로 구개음화되지 않는다.

(28) 형태경계 사이에서 일어나는 구개음화
　　　같+이 [가치]　　　　　굳+이 [구지]
　　　맏+이 [마지]　　　　　묻+히- [무치-]
　　　닫+혀 → 다텨 → [다쳐]
　　　※ 라디오, 잔디, 디디다, 디스크

⑨ 폐쇄음 탈락

　'폐쇄음+장애음(폐쇄음, 파찰음, 마찰음)'의 연결에서 두 자음의 조음위치가 동일하거나 비슷한 경우 선행 폐쇄음은 예외 없이 탈락된다.

(29) 폐쇄음의 탈락
　　　학교 [하꾜]　　　　　　밥보 [바뽀]

-었다 → 얻따 → [어따]   -었지 → 얻찌 → [어찌]
-었습- → 얻씁 → [어씁]

⑩ 공명 자음과 모음 사이의 ㅎ탈락

공명 자음과 모음 사이에 성문 마찰음 'ㅎ'이 올 경우 수의적인 탈락이 일어난다. 이러한 'ㅎ'의 탈락은 적용되는 환경을 비교해 보았을 때 대체로 단모음 앞(단순한, 문학)에서보다는 이중모음 앞(만화, 영화, 전화)에서 더 잘 일어난다.

(30) 공명 자음과 모음 사이의 ㅎ탈락
  단순한 [단수난]   문학 [무낙]
  만화 [마놔]   영화 [영와]   전화 [저놔]

⑪ ㄴ의 설측음화

'ㄴㄹ'이나 'ㄹㄴ'의 연쇄는 'ㄹㄹ'로 바뀐다. 'ㄹ'의 겹자음은 설측음 [l]로 실현되므로 이러한 현상은 'ㄴ'이 'ㄹ'에 동화되는 설측음화로 볼 수 있다. 유의할 점은 'ㄹㄴ'은 언제나 설측음화되지만 'ㄴㄹ'은 두 분절음 사이에 형태소의 경계가 존재하는 경우 설측음화 대신 비음화되어 'ㄴㄴ'으로 바뀌는 경향이 강하다.

(31) ㄴ의 설측음화
  ㄱ. /-ㄹㄴ-/의 설측음화
    달님 [달림]   설날 [설랄]   실내 [실래]
  ㄴ. /-ㄴㄹ-/의 설측음화
    논리 [놀리]   반론 [발론]   핀란드 [필란드]
    ※ 치킨+라이스 [치킨나이스], 계란+라면 [계란나면]

⑫ 이모음 역행동화 (umlaut)

현행 학교문법에서는 '모음 동화'의 일종으로 다루고 있는 현상이다. 선행 음절의 중설·후설 모음이 후행 음절의 전설 모음에 영향을 받아서 전설 모음으로 바뀐다. 이모음 역행동화는 두 모음 사이에 치경·경구개 자음이 오는 경우보다 양순·연구개 자음이 오는 경우에 잘 일어난다. 중부 방언보다는 주로 남부 방언에서 적용되며, 표준발음으로 인정하지 않는 경우도 많다. 하지만 이모음 역행동화를 통하여 '남비, 멋장이, 당기다'로부터 형성된 '냄비, 멋쟁이, (불을) 댕기다'처럼 표준어로 인정된 단어들도 있다.

(32) 이모음 역행동화
아비 [에비]   먹이다 [메기다]   지팡이 [지팽이]
※ 가지 [개지], 마디 [메디], 가시 [게시]

⑬ 모음충돌 회피

모음충돌 회피는 엄밀히 말하자면 한 가지 현상은 아니다. '모음+모음'의 구조를 피하는 경향은 언어보편적으로 나타나는데 한국어에서는 모음의 연결을 회피하는 3가지 현상이 관찰된다. 첫째 두 모음 가운데 선행 모음이 활음으로 바뀌어 '활음+모음'의 구조, 즉 이중모음으로 바뀐다. 둘째 두 모음 사이에 활음이 삽입되어 '모음+활음+모음'의 구조로 바뀐다. 이 경우에 활음은 후행 모음과 결합하여 이중모음을 형성한다. 셋째 두 모음 가운데 주로 후행 모음이 탈락된다. 학교문법에서는 이 가운데 활음을 삽입하는 현상을 '모음 동화'의 일종으로 보지만 활음의 삽입은 모음의 충돌을 피하기 위한 것이다.

(33) 모음충돌 회피
ㄱ. 모음 축약 (활음화)
이기어 [이겨]   두어 [둬]   보아 [봐]
ㄴ. 활음 삽입
아니오 [아니요]   바뀌어 [바뀌여]   하십시오 [하십씨요]
ㄷ. 모음 탈락
베어 [베]   제일 [젤]   되어(돼어) [돼]

⑭ 어두음의 변동과 탈락

고유어와 한자어의 첫 소리가 유음 ㄹ인 경우 첫 소리는 비음 ㄴ으로 교체된다. 한편 고유어와 한자어의 첫 소리가 비음 ㄴ이면서 후행 모음이 '이, 야, 여, 요, 유,

예'인 경우, 즉 단어의 첫 음절 '니, 냐, 녀, 뇨, 뉴, 녜'이면 'ㄴ'은 탈락된다. 단어의 첫 음절이 '리, 랴, 려, 료, 류, 례'인 경우에는 ㄹ의 변동과 ㄴ의 탈락이 함께 일어난다. 예를 들어 한자어 '례의'(禮意)는 ㄹ의 변동(녜의)을 거쳐 ㄴ의 탈락 결과 [예의]나 [예이]로 발음된다. 이와 같은 ㄹ의 변동과 ㄴ의 탈락을 묶어서 '두음 법칙'이라고 부르는데 두음 법칙은 '라면, 라디오, 뉴스, 니켈'과 같은 차용어에는 적용되지 않는다.

한편 '리용(利用), 려행(旅行), 로동(勞動), 로인(老人)' 등의 한자어들이 '역+이용, 해외+여행, 가사+노동, 최+노인'과 같은 파생어나 합성어를 형성할 경우 ㄹ과 ㄴ은 어두음이 아님에도 불구하고 변동과 탈락을 겪는다. 이러한 예들은 '리용, 려행, 로동, 로인'의 기저형을 '이용, 여행, 노동, 노인'으로 설정함으로써 효과적으로 설명할 수 있다. 기저형을 다시 설정하면 기저형(/이용/)과 표면형([이용]) 사이에는 아무런 변화가 일어나지 않은 셈이므로 굳이 어두음의 변동과 탈락 규칙을 가정할 필요는 없다.

   (34) 어두음의 변동과 탈락
      ㄱ. ㄹ의 변동
         라체(裸體) [나체], 로동(勞動) [노동], 로인(老人) [노인]
      ㄴ. ㄴ의 탈락
         녀자(女子) [여자], 뉴대(紐帶) [유대], 뇨도(尿道) [요도]
      ㄷ. ㄹ의 변동과 ㄴ의 탈락
         량심(良心) → 냥심 → [양심]
         려관(旅館) → 녀관 → [여관]
         리용(利用) → 니용 → [이용]

⑮ 활음 탈락 (단모음화)

이중모음 체계에서 이미 논의하였듯이 이중모음을 형성하는 활음은 일상적인 발화에서 그 속도나 스타일에 따라 탈락되는 경우가 많다. 특히 활음 [j], [w]와 조음점이 가깝거나 성격이 비슷한 모음이 연결될 경우에 잘 일어난다. 활음의 탈락은 결국 단모음화를 의미하는데 여러 방언권에서 관찰되는 현상이다.

(35) 활음 탈락
ㄱ. w탈락 : 전화 [전하 / 저나], 돼지(뒈지) [데지],
       뵙다(**뷉**다) [벱따], 귀여운 [기여운]
ㄴ. j탈락 : 계산 [게산], 혜성 [헤성]
ㄷ. '의' 단모음화 : 의사 [으사 / 이사], 나의 [나에]

⑯ 모음조화

한국어의 모음들은 서로 비슷한 성격을 가진 것들끼리 어울리는 경향을 갖고 있다. 특히 음성상징어를 보면 '아'는 '오'와 '어'는 '우'와 어울리는 현상이 관찰되는데 전자를 양성(陽性) 모음, 후자를 음성(陰性) 모음이라 한다. 모음조화란 양성모음은 양성끼리, 음성모음은 음성끼리 어울리는 현상을 의미한다. 역사적으로 16세기 이전까지 모음조화는 한국어에서 규칙적인 현상이었지만 현대에는 '어간+어미'의 구성과 음성상징어(의성어, 의태어)에서만 흔적을 남기고 있다. 따라서 현대한국어에서는 모음조화를 따르지 않는 예들도 많이 발견된다. 예를 들어 '가깝다'나 '아름답다'와 같은 용언의 어간이 연결어미 '-아/어'와 연결될 경우 마지막 음절의 모음이 양성모음 '아'이므로 모음조화를 따른다면 '가까와, 아름다와'가 되어야 하겠지만 '가까워, 아름다워'로 나타나는 경우가 많다. '깡충깡충'과 같은 의태어도 모음조화를 따른다면 '깡총깡총'이 되어야 하겠지만 오히려 '깡충깡충'이 표준어이다.

(36) 모음조화
ㄱ. 어간+어미
       깍+아, 깍+아서, 깍+아도, 깍+아라, 깍+았다
       먹+어, 먹+어서, 먹+어도, 먹+어라, 먹+었다
ㄴ. 음성상징어
       알록달록-얼룩덜룩   살랑살랑-설렁설렁
       오목오목-우묵우묵   졸졸-줄줄
       찰찰-철철   달달-덜덜
   ※ 가까워, 아름다워, 깡충깡충, 오순도순, 오뚝이, 소꿉질

2.6.2. 형태론적 음운현상

① 관형사형 어미 '-ㄹ' 뒤의 경음화

관형사형 어미 '-ㄹ' 다음에 오는 평장애음은 경음화된다. 하지만 관형사형 어미 뒤에 오는 단어의 품사가 명사가 아닐 경우에는 잘 적용되지 않는다. 이러한 현상은 앞서 살펴본 음운론적 경음화와는 성격이 전혀 다르다.

> (37) 관형사형 어미 '-ㄹ' 뒤의 경음화
> 갈 데 [갈 떼]   먹을 것 [머글 껃]
> 할 수 있다 [할 쑤 이따]   만날 사람 [만날 싸람]
> 이사할 집 [이사할 찝]
> ※ 만날 그 사람 [만날 그 사람], 이사할 새 집 [이사할 새 집]

② 용언 어간말 비음 뒤의 경음화

용언의 어간말 자음이 비음 'ㄴ'이나 'ㅁ'인 경우 다음에 오는 평장애음은 경음화된다. 일반적으로 'ㄴ/ㅁ+평장애음'의 연결에서는 경음화가 적용되지 않으므로 이러한 현상은 용언의 형태론적 특성이 반영된 현상으로 볼 수 있다. 또한 'ㄴ'과 'ㅁ'이 어간말 자음이 아닌 경우에는 용언의 어간이라 할지라도 경음화는 적용되지 않는다. 예를 들어 '간다'의 'ㄴ'은 어간말 자음이 아니라 현재시제와 관련된 선어말 어미이므로 경음화는 일어나지 않는다.

> (38) 용언 어간말 비음 뒤의 경음화
> 남-다 [남따], 남-고 [남꼬], 남-던 [남떤], 남-지 [남찌]
> 신-다 [신따], 신-고 [신꼬], 신-던 [신떤], 신-지 [신찌]
> ※ 간다 [간다], 가다 [가다], 가고 [가고], 가던 [가던], 가지 [가지]

③ 사잇소리 현상

두 개의 형태소나 단어가 결합하여 합성명사나 파생명사를 형성할 경우에 후행 성분의 첫 자음은 경음화를 겪을 수 있다. 선행성분에서 마지막 음절의 종성 자리가 비어 있고 후행 성분이 장애음이 아니라 'ㄴ'이나 'ㅁ'으로 시작될 경우에는 비어 있는 음절 종성의 자리에 'ㄴ'이 삽입된다. 이러한 두 가지 현상을 묶어서 '사잇소리 현상'이라고 부르는데 예외가 많은 편이다. '나무+잎→나뭇잎'과 같이 선행하는 성분에서 마지막 음절의 종성 자리가 비어 있을 경우에는 이 자리에 철자법상 'ㅅ'을 표기하는데 이러한 'ㅅ'을 '사이시옷'이라고 부른다. 다만 사이시옷은 발음을 규칙적으로 표기하기 위한 요소로 보기 어렵다. '곳간, 셋방, 숫자, 찻간, 툇간, 횟수'와 같은 여섯 단어를 제외한 한자어에는 사이시옷을 전혀 표기하지 않기 때문이다. 어선(漁船)을 의미하는 '고깃배'[고기빼 / 고긷빼]와 물고기의 배(腹)를 의미하는 '고기배'[고기배]에서 확인할 수 있듯이 합성명사이지만 사잇소리가 적용되지 않는 단어들도 많다.

(39) 사잇소리 현상
    빗길(비+길) [비낄]   빗물(비+물) [빈물]
    內+科 [네꽈]   市+價 [시까]   焦+點 [초쩜]
    커피+값 [커피깝]   콜라+병 [콜라뼝]

④ ㄴ 삽입

선행 성분의 마지막 음절이 종성을 가지고 있고 후행 성분이 /i/나 /j/로 시작되는 경우 /i/나 /j/ 앞에 'ㄴ'이 삽입된다. 'ㄴ 삽입'은 매우 규칙적으로 일어나므로 음운론적 현상처럼 보이지만 후행 성분이 자립 형태소인 경우에만 적용되므로 형태론적 조건도 필요하다. 후행 성분이 /i/로 시작되는 경우에는 예외적으로 삽입이 일어나지 않는 경우도 있다.

(40) ㄴ 삽입
    콩+엿 [콩녇]   어학+연구 [어항년구]
    설+익다 → 설닉따 [설릭따]   짓+이기다 [진니기다]
    ※ 꽃+이름 [꼰니름 / 꼬디름], 첫+인사 [처딘사]

2.6.3. 용언 활용의 음운현상

마지막으로 용언의 활용에 나타나는 음운현상을 간략하게 살펴보겠다. 이 현상들은 용언의 활용이라는 형태론적 특성을 바탕으로 일어나므로 일반적인 음운현상과는 성격이 전혀 다르다. 하지만 실질적으로 음소의 변동과 관련된 현상이므로 형태론적 특성이 강한 음운현상으로도 볼 수 있다.[10]

① 어간말 ㅎ 탈락

용언의 어간말 'ㅎ'은 모음이나 매개모음 '으'로 시작되는 어미와 결합될 경우 예외 없이 탈락된다. 말음이 'ㅎ'인 체언은 없으므로 이러한 탈락은 용언에만 적용되는 현상으로 볼 수 있다.[11] 매우 규칙적인 현상으로 보이지만 음절구조상 '좋으면'과 같은 활용형이 왜 [조흐면]으로 발음되지 않는지 설명하기는 어렵다.

(41) 어간말 'ㅎ'탈락
    좋은 [조은], 좋으면 [조으면], 좋아 [조아]
    않은 [아는], 않으면 [아느면], 않아 [아나]
    앓은 [아른], 앓으면 [아르면], 앓아 [아라]

② 어간말 '으/ㄹ' 탈락

용언의 어간말 '으'는 모음으로 시작되는 어미와 결합될 경우 예외 없이 탈락된다. 용언의 어간말 'ㄹ'은 '-는, -느냐, -은, -읍니다, -으시-, -으오' 등과 결합할 때 탈락된다.

(42) 어간말 '으/ㄹ' 탈락
    ㄱ. '으'탈락
        고프+아 [고파], 고프+아서 [고파서]
        ※ 고프고 [고프고], 고프+며 [고프며]
    ㄴ. 'ㄹ'탈락
        놀+는데 [노는데], 놀+는구나 [노는구나]
        놀+으시오 [노시오], 놀+은 [논]
        ※ 놀+며 [놀며], 놀+고 [놀고]

---

10) 규칙 활용과 불규칙 활용에 대한 상세한 논의는 김진우(1970), 배주채(2000, 2003), 박선우(2004), 허용·김선정(2006) 등을 참조하기 바란다.
11) 자음 'ㅎ'의 명칭인 '히읗'은 매우 특수한 규칙에 의해 만들어진 단어이므로 ㅎ 말음 체언으로 볼 수 없다. 참고로 현행 '표준발음법'(1989) 제16항에서는 '히읗이, 히읗을, 히읗에'의 발음을 각각 [히으시], [히으슬], [히으세]로 규정하고 있다.

③ 어간말 'ㄷ/ㅂ/ㅅ/ㅎ'의 변동

일부의 용언에서 어간말의 '-ㄷ, -ㅂ, -ㅅ, -ㅎ'은 모음이나 매개모음으로 시작되는 어미와 결합될 경우 변동된다. 어간말 'ㄷ'은 'ㄹ'로 바뀌고, 어간말 'ㅂ'은 /w/로 바뀐 뒤에 후행 어미의 모음과 결합하여 이중모음을 형성한다. 어간말 'ㅅ'은 탈락되는데 앞서 살펴본 'ㅎ탈락'과 다른 점은 '짓다'와 같은 일부의 용언에서만 'ㅅ'이 탈락된다는 것이다. 어간말 'ㅎ' 역시 앞서 살펴본 것처럼 규칙적으로 탈락되는데 '노랗+아 → 노래'와 같이 일부 용언에서는 'ㅎ'이 탈락하면서 어미의 모음을 변화시킨다는 점에 유의해야 한다. 이러한 어간말 자음의 변동이 'ㅎ/ㄹ/으'탈락과 다른 점은 모든 용언의 활용에 적용되지 않는다는 것인데 이와 같이 일부 용언에만 변동이 일어나는 활용을 '불규칙 활용', 변동이 일어나되 모든 용언에 적용되는 활용을 '규칙 활용'이라 한다.

(43) 어간말 'ㄷ/ㅂ/ㅅ/ㅎ'의 변동
    ㄱ. 불규칙 활용   ㄴ. 규칙 활용
      묻다(問) : <u>물어</u>, <u>물으며</u>, 묻고   얻다 : <u>얻어</u>, <u>얻으며</u>, 얻고
      돕다 : <u>도와</u>, <u>도우며</u>, 돕고   잡다 : <u>잡아</u>, <u>잡으며</u>, 잡고
      짓다 : <u>지어</u>, <u>지으며</u>, 짓고   벗다 : <u>벗어</u>, <u>벗으며</u>, 벗고
      노랗다 : <u>노래</u>, 노라며, 노랗고 좋다 : <u>좋아</u>, 좋으며, 좋고

④ 어간말 '르'의 변동

'흐르다, 모르다, 다르다' 등 어간의 마지막 음절이 '르'인 대부분의 용언에서 어간말 '르'는 모음이나 매개모음으로 시작되는 어미와 결합될 경우 'ㄹㄹ'로 바뀐다. 이러한 변동이 일어나는 용언의 활용을 '르'불규칙 활용이라고 부른다. 어간말 음절이 '르'이지만 변동을 겪지 않고 규칙활용을 하는 용언은 '따르다'와 '치르다'뿐이다. 이 두 용언은 모음이나 매개모음으로 시작되는 어미가 연결될 경우 '으'만 탈락된다.

(44) 어간말 '르'의 변동
    ㄱ. 불규칙 활용   ㄴ. 규칙 활용
      모르다 : <u>몰라</u>, 모르며, 모르고   따르다 : <u>따라</u>, 따르며, 따르고
      흐르다 : <u>흘러</u>, 흐르며, 흐르고   치르다 : <u>치러</u>, 치르며, 치르고

⑤ '하다, 푸다, 이르다'의 활용에서 나타나는 변동

용언 '하다', '푸다', '이르다'(致)에 연결어미 '-아/어'가 결합될 경우 활용형은 각각 '하여', '퍼', '이르러'로 교체된다. 이러한 어간 혹은 어미의 변화를 현행 학교문법에서는 각각 '여불규칙, 우불규칙, 러불규칙' 활용이라 한다. 이러한 불규칙 활용은 오직 '하다, 푸다, 이르다'에만 적용되므로 엄밀히 말하자면 형태론적 특성보다는 단어의 특성과 관련된 어휘개별적 현상이다.

(45) '하다, 푸르다, 이르다'의 활용에서 나타나는 변동
  하다 : 하+어/아 → 하여, 하+며 → 하며, 하+고 → 하고
  푸다 : 푸+어 → 퍼, 푸+며 → 푸며, 푸+고 → 푸고
  이르다 : 이르+어 → 이르러, 이르+며 → 이르며, 이르+고 → 이르고

2.7. 맺음말

지금까지 국제음성부호를 중심으로 발음을 표기하는 구체적인 방법, 한국어 분절음의 체계와 발음, 한국어의 운율적 요소인 장단과 고저, 마지막으로 한국어의 음운현상에 대하여 살펴보았다. 본장의 목적은 발음을 이해하는 방법을 소개하고 한국어의 음운체계와 음운현상에 대한 구체적인 내용을 살펴보는 것이므로 언어보편적 음운이론의 전개와 분석에는 큰 비중을 두지 않았다. 다만 음운체계와 음운현상의 이해를 위해 음소 설정의 기준과 기저형에 대하여 간략하게 설명하였다.

본장을 마무리하기에 앞서 짚고 넘어가야 할 사항이 있는데 바로 '규범적인 발음'에 대한 이해이다. 한국어의 발음에 대하여 관심을 갖고 있는 이들은 주로 성문화된 '표준발음법'이나 다른 종류의 '발음 규범'을 이해하고 익히기 위하여 노력하고 있다. 발음 규범을 익히는 이들은 수도권 이외의 방언이나 신·구세대의 특이한 발음을 잘못된 것으로 오해하는 경우가 많다. 하지만 보편적으로 한 언어의 음운체계와 발음은 지역, 세대에 따라서 조금씩 다른 모습으로 나타나고 역사적으로 끊임없이 변화하므로 성문화된 규범이나 특정 방언에만 절대적인 가치를 부여하는 것은 결코 바람직하지 않다.

성문화된 발음 규범은 여러 가지 방언과 발음 가운데 편의상 표준화된 발음으로

받아들이기 용이한 체계를 임의로 선택한 결과이다. 효율적인 의사소통을 위해 마련한 표준발음도 사회·문화의 변화에 따라 바뀔 수 있다는 점에 유의해야 한다. 따라서 본장에서 기술한 한국어의 음운체계와 발음 역시 모든 지역과 다양한 세대의 발음을 아우르지 못하며 앞으로도 계속 변해갈 가능성을 내포하고 있다.

참고문헌

강옥미(2003), [한국어 음운론], 태학사.
고영근·남기심(2002), [표준 국어 문법론], 탑출판사.
교육 인적 자원부(2002a), [고등학교 문법], 두산.
교육 인적 자원부(2002b), [고등학교 '문법' 교사용 지도서], 두산.
김무림(1992), [국어 음운론], 한신문화사.
김무림(2002), 국어 음운현상의 성격과 범위, [한국어학] 17, 한국어학회, 181-199.
김무림(2004), [국어의 역사], 한국문화사.
김진우(1970), 소위 변격용언의 비변격성에 관하여, [한국언어문학] 8·9, 한국언어문학회, 1-11.
박선우(2004), 불규칙활용의 불규칙성에 대한 검토, [청람어문교육] 30, 청람어문교육학회, 223-249.
박영순(2005), [국어문법 교육론], 박이정.
배주채(2000), 불규칙 활용, [새국어생활] 10-2, 국립국어연구원, 163-169.
배주채(2003), [한국어의 발음], 삼경문화사.
신지영(2000), [말소리의 이해: 음성학·음운론 연구의 기초를 위하여], 한국문화사.
신지영·차재은(2003), [우리말 소리의 체계: 국어 음운론 연구의 기초를 위하여], 한국문화사.
오정란(1993/1997), [현대 국어음운론], 형설출판사.
이관규(1999/2002), [학교 문법론], 도서출판 월인.
이기문(1998), [신정판 국어사개설], 태학사.
이기문·김진우·이상억(2000), [증보판 국어음운론], 학연사.
이상억(2000), 음장(音長) 및 성조(聲調), [새국어생활] 10-1, 국립국어연구원. 197-209.
이희승·안병희(1994), [고친판 한글 맞춤법 강의], 신구문화사.
차재은·안병섭(2004), 수의적 활음 탈락에 대한 음성·음운론적 고찰, [우리어문연구]23, 우리어문학회, 279-303.

허용·김선정(2006), [외국어로서의 한국어 발음 교육론], 박이정.

허 웅(1985), [국어음운학: 우리말 소리의 오늘·어제], 샘문화사.

Chomsky, Noam and Morris Halle.(1968), *The Sound Pattern of English*, New York: Harper and Row. (전상범 옮김(1993), [영어의 음성체계], 한신문화사.)

Kenstowicz, Michael.(1994), *Phonology in Generative Grammar*, Oxford: Blackwell Publishers.

Pullum, Geoffrey K. and William A. Ladusaw.(1996), *Phonetic Symbol Guide*, Second Edition, The University of Chicago Press. (박선우·이주희 옮김(2007), [음성부호 가이드북], 한국문화사.)

Saussure, Ferdinand de.(1916), *Cours de Linguistique Générale*, Lausanne and Paris: Payot. (최승언 옮김(1990), [일반언어학 강의], 민음사)

Trubetzkoy, Nicolas S.(1939), *Grundzüge der Phonologie*, Travaux du Cercle Linguistique de Prague 7. Prague. (이덕호 옮김(1977), [음운론], 범한서적.)

3. 한국어의 단어와 어휘

3.1. 개관

우리는 매일 수천수만의 단어를 사용하여 말을 하고 글을 쓰고 있다. 이러한 단어들은 마치 사람과 같아 태어나서 자라고 활발하게 활동하다가 사라지기도 한다. 또 같은 단어라고 하여도 장면에 따라 다른 의미를 나타내기도 하고 다른 단어가 경우에 따라 같은 뜻으로 쓰이기도 한다. 단어들 간에 어떤 관계를 맺고 있기도 하고 기능이 동일한 단어들끼리 묶어 이름을 붙여 주기도 한다. 더 이상 쪼갤 수 없는 단어도 있지만 어떤 단어들은 둘 혹은 셋으로 분석이 가능하기도 하고 심지어는 기원적으로는 여러 단어들의 합일 것이나 그것을 현재의 단어로 분석할 수 없는 경우도 있다. 이러한 단어들에 다양한 기준을 적용하여 하나의 집합으로 묶어 어휘라 이르기도 한다. 한국어의 어휘를 어종(語種)에 따라 분류하면 고유어와 한자어, 외래어로 나눌 수 있는데 사전을 기준으로 그 구성 비율을 따져 보면 한자어-고유어-외래어의 순이다.

이 장에서는 한국어의 단어나 어휘와 관련한 기본 개념들을 살펴보고 실제 우리가 사용하는 단어의 모습이나 어휘들의 체계, 변화 모습 등에 대해 알아보기로 하자.

3.2. 형태소, 단어, 어휘

우리는 고유한 형식과 의미를 가진 언어 단위들에 대해 층위를 나누어 각기 다른 이름으로 부르고 있다. 예를 들어 '하늘다람쥐'라는 단어는 '하늘', '다람쥐'라는 두 개의 단어로 이루어져 있는데 이 중 '하늘'과 '쥐'는 단어이면서 동시에 형태소이기도 하고 '다람'은 혼자서는 사용될 수 없는 어근(불완전어근)이기도 하다. 여기서는 단어 혹은 어휘와 관련된 기본적인 개념들에 대해 알아보기로 하자.

3.2.1. 형태소와 단어

형태소(形態素, morpheme)란 뜻을 가진 가장 작은 단위(minimal meaningful unit)로 이때 '뜻', 즉 의미는 어휘적 의미와 문법적 의미 모두를 포함하는 개념이다. 형태소가 1개 이상 모여 문장 내에서 자립적으로 쓰일 경우에는 단어(單語, word)라 하고 이러한 단어들을 일정한 기준에 따라 묶어 놓은 집합들을 따로 어휘라 한다.

(1) ㄱ. 나무가 많아 산이 푸르다.
　　ㄴ. 철수가 밥을 먹는다.
　　ㄷ. 철수가 밥을 먹었다/사왔다/하였다.

위 (1)에서 '나무, 산, 철수, 밥' 등은 단어이면서 동시에 형태소이고 형태이다. 이들에 대해 서술하는 '많다, 푸르다, 먹는다, 먹었다, 사왔다, 하였다'는 단어이기는 하지만 이 자체가 형태소는 아니다. '푸르다'는 '푸르-'라는 동사 어간과 '-다'라는 평서형 종결어미가 결합한 것으로 형태소는 2개이다. 이에 비해 '먹었다'의 경우 '먹-'이라는 동사 어간과 '-었-'이라는 과거시제 선어말어미, '-다'라는 평서형 종결어미 3개의 형태소가 결합한 것으로 볼 수 있다. 이렇듯 단어는 문장 내에서 독립적인 지위를 가질 수 있는 것인 반면 형태소는 문장 내에서의 독립성 여부와 관계 없이 의미를 가진 최소의 단위라 할 수 있다.

┃ 형태소의 유형 분류 ┃

형태소도 몇 가지로 분류할 수 있다.

A. 의미의 실질성 여부에 따라 실질 형태소(full morpheme)와 형식 형태소(empty morpheme)로 나누는데 '하늘, 철수, 밥, 먹다, 사오다, 하다' 등이 어휘적인 의미를 가지는 실질 형태소라고 한다면 '-이/가, -을/를, -은/는, -었/았/였-, -다' 등은 실질 형태소에 결합하여 문법적인 의미를 더해주는 형식 형태소에 해당한다.

B. 문장 내에서의 독립성 여부에 따라 자립 형태소(free morpheme)와 의존 형태소(bound morpheme)로 나눌 수 있다. 형식 형태소가 대부분 의존 형태소에 속하고 실질 형태소 중 용언(동사, 형용사)처럼 어미와 결합하여야 문장에 나타날 수 있는 경우도 의존 형태소이다. 그 외 실질 형태소는 대체로 자립 형태소라 할 수 있다.

그런데 (1ㄱ)과 (1ㄴ)에서 '산이'와 '철수가'를 보면 '-이'와 '-가'가 같은 기능을 하는 것을 볼 수 있다. (1ㄷ)에서 '먹었다, 사왔다, 하였다'에서 과거에 일어난 사건임을 표시하는 '-었/았/였-'도 앞에 나온 용언에 따라 형태만 변화하였을 뿐 그 기능은 동일하다. 이렇듯 형태(form)는 다르지만 실제로 그 문법적 의미(기능)가 같아 하나의 형태소로 볼 수 있는 경우를 한 형태소의 이형태(異形態, allomorph)라고 한다.

이형태의 종류

이형태는 그 발생 조건이 무엇이냐에 따라 두 가지로 나눌 수 있다.
A. 음운론적 이형태: 음운론적 환경에 따라 상보적 분포를 보이며 나타나는 이형태
  예) 주격조사 (자음 뒤)-이/(모음 뒤)-가, 목적격조사 (자음 뒤)-을/(모음 뒤)-를
     과거시제 선어말어미 (양성모음 뒤)-았-/(음성모음 뒤)-었-
B. 형태론적 이형태: 특정 형태에서만 제한적으로 나타나는 이형태
  예) 과거시제 선어말어미 (이르다, 푸르다 뒤)-렀-/(하다 뒤)-였-

3.2.2. 단어 구성 요소

형태소와 같거나 조금 큰 단위로 단어를 들 수 있다. 하나 이상의 형태소가 모인 것이므로 단어는 분석이 가능하여 분석한 요소들을 기준으로 단어를 분류하기도 한다. 아래의 예를 보자.

(2) ㄱ. 하늘[하늘], 마른하늘[마르-ㄴ+하늘], 밤하늘[밤+하늘], 연하늘색[연+하늘+색], 조각하늘[조각+하늘]
    ㄴ. 하늘거리다[하늘+-거리-+-다], 하늘대다[하늘+-대-+-다], 하늘하늘하다[하늘+하늘+-하-+-다]
    ㄷ. 꽃하늘지기, 버드나무하늘소, 왕하늘가재, 하늘다람쥐, 하늘밥도둑

위 (2)는 '하늘'이라는 단어를 포함하는 단어들로 '하늘'을 기준으로 분석이 가능하다. (2ㄱ)은 '하늘'이라는 단어가 원래의 의미를 유지하면서 '마른, 밤, 연-, 색, 조각' 등의 다른 단어와 어울려 새로운 단어를 형성하는 것으로 '어근+어근'의 구조로 볼 수 있다. 이중 특히 '연하늘색'의 '연(軟)-'은 접두사로 '하늘색'이라는 합성어에 다시 접두사 '연-'이 결합하여 파생의 과정을 거친 복합어에 해당한다. 이

에 비해 (2ㄴ)은 '하늘'과 '-거리다, -대다, -하다'라는 요소가 결합하여 단어를 이룬 것으로 어근과 접미사의 결합 구조로 볼 수 있다.[1] 이처럼 단어를 구성할 때 실질적인 의미를 가지고 독립적인 자격으로 구성에 참여하는 경우를 '어근(語根, root)'이라고 하고 어근에만 결합할 뿐 독립적으로 사용될 수 없는 요소들을 접사라 한다. 한국어에는 어근의 앞에 위치하는 접두사(接頭辭, prefix)와 어근의 뒤에 오는 접미사(接尾辭, suffix) 두 가지가 있다.[2] (2ㄷ)의 예들은 '하늘'이 포함된 단어이지만 '하늘'의 본래 의미가 유지되기 보다는 은유를 통한 의미의 확장 혹은 전이를 경험한 경우라 할 수 있으며 대체로 식물, 곤충, 동물의 이름에 해당한다. 이들은 동식물명이라는 하나의 어휘부류로 묶을 수 있다.

어근과 접사가 단어의 구성 요소라면 이와 조금 다른 성격의 구성 요소가 있다. 의존형태소인 용언(동사나 형용사)이 문장에서 독립적으로 사용되기 위해서는 어미와 결합하는 활용(活用, conjugation)의 단계를 거쳐야 하는데 이때 용언의 문법적 지위를 어간(語幹, stem)이라 한다. 정리하면 접사가 결합하는 대상이 되는 부분을 어근이라고 한다면 어미가 결합하는 대상은 어간이라 할 수 있겠다.

국어학 층위별 기본 단위의 확장

국어학은 크게 음성학, 음운론, 형태론, 통사론(문장론), 의미론, 화용론 등으로 나눌 수 있는데 각 영역마다 기본 단위들이 있다. 우리는 이 단위들을 재료로 하여 집을 짓는 것처럼 언어생활을 영위하고 있다고 할 수 있다.

음성-음운-음절 ——— 형태-형태소-단어 ——— 어절-구-절-문장 ——— 담화/텍스트
음운론 ——————— 형태론 ——————— 통사론(문장론) ——— 의미론, 화용론

---

[1] 물론 (2ㄱ)과 (2ㄴ)의 '하늘'이 같은 단어는 아니다. (2ㄴ)의 경우 '하늘'은 '하늘(天, sky)'과는 다른 의미로 '(사물이) 조금 힘없이 늘어져 부드럽고 가볍게 흔들리는 모양'을 나타내는 불완전어근이다. 일반적으로 접사가 결합하는 대상이 되는 '어근'과 조금 다른 관점에서, '불완전어근'은 혼자서는 단어로 쓰이지 못하며 일부 단어에만 제한적으로 나타나는 것들을 말한다. 예를 들어 '오솔길, 아름답다, 따뜻하다' 등의 '오솔, 아름, 따뜻' 등은 조사와 결합하여 자립적으로 사용될 수 없고 '*오솔집/*오솔문, *아름하다/*아름스럽다, *따뜻답다/*따뜻거리다'처럼 다른 단어를 만드는 데에도 쓰일 수 없기 때문에 이들을 불구형태소(불구어근) 혹은 불완전어근이라고 부른다.

[2] 한국어에는 접요사가 없다고 하는 것이 보통이다. 예전에는 '좁쌀(조ㅂ쌀), 송아지(소ㅇ아지), 안팎(안ㅎ밖)' 등에 나타나는 'ㅂ, ㅇ, ㅎ' 등을 접요사로 보는 견해도 있었지만 역사적으로 '발, 아지, 안ㅎ' 등 기원이 있는 것이므로 한국어에 접요사를 설정할 근거로는 적절하지 않다. 이들에 대해서는 형태는 있지만 기능이나 의미는 없는 허형태(empty morph)로 처리하기도 한다.

| 형태론 기본 단위에 대한 학교 문법에서의 정의 |

어근: 단어의 중심 의미를 나타내는 부분   접사: 단어의 부차 의미를 나타내는 부분
어간: 용언 활용시 변하지 않는 부분   어미: 용언 활용시 변하는 부분
어기: 단어 형성시 기초가 되는 부분
〈예〉   짓   밟   히   었   다
       파생접두사 어근   파생접미사   선어말어미   어말어미
              용언어간   어미

3.2.3. 단어들의 집합인 어휘

지금까지 낱낱이 연구의 대상이 되는 단어에 대해 살펴보았다. 이렇듯 다양한 단어에 대해 일정한 조건을 주어 하나의 집합으로 묶어 놓은 것을 어휘라 한다.3) 사전도 일종의 어휘집이라 할 수 있다. 물리나 화학, 생물처럼 특정 영역에서만 사용되는 어휘를 전문어라 하는데 이들도 일종의 어휘라 할 수 있다. 청소년들이 사용하는 은어나 인터넷에서 네티즌들이 사용하는 인터넷/통신 언어도 어휘의 일종이다. 이렇듯 어휘는 다양한 조건을 적용하여 하나의 집합으로 묶을 수 있다. 일반적으로 한국어의 어휘는 어종(語種)에 따라 고유어, 한자어, 외래어로 나눌 수 있는데 물론 이들이 혼재한 단어들도 빈번히 나타난다.

(3) ㄱ. 보다¹ 〔보아(봐:), 보니〕 ㄱ동 ①(…을) ①눈으로 대상의 존재나 형태적 특징을 알다. ¶잡지에서 난생 처음 보는 단어를 발견하였다. [중략] ②((…과))(…을) 『'…과'가 나타나지 않을 때는 여럿임을 뜻하는 말이 주어로 온다』 사람을 만나다. ¶학교를 졸업한 이후에 어제 처음으로 그녀와 서로 보게 되었다. [중략] ㄴ동보 ①(동사 뒤에서 '-어 보다' 구성으로 쓰여) 어떤 행동을 시험 삼아 함을 나타내는 말. ¶먹어 보다 /입어 보다. [중략] ㄷ형보 ①(동사나 형용사 '이다' 뒤에서 '-은가/는가/나 보다' 구성으로 쓰여) 앞말이 뜻하는 행동이나 상태를 추측하거나 어렴풋이 인식하고 있음을 나타내는 말. ¶식구들이 모두 집에 돌아왔나 보다. [중략] 보란 듯이 남이 보고 부러

---

3) 집합이란 특정 조건에 맞는 원소들의 모임이다. 즉 공통특성을 가지고 있기도 하지만 시차 특성을 가지고 있기도 한 개체들의 모임이다. 어떤 원소 a가 집합 A에 속하는지, A에 포함된 b, c 두 원소의 같고 다름을 구별할 수 있는 분명한 기준이 제시된 경우에 해당한다.

위하도록 자랑스럽거나 떳떳하게. ¶보란 듯이 살다/그는 성공하여 고향 사람들 앞에 보란 듯이 나타났다.
보다² 튄 …
보다³ 퉁 …
보다⁴ 죄 …

ㄴ. 간섭무늬(물리), 몰농도(화학), 근섬유막(생물), 공통집합(수학), 나무쇠싸움(민속), 바탕음(음악), 신인상주의(미술), 당연승계(법률) …

ㄷ. 열공, 훈남, 십장생, 즐팅, ㄱㅅ, OTL, 안습, 킹왕짱 …

ㄹ. 금빛어리표범나비[金빛어리豹범나비], 드라이브하다[drive하다], 플러스되다[plus되다], 아르바이트생[Arbeit生], 가스통[gas桶], 관광버스[觀光bus] …

위 (3ㄱ)은 동사 '보다'의 사전 풀이다. '보다' 위의 어깨번호 '1'을 통해 '보다'의 동음이의어로 '보다2(부사), 보다3(동사), 보다4(조사)' 등이 있음을 알 수 있다. 다음으로는 동사의 활용정보가 나와 있는데, '보아'의 축약형 '봐'의 경우 장음으로 실현된다. 뜻풀이는 '보다'의 품사에 따라 나누어 제시하는데, 가장 빈도가 높은 동사의 뜻풀이가 그 환경과 함께 제시된 후 보조동사인 경우, 보조형용사인 경우가 역시 환경과 함께 뜻풀이가 되어 있다. 마지막으로는 '보다'가 포함된 관용어나 속담, 연어 등이 용례와 함께 제시된다. 특히 국어 사전은 적형인 문장을 용례로 제시하기 때문에 한국어 학습에 유용한 도구로 사용될 수 있다.

(3ㄴ)은 각 영역별 전문어의 예이다.[4] 전문어는 학술이나 예술 등의 특수한 전문 분야에서 사용되는 어휘로 외국에서 들어온 어휘의 경우 원어(原語)를 그대로 사용하는 경우도 많다.

특정한 계층에서 사용한다는 점에서는 비슷하지만 전문가 집단에서 사용하는 전문어와 달리 은비성(隱秘性)을 특징으로 가지는 어휘들이 있다. (3ㄷ)은 은어나 인터넷 언어처럼 청소년이나 네티즌들이 사용하는 어휘들이 그 예인데, 성별이나 세대, 지역, 직업, 신분 등에 따라 일상어에 대한 다양한 변이가 발생하여 형성된

---

[4] 전문어는 달리 전문 용어, 술어, 학술어, 직업어 등으로 부르기도 한다. 다른 어휘 부류에 비해 어휘의 팽창이 가장 많은 분야이다. 김광해(1995:171-172)에서는 전문어의 성격에 대해 다음과 같이 정리하였다.
① 다의성이 적다. ② 의미가 문맥의 영향을 적게 받는다. ③ 감정적인 의미 문제가 개입되지 않는다. ④ 일반 사회의 기본 어휘로 사용되는 경향이 적다. ⑤ 신어의 생성이 활발하다. ⑥ 의미에 의도적인 규제가 가해져 있는 경우가 많다. ⑦ 외래어로부터 차용된 어휘가 많다. ⑧ 국제성이 강하다.

것이다. 마지막으로 (3ㄹ)은 고유어와 한자어, 외래어가 섞여 나타나는 혼종어(混種語)의 예를 보인 것이다.

3.3. 단어의 분류

단어는 크게 두 가지 방식으로 나눌 수 있다. 단어의 내부 구조를 보아 그 구성 요소들의 자격이 무엇이냐에 따라 단일어, 복합어(파생어, 합성어)로 나누는 것이 첫째이고, 그 단어가 문장에서 어떤 역할을 하느냐 혹은 어떤 의미를 가지고 있느냐 등을 기준으로 하여 품사를 나누는 것이 둘째이다.

3.3.1. 단어의 구성 요소에 따른 분류

단어는 크게 단일어와 복합어로 나누고 복합어는 다시 파생어와 합성어로 나눌 수 있다. 단일어는 더 분석할 수 없는 단어를 말하는데, '하늘, 철수, 개' 등이 그러한 예이다. 이에 비해 파생어는 접두사와 접미사, 혹은 둘 모두를 가진 경우에 해당하고 합성어는 분리하였을 때 각각의 요소들이 모두 어근인 경우이다. 아래 (5)는 파생어를 (6)은 합성어를 (7)은 복합어를 보인 것이다.

(4) 단어(word) ─┬─ 단일어(simple word)
　　　　　　　　└─ 복합어(complex word) ─┬─ 합성어(compound word)
　　　　　　　　　　　　　　　　　　　　└─ 파생어(derivative word)

(5) ㄱ. 접두파생어: 맨-주먹, 풋-고추, 막-국수, 설-깨다, 샛-노랗다, 휘-몰다
　　　　　　　　獨-寫眞, 生-과일, 軟-粉紅-빛, 超-스피드(speed)
　　ㄴ. 접미파생어: 사냥-꾼, 주변-머리, 요술-쟁이, 도둑-질, 까불-이, 달리-기
　　　　　　　　　旅行-記, 錄音-器, 飛行-機, 기름-氣, 靑少年-期
　　　　　　　　　工夫-하다, 健康-하다, 반짝-거리다, 福-스럽다

(5ㄱ)의 파생어는 접두사에 의해 만들어진 것인데 체언과 결합한 것은 관형사성 접두사로, 용언과 결합한 것은 부사성 접두사로 나누기도 한다. 이는 접두사가 후행하는 어근에 뜻을 더해주는 기능을 하기 때문으로 관형사가 체언을, 부사가 용

언을 수식하는 것과 같이 이해할 수 있다. (5ㄴ)의 경우 접미사를 포함한 단어들로 흔히 접미사를 기준으로 파생된 단어의 품사를 나누기도 한다. 이는 접두사가 후행하는 어근에 뜻을 더해주는 기능을 주로 하고 품사를 바꿔주는 경우가 거의 없는 것에 비해 접미사의 경우 뜻을 더해주는 것 외에도 선행하는 어근의 품사를 바꾸는 기능까지 가지고 있기 때문이다.5) 고유어와 한자어 모두 접사로 쓰일 수 있으며 '-이, -기' 같은 접미사는 주로 용언과 결합하여 명사를 만들어 내는 비교적 생산성이 높은 접미사인데 비해 '맨-, 설-' 등은 이보다 훨씬 적은 수의 단어를 만들어내기 때문에 생산성은 그리 높지 않다. '여행기(旅行-記), 녹음기(錄音-器), 비행기(飛行-機), 기름기(기름-氣), 청소년기(靑少年-期)'에서 '-기'는 각기 다른 한자로 '기록, 도구, 기계장비, 느낌/성분, 기간' 등의 의미를 더해준다.

  (6) ㄱ. 명사합성어: 강산, 논밭, 가지가지, 예닐곱, 오누이 ...
              쇠고기, 제멋, 마른반찬, 노른자 ...
              밤낮, 춘추, 집안(일가) ...
              갈림길, 비빔밥, 해돋이, 모내기 ...
      ㄴ. 동사합성어: 힘들다, 겁나다, 본받다, 자리잡다 ...
              앞서다, 오가다, 들어가다, 파고들다, 올려다보다 ...
              가로막다, 그만두다, 가만두다 ...
              굶주리다, 뛰놀다 ...
      ㄷ. 기타: (합성관형사) 온갖, 기나긴, 몹쓸 ...
           (합성부사)   하루빨리, 이른바, 오락가락, 아슬아슬 ...
           (합성감탄사) 얼씨구절씨구, 자장자장, 웬걸 ...

(6)의 합성어들은 의미 관계에 따라 나눌 수도 있다. '강산'처럼 어근 '강(江)'과 어근 '산(山)'이 대등한 대등합성어, '쇠고기'처럼 한 어근이 다른 어근을 수식하거나 의미상 종속되어 있는 종속합성어, '춘추(春秋, 어른의 나이)'처럼 두 어근이 결

---

5) 물론 이러한 단어의 구분이 그리 간단한 문제는 아니다. 우선 파생어의 경우 어떤 형태가 접사인지 아닌지를 결정하는 것이 쉽지 않아서 명사나 동사이던 것들이 새로운 단어를 만드는 장면에 자주 나타나게 되면 어느 순간 언중들이 접사로 인식하여 사용하기도 한다. 또 접사마다 생산성이 모두 달라서 과거에 생산적으로 여러 어휘를 형성해 내다가도 어느 순간 생산성을 상실하게 되거나 혹은 그 반대의 경우도 빈번하여 어느 한 시점에서 접사인지를 판정하기 어려운 경우도 있다. 또 한자의 경우 낱글자 각각이 모두 온전한 의미를 가지고 있기 때문에 접사인지의 여부를 판정하기 어려운 경우도 있고 위치에 따라 접사이거나 아닌 경우도 있어 복잡한 여러 문제가 얽혀 있다.

합하여 제3의 의미가 형성되는 융합합성어가 그것이다.6) 또 한국어의 통사적인 구조와 일치할 경우에는 통사적 합성어로 그렇지 않을 때는 비통사적 합성어로 나눌 수도 있다. '힘들다'나 '본받다'의 경우 '힘이 들다, 본을 받다'와 같이 '주어-서술어, 목적어-서술어' 구조로 볼 수 있다. 또 동사와 동사가 연결될 때 연결어미가 사이에 들어가는 것이 보통인데 '들어가다'의 경우 '들다'와 '가다'가 합쳐지면서 중간에 연결어미인 '-어'를 매개로 형성된 합성동사이다. 이런 경우를 통사적 합성어라 한다. 그러나 '굶주리다'처럼 연결어미의 매개 없이 '굶다'와 '주리다' 두 동사가 연결된 경우나 '덮밥'처럼 용언 어근에 바로 명사가 연결되어 수식을 받는 경우, '뾰족구두'처럼 부사가 명사를 수식하는 경우 등 일반적인 통사 구조에 어긋나게 이루어진 합성어를 비통사적인 합성어라 한다.

단어형성과 관련한 문제로 파생어와 합성어, 구 등의 구분이 쉽지 않은 경우가 있다. 예를 들어 '큰집'은 '맏집, 종가'의 뜻으로 이때 '큰'은 접두사로 처리하여 파생어로 볼 수 있다. 역시 똑같은 '큰집'이지만 '감옥'을 나타낼 때는 '큰'이 접두사로 쓰인 것이 아니라 '크다'라는 형용사의 관형사형으로 쓰인 것이므로 합성어에 해당한다. '큰 집'이라고 하면 집의 크기가 큰 집을 뜻하는 구에 해당한다. 즉 같은 형태(form)라 하더라도 문맥에 따라 그 의미나 자격이 달라질 수 있다는 것이다.7)

---

6) 합성어와 관련한 문제로는 합성어의 의미 관계를 고려한 분류가 그리 쉽지 않다는 것 뿐 아니라 합성어와 구(句, phrase)의 구분이 모호한 경우도 있다. 예를 들어 형성 당시에는 구의 자격으로 이루어졌다가 시간이 흐르면서 굳어지게 되어 한 단어가 되었을 경우 합성어로 보아야 하기 때문에 이 둘의 구분은 항상 문제가 된다. 합성어와 구의 구분을 위한 방법에 몇 가지가 있다.
　① 구성 요소들이 분리될 수 있는가. 〈예〉 안팎 ⇒ *안과 팎
　② 구성 요소들의 순서가 바뀔 수 있는가. 〈예〉 안팎 ⇒ *팎안
　③ 구성 요소들 사이에 휴지가 들어갈 수 있는가. 〈예〉 산토끼(합성어), 산 토끼(句, 살아있는 토끼)
　④ 구성 요소들 사이에 다른 음소가 들어갈 수 있는가. 〈예〉 안팎⇒안ㅎ밖
　⑤ 구성 요소들을 수식하는 요소가 무엇인가. 〈예〉 행복한 나의 큰집(합성어), 매우 큰 집(句)
7) 이를 동음이의어로도 설명할 수 있겠다.
　예. 비가 참 좋더라.
위 문장에서 '비'는 하늘에서 내리는 '비(雨)'일 수도 있고 가수의 이름일 수도 있고 먼지나 쓰레기를 쓸어내는 빗자루를 말할 수도 있다. 또 '가'를 조사가 아니라 단어의 일부로 보면 '悲歌(슬프고 애잔한 노래)'로 볼 수도 있겠다. 즉 하나의 형태가 다양한 뜻의 다른 단어가 될 수 있다는 것이다. 이러한 경우를 동음이의어(同音異議語)라 한다. 물론 이 외에도 단어들은 한 단어가 여러 개의 뜻을 가진 多義 관계, 두 개의 어휘가 반대되는 의미를 보이는 反意 관계, 뜻이 유사한 단어들인 類義 관계 등 다양한 의미관계를 보이며 서로 연결되어 있다.

사이시옷, 사잇소리현상, 합성어 형성에서의 음운 교체 현상

어근과 어근이 결합하여 합성어를 이룰 때 없던 'ㅅ'이 생기기도 하고, 발음에 변화가 생기기도 한다.

    초+불(촛불)→[초뿔]   밤+길(밤길)→[밤낄]
    이+몸(잇몸)→[인몸]   집+일(집일)→[집닐]
    제사+날(제삿날)→[제산날]   국+밥(국밥)→[국빱]

참조. [국어어문규정 한글맞춤법 제4장 형태에 관한 것]
제30항 사이시옷은 다음과 같은 경우에 받치어 적는다.
1. 순 우리말로 된 합성어로서 앞말이 모음으로 끝난 경우
  (1) 뒷말의 첫소리가 된소리로 나는 것 〈예〉 귓밥, 나룻배, 나뭇가지, 냇가, 머릿기름
  (2) 뒷말의 첫소리 'ㄴ, ㅁ' 앞에서 'ㄴ' 소리가 덧나는 것 〈예〉 아랫니, 냇물, 빗물
  (3) 뒷말의 첫소리 모음 앞에서 'ㄴㄴ' 소리가 덧나는 것 〈예〉 나뭇잎, 뒷일, 베갯잇
2. 순 우리말과 한자어로 된 합성어로서 앞말이 모음으로 끝난 경우
  (1) 뒷말의 첫소리가 된소리로 나는 것 〈예〉 전셋집, 찻잔, 텃세, 햇수, 핏기
  (2) 뒷말의 첫소리 'ㄴ, ㅁ' 앞에서 'ㄴ' 소리가 덧나는 것 〈예〉 훗날, 양칫물, 툇마루
  (3) 뒷말의 첫소리 모음 앞에서 'ㄴㄴ' 소리가 덧나는 것 〈예〉 가욋일, 예삿일, 훗일
3. 두 음절로 된 다음 한자어
    곳간(庫間)   셋방(貰房)   숫자(數字)
    찻간(車間)   툇간(退間)   횟수(回數)

(7) ㄱ. 헛-손-질[접두사-어근-접미사], 되-풀-이[접두사-어근-접미사], 들이-밀-리-다[접두사-어근-접미사], 다-붙-이-다[부사-어근-접미사], 헛-잡-히-다[접두사-어근-접미사], 덧-붙-이-기[접두사-어근-접미사-접미사]

    ㄴ. 세일하다, 디자인하다, 드라이브하다, 브랜드화되다, 섹션화되다, 네거티브 광고, 단독플레이

    ㄷ. KBS(한국 방송 공사, Korean Broadcasting System), 고대(고려대학교), KAIST(한국 과학 기술원, Korea Advanced Institute of Science and Technology)

    ㄹ. 거렁뱅이(거지+비렁뱅이), 갖가지(가지+가지), 울엄마(우리엄마), 엊저녁(어제 저녁), -단다(다고 한다), -ㄴ다면서(-ㄴ다고 했으면서 혹은 -ㄴ다고 하면서)

(7ㄱ)의 예들은 앞서 (5)와 (6)의 형성 과정이 확장된 예들이다. 접두사와 어근, 접미사가 중복하여 나타나는 경우로 '헛손질'처럼 '손'의 앞뒤에 접두사와 접미사가

동시에 붙을 수도 있고 '들이밀리다'처럼 '밀다'라는 동사 어근에 '들이-'라는 접두사와 '-리-'라는 피동접미사가 함께 나타날 수도 있으며 '덧붙이기'처럼 '붙다'라는 어근에 '덧-' 접두사와 '-이-'라는 접미사가 결합하여 '덧붙이다'라는 동사를 만들고 거기에 다시 명사를 만드는 접미사 '-기'가 결합하는 구조도 가능하다.

(7ㄴ)은 혼종어(混種語)라 하여 고유어와 외래어, 고유어와 한자어, 한자어와 외래어가 섞여 단어를 형성하는 경우들이다. 새로운 문화의 유입과 함께 외래어들이 점점 많이 들어오게 되고 혼종어는 계속 늘어나는 상태이다. 특이한 것은 외국어가 들어오면서 고유어 접사와 결합하여 파생어를 형성하거나 한자어와 결합하여 합성어를 형성하면서 원래 언어의 문법을 거의 따르지 않는다는 것이다. (7ㄷ)은 단어의 앞글자만을 따서 간단하게 줄인 것이고 (7ㄹ)은 음운이나 형태를 바꾸어 단어를 줄인 예로 새로운 단어를 형성하는 것이 아니라 기존의 단어를 편리성에 따라 변형한 경우이다.

한 걸음 더

기타 다양한 단어 분류의 방식

A. 구조: 단일어, 합성어, 파생어
B. 어원: 고유어, 외래어, 혼종어
C. 의미 ┌ a. 동위관계 ┌ ㄱ. 단의어, 다의어
       │   └ ㄴ. 동음이의어, 이음동의어, 반의어
       └ b. 상하관계: 상위어, 하위어
D. 표준: 표준어, 비표준어
E. 시대: 고대어, 중세어, 근대어, 현대어
F. 지역: 서울방언, 경기도방언, 충청도방언, 강원도방언, 황해도방언, 전라도방언, 경상도방언, 평안도방언, 함경도방언, 제주도방언

3.3.2. 단어의 품사별 분류

단어는 문장에서 자립적으로 사용될 수 있는 최소 단위로 고유한 의미와 문법적 기능을 가지고 있다. 이러한 기준에 따라 단어를 나누어 놓은 묶음을 품사(品詞, parts of speech)라 한다. 품사를 나누는 기준은 단어가 활용을 하는가, 단어가 문장 안에서 어떤 기능을 하는가, 그 의미가 어떠한가 등 크게 세 가지로 나눌 수 있다.

우선 단어가 활용을 하는가 하는 문제는 단어의 형태에 변화가 생기는가 하는 것이다. 어떤 단어가 어미를 취하여 굴절을 하면 변화어라 하고 그렇지 않으면 불변어라 한다. 다음으로 단어의 기능은 문장 안에서 다른 단어들과 어떤 관계를 보이는가 하는 문제이다. '새 책이 서점에 많이 들어왔다.'라는 문장에서 '새'는 '책'을 '많이'는 '들어왔다'를 각각 수식하고 '책'은 '들어왔다'의 대상이 된다. 이렇듯 다른 단어들과의 관계, 즉 문장에서의 역할에 따라 품사를 나누기도 한다. 마지막으로 의미는 단어가 어떤 의미로 풀이되는가 하는 것이다. 예를 들어 '사람이나 사물의 이름을 나타낸다'거나 '움직임이나 성질·상태를 나타낸다'거나 '감탄이나 놀람, 부름, 명령 등 강한 느낌을 나타낸다'는 등의 의미를 말하는 것이다.

이상의 기준에 따라 한국어는 9품사로 분류하는 것이 일반적인데 특이하게 어미는 품사 체계에서 제외되는 반면 조사는 관계언이라 하여 품사의 일종으로 포함된다.[8)]

(8) 품사 분류

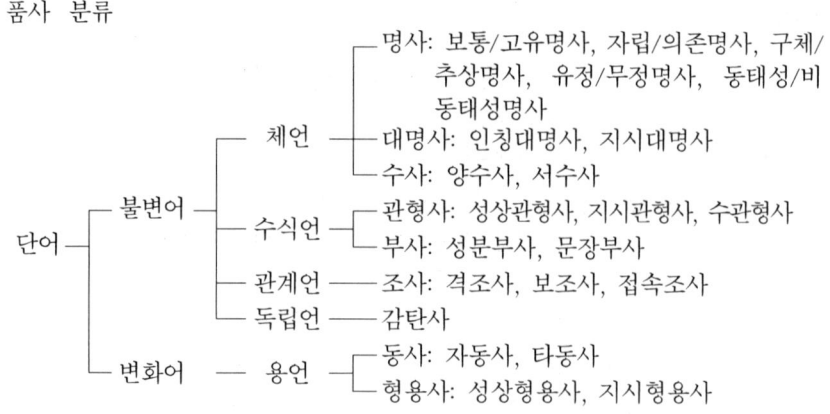

〈용언〉 단어의 형태가 고정적인가 변화하는가에 따라 크게 불변어와 변화어로 나누는데, 동사나 형용사 같은 용언 어간은 어미와 결합하여야 문장에서 독립적인

---

8) 특히 품사 분류에서 '접속언-접속사'를 설정해야 한다는 견해가 있다. 현재는 접속사가 부사의 일종으로 처리되고 있는데, 어구와 어구를 이어 주거나 앞 문장과 뒷 문장을 이어주는 기능을 한다. '및, 또, 또는, 혹, 혹은, 겸' 등은 구를 이어주는 나열의 기능을 하고 '그리고, 그러나, 그러면, 그리하여, 그런데, 그러므로, 따라서' 등은 문장과 문장을 이어준다. 접속사를 부사로 처리하게 되면 일반적인 부사가 용언을 수식하는 기능을 하면서 서술어에 종속적인 부분으로 처리되는 것과 달리 앞뒤의 말과 대등한 관계를 맺고 수식의 기능이 없는 것까지 부사로 처리해야 하는 부담이 생긴다.

단위로 쓰일 수 있기 때문에 '변화어'라 한다. 용언이 어미와 결합하는 과정을 활용이라고 하고 활용은 다시 용언 어간의 형태가 고정적인 규칙 활용과 용언 어간의 형태가 변화하는 불규칙 활용으로 나눈다. '먹다'가 '먹고, 먹으니, 먹었다, 먹습니다, 먹어' 등으로 어간 '먹-'의 형태가 변하지 않고 어미와 결합하는 것을 규칙활용이라 한다면 '묻다(問), 놀다, 춥다, 짓다, 파랗다, 이르다, 구르다, 푸다, 하다' 등이 '물어, 노니, 추워, 지어, 파라니, 이르러, 굴러, 퍼, 하여/해' 등으로 어간의 형태가 변화하면서 어미와 결합하는 것은 불규칙 활용이라고 한다.

용언의 불규칙 활용

용언의 불규칙 활용은 어간의 끝소리와 그 다음에 오는 어미와의 관계에서 나타난다. 어간의 끝소리가 (즉 어간 끝 음절의 종성 혹은 받침) 'ㄷ, ㄹ, ㅂ, ㅅ, ㅎ'일 경우 주로 모음으로 시작되는 어미와 만나 다른 소리로 변하거나 탈락하는 경우가 있다. 위의 예에서 '묻-(問)'의 종성인 'ㄷ'은 뒤에 오는 어미 '-어'와 만나 'ㄹ'로 바뀌었다. '놀'의 'ㄹ', '짓-'의 'ㅅ', '파랗-'의 'ㅎ'은 탈락하였고, '춥-'의 'ㅂ'은 '우'로 바뀌어 뒤에 오는 어미 '어'와 만나 '워'로 축약하였다. 다음으로 어간이 '르'로 끝날 경우 '이르-'처럼 뒤에 오는 어미 '-어'가 '러'로 바뀌어 '이르러'가 되는 '러 불규칙 활용'과 '구르-'처럼 'ㄹ'이 덧생겨 '굴러'로 활용하는 '르 불규칙 활용'으로 나눌 수 있다. '푸-'는 어간의 '우' 모음이 어미 '-어' 앞에서 탈락하는 '우 불규칙 활용'에 해당한다. 마지막으로 '하다'는 '여 불규칙 활용'을 하는데, 뒤에 오는 어미 '-아'가 -여'로 변화하는 현상이다.

동사나 형용사 같은 용언은 주로 체언을 서술하는 서술어로 사용된다. 동사는 사람이나 사물의 움직임을 나타내는 단어들로 움직임이 주체에만 미치는 자동사, 움직임이 주체와 객체에 모두 미치는 타동사로 크게 나눌 수 있다.[9] 이에 비해 형용사는 사람이나 사물의 성질이나 상태를 뜻하는 단어이다. 형용사 중 대상의 속성이나 상태를 표시하는 형용사를 성상형용사라 하는데 성상형용사로 표현된 속성이나 상태를 대용하는 기능의 지시형용사도 있다. 지시형용사는 지시대명사처

---

9) '철수가 산다.'라는 문장에서 '자다'는 주어(수체)인 '철수'의 행위(움직임)를 나타낸다. 이에 비해 '철수가 밥을 먹는다'라는 문장에서 '먹는다'는 주어(주체)인 '철수'와 목적어(객체)인 '밥'에 모두 관련되어 있다. 전자를 자동사, 후자를 타동사라 한다. 자동사와 타동사로 나누는 것 외에도 행위와 행위자의 관계에 따라 능동사와 피동사, 주동사와 사동사로 나눌 수 있다. 또 의미에 따라 동작 동사(시작하다, 출발하다, 마치다, 끝내다, 걷다, 뛰다, 먹다, 오다...), 과정 동사(찾다...), 상태 동사(늘다, 변하다, 예뻐지다, 자라다...), 관계 동사(결혼하다, 구별하다, 이기다, 지다, 일치하다...), 심리 동사(기뻐하다, 슬퍼하다, 사랑하다, 존경하다...), 결여 동사(결석하다, 불응하다, 불참하다...) 등으로 나누기도 한다.

럼 근칭(이러하다/이렇다), 중칭(그러하다/그렇다), 원칭(저러하다/저렇다), 미지칭(어떠하다/어떻다), 부정칭(아무러하다/아무렇다)의 의미를 모두 나타낼 수 있으며 '그렇게 예쁜 아기는 처음 봤다'의 예에서처럼 대체로 성상형용사에 선행하여 나타난다.

보조용언-국어의 조동사(보조동사, 보조형용사)

어떤 서술어들은 용언이 두 번 나타나는 경우가 있는데 이때 앞선 용언을 본용언이라 하고 뒤에 오는 용언을 보조용언이라 한다. 보조용언은 본용언에 보조적 연결어미 '-아/어, -게, -지, -고' 등이 결합한 뒤에 나타나는 것으로 반드시 본용언의 뒤에 나타나야 하며 시제나 상, 서법 등을 나타내는 기능을 한다.

〈예〉　　　　보조동사　　　　　　　　　　　　보조형용사

철수가 밥을 먹지 않는다. (부정)　　　철수가 씩씩하지 않다. (부정)
철수가 밥을 먹지 못한다. (불능)　　　철수가 똑똑하지 못하다. (불능)
철수가 영희에게 밥을 먹게 한다. (사동)　철수가 착하기는 하다. (시인)
철수가 밥을 먹게 된다. (피동)　　　　철수가 착한가 보다. (추측)
철수가 밥을 먹고자 한다. (의도)
철수가 밥을 먹고 있다. (진행)
철수가 밥을 먹어 본다. (시행)
철수가 밥을 먹어 댄다. (강세)
철수가 밥을 먹어 버린다. (종결)

동사와 형용사의 구분

사람의 동작이나 사물의 작용을 나타내는 동사와 사람이나 사물의 성질이나 상태를 나타내는 형용사는 '가다'와 '빠르다'처럼 그 구분이 명확한 경우도 있지만 '있다'처럼 동사이기도 하고 형용사인 경우도 있어 그 구분이 항상 분명한 것은 아니다. 이때는 의미의 차이를 고려하는 것 외에 ① 현재 시제를 나타내는 선어말어미 '-는/ㄴ-'을 넣어 보거나(간다, *빠른다), ② 관형사형 전성어미를 넣었을 때 현재 시제의 의미가 나타나는지를 보거나(가는 세월, 아름다운 얼굴), ③ 명령형이나 청유형 문장이 가능한가를 보는 방법(학교에 가라/가자, *얼굴이 아름다워라/아름답자) 등이 있다.

〈체언〉 체언은 조사와 결합하여 문장에서 서술어의 주체가 되거나 대상이 되는 역할을 주로 하며 관형어에 의해 수식을 받는다. 명사(名詞, noun)에서 '꽃, 나무,

'책상, 학생, 아기'처럼 동일한 성질을 가진 사람이나 사물 등에 두루 쓰이면 보통 명사라 하고 '세종대왕, 다보탑, 안암동'처럼 특정한 사람이나 사물의 이름일 때는 고유명사라 한다.10)

대명사(代名詞, pronoun)는 사람이나 사물의 이름인 명사를 대신하여 나타내는 인칭대명사와 지시대명사로 나눌 수 있다. '나, 너, 우리, 저희, 자네, 누구' 등이 인칭대명사이고 '이것, 그것, 저것, 여기, 저기, 거기, 아무것' 등은 지시대명사이다.11) 인칭대명사의 경우 일인칭으로 '나, 우리(복수), 저희(복수, 겸양)', 이인칭으로 '너, 너희(복수)', 삼인칭으로 '이, 그, 저, 이들, 그들, 저들' 등이 있다. 이 외 '누구'는 미지칭과 부정칭 대명사로 '아무'는 부정칭 대명사로 사용되며 '자기, 저, 제, 저희' 등은 재귀대명사라 한다.12) 지시대명사(혹은 비인칭대명사)로는 '이, 그, 저, 이것, 그것, 저것, 어느것, 아무것' 등의 사물대명사, '여기, 거기, 저기, 이곳, 그곳, 저곳, 어느곳, 아무데' 등의 공간대명사, '언제, 어느때, 아무때' 등의 시간대명사가 있다. 특히 '어느'나 '아무' 같은 관형사와 '것(사물), 곳, 데(장소), 때' 등의 의존명사나 명사가 결합하여 대명사로 쓰이기도 한다.

수사는 크게 사물의 수량을 지시하는 양수사와 대상의 순서를 가리키는 서수사로 나눌 수 있다. 각각에 모두 고유어 계통과 한자어 계통이 있다. '하나, 둘, 셋…'

---

10) 이 외에도 사람이나 동물처럼 감정을 나타낼 수 있는 경우는 유정명사, 사물처럼 감정을 가지지 않는 경우는 무정명사로 나누기도 한다. 구체적인 대상을 지시하는 명사는 구체명사, 추상적인 개념을 지시하는 명사는 추상명사라 한다.
11) '이, 그, 저'는 지시대명사이기도 하고 지시관형사이기도 하다.
　　가. 이보다 더 좋은 일이 있을까? (지시대명사)
　　나. 이 책은 다른 어떤 책보다 교재로 쓰기에 적합하다. (지시관형사)
　특히 '이'가 말하는 이로부터 가까이에 있는 대상을 지시한다면 '저'는 말하는 이와 듣는 이로부터 멀리에 있는 대상을 지시한다. 이에 비해 '그'는 듣는 이와 가까이 있거나 듣는 이가 생각하고 있는 대상을 지시할 때 사용한다. 말하는 이를 중심으로 하여 '이이/이것/여기' 등은 근칭(近稱), '그이/그것/거기' 등은 중칭(中稱), '저이/저것/저기' 등은 원칭(遠稱)이라고 한다.
12) 미지칭대명사(未知稱代名詞)와 부정칭대명사(不定稱代名詞) 모두 특정인을 지시하는 것은 아니지만 용법이 조금 다르다.
　　가. 누가 문 밖에 와 있다. (부정칭 대명사)
　　나. 누가 문 밖에 와 있니? (부정칭 대명사 혹은 미지칭 대명사)
　(가)의 '누가'는 정해지지는 않은 어떤 사람을 지시하는 부정칭 대명사의 용법이다. 이에 비해 (나)처럼 의문문에서 '누가'가 사용되면 어떤 사람이건 상관없이 문 밖에 사람이 와 있는가를 묻는 것으로 해석되거나 문 밖에 있는 사람이 누구인지 그 사람의 신원을 확인하려 묻는 것으로 해석될 수 있다. 이 경우 전자는 부정칭 대명사로 후자는 미지칭 대명사로 사용된 것이다.

처럼 정확한 수, 즉 정수(定數)를 합성하여 '한둘, 두서넛, 너덧, 예닐곱…'처럼 대강의 수를 나타내는 부정수(不定數)를 나타낼 수도 있다. 특이하게 한국어에서는 사람의 수효는 따로 나타내는데 '혼자, 둘이, 셋이, 여럿이, 몇이'처럼 대체로 수사에 '이'를 붙여 만든다. 서수사 역시 '째'를 붙여 만들어 내는데 '첫째, 둘째, 셋째…, 한두째, 두서너째, 너덧째, 예닐곱째…' 등이 그 예이다. 물론 처음을 나타낼 경우 '한' 대신 '첫'을 사용하여 '첫째'로 표현한다.

수관형사와 단위성 의존명사가   올 때 읽기 방법

> 대체로 단위성 의존명사가 고유어일 경우라면 고유어계로 읽히지만(A) 한자어일 때는 경우에 따라 다르다. 고유어계로만 읽어야 하는 경우(B), 고유어계와 한자어계 모두 가능한 경우(C), 한자어계로만 읽어야 하는 경우(D-연도, 화폐, 거리)로 나눌 수 있다.
>
> A. 고유어계 의존명사: 강아지 한 마리/*일 마리, 양복 두 벌/*이 벌, 구두 세 켤레/*삼 켤레
> B. 한자어계 의존명사 1: 사과 한 個/*일 個, 책 두 卷/*이 卷, 종이 석 張/*삼 張, 술 넉 盞/ *사 盞
> C. 한자어계 의존명사 2: 학생 한 名/일 名, 토지 열 坪/십 坪, 배 열 隻/십 隻
> D. 한자어계 의존명사 3: 이천팔년 이월 이십오일, 삼만 칠천육백십원, 이십오리
>
> 참조. [국어어문규정 한글맞춤법 제5장 띄어쓰기]
> 제43항 단위를 나타내는 명사는 띄어 쓴다.
>   〈예〉 소 한 마리, 옷 한 벌, 열 살
> 다만 순서를 나타내는 경우나 숫자와 어울리어 쓰이는 경우에는 붙여 쓸 수 있다.
>   〈예〉 두시 삼십분 오초, 2008년 2월 25일, 37,610원
> 제44항 수를 적을 적에는 '만(萬)' 단위로 띄어 쓴다.
>   〈예〉 십이억 삼천사백오십육만 칠천팔백구십팔   12억 3456만 7898

〈수식언〉 문장에서 홀로 쓰이지 않고 다른 범주를 수식하는 수식언에는 체언을 수식하는 관형사와 용언을 수식하는 부사가 있다. 명사나 대명사, 수사 등을 수식하는 관형사는 어형이 바뀌지 않고 문장에서 대체로 관형어로 쓰인다.[13] '새, 헌,

---

13) 문장에서 관형어의 역할을 할 수 있는 것은 관형사 외에도 관형사형 전성어미가 결합한

다른, 순, 웬' 등은 성질이나 상태를 나타내는 성상관형사, '이, 그, 저, 이런, 그런, 저런, 무슨, 각(各)' 등은 어떤 대상을 가리키는 지시관형사, 수효를 나타내는 '한, 두, 세, 여러, 모든' 등은 수관형사에 해당한다.

　부사 역시 어형이 바뀌지 않고 문장에서 부사어로 사용되며 주로 용언이나 관형사, 다른 부사를 수식한다. 동작이나 상태, 성질을 나타내는 것으로 단어의 정도를 한정하는 정도부사에는 '가장, 꽤, 매우, 몹시, 아주, 무척, 너무, 좀, 겨우, 더' 등이 있다. 사물의 성질이나 상태를 한정하는 성상부사는 '빨리, 열심히, 잘, 천천히, 막연히' 등이 있다. 정도부사가 순수 부사라면 성상부사는 형용사에서 전성된 것들이 많다. 시간을 나타내는 시간부사는 시제나 상을 표현하는 중요한 부사로 시제부사(時制副詞)와 상부사(相副詞)로 나눌 수 있다. 시제부사에는 '어제, 오늘, 내일, 지금, 당시, 이제, 장차, 언제' 등이 있으며 상부사에는 '이미, 벌써, 한창, 아직, 먼저, 미리, 우선, 일찍, 때마침, 드디어, 마침내, 갑자기, 홀연, 별안간, 오래, 종일, 늘, 내내, 다시, 또다시, 때때로, 이따금' 등이 있다. 서법부사는 '가능성, 불가능성, 필연성, 개연성, 우연성, 단정, 양보, 기원' 등 서법적인 의미를 표현하는 부사로 '가령, 아마, 문득, 부디, 결코, 기어이' 등이 있다. 장소부사는 장소를 나타내는 '이리, 그리, 저리' 등이 있다. '똑똑, 시끌시끌, 철썩철썩, 울긋불긋, 깜빡깜빡' 등 첩어 구성을 이루어 소리를 나타내는 의성부사나 모양을 나타내는 의태부사를 만들 수 있다.

　문장을 수식하는 문장부사로 흔히 접속부사(접속사)를 든다. 단어와 단어, 구와 구, 문장과 문장을 이어주는 기능을 하기 때문에 수식 기능을 가진다고 보기 어렵고 부사가 피수식어에 종속적인 반면 접속사는 그런 성격을 가지지 않아서 접속사를 부사에 포함시키는 것에 논란의 여지가 있다. 접속사로 '그리고, 그러면, 그래서, 그리하여, 따라서, 하지만, 더욱이, 게다가, 혹은, 곧, 즉, 및, 겸' 등이 있다.

　〈관계언〉 조사는 자립적인 말과 결합하여 다른 말과의 관계를 나타내주는 품사로 문법적인 관계를 나타내는 격조사와 의미를 더해주는 보조사로 크게 나눌 수 있다. 예를 들어 '철수가 책을 읽는다.'에서 '-가'는 '책을 읽다'의 주체가 '철수'임을

　　용언의 관형형이나 체언에 관형격조사 '-의'가 결합한 경우이거나 '-의' 없이 체언이 다른 체언을 수식하는 경우 등이 있다. '새 신'에서 '새'는 '신'을 수식하는 관형사이고 '예쁜 신'이라고 하면 '예쁜'이 관형형으로 '신'을 수식하는 것이다. '학교의 풍경'이라고 하면 '학교'가 관형격조사 '-의'와 결합하여 '풍경'을 수식하는 관형어로 쓰인 것이고 '학교 풍경'이라고 하면 명사인 '학교'가 또 다른 명사인 '풍경'을 관형어의 자격으로 수식하는 것이다.

표시해 주는 주격조사이고 '-을'은 '철수가 읽다'의 대상이 '책'임을 표시하는 목적격조사이다. '철수도 책만 읽는다.'라고 했을 때 '-도'는 철수 외의 다른 사람들도 읽는데 거기에 더해 '철수'까지 책을 읽는다는 의미를 더해주는 보조사이고 '-만'은 다른 것은 읽지 않고 오로지 책을 읽는다는 의미를 더해주는 보조사이다. 앞말이 자음으로 끝나는지 모음으로 끝나는지에 따라 '-이/가, -을/를, -와/과, -로/으로, -며/이며, -라도/이라도' 등의 이형태 중 하나를 선택하여 사용한다.

격조사는 주격, 서술격, 목적격, 보격, 관형격, 부사격, 호격 등 7개로 나눌 수 있다.14) 문장에서 주성분인 주어, 목적어, 보어와 서술어의 관계를 나타내는 격조사로 주격조사 '-이/가', 목적격조사 '-을/를', 보격조사 '-이/가'가 있다. 특히 보격조사는 현재 학교문법에서 '되다/아니다' 앞에 오는 '-이/가'만 인정하고 있다. 이 외에 서술어와 관계 없는 격을 표현하는 것으로 관형격조사 '-의'와 호격조사 '-아/야, -이시여' 등이 있다. 체언에 결합하여 체언을 부사어가 되게 하는 부사격조사의 경우 다른 격조사에 비해 그 수나 의미가 다양하다.

(9) ㄱ. 철수가 학교에 있다. (처소-낙착점)
ㄴ. 학교에서 편지가 왔다. (처소-출발점)
ㄷ. 집으로 출발한 지 오래 되었다. (처소-지향점)
ㄹ. 연필로 답안지를 작성해도 좋습니다. (도구)
ㅁ. 철수는 영희와 결혼을 하기로 결정했다. (동반)
ㅂ. 잦은 지각은 학생으로서 성실한 자세가 아니다. (자격)
ㅅ. 돈으로써 모든 것을 해결할 수는 없다. (도구)
ㅇ. 빠르기가 비행기와 같다. (비교 대상)

이 외에도 보통 격조사가 이형태인 것을 제외하고는 형태가 바뀌지 않는데 특이하게 서술격조사 '이다'는 앞말을 서술어로 만들어주면서 어미와 결합하여 활용하면서 그 형태가 바뀌게 된다.

격조사와 달리 뜻을 더해주는 조사를 보조사 혹은 특수조사라고 한다. '-은/는,

---

14) 주격조사 중 단체가 주어일 경우에 '-에서'를 쓰기도 하고 사람의 수와 관련해서는 '서'를 쓰기도 한다. 특히 '-에서'는 '학교에서 공부를 하자.(처소)/ 학교에서 출발하자.(출발점)/ 그런 뜻에서 말을 한 것은 아니다.(근거)' 등을 나타낼 때는 부사격조사에 해당한다.
〈예〉 이번에 우리 학교에서 축구대회 우승을 했다.
혼자서/둘이서/셋이서 밥을 먹기로 했다.

-도, -만, -부터, -까지, -조차, -마다, -나/이나, -든지/이든지, -라도/이라도, -마저' 등이 있으며 목적격조사인 '-을/를' 역시 보조사적인 용법이 있다. 보조사는 격조사 다음에 올 수도 있고 명사 외에 부사나 용언의 연결어미에도 결합할 수 있다.

(10) ㄱ. 철수는/도/만 좋은 학생이다.
ㄴ. 철수까지/조차 상을 받았다.
ㄷ. 철수나 영희나 모두 상을 받았다.
ㄹ. 이곳에서는 운동을 할 수 없습니다.
ㅁ. 이 책을 읽어만 보아라.
ㅂ. 학교에를 가거라.
ㅅ. 아무리 그래도 마음에 들지가 않는다.

지금까지 어휘의 낱낱에 해당하는 단어에 대해 알아보았다. 다음으로는 이러한 단어들이 실제 언어생활에서 사용되는 모습인 어휘에 대해 살펴보기로 한다.

3.4. 어휘의 체계와 분류

한국인이 사용하는 어휘는 어종에 따라 고유어/한자어/외래어로 나눌 수도 있고 사용 시기에 따라 고대어/중세어/근대어/현대어로 나눌 수도 있으며 사용 지역에 따라 표준어/방언(경기방언/충청방언/경상방언/전라방언/제주방언)으로 나눌 수도 있다. 또한 어휘 역시 사람의 일생과 크게 다르지 않아 새말을 만들어 내면 그 말(新語)이 광범위하게 사용되면서 온전한 단어로 인정받게 된다. 그러다가 어떤 단어들은 그 말이 지시하는 대상이나 개념이 사라지게 되어 어휘 자체도 사라지는(死語) 과정을 겪기도 한다. 기본적인 생활과 관련한 기초어휘(基礎語彙)나 기본어휘(基本語彙)는 의사소통에 필요한 최소한의 어휘이거나 사용빈도가 높으며 정상적인 사회생활을 하는 데 필요한 어휘들에 해당한다.

3.4.1. 어휘의 분류

한국어의 어휘는 어종에 따라 크게 고유어, 한자어, 외래어로 나눌 수 있다. 물론 고유어와 한자어, 한자어와 외래어, 고유어와 외래어가 함께 나타나는 혼종어도 많이 있다. 고유어 외에도 한자를 포함한 한자어가 큰 비중을 차지하는데, 한자어는 중국, 일본, 인도 등에서 들어온 것 외에도 우리나라에서 만들어진 한자어들도 있으며 이들 모두 한국어의 일부로 수용되고 있다. 고유어가 대체로 일상생활에서 사용되는 어휘를 이룬다면 한자어는 대체로 개념과 관련된 추상적 어휘를 구성한다. 한자의 경우 낱글자가 모두 뜻을 가진 문자로 높은 조어력(造語力)을 가지고 있어 국어의 어휘를 풍부하게 한다는 장점도 가지고 있다. 외래어는 외국어가 들어와 국어의 어휘체계 안에서 자리를 잡게 된 것으로 새로운 문물의 유입과 함께 들어오게 된다. 예를 들면 '하늘, 바다, 꿈, 사랑' 등은 고유어이고 '江, 山, 册, 床' 등은 이미 우리가 한자어임을 의식하지 않고 익숙하게 사용하고 있는 한자어에 해당한다. '빵(pão), 담배(tabacco), 거위(天鵝)' 등은 어원에 대한 인식 없이 완전히 귀화어로 쓰이는 어휘이고 '아파트, 컴퓨터, 택시, 아이스크림' 등은 문물이 들어오는 것과 함께 그 어휘도 들어와 정착한 경우이다.15)

어종에 따른 분류 외에도 다양한 방식의 분류가 가능한데, 사용하는 지역에 따라 표준어와 방언으로 나눌 수 있고, 특정한 집단에서만 사용하는 어휘라면 전문어, 은어 등으로 분류할 수도 있고, 그 외 금기어, 비속어, 성차별어, 유행어, 신어, 계층어, 관용어까지 다양한 층위로 나눌 수 있다.

3.4.2. 표준어와 방언

표준어는 '교양 있는 사람들이 두루 쓰는 현대 서울말'로 정함이 원칙이다. 이는 국어어문규정 중 〈표준어규정〉에서 정하고 있는데, 예를 들어 '돈을 빌다'가 아니라 '돈을 빌리다'로 써야 표준어 규정에 맞게 쓰는 것이다. '숫꿩, 숫나사, 숫은행나무'가 아니라 '수꿩, 수나사, 수은행나무'로 써야 하고 '수캐, 수캉아지, 수퇘지'가 맞는 표현이다. 다만 양, 염소, 쥐는 '숫양, 숫염소, 숫쥐'가 맞다. '부주, 사둔, 삼춘'이 아니라 '부조(扶助), 사돈(査頓), 삼촌(三寸)'이 표준어이고 '상치, 아지랭이, 담장이, 미류나무, 허위대'는 '상추, 아지랑이, 담쟁이, 미루나무, 허우대'가 표준어이다. 이렇듯 표준어를 결정할 때는 모든 언어 사용자가 배우기 쉽고 사용하기 쉬운 능

---

15) 이 외에도 우리가 사용하는 어휘 중에는 영어 외에 다른 언어에서 들어온 어휘들도 많이 있다. 예를 들면 다음과 같다.
   〈예〉 고무장갑(gomme(불어)-掌匣), 깁스하다(Gips(독일어)-하다), 컵라면(cup(영어)-ramen(일본어)), 마호병(maho瓶, 魔法瓶(일본어)), 삼선자장(三鮮炸醬(중국어)), 보리(Bodhi/
   菩리(범어))

률성(efficiency), 의사소통을 하는 데 있어 적절하여야 하는 적절성(adequency), 여러 사람이 좋아하고 따를 수 있는 수용성(acceptability) 등을 고려하여야 한다.

이에 비해 방언(方言, dialect)은 어떤 언어가 지역이나 사회 계층 등의 차이로 인해 분화가 발생하게 되고 그것이 다른 나머지 말과 구별되는 특징을 가지게 된 언어를 말한다. 즉 기본적인 문법 구조는 동일하면서 일부 차이를 가진 언어로 이 때의 차이는 물론 한 언어권 안에서는 서로 이해할 수 있는 정도이다. 방언은 크게 지역방언과 사회방언으로 나눌 수 있다. 방언 형성의 요인으로 크게 네 가지를 들 수 있는데 첫째, 역사적 요인으로 주민의 대량 이동 둘째, 환경적 요인으로 큰 산이나 강, 바다 등의 장벽 셋째, 문화 유형의 요인으로 개신적인 도시말이 개신파를 형성하며 시골로 확산되는 현상 등이 있고 이들은 주로 지역 방언을 형성한다. 넷째, 사회적인 요인은 사회적 계층, 연령, 성, 종교, 인종, 종교, 인종 등에 따라 상류어, 중류어, 아동어, 청소년, 궁중어, 여성어, 군대어, 의사어, 흑인어, 백인어 등 다양한 사회방언층을 형성한다. 전문어나 종교에 따른 언어 차이도 일종의 사회방언이다.[16]

한국어의 지역방언은 학자마다 방언 구획을 어떻게 하느냐에 따라 그 수가 달라진다. 대체로 행정 구역과 일치하는 정도로 방언 구획을 정하는데 각 지역방언의 발음, 음성, 음소, 어휘, 문법, 의미 등에 나타나는 방언차에 의해 방언 경계를 정하고 이렇게 나뉜 각 지역을 방언권이라 한다. 이때 둘 이상의 방언권이 접촉하여 방언권의 언어적 특징들이 뒤섞여 나타날 때 이 접촉 지역을 전이지대 혹은 전이지역이라 한다.

지역방언이 지리적인 거리에 의해 발생하는 언어의 차이라면 사회방언은 사회적 거리의 차이에 의해 발생하는 방언이다. 사회적 계층이나 성, 연령, 종교, 인종 등에 따라 다양한 사회방언이 나타난다.

---

16) 방언, 특히 지역방언은 명사나 동사 같은 어휘 외에도 어미나 조사에서도 나타난다. 예를 들면 다음과 같다. 예는 '방언(지역, 표준어)'의 형식으로 제시하였다.
-ㄴ가베(경상, -ㄴ가 봐), -ㄴ갑다(전라, -ㄴ가 보다), -ㄴ대유(충청, -ㄴ대요), -ㄹ라우(경기, -려오), -랑(제주, -라서), 내금새(강원, 경상, 냄새), 내나(경상, 굳이 말하자면), 막대기(충북, 꼬챙이), 먹자구(평안, 황해, 개구리), 먹장귀(황해, 개구리), 먹장기(평북, 개구리) ...

3.4.3. 어휘의 등급별 제시

우리가 사용하는 어휘들은 기초적이고 빈도가 높은 어휘부터 어렵고 빈도도 낮은 어휘까지 그 정도가 천차만별이다. 이러한 어휘의 학습과 관련하여 어휘 목록을 제시하는 작업이 필요한데, 어휘를 학습하는 목적이나 학습자에 따라 어휘의 등급은 달라질 수 있다. 일반적으로 국어사전에서는 한국어를 모국어로 하는 화자들이 사용하는 어휘를 등급에 구애받지 않고 제시해도 되는 반면, 교육용 사전이나 교육용 어휘 목록을 제시하는 경우에는 각 어휘마다 등급을 결정하여 제시하는 것이 중요하다. 다음은 김광해(2003)에서 제시한 각 등급별 어휘 중 일부이다.

(11) ㄱ. 1등급(1,845어): 가, 가게, 가깝다, 가꾸다, 가끔, 가난하다, 가늘다, 가능하다, 가다, 가렵다, 가르치다, 가리다, 가리키다, 가방, 가볍다, 가수, 가슴, 가엾다, 가운데, 가위, 가을 ...
ㄴ. 2등급(4,245어): 가겟집, 가격, 가구, 가까이, 가까이하다, 가난, 가난뱅이, 가느다랗다, 가두다, 가득, 가득하다, 가득히, 가라앉다, 가라앉히다, 가락, 가랑잎, 가래, 가령, 가로, 가로막다 ...
ㄷ. 3등급(8,358어): 가격표, 가계, 가계부, 가계비, 가곡, 가곡집, 가공되다, 가공업, 가공하다, 가구, 가까스로, 가나다, 가냘프다, 가누다, 가느스름하다, 가는소금, 가능, 가능성, 가닥 ...
ㄹ. 4등급(19,377어): 가, 가감승제, 가감하다, 가건물, 가계 소득, 가계 수표, 가공 무역, 가공 식품, 가공 원료, 가공유, 가공인물, 가공품, 가구 공예, 가구상, 가구점, 가극, 가급적, 가긍하다, 가깝디가깝다, 가꾸러뜨리다, 거꾸러지다, 가꾸로, 가난살이 ...

위의 예에서 1등급의 어휘들은 대체로 고유어이면서 단일어로 그 수도 가장 적다. 2등급에서 3등급, 4등급으로 갈수록 어휘의 수가 많아지면서 단어의 구조도 복잡해지고 고유어에서 한자어로 가는 경향을 볼 수 있다. 즉 어휘의 등급이 높아질수록 기초어휘들을 조합하여 합성어나 파생어로 형성되거나 고유어와 한자어의 조합이 많아지면서 어휘가 어려워지는 것을 볼 수 있다. 위의 목록이 국어교육용으로 제시된 것이므로 한국어교육용 어휘는 조금 달라질 수 있겠으나 대략의 경향은 동일할 것이다.[17]

---

[17] 물론 위의 목록이 완전한 것이라고 하기는 어렵다. 어휘라는 것이 폐쇄집합이 아닌 개방

3.4.4. 어휘의 생성과 성장, 소멸

어휘도 사람의 일생과 같이 생성되어서 널리 쓰이다가 변화를 겪기도 하고 심지어는 소멸하기도 한다. 중세국어의 '하늘'은 현재는 형태만 변화하여 '하늘'로 쓰이고 있고 '즈믄'은 '천(千)'의 옛말로 현재에는 사용되지 않는다. '컴퓨터(computer)'는 문물이 들어오면서 어휘도 같이 들어와 사용되는 예인데 여기서 다시 '컴퓨터실, 컴퓨터망, 광컴퓨터' 같은 단어가 형성되어 자리를 잡았고 요즘에는 '컴맹, 컴도사, 퍼스컴(퍼스널 컴퓨터)' 같은 신어들까지 사용되고 있다. 이렇듯 어휘는 유입이나 차용, 사용 빈도의 변화 등을 통한 증감을 거듭하기 때문에 한국어 어휘의 전반적인 모습을 파악하기 위해서는 단순히 개별 어휘소의 변화 뿐 아니라 어휘 체계 전반에 걸친 연구가 필요하다.

한국어의 경우 한자어가 전체 어휘의 절반 이상을 차지할 정도로 비중이 큰 것과 맞물려 중국어로부터의 어휘 차용 역시 오랜 시간에 걸쳐 많이 이루어져 왔다. '보비(寶貝), 사탕(砂糖), 비치(白柔), 가난(艱難), 긔별(奇別), 비단(匹段), 잠깐(暫間), …' 등이 그러한 예이다. 최근에는 영어나 일어, 불어, 독일어 등에서 차용되는 어휘도 많이 있는데 원어 그대로 들어와 사용되는 경우도 있고 차용된 후 한국어의 어휘 체계 내에서 변형을 거치는 경우도 있다.

이처럼 어휘의 팽창과 관련하여 새말 혹은 신어의 형성이 큰 영향을 끼치는데, 사회의 변화·발전에 따라 새로운 사물이나 개념을 지칭하기 위해 새로운 어휘가 필요해지고 그 과정에서 형성되는 것이 새말 혹은 신어라 하겠다. 신어는 기존의 어휘를 재료로 하여 만들거나 외국어를 차용해 들여오거나 온전히 새로운 어휘를 만들어 내는 방법도 있다.

집합의 성격이 강하여서 어휘의 사용 빈도의 변화나 새로운 어휘의 등장, 어휘의 소멸 등은 매우 자연스럽고 그 과정에서 어휘 목록의 등급별 순위도 바뀔 수 있기 때문이다. 그럼에도 불구하고 한국어 어휘의 전반적인 난이도를 목록으로 제시하였다는 점에서는 큰 의의가 있다고 하겠다.

참고문헌

고영근·남기심(2002), [개정판 표준국어문법론], 탑출판사.
김광해(1995), [국어어휘론개설], 집문당.
김광해(2003), [등급별 국어교육용 어휘], 박이정.
김영석·이상억(1998), [현대형태론], 학연사.
박영순(1993), [현대 한국어통사론], 집문당.
박영순(2004), [개정증보판 한국어의미론], 고려대학교 출판부.
박영순(2004), [개정판 한국어의 사회언어학], 한국문화사.
박영순(2005), [국어문법교육론], 박이정.
박영순(2006), [한국어교육을 위한 한국문화론], 한림출판사.
서정수(1996), [국어문법], 한양대출판부.
이관규(2004), [개정판 학교문법론], 월인.
이석주·이주행(2007), [한국어학개론], 보고사.
이현희(2006), 「국어 접사 범주에 관한 연구」, 고려대 박사학위논문.

4. 한국어의 문법

4.1. 개관

문법은 한 언어의 형태, 구조, 의미 규칙을 포함한 전체 언어의 특징을 말하는 넓은 개념, 또는 단어와 문장의 구성 원리와 규칙을 말하는 좁은 개념으로 사용할 수 있다. 이 장에서 한국어 문법은 범위를 더 좁혀서 한국어 문장론에 대한 규칙을 기술하는 것으로 범위를 한정하였다. 그렇다면 제목을 한국어 문장론이라고 하는 것이 타당하겠지만 전체적인 목차의 균형을 맞추기 위해 '한국어 문법'으로 명명하였다.

한국어 문장 구성과 관련된 문법 영역은 크게 문장의 구조, 문장의 유형, 문장의 짜임새, 문장의 통사적 기능과 의미로 구분할 수 있다.

문장의 구조와 성립에서는 문법 단위, 문장 구성 성분의 종류에 대한 내용을 다루고, 문장의 유형에서는 평서문, 감탄문, 의문문, 명령문, 청유문의 특징을 다루었다. 문장의 짜임새에서는 홑문장과 겹문장의 특징을 살피고 특별히 겹문장을 만드는 확장 규칙에 대해 기술하였다. 다음으로 문장의 통사적 기능과 의미에서는 시제 표현, 피동 표현, 사동 표현, 부정 표현, 경어법 등을 다루었다. 이 항목들은 문장을 단위로 다양한 사태를 표현하는 것이므로 본 장의 영역 안에 포함하였다.

한국어의 문법은 한국어의 어휘와 한국어의 의미 영역과 더불어 한국어의 특징을 보여주는 가장 기본적인 국어지식 영역이다. 이 책은 어휘-문법-의미로 이어지는 연계성 속에서 문법 영역을 다룬 것이므로 단어의 구조나 의미에 대한 설명은 각각 독립된 단원으로 서술하도록 하고 이 장은 문장 단위의 문법 관련 내용만을 다루도록 한다. 또한 이 장은 학자들 간에 논란의 대상이 되는 문법 항목은 다루지 않고, 필요에 따라 소개를 하는 정도에서 그치고 문법 용어나 설명은 현행 학교 문법의 범위와 내용에서 벗어나지 않도록 하였다.

4.2. 문장의 성분

4.2.1. 문장 성분의 종류

한 문장에 쓰인 어떤 단어가 문장 안에서 갖는 문법적 역할은 각각 다르다. 예를 들면 '가을 하늘이 무척 푸르다.'라는 문장에서 '가을 하늘'은 서술하는 대상이 무엇인지 나타내는 부분이라면 '무척 푸르다'는 그 대상이 어떠한지를 설명하는 부분이다. 문장에서 행위나 사건의 주체를 표시하는 성분은 주어부이고 그 행위나 사태의 상황을 나타내는 부분은 서술부이다. 주어부와 서술부는 각각 한 개의 단어로 표현될 수도 있지만 예처럼 두 개 이상의 단어가 모여 구를 이루어 표현될 수도 있다. 이때 의미의 핵심이 되는 부분은 주어, 서술어라고 하며 주어를 수식하는 성분을 관형어, 서술어를 수식하는 성분을 부사어라고 한다. 이때 주어와 서술어는 문장의 기본을 구성하는 주성분이라 하고 관형어와 부사어는 기본성분의 의미를 수식하는 부속 성분이라고 한다.

문장 성분에는 이 외에도 목적어, 보어, 독립어가 있다.

(1) ㄱ. 꼬마 애가 <u>국밥 한 그릇을</u> 다 먹었다. (목적어)
　　ㄴ. 드디어 둘째가 <u>초등학생이</u> 되었다. (보어)
　　ㄷ. <u>뭐</u>! 우리 팀이 졌다고? (독립어)

목적어는 주어의 행위가 영향을 미치는 대상이다. 이때 그 대상은 주어의 행위에 따라 변화를 입는다. 이렇듯 다른 대상에 행위의 영향을 미치는 동사를 타동사라고 한다. 타동사가 서술어로 쓰인 문장에서는 목적어가 실현되어야 문장의 의미가 완성된다. 따라서 문장의 의미를 완성하는 데 꼭 필요한 성분이라는 관점에서 목적어도 주어, 서술어와 같이 문장의 주성분을 이룬다.

보어는 특정 서술어의 의미에 따라 갖춰야 하는 문장 성분으로서 동사 '되다'와 '아니다' 앞에 나오는 문장성분으로만 한정한다. 특정 동사에 한정한 문장 성분이라는 점에서 보어의 설정을 두고 학자들 간에는 논란이 있다. 현행 학교 문법에서는 보어가 주어, 목적어와는 다른 문법 기능을 하고 또 필수적인 문장 성분 역할을 한다는 점에서 하나의 필수 문장성분(=주성분)으로 수용하고 있다.

독립어는 다른 문장 성분들과 직접적인 관련성을 맺지 않고 문장에서 홀로 쓰이는 성분이다. 대개는 감탄사가 독립어에 속하며 체언에 '-야, -이여' 같은 호격조사가 붙은 경우와 접속부사를 독립어로 본다.
　한국어 문장 성분의 갈래를 요약하면 다음과 같다.

　　　　　　　┌─ 주성분 　─ 주어, 서술어, 목적어, 보어
　　문장성분 ─┼─ 부속 성분─ 관형어, 부사어
　　　　　　　└─ 독립 성분─ 독립어

① 주성분

　문장의 기본 골격을 만드는 어휘 항목을 문장의 주성분이라고 한다. 이때 문장 의미는 서술어의 의미에 따라 그 기본 골격이 결정된다. 예를 들면, '보다'라는 동사가 문장의 서술어로 쓰였다면 이 문장은 어떤 행위자가 시각 작용을 통하여 어떤 대상을 지각하는 행위를 나타낸다. 이 사태를 완성하기 위하여 필수적으로 필요한 문장 성분은 행위자, 시각이 미치는 대상, 시각 행위를 나타내는 동사이다. 이러한 기능을 담당하는 문장성분을 각각 주어, 목적어, 서술어라고 부른다.
　문장의 기본 골격은 문장 의미를 최소한으로 구성하는 문장성분으로 구성되므로 이를 생략하는 경우에는 문장이 성립되지 못한다.

　　(2)　ㄱ. 예성이는 일주일동안 (　　) 읽었다.　　…무엇을?
　　　　 ㄴ. (　　) 편지를 부쳤다.　　　　　　　　…누가?
　　　　 ㄷ. 학생들이 일제히 (　　　)　　　　　　…어떻게?

　(2)는 각각 목적어-주어-서술어를 생략한 경우이다. 여기에서 생략된 항목이 이미 알고 있는 정보라는 담화 상황이 아니라면 문장은 성립할 수 없다. 한국어 화자는 이러한 문장에 대해 각각의 의문항을 떠올릴 것이며 그 의문에 대한 적절한 정보가 제공되지 않는다면 문장은 불완전해진다. 이처럼 문장의 주성분이란 사태를 구성하는 필수적인 참여 항목을 일컫는 말이며 모국어 화자가 기대하는 최소한의 기대 정보를 구성하는 성분이라고 할 수 있다. 각각의 성분에 대해 주요 특징을 차례로 살펴보기로 하자.

■ 주어

문장의 주체가 되는 임자말을 주어라고 한다. 주어 자리에는 어떤 행위나 상태의 주체, 심리 변화나 경험을 겪는 주체, 또는 명제 등이 올 수 있다.

(3) ㄱ. <u>그 아이가</u> 유리창을 깼다. (행위의 주체)
ㄴ. <u>가을 하늘이</u> 맑고 푸르다. (상태의 주체)
ㄷ. <u>영희가</u> 어제 몹시 아팠다. (경험의 주체)
ㄹ. <u>양심을 지키기가</u> 어렵다. (명제)

주어는 대개 체언이나 체언 기능을 하는 말에 주격 조사가 붙어서 이루어진다. 수사, 대명사, 명사가 각각 단독으로 주어 자리에 올 수도 있고 앞에 수식하는 말이 붙어서 명사구를 이루어 올 수도 있다. 그 외에도 용언이나 인용구 등도 명사절로 어미 변화를 한 뒤, 주격조사를 결합하여 주어 자리에 나타날 수 있다.

(4) ㄱ. 하나보다는 <u>둘이</u> 더 좋지. (수사-단일 명사)
ㄴ. 외롭게 살아가는 하나보다는 <u>의지할 수 있는 둘이</u> 더 좋지. (명사구)
ㄷ. <u>그녀의 말이 거짓이었음이</u> 분명하게 드러났다. (명사절)
ㄹ. <u>이제부터 무엇을 할 것인가가</u> 문제입니다. (인용절)

【주어의 표시】

문장의 주어를 표시하는 가장 보편적인 방법은 주격조사 '-가/이'를 어휘나 구, 절 다음에 결합하여 기능을 형식화하는 것이다. 대부분의 모든 품사는 주어 자리에 나타날 수 있는데 이들을 주어로 만드는 결정적인 것은 주격조사의 결합이다.
그런데 주어를 높여서 말할 때는 '-께서'를 쓰고, 주어가 개체가 아닌 단체 명사가 나타날 때는 '-에서'를 쓰기도 한다.

(5) ㄱ. <u>선생님께서</u> 먼저 앞구르기 시범을 보이셨다.
ㄴ. 최근 <u>우리 학교에서</u> 학내폭력 근절 캠페인을 벌였다.

그러나 단체 명사인 경우에도 해당 명사가 구성원을 나타내는 유정성이 분명하게 드러나면 '-에서'를 쓰지 못하고 '-가/이'를 쓴다.

(6) ㄱ. *우리 학교에서 제일 아름다워요. (→우리 학교가 제일 아름다워요.)
    ㄴ. *이번 가을 운동회에서 백군에서 이겼어요. (→이번 가을 운동회에서 백군이 이겼어요.)

'-에서'는 처소격 조사이지만 위 문장에서는 주어를 나타내는 조사로 쓰이고 있다. '-에서'의 기능이 처소를 나타내는 것인지, 주어 자리를 나타내는 것인지는 해당 명사구가 '-이/가'와 교체할 수 있는지의 여부를 통해 구별할 수 있다. 처소성을 나타내는 경우에는 '-이/가'와 교체하면 문장이 성립되지 않는다.

(7) ㄱ. 영수가 그 반에서(→*그 반이) 제일 힘이 세요. (처소성)
    ㄴ. 우리 학교에서(→우리 학교가) 근처 어른들을 모시고 경로잔치를 열었다. (주어)

주어를 표시하는 데는 그 외에도 주제격 조사인 '-은/는'이 쓰이기도 한다.

(8) ㄱ. 사람은 모름지기 더불어 살아야 한다.
    ㄴ. 예성이는 영어에 자신감을 가지고 있다.

한걸음 더

주어를 표시하는 자리에 주제어를 나타내는 '-은/는'이 결합할 수 있다. 주어가 문법적 개념이라면, 주제어는 담화적 개념으로서 주어 자리에 있는 성분이 알려진 정보나, 총칭적 정보, 한정적 정보를 나타내는 경우에 쓰인다.

그 외에도 보조사가 주어 자리에 쓰이는 경우도 있다.
    ㄱ. 마침내 윤 씨네 가족들도 딸에 대한 소문을 알게 되었다.
    ㄴ. 너마저도 나를 떠나는구나.

【주어는 생략할 수 있는가】

한국어는 문장 성분의 생략이 비교적 자유롭다. 주어진 담화 상황에서 정보를 충분히 알 수 있으면 해당하는 문장 성분은 생략할 수 있다. 특히 주어의 생략은 매우 빈번하게 일어난다.

(9) ㄱ. (당신은) 이제 그만 가셔도 좋아요.
　　ㄴ. (내가) 집에 전화했었어.

주어의 생략은 대개 대화나 담화에서 나타난다. 이는 맥락에서 생략된 주어에 대한 정보가 얼마든지 보충되기 때문이다. 어떤 경우에는 주어를 아예 상정하지 않는 것이 더 자연스러운 문장으로 생각되는 경우도 있다.

(10) ㄱ. (?제가) 학교 다녀올게요.
　　 ㄴ. (?너는) 잘 다녀오너라.

위 문장에서는 생략된 주어를 복원하면 오히려 문장이 매우 어색해진다. 담화상황으로 볼 때 생략된 주어는 괄호 속의 인물이라는 것이 자연스러운데도 이를 복원하면 문장이 어색해진다. 이는 한국어의 주어 생략을 수의적 현상으로만 보기 어렵게 만든다. 문장에서 주어는 나타내는 경우와 생략할 수 있는 경우, 그리고 주어를 쓰지 않은 경우로 나누어 생각해볼 필요가 있다. 앞의 두 경우는 발화자의 의도와 담화 상황에 따라 선택할 수 있다면, 주어를 쓰지 않아야 하는 경우는 관용구처럼 굳어진 일상적 표현에 적용된다.

한걸음 더

이중 주어란 무엇인가?

한국어는 한 문장에 주격표지의 문장성분이 두 개 이상 나타날 수 있는 특성이 있다.

ㄱ. 정환이가 키가 크다.
ㄴ. 이 식당이 음식 맛이 최고다.
ㄷ. 나는 아이들이 좋다.

현행 학교문법에서는 이중 주어문에 대해 주어와 서술절로 이루어진 겹문장 구조로 설명한다. 이러한 설명에 따르면 (ㄱ)에서 '정환이가'는 전체 문장의 주어로, '키가 크다'는 서술절(주어+서술어)로 분석한다. 이중주어문에 대한 또 하나의 설명은 주제어의 개념을 적용하여 설명하는 것이다. 예를 들면, (ㄴ)에서 '이 식당'은 주제어로서 화제(topic)를 던지고 '음식 맛이'를 실제 주어로 본다. 또는 이중주어문을 문장 구조에 변형의 과정을 적용하여 설명하기도 한다. (ㄱ)의 경우 주어부의 기저구조는 '정환이의 키'이며 실제 주어는 '키

> 가'이다. 변형을 설정한다면 이중주어문은 단일문이다.
>
> 　이중주어문을 주어와 서술절로 이뤄진 복합문으로 보기에는 일반적으로 문장 성분으로 절을 갖춘 복합문과는 그 성격이 다르다는 데 문제가 있다. 또 이를 주제어의 개념을 도입하여 설명하는 것은 담화상의 논의로 확대된다는 데 문제가 있다. 마지막으로 이중주어문이 기저에서 소유격 구조를 이룬다고 설명하는 것은 의미적으로 적용이 되지 않는 예문이 있다는 데 문제가 있다.

■ 서술어

　서술어는 문장 안에서 주어의 동작, 상태, 성질 등을 풀이하는 성분이다. 흔히 문장의 사태 유형을 '무엇은 무엇이다', '무엇이 어찌하다', '무엇이 어떠하다'로 나눌 때의 '무엇이다', '어찌하다', '어떠하다'에 해당하는 부분이 서술어이다. 서술어는 각각 '서술어+조사', '형용사', '동사' 중의 하나로 실현된다.

　　(11) ㄱ. 혜원이가 나의 제일 친한 친구이다.
　　　　 ㄴ. 하늘이 푸르다.
　　　　 ㄷ. 아이들이 모두 나갔다.

　(11ㄱ)은 '친구+이다'로 이루어진 서술어이고, (11ㄴ)은 '푸르다'라는 형용사, (11ㄷ)은 '나가다'라는 동사로 이루어진 예이다. 이때 단일어로도 쓰일 수 있고 구나 절의 형태가 나타날 수도 있다.

　　(12) ㄱ. 하늘이 푸르다.
　　　　 ㄴ. 하늘이 정말 푸르다.
　　　　 ㄷ. 하늘이 눈이 시릴 만큼 푸르다.

　(12ㄱ)은 서술어 단일어가 나타난 반면, (12ㄴ)과 (12ㄷ)은 각각 서술어가 구와 절로 확대되어 서술구 혹은 서술절을 이루어 서술부를 이룬 형태이다. 사태를 풀이하는 세세함과 복잡함의 정도에 따라 서술어의 자리에는 다양한 수식 성분이 결합된다.

【서술어의 자릿수】

문장에서 서술어의 몫은 매우 중요하다. 서술어는 한 문제에 필요한 문장 성분의 유형과 수를 결정한다. 한 문장에서 몇 개의 문장성분이 필요하고, 어떤 형태가 필요한지는 서술어의 의미에 따라 결정된다. 이처럼 서술어가 문장성분의 필요한 수를 제한하는 기능을 '서술어의 자릿수'라고 한다.

(13) ㄱ. 코스모스가 한들거린다.
ㄴ. 예성이가 친구 얼굴을 그렸다.
ㄷ. 민서가 2학기 반장이 되었다.
ㄹ. 학부모들이 아이들에게 빵을 주었다.

위 문장은 해당 서술어의 의미에 따라 문장의 의미를 완성하는 필수 성분을 표시한 것이다. (13ㄱ)처럼 주어만을 요구하는 한 자리 서술어, (13ㄴ)과 같이 주어와 목적어를 요구하는 두 자리 서술어, (13ㄷ)과 같이 주어와 목적어, 필수적 부사어를 요구하는 세 자리 서술어가 있다. 특별히 (13ㄷ)의 '되다,' '아니다'는 보어를 필수적으로 요구한다.

현행 문법에서는 주어, 목적어, 보어, 서술어를 문장의 필수성분으로 정하고 있다. 이러한 필수성분이 생략되었을 경우 그 문장은 불완전한 문장이 된다.

(14) ㄱ. *예성이가 그렸다.
ㄴ. *민서가 되었다.
ㄷ. *학부모들이 빵을 주었다.

■ 목적어

문장 안에서 주어의 행위나 영향을 받는 대상을 목적어라고 한다. 목적어는 기본적으로 단일 명사에 목적격 조사 '-을/를'이 결합한 형태이지만 문장이 복잡하면 구와 절로 나타나기도 한다.

(15) ㄱ. 요즘 아이들은 <u>연예인들을</u> 지나치게 좋아한다.
ㄴ. 붉은 악마가 <u>열띤 응원을</u> 펼쳤다.
ㄷ. 예성이가 <u>하늘에 무지개가 뜬 것을</u> 보았다.

위의 예문처럼 명사구나 명사절 뒤에 목적격 조사 '-을/를'이 결합하여 나타나는 것이 일반적이다.

【목적어와 목적어의 표지】
때로는 목적어 대상에 '-을/를'이 아닌, 다른 조사가 결합하여 쓰이기도 한다.

(16) ㄱ. 내가 <u>영희는</u> 데려갈게요.
ㄴ. 아이가 <u>빵만</u> 먹으려고 합니다.
ㄷ. 이번 태풍이 어린 아들의 <u>목숨마저</u> 앗아갔다.

(16ㄱ)은 '영희를 데려가다'의 강조 표현이며 (16ㄴ)은 '빵을 먹으려고 한다'의 사태에서 배타성을 나타내는 '-만'이 결합한 예이다. (16ㄷ)은 '아들의 목숨을 앗아갔다.'에서 목적어 자리에 '-마저'가 쓰여서 기대치의 마지막이라는 의미가 덧보태져 있다. 이 경우, 이들 성분은 목적격 조사를 갖추지는 않았지만 의미적으로 볼 때 서술어의 행위가 미치는 대상임은 분명하다.
이와는 달리 목적격 조사가 결합되었으나 목적어로 보기 어려운 경우도 있다.

(17) ㄱ. 제발 그 꽃을 <u>나를</u> 주세요.
ㄴ. 좀 <u>빨리를</u> 걸을 수 없겠니?

위의 (17ㄱ)은 전형적 수여 동사인 '주다'가 서술어로 쓰인 문장이다. '주다'는 의미상 주어, 목적어, 필수적 부사어를 갖춘 세 자리 서술어이다. 그 형식은 '누가(주어)-무엇을(목적어)-누구에게(부사어)'로 실현된다. (17ㄱ)에서는 '나에게'로 실현될 성분에 '나를'이라는 목적격 조사가 쓰이고 있다. 이를 목적어로 볼 수 있는가 하는 문제가 생긴다. 이는 (16)에서 의미적으로 목적어인데도 목적격 조사가 아닌 조사가 붙은 것과는 대조적인 현상이다. 두 경우 모두 표현의 효과를 위해 다른 형식을 보인 것이다.
국어에서 문장 성분의 일차적인 기준은 해당 성분이 문장에서 나타내는 의미 기능이다. 따라서 위의 상반된 두 경우에서 목적격 조사가 결합되지 않고 보조사만 쓰인 (16)에서 해당 성분들은 목적어라고 할 수 있으나, '-을/를'이 결합한 (17)은 목적어라고 보기는 어렵고 강조된 표현으로 보아야 할 것이다.

【이중 목적어 문제】

앞서 살펴 본 이중 주어 현상처럼 목적어도 한 문장에서 두 개로 나타나는 경우가 있다. 이를 이중 목적어 혹은 목적어 중첩, 중목적어 현상으로 부르기도 한다. 이중목적어 현상을 어떻게 설명해야 하는지 다음에서 살펴보기로 한다.

(18) ㄱ. 예성이가 사과를 두 개를 먹었다.
ㄴ. 그는 다짜고짜 나를 팔목을 잡았다.
ㄷ. 담임선생님이 반 아이들을 무릎을 때렸다.

우선은 위 문장들이 표준적인 문법 현상은 아니라는 것을 분명히 해 둘 필요가 있다. 대개의 경우 담화 상황이나 구어체 표현에서 자주 사용된다. 여기서 논의할 부분은 겹쳐서 나타난 목적격 형태의 의미 기능에 관한 것이다. 위의 문장을 다음과 같이 바꾸어 보면 겹쳐 나타나는 두 명사구의 관계가 분명해진다.

(19) ㄱ. 예성이가 사과 두 개를(사과를 두 개) 먹었다.
ㄴ. 그는 다짜고짜 나의 팔목을 잡았다.
ㄷ. 담임선생님이 아이들의 무릎을 때렸다.

이중 목적어는 대개 앞의 명사가 뒤의 명사를 한정해주거나 수식해주는 구조이다. 이 중에서 무엇이 직접적 서술어의 대상이 되는가 하는 기준으로 목적어를 결정해야 한다. 앞의 명사는 대상의 범위, 전체를 한정하고 뒤의 명사는 한정된 범위 안에서의 위치, 목표, 수량을 제시한다. 따라서 서술어의 행위가 직접적으로 미치는 대상은 두 번째 명사로 보는 방법이 있을 수 있다. 그러나 다음과 같은 문장에서는 이러한 결론을 적용하기가 어려워 보인다.

(20) ㄱ. 이 녀석들이 나를 바보를 만드는구나.
ㄴ. 새댁이 저녁밥을 죽을 쑤었어.

위 문장에서의 이중목적어는 결코 두 명사가 수식 관계를 이루지는 않는다. (*나의 바보/*나 바보, *저녁밥의 죽/*죽의 저녁밥/*저녁밥 죽) 여기에서 두 명사는 하나가 다른 하나로 변성된 변화 관계에 있다. (20ㄱ)은 '나를 바보로'의 변성관계,

(20ㄴ)은 '저녁밥으로 죽을'의 의미라고 볼 수 있다. 두 명사 중에서 해당 서술어와 직접적인 의미 제약을 이루는 부분을 목적어라고 본다면, 각각 목적어는 '바보를', '죽을'이다.

【목적격 표지의 생략】
목적어는 담화에서 목적격 조사를 생략한 채 쓰이기도 한다. 이는 격조사가 문장성분을 형식화하는 충분 조건이기는 하지만 항상 갖추어야 하는 필수적 조건은 아니라는 사실을 말해준다.

(21) ㄱ. 나 불렀어?
ㄴ. 뭐 먹을래?
ㄷ. 벌써 숙제 다 끝났구나.

한국어 화자들에게 위 문장은 이해하는 데 아무런 어려움이 없는 자연스러운 발화 상황이다. 이 문장들에 쓰인 서술어는 모두 타동사들로서 각각 '누구를 부르다', '무엇을 먹다', '무엇을 끝내다'의 의미 형식을 갖는다. 위 문장들은 이 구조에서 각각 목적어가 격조사를 생략한 채로 쓰였다.

■ 보어

보어는 서술어가 요구하는 필수 성분 중의 하나이다. 현재 학교 문법에서는 '되다'와 '아니다' 앞에 나타나는 문장 성분을 보어로 설명한다.

(22) ㄱ. 예성이가 <u>계주 선수가</u> 되었다.
ㄴ. 김 과장이 사건의 <u>책임자가</u> 아니다.

위 문장에서 밑줄 친 성분을 생략하면 문장이 성립될 수 없으므로 이들을 필수 성분으로 볼 수밖에 없을 것이다. 이 성분들은 사태나 동작의 주체 혹은 행위자가 아니므로 주어로 보기는 어려우며, 타동사가 아니므로 목적어로 볼 수 없다. 따라서 새로운 범주 명칭이 요구된다. '보어'는 문장이 성립하도록 기능하는 보충어라는 뜻이다.

> **한걸음 더**
>
> 보어는 일반적으로 명사구에 주격 조사 '-이/가'가 결합하여 나타난다. 그런데 보어를 특정한 서술어 앞에 나타나는 문장 성분들에 한정한 것은 설명적 타당성을 얻기는 어려워 보인다. 예를 들어, 다음과 같은 경우에도 보어와 동일한 기능을 갖는 것으로 볼 수 있다.
>
> ㄱ. 나는 일년 중 <u>가을이</u> 제일 좋다.
> ㄴ. 사람들은 모두 <u>그가</u> 범인이라고 생각한다.
>
> 위 문장에서는 서술어가 각각 '좋다', '생각하다'이다. 현재 학교 문법에서 규정한 보어의 범주에는 속하지 않지만 문장의 의미를 완성하기 위해서 생략할 수 없는 필수 성분이라고 할 수 있다. 따라서 보어의 범위를 주어와 목적어를 제외한 모든 필수적 문장성분을 포함할 수 있도록 기준을 확대할 필요가 있다.

② 부속 성분

문장의 부속 성분은 문장을 성립시키는 골격은 아니지만 의미를 상세하게 하는 수식 기능을 담당하는 성분을 말한다. 명사구를 수식하는 관형어와 서술어를 수식하는 부사어가 여기에 속한다.

■ 관형어

관형어는 관형사로 수식하는 경우와 명사에 '-의'가 붙어서 다음 명사를 수식하는 경우, 용언이 관형형 어미를 갖추어 명사를 수식하는 경우로 나눌 수 있다. 각각 모두 명사의 의미를 한정하고 세분화한다.

(23) ㄱ. 예성이가 <u>새</u> 신발을 신었다.
ㄴ. 나는 <u>박수근의</u> 그림을 좋아한다.
ㄷ. 아이들이 <u>멋진</u> 선물을 기대하고 있다.
ㄹ. 아버지는 <u>아들이 돌아온</u> 사실을 알지 못했다.

위 문장에서 명사를 수식하는 관형어의 품사는 각각 품사 분류로 볼 때는 관형사, 명사, 형용사에 해당한다. 또한 (23ㄹ)과 같이 단어가 아니라 절이 쓰일 수도 있다.

【관형절의 종류】
　관형절은 수식하는 명사의 의미적 특성에 따라 관계 관형절과 동격 관형절로 나뉜다.

　　　(23) ㄱ. 예성이가 <u>어제 새로 산</u> 빨간 운동화를 신었다.
　　　　　ㄴ. 아이들은 <u>크리스마스에 부모가 선물을 두고 간</u> 사실을 알지 못했다.

　(23ㄱ)의 의미는 '예성이가 어제 새로 빨간 운동화를 샀다'와 '예성이가 그 빨간 운동화를 신었다'의 두 문장이 결합한 의미로서 여기에는 '빨간 운동화'라는 동일한 명사구가 들어 있다. 먼저 일어난 사건의 문장이 다음 문장의 동일 명사구를 수식하는 구조를 취한다. 관계 관형절처럼 뒤의 동일 명사구를 수식하는 경우, 관형절은 수의적 성분이므로 생략할 수도 있다. '예성이가 빨간 운동화를 신었다'의 문장만으로도 의미가 가능하다.
　그러나 (23ㄴ)은 '아이들은 어떤 사실을 모른다'와 '크리스마스에 부모가 선물을 두고 간다'라는 두 문장의 결합이다. 이때 '사실'의 의미는 그것만으로는 무슨 사실인지를 알 수 없고 수식하는 문장을 결합해야만 그 의미가 분명해진다. 따라서 이러한 동격 관형절의 경우에는 수식하는 관형절을 생략할 수 없다. '사실', '의견', '소문', '주장' 따위의 명사들은 이를 설명하는 관형절이 필수적으로 결합되어야 한다.

【관형어는 몇 개나 올 수 있는가?】
　한 개의 명사구를 수식하는 관형어는 몇 개씩 겹쳐서 쓰일 수 있다.

　　　(24) ㄱ. <u>연꽃의 아름다운</u> 자태는 모네의 주요한 소재가 되었다.
　　　　　ㄴ. <u>이 여러 예쁜</u> 꽃들이 모두 야생화란 말이야?

　(24ㄱ)의 '연꽃의'와 '아름다운'은 모두 뒷 명사 '자태'를 수식하는 관형어이다. (24ㄴ)은 '꽃'을 수식하는 관형어 성분으로 '이(지시)', '여러(숫자)', '예쁜(성질)'이 겹쳐 쓰였다. 일반적으로 관형어가 겹쳐 쓰이는 경우에는 지시 관형어, 수 관형어, 성상 관형어의 순으로 배열하는 제약이 있다. 이 순서를 어기는 경우에는 한국어 화자들이 수용하기가 어려운 문장을 구성하게 된다.

■ 부사어

부사어는 관형어와 더불어 문장의 수의적 성분이다. 부사어는 문장에서 서술어를 수식하지만 경우에 따라서는 관형어 또는 다른 부사어를 수식하기도 한다.

(25) ㄱ. 고속버스가 새로 뚫린 길을 신나게 질주한다.
ㄴ. 처음 한 것 치고는 매우 잘 그렸다.
ㄷ. 이건 완전히 새로운 이야기라고 할 수 있다.

(25ㄱ)은 '신나게'가 '질주한다'를 수식하고, (25ㄴ)은 '매우 잘'이 '그렸다'를 수식하는데 수식어들 간에는 다시 '매우'가 '잘'을 수식한다. (25ㄷ)은 '완전히 새로운'이라는 수식어구가 '이야기'를 수식하는데 수식어구 내에서 '완전히'는 '새로운'을 수식한다. 각 문장에 나타난 부사어가 수식하는 대상은 각각 서술어, 부사어, 관형어이다.

요컨대 부사어는 관형어와는 달리 문장 성분에서 어떤 성분도 수식할 수 있다.

【부사어의 수식 범위】

부사어는 수식하는 범위에 따라서 특정한 한 성분만을 수식하는 성분부사와 문장 전체를 꾸며주는 문장 부사로 나뉜다. (25)에서 살펴본 부사어들은 바로 다음의 특정 성분을 수식하는 성분 부사들이다. 이와는 달리 문장부사는 화자의 심리적 태도를 나타내며 전체 문장에 그 의미를 더한다.

(26) ㄱ. 다행히 태풍이 우리나라를 피해 지나갔다.
ㄴ. 불행하게도 그는 살아서 다시 고향땅을 밟지 못했다.
ㄷ. 의외로 일이 쉽게 풀렸다.
ㄹ. 확실히 이번 사건은 우리에게 큰 영향을 끼쳤어.

위 문장들을 바꿔 쓰면 (26ㄱ)은 '태풍이 우리나라를 피해 지나간 것은 다행이다.' (26ㄴ)은 '그가 살아서 다시 고향땅을 밟지 못한 것은 불행한 일이다.' (26ㄷ)은 '일이 쉽게 풀린 것은 의외였다.', (26ㄹ)은 '이번 사건이 우리에게 큰 영향을 끼친 것은 확실하다.'로 분석된다.

【부사어의 다양한 종류】

명사구에 부사격 조사가 결합한 경우도 부사어에 속한다.

(27) ㄱ. 코스모스가 길가에 하늘하늘 피어 있다.
ㄴ. 골목마다 교복 입은 학생들이 학교로 가고 있다.
ㄷ. 어젯밤 바람에 큰 나무가 쓰러졌다.
ㄹ. 어머니가 밀가루로 찐빵을 만들어 주셨다.

위의 밑줄 친 명사구들은 각각 장소, 방향, 원인, 재료 등의 의미를 나타내는 부사격 조사가 붙은 말들로, 부사어에 속한다.

한걸음 더

부사어는 수의적인 성분일까?

대부분의 부사어는 문장에서 주어나 목적어, 서술어와는 달리 필수적인 의미 성분은 아니다. 그러나 모든 부사어가 다 수의적인 성분이라고 하기는 어렵다. 다음은 부사어이지만 수의적인 성분으로 보고 생략할 경우, 문장의 구성이 어려워지는 예들이다.

ㄱ. 나는 아버지와 닮았다.
ㄴ. 선생님이 학생들에게 숙제물을 나누어주었다.
ㄷ. 전씨 부인은 봉선이를 수양딸로 삼으셨다.

위의 밑줄 친 명사구들은 부사어들이지만 이를 생략하면 문장이 어색해진다. 부사어들 중에는 이처럼 필수적인 성분으로 보아야 하는 경우도 있다. 이를 필수적 부사어로 설정할 것을 제안하기도 하는데 그러면 부사어의 기준과 모순되는 상황이 발생한다. 이보다는 보어의 개념을 확대하여 문장에서 주어, 목적어 이외에 모든 필수적 명사구는 보어 범주로 포함하는 것이 필요하다.

③ 독립 성분

■ 독립어

문장의 어느 성분과도 직접적인 관련이 없이 홀로 쓰이는 말을 독립어라고 한다. 감탄사나 체언에 호격 조사가 붙은 말들이 여기에 속한다.

(28) ㄱ. <u>아차</u>, 서류 봉투를 집에다 두고 왔네.
    ㄴ. <u>자</u>, 이제 우리가 공격할 차례다.
    ㄷ. <u>청춘</u>! 이는 듣기만 하여도 가슴 설레는 말이다.
    ㄹ. <u>영숙아</u>, 이번 모임에 같이 가지 않을래?
    ㅁ. <u>어머니</u>, 당신은 저 멀리 북간도에 계십니다.

독립어는 해당 명사가 사람을 나타내면 호격 조사가 붙거나, 생략될 수 있지만 해당 명사가 사람이 아닌 경우는 호격조사가 붙을 수 없다. 또한 존칭 명사인 경우는 대개 호격 조사가 붙지 않는다.

한걸음 더

접속부사는 독립어인가?

두 문장을 연결해주는 접속 부사들, 예를 들면 '그리고, 그런데, 그래서, 그러므로……' 등 접속사는 앞 뒤 문장의 의미에 관여하지는 않고 접속 기능만을 담당한다. 기능적으로 보면 독립어 범주에 포함할 수 있다. 현행 학교문법에서는 접속부사를 부사어의 한 종류로 보고 있다.

4.3. 문장의 짜임새

4.3.1. 문장과 사태

문장은 여러 가지 일, 사건, 행위를 전달하는 최소의 언어 단위이다. 완전한 문장이 되려면 행위의 주체인 주어와 구체적 사태를 진술하는 서술어가 필요하다. 단순한 사태라면 주어 하나와 서술어 하나로 문장이 구성된다. 그러나 인간사는 단순 사태로 이루어지기보다는 복잡하게 얽힌 경우가 많은데 이를 나타내는 문장 형식도 홑문장보다는 겹문장으로 쓰이는 경우가 많다.

① 겹문장

홑문장이 여러 개 모여서 겹문장을 이룬다. 겹문장은 이어지는 방식에 따라 안은 문장 방식과 이어진 문장 방식으로 나뉜다. 안은 문장 방식은 한 문장이 다른 문장의 한 성분으로 들어가는 방식이다. 이어진 문장 방식은 문장 여러 개가 나란히 연결되는 방식이다. 안은 문장 방식은 삽입되는 성분 절의 문법적 기능이 무엇이냐에 따라 명사절, 관형절, 부사절, 서술절, 인용절로 구분한다. 이어진 문장은 의미상 대등하게 연결되는 구조로서 한 문장이 다른 문장과 의미적 종속관계를 맺는다.

■ 안은 문장 방식

【명사절】

명사 혹은 명사구는 문장에서 주어, 목적어, 부사어를 담당하는 성분인데 한 절이 다른 문장 속에서 주어나 목적어, 부사어로 쓰이는 경우가 있다. 절이 명사구의 기능을 하기 위해서는 절의 문말 어미 부분에 명사형 어미, '-음'이나 '-기'를 결합하여 명사 형식을 갖추어야 한다.

  (29) ㄱ. 아버지는 <u>자신에게 아들이 있었음</u>을 전혀 몰랐다.
    ㄴ. 그 작품에서는 화자의 <u>유년시절이 아름다웠음</u>을 보여주고 있다.
    ㄷ. 누구라도 <u>입시문제를 완전히 해결하기</u>란 어려워 보인다.
    ㄹ. 그는 오직 <u>그녀가 무사히 돌아오기</u>를 기다렸다.

위의 문장은 명사절이 각각 주어, 목적어 성분으로 쓰였다. 이뿐만 아니라 명사절이 부사어로 쓰이기도 한다.

  (30) ㄱ. 제주도는 <u>풍란이 자라기</u>에 좋은 기후이다.
    ㄴ. 분노란 <u>스스로 자제력을 잃어버림</u>과 같은 말이다.

'-기에 좋다', '-음과 같다'의 구조로서 명사절이 의미상 필수적 부사어의 역할을 하고 있다.

일반적으로 명사절 뒤에 붙는 '-음'과 '-기'는 결합할 수 있는 동사에 차이를 보인다. 대개 '-음'은 확정적인 사실을 나타내는 데에 쓰이고, '-기'는 앞으로 바라는 사실을 나타내는 데에 주로 쓰인다.

(31) ㄱ. 영희는 <u>그때 자신이 무척 비겁했음</u>을 고백하고 말았다.
ㄴ. 나는 <u>무엇보다 우리 아이들이 아름다운 청년으로 자라기</u>를 바란다.

'-음', '-기' 명사절은 '-는(은) 것' 형식의 관형절로 교체될 수 있다. '-음', '-기'가 문어체에서 많이 쓰이는 표현인 데 비하여 '-것' 명사절은 구어체와 문어체에 두루 쓰인다.

(32) ㄱ. 이번 작품이 <u>작가의 자서전적 연애 이야기임</u>을 아는 사람은 별로 없다.
ㄴ. 이번 작품이 <u>작가의 자서전적 연애 이야기인 것</u>을 아는 사람은 별로 없다.

그런데 '-느냐/(으)냐, -는가/(으)ㄴ가, -는지/(으)ㄴ지' 등의 종결어미로 끝난 문장은 절의 어미를 변화시키지 않고 그대로 명사절로 쓰일 수 있다.

(33) ㄱ. 창의성은 무엇을 만들어 내느냐가 아니라 생각을 어떻게 끌어 내느냐가 중요하다.
ㄴ. 그는 늘 그녀가 무슨 생각을 하고 있는지를 알고 싶어 했다.

【서술절】
한 문장의 서술어 기능을 하는 절을 서술절이라고 한다. 문장에서 서술절이 쓰이면 외형적으로는 주어가 두 개인 것처럼 보인다.

(34) ㄱ. 예성이는 달리기가 빠르다.
ㄴ. 아파트는 개를 키우기가 어렵다.
ㄷ. 김 교수님은 인품이 인자하시다.
ㄹ. 가을은 독서하기가 좋다.

위 문장들은 제일 앞의 명사가 전체 문장의 주어이고, 서술어 성분이 주어와 서술어를 갖춘 서술절로 이루어진 구조이다. 표면 구조로는 주어 기능을 하는 명사구가 두 개다. 이 문제에 대해 여러 견해가 있다. 첫째, 각각을 대주어와 소주어의 관계나 전체와 부분의 집합 관계로 보는 견해, 앞의 명사구를 대주어, 서술절 속의 주어를 소주어로 보는 견해, 전체 문장의 주어는 앞의 것이고 서술어 성분에 서술절이 얹힌 겹문장 구조로 보는 견해로 크게 나뉜다. 현행 학교 문법에서는 서술절을 인정하는 견해를 수용하고 있다.

서술절을 안긴 문장의 한 유형으로 본다고 할 때 다른 안긴 문장 형식들과는 차이가 있다. 명사절, 관형절, 인용절, 부사절 등은 모두 성분 기능을 표시하는 장치를 결합하는 데 비해 서술절만은 아무런 장치를 하지 않는다.

(35) ㄱ. 그녀는 예성이가 정직했음을 굳게 믿었다. (명사절)
ㄴ. 아이가 여러 날 배를 곯았다는 사실을 뒤늦게야 알게 되었다. (관형절)
ㄷ. 가을 하늘이 눈이 시리도록 파랬다. (부사절)
ㄹ. 내년에는 유가가 급등하여 물가가 불안할 것이라고 전망하였다. (인용절)
ㅁ. 그 집 아이들이 생활하기가 어렵다. (서술절)

【관형절】

관형절은 관형어의 기능과 마찬가지로 뒤에 오는 명사류를 수식하는 기능을 한다. 주로 '-(고 하)는'이 결합하거나, 한 문장의 서술어가 관형형 어미 '-는', '-(으)ㄴ', '-(으)ㄹ', '-던'이 결합한 다음, 전체 문장 안의 다른 명사를 수식한다.

(36) ㄱ. 나는 민서가 착실한 아이라는 생각이 들었다.
ㄴ. 인질들이 다 풀려났다는 소식이 전해졌다.
ㄷ. 다 같이 가보자는 제안에도 아이들은 움직이지 않았다.
ㄹ. 그녀가 신랑감을 직접 만날 기회는 없었다.
ㅁ. 어머니가 만든 원피스가 내 몸에 잘 맞는다.
ㅂ. 언 손을 호호 불고 있는 아이들이 애처로워 보인다.
ㅅ. 내가 어제 산 책은 스티븐 핀커의 것이다.
ㅇ. 선형은 일을 멈추고 석양이 깔리는 거리를 내다보았다.

위 문장에서 (36ㄱ-ㄷ)은 안긴 문장에 '-(라 고)는'의 형식을 갖추어서 뒤 명사를 수식하고 있는 긴 관형절의 형식이라면 (36ㄹ-ㅇ)은 서술어에 관형형 어미 '-는/은/ㄴ', 또는 '-ㄹ/을'이 결합된 짧은 관형절이 명사를 수식하고 있다.

관형절은 모든 종류의 명사를 수식할 수 있다. 다만, 명사의 의미 유형에 따라 결합하는 관형절 형식에는 제약이 있다. 일반적으로 '소문, 소식, 질문, 보도, 연락, 명령, 고백…' 등의 명사는 긴 관형절의 수식을 받고, '사건, 기억, 경험, 경력, 용기…' 등의 명사는 짧은 관형절 수식을 받는다. 이와는 달리 '사실, 약점, 욕심, 다짐, 결심, 목적…' 등의 명사는 긴 관형절과 짧은 관형절을 모두 취할 수 있다.

관형절은 수식하는 명사의 유형에 따라 필수적 관형절과 수의적 관형절로 나눌 수 있다. 수의적 관형절은 관계 관형절, 혹은 관계절이라고 부르는데 일반 명사를 수식한다. 필수적 관형절은 동격 관계절, 또는 보문절이라고 하며 명제성 명사들을 수식한다. 명제성 명사는 수식절의 도움으로 내용을 확정짓는 명사들로서 '소문, 진실, 주장, 명령, 고백, 다짐, 보도' 류의 명사들이다. 명제성 명사의 경우, 그 내용을 명시하는 수식절이 없으면 명사의 의미가 불분명해지거나 문장이 성립하지 못한다. 위의 (36ㄱ-ㄹ)은 동격 관형절로 쓰인 경우이고 (36ㅁ-ㅇ)은 관계 관형절로 쓰인 경우이다.

관계 관형절은 안은 문장과 안긴 문장에 동일한 명사구가 포함되어 있다. 두 문장이 결합될 때 관형절에 포함된 동일한 명사는 탈락된다. 그러나 동격 관형절은 큰 문장 속의 명사를 설명하는 구조이므로 절 안에 동일한 명사구가 포함되지 않는다.

(37) ㄱ. <u>어머니가 만든</u> 원피스가 내 몸에 잘 맞는다.
ㄴ. <u>인질들이 다 풀려났다는</u> 소식이 전해졌다.

위 예문의 관계 관형절과 동격 관형절의 구조를 분석하면 다음과 같다.

(38) ㄱ. [[어머니가 원피스$_i$를 만들었다][원피스$_i$가 내 몸에 잘 맞는다]]
ㄴ. [[인질들이 다 풀려났다][소식이 전해졌다]]

【부사절】

부사절은 문장의 서술어에 부사형 어미 '-이', '-게', '-도록', '-(아)서' 등을 결합하여 큰 문장의 서술어를 수식하는 성분이다.

(39) ㄱ. 그가 <u>연락도 없이</u> 불쑥 찾아왔다.
ㄴ. 외도에는 <u>이국적인 꽃들이 아름답게</u> 피어 있었다.

ㄷ. <u>연어가 상류로 올라갈 수 있도록</u> 물길을 열어주었다.
　　　ㄹ. 이맘때면 북한산이 <u>등산객이 너무 많아서</u> 몸살을 앓는다.

　부사절로 안긴 문장을 논의하는 자리에서 논란이 되는 것은 이 구조가 종속적으로 이어진 문장과 형식적으로 구별하기가 어렵다는 점이다. 위 문장에서 (39ㄱ)은 밑줄 친 '연락도 없이'가 부사절로 안겨서 전체 문장의 서술어 '찾아오다'를 수식한다. 그런데 (39ㄷ, ㄹ)의 밑줄 친 구절은 부사절로도 볼 수 있고 종속적으로 이어진 문장으로도 볼 수 있다는 점에서 문제가 된다. 종속적으로 이어진 문장이란 둘 이상의 문장이 이유, 조건, 양보, 목적 등의 의미 관계를 맺는 경우를 말한다. (39ㄷ, ㄹ)의 경우, 부사절이 삽입된 안긴 문장이라는 설명과 종속적으로 이어진 문장이라는 설명이 모두 가능하다. 이에 대해서는 뒤에 나오는 이어진 문장 부분에서 좀 더 살펴보도록 한다.

【인용절】
　남의 말이나 글이 옮겨져 다른 문장의 한 성분이 될 때 이를 인용절로 안긴 문장 구조라고 한다. 인용의 방식은 다른 사람의 말을 그대로 인용하는 직접 인용 방식과 말하는 사람의 관점과 표현으로 바꾸어 인용하는 간접 인용 방식이 있다. 직접 인용은 인용조사 '-라고'가 인용하는 문장의 뒤에 결합하고 간접 인용은 조사 '-고'를 결합한다.

　　(40) ㄱ. 갈릴레이는 "그래도 지구는 돈다."라고 말하였다.
　　　　ㄴ. 아이가 "한강에는 큰 다리가 몇 개나 있어요?"라고 물었다.
　　　　ㄷ. 진우가 "그만 집에 가자."라고 재촉하였다.
　　　　ㄹ. 박두식이가 우리에게 "이제부터는 위쪽 길로 다녀."라고 윽박질렀다.
　　　　ㅁ. 방문객들은 "저렇게 별들이 많은지 정말 몰랐어!"라고 탄성을 질렀다.

　이 문장들은 문상의 앞, 뒤에 인용의 구두점을 결합하고 직접 인용 조사 '-라고'를 결합하여 나타낸 직접 인용 구성이다. 이를 간접 인용 구조로 바꾸면 다음과 같다.

　　(41) ㄱ. 갈릴레이는 그래도 지구는 돈다고 말하였다.
　　　　ㄴ. 아이가 한강에는 큰 다리가 몇 개나 있냐고 물었다.

ㄷ. 진우가 그만 집에 가자고 재촉하였다.
　　ㄹ. 박두식이가 우리에게 이제부터는 위쪽 길로 다니라고 윽박질렀다.
　　ㅁ. 방문객들은 저렇게 별들이 많은지 정말 몰랐다고 탄성을 질렀다.

　간접 인용문은 인용문의 서법 형식에 따라 그 문장의 종결 어미를 변화하는 게 특징이다. 예를 들면, 의문형 인용문은 '-느냐/(으)냐', 명령형은 '-(으)라', 청유형은 '-자'가 각각 쓰인다.

한걸음 더

　직접 인용을 할 때 인용절의 서술어에 '-라고'를 쓰는 게 일반적이지만 경우에 따라서는 '-하고'를 결합시킬 수 있다. 대개 억양까지 흉내 내어 말하는 경우나, 의성어·의태어에 '하다'가 붙어 쓰이는 말인 경우에 인용절의 어미에 '-하고'를 쓰기도 한다.
- 엄마가 "영수야 그만 들어오너라." 하고 부르는 소리가 들렸다.
- 갑자기 문 뒤쪽에서 "쿵" 하고 소리가 들렸다.

■ 이어진 문장 방식

　둘 이상의 홑문장이 의미적 연관성을 가지고 나란히 연결되어 더 큰 문장을 이루는 경우, 이를 이어진 문장이라고 한다. 이때 문장들이 맺는 의미적 관련성은 연결어미의 성격으로 나타나게 된다.
　다음에 홑문장 두 개가 있다.

　(42) ㄱ. 봄비가 내린다.
　　　 ㄴ. 새순이 돋는다.
　　　　　　⇓
　(43) ㄱ. 봄비가 내리니까 새순이 돋는다.
　　　 ㄴ. 봄비가 내리자 새순이 돋는다.
　　　 ㄷ. 봄비가 내리면 새순이 돋는다.
　　　 ㄹ. 봄비가 내려야 새순이 돋는다.
　　　 ㅁ. 봄비가 내리면서 새순이 돋는다.
　　　 ㅂ. 봄비가 내리고 새순이 돋는다.

위 문장에 쓰인 연결어미는 앞 문장의 의미가 뒷 문장과 어떤 관계에 있는지를 보충하고 두 문장을 이어주는 구실을 한다.

■ 연결 어미의 종류

연결어미는 의미에 따라 다음과 같은 종류가 분화되어 있다(남기심·고영근(1995) p.392).

연결 어미의 의미	연결 어미 형태
한 가지 이상의 일을 나열	-고, -(으)며
한 가지 이상의 일이 동시에 일어남	-(으)면서
두 가지 이상의 일이 거의 동시에 잇달아 일어남	-자
서로 상반됨	-(으)나, -지마는, -아도/어도/러도/라도, -되
조건이나 가정	-(으)면, -라면, -거든, -더라도
이유나 원인	-(으)니까, -(으)므로, -아서/어서/러서
어떤 일의 결과나 상태 지속	-아서/어서/러서
한 가지 일이 다른 일로 바뀜	-다가
더해지거나 더 보태짐	-(으)ㄹ 뿐더러, -(으)ㄹ 수록
의도	-(으)려고, -고자
목적	-(으)러
어느 쪽이나 상관없음(선택)	-거나, -든지
반드시 그래야 함	-아/어야/러야
어떤 일의 배경을 보임	-는데, -(으)ㄴ데
어느 정도까지 이름	-도록

이때 두 문장의 의미적 관계에 따라 대등하게 이어진 문장과 종속적으로 이어진 문장으로 나눈다.

【대등하게 이어진 문장】

두 문장의 의미가 대등한 의미 관계를 이루며 이어진 경우로서 앞 뒤 문장이 나열되거나, 대조를 이루거나, 선택의 의미를 갖는 경우를 들 수 있다. 두 문장은 한 문장의 서술어에 '-고', '-며', '-지만', '-(으)나', '-거나', '-든지' 등의 연결 어미를 결합하여 연결한다.

(44) ㄱ. 바람은 잔잔히 불고 하늘은 맑다. (나열)
　　 ㄴ. 큰 아이는 덜렁대지만 작은 아이는 차분하다. (대조)
　　 ㄷ. 담을 고치든지 아이들을 못 다니게 하든지 해야 한다. (선택)

앞, 뒤 문장이 대등하게 연결되므로 두 문장의 위치를 바꾸어도 의미 차이가 크게 나타나지 않는다.

(45) ㄱ. 하늘은 맑고 바람은 잔잔히 분다.
　　 ㄴ. 작은 아이는 차분하지만 큰 아이는 덜렁댄다.
　　 ㄷ. 아이들을 못 다니게 하든지 담을 고치든지 해야 한다.

대등하게 이어진 문장은 앞, 뒤 문장이 위치가 자유롭게 이동하는 교호성(交互性)이 있지만, 앞 문장이 다음 문장의 의미에 기대고 있는 것이 아니므로 앞 문장이 뒤 문장의 구조 안으로 들어가는 안긴 문장의 구조로 쓰이지는 못한다.

(46) ㄱ. *하늘은 바람은 잔잔히 불고 맑다.
　　 ㄴ. *큰 아이는 작은 아이는 차분하지만 덜렁댄다.
　　 ㄷ. *담을 아이들을 못 다니게 하든지 고치든지 해야 한다.

【종속적으로 이어진 문장】

두 문장이 의미적으로 종속관계에 놓여 연결된 경우로서 앞 문장이 뒤 문장에 대해, 원인, 조건, 목적, 양보, 시간 제약 등의 의미 관계를 맺는다. 각 의미관계를 나타내는 데는 다양한 연결 어미들이 쓰인다.

(47) ㄱ. 어머니가 지극정성으로 보살펴서, 허약했던 아이가 이제 건강하게 됐다.
　　 ㄴ. 빚을 다 갚지 못하면, 우리 집을 내놓아야 할 거야.
　　 ㄷ. 아이가 선생님께 드리려고, 군고구마를 가져갔다.
　　 ㄹ. 아무리 떼를 써 봐도, 엄마는 꿈쩍도 않으셨다.
　　 ㅁ. 집에 오자마자, 아이들은 엄마부터 찾는다.

종속적으로 이어진 문장은 앞 문장의 의미적 관여로 뒤 문장의 사태가 발생하는 것이므로 두 문장의 위치가 바뀌면 의미가 성립할 수 없다. 이는 종속적으로 이어진 문장이 구조적으로는 이어진 문장 구조를 보이지만 의미적으로는 두 가지 사태가 시간적인 선후 관계를 맺고 있기 때문이다.

    (48) ㄱ. *허약한 아이가 이제 건강하게 돼서, 어머니가 지극정성으로 보살폈다.
         ㄴ. *우리집을 내놓으면, 빚을 다 갚지 못할 것이다.
         ㄷ. *아이가 고구마를 가져가려고, 선생님께 드렸다.
         ㄹ. *엄마는 꿈쩍도 않으셔도, 아무리 떼를 써 보았다.
         ㅁ. *아이들은 엄마부터 찾자마자, 집에 온다.

그런데 종속적으로 이어진 문장은 대등하게 이어진 문장과는 달리, 앞 문장이 부사절처럼 하나의 안긴 문장으로 뒤 문장에 삽입될 수 있다.

    (49) ㄱ. 어머니가 허약한 아이를 지극정성으로 보살펴서 아이가 이제는 제법 건강하게 됐다.
         ㄴ. 우리는 빚을 다 갚지 못하면 집을 내놓아야 할 것이다.
         ㄷ. 아이가 선생님께 드리려고 고구마를 가져갔다.
         ㄹ. 엄마는 아무리 떼를 써 봐도 꿈쩍도 않으셨다.
         ㅁ. 아이들은 집에 오자마자 엄마부터 찾는다.

종속적으로 이어진 문장의 이러한 특성 때문에 안긴문장의 부사절과 구별하기가 어렵다는 점이 지적되었다. 종속적으로 이어진 문장은 대등하게 이어진 문장과는 통사적으로 다른 특성을 보인다.

  첫째, 대등하게 이어진 문장은 두 문장의 자리 이동이 자유롭지만 종속적으로 이어진 경우 문장 간의 자리바꿈은 불가능하다.

  둘째, 대등하게 이어진 문장은 한 문장이 다른 문장의 성분으로 안긴 형태로 삽입되는 것이 불가능한데, 종속적으로 이어진 문장은 앞 문장이 뒤 문장의 한 성분으로 삽입될 수 있다.

  셋째, 대등하게 이어진 문장의 경우, 앞 문장에 나온 동일명사에 대해 재귀화가 일어날 수 없는 데 비해, 종속적으로 이어진 경우에는 뒤 문장에서 동일명사의 재귀화가 일어날 수 있다.

  이런 점에서 볼 때 종속적으로 이어진 문장은 이어진 문장으로 보기보다는 안긴 문장의 부사절로 볼 수 있는 여지가 더 많다. 현행 문법 교과서에서는 종속적으로 이어진 문장을 원칙으로 하고 부사절로 보는 것도 허용하고 있다.

4.4. 문법 요소의 통사적 기능과 의미

4.4.1. 문장의 종결 표현

한국어의 문장 종류는 화자가 청자를 대하는 태도에 따라 크게 다섯 가지로 구분할 수 있다. 그것을 간단하게 보이면 다음과 같다.

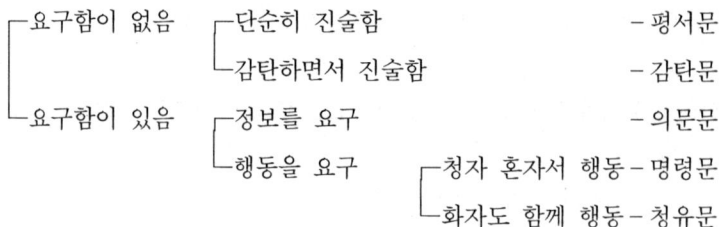

한국어에서 문장의 종류를 구분하는 기능은 문장의 맨 끝에 오는 종결어미가 담당한다. 그러한 종결어미들은 각각 평서법 어미, 감탄법 어미, 의문법 어미, 명령법 어미, 청유법 어미로 부르게 된다. 한국어에서는 종결어미들이 문장의 종류를 구분하는 것 외에 청자를 높이거나 낮추는 기능까지도 담당하므로, 청자가 누구냐에 따라 각각 다른 종결어미를 사용해야 한다.

① 평서법 종결어미

평서문은 화자가 청자에게 아무런 요구함이 없이 어떤 사건이나 현상 등에 대한 정보를 객관적으로 전달하는 문장 종류로서, 평서법 종결어미에는 합쇼체의 '-습니다'와 해라체의 '-다'가 대표적이다. 이들 외에 하오체의 '-오/소', 하게체의 '-네', '-이', '-ㄹ세', '-데' 등이 더 있는데 이들의 쓰임은 다소 제한되어 있다. 또한 〈약속〉의 '-마'(해라체), '-음세'(하게체), '-ㄹ게', 〈경계〉의 '-을라'(해라체)도 넓게 보면 평서법 종결어미 안에 포함시킬 수 있다. 이 중 〈약속〉의 '-마', '-음세', '-ㄹ게'는 주어가 1인칭으로 한정된다는 특성을 가진다.

(50) ㄱ. 고향집 밤하늘에는 별이 <u>많다</u>.
　　 ㄴ. 오늘은 바람이 몹시 불고 날씨가 <u>춥겠습니다</u>.
　　 ㄷ. 여보게, 내가 <u>왔네</u>.
　　 ㄹ. 만나서 정말 <u>반가우이</u>.
　　 ㅁ. 여보게, <u>날세</u>. 그동안 잘 지냈는가?
　　 ㅂ. 식구들이랑 며칠 좀 떨어져 있었다고 벌써 보고 <u>싶데</u>.
　　 ㅅ. 내가 먼저 <u>가마/감세/갈게</u>.
　　 ㅇ. 천천히 먹어라. <u>체할라</u>.

② 감탄법 종결어미

감탄문은 화자가 청자에게 아무런 요구함이 없이 어떤 사건이나 현상 등에 대한 정보를 전달한다는 점에서 평서문과 유사하지만, 청자를 크게 의식하지 않고 주로 화자의 정감을 나타내는 데 초점을 두었다는 점에서 차이가 있다. 감탄법 종결어미로는 해라체의 '-구나', '-어라'가 대표적이며 하오체의 '-구려', 하게체의 '-구먼', '-군' 등이 더 있다. 합쇼체의 감탄법 종결어미 형식은 존재하지 않는다.

(51) ㄱ. 벌써 날이 <u>샜구나</u>.
　　 ㄴ. 달이 참 밝기도 <u>해라</u>.
　　 ㄷ. 나를 그렇게 생각해 주니 <u>고맙구려/고맙구먼</u>.
　　 ㄹ. 자네, 참 <u>오랜만이군</u>.

③ 의문법 종결어미

의문문은 화자가 청자에게 어떤 정보를 요구하는 문장 종류이며, 의문법 종결어미에는 합쇼체의 '-습니까', 해라체의 '-냐', '-니', 하게체의 '-ㄴ가', '-나', 반말 정도 등급의 '-ㄹ까'가 대표적이다. 하오체의 '-오/소'도 있지만 이들은 현대국어에서는 거의 쓰이지 않는다. 한편 경상 방언에서는 판정의문과 설명의문의 형식이 구별되어 있어 의문사가 있는 설명의문에 '-냐', '-ㄹ까', '-ㄴ가' 대신 '-뇨', '-ㄹ꼬', '-ㄴ고'를 사용하기도 한다.

(52) ㄱ. 한국에 오신 지 얼마나 <u>되셨습니까</u>?
　　 ㄴ. 네가 내 빵 다 <u>먹었냐/먹었니</u>?

ㄷ. 아버님은 요즘 좀 <u>어떠신가</u>?
ㄹ. 밤새 눈이 <u>내렸나</u>?
ㅁ. 청희가 내일 학교 <u>올까</u>?

④ 명령법 종결어미

명령문은 화자가 청자에게 어떤 행동을 하도록 요구하는 문장 종류이기 때문에, 명령법 종결어미는 주어가 2인칭(=청자)이고 서술어가 동사인 경우에만 쓰일 수 있으며 과거의 '-었-'이나 과거 회상의 '-더-', 미래와 관련한 '-겠-'이 앞에 올 수 없다. 명령법 종결어미에는 해라체의 '-어라/여라/너라/거라', '-라'가 대표적이다. 이 외에 합쇼체 정도 등급의 '-(시)읍시오', 하오체의 '-오/소', 하게체의 '-게' 등이 있는데 '-(시)읍시오'와 '-게'는 그 쓰임이 매우 한정되어 있으며 '-오/소'는 현대국어에서는 거의 쓰이지 않는다(4.5.1 참조). 한편 〈허락〉의 '-려무나', '-렴'도 넓게 보면 명령법 종결어미 안에 포함시킬 수 있다.

(53) ㄱ. 늦지 않게 어서 <u>출발하거라</u>.
ㄴ. 모두들 자리에 앉아 <u>주십시오</u>.
ㄷ. 방청소는 네가 좀 <u>하려무나/하렴</u>.

한걸음 더

명령법 종결어미 앞에도 형용사가 쓰일 수 있을까?

(1) 새해에는 모두 건강하세요/행복하세요.

엄밀히 보면 '건강하게/행복하게 사세요', '건강해지세요/행복해지세요'가 맞는 표현이다. 그렇지만 상대방의 건강과 안녕을 비는 화용적 상황에서 '건강하세요', '행복하세요'와 같은 표현을 자주 쓰다 보니 위와 같은 표현도 자연스럽게 느껴진다. 특정한 화용적 상황에서 몇몇 어휘에 한정하여 그와 같은 쓰임이 굳어졌다고 볼 수 있다.

⑤ 청유법 종결어미

청유문은 화자가 청자에게 어떤 행동을 함께 하기를 요구하는 문장 종류이기 때문에 청유법 종결어미는 주어가 1인칭 복수(우리)이고 서술어가 동사인 경우에만 쓰일 수 있으며 과거의 '-었-'이나 과거 회상의 '-더-', 미래와 관련한 '-겠-'이 앞에 올 수 없다. 청유법 종결어미에는 해라체의 '-자'가 대표적이다. 이 외에도 해라체의 '-자꾸나', 하오체 정도 등급의 '-읍시다', 하게체의 '-세'가 있는데 이들은 비교적 쓰임이 한정되어 있는 편이다.

 (54) ㄱ. 우리 이따 오후에 영화 보러 <u>가자</u>.
   ㄴ. 자, 그럼 다음에 또 <u>만납시다</u>.
   ㄷ. 늦지 않게 어서 출발하도록 <u>하세</u>.

한걸음 더

 문장의 종류는 학자에 따라 적게는 네 가지에서 많게는 열 가지로 나누기도 한다. 최현배(1937)에서는 베풂월, 물음월, 시킴월, 꾀임월의 네 가지로 나누었고, 김민수(1960)에서는 설명형, 의문형, 질문형, 응락형, 명령형, 소원형, 경계형, 청유형, 추측형, 감탄형의 열 가지로 나누기도 했다. 그러나 대개는 정인승(1956)에서와 같이 다섯 가지의 종류(베풂법, 물음법, 시킴법, 이끎법, 느낌법)로 나누는 것이 일반적이다. 약속이나 허락, 경계의 의미를 지니는 종결어미의 경우는 학자에 따라 문장의 종류를 세분화하여 따로 보기도 하지만 대개는 평서문이나 명령문 안에 포함시키는 경우가 많다(윤석민 2000 참조).

 그런데 어떤 어미들은 하나의 문장 종류에만 쓰이는 것이 아니라 억양에 따라 둘 이상의 문장 종류에 쓰인다. '-어', '-지' 등과 같은 어미가 대표적인데 이들은 반말어미로 불리기도 한다. 그 자체로는 청자를 높이는 기능이 없지만 뒤에 조사 '요'를 결합시켜 사용하면 청자 높임의 기능을 수행할 수 있다.

 (55) ㄱ. 어제 우리 동네엔 눈이 많이 <u>왔어</u>.   (평서)
   ㄴ. 민수한테 그런 재주가 <u>있었어</u>?   (의문)
   ㄷ. 국 식기 전에 어서 밥 <u>먹어</u>.   (명령)
   ㄹ. 그러지 말고 같이 <u>해요</u>.   (청유)
 (56) ㄱ. 제 아내도 젊었을 땐 참 <u>예뻤있지요</u>.   (평서)
   ㄴ. 영재가 언제쯤 <u>제대하지</u>?   (의문)
   ㄷ. 이런 일은 자네가 좀 <u>하지</u>.   (명령)
   ㄹ. 자, 함께 <u>가시지요</u>.   (청유)
 (57) ㄱ. 나는 이제 집에 <u>갈래</u>.   (평서)
   ㄴ. 너 우리 집에 언제 놀러 <u>올래</u>?   (의문)

> **한걸음 더**
>
> **의문법 종결어미가 쓰이면 반드시 의문문이 되나?**
>
> (1) ㄱ. <u>안녕하십니까</u>? <u>식사하셨어요</u>?
> ㄴ. 너는 왜 이렇게 내 맘을 <u>몰라주니</u>?
> ㄷ. 얼마나 아름다운 <u>나라인가</u>?
> ㄹ. 수업 끝나고 같이 밥 먹으러 <u>갈까</u>?
> ㅁ. 창문 좀 닫아 <u>주겠니</u>?
>
> 의문법 종결어미가 쓰였더라도 다른 문장 종류의 기능을 나타낼 수 있다. 의문문의 형식을 이용하여 다른 문장 종류의 기능을 나타내게 되면 특별한 화용적 효과가 발생한다. (1ㄱ)은 친교를 목적으로 한 인사 표현이고, (1ㄴ~ㅁ)은 각각 평서문, 감탄문, 청유문, 명령문과 같은 기능을 가진다. 이러한 현상은 다른 종류의 종결어미에서도 발견할 수 있다.
>
> (2) ㄱ. (사람이 많은 버스 안에서) 좀 <u>내립시다</u>. / 거 좀 조용히 <u>합시다</u>.
> ㄴ. (여러 사람이 서로 끼어들어 얘기할 때) 나도 좀 한 마디 <u>하자</u>.
> ㄷ. (소대장이 소대원에게) 지금 즉시 운동장에 <u>집합한다</u>.
>
> (2ㄱ)과 (2ㄴ)은 청유법 종결어미 '-읍시다'와 '-자'가 사용되었지만 명령, 혹은 요청의 기능을, (2ㄷ)은 평서법 종결어미 '-다'가 사용되었지만 명령의 기능을 지닌다.

4.4.2. 시제 표현

시제(時制, Tense)는 화자가 발화하는 시점을 중심으로 사건의 전후 시간을 나타내는 문법 범주를 말한다. 발화시와 사건시가 동일하면 '현재', 사건시가 발화시보다 먼저면 '과거', 사건시가 발화시보다 나중이면 '미래'가 되는 것이다. 한국어에서 시제를 나타내는 방법은 매우 다양해서 어휘적으로 나타낼 수도 있고 문법적으로 나타낼 수도 있다. 여기에서는 문법적인 방법을 살피도록 한다.

① 기본시제

한국어의 기본시제는 선어말 어미나 관형사형 어미를 사용하여 나타낼 수 있다. 그리고 동일한 시제를 표현하는 데에도 용언의 성격에 따라 각기 다른 형태가 사용될 수도 있다.

■ 현재시제

현재시제는 동사 뒤에서는 선어말 어미 '-는/ㄴ-'을, 형용사나 서술격 조사 뒤에서는 Ø를 사용하여 나타낼 수 있다.

(58) ㄱ. 연주는 지금 밥을 <u>먹는다</u>.
ㄴ. 연주는 마음씨가 <u>예쁘다</u>.
ㄷ. 연주는 고려대학교 <u>학생이다</u>.

관형사형 어미 '-는'이나 '-은'을 통해서도 현재시제를 나타낼 수 있다. 동사 뒤에서는 '-는', 형용사나 서술격 조사 뒤에서는 '-은'을 사용하여 현재시제를 나타내는 것이다.

(59) ㄱ. 지금 <u>듣는</u> 음악 제목이 뭐에요?
ㄴ. 이 학생은 일본어 실력이 <u>좋은</u> 학생입니다.
ㄷ. 저 아이가 바로 제 <u>친구인</u> 수진이입니다.

■ 과거시제

과거시제는 서술어의 종류에 상관없이 선어말 어미 '-았/었-'이나 '-더-'를 사용하여 나타낼 수 있다.

(60) ㄱ. 나는 지난 주말에 친구랑 영화를 <u>보았다</u>.
ㄴ. 어제 보니까 영수가 현희랑 어디 <u>가더라</u>.
ㄷ. 젊은 시절의 어머니는 무척이나 <u>아름다웠다</u>.
ㄹ. 현주도 그렇게 잘 차려 입으니까 <u>멋있더라</u>.
ㅁ. 경재는 학부 시절에 야학 <u>교사였다</u>.
ㅂ. 어제 혜령이랑 똑같이 생긴 사람을 봤는데 알고 보니 쌍둥이 <u>언니라더라</u>.

그런데 '-더-'는 단순히 과서시제를 나타내는 것뿐만 아니라 과거에 있었던 일을 '회상'하는 의미도 가지고 있다. 그리고 주어에 따른 제약도 있어서 평서문일 경우 1인칭 주어(화자 자신)가 올 수 없으며 의문문일 경우 2인칭 주어(청자)가 올 수 없다.

(61) ㄱ. 어제 {네가/그가/*내가} 경수랑 어디 <u>가더라</u>.
ㄴ. {내가/*네가/그가} 어제 혼자 밥을 <u>먹더냐</u>?

153

관형사형 어미를 통해서도 과거시제를 나타낼 수 있다. 동사 뒤에서는 '-은'이나 '-던'(또는 '-었던'도 가능), 형용사나 서술격 조사 뒤에서는 '-던'이나 '-었던'(-었-+ -던)을 사용하여 나타낼 수 있다.

(62) ㄱ. 어제 회식 때 <u>먹은</u> 삼겹살은 아주 맛있었다.
　　　ㄴ. 가끔씩 윤정이를 보러 <u>오던</u> 사람은 그의 동생이었다.
　　　ㄷ. 이 학교가 바로 내가 예전에 <u>다녔던</u> 학교다.
　　　ㄹ. 그렇게 <u>곱던</u> 꽃이 벌써 다 시들어 버렸다.
　　　ㅁ. 한때 가수<u>였던</u> 윤은혜는 지금은 연기만 한다.

한편 선어말 어미 '-었-'은 중복하여 '-었었-'으로 쓸 수도 있다. 그런데 이러한 경우 단순히 과거시제를 나타내는 것이 아니라 그 일이 현재와 단절되어 있음을 의미한다.

(63) ㄱ. 영수는 오늘 학교에 일찍 <u>왔다</u>.
　　　ㄴ. 영수는 오늘 학교에 일찍 <u>왔었다</u>.
　　　ㄷ. 그때 이곳에는 코스모스가 <u>피었었지</u>.
　　　ㄹ. 어릴 때 우리는 이 언덕에서 뛰어 <u>놀았었지</u>.

(63ㄱ)은 단순히 '영수가 오늘 학교에 일찍 왔다'는 과거 사실만을 말한 것이다. 영수는 현재 학교에 있을 수도 있고 집으로 돌아갔을 수도 있다. 그런데 (63ㄴ)은 '영수가 오늘 학교에 일찍 왔다'는 과거의 사실이 현재와 단절되어 있음을 의미한다. 따라서 영수는 현재 학교에 없을 가능성이 높다. (63ㄷ, ㄹ)도 마찬가지이다.

한걸음 더

'-었-'이 쓰이면 반드시 과거시제가 되나?

(1) ㄱ. 아이가 아빠를 많이 <u>닮았다</u>.
　　　ㄴ. 영화배우 조인성은 <u>잘생겼다</u>.
　　　ㄷ. 꽃이 아름답게 <u>피었다</u>.
　　　ㄹ. 은주가 빨간 옷을 <u>입었다</u>.

(1)은 뒤에서 살펴볼 상(aspect)과 관련된 '-었-'의 특성을 보여준다. 과거의 일로 끝나버린

것이 아니라 그 일이 현재까지도 지속되고 있다. '닮다', '잘생기다', '입다' 등과 같은 특정 어휘 뒤에 쓰인 '-었-'에서는 이와 같은 완료 지속적 특성이 나타난다. 이에 비해 '풍선이 터졌다', '얼음이 녹았다'의 '-었-'에서는 그러한 지속적인 특성이 나타나지 않는다. 이것은 어휘마다 서로 다른 상적 특성을 지니고 있기 때문이다. 이처럼 어휘 자체에서 나타나는 상적 특성은 어휘상(Aktionsart)으로 따로 구별하여 설명하기도 한다. '-었-'의 이러한 상이한 특성 때문에 학자에 따라 '-었-'을 '-었$_1$-'과 '-었$_2$-'로 구분하기도 한다.

■ 미래시제

미래시제는 서술어의 종류에 상관없이 선어말 어미 '-겠-'이나 '-리-'를 사용하여 나타낼 수 있다.

  (64) ㄱ. 이번 시험에 꼭 합격하고야 말리라.
    ㄴ. 곧 있으면 눈이 오겠다.
    ㄷ. 열차가 곧 도착하겠습니다.
    ㄹ. 이 정도 문제라면 나도 풀겠다.
    ㅁ. 그 옷보다 이 옷을 입으면 훨씬 멋있겠다.
    ㅂ. 네가 미국에 도착할 무렵이면 여기는 밤이겠다.

그런데 미래시제를 나타내는 '-겠-'이나 '-리-'는 미래시제를 나타내는 기능뿐만 아니라 문맥에 따라 '의지'나 '능력, 가능성, 추측, 예정' 등의 의미를 보태기도 한다.

미래시제는 관형사형 어미 '-ㄹ'을 통해서도 나타낼 수 있다.

  (65) ㄱ. 나 내일 해야 할 일이 너무 많아.
    ㄴ. 날이 이렇게 추운 걸 보니 내일은 눈이 내릴 것 같다.
    ㄷ. 나는 나중에 꼭 성공할 것이다.
    ㄹ. 좀 더 노력하면 나도 한국어를 잘할 수 있다.

(65ㄴ-ㄹ)과 같이 관형사형 어미 '-ㄹ'은 (65ㄱ)처럼 그 자체만으로도 미래시제를 나타낼 수 있지만 (65 ㄴ-ㄹ)과 같이 의존명사 및 다른 서술어와 함께 특정한 구성을 이루어 미래시제를 나타낼 수도 있다. 그리고 그러한 구성에서는 '-겠-'이나 '-리-'에서 볼 수 있었던 것처럼 '의지'나 '능력, 가능성, 추측, 예정' 등의 의미가 나타날 수 있다.

한걸음 더

'-었-+-느-' ⇒ 과거? 현재?, '-었-+-겠-' ⇒ 과거? 미래?

(1) ㄱ. 너 밥 <u>먹었느냐</u>? / 자네 밥 <u>먹었는가</u>?
　　ㄴ. 예식장에서 본 신부는 <u>예뻤느냐/예뻤는가</u>?

(1)은 '-었-'과 '-느-'가 함께 쓰였는데 과거시제를 나타내며 이러한 구성에서는 '-느-'가 현재시제를 나타내지 못한다. (1)에서 '먹었느냐, '예뻤느냐는 '-느-'를 빼버린 '먹었냐', '예뻤냐로도 나타낼 수 있다.

(2) ㄱ. 어제 사고로 사람들이 많이 <u>다쳤겠다</u>.
　　ㄴ. 지금쯤 고향에도 꽃이 <u>피었겠다</u>.

(2ㄱ)은 과거시제이다. '-겠-'이 쓰일 수 있었던 것은 '-겠-'이 미래시제를 나타내는 요소가 아니기 때문이다. '-겠-'이 지니고 있는 다양한 의미 때문에 일정 환경에서 미래시제를 나타낼 수 있는 것이다. (2ㄱ)은 과거에 벌어진 일에 대해 화자가 알지 못하는 부분을 추측한 것이다. (2ㄴ)에 쓰인 '-었-'은 완료된 상태가 지속되는 특성을 지닌다. (2ㄴ)은 현재 다른 공간에서 완료되어 지속되고 있을 일에 대해 화자가 추측한 것이다.

선어말어미가 나타내는 시제와 실제 문장의 시제는 다를 수도 있다?

(3) ㄱ. 지구는 <u>태양을 돈다</u>.
　　ㄴ. 사람은 만물의 <u>영장이다</u>.
　　ㄷ. 나는 내일 수원에 <u>간다</u>.

(3ㄱ,ㄴ)에서처럼 항구적인 진리와 관련한 내용은 현재시제로 나타낼 수 있다. 이것은 우리말뿐 아니라 다른 언어에서도 보편적으로 나타나는 현상이다. 또 (3ㄷ)과 같이 가까운 미래에 있을 일에 대해서는 현재시제의 선어말 어미를 사용하여 그 내용을 나타낼 수도 있다.

(4) ㄱ. 비가 많이 오는 걸 보니 내일 소풍은 다 <u>갔다</u>.
　　ㄴ. 숙제는 안 하고 놀기만 했으니 넌 이제 엄마한테 <u>죽었다</u>.

(4)는 미래에 있을 일에 대해 이미 완료된 과거의 일인 것처럼 표현하였다. 이미 이루어진 다른 일을 보고 가까운 미래에 어떤 일이 반드시 일어날 거라고 생각하여 그렇게 표현한 것이다.

② 절대시제, 상대시제

일반적으로 발화시를 기준으로 하여 결정되는 시제를 절대시제라 하고 주문장의 사건시에 의존하여 상대적으로 결정되는 시제를 상대시제라고 한다. 지금까지 살펴본 것은 모두 절대시제와 관련한 것들이었다.

(66) ㄱ. 그가 <u>지나가는</u> 사람에게 인사를 <u>했</u>다.
ㄴ. 그가 <u>지나가는</u> 사람에게 인사를 <u>한</u>다.
ㄷ. 대아는 빵을 <u>먹고</u> 나는 밥을 <u>먹었다</u>.

(66ㄱ,ㄴ)에서 관형절의 시제는 모두 현재시제(절대시제)이지만 주문장의 시제에 따라 상대시제는 각각 과거시제(66ㄱ)와 현재시제(66ㄴ)가 된다. (66ㄱ)에서 관형절의 절대시제가 현재시제라고 하더라도 안긴문장은 주문장에 포함되어 있는 문장이므로 과거시제의 특성을 부여받을 수밖에 없다. 이와 같은 현상은 (66ㄷ)과 같이 접속어미가 사용된 문장에서도 마찬가지이다. 접속어미 앞에는 시제와 관련한 선어말 어미가 사용될 수도 있지만 대개는 사용되지 않는 편이다. 시제와 관련한 선어말 어미가 사용되지 않더라도 후행절의 서술어에 나타난 시제의 해석을 따르기 때문이다.

4.4.3. 상(Aspect)

상(相, Aspect)은 어떤 동작의 상태를 나타내는 문법 범주를 말한다. 즉 발화 시간과는 상관없이 그 동작이 완료되었느냐, 진행 중이냐 하는 양상을 말한다. 상에는 완료상, 진행상, 결과상, 예정상 등의 종류가 있다. 그러한 하위 분류는 학자마다 조금씩 달리 설정되기도 한다. 한국어의 상은 연결어미나 선어말 어미, 혹은 통사적 구성(보조용언 구성)을 통해서 나타난다. 또한 상은 시제와는 분명히 구별되는 개념이지만 일부는 겹쳐지는 특성도 있기 때문에 종종 시제와 혼동되기도 한다.
다음은 완료상이 나타난 예이다.

(67) ㄱ. 민하가 자리가 <u>앉아 있다</u>.
ㄴ. 학교에 늦게 도착했더니 수업이 다 <u>끝나 버렸다</u>.
ㄷ. 밥을 다 <u>먹고서</u> 학교에 갔다.

(67)의 '-어 있-', '-어 버리-'와 같은 보조용언 구성 및 '-고서'와 같은 연결어미에서는 동작이 끝난 상태가 지속되는 완료상이 나타난다. (67ㄱ)은 완료된 상황이 현재 지속되고 있는 것이므로 현재 완료상이라고 할 수 있다. 문장을 조금 수정하여 '앉아 있었다', '앉아 있겠다'로 바꾸게 되면 각각 과거 완료상, 미래 완료상을 나타내는 문장이 된다. 이와 같이 완료상을 나타내는 형식으로는 '-어 내-', '-어 치우-', '-고 나', '-어 놓-', '-어 두-' 등의 보조용언 구성과 '-어서', '-다가', '-자마자' 등과 같은 연결어미 등이 있으며, 보조용언 구성을 통해 완료상이 나타나는 경우는 명제 내용에 대한 화자의 심리적 태도(아쉬움, 시원함 등)가 함께 나타나기도 한다.

다음은 진행상이 나타난 예이다.

(68) ㄱ. 아이들이 소리내어 책을 <u>읽고 있다</u>.
ㄴ. 이제 숙제를 거의 다 <u>해 간다</u>.
ㄷ. 동생이 함께 놀아 달라고 <u>울면서</u> 칭얼댄다.

(68)의 '-고 있-', '-어 가'와 같은 보조용언 구성 및 '-면서'와 같은 연결어미에서는 동작이 진행되고 있는 진행상이 나타난다. (68ㄱ)은 진행되고 있는 상황이 현재 이루어지고 있는 것이므로 현재 진행상이라고 할 수 있다. 문장을 조금 수정하여 '읽고 있었다', '읽고 있겠다'로 바꾸게 되면 각각 과거 진행상, 미래 진행상을 나타내는 문장이 된다. 이와 같이 진행상을 나타내는 형식으로는 '-어 오-', '-어 나가-' 등의 보조용언 구성 등이 있다.

4.5. 높임법

높임법은 화자가 듣는 사람 혹은 말하는 내용 안의 누군가를 높이거나 낮추어 말하는 문법 범주를 말한다. 이와 같은 높임법은 화자가 높이는 대상이 누구냐에 따라 주체 높임법, 객체 높임법, 청자 높임법의 세 가지로 나뉜다.[1]

---

[1] 이때 화자나 청자는 주체, 혹은 객체와 동일인이 되기도 한다. 또한 청자 높임법은 주체 높임법이나 객체 높임법과는 달리 청자를 높이는 것 외에 낮추는 것까지를 모두 포함하는 개념이다.

4.5.1. 청자 높임법

화자가 청자를 높이거나 낮추어 말하는 방법을 말한다. 한국어에서 청자 높임법은 대개 문장 종결어미에 의해 실현되며 여러 등급으로 나누어진다. 말하는 상황이 격식적이냐 비격식적이냐에 따라서 구분되어 사용하며 청자의 연령이나 신분, 사회적 지위, 청자와 화자의 사회적 관계, 친밀도 등에 따라 각각 다른 높임 등급의 종결어미를 사용하게 되는 것이다.

(69) ㄱ. <u>영제야</u>, 현수 집에 <u>들어왔니</u>?
       (청자-화자의 큰아들(영제), 화자〉청자)
ㄴ. <u>어머님</u>, 현수 집에 <u>들어왔어요</u>?
       (청자-화자의 어머니, 화자〈청자)

(69)는 화자가 동일한 내용을 전달함에도 청자가 누구냐에 따라 각기 다른 높임의 종결어미를 사용한 예이다. 이와 같은 청자높임의 종결어미는 크게 다음과 같이 구분할 수 있다.

		평서	의문	명령	청유	감탄
격식체	합쇼체(아주높임)	-습니다	-습니까	-(시)읍시오	-	-
	하오체(예사높임)	-오	-오	-오	-읍시다	-구려
	하게체(예사낮춤)	-네	-는가, -나	-게	-세	-구먼
	해라체(아주낮춤)	-(는)다	-(느)냐, -니	-아라	-자	-(는)구나
비격식체	해요체(두루높임)	-아(요) -지(요) -ㄹ게(요) -ㄹ래(요)	-아(요) -지(요) -ㄹ래(요)	-아(요)	-아(요) -지(요)	
	해 체(두루낮춤)					

격식체는 주로 예의와 격식을 차려 말해야 하는 공식적인 자리에서 사용되며 비격식체는 예의와 격식을 크게 차리지 않아도 되는 사적인 자리에서 가까운 사람들끼리 대화할 때 사용된다. 격식체는 화자와 청자와의 개인적 친분보다는 사회적 관계를 더 우선하는 상황에서 쓰이기 때문에 비교적 객관적이고 딱딱하며 거리감이 느껴지는 반면, 비격식체는 화자와 청자의 개인적 친분을 더 우선하는 상황에서 쓰이기 때문에 비교적 주관적이고 부드러우며 친밀감이 느껴진다.

그렇더라도 이들은 실제 대화에서 엄격하게 구분되어 사용되기보다는 대화 분위기에 맞게 적절하게 섞여서 사용된다. 대화 상황에 따라서는 동일한 청자에게 둘 이상의 높임 등급을 사용할 수도 있다. 이 중 일상적으로 많이 사용하는 것은 격식체의 합쇼체와 하라체, 비격식체의 해요체와 해체이다. 하오체와 하게체는 특정한 상황에서 특정 관계에 놓여있는 사람들 사이에서 주로 쓰인다. 중년 이상의 동년배 남자들 사이에서 쓰거나(70ㄱ) 장인이나 장모가 사위에게(70ㄴ), 혹은 나이 많은 스승이 성인인 제자에게 쓰는 경우 정도로 한정된다(70ㄷ).

(70) ㄱ. <u>자네는</u> 요새 어떻게 <u>지내나</u>? 요즘 경기가 정말 말이 <u>아니더군</u>.
ㄴ. 어서 <u>오시게</u>. 먼 길 오느라 <u>고생했네</u>.
ㄷ. <u>김 군 왔는가</u>? 자, 어서 여기 <u>앉게</u>.

한걸음 더

(1) ㄱ. 선생님, 같이 식사하러 <u>가십시다</u>/다음에 또 <u>봅시다</u>. (화자-제자)
ㄴ. 여러분 모두 힘을 내어 <u>일합시다</u>. (공적인 자리, 다수의 청자에게)

한국어에서 청유법 종결어미 '-읍시다'의 쓰임은 매우 제한되어 있다. '-읍시다'는 '-자'와 대비되는 높임 표현이므로 주체와 청자가 동일인일 때 앞에 '-시-'를 결합시켜 쓰면 합쇼체에 가까운 등급이 될 것 같지만 실제로는 그렇지 않다. (1)과 같이 화자가 자신보다 상위자에게 '-읍시다'를 사용하여 청유의 내용을 나타내면 버릇없고 건방진 느낌을 주게 된다. '-읍시다'는 주로 공적인 자리에서 다수의 청자를 대상으로 하여 말할 때 자연스럽게 쓰일 수 있다. 개인을 상대로 '-읍시다'를 쓰는 것이 자연스러운 경우도 있는데 그것은 화자가 청자와 동급이거나 청자보다 상위자인 경우로 제한된다. 화자와 청자의 상하관계보다 청자의 사회적 위치를 더 존중하여 말하는 경우 '김 선생, 어서 가십시다/다음에 또 봅시다'와 같이 말할 수 있다. 그러한 경우 화자와 청자는 둘 다 성인이다.

'청유'는 상대에게 어떤 행동을 함께 하도록 요구하는 것이기 때문에 청자가 화자보다 상위자일 경우엔 그 내용을 전달하는 것 자체가 서로에게 부담이 될 수 있다. 그와 같은 점은 '명령'도 마찬가지이다. 그래서 자신보다 상위자인 개인을 상대로 '청유'의 내용을 전달할 때 '-읍시다'를 쓰지 않고 '-시지요', '-시겠습니까' 등과 같은 다른 우회적 표현을 사용한다. 유사한 이유로 '명령'에서도 '-십시오'보다는 '-해 주시기 바랍니다', '-해 주시겠습니까'와 같이 화자가 청자에게 도움을 요청하는 느낌의 우회적 표현을 많이 사용한다. 청자에게 유익이 되는 행동을 하도록 요구할 때는 비교적 명령이나 청유의 내용을 전달하는 데 부담이 덜하지만 청자에게 수고를 끼치는 어떤 행동을 요구할 때는 최대한 청자의 부담을 줄이고자 간접적인 표현을 사용하는 것이다.

4.5.2. 주체 높임법

화자가 말하는 내용의 주체를 높이는 방법이다. 선어말 어미 '-시-'를 사용하여 주체를 높이게 된다.

(71) ㄱ. <u>은숙이가</u> 학교에 <u>간다</u>.
　　　ㄴ. <u>선생님께서</u> 학교에 <u>가신다</u>.

동일한 행동을 하더라도 그 동작의 주체가 누구냐에 '-시-'를 결합시켜 높일 수도 있고 높이지 않을 수도 있다. '-시-'를 결합시켜 주체를 높일 때에는 대개 주격 조사 '-이/가'나 '-은/는' 대신 높임의 '-께서'를 사용한다. 또한 '-시-'는 서술어의 성격에 상관없이 결합될 수 있다.

(72) ㄱ. <u>영희 어머님은 미인이시다</u>.
　　　ㄴ. <u>우리 삼촌은 아주 잘 생기셨다</u>.

대부분의 경우 '-시-'를 사용하여 주체를 직접 높이지만 간접적으로 높이는 경우도 있다. '-시-'가 사용될 때는 높이려고 하는 주체가 주어인 경우가 많지만 주체가 아닌 다른 것이 주어인 경우도 있다. 주어가 주체의 신체 일부분이거나 관련 대상일 경우엔 그 주어를 높인다기보다 주어와 관련되는 주체를 높이기 위해 '-시-'를 사용하는 것이다.

(73) ㄱ. <u>우리 할아버지는 돈이 많으시다</u>.
　　　ㄴ. 내년에는 <u>선생님 댁의 모든 일들이 잘 되시길</u> 빕니다.

주체를 높일 때 '-시-'를 사용하는 것이 일반적이지만 '-시-'를 사용하지 않고 서술어 자체를 높임의 의미를 지니는 어휘로 바꾸어 주체 높임을 실현시키는 경우도 있다.

(74) ㄱ. <u>선생님</u> 지금 어디 <u>계시니</u>?
　　　ㄴ. <u>할아버지는</u> 지금 <u>주무시고 계셔</u>.
　　　ㄷ. <u>할머니</u> 진지 잡수세요.

ㄹ. 어젯밤에 동네 할아버지 한 분이 돌아가셨어.
　　ㅁ. 어머니께서 요새 좀 무리하셔서 몸이 편찮으시다.

(74)는 주체를 직접 높이기 위해 어휘적 높임의 방법을 이용한 것들이다. '있다-계시다', '자다-주무시다', '먹다-잡수시다', '죽다-돌아가시다', '아프다-편찮으시다'의 교체가 가능함을 볼 수 있다. 이러한 어휘의 대부분은 '-시-'를 포함한 채로 굳어진 것들이며 높이지 않은 어휘 뒤에 '-시-'만 결합시키는 구성은 불가능한 경우가 많다. '*자시다', '*먹으시다', '*죽으시다'와 같은 구성은 불가능하다. 그러나 '있으시다', '아프시다'는 가능하다. 그리하여 이들은 '계시다', '편찮으시다'와는 구별된 쓰임을 가진다.

　　(75) ㄱ. 선생님께는 따님이 한 분 있으시다.
　　　　 ㄴ. 할머니는 요새 다리가 많이 아프시다고 한다.

(75)는 주체를 간접적으로 높이기 위해 어휘적 높임의 방법을 이용한 것들이다. 이들 문장의 주어는 각각 '따님'과 '다리'로 이들은 주체와 관련된 대상이다. '따님'은 선생님과 관련된 주변 인물이고, '다리'는 할머니의 신체 일부이다. 이런 경우엔 '계시다', '편찮으시다'를 사용하지 않고 '있으시다', '아프시다'를 사용한다.

한걸음 더

　　손님: ○○○버거 세트 주세요.
　　패스트푸드점 점원: 포장이세요? 드시고 가는 거세요?
　　……
　　패스트푸드점 점원: 4,200원이십니다.

요즘엔 음식점이나 상점 등 서비스 업종 분야의 점원들에게서 이러한 표현을 자주 듣게 된다. 점원이 말한 '포장이세요?, 드시고 가는 거세요?, 4,200원이십니다'는 부적절한 표현이다. 손님에게 친절한 서비스를 제공하려는 마음이 지나친 나머지 위와 같은 어색한 표현을 만들어 낸 것이다. 점원은 문장의 주체를 '손님'으로 파악하였고 주어를 주체와 관련된 대상이라고 판단하여 과도하게 간접 높임을 적용하였다. 간접 높임의 대상은 대개 주체의 신체 중 일부이거나 그와 친족 관계에 있는 사람, 혹은 소유물 등으로 한정된다. 유사한 이유로 '*선생님, 옷에 먼지가 묻으셨어요'와 같은 문장도 어색하다. 이와 같은 쓰임은 대개 청자를 주체와 동일인으로 파악한 동시에 주어를 주체와 관련된 대상으로 파악했을 경우 발생한다. 선행연구 중에는 위와 같은 '-시-'의 쓰임을 '-시-'가 '주어 지향적 양태'에서 '화자 지향적 양태'로 변화해 가는 것으로 설명하기도 한다(관련 연구는 임동훈(2000) 참조).

어떤 문장에 주체 높임법이 실현되었을 경우 주체가 몇 인칭인지, 청자와 동일인인지 아닌지에 따라서 그 문장에는 [높임]의 청자 높임법이 실현되기도 하고 그렇지 않기도 한다.

(76) ㄱ. <u>할아버지께서 오셨습니다</u>.   (화자-아들, 청자-아버지)
ㄴ. 얘들아, <u>아버지 오셨다</u>.   (화자-엄마, 청자-아이들)
ㄷ. 아버지, 어디 <u>다녀오셨어요</u>?   (화자-아들, 청자=주체-아버지)

(76ㄱ,ㄴ)은 3인칭 주체를 높인 것이고 (76ㄷ)은 청자와 동일인인 2인칭 주체를 높인 것이다. (76ㄱ)은 주체인 '할아버지'와 청자인 '아버지' 모두 화자(아들)의 입장에서 볼 때 높여야 할 대상이므로 주체와 청자를 모두 높였다. 그러나 (76ㄴ)은 화자인 '어머니'의 입장에서 볼 때 주체인 '아버지'는 높여야 할 대상이지만 청자인 '아이들'은 높여야 할 대상이 아니므로 주체만 높였다. (76ㄷ)은 주체와 청자가 동일인으로 화자가 높여야 할 대상이므로 주체와 청자를 모두 높였다. (76ㄷ)과 같은 경우 주체와 청자를 모두 높이는 것이 가장 자연스러우며 둘 중 하나만 높이면 좀 부자연스러워진다. '아버지, 어디 다녀오셨어?', '아버지, 어디 다녀왔어요?'와 같은 문장이 그것이다. 이 중 전자는 일상적인 상황에서 쓴 것이라면 매우 부적절하게 느껴진다.

그런데 특정 상황에서는 그와 같은 쓰임도 자연스럽게 느껴지는 경우가 있다. 또한 대부분의 경우는 주체가 화자보다 상위자인 경우에 '-시-'가 사용되는데, 주체가 화자보다 하위자이거나 동급 관계에 있는 경우에도 '-시-'가 사용될 수 있다.

(77) ㄱ. 할머니, 많이 <u>잡숴/드셔</u>.   (친분관계, 비격식적 상황)
ㄴ. 어서 <u>드시게</u>.   (장모가 사위에게)
ㄷ. 너나 실컷 <u>드셔</u>.   (동급 관계에서)
ㄹ. 너나 <u>잘하세요</u>.   (동급 관계 혹은 청자를 화자와 동급으로 취급할 때)

(77)은 모두 주체와 청자가 동일인이며 주체 높임의 '-시-', 혹은 어휘적 높임이 사용된 예이다. (77ㄱ)은 화자가 자신보다 나이가 많은 주체에게 '잡수시다', 혹은 '드시다'를 쓴 것이므로 주체높임 실현에서는 자연스럽지만 청자높임 실현에 있어서는 [안 높임]의 해체가 실현된 것이기에 약간 어색하게 느껴질 수도 있다. 그러나 화자가 할머니와 매우 친밀한 관계에 있는 중년의 아주머니라면 자연스러운 문장이다. (77ㄴ)은 화자인 '장모'가 자신보다 하위자인 '사위'에게 청자 높임상으로는 하게체를 사용하여 높이지 않으면서도 주체 높임상으로는 '-시-'를 사용하여 대우해 주는 문장이다. (77ㄷ)은 동급 관계에서 장난투로, 혹은 불만의 어조를 드러내기 위해 어휘적 높임의 '드시다'를 사용한 것이다. (77ㄹ)은 비아냥거리는 어조를 전달하기 위해 의도적으로 '너'라는 높이지 않은 대명사를 사용하면서도 주체 높임의 '-시-' 및 청자 높임의 '요'를 사용한 문장이다. (77ㄴ)을 제외한 나머지는 모두 특정 상황에서 일정한 화용적 효과를 누리기 위해 일반적인 높임의 격률을 깨뜨린 것이다.

한걸음 더

화자보다 주체가 상위자이지만 '-시-'가 사용되지 않는다.

(1) ㄱ. 할아버지, 아버지는 아직 안 왔습니다. (화자-손자)
    ㄴ. 선생님, 그 일은 ○○○ 선배가 하겠다고 했습니다. (화자-제자)

(1)은 화자보다 주체가 상위자이므로 '-시-'가 사용되어야 할 것처럼 보이지만 주체보다 청자가 상위자이기 때문에 '-시-'를 사용하지 않았다. 화자의 입장에서는 주체가 자신보다 상위자라 하더라도 청자에게는 하위자이기 때문에 청자를 더 우선시하여 '-시-'를 결합시키지 않은 것이다. 그러나 경우에 따라서는 주체가 화자보다 상위자이고, 청자보다 하위자이더라도 '-시-'를 사용할 때도 있다. '선생님, 이 선생님께서는 아직 안 오셨습니다(화자-제자, 주체-청자보다 낮은 연배의 선생님)'과 같은 경우가 그렇다. 청자가 선생님이고 주체가 화자의 선배일 경우엔 선배를 높이지 않지만 주체가 다른 선생님일 경우엔 청자인 선생님보다 비록 연배가 낮더라도 '-시-'를 사용한다. 주체의 사회적 지위가 화자와 좀 더 가까운지 청자와 좀 더 가까운지에 따라서 '-시-'의 사용이 달라질 수 있다.

4.5.3. 객체 높임법

주체가 객체를 높이는 방법을 말한다. 객체는 문장에서 대개 목적어나 부사어로 나타난다. 한국어의 객체 높임법은 역사적으로 볼 때 '-습-'이라는 선어말 어미에 의해 실현되었지만 현재 그와 같은 방식은 거의 남아있지 않다. 현대국어에는 대부분 어휘적 방식으로 객체 높임법이 실현된다.

(78) ㄱ. 나는 오랜만에 <u>친구를 만났다</u>.　　　(주체, 객체 동급)
　　 ㄴ. 나는 오랜만에 학부 때 <u>선생님을 뵈었다</u>.　(주체〈객체)
(79) ㄱ. 숙정이는 <u>친구에게</u> 선물을 주었다.　　(주체, 객체 동급)
　　 ㄴ. 숙정이는 <u>부모님께</u> 선물을 <u>드렸다</u>.　　(주체〈객체)

(78)-(79)은 주체가 한 행위가 동일하더라도 그 행위가 어떤 객체와 관련된 일이냐에 따라 각기 다른 서술어가 선택됨을 보여준다. (78)-(79)의 주체는 각각 '나'와 '숙정'이다. 객체가 이들과 동급인 '친구'일 때는 각각 '만나다'와 '주다'가 사용되었지만, 이들보다 상위자인 '선생님'과 '부모님'일 때는 '뵙다'와 '드리다'가 사용되었다. 이와 같은 대응쌍을 보이는 어휘로는 '데리다-모시다', '묻다-여쭙다' 등이 있다. 이렇게 주체가 객체를 높일 때에는 서술어뿐 아니라 조사도 그에 맞게 달리 선택된다. (79ㄴ)에서처럼 부사격 조사 '에게' 대신 '께'가 선택되는 것이다.

그런데 객체 높임법에서는 주체와 객체의 관계만 고려되는 것은 아니다. 화자와 청자도 고려된다. 객체 높임법을 보다 엄밀히 기술하면 화자의 입장에서 볼 때 주체가 객체를 높여야할 것으로 보이는 경우에 객체를 높이는 방법이라고 할 수 있다. 이때 '화자'는 청자도 염두에 두어 객체 높임법을 실현시킨다. (78)-(79)는 특별히 청자를 상정하지 않은 문장이어서 화자가 주체, 객체와의 관계만을 고려하면 된다. (78ㄴ)은 화자가 주체와 동일인이고, (79ㄴ)은 화자가 주체와 동일인은 아니지만 주체와 거의 동급인 사람이기 때문에 (78ㄴ), (79ㄴ)에서는 이들보다 상위자인 객체를 높이는 방법이 자연스럽게 실현될 수 있었다.

그러나 상황에 따라서는 주체보다 객체가 상위자이더라도 객체 높임법이 실현되지 않기도 한다. 반면 주체가 객체보다 상위자인 경우에도 객체 높임법이 실현되기도 한다.

(80) ㄱ. 이거 <u>현주가</u> <u>너한테</u> <u>주라고</u> 하더라.
　　　 (주체-현주, 객체=청자-현주 이모) / (주체〈객체, 화자-현주 엄마)

　　ㄴ. <u>현주가</u> <u>선생님을</u> <u>모시고</u> 어디 가는 것 같더라.
　　　 (주체-현주, 객체-40대 선생님) / (주체〈객체, 화자-할아버지, 청자-아버지)

　　ㄷ. 저희 <u>할아버지께서</u> <u>선생님께</u> <u>전해드리라고</u> 하십니다.
　　　 (주체-할아버지, 객체=청자-40대 선생님) / (주체≧객체, 화자-학생)

　(80ㄱ,ㄴ)은 모두 주체보다 객체가 상위자임에도 (80ㄴ)에서만 객체 높임법이 실현되었다. (80ㄱ)은 주체인 '현주'보다 객체인 '현주 이모'가 상위자임에 분명하지만 화자인 '현주 엄마'에게는 청자이자 객체인 '현주 이모'가 자신보다 하위자이기 때문에 객체 높임을 실현시키지 않은 것이다. 반면 (80ㄴ)은 화자인 할아버지가 객체인 '현주의 선생님'보다 상위자이지만 '선생님'이라는 사회적 지위를 고려하여 객체 높임을 실현시켰다. 주체인 '현주'의 입장에 서서 객체인 '선생님'을 존대한 것이다. (80ㄷ)도 어떤 면에서 이와 약간 유사하다. 주체인 '할아버지'가 '선생님'보다 상위자이지만 학부모의 입장에서 선생님께 뭔가를 전해주는 것이므로 객체 높임을 실현시킨 것이다.

　이처럼 객체 높임법은 주체보다 객체가 상위자라고 해서 무조건 실현될 수 있는 것은 아니다. 또한 주체가 객체보다 상위자일지라도 상황에 따라 객체 높임을 실현시킬 수도 있다. 객체 높임법은 주체와 객체의 관계 및 화자, 청자의 관계가 복합적으로 작용하여 적절한 환경이 이루어졌을 때에 실현될 수 있다.

한걸음 더

어휘적 높임이나 낮춤엔 또 어떤 것들이 있나?

　주체나 객체를 높일 때는 문법적 방법이든, 어휘적 방법이든 대체로 서술어에 높임의 뜻을 나타내게 된다. 그때 주어나 목적어 등도 그에 맞게 높임의 조사를 쓰게 되는데 조사 외에도 해당 어휘에 높임 표현이 있다면 그것도 함께 바꾸어야 한다. 그와 같은 어휘로는 '밥-진지, 이름-성함, 나이-연세, 생일-생신, 이-치아, 집-댁, 술-약주' 등이 있다. 이들 외에도 '아들', '과장' 등의 말에 '-님'을 결합시켜 대상을 높이기도 한다. 또 경우에 따라서는 청자를 높이기 위해 화자를 낮추는 방법을 이용하기도 한다. 대명사 '나' 대신 '저', '우리' 대신 '저희'를 사용하는 것이다. 대답하는 말에서도 청자를 높이려면 '응' 대신 '네'나 '예'를 사용한다.

약간 특이한 경우로 흔히 '말'에 대한 높임 표현으로 알고 있는 '말씀'은 높임 및 낮춤에 모두 사용된다. '제 말씀 좀 들어보십시오'와 같이 화자 자신의 말을 가리킬 때는 낮춤 표현이 된다. 이와 비슷한 경우로 대명사 '당신'이 있다. 부부 사이에서 쓸 때는 그저 서로를 지칭하는 2인칭 대명사이지만 잘 모르는 상대에게 쓰게 되면 상대를 낮추는 의미를 나타낸다. '당신이 뭔데 남의 일에 참견이야?'와 같은 문장이 그러하다. 한편 '당신'이 3인칭 대명사로 쓰이는 경우엔 높임의 뜻을 나타낸다. 'ㅇㅇㅇ, 살아계실 적에 당신께서는 항상 단정하셨다'와 같은 쓰임이 가능한데 이런 표현은 화자가 성인인 경우에, 자신보다 높은 연배의 제삼자에 대해 말할 때 쓸 수 있다.

지금까지 살펴본 높임법은 상황에 따라 한 문장 안에 두 가지 이상이 적용될 수도 있다. 한국어 높임법 실현의 다양한 유형을 정리하면 다음과 같다(아래에 청자 높임법의 예로 든 것은 청자를 높인 것만 포함시켰다).

- 청자 높임법(높임)　　⇒　(69ㄴ)
- 주체 높임법　　　　　⇒　(71ㄴ), (72)
- 객체 높임법　　　　　⇒　(78ㄴ), (79ㄴ)
- 주체 높임법+청자 높임법(높임)
  [주체≠청자] ⇒ (76ㄱ)
  [주체=청자] ⇒ (73ㄴ), (76ㄷ)
- 주체 높임법+객체 높임법　⇒　'어머니께서 할아버지께 선물을 드리셨어'
- 주체 높임법+객체 높임법+청자 높임법(높임)
  [주체≠청자] ⇒ (80ㄷ)
  [주체=청자] ⇒ '아버지, 할아버지께 제 선물 전해 드리셨어요?'

4.5.5. 사동법

① 사동이란 무엇인가?

스스로 행위나 동작을 하는 것을 주동이라 한다면, 남에게 행위나 동작을 하게 만드는 것을 사동이라 하고 이러한 표현법을 사동 표현이라고 한다. 사동 표현은 어떤 행위를 하도록 다른 사람을 부리는 것이므로 사동문은 목적어가 있는 타동 구문이 된다.

한국어의 통사적 사동 표현은 두 가지가 있다. 하나는 자동사나 타동사의 어근에 사동 접미사를 결합하여 나타내는 파생적 사동법이고 다른 하나는 자동사와 타동사의 어근에 '-게 하다'를 결합하여 나타내는 통사적 사동법이다.
　파생적 사동법은 주동사에 접미사 '-이', '-히', '-리', '-기', '-우', '-구', '-추'를 결합하여 만든다. 그러나 해당 동사에 따라 결합하는 어미가 제약이 있을 뿐만 아니라 또한 결합할 수 없는 동사들도 많다. 이에 비하여 통사적 사동은 대부분의 동사에 '-게 하다'를 결합하여 사동의 동작으로 표현할 수 있다.

　　(81) ㄱ. 꼬마 아이가 울었다.
　　　　　　→ 큰 애들이 꼬마 아이를 울렸다.
　　　　ㄴ. 자전거 도로가 넓다.
　　　　　　→ 서울시가 자전거 도로를 넓힌다.
　　　　ㄷ. 봉순이가 주인집 아이를 업었다.
　　　　　　→ 주인집 아주머니가 봉순이에게 아이를 업혔다.
　　　　ㄹ. 아이가 밥 한 그릇을 다 먹었다.
　　　　　　→ 어머니가 아이에게 밥 한 그릇을 다 먹였다.

　주동문이 사동문으로 바뀔 때는 문장성분의 변화가 함께 일어난다. 먼저 자동사나 형용사에서 변화한 사동사가 쓰인 경우에는(81ㄱ,ㄴ) 본래의 주어가 목적어가 되며 문맥에 맞는 주어가 따로 도입된다. 타동사에서 파생된 사동사가 쓰인 경우에는(81ㄷ,ㄹ) 본래의 주어는 조사 '-에게'를 덧붙여 부사어가 되고, 본래의 목적어는 그대로 목적어로 바뀌고 문맥에 맞는 주어가 새로 도입된다.

한걸음 더

　각 접미사가 동사의 어근에 결합하여 사동사로 변화하는 모습을 보면 다음과 같다.
- 자동사+접미사 → 사동사
　속다 → 속이다, 줄다 → 줄이다, 익다 → 익히다, 앉다 → 앉히다
　날다 → 날리다, 돌다 → 돌리다, 웃다 → 웃기다, 숨다 → 숨기다
　비다 → 비우다, 자다 → 재우다, 솟다 → 솟구다, 돋다 → 돋구다
- 타동사+접미사 → 사동사
　(밥을) 먹다 → (밥을) 먹이다, (답안지를) 보다 → (답안지를) 보이다
　(옷을) 입다 → (옷을) 입히다, (책을) 읽다 → (책을) 읽히다
　(먹이를) 물다 → (먹이를) 물리다, (가방을) 들다 → (가방을) 들리다

> (아기를) 안다 → (아기를) 안기다, (누명을) 벗다 → (누명을) 벗기다
> (수갑을) 차다 → (수갑을) 채우다
> ● 형용사+접미사 → 사동사
> (담이) 높다 → (담을) 높이다, (불이) 밝다 → (불을) 밝히다
> (가격이) 낮다 → (가격을) 낮추다, (출근 시간이) 늦다 → (출근 시간을) 늦추다

주동사에 접미사가 결합하여 사동사로 되지만 모든 주동사가 다 사동사로 파생되지 못하고 극히 제한되어 있다. 음운론적으로 '-ㅣ'모음이 삽입된 동사형은 사동 접사 결합이 제약되는 것으로 보인다. '기다', '던지다', '지키다', '노리다', '가르치다' 등의 동사가 그 예들이다. 또 문장 구조에 '-에게'가 결합된 여격어를 취하는 수여동사의 경우에도 사동사 파생이 제약된다. '주다', '드리다', '건네다', '보내다', '바치다' 등의 동사가 그 예들이다. 그 외에 '-하다' 류 동사, 상호동사(만나다, 닮다)등도 사동사 파생이 이뤄지지 않는다.

파생법에 의한 사동사의 종류는 매우 제약이 되지만 통사적 사동은 매우 규칙적으로 대응된다. 주동사에 어미 '-게'를 붙이고 보조동사 '하다'를 결합하여 나타낸다. 이때 주동문의 주어는 사동문의 목적어가 되거나, '-에게'나 '-한테'가 결합하여 여격어가 되기도 한다.

(82) ㄱ. 나는 아이들을 나가서 놀게 했다.
ㄴ. 노인들부터 먼저 자리에 앉게 합시다.
ㄷ. 오늘은 집에서 좀 쉬게 해 주세요.
ㄹ. 엄마가 아이에게 비옷을 입고 가게 했다.

위의 문장은 주동사의 어간에 '-게 하다'를 결합하여 사동문을 나타내고 있다.

② 사동 표현의 여러 양상

사동 표현은 원칙적으로 주동 표현을 짝으로 해서 이뤄지는 의미를 나타낸다. 그러나 경우에 따라서는 문장의 사동에 대해 주동 표현을 연결하기가 어려운 예들이 있다.

(83) ㄱ. 그녀에게 진실을 숨기다 → ??진실이 숨다.
ㄴ. 세상에 이름을 날리다 → ??이름이 날다.
ㄷ. 옷에 풀을 먹이다 → ??옷에 풀이 먹다.
ㄹ. 새집으로 이삿짐을 옮기다 → ??이삿짐이 옮다.

위 문장에서 사동 표현과 그에 해당하는 주동 표현의 연결은 어색하다. 그러나 '숨기다'-'숨다', '날리다-날다', '먹이다'-'먹다', '옮기다'-'옮다' 등으로 동사끼리의 연결은 자연스럽다. 그런데도 문장에서 사동과 주동의 연결이 어색한 것은 위의 구문들이 일상에서 주동보다는 사동 표현으로 주로 사용되기 때문이라고 볼 수 있다.

한편 접사에 의한 어휘적 사동과, '-게 하다' 구문을 이용한 통사적 사동의 경우 사동의 의미가 동일한가를 살펴보기로 하자.

(84) ㄱ. 형이 동생을 울렸다./ 형이 동생을 울게 했다.
ㄴ. 어머니가 아이에게 밥을 먹였다./ 어머니가 아이에게 밥을 먹게 했다.
ㄷ. 노인들을 차에 먼저 태우세요./ 노인들을 차에 먼저 타게 하세요.

위의 구문을 보면, (84ㄱ)은 어느 정도의 동일한 의미 관계를 유지하는 것으로 보인다. (84ㄴ)은 의미의 동일성이 경우에 따라서 유지할 수 없는 경우도 있다. 예를 들어, 식사 버릇이 좋지 않은 아이를 고치기 위해 엄하게 지키고 서서 아이가 밥을 먹게 만드는 상황을 생각해 볼 수 있다. (84ㄷ)은 두 구문에서 의미의 동일성이 유지되기 어려워 보인다. 어휘적 사동사 구문에서는 사동 행위가 직접적이지만 통사적 사동사 구문에서는 사동 행위는 간접적이다. 이를 테면 노인들이 누군가의 직접적인 도움(부축하거나, 거들어 주는 행위)을 받아 차를 타는 장면과 직접적인 도움을 주지 않고 길을 양보하거나 안내하는 등의 간접적인 도움을 주어서 차에 타도록 하는 행위를 나타낸다.

4.5.5. 피동법

① 피동이란 무엇인가?

일반적으로 문장은 동작이나 행위를 누가 하느냐에 따라 표현의 형태를 구분하는데, 행위나 동작이 스스로 일어나는 것은 주동, 혹은 능동이라 하고 행위를 남에게 시켜서 하는 경우를 사동, 남에 의해 행위를 받는 것을 피동이라고 한다. 또 이를 문장으로 실현하였을 때 각각 능동문, 주동문, 사동문, 피동문이라고 한다.

주동문과 능동문은 개념적으로 보면 두 표현 모두 문장의 주어가 행위를 스스로 한다는 점에서 동일하다. 이 두 구문을 구별하는 것은 각 구문의 대립 표현인 사동과 피동의 존재를 염두에 둔 것이라고 할 수 있다. 사동 표현을 지칭할 때는 그에 대응하는 문장을 주동문이라고 하고, 피동문을 지칭할 때는 그에 대응하는 문장을 능동문이라고 한다.

한국어의 피동법은 사동법과 유사하다. 동사의 어간에 '-이/-히/-리/-기-'와 같은 파생접사에 의한 피동법과 '-어 지다', '-게 되다'에 의한 통사적 피동법이 있다.

(85) ㄱ. 아이가 잠자리를 잡았다.
→ 잠자리가 아이에게 잡혔다.
ㄴ. 종업원이 식탁 위에 접시를 놓았다.
→ 접시가 종업원에 의해 테이블 위에 놓였다.
ㄷ. 그 개가 우리집 순돌이를 물었다.
→ 우리집 순돌이가 그 개한테 물렸다.
ㄹ. 꾀돌이가 수수께끼를 풀었다.
→ 수수께끼가 꾀돌이에 의해 풀어졌다.
ㅁ. 생명공학 연구팀이 새로운 유전자 비밀을 밝혔다.
→ 새로운 유전자 비밀이 생명공학 연구팀에 의해 밝혀졌다.

일반적으로 능동문에서 피동문으로 바뀔 때는 능동문의 주어가 피동문의 여격어가 되고 능동문의 목적어가 피동문의 주어가 된다. 이때 피동문의 여격어 앞에 '-에게', '-에', '-한테' 또는 '-에 의해(서)'가 결합한다. 대개는 동사에 따라 그 결합이 제약되는 것으로 보인다. '끊기다, 묻히다, 걸리다, 닫히다, 풀리다, 찢기다…' 등은 '-에 의해(서)'가 선택되고, '안기다, 잡히다, 눌리다, 보이다, 쫓기다…' 등은 조사 '-에게', '-한테', '-에'를 취한다(남기심·고영근(1995), p.299).

> **한걸음 더**
>
> 사동 표현처럼 피동 표현에서도 접미사 파생은 모든 타동사에 적용되는 것은 아니다. 피동사가 파생되지 않는 경우가 더 많다.
>
> 〈피동사 파생이 되지 않는 동사〉
> 　수여 동사류 : 주다, 받다, 드리다, 바치다…
> 　수혜 동사류 : 얻다, 잃다, 찾다, 돕다, 입다…
> 　경험 동사류 : 알다, 배우다, 바라다, 느끼다, 참다…
> 　상호 동사류 : 만나다, 닮다, 싸우다…
> 　-하다 동사류 : 공부하다, 생각하다, 사랑하다, 고생하다…
>
> 그러나 '-어 지다'가 붙는 통사적 파생은 제약이 따로 없이 모든 동사에서 잘 결합된다.

② 피동 표현의 여러 양상

　사태를 기술할 때 자발적인 주어의 행위를 초점으로 기술하는 경우에는 능동문이 되고 행위의 영향을 받은 대상을 중심으로 기술하면 피동문이 된다. 그러므로 특정한 피동문은 특정한 능동문의 짝이 있을 것으로 생각하기 쉽다.
　그러나 능동문과 피동문의 짝 결합이 모든 구문에서 가능한 것은 아니다.

　　(86) ㄱ. 사람들은 늘 죄의식에 쫓긴다.(쫓-기-ㄴ다 : 피동문)
　　　　　　→ *죄의식이 사람들을 쫓는다.(능동문)
　　　　ㄴ. 온 마을이 슬픔에 싸였다.(싸-이-었다 : 피동문)
　　　　　　→ *슬픔이 온 마을을 쌌다.(능동문)

　위 예문에서 피동문이 능동문에서 바로 파생된 것으로 보기에는 무리가 있다. 특별히 피동문은 관습적으로 많이 쓰는데 그에 해당하는 능동문은 통사적으로는 매우 적격한 구조이지만 의미적으로 수용하기는 어렵다. 이는 관습적인 사용의 여부와 관련 있는 것으로 보인다.
　피동문은 남의 동작이나 행위를 입어서 이루어지는 사태인데, 통사구조로는 피동문의 형식이지만 그 의미가 피동적 사태를 나타내는 것으로 보기 어려운 예가 있다.

(87) ㄱ. 날씨가 풀렸다.
　　 ㄴ. 종이 울린다.
　　 ㄷ. 물건이 잘 팔린다.

　이 예들은 피동으로 굳어진 관용 표현의 성격이 있다. 이 문장들에서 주어는 의지적 행위를 할 수 있는 대상들이 아니다. 따라서 행위나 동작이 피동적일 수밖에 없을 것이다. 그러나 피동 사태의 구체적인 행위자를 설정하기가 어렵다.
　이론적으로는 접사 피동과 통사적 피동 규칙으로 구성하는 피동 구문 간에는 의미적인 차이는 없을 것으로 기대한다. 그러나 두 표현 사이에는 의도성이라는 관점에서 의미의 차이가 있다.

(88) ㄱ. 자갈밭이 옥토로 바뀌었다.
　　 ㄴ. 자갈밭이 옥토로 바뀌어졌다.
(89) ㄱ. 왠지 오늘은 책이 잘 읽힌다.
　　 ㄴ. 왠지 오늘은 책이 잘 읽혀진다.

　접사 피동보다는 통사적 피동에 의도적인 힘이 더한 것이라는 의미가 들어 있다. 즉 (88ㄱ)과 (89ㄱ)구문에는 그 사태가 원하여 이루어졌다기보다는 저절로 그렇게 된 상태를 나타내는 것이라면 (88ㄴ)과 (89ㄴ)에는 그런 결과가 일어나기를 원하는 의도적인 힘이 작용하였다는 의미가 포함되어 있다.

4.5.6. 부정 표현

　한국어 부정문은 부정을 나타내는 부사 '아니(안)'이나 '못'을 해당 문장의 서술어 앞에 결합하여 나타내거나 부정의 뜻을 나타내는 용언 '아니다, 아니하다(않다); 못하다; 말다' 등의 표현을 써서 나타낸다.

① '안' 부정과 '못' 부정

　대개 '안'이 결합한 부정문은 주어의 의지에 따라 부정의 상황이 전개되는 것으로 보아 '의지 부정'이라고 한다. 이에 대하여 '못'이 결합하는 부정은 주어의 의지보다는 주어의 능력에 따라 부정의 상황이 전개되는 것이므로 이를 '능력 부정'이라고 한다.

 (90) ㄱ. 아이가 밥을 전혀 안 먹는다.
   ㄴ. 아이가 밥을 전혀 못 먹는다.

'안' 부정과 '못' 부정이 각각 의지 부정과 능력 부정의 의미 차이가 있다는 사실은 다음과 같이 적절한 부사어를 삽입하였을 때 더 잘 드러난다.

 (91) ㄱ. 아이가 고집을 부리며 밥을 안 먹는다.
   ㄴ. ?아이가 고집을 부리며 밥을 못 먹는다.

위의 예를 보면 '안' 부정이 주어의 의지에 따른 부정 상황을 유도한다는 것을 알 수 있다.

② 짧은 부정과 긴 부정

국어 부정문을 만드는 부정 부사어를 쓰는 방법과 서술어의 어간 다음에 보조적 연결어미 '-지'를 결합한 후에 '아니하다', '못하다', '말다' 등을 써서 나타내는 방법이 있다. 편의상 부정의 형태가 길이를 기준으로 '안'이나 '못' 부정을 짧은 부정문이라고 하고 '-지 아니하다'나 '-지 못하다' 등을 긴 부정문이라고 한다.

 (92) ㄱ. 영이가 그 빵을 먹었다.
   ㄴ. 영이가 그 빵을 안 먹었다. (짧은 부정문)
   ㄷ. 영이가 그 빵을 먹지 않았다. (긴 부정문)

 (93) ㄱ. 철수가 만들기 시간에 방패연을 만들었다.
   ㄴ. 철수가 만들기 시간에 방패연을 못 만들었다. (짧은 부정문)
   ㄷ. 철수가 만들기 시간에 방패연을 만들지 못했다. (긴 부정문)

짧은 부정문과 긴 부정문은 표현 방식의 차이에 따른 것으로 보아 한 문장에서 서로 바꾸어 쓸 수 있는 표현이다. 그러나 모든 문장에서 두 표현이 자유롭게 환치되지는 않는다. 일반적으로 짧은 부정문이 긴 부정문보다 결합하는 환경이 더 제약적이다.

'안' 부정과 '못' 부정이 결합할 수 없는 동사
- '휘감다, 설익다, 빗나가다, 얄밉다, 억세다, 북돋다, 치솟다' 등의 접두사 파생 용언
- '기웃거리다, 깜박이다, 정답다, 슬기롭다, 공부하다, 과분하다' 등의 접미사 파생 용언
- '앞서다, 오가다, 굶주리다, 값싸다, 이름나다, 주고받다' 등의 합성동사

이와는 달리 긴 부정문의 경우는 제약이 없이 모든 용언에서 자유롭게 결합된다.

(94) ㄱ. 지금쯤이면 감이 설익지 않았을 것이다.
ㄴ. 아이들이 가게 안을 기웃거리지 않았다.
ㄷ. 그 선물이 그에게 과분하지 않다.
ㄹ. 그런 사람은 전혀 교육자답지 않다.

③ 부정문의 의미

부정문은 부정이 미치는 범위가 무엇이냐에 따라 때로 여러 가지로 해석될 수 있다.

(95) ㄱ. 민우는 어제 도서관에 가지 않았다/못했다.

위 문장은 각각 부정의 대상이 주어(민우), 시간부사어(어제), 장소부사어(도서관에), 서술어(가다)가 될 수 있다. 각 부정의 대상을 분열문으로 바꾸어 의미를 확인해 보면 다음과 같다.

(96) ㄱ. 민우가 도서관에 간 것은 어제가 아니었다. (시간 부사어 부정)
ㄴ. 어제 도서관에 간 것은 민우가 아니었다. (주어 부정)
ㄷ. 민우가 어제 간 것은 도서관이 아니었다. (장소 부사어 부정)
ㄹ. 민우가 어제 도서관에 간 것은 아니었다. (서술어 부정)

부정의 범위가 모호하여 일어날 수 있는 의미의 혼란은 부정하는 대상에 강세를 주거나, 보조사 '-은/는'을 넣어서 해소할 수 있다.

(97) ㄱ. 민우가 어제 도서관에는 가지 않았다.
　　 ㄴ. 민우가 어제는 도서관에 가지 않았다.
　　 ㄷ. 민우는 어제 도서관에 가지 않았다.
　　 ㄹ. 민우가 어제 도서관에 가지는 않았다.

　이러한 부정문의 의미 모호성은 짧은 부정문에서도 일어난다. 또한 부정문에 부사어가 들어가면 해당 부사어가 부정의 범위 안에 드는지에 따라 의미가 모호해질 수 있다.

(98) ㄱ. 아이들이 다 안 왔다.
　　 ㄴ. 아이들이 다 오지 않았다.

　위 문장은 아이들이 모두 오지 않았다는 것을 의미할 수도 있고, 아이들이 오긴 왔지만 모두 온 것은 아니라는 것을 의미할 수도 있다. 긴 부정문에서 일어나는 의미의 애매성은 다음과 같이 보조사 '-는'을 삽입하면 해소될 수 있다.

(99) 아이들이 다 오지는 않았다.

　이 경우는 아이들이 오기는 했는데 모두 온 것은 아니라는 의미를 나타낸다.

④ 말다 부정문

　한국어의 부정문을 만드는 기제는 '안'과 '못'을 서술어 앞에 결합하거나 '-지 않다', '-지 못하다'의 구절을 결합하여 나타낸다. 그런데 이러한 부정법은 대개 평서문과 의문문에만 적용된다. 명령문이나 청유문에는 이러한 부정법이 적용되지 않는다. 명령문과 청유문의 부정법은 '-말다'를 결합하여 나타낸다.

(100) ㄱ. 너 먼저 집에 가라.
　　　 ㄴ. *너 먼저 집에 가지 않아라.
　　　 ㄷ. 우리 먼저 집에 가자.
　　　 ㄹ. *우리 먼저 집에 가지 않자.

위 문장을 다음과 같이 '말다'를 결합하면 부정법이 자연스럽다.

(101) ㄱ. 너 먼저 집에 가지 마라.
ㄴ. 우리 먼저 집에 가지 말자.
ㄷ. 우리 더 이상 참지 맙시다.

'말다' 부정법은 대개 화자의 의지를 담은 금지를 나타내는 경우이므로 명령형이나 청유형으로 쓰일 수 없는 형용사인 경우에는 쓰이지 못하고 '-이다'로 끝난 서술어에도 쓰이지 못한다.

(102) ㄱ. *너는 착하지 마라
ㄴ. *우리는 용감하지 말자.
ㄷ. *너는 투사이지 마라.

한걸음 더

'말다' 부정법이 명령문과 청유문에 쓰이는 게 일반적이지만 '바라다/희망하다/원하다/빌다/기대하다' 같이 미래의 기원을 나타내는 동사와 같이 쓸 때는 '-지 말기를 바란다/희망한다/원한다...' 등의 형식으로 평서문에도 쓰일 수 있다. 또 '-말았으면 한다/좋겠다'의 형식으로도 쓰인다. 그러나 이 경우에도 '-지 말기를' 보다는 '-지 않기를', 또는 '-지 않았으면'이 더 자연스럽다.

한글 표기법과 관련하여 '말다' 부정법의 명령형은 '말+아라'이지만 '말아라'는 틀린 표현이고 '마라'가 맞는 표현이다. 마찬가지로 '말아'는 틀린 표현이고 '마'가 맞는 표현이다.

참고문헌

고영근(2004), [한국어의 시제, 서법, 동작상], 태학사.
국립국어원(2005), [(외국인을 위한)한국어 문법1; 체계편], 서울: 커뮤니케이션북스.
국립국어원(2005), [(외국인을 위한)한국어 문법2; 용법편], 서울: 커뮤니케이션북스.
남기심·고영근(1993), [(개정판)표준국어문법론], 탑출판사.
박영순(1998), [한국어 문법교육론], 박이정.

박영순(2002), [(21세기) 한국어교육학의 현황과 과제], 한국문화사.
박영순(2004), [외국어로서의 한국어교육론](개고판), 월인.
윤석민(2000), [현대국어의 문장종결법 연구], 집문당.
이관규(2005), [국어교육을 위한 국어 문법론], 집문당.
이남순(1998), [시제·상·서법], 월인.
이윤하(2001), [현대국어의 대우법 연구], 월인.
이익섭·임홍빈(1983), [국어문법론], 학연사.
이정복(2002), [국어 경어법과 사회언어학], 월인.
임동훈(2000), [한국어 어미 '-시-'의 문법], 태학사.
임지룡 외(2005), [학교문법과 문법교육], 박이정.
한 길(1991), [국어 종결어미 연구], 강원대학교 출판부.
한동완(1996), [국어의 시제 연구], 태학사.
한재영 외(2005), [한국어 교수법(한국어교육 총서2)], 태학사.
최동주(1998), "시제와 상", [문법연구와 자료(이익섭 선생 회갑기념 논총)], 태학사.
박진호(1998), "보조용언", [문법연구와 자료(이익섭 선생 회갑기념 논총)], 태학사.
Robert D. Van Valin Jr. and Randy J. LaPolla(1997) *Syntax: structure, meaning, and function*. New York, NY: Cambridge University Press.

5. 한국어의 의미

5.1. 개관

본 장에서는 한국어의 의미 전반에 대한 것을 알아보려한다. 여기서 다루려고 하는 것들은 다음과 같다.

5.2. 의미란 무엇인가?
5.3. 어휘의 의미
5.4. 문장의 의미
5.5. 담화와 텍스트의 의미

먼저, 5.2.에서는 '의미가 무엇인가?'라는 물음에서 출발하여 의미에 대한 여러 가지 견해를 살펴본 후 의미 분석 방법으로 대표적인 성분 분석 이론과 원형 이론에 대해 간략하게 소개할 것이다. 다음으로 5.3.에서는 어휘의 의미에 대해 먼저 의미 관계를 살펴본 후, 어휘 의미의 확장 양상에 대해 살펴보겠다. 그리고 5.4.에서는 문장의 의미에 대해 살펴볼 것이다. 여기서는 문장의 의미란 무엇인지 알아보고, 이어서 문장 간의 의미 관계에 대해서 다룰 것이다. 마지막으로 5.5.에서는 담화와 텍스트의 의미에 대해서 살펴볼 것인데, 담화의 의미에 대해서 간략하게 소개하고, 이와 관련된 몇 가지의 이론도 언급할 것이다. 또한 텍스트의 의미에 대해서 설명하고, 텍스트의 기능에 대해서 소개할 것이다.

5.2. 의미란 무엇인가?

5.2.1. 의미의 정의

언어는 형식과 내용으로 되어 있는데, 그 내용부분을 '의미'라고 부른다. 의미를 한마디로 명확하게 정의하기는 쉽지 않다. 의미가 무엇인지에 대한 여러 의견들이 있는데, 그 중 지시설, 자극-반응설, 개념설을 살펴보면서 의미에 대한 정의를 해보자.

① 지시설(指示說)

지시설은 플라톤의 '대화편'에서 그 기원을 찾을 수 있는데, 의미를 '지시물' 혹은 '지시 관계'로 보는 관점이다. 지시설에서는 언어 표현의 의미를 지시물과 동일시하고 있다. 예를 들어 '고양이(cat)'의 의미는 지시 대상물로서의 '고양이'라는 것이다. 이러한 의견은 1970년대에 몬테규(R. Montague)의 모형 이론(model theory)으로 계승, 발전되었다. 그러나 의미의 지시설은 동물이나 식물 등 구체적인 대상인 경우에는 타당성을 갖지만, 일반적으로 지시와 지시물의 의미적 동일성이 보장되기가 쉽지 않고, 추상명사나 지시물이 없는 경우의 의미는 규정하기가 불가능한 한계점이 지적되고 있다.

② 자극-반응설(刺戟-反應說)

자극-반응설은 블룸필드(L. Bloomfield)에 의해 주장된 견해인데, 의미를 '자극-반응'이라고 보고 있는 관점이다. 이것의 배경은 행동주의 심리학인데, 여기서는 의미를 행동의 한 양상으로 파악함으로써, 화자가 언어를 말하는 상황인 '자극'과 그 언어 형식이 청자에게 불러 일으키는 '반응'으로 보고 있다.

이것을 도식화하면 다음과 같다.

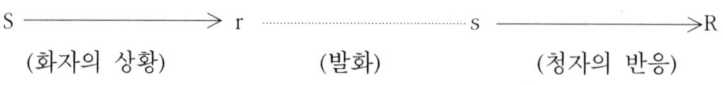

[그림 1] 자극-반응 모형

[그림 1]의 도식을 살펴보면, 의미는 발화가 되는 화자의 상황, 즉 현실적 자극 (S)을 받은 언어적 반응(r)과 이것으로 유발된 언어적 자극(s)의 결과인 현실적 반응(R)에서 추론된다는 것이다. 이 이론의 예를 들면 (1)과 같다.

(1) [화자의 상황: S→] 영희는 배가 고프다. 그녀는 나무 위의 사과를 본다. [사과를 본 화자의 반응은 그녀로 하여금 말하도록 자극한다: r…] 그녀는 후두, 혀, 입술을 사용하여 말을 한다. [이것은 청자에게 비언어적 반응을 자극한다: s→R] 영수가 울타리를 넘고 나무에 올라가 사과를 따서 영희에게 줌으로써 그녀는 손에 사과를 갖게 된다(L. Bloomfield 1933:22; 임지룡 1992:32 재인용).

자극-반응설은 추상적인 의미를 객관적 상황의 관찰 가능한 대상으로 파악한 점에서 그 의의를 갖는다. 그렇지만 상황이 다양하며, 화자와 청자의 주관성에 따라 자극과 반응이 일치된다는 보장이 없다는 한계가 생긴다.

③ 개념설(槪念說)

개념설은 의미를 '개념'이라고 보는 관점인데, 언어와 사고가 긴밀한 연관성이 있다는 전제에서 출발한 관점이다. 오그덴과 리차즈(C.K. Ogden & I. A. Richards)는 [그림 2]와 같은 '의미 삼각형'으로 의미를 정의했다.

[그림 2] 의미 삼각형

위의 그림에서 상징은 언어 기호를, 지시물은 경험세계 속의 대상을, 사고·지시는 개념을 가리킨다. 이 의미 삼각형에서 상징과 지시물은 점선으로 표시되었는데, 이것은 이 둘의 관계가 직접적으로 연결되지 않기 때문이다. 즉, 어휘는 머릿속의 개념인 사고와 지시를 통해 지시물과 연결된다고 보기 때문에 사고·지시의 부분을 의미로 규정한 것이다.

의미에 대한 이러한 의견은 이전의 관점들에 비해서 설득력을 지니고 있다. 그렇지만 의미를 개념이라고 볼 때, 그 '개념'이 무엇인지에 대해서는 크게 두 가지의 견해가 있다. 그것은 객관주의 의미관과 인지주의 의미관인데, 전자는 의미가 고정되고 명확하다는 전제 아래 개념을 필요충분조건의 결합체로 규정하고 있고, 후자는 의미의 본질이 유동적이고 불명확한 속성을 띠고 있다고 보고 있다.

5.2.2. 7가지의 의미 유형

의미에는 다양한 유형이 존재하는데, 리치(G.N. Leech)는 이를 7가지의 의미 유형으로 제시하였다. 다시 그는 이 7가지 의미 유형을 크게 개념적 의미, 연상적 의미, 주제적 의미로 다시 구분했다.

① 개념적 의미

언어 전달의 중심적 의미로 사전적 의미라고도 한다. 아래에 제시된 (2)와 같이 필수적이고 기본적 성질에 그 바탕을 두고 있다.

(2) 물, 얼음, 수증기의 기본 성분은 H_2O이다.

② 연상적 의미

㉠ 내포적 의미: 어떤 언어 표현에 대하여 개념적 의미에 부가되는 전달가치를 말한다. 다른 말로 함축적 의미라고도 한다. 예를 들어 '소녀'는 개념적 의미에서 [+인간], [-남성], [-성숙]으로 규정되지만, '순수함', '감수성이 예민함'이라는 의미도 느껴질 수 있다.

㉡ 사회적 의미: 언어에 해당 언어를 사용하는 사회 환경이 반영되는 의미를 말한다. 그 예로는 방언, 은어 등이 있다.

㉢ 정서적 의미: 언어 표현을 통해 화자의 태도나 감정을 알 수 있게 해주는 의미를 말한다. 여기에는 청자나 화제에 대한 화자의 호감도나 공손성의 정도가 반영되어 있다.

㉣ 반사적 의미: 개념적 의미가 동일한 둘 이상의 언어 표현에서 의미적 느낌이 다르게 나타나는 것을 말한다. 예를 들어 '엄마'와 '어머니'는 같은 대상을 가리키는 말이지만, '어머니'보다 '엄마'가 더 가까운 느낌을 준다.

㉤ 연어적 의미: 어떤 단어의 의미가 배열된 문맥에 의해 드러나는 것을 가리킨다. (3)과 같이 이어지는 두 단어의 공기 관계에 따라 그 의미가 보통 파악된다.[1]

(3) ㄱ. 기염을 토하다.
    ㄴ. ?기염을 뱉다.

③ 주제적 의미

화자나 필자에 의해 의도된 의미를 말한다. (4)와 같이 주로 어순을 바꾸는 등의 강조를 통해서 나타낸다.

(4) ㄱ. 말을 <u>빨리</u> 해라
    ㄴ. <u>빨리</u> 말을 해라

5.2.3. 의미 분석의 방법

의미를 분석하는 방법에는 크게 두 가지가 있는데, 성분 분석 이론과 원형 이론이다. 이 두 가지 이론에 대해서 살펴보기로 하자

① 성분 분석 이론(成分分析理論, componential analysis theory)

이 이론은 물질을 분자나 원자로 분해하는 것과 같이, 단어의 의미를 의미 성분의 결합체로 간주하고 이를 의미 성분이라는 더 작은 단위로 분석하는 것을 가리킨다. 성분 분석은 관련된 의미장(意味場)을 전제로 하는데, '사람' 의미장에 속하는 '총각', '처녀'의 의미 성분을 분석해보면 (5)와 같다.

---

[1] 연어적 의미는 5.3.1.에서 더 자세히 다룰 것이다.

(5) ㄱ. 총각: [+사람][+성인][-결혼][-여성]
    ㄴ. 처녀: [+사람][+성인][-결혼][+여성]

위와 같이 단어의 성분을 정의할 때, 보통 해당 성분은 [ ] 속에 넣고, '±'의 이분법 기호를 사용한다. 그러므로 '총각'과 '처녀'의 성분은 원래 '인간'과 '비인간', '남성'과 '여성', '결혼 여부', '성인 여부' 등의 8가지이지만, 각 차원의 한 쪽은 다른 쪽과 상보 관계이므로 네 가지 성분으로 단순화시켜서 표시한 것이다.

성분 분석 이론의 장점은 다음과 같다. 단어 자체의 의미를 분석할 때, 의미장 및 의미 관계를 기술할 때, 선택 제약에 따른 문장의 모순 관계나 변칙 관계를 분명하게 보여준다. 그러나 이 방법은 여러 가지 문제점이 있다. 먼저, 수많은 어휘를 모두 의미 성분으로 분석해 내기 어렵고 분석하는 사람들 각각 단어의 의미 성분을 규정하는 기준이 다를 수 있다는 것이다. 다음으로 사물을 이루는 필요하고도 충분한 의미 성분을 찾기 어려울 경우에도 문제가 발생한다. 마지막으로 은유나 환유와 같은 비유 표현은 성분 분석의 방법으로 분석하면 선택제약 조건을 위반하는 비문법적인 문장이 되어버린다.

② 원형 이론(原型理論, prototype theory)

이것은 원형 범주화의 이론적 기초가 된 것으로써 자연 범주가 원형적인 보기와 주변적인 보기로 이루어져 있다고 보는 이론이다. 즉 사람들이 사물을 범주화하고, 단어의 의미를 파악할 때 원형을 인지과정의 참조점으로 삼는다는 이론을 말한다. 여기에서 원형(prototype)은 형태, 유기체, 사물 등에서 그 범주를 대표할 만한 가장 전형적이고 중심적이며 이상적인 보기를 말한다. 범주의 원형을 규정하는 방법은 다음과 같다.

가령 '새'와 같은 구체물의 경우 40-50개의 보기를 어떤 집단에 제시하고, 7개 정도의 척도를 통해서 범주 구성원의 자격을 측정한다. 이 경우 1은 가장 좋은 보기이며, 4는 보통의 보기이며, 7은 좋지 못한 보기에 해당한다. 그러므로 '새'의 원형적 보기는 수치가 가장 낮은 '참새'라고 볼 수 있으며, 주변적 보기는 수치가 높은 '타조'나 '펭귄'같은 것이 될 수 있다.

범주의 원형적 보기는 주변적 보기에 대해 특징적인 모습을 드러내는데, 이것을 '원형 효과'라고 하며, 이것은 세 가지 측면에서 확인된다.

㉠ 원형적 보기는 해당 범주를 확인하는 데 시간이 덜 걸린다.
㉡ 언어습득에서 원형적 보기를 먼저 습득한다.
㉢ 실어증 환자의 경우 범주의 원형적 보기보다 주변적 보기를 발화하는데 더 많은 어려움이나 오류를 나타내며, 정상적인 화자가 어떤 단어를 일시적으로 망각하게 되는 것은 대부분 범주의 주변적 보기이다.

원형 이론의 장점은 성분 분석 이론의 한계를 보완해 준다는 점인데, 구체적으로는 다음과 같다.

㉠ 손상된 보기나 기형의 처리에 유리하다. 예를 들어 기형 동물(다리가 하나만 있는 새)은 원형적인 보기가 아닐 뿐이지 해당 범주(새)에 포함된다.
㉡ 범주의 경계선상의 좋지 못한 보기를 처리하는 데 유리하다. 즉, '펭귄', '타조'와 같은 동물은 새의 범주에 포함된다.
㉢ 다의어의 처리에 유리하다. 가령, 본동사와 보조동사의 의미 차이가 클 경우에 후자를 원형적 용법의 확장으로 봐서 한 단어로 처리할 수 있다.

위와 같은 장점이 있기는 하지만, 원형이론은 구체적인 대상물의 기술에 적합하며, 추상적인 개념을 분석하는 데 한계가 있다는 단점이 지적된다.

5.3. 어휘의 의미

어휘부를 이루고 있는 명사, 동사, 형용사, 부사와 같은 내용어를 '어휘소(語彙素)'라고 하는데, 이들의 의미를 어휘의 의미라고 한다. 여기서는 어휘소들을 대상으로 어휘 사이의 의미 관계와 어휘 의미의 확장에는 어떤 것이 있는지 살펴볼 것이다.

5.3.1. 어휘 간의 의미 관계

① 계열 관계

어휘 의미에서 계열 관계(系列關係)는 단어가 상하(종적, 縱的)로 놓이는 관계이다. 계열 관계는 크게 상하 관계, 유의 관계, 대립 관계로 나눌 수 있다.

㉠ 상하 관계

상하 관계(上下關係)는 단어의 의미 계층 구조에서 한 쪽이 다른 한 쪽을 포함하거나 다른 쪽에 포함되는 관계를 말한다. 이 때, 더 일반적인 쪽을 '상위어(上位語)'라고 하는데, 보통 다른 한 쪽을 포함하는 위치에 있는 어휘를 말하고, 특수한 쪽을 '하위어(下位語)'라고 하는데, 보통 다른 쪽에 포함되는 위치에 있는 어휘를 가리킨다.

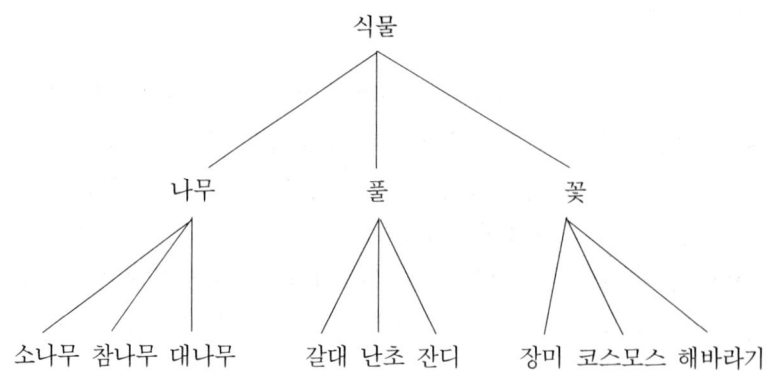

[그림 3] 식물의 상하 관계

[그림 3]은 '식물'의 상하 관계를 나타낸 것이다. 여기에서 '식물'은 상위어이며, '나무', '풀', '꽃'은 식물의 하위어가 된다. 그리고 이들은 동시에 각각의 하위어를 갖고 있다.

상하 관계에서는 상위어로 갈수록 의미의 성분이 단순해지고, 하위어로 갈수록 의미의 성분이 증가한다. 즉, '식물'보다 '코스모스'의 의미 성분의 수가 늘어난다는 이야기다. 또한 의미상으로 상위어는 하위어를 포함하지만, 하위어는 상위어를 포함하지 못한다.

[그림 3]에서 나무, 풀, 꽃 등은 계층 구조에서 인지적으로 가장 두드러지고 사람들이 보편적으로 지각하고 개념화하는 대상인데, 이것을 의미의 기본 층위(基本層位)라고 한다. 이 층위는 상위 층위나 하위 층위에 비해 기능적 측면에서 발생 빈도가 높고, 구조적으로는 단순하며, 인지적으로는 일찍 습득되고 지각하기 쉬운 특징을 가지고 있다고 한다.

ⓛ 유의 관계

유의 관계(類義關係)는 의미가 비슷한 둘 이상의 단어들이 맺는 관계를 말한다. 과거에는 '의미가 같은 단어'라는 뜻으로 '동의어' 또는 '동의 관계'라는 말이 주로 사용되었는데, '엄밀히 말해 의미가 같은 단어는 없다'는 의견이 지배적인 현재에는 '동의어'와 '동의 관계' 대신, '유의어'와 '유의 관계'라는 말이 주로 사용되고 있다. 홍부전에서 이러한 예를 찾아볼 수 있다.

(6) '밥이 어떻게 중한 것이라고 밥상을 치셨소? 밥이라 하는 것이 나라에 오르면 수라요, 양반이 잡수시면 진지요, 하인이 먹으면 입시오, 제배(儕輩)가 먹으면 밥이요, 제사에는 진메이니 얼마나 중한가요?'

(6)은 홍부전에서 홍부 아내가 놀부에게 말하는 대목이다. (6)에서 진한 글씨로 되어있는 부분은 모두 '밥'의 유의어들이다. 그렇지만 이들 단어가 완전히 같은 단어라고 볼 수는 없다. 그것은 (6)의 진한 글씨의 단어 모두가 '밥'이라는 뜻을 가지고 있지만, (6)의 문맥에서 상호 치환은 불가능하기 때문이다. (6)에서 언급한 '밥'의 유의어들은 계급 또는 상황에 따른 차이를 보여주고 있다.

이와 더불어 (6)에서 유의성의 정도를 검증하는 방식을 설명할 수 있는데, 배열 검증법과 치환 검증법이다. 우선 '수라-진지-밥-입시'는 '밥'의 유의어들을 계급에 따라 배열한 것이다. 그러므로 배열 검증법을 이용해 이들 유의 관계에서는 계급에 따른 의미 차이를 발견할 수 있다. 그리고 이러한 계급에 따른 의미 차이 때문에 문맥상 상호 치환이 불가능하다. 이러한 검증법이 바로 치환 검증법이다.

ⓒ 대립 관계

대립 관계(對立關係)는 '남자'와 '여자', '낮'과 '밤', '길다'와 '짧다'와 같이 단어들이 서로 반대되는 의미를 갖는 것을 말한다. 그런데 이러한 관계는 상호 공통된 속성을 많이 갖춘 바탕 위에서 한 가지 속성이 다를 때 성립되는 의미 관계이다. 그리고 이러한 관계를 형성하는 단어의 짝을 '대립어'라고 한다. 대립어의 종류는 다음과 같다.

1) 반의어: 정도나 등급을 나타내는 대립어이다. (7)과 같이 개념적 영역에서 대립어 외에 중립지역이 나타날 수 있다.

(7) ㄱ. 크다/작다
    ㄴ. 덥다/춥다
    ㄷ. 안전하다/위험하다

2) 상보어: 개념적 영역을 완전히 양분하는 대립어이다. (8)과 같이 대립어 외에 중립지역이 나타날 수 없다.

(8) ㄱ. 남자/여자
    ㄴ. 참/거짓
    ㄷ. 흑/백

3) 방향대립어: (9)와 같이 방향상의 관계적 대립을 나타내거나, 맞선 방향으로 이동이나 변화를 나타내는 경우가 있다.

(9) ㄱ. 방향상의 관계적 대립을 나타내는 경우: 부모/자식, 사다/팔다
    ㄴ. 맞선 방향으로 이동이나 변화를 나타내는 경우: 가다/오다, 신다/벗다

대립 관계는 대립의 기준이 어떤 것이냐에 따라 해당 단어의 반의어가 달라질 수 있는 특징이 있다. '어머니'의 대립어를 통상 '아버지'라고 하는 것은 [성]이라는 기준이 적용된 것이다. 그렇지만 [세대]라는 기준을 적용하면 '딸'이나 '할머니'라는 대립어가 성립될 수 있는 것이다.

② 결합 관계

어휘 의미에서 결합 관계(結合關係)는 단어가 옆으로(횡적, 橫的) 놓인 관계이다. 결합 관계에는 합성 관계, 관용 관계, 연어 관계가 있다.

㉠ 합성 관계

합성어를 이루는 결합 관계를 합성 관계(合成關係)라고 하며, 보통 그 구성요소 A, B가 대등한 자격으로 결합 관계일 때 그 어순은 고정된다. 합성어의 결합 양상을 살펴보기로 하자.

1) 시간의 합성 관계: 시간은 보통 물이 흐르는 것과 같이 영속성을 갖고 있다고 인식하고 있기 때문에, (10)과 같이 일반적으로 앞선 시간이나 사건이 앞에 놓이게 된다.

    (10) ㄱ. 아침저녁/*저녁아침
          ㄴ. 오늘내일/*내일오늘
          ㄷ. 문답/*답문
          ㄹ. 승하차/*하승차

2) 수의 합성 관계: 보통 작은 수에서 큰 수로 나아가게 우리는 인식한다. 그러므로 수의 합성 관계는 (11)과 같이 작은 수가 앞에, 큰 수가 뒤에 놓인다.

    (11) ㄱ. 홀짝/*짝홀
          ㄴ. 예닐곱/*일곱여섯
          ㄷ. 단복수/*복단수

3) 거리의 합성 관계: 거리에 대한 보통의 인식은 (12)와 같이 가까운 데서 먼 데로 나아간다. 이것을 '나먼저 원리(Me First Principle)'라고 한다. 그러므로 공간적 시간적 심리적 대상을 파악할 때 이 원리가 적용된다.

    (12) ㄱ. 여기저기/*저기여기
          ㄴ. 이리저리/*저리이리
          ㄷ. 내일모레/*모레내일
          ㄹ. 어제아래/*아래어제
          ㅁ. 자타/*타자
          ㅂ. 국내외/*국외내

4) 성의 합성 관계: 성별에 대한 우리의 전통적 인식은 남존여비의 양상을 띠고 있었다. 그 영향으로 성의 합성어에서도 (13)과 같이 일반적으로는 남성이 앞에 놓이나, 비속어, 동물, 비천한 신분의 경우에는 여성이 앞에 오고 있다.

(13) ㄱ. 부모/*모부
    ㄴ. 형제자매/*자매형제
    ㄷ. 신랑신부/*신부신랑
    ㄹ. 연놈/*놈년
    ㅁ. 비복/*복비
    ㅂ. 암수/*수암

5) 적극성과 소극성의 합성 관계: 이 경우에서 보통 적극적인 요소를 쉽게 지각하고 또 선호한다. 그러므로 (14)와 같이 적극적인 요소가 소극적인 요소보다 앞선다.

(14) ㄱ. 경부선/*부경선
    ㄴ. 장단/*단장
    ㄷ. 적서/*서적

6) 긍정과 부정의 합성 관계: 일반적으로 사람들은 긍정적인 것을 선호한다. 그러므로 이 합성 관계에서는 (15)와 같이 대부분 긍정적인 것이 앞에 놓이며, 부정적인 것이 앞에 놓이는 경우는 매우 드물다.

(15) ㄱ. 우열/*열우
    ㄴ. 선악/*악선
    ㄷ. 행불행/*불행행
    ㄹ. 빈부/*부빈
    ㅁ. 손익/*익손

7) 방향의 합성 관계: 심리학자들은 보통 사람이 서 있을 때 그의 앞과 지면 위의 공간이 눈, 귀, 감촉으로 지각하기에 더 쉽다고 한다. 그러므로 이것이 방향의 합성 관계에도 (16)과 같이 영향을 끼친다.

(16) ㄱ. 앞뒤/*뒤앞
    ㄴ. 가로세로/*세로가로
    ㄷ. 상하/*하상

ⓒ 관용 관계

관용어는 둘 이상의 어휘소가 결합했을 때, 결합한 원래의 의미의 결합체가 아닌 제3의 의미가 새로 생기는 경우를 말한다. 그리고 여기서 결합한 관용 관계(慣用關係)는 고정된 표현 형식을 띤다.

(17) 바가지를 긁다.

(17)은 글자 그대로 의미인 '바가지를 긁는다'는 뜻과, 관용어의 의미인 '잔소리 하다'로 해석될 수 있다. 그런데 '잔소리 하다'의 의미는 '바가지'와 '긁다'라는 두 개별 단어의 의미를 알고 있다고 해서 쉽게 파악할 수 있는 의미가 아니다. 이러한 관용어의 의미 속성은 아이들이 모국어를 습득할 때나, 외국어를 배울 때 특히 유념해야 하는 점이다.

(18) ㄱ. 바가지를 <u>벅벅</u> 긁다.
    ㄴ. <u>큰</u> 바가지를 긁다
    ㄷ. <u>플라스틱</u> 바가지를 긁다
(19) ㄱ. <u>호박</u>을 긁다.
    ㄴ. 바가지를 <u>깨다</u>.

문장 형식적 측면에서 살펴보면, (17)에서 글자 그대로 의미인 경우에는 (18)과 같이 문장 변형이 가능하다. 그러나 관용어 '바가지를 긁다'의 경우에는 구성방식이 고정되기 때문에 (18)처럼 문장 성분을 확장한 변형이나 (19)와 같이 '바가지'와 '긁다' 외에 다른 문장성분으로 대치하면 관용적 의미는 나타나지 않게 된다.
위에서 살펴보았듯이, 관용어의 의미는 글자 그대로의 의미와는 거리가 있다. 그런데 이 거리에도 정도가 있어서 그것을 의미의 투명성의 정도라고 하는데 (20)과 같다.

(20) ㄱ. 손을 들다(항복하다).
    ㄴ. 바가지를 긁다(잔소리하다).
    ㄷ. 시치미를 떼다(잡아떼다).

그 투명성의 정도에 따라 관용어는 (20ㄱ)과 같은 의미의 반투명형, (20ㄴ)과 같은 의미의 반불투명형, (20ㄷ)과 같은 의미의 불투명형으로 나눌 수 있다. 여기서 의미가 투명할수록 원래 글자 그대로의 의미에서 관용적 의미를 추론하기가 쉬워진다.

ⓒ 연어 관계

단어가 다른 단어와 상호 의존적 관계로 결합하고 있는 관계를 연어 관계(連語關係)라고 한다. 예를 들어 '아름다운'이라는 단어를 살펴보자. 이것과 어울리는 단어는 (21)과 같다.

(21) 아름다운 꽃/여성/아가씨/나비…

그러나 (22)와 같이 다음 단어는 어울리지 않는다.

(22) 아름다운 *상어/고릴라/원숭이/박쥐…

이와 같이 단어의 결합 관계에 나타나는 제약을 '공기 제약(共起制約)'이라고 한다. 이러한 공기 제약에는 연어 제약과 선택 제약의 두 가지가 있다. 먼저 연어 제약은 위의 예와 같이 연어 관계에 따른 관습적 제약을 말한다. 그리고 선택 제약은 (23)과 같이 문장 구성단위 간에 나타나는 호응 관계를 말하는데, 의미상 모순되거나 변칙적인 것을 말한다.

(23) ㄱ. ?내 딸은 남성이다.
     ㄴ. ?양말을 입다.

5.3.2. 어휘 의미의 확장

① 다의어

㉠ 다의어란 무엇인가?

다의어(多義語)는 하나의 단어가 둘 이상의 관련된 의미를 갖고 있는 것을 말한다. 이 경우 관련된 의미는 단어의 기본적이며 원형적인 의미를 근간으로 하여 확장되어 형성된 것이다. '밥'이라는 단어를 표준국어대사전에서 찾아보면 (24)와 같다.

(24) 밥01〔밥만[밤-]〕「명」「1」쌀, 보리 따위의 곡식을 씻어서 솥 따위의 용기에 넣고 물을 알맞게 부어, 낟알이 풀어지지 않고 물기가 잦아들게 끓여 익힌 음식. ≒반식02(飯食).¶밥을 안치다/밥을 짓다/밥을 뜸을 들이다/밥을 퍼서 공기에 담다/숟가락으로 밥을 떠 먹다/물의 양이 적어 밥이 설익었다./밥이 질지도 않고 되지도 않다. §「2」끼니로 먹는 음식.¶밥을 굶다/밥을 얻어먹다/밥을 차려 주다/밥만 축내다/요즘 같아서는 세끼 밥 먹기가 힘들다. §「3」동물의 먹이.¶고양이 밥 갖다 줘라./식당에서 남은 음식은 돼지 밥으로 썼다. §「4」나누어 가질 물건 중 각각 갖게 되는 한 부분.¶제 밥은 제가 찾아 먹어야지 남이 어떻게 챙겨 주니? §「5」남에게 눌려 지내거나 이용만 당하는 사람을 비유적으로 이르는 말.¶그는 그녀 앞에선 꼼짝 못하는 그녀의 밥이었다./그는 한참 기세가 등등하더니 하루아침에 권력의 밥이 되고 말았다. §
「비」〈2〉식사03(食事).
「높」〈2〉진지01. [밥〈훈해〉]
밥02〔밥만[밤-]〕「명」죄인에게 심한 형벌을 가하여 저지른 죄상(罪狀)을 불게 하는 일.¶(밥을) 내다. §
밥03〔밥만[밤-]〕「명」연장으로 베거나 깎은 물건의 부스러기.
밥04bop「명」『음』초기 모던 재즈의 한 형식. 종래의 스윙 재즈와 같은 중후한 연주 대신 다채로운 리듬, 복잡한 멜로디나 화성이 특징이다. 1945년에서 1950년대 사이에 유행하였으며, 파커(Parker, C.) 등이 중심인물이다. ≒리봅(rebop)˙비밥(bebop).

(24)에서 밥01, 밥02, 밥03, 밥04로 항목을 나누고 있는데, 이것은 이들이 '동음이의 관계(同音異義關係)'라는 것을 보여준다. 동음이의 관계란 의미가 다른 둘 이상의 단어가 우연히 동일한 소리를 갖고 있는 것이다. 즉, 의미의 연관성이 없기 때문에 이들은 각각의 별개의 항목으로 사전에서 처리하고 있는 것이다. (24)의 밥01을 살펴보면 표제어 안에서 의미가 5개로 나눠지는데, 이들이 바로 다의어이다. 이 중「1」의 의미가 '밥01'의 기본적이고 원형적 의미라 볼 수 있으며, 나머지 네 개의 의미는「1」의 의미를 바탕으로 그 용법이 확장된 의미라고 볼 수 있는 것이다.

ⓒ 다의어의 의미 확장 양상

다의어는 단어가 여러 문맥이나 상황에서 사용될 때 문맥적 변이로 포괄할 수 없을 때 의미의 확장이 일어나면서 만들어진다. 이러한 의미 확장은 여러 양상을 띠는데, 다음과 같다.

1) 사람→짐승→생물→무생물

   (25) 점심을 먹다(사람)→고양이가 생선을 먹다(짐승)→배추가 물기를 머금어 싱싱해 보였다(생물)→종이에 기름을 먹이다(무생물)

2) 구체성→추상성

   (26) 집 안이 어둡다(구체적 의미)→귀가 어둡다(추상적 의미, 귀가 안들린다)

3) 공간→시간→추상

   (27) 다리가 길다(공간적 의미)→밤이 길다(시간적 의미)→소설이 길다(추상적 의미)

4) 물리적→사회적→심리적

   (28) 바구니에 사과를 담다(물리적)→회사에 몸을 담다(사회적)→마음에 존경을 담다(심리적)

5) 일반성→비유성→관용성

   (29) 바람이 분다(일반적 의미)→바람같이 달려가다(비유적 의미)→바람을 맞다(관용적 의미)

6) 내용어→기능어

   (30) 붙다→부터(조사)

② 은유

㉠ 은유란 무엇인가?

인간의 경험을 드러내고 개념화하는 인지적 활동을 '은유(metaphor)'라고 한다. 일반적으로 우리가 은유라고 하는 것은 '개념적 은유'가 대부분이다. 이것은 목표 영역(우리가 표현하려고 하는 새롭고 추상적 경험 세계)을 근원 영역(기존의 구체적 경험 세계)을 통해 표현한다.

(31) 내 마음은 호수요.

(31)에서 목표 영역은 '내 마음'이며, 근원 영역은 '호수'이다. 이것은 '호수'의 깊고 넓은 구체적인 특징을 빌어 추상적인 '내 마음'을 개념화 하려는 것이다. 이와 같은 목표 영역과 근원 영역 사이의 대응 관계에는 몇 가지 특징이 있다.

1) 근원 영역과 목표 영역은 대조적이다.
2) 근원 영역과 목표 영역은 한 방향으로 작용하기 때문에 비대칭적이다.
3) 근원 영역을 이용해서 목표 영역을 나타내는 것은 두 영역의 개념적인 유사성이 있기 때문이다.

㉡ 은유의 유형

1) 구조적 은유: (32)와 같이 한 개념이 다른 개념에 의해 은유적으로 구조화 되는 은유를 말한다.

(32) 돈은 액체다 → 돈이 말랐다./ 빚에 허우적거리다./현찰의 흐름.

2) 존재론적 은유: (33)과 같이 추상적 경험을 구체적인 존재에 의해서 이해하는 은유를 말한다.

(33) 분노는 열이다 → 그는 폭발했다./ 영희는 겨우 분을 삭히고 있었다./그의 피가 끓어올랐다.

3) 방향적 은유: (34)와 같이 공간적 방향이 상호 관계 아래 하나의 개념 구조를 이루는 은유를 말한다.

(34) 좋은 것은 위이고 나쁜 것은 아래이다 → 수입이 올라간다/내려간다.
　　　　　　　　　　　　　　　　　　　　인기가 올라간다/내려간다.
　　　　　　　　　　　　　　　　　　　　그는 인격이 높다.

③ 환유

㉠ 환유란 무엇인가?

'환유(metonymy)'는 전통적 수사학에서 비유법의 하나로서, '한 실재물 e^1의 이름을 인접한 다른 실재물 e^2를 지칭하는 데 사용하는 것'으로 규정하고 있다(Taylor 1989/1995:122; 임지룡 1997:190).

환유의 특징은 인접성과 지칭성으로 설명할 수 있다. 통상 인접한 두 요소는 의미적 연상이나 전이가 잘 일어난다. 그러므로 환유를 통해 의미 확장이 일어나는 것이다. 가령 '라디오를 듣다'는 표현은 글자 그대로의 뜻으로 해석하면 '라디오를 귀로 듣는'이라는 논리적으로 맞지 않는 문장이 되지만, 인접성의 측면에서 보면 '라디오'는 '라디오에서 나오는 소리'를 의미해서 그 문장의 의미가 통하는 것이다.

또한 환유의 지칭 양상은 (35)와 같이 나타난다.

(35) ㄱ. 감투를 쓰다(벼슬이나 높은 지위에 오르는 것).
　　　ㄴ. 냄비가 끓고 있다(냄비 속의 내용물이 끓고 있다.).

즉, (35ㄱ)과 같이 인접한 두 요소 가운데 작은 것이 큰 것을 지칭하는 경우(확대지칭)와 (35ㄴ)과 같이 큰 것이 작은 것을 지칭하는 경우(축소지칭)가 있다.

㉡ 환유의 유형

환유의 유형은 확대지칭과 축소지칭으로 나눌 수 있다. 즉, 앞에서 언급했던 것과 같이 확대지칭은 부분이 전체를 지칭하는 것이고, 축소지칭은 전체가 부분을 지칭하는 것이다. 확대지칭은 다시 (36)과 같이 나누어진다.

(36) ㄱ. 손(일손)이 모자라다.
ㄴ. 빨간 망토(빨간 망토를 입은 아이)가 엄마 심부름으로 할머니 댁에 갔다.
ㄷ. 이 코트(이러한 모양의 코트)가 이번에 제일 많이 팔렸다.
ㄹ. 태안의 기름띠를 제거하기 위해 민관이 두 팔 걷고 함께 나섰다(적극적으로 참여하다).

즉, (36ㄱ)과 같이 인물의 한 부분이 인물 전체를 나타내는 경우, (36ㄴ)과 같이 소유물이 소유자를 나타내는 경우, (36ㄷ)과 같이 개체가 유형을 나타내는 경우, (36ㄹ)과 같이 인과관계를 나타내는 경우가 있다. 축소지칭역시 확대지칭과 마찬가지로 (37)과 같이 나누어진다.

(37) ㄱ. 피아노를 조율하다(피아노 안의 현을 조율하다).
ㄴ. 인삼은 강화다(강화도에서 나는 인삼이 제일 좋다).
ㄷ. 청와대에서 거부권을 행사하였다(대통령이 거부권을 행사하였다).
ㄹ. 욕조가 식었다(욕조의 물이 식었다).
ㅁ. 5.18은 잊을 수 없다(5.18 민주화 운동은 잊을 수 없다).

즉, (37ㄱ)과 같이 사물의 전체가 부분을 나타내는 경우, (37ㄴ)과 같이 생산지가 생산품을 나타내는 경우, (37ㄷ)과 같이 장소가 사람을 나타내는 경우, (37ㄹ)과 같이 그릇이 내용물을 나타내는 경우, (37ㅁ)과 같이 시간이 사건을 지칭하는 경우가 있다.

5.4. 문장의 의미

5.4.1. 문장 의미란 무엇인가?

문장은 개개 단어가 모여서 이루어진 언어 단위이다. 그러나 문장의 의미는 개개 단어의 의미의 합이라고 보기는 어렵다. 왜냐하면 문장의 의미는 개별 단어의 의미의 합에 이들 단어가 갖는 어떠한 관계가 적용하여 완전한 문장의 의미를 이루기 때문이다. 이것을 기호로 나타내면 (38)과 같이 표현할 수 있다.

(38) 문장 의미 = ((단어의미+단어의미)× α)[2] (박영순 1994:99)

즉, (38)과 같이 문장은 단순한 단어의 결합이 아닌, 독립적인 의미단위로 이해해야 한다는 것이다.

5.4.2. 문장 간의 의미 관계

① 유의성

문장의 유의성은 문장의 구성 방식이 다르지만 다음과 같이 의미가 비슷한 것을 말한다.

(39) ㄱ. 나는 <u>매형</u>과 사이가 좋다.
　　ㄴ. 나는 <u>누나의 남편</u>과 사이가 좋다.
(40) ㄱ. 수아는 <u>발이 넓다</u>.
　　ㄴ. 수아는 <u>아는 사람이 많다</u>.

(39)는 문장에 사용된 단어나 구의 의미가 비슷해서 유의성이 나타나는 경우이고, (40)은 (40ㄱ)과 같은 관용표현이 (40ㄴ)과 같은 일상표현과 의미가 비슷하기 때문에 유의성이 나타나는 경우이다.

문장에서 구조적 차이에 따른 유의성이 나타나는 경우는 다음과 같다.

첫째, 풀어쓰기(paraphrase)의 경우이다. 이것은 (39)의 경우처럼 '매형'을 '누나의 남편'과 같이 표현을 다르게 해서 비슷한 의미를 나타낸 경우로, (39)의 두 문장의 진리치가 동일하기 때문에 이들은 유의문이라고 볼 수 있다.

둘째, 장단형 사동문의 경우이다. (41)과 (42)의 경우와 같이 '-이-'나 '-히-'에 의한 단형 사동과 '-게 하-'에 의한 장형 사동이 사용된 문장들은 어느 정도 유의성이 나타난다. 그러나 이들은 그 유의성의 정도가 약한데, 그것은 단형 사동의 경우에는 주어의 행위에 대한 직접성과 간접성이 같이 나타나지만, 장형 사동의 경우에는 간접성의 의미만 나타나기 때문이다.

---

[2] 여기서 '×'는 단순히 '곱하기'라는 뜻이 아니다. 이것은 문장의 의미가 단순한 단어의 합이 아니라 단어 상호 간의 일정한 함수 관계를 통해서 형성된다는 말이다(이관규 2002:330).

(41) 형이 그 개를 {죽였다/죽게 했다}.
  (42) 어머니가 아이에게 옷을 {입혔다/입게 했다}.

셋째, 동일한 사태에서 문장 구성의 차이 때문에 유의성이 나타나는 경우이다. 이런 경우는 문장이 (43)과 같이 능동/피동 관계일 때와 (44)와 같이 대칭 관계일 때 나타난다.

  (43) ㄱ. 사자가 토끼를 잡아먹었다.
       ㄴ. 토끼가 사자에게 잡아먹혔다.
  (44) ㄱ. 휘윤이와 다예는 영화를 보러 갔다.
       ㄴ. 다예와 휘윤이는 영화를 보러 갔다.

넷째, 어순의 교체로 인한 경우이다. 선후행 요소, 특히 부사어의 이동으로 (45)와 같이 각 문장 간에 유의성이 나타나는 경우이다.

  (45) ㄱ. 안타깝게도 그는 낙방했다.
       ㄴ. 그는 안타깝게도 낙방했다.

다섯째, 부정표현의 경우이다. (46), (47)과 같이 '안, 못'이 사용된 짧은 부정문과 '아니다, 못하다'가 사용된 긴 부정문에서 유의성이 나타난다.

  (46) ㄱ. 예성이는 시험공부를 하느라고 음악회에 안 갔다.
       ㄴ. 예성이는 시험공부를 하느라고 음악회에 가지 않았다.
  (47) ㄱ. 이영이는 교통사고를 당해서 학교에 못 갔다
       ㄴ. 이영이는 교통사고를 당해서 학교에 가지 못했다.

② 중의성

문장의 중의성이란 하나의 문장이 둘 이상의 의미로 해석되는 것을 가리킨다. 즉, 형식은 하나인데 그 의미가 여러 개로 해석되는 것이다. 이러한 경우는 다음의 네 가지가 있다.
첫째, 단어의 의미가 중의적인 경우이다. (48)과 같이 단어의 의미가 여러 가지

로 사용되는 경우에 그 문장에서 중의성이 나타난다.

(48) 영심이는 발이 넓다

(48)의 문장에서 '발'은 '신체부위'를 뜻할 수도 있고, '인간 관계가 넓음'을 의미할 수도 있다. 그러므로 이러한 경우에는 주변 문맥을 살펴서 그 의미를 파악할 수 있다.

둘째, 문장의 구조 차이로 중의성이 생기는 경우이다. (49)와 같은 문장의 경우, 수식하는 단어가 어떤 것이냐에 따라 그 문장의 의미가 두 개로 나누어진다.

(49) 용감한 그의 아버지는 전쟁에 참가하였다.

즉, (49)의 문장은 '용감한'이라는 단어가 '그'를 수식하는 경우와 '그의 아버지'를 수식하는 경우의 두 가지로 해석할 수 있기 때문에 (50)과 같이 문장의 의미가 나누어진다.

(50) ㄱ. [용감한 그의] 아버지는 전쟁에 참가하였다.
　　ㄴ. [용감한 [그의 아버지는]] 전쟁에 참가하였다.

셋째, 부정의 범위에 따른 중의성의 경우이다. (51)과 같이 '다'가 부정문에 사용되는 경우와 (52)와 같이 부정어가 부정하는 범위에 따라 문장에서 중의성이 나타난다.

(51) 수험생들이 다 도착하지 않았다.
(52) 소원이는 어제 백화점에서 가방을 사지 않았다.

(51)의 문장은 '수험생들이 모두 도착하지 않았다'와 '수험생들이 전부 도착한 것은 아니다'라는 두 가지의 의미로 해석될 수 있으며, (52)의 문장에서 '않았다'라는 부정표현의 범위는 (52)의 각각의 단어인 '소원이', '어제', '백화점', '가방', '사다' 모두에 해당된다. 그러므로 그 문장의 의미가 여러 가지로 해석되어 분명한 의미를 파악하기가 힘들다.

넷째, '-고 있다' 구문에서 나타나는 중의성의 경우이다. (53)의 문장과 같이 '-고 있다' 구문은 동작의 진행과 상태 지속의 두 가지로 해석이 되므로 중의성이 나타난다.

 (53) 나는 옷을 입고 있다.

③ 함의와 전제

함의란 (54)와 같이 어떤 문장 안에 내포된 의미를 말한다.

 (54) S1: 규리가 그릇을 깨뜨렸다.
   S2: 그릇이 깨졌다.(함의)

이 경우에서 S1이 참인 경우, S2는 반드시 참이지만, S1가 거짓인 경우, S2는 참일 수도 있고, 거짓일 수도 있다. 왜냐하면 규리가 그릇을 깨지 않았어도 그릇은 깨질 수도 있고 깨지지 않을 수도 있기 때문이다.
 그런데 전제의 경우, 함의와는 달리 (55)과 같이 S1의 참, 거짓에 상관없이 언제나 S2가 참이 된다.

 (55) S1: 윤재는 어제 산 신발을 신어보았다.
   S2: 윤재는 어제 신발을 샀다.(전제)

 (55)의 경우, S1이 참이든 거짓이든 상관없이 S2가 참이므로 (55)의 S2는 전제문이 된다. S2가 전제문인지 아닌지를 검증하기 위해서는 S1을 부정문이나 의문문으로 변형시켜본다. 이 때 그 정보가 보존되면 S2가 전제문이 되는 것이다.

5.5. 담화와 텍스트의 의미

5.5.1. 담화의 의미

① 담화 의미란 무엇인가?

'담화(談話, discourse)'는 문장보다 더 큰 단위로 화맥 속에서 수행되는 발화 또는 발화 연쇄체를 가리킨다. 즉, 화자·청자가 한 가지 화제, 사건, 주제에 대하여 교환하는 언어단위, 혹은 두 개 이상의 문장으로 구성되어 결속성(bindingness, cohesion), 응집성(semantic coherence), 의미성(meaningness)을 가진 언어단위라고 할 수 있다(박영순 2004:17). 통상 담화는 입말을 중심으로 하고 있으며, 문장의 의미와는 달리 담화 의미는 (56)과 같이 독립된 문장으로는 그 의미가 이해될 수 없는 화맥상의 의미를 가리킨다.

(56) 영희: 영심이가 발이 넓다는데, 사실이야?
    소희: 영심이는 나보다 발이 작은데 무슨 소리야?
    영희: 그게 아니라 나는 영심이가 아는 사람이 많으냐고 물어본 거라고.

여기서 결속성이란 담화의 내용이나 의미의 일관성과 연관성을 유지하게 되는 성질로서, '그러나', '그리고', '이와 같은' 등의 여러 문법적인 장치나 어휘와 같은 담화표지(discourse index)를 통하여 일관된 내용이나 의미를 견지하게 된다. 그리고 응집성이란 주제나 의미가 하나로 모아지는 성격을 말하는데, 전체적으로 하나의 큰 주제나 의미로 통일되는 것이다. 또한 의미성은 하나의 담화는 전체적으로 어떤 의미가 성립되어야 한다는 것을 가리키는데, 논리적인 의미, 언어적인 의미, 정보, 화자의 의도, 상황적 의미까지 모두 포함된다(박영순 2004:7-28).

② 대화의 협력 원리

John Grace(1975)는 담화의 일반 원칙, 즉 대화 참여자 상호 간에 지켜야 할 협력 원리를 제시한 바 있다. 이 원리에는 크게 일반 원리와 하위 원리로 나누어진다. 먼저 일반 원리는 다음과 같다.

┌─〈일반 원리〉──────────────────────────────
│ 대화에서의 말이 합의된 목표나 방향과 일치되게, 그 말의 시점에서 충분한 기여
│ 가 되도록 할 것
└──────────────────────────────────

그리고 대화의 격률이라고 하는 네 가지의 하위 원리를 제시하였는데 그것은 다음과 같다.

첫째, 질의 원리이다. 즉, (57)의 밑줄 친 부분과 같이 거짓이라고 생각 되는 것이나 (58)의 밑줄 친 부분과 같이 타당한 증거가 없는 것은 말하지 말라는 것이다.

(57) 아들: 어머니, 오래 사세요.
   어머니: 살 만큼 살았으니, 얼른 죽어야지.
(58) 소영: 영철씨 성격이 어때?
   정희: 그 사람 혈액형이 B형이라서 까다로울거야.

둘째, 양의 원리이다. 즉, 대화를 할 때 필요한 만큼의 정보를 주어야 한다는 것이다. 그러므로 (59)의 밑줄 친 부분과 같이 정보가 부족한 경우나 (60)의 밑줄 친 부분과 같이 정보가 과잉되는 경우는 적절치 못하다.

(59) 남자: 어디에 사십니까?
   여자: 서울 살아요.
(60) 어머니: 지금 몇 시지?
   아들: 오후 1시 50분 20초를 지나고 있어요.

셋째, 관련성의 원리이다. 즉, 대화의 내용이 그 주제에 관련된 것이어야 한다는 것이다. (61)의 대화에서 병철이는 양로원을 방문해야 한다는 대화의 주제에서 벗어난 발언을 하고 있다.

(61) 현섭: 우리는 연말에 양로원을 방문해야만 해. 가족들과 함께 지내는 이 시간에 얼마나 쓸쓸하시겠니?
   일수: 찬성이야. 소외받는 그들의 외로움과 고통을 조금이라도 분담해야 된다고 생각해.
   병철: 현대판 고려장이야. 버림받은 노인들이 생겨나는 것은 경로효친의 정신이 점점 약해지고 있기 때문이라고 생각해.

넷째, 방법의 원리이다. 즉, 대화의 형식이 명료해야 한다는 것으로 (62)와 같이 모호하거나 중의적이지 않고 간략하며 순서에 맞아야 한다.

(62) 남자1: 자네, 빌린 돈은 언제 갚을 거야?

남자2: 오늘 돈을 갖고 오려고 했는데, 갑자기 일이 생기는 바람에 가져오지 못했네.

③ 직접 화행과 간접 화행

담화 행위에는 직접 화행과 간접 화행이 있다. 직접 화행은 발화의 형태와 그 기능이 일치하는 것으로 의문, 명령, 청유, 평서형 종결어미의 형태에 따라 의문문, 명령문, 청유문, 평서문의 기능을 수행하는 경우이다. 그러나 간접 화행은 (63)과 같이 형태상으로는 평서형이나 의문형의 문장이지만 그 의미 기능은 명령이나 요청을 나타내는 경우이다.

(63) 방안이 덥네요.(창문이나 문을 열어 시원하게 해주시오.)

대화에서 간접 화행이 주로 사용되는 이유는 먼저 화자가 청자로 하여금 직접적인 의문문이나 명령문 대신에 간접 화행을 이용하여 청자에 대한 부담을 줄여주려는 배려라고 볼 수 있다. 또한 이러한 간접 화행은 청자뿐만 아니라 화자에 대해서도 부담을 줄여주는 기능을 하는데, 이것은 청자가 화자의 청을 거절했을 때 화자가 느끼는 낭패감을 덜 느끼게 되기 때문이다.

5.5.2. 텍스트(text)의 의미

① 텍스트란 무엇인가?

'텍스트(Text)'는 담화보다 큰 단위로서, 결속성, 응집성, 의미성, 완결성, 정체성을 가지는 언어단위이며, 언어단위 중 가장 큰 단위로, (64)의 구어텍스트와 (65)의 문어텍스트로 나눌 수 있다.(박영순 2004:28-38).

(64) M의원: 이 여야당을 제가 뭐 평가할 수 있는 위치는 아니겠습니다만 이 일단 두 분 두 당 양쪽 다 정부 여당이나 야당 다 이 방송위원회를 과거보다는 좀 진일보한 데로 발전시켜서 위상을 높이자는 거에 대해서는 다들 동의한다고 생각해서 그건 대단히 평가할 만한 일이라고 생각합니다마는

양쪽 안에 다 약간의 문제점이 있습니다. 다시 말씀드리면은 이 뭐 한나 라당 같은 경우에는 독립된 규제위원회 정부로부터의 독립을 부단히 추구하다 보니까 실제로 권한이 없게 될 가능성이 상당히 높구요, 또 마찬가지로 여 저 반대쪽 반대로 보면은 이 정부 여당안도 이 행정기능 어떤 권한을 주는 기능에 조금 전 그런 부분에 많이 치우쳤기 때문에 일종의 방송위원회 독립을 잘 저해될 소지가 조금씩은 있는 것 같습니다.

- TV토론 '방송법 개정안 혁명인가 후퇴인가?' 중 M의원의 발언

(65) KBS 제1라디오가 14일 프로그램 개편에서 국군방송을 폐지하자 재향군인회가 강하게 반발하고 나섰다. KBS는 장애인과 농어민 대상 프로그램도 함께 폐지했다. '공영방송' KBS가 기꺼이 맡아야 할 일이 군인, 장애인, 농어민 같은 특수계층, 소외계층을 최대한 배려하는 것인데 이들을 위한 방송시간을 확대하기는커녕 한꺼번에 제외시킨 것은 스스로 공영방송이기를 거부하는 행위가 아닐 수 없다.
군인들은 지난 49년간 국군방송을 들으며 자주국방의 각오를 다져왔고 장애인들은 22년간 장애인방송을 들으며 위안과 희망을 얻었다. 농어민 프로그램도 1927년 KBS의 전신인 경성방송국 개국 때 시작되어 76년의 역사를 갖고 있다. 시대가 변했다지만 이들 프로의 효용가치는 늘었으면 늘었지 결코 줄지 않았다.
이번 개편은 군인, 장애인, 농어민 입장에서는 방송 청취권을 빼앗기는 심각한 일이다. 민간방송에서는 상업적 이유로 이들을 위한 프로를 외면하고 있기 때문이다. 이들의 존중되어야 할 '권리'를 마치 군살 잘라내듯 없애버린 KBS의 처사에 관련단체들이 펄쩍 뛰는 것은 충분히 이해할 만하다.

- 동아일보 2003.7.1 사설 '공영방송 KBS가 군을 외면하면…' 중에서

텍스트를 구성하는 요소는 필수요소와 수의요소로 나눠질 수 있다. 먼저 필수요소에는 담화를 구성하는 요소인 결속성, 응집성, 의미성 외에 완결성(completeness)와 정체성(identification)이 있다. 완결성은 하나의 언어적 표현이 완결됨을 말하는 것이다. 일반적으로 완결성을 가진 텍스트는 서론, 본론, 결론에 해당하는 모든 내용이 해석되므로 더 이상 '모호함'이나 '의문'이 남지 않는다. 또한 정체성은 주어진 텍스트가 어떤 종류의 글이며, 어떤 주제를 담고 있으며, 어떤 구성인지와 같은 글의 전체적인 모습과 특징을 나타내주는 원리를 말한다. 완결성을 갖고 있는 텍스트는 자연적으로 정체성을 갖게 되므로, 이들은 불가분의 관계에 있다고 볼 수 있다.
수의요소로는 상황성(situationally)과 상호텍스트성(intertextuality)이 있는데, 상

황성은 어떤 텍스트가 발화되는 상황에 적합한 것으로 만드는 요인에 관한 기준이다. 그리고 상호텍스트성은 텍스트들이 서로서로 직간접적으로 서로 연관되어 있다는 말이다. 그러나 이 두 가지의 요소는 수의적인 것으로, 텍스트성을 판별하는 데에는 결정적인 역할을 하지 않는다(박영순 2004:21-23).

② 텍스트의 기능

텍스트의 기능이란 텍스트를 통해 표현하고자 하는 생산자의 의도를 말한다. 즉, 그 텍스트를 수용하게 되는 수용자가 인식해야 하는 것이 담긴 생산자의 의도이다. 이것은 텍스트 유형 분류의 기준도 된다. 그러한 텍스트의 기능은 다음과 같다(임지룡 외 1999:304-305).

첫째, 제보 기능이다. 이것은 텍스트의 생산자가 수용자에게 새로운 정보를 제보하고 싶다는 것을 이해시키는 기능으로 주로 라디오나 텔레비전의 뉴스, 신문, 잡지, 보고서 등이 속한다.

둘째, 호소 기능이다. 이것은 텍스트의 생산자가 수용자에게 어떤 사실에 대해 일정한 관점을 받아들이거나 행위를 수행하도록 이해시키는 기능으로 주로 설교, 연설, 광고문 교통법규 등이 속한다.

셋째, 의무 기능이다. 이것은 생산자가 수용자로 하여금 일정한 행위를 수행할 의무가 있음을 이해시키는 기능으로 선서, 계약서, 합의서 등이 속한다.

넷째, 접촉 기능이다. 이것은 생산자가 문제삼고 있는 것이 수용자와의 친교 관계임을 이해시키는 기능으로 인사, 축하, 사과, 편지 등이 속한다.

다섯째, 선언 기능이다. 이것은 생산자가 수용자에게 텍스트의 발화가 새로운 사실을 선언하고 있음을 이해시키는 기능으로 선전 포고, 유언, 임명장 등이 속한다.

5.6. 맺음말

지금까지 본 장에서는 한국어의 의미에 대한 내용을 알아보았다. 의미란 무엇인가에 대해서 여러 가지 이론들을 살펴보았고, 이를 토대로 어휘의 의미로부터 시작하여 문장, 담화 및 텍스트의 의미에 대해서 간략하게 소개하였다.

언어에서 형식과 내용 중 의미는 그 '내용' 부분을 담당하고 있다. 그만큼 '의미'

는 언어에서 중요한 비중을 차지한다고 볼 수 있다. 그러므로 본 장에서는 언어, 특히 한국어의 의미 전반에 대한 내용을 되도록 많이 소개하려고 했다. 그러나 이 책의 주된 대상이 한국어 교사 또는 한국어 교사가 되기 위한 사람들이므로 이론적으로 너무 깊은 내용은 다루지 않았다. 그러므로 본 장에서 다룬 내용에 대해서 더 깊게 알고 싶은 것이 있다면 본 장에 소개된 참고문헌을 찾아보면 많은 도움이 될 것이라고 생각한다.

참고문헌

김광해 외(1999), [국어지식탐구], 박이정.
박영순(1994), [한국어 의미론], 고려대 출판부.
박영순(2000), [한국어 은유 연구], 고려대 출판부.
박영순(2001), [한국어 문장의미론], 박이정.
박영순(2004), [한국어 담화·텍스트론], 한국문화사.
박영순(2005), [국어문법 교육론], 박이정.
이관규(2002), [개정판 학교 문법론], 월인.
임지룡(1992), [국어 의미론], 탑출판사.
임지룡(1997), [인지 의미론], 탑출판사.
Taylor. John R.(1995), *Linguistic Categorization: Prototypes in Linguistic Theory*. 2nd Ed. Oxford: Oxford University Press.(조명원·나익주 역(1997, 1999), [인지언어학이란 무엇인가?], 한국문화사.)

6. 한국어의 정서법

6.1. 개관

정서법(正書法)이란 글을 바르게 쓰는 법을 이른다. 이 정서법의 영역은 글을 쓰는 것과 관련한 구어 및 문어의 발음, 표기, 어법, 문체 등을 광범위하게 아우른다. 그러나 흔히 작문(作文)의 영역과 겹치는 부분을 제외한 단어 표기 및 띄어쓰기와 관련된 규범을 정서법이라 이르는 경향이 있다. 실제로 정서법의 모든 영역을 빠짐없이 다루는 것은 어려운 일이다. 여기에서는 우리 사회의 표기 규범인 '한글 맞춤법'을 중심으로 한국어의 정서법을 알아보고자 한다.

6.2. 한글 맞춤법의 원리

서가에서 책을 한 권 꺼내 들었는데 "*들파네 안자 채글 일거따"라는 메모가 들어 있었다고 해 보자. 이 문장의 의미를 정확히 떠올리기까지는 약간의 머뭇거림이 있을 것이다. "*들파네 안자 채글 일거따"라는 문장은 "들판에 앉아 책을 읽었다."를 소리 나는 대로 적은 것이다. 만일 "들판에 앉아 책을 읽었다."라고 메모한 문장을 읽었다면 어땠을까? 의미를 파악하는 일이 한결 쉬웠을 것이다.

한글은 말소리를 그대로 기호로 나타낸 문자이다. 따라서 우리말을 한글로써 표기할 때 소리대로 적는 것은 매우 자연스럽다. 그런데 우리는 "*들파네 안자 채글 일거따"와 같이 실제 발음대로 쓰지는 않는다. 의미를 파악하기에 좀 더 수월한 "들판에 앉아 책을 읽었다."처럼 적는다. 앞선 문장처럼 적는 것이 물론 표기법상 불가능한 것은 아니다. 그리고 이 방법은 쓸 때에 굉장히 쉽다는 장점이 있다. 하지만 의미를 파악하는 시간을 더디게 하여 읽기에 부담을 준다는 것이 문제이다. 우리의 문자 생활에서 글을 쓰는 것만이 중요하다면 읽기의 효율성이 조금 낮더라도 소리대로만 적는 표기를 고려해 볼 수 있을 것이다. 그러나 쓰는 것은 읽히기 위함이고, 우리가 일상생활에서 글을 쓰는 것보다 읽는 활동을 더 많이 한다는 것을 생각해 볼 때 발음대로만 적는 표기는 의사소통에 효율적이라고 볼 수 없다. 그렇기 때문에 우리는 "들판에 앉아 책을 읽었다."처럼 적는 것이다.

그러면 "들판에 앉아 책을 읽었다."라고 하는 것이 읽기에 더 효율적인 이유는 무엇일까. 다음을 보자.

(1) ㄱ. 책을, 책만
　　 ㄴ. 채글, 챙만

(1ㄴ)은 (1ㄱ)을 소리대로 적은 것이다. '책을, 책만'을 '채글, 챙만'으로 적는다면 '책'이라는 의미를 파악하기 위해서 두 개의 형태를 기억해야 한다. 의미 파악을 위해 여러 모양을 기억해야 한다면 읽기에 소요되는 시간도 그만큼 길어질 것이다. 하지만 '책'이라는 기본형을 밝혀서 그것으로만 표기하면 읽기 시간을 단축할 수 있다. 이러한 것을 두고 형태를 밝혀 고정하여 적는다고 말한다. 다시 말해, 형태를 고정하여 적는 것은 '채글, 챙만'에서와 같은 여러 모양으로 표기하지 않고 '책을, 책만'에서처럼 '책'이라는 동일한 모양으로 표기하는 것을 말한다. 다른 예로 '읽다'의 활용을 보자. '읽다'는 '읽고, 읽는, 읽지'와 같이 변한다. '일꼬, 잉는, 익찌'처럼 적지 않고 '읽고, 읽는, 읽지'로 어간의 기본형 '읽-'을 밝혀 적으면 단어에 들어 있는 '읽다'의 의미를 눈으로 금세 파악할 수 있다. 그러니까 "들판에 앉아 책을 읽었다."라는 문장의 읽기가 좀 더 수월했던 것은 문장 내 각 단어의 형태를 밝혀 적음으로써 시각적인 의미 파악을 도왔기 때문이다.

이와 관련하여 '한글 맞춤법'에서는 총칙 제1항에서 다음과 같은 한글 맞춤법의 원칙을 밝히고 있다.

제1항 한글 맞춤법은 표준어를 소리대로 적되, 어법에 맞도록 함을 원칙으로 한다.

이 조항은 한글로써 우리말을 적을 때 표준어를 대상으로 하여 첫째, 그 발음대로 충실히 적어야 하며 둘째, 어법에 어긋남이 있어서는 안 된다는 점을 밝히고 있다. 여기서 '어법(語法)'이란 문법, 맞춤법을 비롯하여 단어 형태를 규범으로서 정하고 있는 표준어 규정, 표준 발음 등을 넓게 포함하는 개념이다. '한글 맞춤법'에

서는 '소리에 관한 것'과 '형태에 관한 것'이라는 두 개의 장에서 구체적으로 어법을 드러내 보이고 있다. 이러한 어법에 일관적으로 적용되어 있는 원리가 바로 형태를 밝혀 고정하여 적는 방침이다. 그러면 '한글 맞춤법'에서 어법으로 정리해 놓은 각 조항의 내용을 '형태를 밝혀 고정하여 적는 것'의 실제와 '소리와 관련한 맞춤법'으로 나누어 살펴보기로 하자.

'한글 맞춤법'의 구성

```
          한글 맞춤법
제 1 장   총칙
제 2 장   자모
제 3 장   소리에 관한 것
제 4 장   형태에 관한 것
제 5 장   띄어쓰기
제 6 장   그 밖의 것

부록: 문장 부호
```

'한글 맞춤법'은 문교부 고시 제88-1호에 의하여 1989년 3월 1일부터 시행된 현행 맞춤법이다. 이는 6장의 본문과 부록으로 구성되어 있는데, 본문 6장에서 한글 맞춤법과 한글 띄어쓰기를 다루고 있다. 각각의 장은 다시 절과 항으로 구성되어 있으며 매 조항에서 원칙을 밝힌 후 예를 들어 설명하는 방식을 따르고 있다.

6.3. 한글 맞춤법의 실제

6.3.1. 형태를 밝혀 고정하여 적기

우리말을 한글로 적을 때 단어나 어간의 형태를 밝혀 고정하여 적는 원리가 있음을 앞서 살펴보았다. 다시 확인하자면 형태를 밝혀 적는다는 것은 가령 '꼬치, 꼳또, 꼰만'에서와 같은 여러 모양으로 표기하지 않고 '꽃이, 꽃도, 꽃만'에서처럼 '꽃'이라는 일관된 모양으로 표기하는 것이다. 그러면 이와 관련하여 아래 제시된 예 가운데 어느 것이 맞춤법에 맞는 표기인지 한번 맞춰 보자.

(2) 굳이   구지
(3) 해돋이   해돚이
(4) 없슴   없음
(5) 앎   암

(6) 낱낱이   낱나치
(7) 넙적하다   넓적하다
(8) 일찌기   일찍이
(9) 더욱이   더우기
(10) 금세   금새

각각의 단어가 평소에 알고 있던 어떤 말과 연관이 있어 보인다면 그 말의 원래의 모양을 유지해 적어준 표기가 맞춤법에 맞는 표기이다. 바른 표기는 아래와 같다.

> 굳이, 해돋이, 없음, 앎, 낱낱이, 넓적하다, 일찍이, 더욱이, 금세

'굳이'와 '해돋이'의 경우 각각 [구지]와 [해도지]처럼 발음되기 때문에 '*구지/*궂이', '*해도지/*해돚이'처럼 잘못 적는 경우가 있다. 그러나 의미를 따져 보았을 때 '굳이'는 형용사 '굳다'에서 온 말이고, '해돋이'의 '돋-'은 '돋다'에서 온 말임을 알 수 있다. 원래 말에서의 형태를 떠올리고 그것으로 일관성 있게 적는 원리를 적용한다면 '*궂이'나 '*해돚이'라고 잘못 적지는 않을 것이다.

*

'없음'의 경우에는 '*없슴'으로 잘못 적는 경우가 많은데 용언의 어간 '없-'의 모양을 그대로 유지해 적는 데에는 어려움이 없어 보인다. 다만 '없-'의 형태를 밝혀 적은 것처럼 그와 결합하는 명사형 어미도 '-음'으로 밝혀 적어야 하며 [업슴]이라는 발음에 이끌려서 잘못 적어서는 안 된다. 이처럼 명사형 어미 '-음'을 '*-슴'으로 착각하는 것은 발음에 이끌린 것 외에 '-습니다'의 영향도 있는 듯하다. 종래 '-읍니다'로도 적어 오던 것을 1988년 개정 이후 '-습니다'로만 적기로 하면서 명사형 어미마저 '*-슴'으로 착각하는 이들이 많은 것이다. 그러나 '-습니다'라는 종결어미와 '-음'이라는 명사형 어미는 서로 전혀 관계가 없음을 기억해야 한다. 예를 들면, "빈 좌석 없음"이라고 적는 것이 바른 표기이고 "*빈 좌석 없슴"이라는 표기는 잘못이다. 마찬가지로 (5)번의 '앎'을 '*암'으로 적는 것도 발음에 잘못 이끌린 탓이다. '앎'은 '알다'의 어간 '알-'에 명사형 어미 '-ㅁ'을 결합한 것이다. 이것은 '알다'에서 온 말이므로 원래의 모양을 밝혀서 그대로 적어야 할 것이다. 그래서 '앎'으로 적는 것이 맞는 표기이다. 예를 들어, "건국 신화에 대해서 잘 앎."처럼 적는 것이 맞는 표기이고 "*건국 신화에 대해서 잘 암."이라고 적는 것은 맞춤법에 어긋난 표기이다.

*

'낱낱이'는 '하나하나 빠짐없이 모두'라는 의미이므로 '여럿 가운데의 하나하나'라는 뜻의 명사 '낱낱'에서 온 말임을 유추할 수 있다. 따라서 명사의 원래 형태를 밝혀 '낱낱이'로 적는 것이 바른 표기이다. 이를 무시하여 '*난나치'나 '*낱나치'처럼 적는다면 의미 파악에 지장을 줄 수 있는 것이다.

*

'넓적하다'의 경우에도 [넙쩌카다]라는 발음에 이끌려 '*넙적하다'처럼 적는 경우가 많다. 하지만 '넓적하다'가 '편편하고 얇으면서 꽤 넓다.'라는 의미이므로 '넓다'와의 관련성을 파악할 수 있다. 즉, '넓다'의 어간 원형을 밝혀서 '넓적하다'처럼 적어야 한다. '일찍이', '더욱이'도 '일찍', '더욱'이라는 부사가 따로 있고 또 의미도 '일찍이', '더욱이'와 유사하므로 이들이 '일찍', '더욱'에서 온 말이라 판단하여 원래의 모양을 그대로 유지한 표기를 한다.

*

마지막으로 '금세'는 '금시에'에서 줄어든 말이다. 이처럼 준말을 표기할 때에도 본말에서 갖고 있던 모양을 유지하여 적는다. 흔히 '*금새'라고 적는데 이는 잘못된 표기인 것이다.

■ 예외는 있다.

그런데 형태를 밝혀 적지 않고 소리에 충실하여 적는 경우도 있으니 표기에 주의해야 한다. 아래의 예 가운데 맞춤법에 맞는 말에 표시해 보자.

(11) 하늘을 나는 슈퍼맨   하늘을 날으는 슈퍼맨
(12) 고마워요   고맙어요
(13) 박아지   바가지
(14) 아무튼   아뭏든
(15) 몇일   며칠

원래 말의 형태를 그대로 표기한 후 표기대로 발음해 보았더니 실제 발음과 달라졌다면, 소리 나는 대로 적는다. 발음이 달라지지 않더라도 원래 말과의 관련성을 확신할 수 없거나 이미 원래 말과의 관계가 너무 멀어진 것으로 보일 때, 그리고 일반적인 규칙을 세우기 어려운 말의 경우에는 소리 나는 대로 적는다. 맞춤법에 맞는 표기는 아래와 같다.

| 하늘을 나는 슈퍼맨, 고마워요, 바가지, 아무튼, 며칠 |

'하늘을 나는 슈퍼맨'에서 '나는'은 '날다'의 활용형이다. '날-'에 어미 '-는'이 결합하면 어간 받침의 'ㄹ'이 탈락되어 발음되지 않는다. 그 발음이 [나는]이 되는 것이다. 만일 어간을 살려서 '*날으는'처럼 적을 경우 실제의 발음 [나는]과는 멀어진 표기가 된다. 하나의 말을 [나르는]과 [나는]으로 발음한다는 것은 생각하기 힘들다. 따라서 이러한 경우 실제 발음과 어그러진 표기를 하지 않고 '나는'처럼 발음 나는 대로 적는 쪽을 택하는 것이다. 그런데 많은 경우에 "*하늘을 날으는 슈퍼맨"처럼 잘못 적는 경향이 있다. 이렇게 보면, 실제 발음을 정확히 알고 또 표기를 정확히 하는 것이 매우 어려운 문제라고 생각할 수도 있다. 그러나 많은 사람들이 "하늘을 나는 슈퍼맨"을 "*하늘을 날으는 슈퍼맨"처럼 잘못 적는 것은 유독 '날다' 등의 활용형을 잘못 발음하기 때문인 듯하다. 동일한 조건인데도 "바람 부는 날", "아침을 여는 소리" 등을 "*바람 불으는 날", "*아침을 열으는 소리"처럼 잘못 적는 경우는 드물기 때문이다.

*

'고마워요'의 경우도 소리 나는 대로 표기하는 경우이다. 만일 '고맙다'의 어간을 살려서 적는다면 '*고맙어요'처럼 적어야 할 것이다. 그러나 그렇게 되면 발음이 [고마버요]가 되고 역시 동일한 말을 [고마워요]와 [고마버요]와 같이 두 가지로 발음하는 격이 되어 버린다. 그래서 소리 나는 대로 '고마워요'라고 적는 것이다.

*

다음으로 '바가지'를 '*박아지'처럼 적는 것은 잘못이다. 물론 대부분의 사람은 맞춤법에 어긋남 없이 '바가지'라고 적을 것이다. 그러나 '낱낱'이라는 말에 '-이'가 결합한 '낱낱이'를 '*난나치'처럼 적지 않음을 떠올려 볼 때 '바가지'라는 표기에 대해서 의문을 가져볼 수 있을 것이다. 발음도 [바가지]로 동일하니 말이다. '낱낱이'와 '바가지'에는 어떠한 차이가 있는 것일까? '낱낱이'처럼 명사에 '-이'가 결합하여 새로운 단어가 되는 것은 비교적 여러 단어에 드러나므로 하나의 규칙으로 끌어낼 수 있지만 '바가지'는 그렇지 않다는 것이 차이점이다. 어떤 단어에 '-아지'가 결합한 말들이 있다는 것을 규칙으로 끌어내기에는 그 범위가 너무 좁다는 것이다. 그래서 '박'에 '-아지'가 결합해 만들어진 것처럼 보이는 이 말은 '바가지'라고 적는다.

*

한편, 어원 즉 원형과의 연관성이 분명하지 않거나 어원의 의미에서 멀어졌다고 판단되는 경우라면 원래 말의 형태를 밝혀 적지 않는다. '아무튼'과 '며칠'이 그 예인데, 이는 일상생활에서 흔히 잘못 표기하는 단어들에 속한다. '아무튼'을 흔히 '*아뭏든'으로 잘못 적는 것은 둘의 발음이 같고 '아무튼'이 '*아뭏다'라는 말에서 온 것이라고 생각하기 때문이다. 그러나 '아무튼'은 '아무러하든'에서 줄어든 말로서 이미 '아무러하든'에서 멀어져 하나의 부사로서 자리 잡은 말이다. 그렇기 때문에 굳이 어원을 밝혀 줄 필요가 없는 것이다. 게다가 '아무러하다'는 '아무렇다'로 줄어들기 때문에 '*아뭏다'는 '아무렇다'를 잘못 쓴 말일 뿐 '아무튼'과는 관련이 없다.

*

'며칠'은 '*몇일'로 잘못 표기하는 경우가 대단히 많다. 그러나 '며칠'이 '몇 일'에서 온 것인지 분명치가 않다. '몇'의 어원은 확실하나 '일'의 어원이 '日'이라는 것을 확언할 수 없는 것이다. 만일 '며칠'이 '몇 일'에서 온 말이라면 그 발음은 [면닐]이 되어야 할 것이다. 그런데 [며칠]로 소리가 나기 때문에 이를 '몇 일'에서 온 말로 보기는 어려운 것이다. 따라서 '며칠'로 적는 것이 바른 표기이다.

▌ 본문에 쓰인 예를 '한글 맞춤법'에서 찾아보자

제4장 형태에 관한 것

제1절 체언과 조사	책을(14항), 꽃이(14항)
제2절 어간과 어미	읽다(15항), -오(15항), 요(17항), 하늘을 나는 슈퍼맨(18항), 고마워요(18항)
제3절 접미사가 붙어서 된 말	굳이(19항), 해돋이(19항), 없음(19항), 앎(19항), 낱낱이(20항), 바가지(20항), 넓적하다(21항), 일찍이(25항), 더욱이(25항)
제4절 합성어 및 접두사가 붙은 말 ...	며칠(27항)
제5절 준말	왠지(32항), 안(32항), 금세(33항), 아무튼(40항), 돼(35항)
⋮	
제6장 그 밖의 것	너머(57항), 넘어(57항), 반듯이(57항), 반드시(57항)

▉ 정말 헷갈리는 표기들

지금까지 원형을 밝혀 고정하여 적는 표기와 예외적으로 소리 나는 대로 적는 표기의 예들을 살펴보았다. 이제 우리가 맞춤법을 잘못 쓰게 되는 경우 가운데 상당수가 바로 소리에 잘못 이끌리거나 소리가 헷갈리거나 혹은 소리를 잘못 알고 있기 때문임을 이해할 수 있을 것이다. 혹은 소리는 같으나 표기와 의미가 달라서 잘못 쓰는 말들도 있다. 우리가 흔히 잘못 사용하는 말의 대표적인 예는 다음과 같다.

(15) *산 넘어 저쪽??
　ㄱ. 강을 넘어 시내로 갔다.
　ㄴ. 산 너머 저쪽

'넘어'는 동사 '넘다'에서 온 말로 어간의 형태를 고정하여 적은 표기이고 '너머'는 '넘다'와는 상관이 없는 말로 공간적인 위치를 나타낸다. 발음은 같되 표기가 두 가지인 것이다. 이러한 경우 문장의 의미를 살펴서 적절한 단어로 가려 써야 한다. "*산 넘어 저쪽"에서는 산을 넘는 동작이 드러난다고 보기 어렵다. 따라서 '넘어'를 쓰는 것은 어법에 맞지 않다. 산 뒤의 공간을 가리키는 것으로 파악하여 명사 '너머'를 쓰는 것이 적절하다. 그리고 "강을 넘어 시내로 갔다."라고 할 때에는 '넘어서'라는 동작이 분명히 드러나므로 동사 '넘어'를 쓴다.

(16) *약속은 반듯이 지켜라??
　ㄱ. 고개를 반듯이 들어라.
　ㄴ. 약속은 반드시 지켜라.

'반듯이'와 '반드시'도 이와 마찬가지이다. '반듯이'는 형용사 '반듯하다'에서 온 말로 어간 '반듯-'을 밝혀 적는다. 그러나 '반드시'는 '반듯하다'라는 의미와는 관련이 없고 '틀림없이, 꼭'이라는 의미를 나타내므로 발음대로 적은 것이다. 두 단어의 발음이 같아서 쉽게 혼동할 수 있으나 문맥을 살펴서 "고개를 반듯이 들어라."와 "약속은 반드시 지켜라."처럼 구분해 써야 한다.

(17) *오늘은 웬지 기분이 좋다??
　ㄱ. 오늘은 왠지 기분이 좋다.
　ㄴ. 웬 영문인지 모르겠어.

'왠지'의 경우 발음이 비슷한 '웬'과 혼동한 나머지 '*웬지'라고 잘못 적는 경우가 많다. '왠지'는 '왜인지'에서 줄어든 말이다. 따라서 본말에서의 표기를 유지하여 '왠지'라고 적는 것이 맞춤법에 맞다. 결국 "*오늘은 웬지 기분이 좋다."라고 하는 것은 어법에 어긋나는 것이다. 만일 '*웬 영문', '*웬일인지' 등으로 여전히 헷갈린다면 '웬'은 '어찌 된', '어떠한'의 뜻을 가진 말로 '웬일', '웬 말', '웬 사람'과 같이 다양하게 쓰이지만 '왠'은 오직 '왠지'라는 말로만 쓰인다는 점을 기억해 두자.

(18) *이러면 안 되??
　　ㄱ. 일이 잘 안 된다.
　　ㄴ. 이러면 안 돼.

'되-'와 '돼'는 많은 사람들이 잘못 쓰는 말이다. '되-'는 '되다'의 어간이고 '돼'는 '되-'에 어미 '-어'가 결합한 '되어'에서 줄어든 말이다. 따라서 '되어'라고 바꿔 쓸 수 있는 자리라면 '돼'를 쓰고 그렇지 않은 경우 '되-'를 쓰면 된다. 발음이 유사하다고 하여 "*이러면 안 되."처럼 쓴다면 어미를 빠뜨린 말을 하는 것이다. 즉, "밥 안 먹어?"라고 해야 할 말을 "*밥 안 먹?"이라고 하는 것과도 같다.

(19) *겨울인데 않 춥다??
　　ㄱ. 겨울인데 안 춥다.
　　ㄴ. 생각만큼 쉽지 않다.

'안'과 '않-' 또한 잘못 사용하는 예가 흔히 발견된다. '안'은 부정 또는 반대의 뜻을 나타내는 부사 '아니'의 준말이다. 그리고 '않-'은 보조용언 '아니하다'의 준말인 '않다'의 어간이다. "*겨울인데 않 춥다."라고 하면 '않다'의 어간 '않-'으로 '춥다'를 수식한 것이 된다. 어떤 말의 일부분만 가져와서 혼자 서 있으라고 하였으니 당연히 어법에 어긋난다. "안 춥다"와 같이 부사 '안'이 '춥다'를 수식하는 구성으로 써야 한다. 그리고 다른 말에 덧붙어 함께 한 덩어리를 이루는 자리에 '않-'을 쓰면 된다. "생각만큼 쉽지 않다."에서 '쉽지 않다'라는 말의 일부로 쓰인 것처럼 말이다.

(20) *이쪽으로 오십시요??
　　ㄱ. 이쪽으로 오십시오.
　　ㄴ. 새싹이 돋는군요.

'-오'와 '-요'의 적절한 쓰임에 대한 구분은 여기 여섯 가지 예 가운데 가장 혼동이 잦은 편이다. 종결 어미 '-오'는 '요'처럼 소리가 나더라도 원형을 밝혀서 적어야 한다. 발음에 이끌려서 "이쪽으로 오십시오."를 "*이쪽으로 오십시요."처럼 적어서는 안 된다. 만일 "*이쪽으로 오십시요."가 어법에 맞는 표현이라면 "*이쪽으로 오십시." 또한 옳은 표현이어야 한다. '요'는 보조사로서 그것을 생략해도 문장이 성립하기 때문이다. 보조사가 결합한 "새싹이 돋는군요."와 그것을 생략한 "새싹이 돋는군."이 둘 다 가능한 것처럼 말이다.

이와 관련하여 흔히 잘못 쓰는 말로 '아니오'와 '아니요'가 있다. 판정의문문에서 '예'의 짝으로 쓰는 말을 찾는다면 '아니요'가 맞다. 이때 보조사 '요'를 떼어내서 '아니'라고만 해도 말이 된다. '응'이라고 대답하는 것처럼 '아니'라고도 대답할 수 있음을 떠올린다면 '예'의 짝이 '아니요'임을 쉽게 기억할 수 있다. 반면에 '아니오'는 종결 어미 '-오'가 결합한 것으로 '이것은 책이 아니오.'에서와 같이 쓰인다.

6.3.2. 소리와 관련한 맞춤법

우리말에는 많은 말소리 규칙이 있는데 규칙적으로 나타나는 말소리 가운데 몇몇은 맞춤법에 영향을 미친다. 즉, 그 소리를 표기에 반영해 준다. 아래의 예를 보고 맞춤법에 맞는 표기에 표시해 보자.

(21) 넙쭉   넙죽
(22) 신여성   신녀성
(23) 똑딱똑딱 똑닥똑닥
(24) 장마비   장맛비

모든 말소리 규칙을 다 맞춤법에 반영하는 것은 아니다. 그리고 소리를 표기에 반영할 때에는 일정한 법칙이 있어서 쉬운 문제는 아니라 할 수 있다. 어법에 맞는 표기는 아래와 같다.

넙죽,   신여성,   똑딱똑딱,   장맛비

'넙죽'의 표준 발음은 [넙쭉]과 같다. 즉, 된소리로 발음된다. 그런데 그 된소리를 표기에 반영하지는 않는다. 표기에 반영하지 않아도 소리가 [넙쭉]처럼 나기 때문이다. 된소리를 표기에 반영하는 경우는 한 단어 내부에서 뚜렷한 까닭 없이 소리

날 경우이다. 예를 들어, '산뜻하다'라는 단어는 된소리로 발음될 이유가 없음에도 된소리가 난다. 일반적으로 받침 'ㄴ'은 뒤의 소리를 된소리로 만들지 않는데도 이 말이 된소리로 발음되는 것이다. 이때 만약 된소리를 표기에 반영하지 않고 '*산듯하다'라고 적는다면 현실 발음과 표기가 어그러지게 된다. 실제 발음이 [산뜨타다]이기 때문에 '*산듯하다'라고 적으면 발음과 표기가 달라지는 것이 문제인 것이다. 그러면 '*산듯하다'라고 표기하고 [산드타다]처럼 발음하게 하는 것은 왜 안 되는 것일까? 그것은 주인과 손님이 바뀐 것이 되어 버리기 때문이다. 우리가 일관성 있는 표기 규칙을 정한 것은 우리말의 일반적인 현상을 표기로써 나타내고자 한 것인데, 표기를 고쳐 발음 또한 달리 하자는 것은 표기를 앞세우고 언어 현상을 그에 맞게 따라 오라고 하는 격이기 때문이다. 그래서 '산뜻하다'처럼 발음의 된소리를 표기에 반영하는 것이다.

*

'신여성'은 두음법칙을 표기에 반영한 예이다. 두음법칙은 일부의 소리가 단어의 첫머리에 발음되는 것을 꺼려 다른 소리로 발음되는 일을 말하는데 원칙적으로 한 자어에만 적용된다. 한글 맞춤법에서는 이러한 언어 현상을 표기에 반영하도록 하고 있다. 즉, '女子'를 '여자'로, '年歲'를 '연세'로 적는다. 그런데 '신여성'에서 '女性'은 단어 첫머리가 아닌데 왜 두음법칙을 적용한 표기를 하는 것일까? 그것은 '여성'이 독립된 단어로 쓰일 수 있는 말이기 때문이다. 다시 말해, 동일한 단어인데 '신女性'에서는 '*녀성'으로, '女性'에서는 '여성'으로 적는다면 표기의 일관성이 지켜지지 않기 때문이다. 한번 정해진 표기를 일관성 있게 유지하여 적는 것은 매우 중요하다. 단어나 어간의 원형을 밝혀 적는 것도 결국 표기의 일관성을 유지하여 읽기의 효율성을 추구하기 위한 것임을 기억하자.

*

다음으로 소위 '첩어'라 불리는 것에 대한 표기 규칙이 있다. '첩어'란 한 단어를 반복적으로 결합한 합성어로서 특히 의성어나 의태어와 같은 음성 상징어에 많다. 예를 들어, '쌕쌕', '씩씩', '쓱싹쓱싹'과 같이 같은 음절이 중첩되어 있는 경우이다. 이처럼 동일하거나 비슷한 소리가 겹쳐서 한 단어를 이룰 때에는 그것을 동일한 글자로서 표기한다. 읽기의 효율성을 높이기 위해서이다. 이에 따라 '*똑닥똑닥'이 아닌 '똑딱똑딱'으로 적는다.

*

마지막으로 모음으로 끝나는 명사와 다른 명사가 결합하여 하나의 단어 즉, 합성 명사가 될 때 발음에 변화가 생기는 일이 있는데 이 경우에도 발음 변화 현상을 표기에 반영해 준다. 방법은 두 명사 사이에 'ㅅ'을 끼어 넣는 것이다. 이것이 이른바 사이시옷(사이 ㅅ)이다. 여기서 말하는 발음 변화란 뒤의 말이 경음화되거나 'ㄴ' 혹은 'ㄴㄴ'이 덧나는 현상을 말한다. 예를 들어, '장마'와 '비'는 각각 [장마]와 [비]로 발음된다. 그런데 두 단어가 결합하여 '장마철에 내리는 비'라는 의미의 한 단어가 될 때에는 [장마삐]로 발음된다. 소리가 변한 것이다. 이 소리를 표기에 반영하는 방안으로 사이시옷을 받쳐 적는다. 물론 '장마'와 '비'가 결합한 말을 [장마비]처럼 발음하는 사람도 있을 것이다. 그러나 많은 사람들이 전통적으로 [장마삐]처럼 발음하였다면 이를 따르는 것이 합리적이라 할 수 있다.

사이시옷을 받쳐 적는 데에는 한 가지의 조건이 더 있다. 결합하는 두 단어 가운데 적어도 하나는 순 우리말이어야 한다는 것이다('장마'와 '비'의 결합은 순 우리말과 순 우리말의 결합이므로 이 조건을 만족시킨다). 두 단어가 모두 한자어라면 사이시옷을 받쳐 적지 않는 것이다. 한자어와 한자어가 결합한 구성의 합성어에서는 일반적으로 위에서 언급한 발음 변화 현상이 일어나지 않기 때문이다. 다만 한 가지, 한글 맞춤법에서는 관습적으로 사이시옷을 적어 온 일부 2음절 한자어에 한해 예외를 인정하고 있다. '곳간, 셋방, 숫자, 찻간, 툇간, 횟수'가 그것이다. 어째서 이 여섯 가지만을 예외로 인정하는 것인지 사실 그 기준이 분명치는 않다. 하지만 기억해 두었다가 맞춤법에 맞게 표기하자.

본문에 쓰인 예를 '한글 맞춤법'에서 찾아보자

제3장 소리에 관한 것

제 1 절	된소리	산뜻하다(5항), 넙죽(5항)
제 2 절	구개음화	(굳이(6항), 해돋이(6항))
제 3 절	'ㄷ' 소리 받침	
제 4 절	모음	폐품(8항), 휴게실(8항)
제 5 절	두음 법칙	신여성(10항), 성공률(11항), 가정란(12항)
제 6 절	겹쳐 나는 소리	똑딱똑딱(13항)

제4장 형태에 관한 것
⋮
제 4 절 합성어 및 접두사가 붙은 말 … 장맛비(30항)
⋮
제 6 장 그 밖의 것 …………………… 금방 같게(53항)

■ 소리와 관련하여 주의해야 할 표기들

소리와 관련하여 많은 사람들이 헷갈려 하는 표기에는 무엇이 있을까? 다음의 예에서 맞춤법에 맞는 표기를 찾아보자.

(25) 휴게실   휴계실
(26) 성공률   성공율
(26) 가정란   가정난
(27) 금방 갈게.   금방 갈께.

어법에 맞는 표기는 아래와 같다.

휴게실,   성공률,   가정란,   금방 갈게

현실 발음과 상관없이 과거의 표기 관습에 따라 표기를 유지하는 경우가 있어 주의해야 한다. 모음 가운데에서 'ㅖ'는 자음 뒤에 올 때 'ㅔ'로 발음되는 경향이 있다. 예를 들어, '폐품(廢品)'은 [폐품] 혹은 [페품]으로 발음되는 것이 표준이다. 발음이 [페품]으로 된다면 '페품'으로 적지 못할 이유가 없다. 그런데 이를 '폐품'으로 적는 것은 역사적으로 이러한 표기가 쓰여 왔고 그만큼 눈에 익었다고 보기 때문이다. 다만, '휴게실(休憩室)' 같은 경우 '憩'의 독음이 원래 '게'이고 현실 발음도 역시 '게'이기 때문에 '휴게실'로 적는 것이 바른 표기이다. '게시판'이라는 단어도 이와 마찬가지이다. '*계시판'은 바른 표기가 아니다. '휴게실'이나 '게시판'의 경우 잘못 사용하는 빈도가 아주 높다고 할 수는 없지만 인터넷 검색창에서 '*휴계실', '*계시판'을 검색해 보면 꽤 많은 오용 사례를 볼 수 있다.

*

'성공률'의 경우 '率'의 표기를 틀리지 않도록 조심해야 한다. '률'이 단어의 첫 머리에 쓰인 것이 아니기 때문에 두음 법칙의 적용을 받지 않는 것이 당연하나 흔히 '*성공율'처럼 쓰는 경향이 있다. 아마도 '실패율', '백분율', '비율'과 같은 단어의 영향을 받은 것이 아닌가 한다. 그러나 '실패율', '백분율', '비율'에서 '률'을 '율'로 적는 것은 모음이나 'ㄴ' 받침 뒤에 올 때의 발음을 고려한 것이다. 따라서 '성공률'은 '*성공율'과 같이 적을 이유가 없다. '가정란'도 두음 법칙과 관련이 있는 표기이다. '난(欄)'이 독립적으로 쓰이는 말이어서 '*가정난'처럼 적는 것이 합리적인 표기라 생각할 수 있다. 그러나 '난'은 다른 한자어 뒤에 결합하여 마치 접미사처럼 쓰이는 경향이 있다. 즉, 두음 법칙의 영향권 밖에 있다고 볼 수 있는 것이다. 결국 '가정란'처럼 두음 법칙을 적용하지 않은 표기가 바른 표기이다. 다만, '난'이 고유어나 외래어 뒤에 올 때에는 충분히 독립성을 인정받아 '어린이난', '펜팔난'처럼 쓸 수 있다.

*

우리말에서 '-ㄹ'로 시작되는 어미에 연결되는 'ㄱ' 소리는 된소리로 발음된다. '금방 갈게.'에서 '갈게'는 '가다'의 어간 '가-'에 어미 '-ㄹ게'가 결합한 말로 [갈께]처럼 된소리가 난다. 이러한 발음에 이끌려서 '*금방 갈께'라고 잘못 적는 경우가 대단히 많다. 같은 경우로서 '갈걸', '갈지라도', '갈지언정', '갈진대' 등도 '*갈껄', '*갈찌라도', '*갈찌언정', '*갈찐대'와 같이 잘못 표기하는 경우가 많다. 그러나 된소리로 끝나는 어미는 '-ㄹ까', '-ㄹ꼬', '-ㄹ쏘냐'밖에 없으니 이를 기억하자.

지금까지 한글 맞춤법의 원리와 실제를 알아보았다. 한글 맞춤법은 동일한 말이라면 어느 자리에서건 원래의 모양 그대로를 유지하여 일관성 있게 표기하는 것을 지향한다. 그러나 모양을 유지했을 때 소리가 바뀌는 경우나 원래 말과의 관련성을 확신할 수 없는 경우, 이미 원래 말과의 관계가 너무 멀어진 경우, 일반적인 규칙을 세우기 어려운 말의 경우에는 소리 나는 대로 적는다.

그러면 이번에는 흔히들 한글 맞춤법보다 간단할 것이라고 생각하지만 결코 만만하지 않은 띄어쓰기의 원리와 실제를 알아보자.

6.4. 띄어쓰기의 원리

한번쯤은 들어 봤을 재미있는 문장에 "아버지 가방에 들어가신다."라는 것이 있다. 이 문장이 뭔가 잘못된 문장으로 느껴지는 이유는 의미 때문이다. 굉장히 우스꽝스러운 상황이 설정되어 있지 않은 다음에야 아버지가 가방에 들어가실 일은 없다. 따라서 대부분의 사람은 "아버지가 방에 들어가신다."라고 해야 비로소 어색함을 느끼지 않을 것이다. 그러면 "아버지가방에들어가신다."와 같은 문장은 어떨까? 이것은 우리 어문 규범의 띄어쓰기 원칙으로 볼 때에는 띄어쓰기를 하지 않은 문장이라고 할 수 있고, 관점을 달리하면 문장 단위로 띄어 쓴 것이라 할 수도 있다.

어찌되었건 한 눈에 의미가 파악되는 형식이 아님은 분명하다. 또 형태소 단위로 띄어서 "아버지 가 방 에 들 어 가 시 ㄴ다"처럼 쓸 수도 있다. 그러나 역시 의미 파악이 쉽게 이루어지기 어렵고 여러 가지로 해석될 가능성도 크다. 이러한 예들로 볼 때 띄어쓰기도 결국 읽기의 효율성을 위한 것이고, 한글로써 우리말을 표현할 때에 "아버지가 방에 들어가신다."와 같은 방식으로 띄어 쓰는 것이 더 효율적이라는 것을 짐작할 수 있다. 그러면 "아버지가 방에 들어가신다."에는 어떠한 띄어쓰기 원리가 들어 있을까? '한글 맞춤법'에서는 총칙 제2항에서 다음과 같은 띄어쓰기 원칙을 정하고 있다.

> 제2항 문장의 각 단어는 띄어 씀을 원칙으로 한다.

이 조항은 띄어쓰기의 기준이 '단어'임을 밝히고 있다. 그러면 "아버지가 방에 들어가신다."라는 문장은 과연 단어별로 띄어 쓴 것인가. 중등 교육 과정에서 '가', '에'와 같은 조사는 단어로서 다루어진다. 그렇다면 '아버지 가', '방 에'처럼 띄어 써야 할 텐데 실제로는 '아버지가', '방에'처럼 쓰는 것이 옳다. '한글 맞춤법'에서 이에 관한 설명을 찾아보면 제41항에서 "조사는 그 앞말에 붙여 쓴다."라고 밝힌 부분을 확인할 수 있다. 총칙 제2항을 띄어쓰기의 대 원칙이라고 보았을 때 조사에 관한 일종의 예외 조항을 둔 것이다. 조사는 띄어 쓰는 것보다 앞말과 붙여 쓰는 것이 의미 전달에 효과적이라고 보았기 때문이다. 정리하자면 문장의 각 단어는 띄어 쓰되 조사는 앞말과 붙여 쓰는 것이 올바른 띄어쓰기 방법이라 할 수 있다.

■ 자립성 여부의 확인이 첫 걸음!

그렇다면 이제 '단어'가 무엇인지만 제대로 알면 띄어쓰기는 아주 쉬운 문제이다. 그런데 이 '단어'가 무엇인지 아는 것이 그리 쉽지가 않다. '단어'란 흔히 분리해서 자립적으로 쓸 수 있는 말을 이른다. 분리해서 자립적으로 쓸 수 있다는 말은 문장 내에서 앞말과 뒤의 말에 의존하는 모습을 보이지 않고 자신만의 의미를 가지고 혼자 우뚝 설 수 있다는 것을 말한다. 그런데 개념적인 이해를 떠나서 어떠한 말이 실질적으로 자립성이 있는지 없는지를 구분하기가 참 어렵다는 것이 띄어쓰기의 첫 번째 고민이다. 게다가 자립성이 없음에도 혼자 떨어져 있으려는 말까지 따로 챙겨야 한다. 이것이 해결된 다음의 어려움은 원래 자립성이 있는 말인데 다른 말과 함께 있기를 원하는 경우이다. 만일 그 정도가 강해서 둘이 함께 새로운 의미의 자립성을 획득한 듯이 보이면 붙여 써야 하고 정도가 조금 덜한 것으로 보이면 띄어 써야 옳다. 즉, 합성어와 구 구성을 구분해야 마침내 정확한 띄어쓰기를 할 수 있다.

그러면 실제로 어떤 것이 단어인가. 예를 들어, '아버지'는 단어이고 '-ㄴ다'는 단어가 아니다. '-ㄴ다'는 보다시피 따로 분리는 되지만 혼자서 의미를 구성하여 쓰이지는 않는다. 즉, 자립성이 없다. 다시 말해 '아버지'는 자립성과 분리성이 있으므로 단어이고 '-ㄴ다'는 분리성은 있으나 자립성이 없으므로 단어가 아닌 것이다.

자립성 여부의 확인은 단어를 구분해 내기 위한 첫걸음이다. 어떠한 말의 자립성 여부가 헷갈릴 때에는 사전의 도움을 받을 수 있다. 의존적인 말은 사전에 '-시-', '-ㄴ다'와 같이 '붙임표(-)'로 표시가 되어 있다. '-시-'와 '-ㄴ다'에는 '-시-'는 앞뒤의 말에 의존하여 붙여 쓰고 '-ㄴ다'는 앞말에 의존하여 붙여 쓴다는 정보가 들어 있다. 어떤 말이 단어인지 아닌지를 아는 것은 쉽지 않은 일이지만 사전에서 그 말의 자립성 여부를 먼저 확인해 봄으로써 그것이 단어인지 아닌지를 가늠할 수 있을 것이다. 따라서 먼저 사전에서 자립성 여부를 확인한다면 띄어쓰기에 크게 도움을 받을 수 있다. 다만, 의존 명사와 보조 용언은 자립성이 없지만 띄어 쓴다는 점을 주의해야 한다(보조 용언은 경우에 따라 붙여 쓰는 것이 허용됨).

단어 구성과 구 구성의 구분도 믿을 만한 사전을 참고하면 해결하기 쉽다. 두 단어가 결합하여 한 단어가 되면 하나의 새로운 의미를 획득한다. 예를 들어, '큰 집'이라고 하면 집이 크다는 것을 뜻하지만 '큰집'은 맏이가 사는 집을 뜻한다. 어떤 말이 합성어인지 아닌지를 판단하기 어려울 때에는 그것이 사전에 한 단어로 올라 있는지의 여부를 확인하면 된다. 한 단어로 올라 있다면 붙여 쓰고 만약 사전에 없다면 구 구성으로 보아 띄어 쓰는 것이다.

■ 실제적인 어려움은 표기가 같은 것에 있다.

자립성 여부의 확인, 단어 구성과 구 구성 구분의 어려움은 띄어쓰기가 가진 근본적인 고민이라 할 수 있다. 그리고 이를 해결하기 위해 사전을 적극적으로 활용하는 것이 필요하다고 하였다. 그런데 실제로 띄어쓰기를 할 때 일차적으로 겪는 어려움은 표기는 같으나 띄어쓰기가 다른 말을 구분하는 것에 있다. 이러한 문제는 사전을 참고하여도 선뜻 해결되지 않는 경우가 많다. 그러면 이와 관련하여 올바른 띄어쓰기의 실제를 보자.

6.5. 띄어쓰기의 실제1)

■ 조사와 그 외의 말을 구분하자.

(28) ㄱ. 도착하는 대로 앉으세요.(의존 명사)
ㄴ. 순서대로 앉으세요.(조사)

'어떤 모양이나 상태와 같이'라는 뜻을 가지는 '대로'는 의존 명사이고 '앞에 오는 말에 근거하거나 달라짐이 없음'이라는 뜻의 '대로'는 조사이다. '대로'가 의존 명사라면 앞말과 띄어 쓰고 조사라면 앞말과 붙여 써야 할 것이다. 일단 의미에 따라 가려 본 후 여전히 헷갈릴 때에는 체언 뒤의 '대로'는 조사로 보아 앞말과 붙여 쓰는 방법을 동원할 수 있다. (28ㄴ)의 '대로'는 체언인 '순서' 뒤에 왔으므로 조사로 볼 수 있다. 따라서 앞말과 붙여 쓴다. 그러나 'ㄱ'의 '대로'는 '도착하는'이라는 용언 뒤에 왔으므로 조사가 아닐 것이다. '도착하는 대로'처럼 띄어 쓰는 것이 옳다.

(29) ㄱ. 문 밖에 두어라.(명사)
ㄴ. 너밖에 없다.(조사)

"문 밖에 두어라."에서 '밖'은 '어떤 선이나 금을 넘어선 쪽.'이라는 뜻의 명사이고 "너밖에 없다."에서의 '밖에'는 '그것 말고는', '그것 이외에는'의 뜻을 나타내는 조사이다. 명사 '밖'에 조사 '에'가 결합하면 조사인 '밖에'와 모양이 같아져서 무척 헷갈린다. 그러나 우리말에서 조사 '밖에'는 대부분 부정을 나타내는 말을 데리고 다닌다. 예를 들어, "공부밖에 모르는 학생", "하나밖에 남지 않았다.", "나를 알아 주는 사람은 너밖에 없다.", "가지고 있는 돈이 천 원밖에 없었다." 등과 같이 쓰이는 것이다. '밖에' 뒤에 부정의 말이 따른다면 조사로 보아 앞말과 붙여 쓴다.

(30) ㄱ. 그럴 만하다.(보조 용언)
ㄴ. 크기가 동전만 하다.(조사)

---

1) 예로 사용한 말의 품사가 사전마다 다를 수 있다. 각각에 대한 사전 편찬자의 관점이 일치하지 않을 수 있기 때문이다. 여기에서는 1999년에 국립국어원에서 발간한 "표준국어대사전"의 관점을 따랐다.

흔히 "*크기가 동전만하다."처럼 잘못 쓴다. 그런데 이때 '만'은 조사이고 '하다'는 동사이므로 '만 하다'로 띄어 써야 한다. '만하다'처럼 붙여 쓰는 말은 '어떤 대상이 앞말이 뜻하는 행동을 할 타당한 이유를 가질 정도로 가치가 있음'을 나타내는 한 단어이다. 따라서 의미에 따라 일단 구분해 내야 한다. 그리고 '만하다'는 원칙적으로 앞말과 띄어 쓴다.

■ 의존 명사와 어미의 구분은 누구에게나 어렵다.

'-ㄴ바', '-ㄴ데'와 같은 말들은 기원적으로는 관형사형 어미와 의존 명사가 이어진 구성이었으나 하나의 연결 어미로 굳어져 쓰이기 때문에 붙여 쓴다. 사전에 표제어로 올라 있기 때문에 이를 참고하면 되지만 풀이와 용례를 다 읽어도 결국 쓰고자 하는 문장에서는 헷갈리고야 만다. 이때에는 조사를 활용해 보는 것이 좋겠다. 흔히 헷갈리는 말 중에 그 뒤에 조사를 붙여 보아서 자연스러우면 의존 명사이고 그렇지 않으면 어미라고 판단할 수 있는 경우가 꽤 있다.

  (31) ㄱ. 나라의 발전에 공헌하는 바 크다.(의존 명사)
    ㄴ. 이미 정해진바 그에 따르겠다.(어미)

'바'는 앞에서 말한 내용 그 자체나 일 따위를 나타내는 말이고 '-ㄴ바'는 뒤 절에서 어떤 사실을 말하기 위하여 그 사실이 있게 된 것과 관련된 과거의 어떤 상황을 미리 제시하는 데 쓰는 말이다. 'ㄱ'의 경우 "나라의 발전에 공헌하는 바가 크다."라고 하는 것이 가능하므로 '바'를 의존 명사로 파악할 수 있다. 즉, 띄어 쓴다. 그리고 'ㄴ'의 경우에는 "*이미 정해진바가 그에 따르겠다."라는 표현이 가능하지 않으므로 어미 '-ㄴ바'가 쓰인 것으로 보아 붙여 쓴다.

  (32) ㄱ. 오직 걷는 데 집중하였다.(의존 명사)
    ㄴ. 그럴 사람이 아닌데 실례를 했다.(어미)

위의 두 문장에서 '데' 뒤에 조사 '에'를 결합해 보자. "오직 걷는 데에 집중하였다."는 자연스럽지만 "*그럴 사람이 아닌데에 실례를 했다."는 어색하다. 앞의 문장에는 의존 명사의 '데'가 뒤의 문장에는 어미 '-ㄴ데'가 쓰인 것으로 볼 수 있다. '데'는 '곳'이나 '일'을 뜻하는 말이고 '-ㄴ데'는 절에서 어떤 일을 설명하거나 묻거나 시키거나 제안하기 위하여 그 대상과 상관되는 상황을 미리 말할 때에 쓰는 말이다.

■ 보조 용언 구성과 합성어는 의미로 구분하자.

보조 용언은 의존 명사와 마찬가지로 자립성은 없으나 띄어 쓰는 말이다. 그러나 보조 용언은 예외적으로 본용언과 붙여 쓰는 것을 허용하는 경우가 있다. 첫째, '-아/-어' 뒤에 연결되는 보조 용언이다. 예를 들어, "내 힘으로 막아 낸다."라고 할 때의 '막아 내다'는 본용언 '막다'와 보조 용언 '내다'가 어미 '-아'로 이어져 있으므로 '막아내다'처럼 붙여 쓰는 것이 허용된다. 둘째, 의존 명사에 '-하다'나 '-싶다'가 붙어서 된 보조 용언의 경우이다. 예를 들어, "일이 될 법하다."에서 '법하다'는 의존 명사 '법'에 '-하다'가 결합한 보조 용언이므로 '될법하다'처럼 본용언과 붙여 쓰는 것이 허용된다.

보조 용언 구성은 합성어와 모양이 같은 경우가 있다. 다음을 보자.

(33) ㄱ. 지갑을 잃어버리다.(합성어)
ㄴ. 도박으로 돈을 잃어 버리다.(보조 용언 구성)

"지갑을 잃어버리다."에서 '잃어버리다'로 붙여 쓰고 "도박으로 돈을 잃어 버리다."에서 '잃어 버리다'로 띄어 쓴 것은 앞의 '잃어버리다'는 한 단어로 굳어진 것이고 뒤의 '잃어 버리다'는 보조 용언 구성이기 때문이다. "도박으로 돈을 잃어 버리다."에 드러나 있는 상황은 '돈을 잃어버린' 것이 아니고 '도박으로 돈을 잃은' 것이다. 즉, "지갑을 잃어버리다."라고 할 때의 '잃어버리다'와 의미가 다르다. 따라서 "지갑을 잃어버리다."에서는 '잃어버리다'로 붙여 쓰고, "도박으로 돈을 잃어 버리다."에서 '잃어 버리다'는 띄어 쓰는 것이 원칙에 맞다.

■ 이 외의 띄어쓰기 문제

의존 명사는 모양 때문에 어미와 헷갈리는 문제를 떠나서 사실 그 자체로도 띄어쓰기가 복잡한 편이다. 그러나 대부분 사전을 참고하여 해결할 수 있으니 사전을 잘 활용하자.

(34) ㄱ. 통화 중입니다.
ㄴ. 부재중 전화가 있습니다.

의존 명사 '중'은 마치 접미사인 듯 생각되어 앞말과 붙여 쓰는 경우가 있다. 그러나 의존 명사이므로 띄어 써야 한다. 다만, 다른 말과 함께 굳어져 쓰여서 합성어의 지위를 얻은 경우 붙여 쓴다. 위의 '부재중'은 붙여 쓰고 '통화 중'은 띄어 쓰는 이유이다. 합성어로서 붙여 써야 할 말의 경우 사전에 한 단어로 올라 있다. 그래서 '부재중'은 사전에서 찾을 수 있지만 구 구성인 '통화 중'은 사전에서 찾아볼 수 없다. 이를 알고 사전에 없는 말은 띄어 쓰자. 아직 하나의 의미 덩어리로 널리 쓰이고 있지 않다는 뜻이기 때문이다.

보조 용언도 띄어쓰기가 까다롭기는 마찬가지이다. 보조 용언은 띄어 쓰는 것이 원칙이나 경우에 따라 붙여 쓰는 것이 허용된다 하였다. 그러나 다음의 예문을 보자.

(35) 놀란 아이의 눈이 점점 <u>커졌다</u>.
(36) 그는 마치 자신의 일처럼 <u>기뻐했다</u>.

'-어하다'와 '-어지다'는 보조 용언과 관련한 띄어쓰기 대원칙에 맞추어 적으면 띄어 써야 한다. 그러나 '-어지다'와 '-어하다'에 대해서는 붙여 쓰도록 하고 있다. 이들은 여느 보조 용언들과는 달리 본용언의 품사적 성격을 바꾼다는 점에서 접미사적인 성격을 가질 뿐만 아니라, 한국어 화자들은 직관적으로 이들을 붙여 쓰는 것을 자연스럽게 여기기 때문이다.

다음의 (37)-(39)는 조사와 관련된 것이다.

(37) 저는 학생<u>입니다</u>.(서술격 조사)

"저는 학생입니다."의 경우 "*저는 학생 입니다."처럼 잘못 띄어 쓰는 경향이 있다. 아마도 '입니다'를 동사나 형용사로 오해하기 때문인 듯하다. '입니다'는 이른바 서술격 조사라 하는 '이다'에서 온 말로 '학생입니다' 전체가 하나의 서술어로 기능한다. "*나는 학생 이다."라고 하지 않는 것처럼 "*저는 학생 입니다."라고 적지 않는다.

(38) 주인이 "어서 오세요."<u>라고</u> 인사한다.(조사)
(39) "쿵" <u>하고</u> 넘어지는 소리가 들렸다.(동사)

'라고'는 인용하는 말 뒤에 붙는 조사이다. 따라서 앞말인 인용문과 붙여 쓴다. 그러나 (39)번의 '하고'는 동사 '하다'에서 온 말이다. 즉, 조사가 아니라 동사이므로 띄어쓰기의 대원칙에 따라 띄어서 쓴다.

마지막으로 일상에서도 꽤 잘못이 많은 두 가지 예로 가볍게 마무리하자.

(40) 스물여섯
(41) 김철수 씨

아라비아 숫자, 한자어 수, 고유어 수 어느 것이나 숫자는 만(萬) 단위로 띄어 쓴다. 예를 들어, '십이억 삼천사백오십육만 칠천팔백구십팔'이나 '12억 3456만 7898'처럼 띄어 쓴다. 만 단위 이하는 모두 붙여 쓰는 것이 맞다. 나이를 얘기할 때 '스물여섯'은 한 단어가 아니지만 붙여 쓴다. 만 보다 작은 수이기 때문이다.

고유 명사 '김철수'는 성과 이름을 붙여 쓴다. 그리고 호칭어를 붙여서 부르는 말은 '김철수 씨'와 같이 띄어 쓰는 것이 옳다. '김철수'라는 고유 명사와 '씨'라는 호칭어는 별개의 단위이기 때문이다.

참고문헌

국어연구소(1987), 한글맞춤법 및 표준어 개정안 주요 내용, [국어생활] 9, 국어연구소.
국어연구소(1988), [한글맞춤법 해설], 국어연구소.
김민수(1984), [국어 정책론], 탑출판사.
민현식(2004), [국어 정서법 연구], 태학사.
박영순(1998), 한국의 언어계획과 언어정책에 대하여, [사회언어학] 6-2, 한국사회언어학회.
박영순(2004), [한국어의 사회언어학], 한국문화사.
박영순(2005), [외국어로서의 한국어교육론], 월인.
이선웅·정희창(2003), [우리말 우리글 묻고 답하기], 태학사.
이인섭·심영자(1992), [우리말 고운말], 민문고.
이희승·안병희(2005), 새로 고친 [한글 맞춤법 강의], 신구문화사.

제 3 부
한국어 교육과정과 교재 구성

1. 한국어 교육과정
2. 한국어 교재 구성

1. 한국어 교육과정

1.1. 개관

교육과정(curriculum)은 교육을 하기 위한 설계도 혹은 계획을 말한다. 집을 지을 때에는 설계도에 해당하고, 여행을 할 때는 지도(map)에 해당된다고 할 수 있을 것이다. 교육과정은 학습자, 학습목표, 학습기간, 학습지역이나, 목표언어가 사용되는 사회의 문화적 변인에 따라 달라진다. 이러한 교육과정은 우선 다음과 같은 단계를 거쳐서 수정되고 보완되어 완성되면 거기에 입각하여 교수요목이 설계되고 다시 거기에 기초하여 교재를 개발하며, 이 교재를 가지고 교육실행을 한 뒤 평가를 받고, 교수요목을 수정하고 교재를 수정하여 다시 교육현장에 투입하고, 교육과정을 재설계하는 순환과정을 이룬다.

교육과정 설계 → 교육실행 → 평가 → 교육과정 수정 보완 → 교수요목 설계 → 교재개발 → 교육실행 → 평가 → 교수요목 수정 → 교재 평가 → 교재 수정 → 교육실행 → 교육과정 설계

이러한 각각의 단계는 매우 실증적인 연구와 실행결과 분석을 필요로 한다.
교육과정은 교육목표를 달성하기 위한 기본적인 계획이므로 학습자의 교육목표를 제일 먼저 고려해야 한다.

1.2. 교육목표와 교육과정

외국어로서의 한국어교육의 목표는 다음과 같이 여섯 가지로 우선 요약할 수 있을 것이다.

발음 - 모국어 화자처럼 혹은 매우 가깝게 발음할 수 있다.
문법 - 비문을 만들지 않고 정문을 생산할 수 있다.
언어기능 - 듣기·말하기·읽기·쓰기를 불편 없이 할 수 있다.
의사소통 - 상황에 맞게, 대인관계에서 원활하게 의사소통할 수 있다.
경어법 - 한국어 경어법에 맞게 말을 할 수 있다.
문화 - 한국문화를 이해하고 자기의 문화와 어떻게 다른가를 비교할 수 있다.

이러한 목표는 학습자에 따라 좀 더 구체적으로 수립될 수 있을 것이다.

언제, 어디에서 누구에게 한국어를 가르치든지 제일 먼저 필요한 것은 교재일 것이다. 그러나 교재란 피학습자가 누구냐에 따라서 달라져야 하므로 교재 개발에 앞서서 먼저 다양한 교육과정(curriculum)과 교수요목(syllabus)이 개발되어야 할 것이다. 즉 학습자 중심 교육과정이 되어야 한다는 것이다. 예를 들면 다음과 같은 것들이다.

① 우선 목표언어에 대한 학습자의 학습 목표, 학습 기간, 학습자의 연령, 한국어에 대한 기존지식 정도, 학습자의 전반적인 교육 수준, 직업 등등에 따라 먼저 다양한 커리큘럼이 작성되고, 거기에 따라 교수요목이 만들어진 다음 비로소 교과서가 만들어져야 할 것이다.
② 이들 교육과정과, 교수요목들은 지역에 따라서도 달라져야 하고, 분야별(말하기, 듣기, 읽기, 쓰기, 문법, 어휘 등)로도 적절한 교육과정이 제정되어야 할 것이다.
③ 이러한 다양한 교육과정이 만들어지면, 여기에 맞는 각각의 교수요목도 개발되어야 하고, 이에 기초하여 교재도 만들 수 있을 것이다.
　　여기서 다양한 교육과정이란 '한국어전문가를 양성하기 위한 교육과정', '한국과 경제 교류를 할 사람들을 위한 교육과정', '한국 내 다문화 가정 자녀들을 위한 교육과정' 식으로 맞춤형 교육과정이 다양하게 설계될 수 있다는 것을 말하는 것이다.

그리고 이러한 교육과정 설계를 위해 폭넓은 요구조사(needs analysis)가 이루어지는 것이 이상적이다.

Johnson, Robert K.(1989:235)에서는 언어를 설계하고, 보존하는 커리큘럼의 체계적인 접근방법을 보여주고 있다. 즉 필요성 분석, 대상, 실험, 교재, 수업의 각 단계가 평가되고, 다시, 앞의 각 단계가 순환되는 모델로서, 교육과정과, 교육내용,

교육방법 등이 계속 평가되고, 이들 단계에 피드백(feedback)이 되어야 한다는 것을 보여주고 있다.

따라서 교육과정, 교수요목, 교재는 초급에서 고급까지 단계별로 개발하되, 먼저 교육과정, 그 다음 교수요목, 그리고 교재가 차례로 개발되어야 할 것이다. 즉 교육과정을 초-고급까지 동시에 체계적으로 짜놓으면, 거기에 맞춰 교수요목을 초-고급까지 동시에 개발하고 그 다음 교수요목에 맞춰 교재를 초-고급까지 동시에 진행할 수 있으므로 3년이면 이 모든 것이 다 끝날 수도 있을 것으로 생각된다. 또한 문형 사전은 교육과정을 만들 때나 교수요목을 만들 때 함께 진행할 수도 있을 것이고 그 다음 사전은 교과서 제작과 동시에 혹은 먼저 시작되어도 좋을 것 같다.

1.3. 교육과정의 설계의 예

교육과정은 반드시 어느 특정한 하나의 안(案)이 아니고 학습자 변인에 따른 다양한 안이 준비되어 있어야 하는데, 이를 위해서는 교육과정 제정의 기준을 확립해야 할 것이다. 예를 들면 어떤 유형의 한국어교육 기관이든 또는 어떤 목표를 가진 한국어 프로그램이든 다음의 내용론과 교육론의 여러 과목들 중에서 필요한 것만 뽑아서 교육과정을 만들 수 있도록 기초목록을 만들어 놓으면 편리할 것 같다.

교육과정 (1)
    언어 관련 과목 (회화, 듣기, 읽기, 쓰기)
        · 초급 1, 2, 3
        · 중급 1, 2, 3
        · 고급 1, 2, 3
    문법 관련 과목
        · 발음체계
        · 음운론
        · 형태론
        · 통사론
        · 의미론
    한국어사 관련 과목

- 초급
- 고급

어휘 관련 과목
- 기초 어휘 1,000
- 초급 어휘 2,000
- 중급 어휘 5,000
- 고급 어휘 20,000

한국 문화 관련 과목
- 한국인의 의식주 생활
- 한국의 예술 I
- 한국의 예술 II
- 한국의 문학 초급
- 한국의 문학 중급
- 한국의 문학 고급
- 한국의 종교 및 민속

한국의 역사와 전통 문화 관련 과목
- 한국의 역사와 지리
- 한국의 문화재
- 한국의 명절과 풍습

다문화사회의 의사소통 관련 과목
- 다문화간의 의사소통
- 대조분석론
- 번역론
- 통역론

응용언어학 관련 과목
- 심리언어학
- 사회언어학
- 대조언어학

문학 관련 과목

혹은 다음과 같은 범용 교육과정을 생각해 볼 수도 있을 것이다.

교육과정 (2)

필수과목
- 한국어 회화 1, 2, (3), (4)
- 한국어의 문자적 이해와 표기법
- 한국어 듣기 1, 2, 3 (4)
- 한국어 발음과 음운론
- 한국어 형태론
- 한국어 통사론 1, 2
- 한국어 어휘론 1, (2)
- 한국어 의미론 1, (2)
- 한국어 화용론
- 한국문화론 1, 2
- 한국어의 독해 1, 2
- 한국어 작문 1, 2

필수 또는 선택과목
- 한국 문학의 이해 1, 2, (3), (4)
- 한국어 교수법
- 한국어 교재론
- 한국어 교사론
- 한국어교육 평가론
- 이중/다중언어 교육이론
- 심리언어학
- 사회언어학
- 대조분석론
- 한국어의 매체 언어
- 한국어교육 실습
- 한국어 고전작품 선독
- 한국어 번역과 통역론
- 무역과 외교언어론 (혹은 한국어 협상론)
- 한국어의 역사
- 한국의 지리와 문화재
- 한국문화의 이해
- 한국 현대소설 선독
- 한국 현대시 감상

위에서 교육과정 (1)이 "한국어" 자체를 배우고자 하는 사람에게 적용될 수 있다면, 교육과정 (2)는 "한국어학"를 전공하려는 사람에게 필요한 교육과정이다. 한국어학 또는 한국어교육을 대학원에서 전공하고자 하는 사람은 위의 필수 과목을 다 듣거나, 혹은 그에 준하는 언어능력(한국어 능력 검정시험에서 5급 이상을 받는다든가 하는 등)을 검증받아야 할 것임은 물론이다.

그러나 한국어교육에서 문학을 다루어야 하느냐, 또는 다룰 수 있는가에 대해서는 한번 짚고 넘어갈 필요가 있다. 이때의 문학교육은 한국어교육의 수단이 될 수도 있고 목적이 될 수도 있을 것이다. 한국어 학습자의 학습목적과 능력에 따라 문학교육의 여부나, 시기가 결정될 수 있을 것 같다. 즉 한국학을 대학이나 대학원에서 전공하는 학습자에게는 당연히 문학교육이 이루어져야 할 것이나, 1, 2년 정도 한국어의 회화와 기본적인 능력을 기르고자 하는 학습자에게 문학교육은 무리가 될 것으로 보인다.

외국어로서의 한국어를 대학이나 대학원에서 전공하고자 하는 사람에게는 수준에 맞는 문학교육도 해야 할 것이나, 일반 학생의 경우에는 최고급 단계에서나 문학작품을 다룰 수 있을 것이다.

1.4. 국내대학의 한국어 교육과정

국내 대학에서 유학하는 외국인 학생은 2006년 현재 학부와 대학원을 통틀어 약 55,000명으로서, 일본 내의 외국인 유학생의 50% 규모다. 일본은 2025년까지 100만 명의 외국유학생을 유치하겠다고 선언했다. 중국에도 유학생 수가 매우 많고, 그 중에는 한국 학생도 6만 명에 이른다. 우리는 모든 면에서 중국과 일본과 경쟁해야 한다. 그러나 서로 사이좋게 상호 교류와 협력을 하면 더욱 이상적일 것이다. 한중일 삼국 공동의 경제, 사회, 과학, 문화적인 유대를 공고히 하는 것도 좋을 것 같다. 현재 대학이나 대학원에 재학중이거나 입학 예정자들은 대학부설 한국어센터(혹은 한국어교육원)에서 체계적인 한국어교육을 받고 있는데, 이러한 한국어센터를 운영하는 대학은 서울대학, 고려대학, 연세대학, 경희대학, 이화여대, 숙명여대, 건국대학, 중앙대학, 상명대학 등 수도권의 대학과 부산대학, 계명대학, 배재대학, 한남대학, 선문대학, 신라대학 등 약 50개로 파악되고 있다. 이들 한국어센터에서 학생들은 배치고사(placement test)를 거쳐 자기 수준에 맞는 학급에서 질 높은 강사들로부터 체계적인 학습을 받고 있다. 그러나 아직까지 표준 교육과정은 없는 상태로 각 교육기관마다 자체적으로 교육과정을 만들어 사용하고 있는 실정이다. 물론 교육과정은 학습자들의 필요에 맞게 설계되어야 하므로 하나의 표준안은 있을 수도, 있을 필요도 없다.

그러나 범용 기본 교육과정은 두세 개 정도 만들어 두어도 좋을 것 같다. 더 이상적으로는 다양한 학습자 군을 상정하여 거기에 맞는 다양한 교육과정안을 만들어 두는 것이 좋을 것 같다. 고려대학교의 경우 국문과 대학원 석사과정과 박사과정에 한국어문화교육 전공이 있는데 커리큘럼을 보면 다음과 같다.

　　국어음운론 연구
　　국어형태론 연구
　　국어구문론 연구
　　국어의미론 연구
　　국어사 연구
　　현대국어어휘론 연구
　　국어방언론 연구
　　국어교육론 연구
　　국어정책론 연구
　　국어전산학 연구
　　국어학연습
　　국어학특수과제 연구 1
　　국어학응용과제 연구
　　한국어학 연구
　　한국문학 연구
　　한국어교육학 연구
　　한국어표현교육론 연구
　　한국어이해교육론 연구
　　한국어문법교육론 연구
　　한국어어휘교육론 연구
　　한국어발음교육론 연구
　　한국어교육과정 연구
　　한국어지도론 연구
　　한국문화교육론 연구

대조언어학 연구
응용국어학 연구
한국어문화교육학 특수과제 연구
현대문학이론 연구
현대작가론 연구
현대한국사 연구
현대한국소설 연구
현대한국희곡 연구
현대시론 세미나
시학이론 연구
현대소설론 세미나
현대비평론 세미나
현대문학 특수과제 연구
현대시 특수과제 연구
현대소설 특수과제 연구
현대희곡 특수과제 연구
현대문학사 세미나
현대문학사 특수과제 연구
설화문학 연구
고대가요·향가 연구
고려가요 연구
시조문학 연구
가사문학 연구
고전소설 연구
판소리문학 연구
국어내용론 연구
국어문체론 연구
국어음성학 연구
현대국어음운론 연구
현대국어형태론 연구
현대국어구문론 연구
현대국어의미론 연구
국어문자론 연구
사회국어학 연구

국어정보학
국어학응용과제 연구 2
한국어교재론 연구
한국어평가론 연구
한국어교육정책론 연구
한국어문화교육학 방법론 연구
외국어교수법 연구
한어문화교육학 특수과제 연구 2
국어음운이론 연구
국어의미이론 연구
국어음운사 연구
국어문법사 연구
국어의미사 연구
고대국어어휘론 연구
국어계통론 연구
남북한 국어학 연구
국어차자표기 연구
국어사자료 연구
사전편찬론 연구
국어학 선독 3
국어학 연습 3
국어학특수과제 연구 3
한국어교재구성론 연구
한국문학교육론 연구
한국어담화분석론 연구
언어민족지학 연구
이중언어학 연구
외국어습득론 연구
한국사회사 연구
한국전통문화론 연구
한국어문화교육학 특수과제 연구 3
한국민속학 연구

위의 교육과정은 다시 몇 가지 유형으로 하위분류가 가능하다고 본다.

언어기능 교육론 말하기/듣기, 읽기/쓰기 혹은 이해/표현 교육론
국어학 교육론
문학 교육론
언어 습득 및 교육론
문화관련 과목
비교/대조 언어학

위의 모든 과목은 선택과목이고, 학점은 3학점이다. 비교적 풍부하고도 잘 균형 잡힌 커리큘럼이라고 할만 하나 굳이 몇 가지 문제점을 지적해 본다면 다음과 같다.

1) '…과제'라는 과목이 여러 개 있는데, 이런 과목은 '…세미나'로 바꾸면 좋을 것 같다.
2) 교육실습 과목이 없으며, 교사론 과목도 없다.
3) 문학과목이 매우 세분화되어 있는 것에 비하면 어학은 오히려 덜 세분화되어 있다. 예를 들어 표현론은 '말하기' 와 '쓰기' 등 두 과목으로 나누어야 하고, '이해교육론'은 다시 '듣기'와 '읽기'로 나누어야 한다.
4) 문어/구어를 나누어 고찰할 수 있는 과목도 있어야 한다.
5) 통/번역에 관한 과목도 적어도 한두 과목은 개설되어야 한다.
6) 한류 과목도 하나 정도는 있어도 좋을 것 같다.
7) 아시아나 동양 혹은 동북아시아에 대한 지역학 과목이 하나 정도는 필요하다고 본다.

만일 이러한 점만 반영된다면 위의 커리큘럼은 거의 완벽하다고 할 수 있을 것 같다. 다른 대학의 한국어문학과의 교육과정도 비슷할 것으로 짐작된다.

1.5. 외국대학의 한국어 교육과정

국내 대학의 이상적인 교육과정 설계를 위해 한국어학과를 운영하고 있는 외국 대학의 커리큘럼을 살펴보는 것도 필요할 것 같다.

1.5.1. 서양에서의 한국어 교육과정

① 미국

미국에는 약 140개 대학에서 한국어문학과를 운영하거나 3과목 이상의 한국어 강좌를 실시하고 있다. 이들 중 한국어문화로 학사, 석사, 박사과정을 다 운영하고 있는 하와이대학의 교육과정은 다음과 같다.

 (2005 가을학기)
   아시아인 문학
   현대 아시아 문명
   아시아 국가 연구: 한국
 지역 연구: 한국
   문화와 식민주의
   아시아의 민족국가주의
   동아시아 현재
   국제문화연구
   현대여성작가
   경제개발
   하와이 이민
   아시아의 문명
   한국어(필수/선택) 3-15학점
   한국어회화(필수/선택)
   한자 읽기
   한국어 작문
   한국어 구조
   한국 고전문학 입문
   영화를 통한 한국어 숙달
   한국어 선독
   전문직 한국어
   제2언어로서의 한국어교육(대학원)
   한국문학 번역(대학원)
   연구세미나: 한국문학(대학원)
   연구세미나: 한국어교육(대학원)

세계의 음악문화
　　민족음악 세미나
　　문화와 분쟁해결
　　국제관계와 전쟁(대학원)
　　아시아/태평양 정치학(대학원)
　　한국의 사회학
　　사회운동 세미나(대학원)
　　사회계층화 세미나(대학원)

② 독일

　독일에서는 현재 9개 대학에서 한국어과를 운영하고 있는데, 이중 역사도 가장 길고 학생도 많으며 박사과정까지 있는 본대학교(University of Bonn)의 2005년 가을 커리큘럼을 보자.

　　한국어(1)
　　문법과 연습
　　한국어회화 1
　　한자
　　일반번역 연습(선택/필수)
　　한국문화학 연구
　　중급문법
　　표준번역 연습
　　한국어휘 연구
　　전문번역 연습
　　일반번역 연습
　　고급문법
　　전문번역 연습
　　한글논술
　　고급번역(한-독)
　　고급번역(독-한)

　위의 두 대학의 커리큘럼은 판이하게 다름을 볼 수 있다. 하와이대학의 경우는 아시아학으로서의 한국학 전문가를 양성하는 이론적 커리큘럼이라면 본대학의 커리큘럼은 한국어 관련 전문가를 실질적으로 양성하는 실용적 커리큘럼임을 알 수 있다.

③ 네덜란드

네덜란드에서 한국어 강좌를 개설한 대학은 레이덴 대학(Leiden University) 하나뿐이다. 1947년에 인문학부 안에서 한국어문화학과를 개설한 이 대학은 현재 강사가 5명밖에 없지만 비교적 충실한 커리큘럼을 운영하고 있음을 볼 수 있다.

(2005학년도 가을학기)
  필수과목
    전근대 한국사
    텍스트와 문화
    한국어 문법
    초급한국어 텍스트
    회화
    언어실습
    번역
    한자입문
    언어숙달
    현대 한국어 (2)
    텍스트: 문화와 사회
    한국의 정치 경제 발전
    북한의 정치 경제 발전

  선택 과목
    현대 한국어 텍스트
    신문기사
    문화 텍스트
    고전 한국어
    언어숙달
    비즈니스 한국어

>   과학 텍스트
>   한국
>   독해(한국어)

보는 바와 같이 이 대학의 커리큘럼은 매우 특징적이다. 우선 교육의 중심을 독해에 두고 있다는 점, 4학년에서는 과학 텍스트를 필수과목으로 하고 학점도 많다는 점, 한자, 한문도 어느 수준까지 가르친다는 점, 3학년부터는 학점이 소수점으로 되어있는 점도 모두 이채롭다.

1.5.2. 동양에서의 한국어 교육과정

① 중국

중국에는 현재 약 60개 이상의 대학에 한국어과가 생겼다. 이중 1953년에 한국어과를 창설하였고 가장 충실한 교육과정을 운영하는 대표적인 대학인 대외경제무역대학의 교육과정은 다음과 같다.

>   기초한국어(1-4)
>   한국개항
>   문학선독
>   시청각(1-4)
>   문법
>   수사와 쓰기
>   번역이론과 실천
>   한국어 열독
>   한국어 이용학
>   한국문화
>   고급통역
>   담판과 통역
>   중한 번역사
>   한국어문법 이론
>   한국고전문학 열독
>   한국어 어휘학

한국어 언어학
　　한국어 정독
　　무역응용문
　　무역문장 선독
　　한국문학사

　위의 교육과정에 나타난 특징은 독해과목이 선독, 열독, 정독으로 세분되어 있다는 점과 경제무역대학의 성격을 살려 무역, 담판과 통역 과목 같은 것이 있다는 점이다.

② 일본

　현재 일본에서 한국어과를 운영하거나 한국어 강좌를 개설한 대학은 335개에 이른다. 이들 중 가장 충실한 교육과정을 자랑하는 동경외국어대학의 한국어과 커리큘럼을 보기로 하자.

　　조선어 1A
　　조선어 A
　　조선어 B
　　조선어 표현 연습 1
　　동아시아지역 기초 2
　　동아시아지역 문화론
　　동아시아지역 사회론
　　아시아언어 연구(연습)
　　아시아언어 연구(강의)
　　졸업논문 연습
　　아시아문화론(강의)
　　아시아지역 연구(강의)
　　아시아지역 연구(연습)
　　조선어과 교육법
　　조선어 표현 연습
　　비교언어학 연습(대학원)
　　조선어학 연구(대학원)

조선어순차통역 연습1(대학원)
조선언어론(대학원)
조선어 1B
조선어 A
조선어 B
조선어 표현 연습 2
동아시아지역 언어론
동아시아지역 문화론
동아시아지역 사회론
동아시아언어 연구(강의)
졸업논문 연습
조선어과 교육법 2
비교 종교론 연구(대학원)
조선어학연구(대학원)
조선어순차통역 연습 2(대학원)
비교언어론(대학원)
아시아문화론
아시아지역 연구(강의)
조선어 2A
조선어 A
조선어 표현 연습 2
동아시아지역 언어론
동아시아지역 문화론
비교언어학 연습(대학원)
조선어 표현 연습(대학원)
조선어학 연구(대학원)
조선어동시통역 연습(대학원)
비교언어론(대학원)
조선어 2B
조선어 A
조선어 B
조선어 표현 연습 1

이 대학의 커리큘럼은 보는 바와 같이 세 가지의 특징을 보인다.

㉠ 학생들의 진로에 따라 다양하게 선택할 수 있는 다양한 과목을 개설하고 있다. 즉 학부만 졸업하고 취업할 사람과, 대학원에 진학하여 학업을 더 계속할 사람들을 위해 선택과목을 많이 개설하고, 위의 과목들을 거의 매학기 개설하여, 학생들이 자유롭게 수강할 수 있도록 짜여져 있다.
㉡ 필수과목은 최소한으로 부과하고 있다.
㉢ 선택과목으로 수강할 수는 있되 학점은 없는 과목이 있다. 즉 한국어에 대한 기초 능력을 배양해 주는 과목인 조선어 A, B 같은 과목이 그 예다.

③ 베트남

현재 베트남에는 10개의 대학에서 한국어학과를 운영하고 있는데 비교적 규모가 크고 학생들 수준도 높은 하노이국립외국어대학교 커리큘럼을 보기로 하자.

읽기
읽기
읽기
쓰기/문법
쓰기/문법
쓰기/문법
말하기
말하기
말하기
말하기
듣기
듣기
듣기
고전문학
현대문학
한국역사
한국어문법 1
한국어문법 2

음운론
　　한자
　　어휘
　　논문작성법
　　한국지리
　　한국지리
　　한국문화
　　통역 1
　　통역 2
　　번역 1
　　번역 2
　　통번역실습 1
　　번역이론
　　과학기술용어

　이 대학 커리큘럼의 특징은 언어기능과목뿐만 아니라 어학, 문학, 역사, 지리 등 한국학의 기초과목이 있다는 점, 통/번역 과목이 6과목이나 되고 논문작성, 과학기술용어 같은 실용과목도 골고루 개설된다는 사정이다.

1.6. 맺음말

　위에서 우리는 동서양의 주요대학에서의 한국어 교육과정을 살펴보았는데, 요약하면 우선 매우 충실한 교육과정을 운영하고 있고, 대학마다 교육과정이 모두 다르기는 하나 핵심적인 내용으로는 결국 언어기능(말하기/듣기, 읽기/쓰기), 문법, 문화 과목이 있고, 지역학으로서의 한국학 관련 과목이 있다는 것, 그리고 통역/번역 과목이 적게는 한 과목에서 많게는 5-6개 과목까지 있다는 것 등이다.
　이와 같이 교육과정은 학습자의 학습목표, 수준, 사회문화적 특징에 따라 모두 다르다는 것을 알 수 있고, 최선의 교육과정이란 결국 학습자에 맞는 맞춤형 커리큘럼이라고 할 수 있을 것이다.

참고문헌

강승혜(2005), 교육과정의 연구사와 변천사, 민현식 외 [한국어교육론] I, 한국문화사.
강승혜 외(2006), [한국어평가론] 태학사.
김은주(2005), 미국의 한국어교육과정, 민현식 외 [한국어교육론] I, 한국문화사.
김정숙(1992), 한국어교육과정과 교과서 연구, 고려대 박사학위 논문.
김정숙(2005), 교육과정의 과제와 발전 방향, 민현식 외 [한국어교육론] I, 한국문화사.
민현식(2002), 언어교육과정의 구성요소와 교수요목의 유형, 박영순 편저(2002), [21세기 한국어교육학의 현황과 과제], 한국문화사.
민현식 외(2005), [한국어교육론] 1-3, 한국문화사.
박영순 편저(2002), [21세기 한국어교육학의 현황과 과제], 한국문화사.
박영순(2004), [외국어로서의 한국어교육론], 월인.
백봉자(2001), 한국어교육의 역사와 과제, [외국어로서의 한국어교육], 연세대 한국어학당.
안경화(2006), [한국어교육의 연구], 한국문화사.
안경화 김정화 최은규(2000), 학습자 중심의 한국어교육과정 개발 방향에 대하여, [한국어교육] 11-1, 국제한국어교육학회.
원진숙(1992), 의사소통능력 개발을 위한 교수요목 설계, [교육한글] 5호.
이동재(2005), 최상급과정을 위한 조기 교육의 발전 방향, 민현식 외 [한국어교육론] I. 한국문화사.
이은희(1998), 외국어로서의 한국어교육을 위한 교육과정 개발 연구, [한국어교육] 9-2, 국제한국어교육.
이해영(2004), 학문 목적 한국어교육과정 설계 연구, [한국어교육] 15-1, 국제 한국어교육학회.
한재영 외(2005), [한국어교수법], 태학사.
Bhatia T. K. and William C. Richie(2004), *The Handbook of Bilingualism*. Oxford: Blackwell Pub.
Brown, H. Douglas(2000), *Principles of Language Learning and teaching*. Longman.
Brown, H. Douglas(2001), *Teaching by Principles*: An Interactive Approach Language Pedagogy. Longman
Brindley, G.(1989), The role of needs analysis in adult ESL program design. I Johnson, R. K.(eds.) *The Second Language Curriculum*. Cambrudge: Cambridge University Press.

Nunan, D.(1991), Communicative tasks and the Language Curriculum, *TESOL Quaterly* 25-2.

Richards, J.(2001), *Curriculum Development in Language Teaching*. Cambridge University Press.

2. 한국어 교재 구성

2.1. 개관

한국어교육의 급속한 발전과 더불어 교육의 가장 구체적인 구현체라고 할 수 있는 한국어 교재의 개발도 매우 활발히 이루어져 최근에는 통합 교재는 물론이고 말하기, 듣기, 읽기, 쓰기 등의 언어 기술별 교재 그리고 어휘, 문법, 발음, 한자 등의 언어 내용별 교재 등도 다양하게 개발되어 있다.

한국어교육 초기에는 외국어 교수법을 한국어에 그대로 적용하거나 구조주의 언어학에 입각해 지나치게 문법 중심적인 교재들이 개발되었으나 1990년대 후반 이후에는 교재 개발의 원리와 방안에 대한 깊이 있는 연구 성과를 바탕으로 하여 한국어의 특징 그리고 한국어 학습자의 다양한 요구 등을 반영한 교재들이 개발되고 있다. 이러한 시점에서 지금까지 출판된 한국어 교재를 살펴 한국어 교재 구성의 원리와 그 실제 그리고 더 나아가 교재 선택 방법과 효율적 교재 활용 방안 등에 대해 정리하는 것은 현장의 한국어 교사에게는 물론 한국어 교사 지망생들에게 매우 유용한 작업이 될 것으로 판단된다. 많은 교재들이 최신의 외국어 습득 및 교수 이론을 반영하여 개발되기는 하였으나 교재를 사용하게 될 기관의 교육과정, 교육 여건, 주 학습자 등의 여러 변인에 의해 실제로 개발된 교재는 상당히 다를 수밖에 없다. 이 때문에 일부 교재만을 보고서는 한국어 교재 구성의 원리, 좋은 교재의 특징 그리고 효율적인 교재 활용 방안 등을 거시적인 측면에서 파악하는 것이 쉽지 않다. 이에 본고에서는 먼저 교재의 개념과 유형을 살피고 통합 교재[1]

---

[1] 여기에서 논의하고 있는 통합 교재는 언어 내용이나 기술 그리고 학습 목적이 분리되지 않고 통합된 교재를 의미하는 것으로 교재 안에 어휘, 문법, 발음, 문화 그리고 말하기, 듣기, 읽기, 쓰기 등이 모두 포함되어 있을 뿐만 아니라 특정 목적이 아닌 일반 목적의 총체적 한국어 의사소통 능력을 기르는 것을 목표로 하여 개발된 교재인 것이다. 한국어교육 초기에 개발된 교재들을 통합 교재라는 기준에서 분석하기는 어렵지만 최근에는 통합 교재는 물론이고 언어 내용별 교재나 언어 기술별 교재 그리고 학습 목적별 교재 등 교재의 유형이 매우 다양하기 때문에 통합 교재로 한정하여 논의를 진행시키도록 하겠다. 그런데

를 중심으로 교재 개발의 역사를 정리해 볼 것이다. 그리고 각 시기별 대표적 교재들의 특징을 분석해 볼 것이다. 그리고 분석 내용을 바탕으로 한국어 교재 개발 원리와 단원 구성 방안을 제안할 것이다. 그리고 현장의 교사들이 교재를 선택하고 사용할 때 고려해야 할 사항들을 간단하게 언급하면서 글을 마무리하게 될 것이다.

2.2. 한국어 교재와 그 역사

2.2.1. 한국어 교재의 개념과 유형

박영순(2003:170)은 교재는 넓은 의미에서는 교육과정에 투입되는 모든 자료로서, 학습자와 교사를 이어주는 매개체라고 정의하고 있다. 그리고 좁은 의미의 교재는 교육 목표에 입각하여 교육과정을 구성하고 그 교육과정에 따라 제작된 가시적인 교육 내용이라고 하였다. 즉 교재는 교육을 위해 개발된 모든 자료로 그 개념을 정의할 수 있겠다. 따라서 한국어 교재도 일반적인 교재의 정의에 그 교육 내용을 한국어로 한정하면 될 것이다. 김정숙 외(2006:67)에는 한국어 교재에 대해 다음과 같이 정의되어 있다.

한국어 교재는 한국어교육을 위해 개발된 교육 자료의 묶음으로서, 그 형식은 종이책을 비롯해 오디오 교재, 비디오 교재, 시디롬 교재, 웹 교재 등 다양한 매체의 형태를 취하고 있다(김정숙 외 2006:67).

한국어 교재의 유형은 다양하게 분류될 수 있는데 박영순(2003:171)은 영역별, 지역별, 출신별, 언어권별, 수준별, 성격별, 위상별, 목적별 등으로 크게 분류하고 각각을 아래와 같이 세분하여 교재의 유형을 정리하고 있다.

여기에서 학문이나 직업 등의 특정 목적보다는 일반 목적의 한국어 학습자들에게 유용한 내용이 주가 되는 통합 교재로 논의를 한정한 이유는 다음과 같다. 통합 교재에 대한 논의만으로도 교재 개발의 일반 원리와 단원 구성 방안을 제안하는 데 충분하다는 점, 특정 목적의 학습자라고 하더라도 기본적인 의사소통 능력이 있어야 학문이나 직업 등의 특정 목적의 한국어를 학습할 수 있으므로 초기에는 통합 교재로 학습한다는 점, 마지막으로 한국어 학습자의 많은 수가 일반 목적의 한국어 학습자라는 점 때문이다.

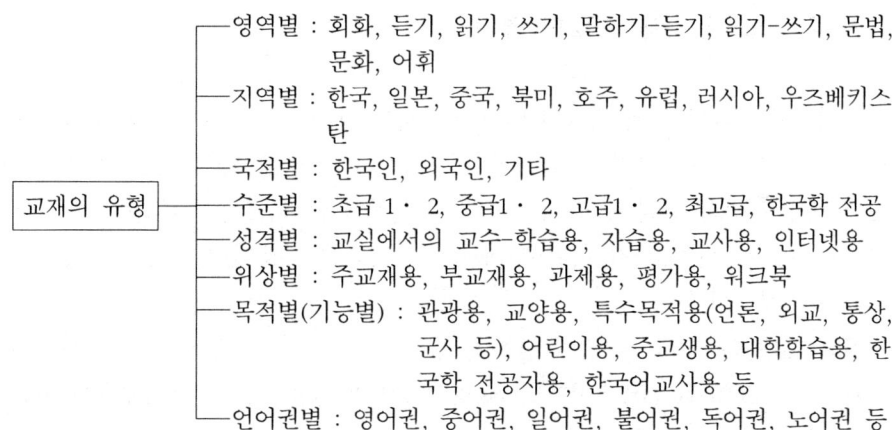

한편 김정숙 외(2006: ii -viii)에서는 교육 내용, 학습 목적, 학습자 연령, 학습자 집단의 특성, 매체에 따라 다음과 같이 교재의 유형을 구분하고 각 영역에 따른 교재를 다음과 같이 세분한 후 각 교재의 교육 목표, 개발 방안 등에 대해 제시하고 있다.

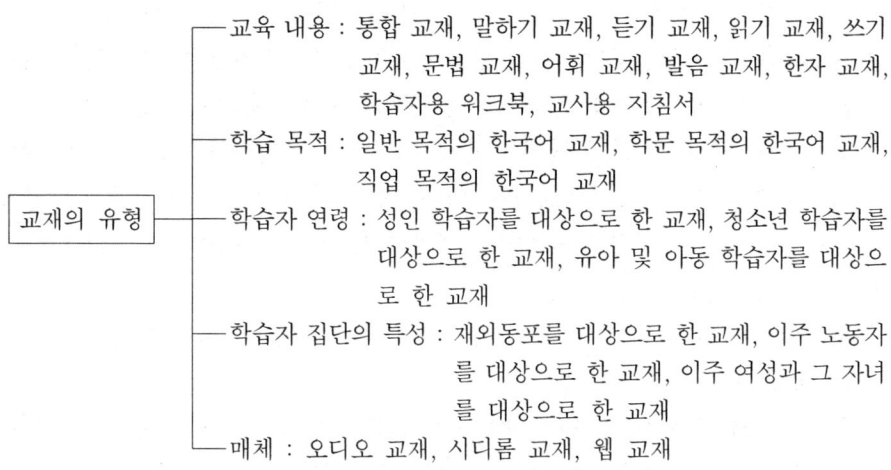

박영순(2003)의 경우는 앞으로의 한국어 교재가 앞서 제시한 바와 같이 다양하게 출판되어 한국어교육의 발전을 극대화해야 한다는 선언적인 제안이라면 김정숙 외(2006)의 경우는 현재 개발되어 있거나 개발되고 있는 교재를 중심으로 논의하고 있어 한국어교육 현장에 기반을 둔 제안이라고 정리할 수 있을 것이다.

2.2.2. 한국어 교재 개발의 역사

여기에서 한국어 교재 개발의 역사를 살피는 것은 지금까지 개발된 교재의 종류와 그 현황을 집대성하기 위한 목적이 아니라 한국어 교재의 대표적 특징을 살펴 교재 개발 원리와 단원 구성 방안에 대한 실제적 근거를 찾기 위함이므로 한국어 교육의 시기를 나누고 각 시기에 개발된 대표적 교재를 중심으로 논의를 진행해 나가도록 하겠다.

한국어교육의 시대 구분은 지금까지 많은 연구자들에 의해 시도된 바 있는데 백봉자(2001), 조항록(2005), 이지영(2005)의 논의를 중심으로 한국어교육의 시대 구분에 대한 논의를 정리하면 다음과 같다.

본격적인 한국어교육은 연세대학교 한국어학당이 설립된 1959년을 그 기점으로 설정할 수 있다.[2] 이때부터 1980년대 중반까지가 한국어교육의 태동기 혹은 발전기인 제1기로 논의되고 있다. 그리고 1980년대 중반부터 1990년대 후반까지를 한국어교육의 도약기 혹은 팽창기로 불리는 제2기라고 할 수 있는데 이때는 한국어교육 기관이 양적으로 증가하고 한국어교육에 대한 학문적인 연구가 본격적으로 이루어져 현장에 적용할 만한 의미 있는 연구 성과들이 나오기 시작하였다. 그리고 1990년대 후반부터 현재까지를 한국어교육의 확대기라고 할 수 있는 제3기로 규정할 수 있다. 연구자들은 한국어 학습자들의 수가 지속적으로 증가하면서 국적 및 연령 등의 학습자들의 특징이 다양해지고, 학습 목적이 세분화되고 있다는 점을 이 시기의 가장 큰 특징으로 꼽고 있다. 즉 제3기에는 학습자 집단의 특성이나 학습 목적에 따른 다양한 교육과정이 개발되고, 각 교육과정에 따른 교재들이 지속적으로 개발되고 있다.

제1기에서 제3기로 구분하여 각 시기에 개발된 교재[3]와 시기별 교재의 특징을 간략하게 소개하면 다음과 같다.

제1기인 1959년부터 1980년대 중반까지 출판된 교재는 박창해(1960) [한국어 교본 1], 박창해(1965) [한국어 교본 2], 박창해·박기덕(1973) [한국어 1], 박기덕

---

[2] 이전의 시기에도 한국어교육이 이루어진 것은 물론 매우 다양한 한국어 교재가 출판되었다. 그러나 이전 시기는 특정한 교육 기관을 배경으로 하여 각 교육 기관별 교육과정이 마련되고 교육과정에 근거해 교재가 체계적으로 개발되고 그에 따라 지속적인 교육이 이루어졌다고 보기 어려우므로 여기에서는 이 시기 이전의 논의를 생략하도록 한다. 이 시기 이전에 개발된 한국어 교재에 대해서는 이유경(2005)에 자세히 설명되어 있다.
[3] 여기에 제시한 교재의 목록은 김정숙 외(2006)를 참고하였다.

(1980) [한국어 2], 연세대(1979) [한국어 독본 1-6], 서울대(1970) [외국인을 위한 한국어 독본], 명도원(1968) [명도원 한국어], 고려대(1986) [한국어 1-4], [한국어 회화 1-4] 등이다.

제1기에 개발된 교재들의 가장 큰 특징은 2차 대전을 계기로 미국에서 개발된 청각구두식 교수법의 원리에 입각하여 구성된 경우가 많다는 것이다. 청각구두식 교수법은 구조주의 언어학과 행동주의 심리학 이론을 배경으로 하여 개발된 것이었기 때문에 교육 내용은 문법이 주가 되고 문법의 숙달은 모방과 암기 그리고 반복 연습에 의해 이루어지게 된다. 박창해(1960)이나 명도원(1968)의 교재는 모두 청각구두식 교수법의 영향을 그대로 받은 한국어 교재의 전형이라고 말할 수 있다. 따라서 학습자들은 제시된 문형을 입에 붙일 때까지 연습할 수 있어 제한된 범위에서나마 정확한 발화를 할 수 있다는 장점이 있다. 또 문법의 정확성이나 발음의 정확성을 중시하기 때문에 초급 단계에서 표현의 정확성을 익히는 데 효과적이라고 할 수 있다. 그러나 청각구두식 교수법의 문제가 그러하듯 이 시기에 개발된 교재들에서는 문법 항목의 선정과 배열에 대한 이론적인 근거나 기준을 찾기가 어렵고 문법 항목의 선정과 배열에 실제 의사소통 목적이나 상황 등이 고려되지 않은 까닭에 입에 붙인 표현이라도 실제의 언어 사용 상황으로 자연스럽게 전이시키기 어렵다는 한계를 갖게 된다. 또한 기계적인 연습으로 인해 학습자의 흥미를 떨어뜨릴 수 있는 문제가 발생하게 된다.

그러나 이 시기의 교재들이 이러한 문제를 갖고 있었다고는 하나 한국어교육의 태동기 혹은 발전기의 교재로서 가지는 그 의의도 매우 클 것이다. 즉 한국어교육 내용을 비록 문법으로 한정시킨 아쉬움은 있지만, 외국인을 위한 한국어 교재 개발을 위하여 한국어 문법을 체계적으로 정리하려고 애쓴 점, 영어 번역이 포함되어 있기는 하지만 한국어 예문을 활용해 이해시키기 위해 노력한 점[4], 띄어쓰기나 읽을 때 주의를 기울여야 하는 부분 등에 부호를 달아 자연스러운 한국어를 익히게 하려고 애쓴 점 등이 그것이다.

제2기인 1980년대 중반에서 1990년대 후반까지 출판된 교재는 이화여대(1991) [외국인을 위한 한국어], 고려대(1991-1992) [한국어 1-6], [한국어회화 1-6], 연세대(1992) [한국어 1-6], 한국외대(1996-1997) [한국어 1-2] 등이다.

이 시기에 개발된 교재들의 가장 큰 특징은 한국어교육에 대한 학문적인 연구

---

4) 박창해(1965) [한국어 교본 2]에 이러한 노력이 드러난다(김정숙 외 2006:41).

성과들이 교재에 반영되기 시작하면서 학습자의 의사소통 능력을 길러 주기 위한 다양한 방법들이 마련되었다는 것이다. 그것을 구체적으로 정리해 보면 다음과 같다.5)

첫째는 학습자들이 많이 부딪칠 만한 실제적 상황이 본문의 상황으로 등장하였다는 것이다. 이전의 시기에 개발된 교재들의 본문 내용이 의사소통 목적을 가진 대화나 서술문이 아니라 특정 문형을 제시한 대화나 문장의 연쇄인 데 반해 이 시기에 개발된 교재는 발생 빈도가 높은 의사소통 상황에서의 대화 등을 제공하고 있다는 것이다. 이러한 본문 구성은 학습 목표를 맥락을 통해 제공할 수 있다는 점, 학습자를 동기화시키기에 유용하다는 점 등에서도 유의미하다고 할 수 있다.

둘째는 특정 맥락이나 상황을 기반으로 한 대화쌍을 통해 문법 항목을 제시하기 시작하였다는 것이다. 비록 이 때 제시되는 맥락이나 상황이 단원의 주제로 통일되지 않은 아쉬움은 있으나 이전 시기의 교재에서는 문법 항목을 제시하는 방식이 고립된 문장의 나열이었다는 점을 고려할 때 이는 매우 획기적이고 발전적인 변화라고 할 수 있을 것이다. 즉 문법이 특정 상황을 기반으로 하는 대화를 통해 자연스럽게 이해되고 연습될 수 있도록 초점을 두었다고 할 수 있다. 그리고 학습자들이 이러한 대화문을 외우고 있다가 실제 이와 유사한 상황에 놓인다면 실제 대화로 전이시킬 수 있는 가능성이 있다는 점에서도 유의미하다고 할 수 있다.

셋째는 문법 형태의 의미와 사용 방법을 이해하지 않고서는 해결할 수 없는 연습 문제가 등장하였다는 것이다. 이전 시기의 교재에 제시되어 있는 연습 문제는 문법 형태의 의미와 사용 방법에 대해 알지 못해도 활용 양상만 알고 있으면 해결할 수 있는 연습 문제들로만 구성되어 있었으나 이 시기에는 주어진 질문에 대해 무엇을 이야기할지 학습자 스스로 생각한 후에 문법 형태를 사용하여 문장으로 만들어야 하는 문제들이 등장한 것이다. 이는 학습자들이 생산해야 하는 문장의 초점이 문법 형태의 정확한 사용이 아니라 자신이 의도한 의미에 있다는 것을 의미

---

5) 여기에서 유의미하다고 분석하고 있는 부분들은 모두 현재적 관점에서 나름의 한계를 갖는다고 할 수 있다. 그러나 여기에서의 교재 분석이 교재 분석의 역사를 살피는 데 그 목적이 있었으므로 먼저 이전 시기의 교재와 비교해 어떤 발전적 성과가 있었는지 고려하였다. 그리고 언어 교육의 연구 성과와 관련지어 분석하기 위해서는 해당 교재가 개발될 당시 그러한 연구 성과를 반영할 수 있을 만한 상황이었는지에 대해 검토한 후에 성과의 반영 여부를 문제 삼아야 한다고 판단되어 비판적인 평가보다는 발전적인 평가를 하려고 하였다. 숙달도 지향의 언어 교육, 과제 중심의 언어 교육이 강조되는 현재의 시각으로 1980년대의 교재를 분석해서는 안 된다고 생각하기 때문이다. 따라서 지금의 관점에서는 비판의 대상이 되는 것이 여기에서는 유의미한 발전으로 강조될 수 있음을 밝혀 둔다.

한다.

넷째는 구어적 표현들이 등장하기 시작하였다는 것이다. 이는 학습자들이 부딪치게 되는 의사소통 상황과 그때의 대화 상대자들에 대한 실제적인 고려가 바탕이 된 것이라고 할 수 있는데 학습자들은 한국어의 문어와 구어를 모두 익혀 대화 상황과 대화 상대자에 따라 문어와 구어를 구별하여 사용할 수 있는 능력을 기르게 하는 것을 목표로 삼은 것으로 보인다. 이 시기에 와서 구어적 표현이 교재에 나타나기 시작한 것도 유의미한 발전이라고 할 수 있을 것이다.

이 시기에 개발된 교재들은 위에서 제시한 바와 같이 여러 발전적인 성과들이 있었음에도 불구하고 형태적 요소들의 학습에 편중되어 있다는 점, 기계적 반복을 통한 연습이 주류를 이룬다는 점 등은 그 한계로 지적될 수 있을 것이다.[6]

제3기인 1990년대 후반에서 현재까지 출판된 교재는 이화여대(1998-2003) [말이 트이는 한국어 1-4], 경희대(2000-2003) [한국어 초급 1-2, 중급 1-2, 고급 1-2], 서강대(2000-2007) [서강한국어 1-5], 고려대(2008-2009) [재미있는 한국어 1-2] 등이다.

현재에 이르는 제3기에는 한국어교육에 대한 연구 성과들이 반영된 다양한 유형의 교재 즉 교육 내용에 따른 교재, 학습 목적에 따른 교재, 학습자 연령에 따른 교재, 학습자 집단의 특성에 따른 교재, 매체에 따른 교재들이 계속 출판되고 있다. 그러나 본고에서 통합 교재로 논의를 한정시킨 만큼 여기에서도 통합 교재를 중심으로 하여 논의를 진행하겠다.

제3기에 출판된 교재는 이전 시기의 교재들의 한계로 지적되었던 문제를 모두 극복했다고 할 수 있다.[7]

먼저 학습 내용이 한국어의 형태를 벗어나지 못하였다는 문제는 말하기, 듣기, 읽기, 쓰기 등의 언어 과제를 포함시킴으로써 극복하였다. 그리고 언어 형태에 대한 연습이 기계적인 반복 연습에 머물러 있다는 문제는 유의적 연습을 등장시키고 그것을 말하기 활동으로 수행하게 함으로써 극복하였다. 세 번째 학습자들의 흥미를 유발하고 동기화시키지 못하였다는 문제는 실제적 의사소통 상황을 제시하고

---

[6] 이 시기의 교재를 분석하면서 실제성 있는 의사소통 과제 제시가 없다거나 숙달도 향상을 목적으로 하지 않았다고 하는 것은 한국어교육의 현실을 고려하지 않은 비판이라고 할 수 있다. 이 시기의 교재는 대부분이 1992년을 전후로 해서 출판된 것인데 이때는 숙달도 지향이나 과제 중심의 논의가 한국어교육계에서 본격화되었다고 볼 수 없기 때문이다.
[7] 지금부터 논의되는 내용들이 제3기에 출판된 교재들의 공통적인 특징은 아니다. 여기에서는 교재 개발의 특징과 흐름을 파악하는 것이 주가 되므로 특정 교재를 지적하면서 논의를 진행시키지는 않도록 한다.

다양한 유형의 과제 활동을 마련함으로써 극복하였다. 네 번째 제공되는 언어 단위가 단편적인 상황을 기반으로 하는 대화문이거나 고립적인 문장에 그친다는 문제는 언어 단위를 담화 차원으로 확대함으로써 극복하였다. 그리고 학습자는 그저 따라하거나 문장을 바꾸어 이야기하는 정도의 제한적인 역할밖에 하지 못하였다는 문제는 교육과정의 구성, 교육 방법의 마련, 교육 절차의 설계에서 학습자 중심의 원리를 따름으로써 극복하였다.[8]

지금까지 각 시기별로 한국어 교재의 특징을 거시적인 차원에서 살펴보았다. 이러한 과정을 통해 한국어 교재가 이전 시기의 한계를 발전적으로 극복하여 오늘에 이르렀다는 것을 파악할 수 있었다. 그리고 교재의 한계를 발전적으로 극복하게 된 근본적인 요인은 모두 한국어 교재에 대한 학문적인 연구 성과가 뒷받침되었기 때문이라는 사실도 파악할 수 있었다. 다음 절에서는 한국어 교재에 대한 연구사를 간단하게 정리하도록 하겠다.

2.2.3. 한국어 교재 연구의 역사

한국어 교재에 대한 논의는 백봉자(1991), 김정숙(1992)에서 시작되었다고 할 수 있는데 이때를 시작으로 한국어 교재에 대한 논의는 최근까지도 활발히 이어지고 있다.

한국어 교재와 관련된 초기의 논의는 주로 교재 일반에 대한 것으로서 교육 체제와 내용에 대한 제안, 교재 개발의 방향을 제시하는 연구가 주류를 이루었으나 최근에는 출판된 교재에 대한 분석을 바탕으로 한 연구나 학습 목적, 학습자 변인, 학습 매체 등에 따라 달라져야 하는 교재 개발 원리나 방안 등에 대한 논의로까지 확대되고 있다.

한국어 교재와 관련된 논의는 다음의 네 가지로 크게 분류할 수 있다. 첫 번째 교재 개발의 원리 · 절차 · 방법 등에 대한 연구, 두 번째 교재 개발의 근간이 된다고 할 수 있는 교육과정과 교수요목 설계의 원리 · 절차 · 방법 등에 대한 연구, 세 번째 출판된 교재를 검토하고 분석한 연구, 마지막으로 교재의 평가 · 선택 · 개작 · 사용 방법에 대한 연구가 그것이다.

그러나 이 중에서 절대적으로 많은 수를 차지하는 연구는 교재 개발의 원리 ·

---

[8] 이에 대한 구체적인 논의는 본고 2.3.2 단원 구성 방안에서 다루도록 하겠다.

절차·방법 등에 대한 것으로 이는 최근 한국어 학습자 수가 급격하게 증가하면서 학습자의 학습 목적에 따른, 학습자 집단의 특성에 따른 다양한 교재 개발의 필요성이 제기되고 있기 때문인 것으로 파악된다. 또한 기술의 발달로 인해 학습 매체가 다양화되고 있는 것도 한 요인이 될 것이다.

2000년대에 이르러서는 민현식(2000), 노명완(2001), 조항록(2003), 박영순(2003) 등의 총론적 성격의 논의들도 눈에 띄지만 특정 학습자 집단을 대상으로 한 교재에 대한 논의가 활발해지고 있는 것은 주목할 만한 변화라고 할 수 있다.

교재와 관련된 지금까지의 연구들을 살펴보면 한국어 교재 개발의 원리, 내용, 절차, 방법 등에 대한 깊이 있는 논의는 충분히 이루어져 왔다고 할 수 있다. 따라서 앞으로의 과제는 이러한 성과를 반영하고, 현장의 다양한 요구를 충족시킬 수 있는 교재의 개발에 있음을 확인할 수 있다.

2.3. 한국어 교재의 개발 방안

2.3.1. 한국어 교재의 개발 원리

여기에서는 김정숙(1998), 이해영(1999), 원진숙(2000), 박영순(2003), 김정숙 외(2006)등을 참고로 하여 한국어 교재 개발 원리를 다음의 여덟 가지로 제안한다.[9]

첫째는 한국어 교수·학습 목적을 충실히 반영해 교재를 개발해야 한다는 것이다. 한국어 교수·학습의 목적은 일반적 목적으로부터 학문적 목적이나 직업적 목적 등의 특수 목적에 이르기까지 다양하다. 그리고 학습자들이 실제 맞닥뜨리게 되는 한국어 사용 환경도 한국어 교수·학습 목적에 따라 달라진다. 따라서 학습자들이 자신의 학습 목적에 맞는 한국어 능력을 기를 수 있도록 교수·학습 목적을 분명히 한 후 교재를 개발해야 한다. 그러나 특수 목적의 한국어 학습자라고 하더라도 한국어 학습 초기 기본적인 의사소통 능력을 기르기 위해 일반 목적의 한국어 학습자용 교재로 한국어를 학습할 수도 있고, 일반 목적의 한국어 학습자라고 하더라도 한국어를 고급 수준까지 학습하려고 한다면 기본적이기는 하나 학문 목적의 한국어 기능이나 직업 목적의 한국어 기능도 일부 다룰 수 있어야 한다. 그

---

[9] 여기에서 제안하는 원리의 대부분은 김정숙 외(2006:68-71)의 논의를 따랐다.

러나 이렇다고 해서 목표 중립적인 교재로 초급부터 고급까지의 교수·학습이 이루어져서는 안 된다. 따라서 다양한 학습자들의 목적을 반영한 교재를 개발해 학습자 집단의 요구에 따라 사용할 수 있어야 한다.

둘째, 학습자나 교육 환경을 비롯한 다양한 변인을 고려해 교재를 개발해야 한다는 것이다. 학습자의 연령, 국적, 해외동포 여부 등이 학습자 변인의 내용이 될 것이다. 그리고 이주 노동자나 결혼이민자 그리고 다문화 가정의 어린이 등의 학습자 집단의 특성도 학습자 변인에 속한다. 그리고 교육 환경은 한국어 교수·학습이 한국에서 이루어지는지 아니면 해외에서 이루어지는지, 한국어 교사가 원어민인지 아닌지 그리고 원어민이 아니라면 한국어 구사 능력은 어느 정도인지, 학급의 규모가 소규모인지 대규모인지 등이 그 내용이 된다. 이들 학습자나 교육 환경 변인에 따라 교재의 내용과 방법은 상당 부분 달라야 한다. 따라서 한국어 학습자 변인이나 교육 환경 변인 등을 고려한 한국어 교재가 개발되어야 한다.

셋째, 학습의 주체인 학습자의 요구를 반영한 학습자 중심의 원리에 따라 교재를 개발해야 한다는 것이다. 학습자 중심의 원리를 교재 개발에 반영한다는 것은 학습자들의 흥미와 욕구, 필요나 동기 등을 교재 개발에 반영해야 한다는 것인데 이것은 학습이 학습자의 자발적이고 적극적인 학습을 통해서만 의사소통 상황에서의 언어 능력으로 전이될 수 있기 때문이다. 즉 학습자에게 자신이 학습할 내용과 방법을 결정하는 데 참여할 기회를 부여함으로써 학습자들이 학습 과정에 자율적, 능동적으로 참여할 수 있도록 하며, 학습자들의 의사소통 욕구를 자극하여 학습의 내적 동기를 강화할 수 있게 한다는 것이다.

넷째, 정확하고 자연스러운 한국어를 익힐 수 있도록 교재를 구성해야 한다는 것이다. 이를 위해서는 자연스러운 담화 맥락 속에서 적절한 한국어 구사 형태를 제시해야 하고 이를 바탕으로 정확하고 적절한 한국어를 익힐 수 있도록 해야 한다. 또한 구어와 문어의 특성이 살아 있는 한국어 자료를 제공하여 구어는 구어답게, 문어는 문어답게 표현할 수 있도록 해야 하며, 격식적 상황과 비격식적 상황에서의 담화 특성이 살아 있는 자료를 제공하여 상황과 맥락에 적절한 발화를 구사할 수 있도록 해야 한다.

다섯째, 과제 수행 중심 즉 사용 중심의 교재를 개발해야 한다는 것이다. 이때의 과제는 학습자가 실세계에서 접할 가능성이 높은 실제적 과제를 말하는데 학습자들은 형태가 아닌 의미에 초점을 맞추어 의사소통 활동을 수행하거나 주어진 문제를 해결해 보는 실제적 과제 수행을 통해 실제 세계에서의 의사소통 능력을 향상시키게 되기 때문이다. 또한 과제 수행은 학습자들의 동기 유발에도 큰 역할을 하는데 실생활에서의 활용, 실제적인 사용이 전제됨으로써 학습자들은 교실에서의 활동에 흥미를 느끼게 되기 때문이다.

여섯째, 과정 중심의 교육 효과를 극대화할 수 있도록 교재를 개발해야 한다는 것이다. 학습이 이루어지는 과정에 학습자가 능동적이고 적극적으로 참여할 수 있게 하고 학습자 간의 상호활동이 원활하게 이루어질 수 있도록 유도해야 한다. 이는 학습 결과만을 중시하는 것이 아니라 그 결과에 도달하는 과정을 중시하는 것으로서 학습자가 주어진 문제를 해결해 나가는 과정에서 자신의 선지식과 경험을 최대한 활용해 효율적이고 성공적인 학습을 이루어낼 수 있도록 교재를 구성하는 것을 말한다. '읽고 대답하라'거나 '무엇에 대해 이야기하라'는 식의 과정이 결여된 활동이나 모방하는 활동은 창조적·유의미적 언어 수행이라는 의사소통적 과제의 본질과는 거리가 멀다. 따라서 지금껏 배워 알고 있는 언어 및 세계에 대한 지식을 최대한 활용하여 스스로가 창조적인 의사소통 활동을 할 수 있도록 교재에 최적의 조건을 만들어 주는 것이 필요하다.

일곱째, 한국어와 함께 한국 문화를 교육할 수 있도록 교재를 개발해야 한다는 것이다. 한국 문화 교육을 통해 한국과 한국인에 대해 올바른 이해를 할 수 있도록 해야 하며 이를 통해 한국에 대한 우호적인 생각과 친근감을 높여 주어야 한다. 이러한 한국 문화에 대한 교육은 한국 사회와 한국인을 이해하는 데 도움이 될 뿐만 아니라 한국어 학습에도 긍정적인 영향을 미치므로 매우 중요하다.

여덟째, 다양한 매체를 이용해 한국어 교재를 개발해야 한다는 것이다. 특히 한국어 환경에 접할 기회가 적은 국외 학습자를 위해서는 웹 교재나 시디롬 교재 등, 자연스러운 한국어 입력을 접할 수 있는 시청각 교재의 개발이 무엇보다 필요하다. 매체의 특성을 잘 살린 웹 교재나 시디롬 교재는 학습자 주도의 학습을 가능하게 한다는 측면에서도 장점을 갖는다.

2.3.2. 한국어 교재의 단원 구성 방안

여기에서는 한국어 숙달도를 향상시키는 데 유용한 통합 교재의 단원 구성 방안을 제시하고자 한다.[10]

---

[10] 여기에서 제안하는 단원 구성 방안은 김정숙 외(2006:106-118)에서 제안된 부분을 중심으로 정리하였다.

김정숙(2003:127-128)은 한국어 통합 교재의 교육 목표를 다음과 같이 설정하고 있다.

1) 일상적인 맥락에서 한국인과 의사소통하거나 한국 생활에 필요한 의사소통 능력을 기르도록 한다.
2) 한국어 문어·구어 자료에 포함된 다양한 정보를 이해하고, 이를 활용할 수 있는 능력을 기르도록 한다.
3) 한국 사회와 한국 문화를 이해하여, 한국과 한국인에 대해 친근감을 갖도록 한다.
4) 서로 다른 언어를 사용하는 외국인들이 한국어를 사용하여 친교를 나누고 필요한 정보를 교환할 수 있도록 한다.
5) 한국어를 이용해 학문 분야나 업무 분야 등의 전문 분야에서 필요한 기능을 수행하도록 한다.

김정숙 외(2006:106)에서는 이러한 목표를 달성하기 위해서는 앞서 제시한 교재 개발의 원리들이 충실히 반영되어야 하고 단원은 다음과 같은 내용과 순서로 구성되는 것이 바람직하다고 하였다.

> 단원 제목 ⇨ 학습 목표 ⇨ 도입 ⇨ 예시문 ⇨ 어휘 ⇨
> 문법 ⇨ 발음 ⇨ 과제 ⇨ 문화 ⇨ 자기평가

① 단원 제목

〈단원 제목〉은 그 단원에서 학습할 내용을 가장 상위에서 표상해 주는 것이다. 따라서 단원의 제목은 그 단원의 교육 내용을 가장 명시적으로 드러낼 수 있는 것이어야 한다. 단원의 제목을 제시하는 방법으로는 주제를 사용하는 방법, 기능을 사용하는 방법, 주제와 기능을 혼합해 제시하는 방법, 그리고 단원의 대표 문장이나 주요 문법 형태가 포함된 문장을 사용하는 방법이 있다. 이 중 문장으로 제시하는 방법은 해당 단원의 교육 내용을 전체적으로 파악하기 힘들다는 단점을 가지며, 주제나 기능 중 한 가지로 제시하는 방법은 단원의 목표를 명시적으로 보여 줄 수는 있으나 모든 단원을 주제나 기능 중 한 가지로 표현할 수 없다는 문제를 가진다. 다음과 같이 주제와 기능을 혼합한 절충적인 방법을 사용하는 것도 가능하다.

예| 제1과   자기소개
　　제2과   주말 활동
　　제3과   계절과 날씨
　　제4과   부탁하기

② 학습 목표

〈학습 목표〉는 해당 단원에서 학습자들이 익힐 내용이 무엇인지를 명시적으로 제시하는 안내자의 역할을 한다. 학습 목표에서는 해당 단원의 수행 목표와 과제 목표를 제시하고, 하위 범주로 발음·어휘·문법·문화 목표 등을 제시함으로써 학습자에게 단원의 시작 단계부터 학습 목표를 분명하게 인식시키고 학습 동기 및 의사소통 동기를 가질 수 있도록 안내한다.

③ 도입

〈도입〉은 학습자들을 자연스럽게 학습 내용으로 유도하고 교재의 상황 속으로 빠져들게 하여 단원의 내용과 관련된 배경 지식을 활성화하고, 학습 동기를 높일 수 있는 계기를 마련하기 위한 부분이다. 따라서 도입에서는 학습자들을 해당 단원의 학습 내용으로 이끌어 들일 수 있는 그림이나 사진 등의 이미지 자료와 함께 관련 있는 몇 개의 질문을 제시하는 것이 좋다.

④ 예시문

〈예시문〉은 해당 단원의 교육 내용을 간명하게 보여 주고, 학습자가 앞으로 수행하게 될 목표 발화의 모형이 될 수 있는 담화를 제시하는 부분이다. 따라서 대부분의 경우 예시문은 대화문으로 제시되나, 일방적 진술의 특성이 강하게 요구되거나 쓰기 텍스트의 모형이 강하게 요구되는 경우에는 진술문으로 제시될 수도 있다.

예시문은 청각구두식 교수법을 적용한 교재가 갖는 전형적인 특성이고, 의사소통이나 언어 사용을 중시하는 교재에서는 나타나지 않는 경우가 많다. 그러나 학습자들에게 단원의 교육 내용을 명시적으로 보여 주고 목표로 하는 담화의 모형을 제시함으로써 학습의 방향을 지시하는 길잡이 역할을 하므로 의사소통적 언어 교재에서도 유용하게 사용될 수 있다.

제시하는 예시문의 숫자는 경우에 따라 다르겠으나, 하나의 긴 담화형을 제시하는 것보다는 두 개의 짧은 담화형을 제시하는 것이 바람직하다. 같은 주제나 기능을 다루는 경우라도 발화 맥락에 따라 달라지는 언어의 격식을 보여 주는 것이 유용하기 때문이다.

⑤ 어휘

〈어휘〉는 해당 단원에서 목표로 하는 의미나 기능 수행에 필요한 기본 어휘를 제시하고 연습시키는 부분이다. 어휘는 산발적으로 제시하기보다는 의미장으로 범주화시켜 제시하고 연습시키는 것이 좋다. 해당 주제를 표현하는 데 필요한 어휘를 의미역 별로 묶어 제시함으로써 학습 대상이 되는 어휘를 개별적이고 고립적으로 제시하지 않고 의미적 연관성을 가지고 맥락 속에서 익히게 할 수 있다는 장점이 있기 때문이다.

어휘를 제시할 때는 필요한 경우 단어 경계를 넘어 연어(collocation) 구조나 구 형태로 제시할 수도 있다. 예를 들어 〈착용〉의 뜻을 나타내는 '입다, 신다, 쓰다, 매다'의 경우 이들 어휘를 독립적으로 제시하기보다는 '옷을 입다, 바지를 입다', '양말을 신다, 신발을 신다', '안경을 쓰다, 모자를 쓰다', '넥타이를 매다'와 같이 사용 제약이 있는 어휘와 묶어 제시하는 것이 학습과 사용의 편의를 돕는다.

어휘의 의미는 특정 언어로 번역하거나 그림이나 사진 등의 이미지 자료 등을 통해 제시할 수 있다. 그림이나 사진을 이용할 경우는 의미를 정확히 전달하거나 추상어의 의미를 전달하기 어렵다는 한계를 가진다.

⑥ 문법

〈문법〉은 해당 단원에서 목표로 하는 의미나 기능 수행에 필요한 한국어의 구조를 이해시키고 연습시키는 부분이다. 문법 설명은 교육해야 할 내용은 반드시 포함하되, 최대한 단순화하여 장황하지 않게 설명하는 것이 필요하다. 문법 설명에는 의미·형태·화용에 대한 설명이 포함되어야 하며, 학습자가 선행 학습 요소와 연결해 목표 문법을 이해할 수 있도록 유의적으로 설명하는 것이 적절하다. 즉, 목표 문법을 학습자의 모국어와 연결 지어 설명하거나 목표 문법과 쓰임이 유사하여 혼동하기 쉬운, 선행 학습한 한국어 문법 항목과 대비해 설명하는 것이 바람직하다.

　문법을 설명한 후에는 목표 문법이 들어 있는 문장을 제시하는 것이 필요하다. 그러나 이때도 맥락이 없는 상태에서 문장을 고립적으로 제시하기보다는 간단한 대화 형식의 소 의사소통 상황 안에서 문장을 제시함으로써 유의미한 맥락 속에서의 문법의 사용을 익히게 하는 것이 중요하다. 또한 가급적 예문도 단원의 목표와 관련된 것들로 제한함으로써 단원 전체가 하나의 목표로 수렴될 수 있도록 해야 한다.

　문법 설명과 제시문을 통해 문법에 대한 이해가 끝난 후에는 해당 문법을 구사할 수 있는 연습을 할 수 있는 기회를 제공해야 한다. 연습은 크게 통제된 연습과 유의적 연습으로 구분되는데, 통제된 연습이란 교재에 제시된 문장과 단서를 이용해 기계적, 반복적으로 수행하는 연습을 이르고, 유의적 연습이란 목표 문법을 활용하여 학습자가 자신이 표현하고자 하는 내용을 표현하는 연습을 말한다.

⑦ 발음

　〈발음〉은 구어 상황에서 학습자가 한국어를 정확하게 인지하고 발음할 수 있도록 연습시키기 위한 부분이다. 발음 교육의 내용에는 분절음, 초분절음, 음의 변화 등이 포함된다. 그러나 발음은 설명도 중요하지만 실제 음성을 들려주고 구분해 보거나 발음해 보게 하는 것이 중요한 만큼 별도의 음성 자료를 개발하는 것이 필요하다.

　교재에서 발음을 설명하는 방법으로는 구강도를 이용하여 조음 위치나 조음 방법을 설명하는 방법, 한국어의 음가를 학습자의 모국어나 주요 외국어와 비교해 설명하는 방법 등이 있다. 그러나 구강도를 이용하여 조음 위치나 방법을 설명하는 방법은 조음 위치나 방법이 학습자에게 분명하게 인지되는 경우가 아니라면 별 도움이 되지 못한다. 예를 들어 모음 'ㅓ'를 설명하는 경우, 모음 사각도를 이용하여 혀의 위치가 중설의 중모음이라는 것을 보여 주는 것이 학습자에게 매우 추상적으로 인식되어 정확한 음을 생성해 내는 데 크게 도움이 되지 않는다. 또한 한국어의 음을 외국어의 유사한 음으로 대응시켜 설명하는 것도 정확한 발음 교육에 좋은 방법이 되지 못한다. 예를 들어 한국어의 'ㅅ'을 영어의 's'에, 한국어의 'ㄱ'을 영어의 'k'에 대응시키는 경우, 학습자는 한국어 'ㅅ'이나 'ㄱ'의 정확한 음가를 파악하여 올바로 발음하기 힘들다.

⑧ 과제

〈과제〉는 앞에서 익힌 어휘 및 문법 항목을 이용하여 실제 의사소통과 유사한 활동을 하게 하는 의사소통 활동 부분으로, 말하기, 듣기, 읽기, 쓰기 활동을 수행하는 부분이다. 과제는 주어진 대화문이나 글을 모방해 유사한 발화를 생성해 내는 활동이어서는 안 되고 학습자 스스로가 자신의 언어 지식을 적극적으로 활용해 창조적으로 담화를 구성해 내는 활동이 되어야 한다. 즉, 학습자들이 지금껏 배워 알고 있는 언어 지식을 최대한 활용하여 자신이 표현하고자 하는 의미와 수행하고자 하는 기능을 효과적으로 수행할 수 있도록, 최적의 조건을 만들어 주고 그 바탕 위에서 학습자들이 언어 수행을 할 수 있도록 하게 해야 한다. 교육 목표를 실현하고, 과제 수행력을 높이며, 실제 의사소통 상황에서의 과제 수행력을 높이기 위해서는 다음과 같은 구성 원리가 필요하다.

① 교육 목표, 교육 내용과 긴밀하게 연계해 과제를 구성해야 한다.
② 학습자들의 실제 의사소통 요구를 충족시키고 실세계에서의 과제 수행력을 높일 수 있도록 실제적 자료와 실제적 활동으로 이루어진 실제적 과제 중심으로 과제를 구성해야 한다.
③ 학습자의 발화 이해와 생성 과정에서의 인지 과정을 고려해 과제가 과정 중심으로 수행될 수 있도록 설계해야 한다.
④ 기존의 텍스트를 그대로 모방하거나 일부 변형하는 활동이 아닌, 창조적 언어 사용이 가능하도록 과제를 설계해야 한다.
⑤ 말하기, 듣기, 읽기, 쓰기 과제를 개별적으로 수행하도록 할 것이 아니라, 기술간 통합이나 연계 활동을 통해 통합 효과가 이루어지도록 과제를 구성해야 한다.
⑥ 선행 과제의 성공적인 수행에 기반해 후행 과제의 수행이 이루어질 수 있도록 과제를 배열해야 한다.
⑦ 학습자의 숙달도 수준에 맞게 과제를 구성해야 한다.

⑨ 문화

한국어교육의 목표에는 한국과 한국 문화에 대한 이해를 높이고 한국에 대한 친근감을 높이는 것이 포함된다. 〈문화〉는 한국 사회와 문화에 대한 이해를 돕기 위하여 해당 단원과 관련된 문화 항목을 시청각 자료와 함께 제공하는 부분이다. 따라서 문화 항목의 선정은 한국의 전통 문화뿐만 아니라 오늘의 한국 사회와 한국인의 생활양식, 의식 구조 등을 알리는 데 필요한 내용을 중심으로 이루어져야 한다. 그리고 여기에는 언어활동과 관련된 문화 항목이 기본적으로 포함되어야 한다.

근래에 개발된 교재에는 한국 문화를 제대로 소개하기 위해 많은 시청각 자료를 이용하고 있다. 그러나 대부분의 문화 소개가 시각 자료를 이용해 문화 항목을 설명하는 방식 위주로 되어 있다. 그러나 앞으로의 문화 교육은 이러한 일방적인 전달 방식을 벗어나 학습자 스스로 문화를 체험하고 발견하고 수행하는 방식으로 이루어져야 한다.

⑩ 자기평가

〈자기평가〉는 해당 단원의 학습 내용을 얼마나 잘 성취하였는지를 학습자 스스로 확인해 볼 수 있도록 하기 위한 부분이다. 자기평가를 통해 학습자 스스로가 자신의 학습 성취도를 진단해 볼 수 있고, 그럼으로써 학습한 내용을 학습자 스스로 정리하며 성취감과 자신감을 갖거나 부족한 부분을 다시 공부할 수 있는 기회를 가질 수 있다.

2.3.3. 한국어 교재의 단원 구성 실례

여기에서는 2.3.2에서 제안한 단원 구성 방안을 실제 개발되어 있는 한국어 교재를 예로 들며 구체적으로 살펴볼 것이다. 그러나 단원 제목, 도입, 예시문 등의 항목은 교재의 실례와 단원 구성 방안에서 제안한 내용이 크게 다르지 않으므로 이에 대한 제시는 생략하고 앞 절의 설명만으로는 그 구체적인 실체를 파악하기 어려운 어휘와 문법 그리고 과제로 논의를 한정하여 제시하도록 하겠다.

① 어휘

어휘를 의미장으로 범주화시켜 제시하고 연습시키는 활동의 예는 다음과 같다.[11]

운동에 속하는 어휘의 예를 제시하고 그 어휘를 사용하여 말하기 연습을 하게 한 경우인데 이와 같은 어휘의 제시와 연습을 통해 학습자들은 의미적 연관성을 가지고 맥락 속에서 어휘를 익힐 수 있고 익힌 어휘를 바로 사용해 볼 수 있는 기회를 가지게 된다. 과거에 개발된 교재에서는 어휘 제시의 체계성이 떨어지거나 어휘 연습의 예가 충분하지 않아 어휘를 익히는 것은 학습자의 몫으로 간주되는 경향이 있었으나 어휘의 제시 방법과 연습의 중요성이 강조됨에 따라 최근 개발되고 있는 교재에서는 체계적인 어휘 제시는 물론 다양한 어휘 연습 활동들이 마련되어 있다.

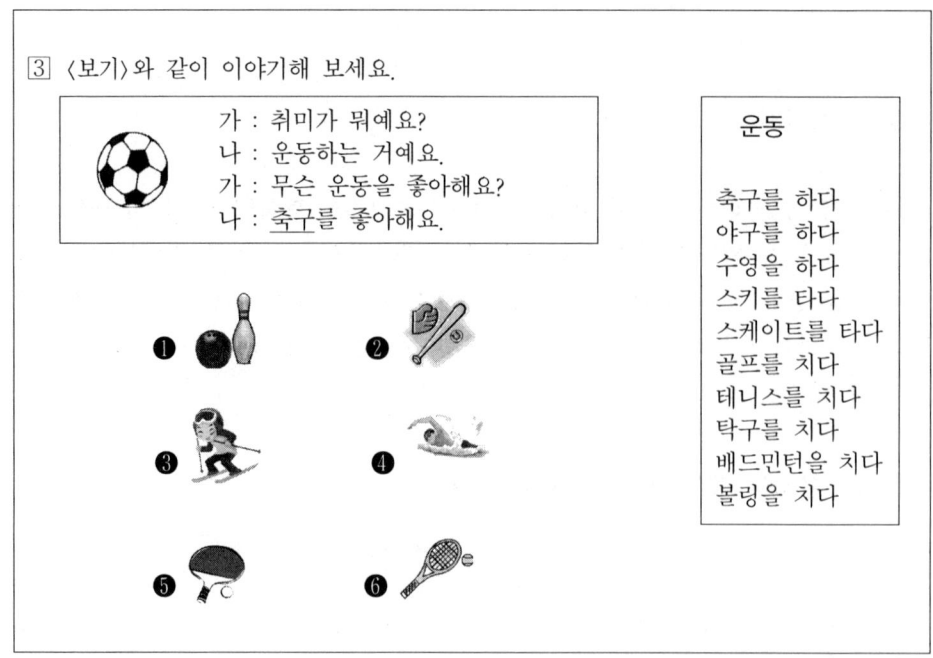

② 문법

앞 절에서 〈문법〉은 한국어의 구조를 이해시키고 연습시키는 부분으로 그 설명은 교육해야 할 내용은 반드시 포함하되, 최대한 단순화하여 장황하지 않게 설명

---

11) 고려대(2008) [재미있는 한국어 1]의 12과를 참고하였다. 활동 내용은 동일하나 그림은 필자가 임의로 제시하였고 영어 번역은 삭제하였다. 실제 교재를 스캔하여 제시하려고 하였으나 해상도가 떨어져 활동의 실체를 파악하기 어려웠고 영어 번역을 제시하지 않아도 내용 전달에 문제가 없다고 판단하였기 때문에 이렇게 수정하여 제시한다.

하는 것이 필요하다고 하였다. 또한 문법을 설명한 후에는 목표 문법이 들어 있는 문장을 제시하는 것이 필요한데 이때도 맥락이 없는 상태에서 문장을 고립적으로 제시하기보다는 간단한 대화 형식의 소 의사소통 상황 안에서 문장을 제시함으로써 유의미한 맥락 속에서의 문법의 사용을 익히게 하는 것이 중요하다고 하였다.

그리고 문법 설명과 제시문을 통해 문법에 대한 이해가 끝난 후에는 해당 문법을 구사할 수 있는 연습을 할 수 있는 기회를 제공해야 한다고 하였다. 여기에서는 먼저 제시 부분의 예를 살펴보도록 하자.12)

<-(으)ㄹ래요>

1) '-(으)ㄹ래요'는 동사 어간 뒤에 붙어 의향을 나타내는 종결 어미이다. 서술문에서는 화자의 의향을 나타내고, 의문문에서는 상대방의 의향을 묻는다.

　　　　가 : 수미 씨, 뭐 마실래요?
　　　　나 : 저는 커피를 마실래요.

2) 어간의 마지막 음절에 따라 다음과 같이 구분되어 사용된다.
　　a) 어간이 모음이나 'ㄹ'로 끝날 때는 '-ㄹ래요'를 사용한다.
　　b) 어간이 'ㄹ' 이외의 자음으로 끝날 때는 '-을래요'를 사용한다.

　　(1) 가 : 뭐 마실래요?
　　　　나 : 커피를 마실래요.
　　(2) 가 : 무슨 음식을 만들래요?
　　　　나 : 김치찌개를 만들래요.
　　(3) 가 : 빵을 먹을래요?
　　　　나 : 네, 먹을래요.
　　(4) 가 : 책을 읽을래요?
　　　　나 : 네, 책을 읽을래요.
　　(5) 가 : 내일 산에 _____?
　　　　나 : 아니요, _____.
　　(6) 가 : 음악을 _____?
　　　　나 : 네, _____.

---

12) 고려대(2008) [재미있는 한국어 1]의 6과를 참고하였다. 본 교재에는 예문을 제외하고 모두 영어로 제시되어 있으나 여기에는 한국어로 바꾸어 제시하였다.

다음은 연습의 예이다.13)

---

5 〈보기〉와 같이 이야기해 보세요.

| 축구/야구 | 가 : 축구를 좋아해요?
나 : 네, 그렇지만 <u>축구</u>보다 <u>야구</u>를 더 좋아해요. |

❶ 탁구 / 볼링　　　　　　❷ 스케이트 / 스키
❸ 테니스 / 배드민턴　　　❹ 수영 / 축구
❺ 산책 / 등산　　　　　　❻ 영화 / 연극

6 〈보기〉와 같이 이야기해 보세요.

| 음악 듣다/
노래 부르다 | 가 : 음악 듣는 거 좋아해요?
나 : 네, 그렇지만 <u>음악 듣는 거</u>보다 <u>노래 부르는 걸</u> 더 좋아해요. |

❶ 축구하다 / 축구 경기 보다　　❷ 영화 보다 / 운동하다
❸ 그림 구경하다 / 그림 그리다　❹ 책 읽다 / 텔레비전 보다
❺ 춤 추다 / 음악 듣다　　　　　❻ 사진 찍다 / 컴퓨터 게임 하다

　기존에 개발된 교재에서 주로 다루어진 문법 연습은 제시된 문법 항목을 사용해 문장을 완성하거나 문장을 생성하는 형태로, 쓰기를 통해 수행되는 경우가 대부분이었다. 그러나 위에 제시한 교재의 경우는 문법 연습을 말하기로 수행하게 한다는 데에서 기존의 교재와 차이가 있다. 문법 연습의 목표가 해당 문법을 형태적 연습과 유의적 연습을 통해 내재화시킴으로써 실제 유의미한 맥락에서 사용할 수 있도록 하는 데 있다면 앞서 제시한 교재의 문법 연습의 예는 특히 구어 의사소통 능력 신장에 크게 기여할 것으로 보인다. 이는 최근 개발되는 통합 교재의 주된 목표가 구어 의사소통 능력의 신장이라는 것을 고려할 때도 매우 유의미한 연습 활동이라고 할 수 있겠다.

③ 과제

　〈과제〉는 의사소통 활동 부분으로, 말하기, 듣기, 읽기, 쓰기 활동으로 이루어지는데 주어진 대화문이나 글을 모방해 유사한 발화를 생성해 내는 활동이어서는 안

---

13) 고려대(2008) [재미있는 한국어 1]의 12과 중 '-보다'의 연습이다.

되고 학습자 스스로가 자신의 언어 지식을 적극적으로 활용해 창조적으로 담화를 구성해 내는 활동이 되어야 한다고 하였다. 그러나 과거에 개발된 교재의 경우 비록 과제라고 활동을 명시하고 있어도 특정한 의사소통 목적 없이 어휘나 문법을 활용해 보는 연습의 차원을 벗어나지 못하거나 의사소통 목적이 있다고 하더라도 모범 예문에 표현을 바꿔 말하게 함으로써 유사 발화를 생성하는 데 그치는 활동이 많았다. 그러나 최근에는 학습자 스스로 창조적인 언어 사용을 할 수 있도록 하는 과제들이 등장하고 있다. 그러한 과제의 예를 제시하면 다음과 같다.14)

<말하기>

① 수미와 린다는 이번 주에 만나고 싶어합니다. 여러분이 수미와 린다가 되어 약속을 해 보세요.

1) 아래는 수미와 린다의 수첩입니다. 그리고 지금은 3일 오전 열 시입니다. 여러분이 역할을 하게 된 사람의 수첩에 적힌 일정을 보고, 친구와 언제 만나서 무엇을 하는 것이 좋을지 생각해 보세요.

수미의 수첩		린다의 수첩	
3일(월)		3일(월)	7시 마이클 씨
4일(화)		4일(화)	
5일(수)	2시-3시 시험	5일(수)	
6일(목)		6일(목)	
7일(금)	2시 서울극장	7일(금)	9시-11시 시험
8일(토)		8일(토)	5시 교코 씨
9일(일)		9일(일)	

2) 친구와 언제 어디에서 만나서 무엇을 할지 약속하는 대화를 나눠 보세요.

② 여러분의 반에 있는 친구와 약속하는 대화를 나눠 보십시오.
  1) 이번 주말까지의 자신의 일정을 생각해 보십시오.
  2) 누구에게 무슨 제안을 할지 생각해 보십시오.
  3) 친구에게 제안을 하고 약속을 해 보십시오. 그리고 친구에게서 제안을 받고 약속을 해 보십시오.

---

14) 여기에서는 지면 관계 상 말하기 과제만 제시하기로 한다. 말하기 과제만으로도 과제의 개념과 구성 원리 등의 요건을 살필 수 있기 때문이다. 여기에 제시하는 과제는 고려대 (2008) [재미있는 한국어 1]의 7과를 참조하였다. 교재에는 수첩의 메모를 제외하고는 모든 지시문이 영어로 제시되어 있으나 여기에서는 한국어로 바꿔 제시한다.

지금까지 한국어 교재의 단원 구성의 실례를 살펴보았다. 이를 통해 최근의 한국어교육이 지향하는 바가 학습자의 한국어 의사소통 능력을 기르는 것임을 다시 한번 확인할 수 있었다. 그리고 이러한 목표를 달성하기 위한 노력들이 최근에 개발되는 교재에 비교적 잘 드러나 있음을 살펴보았다.

2.4. 한국어 교재의 활용

한국어 교재가 특수한 학습자 집단의 요구를 반영해 개발되었다고 하더라도 특정한 한국어교육 환경에서 사용하려고 하는 경우 교육 여건에 맞지 않는 경우가 많다. 따라서 한국어 교사는 교육 목적, 교육 대상, 교육 여건 등을 고려해 적합한 교재를 선택할 수 있어야 하고 이를 교육 현장에서 효율적으로 사용할 수 있도록 교재를 개작하거나 재구성할 수 있는 능력을 가지고 있어야 한다. 그러나 교재의 선택과 개작 그리고 사용에 대한 연구는 교재 관련 연구 중 가장 미진한 분야라고 할 수 있다. 한국어 학습자의 급격한 증가, 학습 목적의 다변화, 학습자 집단의 다양화 등으로 교재 개발 요인이 증가하는 데 비해 맞춤형 교재 개발이 그 요구를 따라가기 어려울 경우를 고려해 현장의 교사들에게 도움을 주기 위해서 앞으로 활발히 논의되어야 할 부분이다. 여기에서는 김정숙 외(2006:310-314)의 논의를 참고해 교재를 선택할 때 고려해야 하는 사항과 선택한 교재를 효율적으로 개작하는 방법에 대해 간단하게 소개하도록 하겠다.

2.4.1. 교재의 선택

많은 한국어 교재 중에서 사용할 만한 교재를 선택하는 것이 쉬운 일은 아니다. 그렇다면 교육 목적과 여건에 적합한 교재를 선택하기 위해서는 무엇을 기준으로 교재를 평가해야 하는가? Grant(1987:120)는 교재 평가를 위한 항목으로 다음의 기준을 들었다(CATALYST)[15].

  Communication: 의사소통 능력을 향상시킬 수 있도록 고안되었는가?
  Aims: 교육 목적에 얼마나 부합되는가?

---
15) 최정순(1997)에서 재인용.

Teachability:	교육 여건을 고려했을 때 사용 가능한 교재인가?
Available adds-ons:	교사용 지침서나 학습자용 워크북, 테이프, 평가 자료 등이 보조 교재로 제공되는가?
Level:	학습자의 숙달도 수준에 적합한가?
Your impression:	교재 전체 과정에 대한 인상이 어떠한가?
Student interest:	학습자들이 흥미를 가지고 배울 만한 내용과 방법으로 교재가 구성되어 있는가?
Tried and tested:	실제 교실에서 검증된 적이 있는가?

그리고 이해영(1999)은 Cunningsworth(1995)의 교재 개작을 위한 체크 리스트를 응용하여 다음과 같이 한국어 교재 분석을 위한 항목을 설정하였다.

- 교재가 학습자들의 욕구(needs)를 반영하는가?
- 주제가 학습자들의 동기화를 유발할 만하고, 관련성, 적용 및 전이성이 높은가?
- 문법 항목, 발음, 억양 등 언어 항목의 난이도, 개념 제시, 연습, 활용 등이 언어의 네 가지 기술과 결합되어 있는가?
- 말하기, 듣기, 읽기, 쓰기 등이 적절히 통합되어 실제적인 과제와 함께 제시되었는가?
- 진도와 단계, 분량이 자신의 학습자들의 수준에 적합한가?
- 의사소통적 교수법 구현에 적합한가?

위에서 언급된 평가 항목들은 교재 선택을 위한 평가 항목으로 매우 중요하다. 이 중에서 한국어 교재 선택의 주요 기준으로 다음의 네 가지를 설정해 볼 수 있다.

첫째, 교재가 한국어 학습자들의 학습 목적에 적합한 교재인가? 한국어 학습 목적에 따라 학습자들이 배우고자 하는 내용이 다르고, 교재도 개발 목적에 따라 교육 내용과 방법이 크게 다르다. 따라서 아무리 잘 만들어진 교재라 하더라도 한국어 학습자들의 학습 목적과 다른 목적으로 개발된 교재라면 그 학습자에게 결코 유용한 교재가 될 수 없다. 학문 목적의 한국어 학습자에게 일반 목적의 한국어 교재를 사용하거나 한국어 지식이 있는 학습자가 말하기 능력을 집중적으로 기르는 데 일반 통합 교재를 사용한다면 효율적인 한국어 학습 효과를 기대하기 어려울 것이다. 따라서 한국어 교재를 선택하는 중요한 기준으로 학습자들의 한국어 학습 목적에 부합되는 교재인가를 평가해야 할 것이다.

둘째, 교재가 한국어 의사소통 능력 향상에 적합한가? 한국어 학습의 일차적 목표는 한국어 의사소통 능력을 기르는 것이다. 한국어 학습자들이 향상시키고자 하는 언어 기술 영역은 학습 목적에 따라 다를 수 있으나 모든 학습자는 한국어 구조나 문법을 체계적으로 학습하기 위해서가 아니라 한국어 문어나 구어로 의사소통하기 위해 한국어를 배운다. 따라서 학습자의 한국어 의사소통 능력을 향상시키는 데 적합한 교재인가의 여부가 한국어 교재를 선택하는 주요 기준이 될 것이다.

셋째, 교재가 한국어 구조에 대한 설명과 연습을 포함하고 있으며 이것이 의사소통 활동과 연계되는가? 한국어는 많은 학습자에게 낯선 언어이고 대부분의 한국어 학습자는 성인이다. 이러한 이유에서 한국어의 구조에 대한 이해와 연습을 배제하고 과제 중심만으로 학습하는 것은 매우 비효율적일 수 있다. 학습의 효율성을 기대하기 위해서는 교재에 문법과 구조를 이해하고 연습할 수 있는 기회를 포함하는 것이 필요하다. 그런데 이때 중요한 것은 문법을 문법 그 자체로서가 아니라 유의적 맥락에서의 의사소통 활동으로 연계시켜야 한다는 것이다.

넷째, 교재가 한국어 학습자의 요구를 얼마나 잘 반영하고 있는가? 학습 효과를 높이기 위해서는 교재가 학습자가 흥미 있어 하는 내용, 학습하고자 하는 방법 등을 잘 반영한 교재여야 한다. 학습자의 요구를 잘 반영한 교재여야 학습 동기를 자극하여 적극적으로 학습 과정에 참여할 수 있도록 유도할 수 있기 때문이다.

2.4.2. 교재의 개작과 사용

교재에 대한 평가를 거쳐 특정 교재를 교육용으로 선택한 후에는 이 교재를 자신이 교육하는 학습자에 맞게 개작하는 작업이 필요하다. 개작의 기준은 2.3.1에서 언급한 교재 개발의 원리를 따르면 된다. 교재 개작이 필요한 가장 특징적인 경우 몇 가지를 언급하면 다음과 같다.

첫째, 교재가 구조 중심이나 사용 중심 중 어느 한쪽으로 치우쳐 개발된 경우에는 다른 한 쪽을 보완하는 것이 필요하다. 특히 교재에 의사소통 활동을 전혀 포함하고 있지 않은 경우나 구조에 대한 설명이나 연습을 전혀 포함하지 않은 경우라면 빠져 있는 부분에 대한 보완이 절대적으로 필요하다.

둘째, 한 단원 내의 교육 내용들이 의사소통 목표에 수렴하지 않고 제각각 분산적으로 구성되어 있는 경우에는 교육 내용이 하나의 목표를 향해 일관성을 가지고 교육될 수 있도록 교육 내용을 재구성해야 한다. 의사소통 목표와 거리가 있는 항목을 삭제하거나 약화시키는 것이 하나의 방법이 된다. 교재에 들어 있다고 해서 모든 교육 내용을 동일한 비중으로 다루게 되면 자칫 의사소통 목표를 잃어 교육의 초점이 흐려지게 되고, 경우에 따라서는 구조의 학습이 의사소통 활동보다 중요하게 다루어질 수 있기 때문이다.

셋째, 교재의 배열이 부적절하다고 판단되거나 학습자들의 특별한 요구가 있는 경우는 교육 항목의 순서를 조정하는 것이 필요하다. 학습자나 교사가 특정 언어 기능이나 과제, 언어 구조를 먼저 학습하기를 원하는 경우나 교육 항목의 배열을 조정하는 것이 학습 효과를 내는 데 도움이 된다고 판단되는 경우가 이에 해당한다.

넷째, 교재에 제시된 교육 자료가 부적절한 경우에는 적절한 자료로 대체해야 한다. 제시된 자료가 시의성을 갖는 경우 시간이 지나면 부적절한 자료가 되기 쉽다. 또한 지나치게 교육적 자료의 성격을 띠어 실제성이 떨어지는 경우도 부적절한 자료로 평가된다. 이러한 자료는 새로운 자료로의 대체가 필요하다. 한편, 자료를 보충해야 하는 경우도 있는데, 교재에서 특정 주제만 빈번히 다루거나 제시된 자료의 장르가 특정 장르에 치우치는 경우가 이에 해당한다. 이때는 학습자가 다른 주제나 장르의 자료 처리 능력을 높일 수 있도록 하기 위해서 다른 주제나 장르의 자료를 보충하는 것이 필요하다.

다섯째, 의사소통 과제가 단일 언어 기술 활동으로만 이루어져 있는 경우에는 타 언어 기술과 연계한 활동으로 개작하는 것이 필요하다. 의사소통이 본질적으로 기술 통합적인 속성을 가지고 있고, 같은 주제나 기능과 관련된 활동을 통합적으로 수행하는 경우 강화 효과가 크게 나타나기 때문이다.

2.5. 맺음말

여기에서는 교재의 개념과 유형을 살피고 통합 교재를 중심으로 교재 개발의 역사를 정리하고 각 시기별 대표적 교재들의 특징을 제시하였다. 이를 통해 한국어 교육이 본격적으로 이루어진 이래 한국어 교재는 매우 발전적 방향으로 개발되어 왔음을 확인하였다. 그리고 분석 내용을 바탕으로 한국어 교재 개발 원리를 여덟 가지로 제안하고 단원 구성 방안을 제안하였다. 그리고 단원 구성 원리가 어떻게 구현되는지 실제 개발된 교재의 어휘와 문법 그리고 말하기 과제를 통해 살펴보았다. 그리고 현장의 교사들이 교재를 선택하고 사용할 때 고려해야 할 사항들을 간단하게 언급하였다.

이러한 검토가 교재 구성의 원리나 좋은 교재의 특징 그리고 효율적인 교재 활용 방안 등에 대한 통찰을 기르게 하는 데 조금이나마 도움이 될 수 있기를 바란다.

참고문헌

김정숙(1992), 한국어교육 과정과 교과서 연구, 고려대학교 대학원 박사학위 논문.
김정숙(1998), 과제 수행을 중심으로 한 한국어교육 방법론, [한국어교육] 9-1, 국제한국어교육학회.
김정숙(1998), 숙달도 배양을 위한 한국어교육 원리 및 모형, [이중언어학] 15, 이중언어학회.
김정숙(2003), 통합 교육을 위한 한국어 교수요목 설계 방안 연구, [한국어교육] 14-3, 국제한국어교육학회.
김정숙 외(2006), [한국어교육 총서 5 "한국어 교재론" 개발 최종 보고서], 한국어 세계화 기반 구축을 위한 2005년도 한국어 국외 보급 사업, 문화관광부·한국어세계화재단.
노명완(2001), 한국어교육을 위한 교재론, [외국인을 위한 한국어교재], 한국어세계화추진위원회 제2차 한국어 세계화 국제학술대회 발표논문집.
라혜민, 우인혜(1999), 한국어 교재의 효율적 개발 방향, [한국어교육] 10-2, 국제한국어교육학회.
민현식(2000), 한국어 교재의 실태 및 대안, [국어교육연구] 7, 서울대 국어교육연구소.
박영순(2003), 한국어 교재의 개발 현황과 발전 방향, [한국어교육] 14-3, 국제한국어교육학회.
방성원(2000), 통합 교수를 위한 한국어 교재 개발 연구, [한국어교육] 11-2, 국제한국어교육학회.
백봉자(2001), 교재와 교수법을 통해 본 한국어교육의 역사, [말] 25-1, 연세대학교 한국어학당.
원진숙(2000), 숙달도 배양을 위한 한국어 교재의 단원 구성 체제 개선 방안, [이중언어학] 17, 이중언어학회.

이유경(2005), 외국인의 한국어 학습서 연구, [한국어교육] 16-2, 국제한국어교육학회.
이지영(2004), 근현대 한국어 교재의 사적 고찰, [국어교육연구] 13, 서울대학교 국어교육연구소.
이지영(2005), 교재의 연구사와 변천사, [한국어교육론] I, 한국문화사.
이해영(1999), 통합성에 기초한 교재 개작의 원리와 실제 - 듣기 능력 향상을 위한 모색, [한국어교육] 10-2, 국제한국어교육학회.
이해영(2001), 학습자 중심 수업을 위한 교재 분석, [한국어교육] 12-1, 국제한국어교육학회.
이해영(2001), 한국어 교재의 언어 활동 영역 분석, [한국어교육] 12-2, 국제한국어교육학회.
조항록(2003), 한국어 교재 개발을 위한 기초적 논의, [한국어교육] 14-1, 국제한국어교육학회.
조항록(2005), 외국어로서의 한국어교육사, [한국어교육론] I, 한국문화사.
최정순(1997), "개발자(Developer)"로서의 교사 - 교재 개발 및 교육과정 개발에서의 교사의 역할, [한국말교육] 7, 국제한국어교육학회.

제4부
한국어 교수법과 평가

1. 한국어 교수법의 일반 원리
2. 한국어 교수법의 흐름
3. 한국어 능력 평가

1. 한국어 교수법의 일반 원리

1.1. 개관

1980년대까지 한국어교육은 주로 문법번역식 교수법이나 청각구두식 교수법과 같은 전통적 교수법에 의해 이루어지다가 1990년대 들어 의사소통적 접근법을 비롯한 다양한 교수법의 원리가 한국어교육과 교재 개발에 적용되기 시작하였다. 한국어교육과 관련된 연구 성과를 살펴볼 때 1990년대 들어 '의사소통 능력'이나 '숙달도', '담화 능력', '맥락', '학습자 중심' 등의 용어가 논문의 주제어로 자주 등장하는 것을 확인할 수 있는데, 이는 이 시기 들어 한국어 교수법의 흐름이 크게 바뀌었음을 나타내는 하나의 징표라 할 수 있다.

본 논문에서는 최근의 외국어 교육 이론과 한국어교육의 이론 및 실제를 반영해 한국어 교수법의 일반 원리를 제시하고자 한다. 이를 위해 먼저 의사소통 능력과 관련된 개념을 살펴보고 한국어교육의 모형을 검토할 것이다. 그리고 한국어 교수 방법뿐만 아니라 교육 내용까지 포함시켜 한국어 교수법의 원리를 살펴볼 것이다.

1.2. 의사소통 능력과 한국어교육의 내용

한국어교육의 목표와 내용을 설계할 때 반드시 살펴보아야 할 개념은 의사소통 능력(communicative competence)과 숙달도(proficiency)로, 이들 용어는 한국어교육의 목표와 내용을 다루는 연구의 출발점으로 다양하게 활용되고 있다. 이는 바꾸어 말하면, 한국어 구사 능력이 무엇인지를 밝혀내는 것이 한국어교육의 목표와 내용을 결정하는 데 가장 기본적인 출발점이 된다는 것이다.

1960년대 말까지 외국어 교육의 주된 대상은 문법과 어휘였다. 따라서 문법번역식 교수법이나 청각구두식 교수법에서는 교육의 방법은 달랐으나 교육의 핵심은 목표어의 구조와 어휘를 익혀 이를 통해 정확하게 의사소통할 수 있도록 하는 데 있었다. 그러나 이러한 문법 중심의 외국어 교수법은 의사소통 능력을 향상시키는 데 한계를 나타냈으며, 또한 전통적 교수법의 존재 근거가 되었던 언어 구조와 기능·의미의 일대일 대응에 대한 비판적 의견이 제기되고 담화 맥락에 따라 언어 사용의 양상이 달라지는 데 대한 인식이 생기며 외국어 교육의 목표나 내용이 좀 더 확대되기에 이르렀다. 이러한 결과 나온 개념이 의사소통 능력(communicative competence)이다. 이를 계기로 외국어 교육의 대상이, 문법을 정확하게 이해하고 생성할 수 있는 언어 능력(linguistic competence)에서 벗어나 특정 맥락이나 상황에서 적절하게 언어를 이해하고 사용할 수 있는 능력인 의사소통 능력(communicative competence)으로 변화하였고, 여기에서는 언어의 구조나 형태가 아니라 언어의 의미와 기능이 중요시 되게 되었다. 1980년대 들어서는 언어 능력 평가와 관련해 숙달도(proficiency)라는 개념이 나타났다. 의사소통 능력이 촘스키(Chomsky)의 언어 능력에 비해 확장된 범위에서 인간의 의사소통 능력을 규정하기는 하나, 이는 매우 추상적인 체계로서 그 자체로 측정 가능한 것은 아니다. 따라서 측정 가능한 언어 사용의 실체로 인간의 언어 능력을 설정한 것이 숙달도이며, 의사소통 능력과 숙달도는 이러한 점에서 능력(competence)과 수행(performance)으로 구분된다.

위에서 언급한 바와 같이 의사소통 능력과 숙달도는 구분되지만, 이들 개념에서 나타나는 공통적인 특질을 통해 우리는 한국어교육이 추구하는 목표, 교육 내용 등을 설정할 수 있다. 이를 위해 본 절에서는 의사소통 능력과 숙달도의 개념에 대해 보다 구체적으로 살펴보고, 이를 바탕으로 한국어교육의 목표와 내용을 설정하고자 한다.

의사소통 능력이라는 개념에 근거한 의사소통적 접근법이 1970년대 이후 외국어 교육의 주류 교수법 중 하나로 사용되면서, 의사소통 능력에 대한 개념도 사비뇽(Savignon), 커넬(Canale), 위도슨(Widdowson) 등, 많은 학자에 의해 연구되고 정의되었다.

사비뇽(1972)은 의사소통 능력(communicative competence)을 언어 지식을 공유하는 둘 이상의 화자 간의 의미 협상에 관련된 동적인 개념이라고 보았다. 그리고 의사소통의 본질을 협상(negotiation)으로 파악하고, 의사소통을 인간 내적인 특성이 아닌 인간 상호간의 특성으로 규정하였다. 또한 사비뇽은 의사소통 능력이 구어뿐만 아니라 문어, 구어에 모두 해당되는 것으로 보았고, 의사소통이 일어나는 특정 상황이나 맥락을 중요시하였다. 그리고 '능력(competence)'과 '수행(performance)'의 차이를 분명히 하여 '능력'을 아는 것, '수행'을 수행하는 것이라고 규정하고, '능력'만이 관찰될 수 있는 것이고, '수행'을 통해서만 '능력'이 발달되고 유지되고 평가될 수 있다고 보았다.

커넬(1983)은 의사소통 능력을 특정 담화 맥락에 적절하게 언어를 사용할 수 있는 능력으로 파악하고 하위 범주를 문법적 능력(grammatical competence), 사회언어학적 능력(sociolinguistic competence), 담화 능력(discourse competence), 전략적 능력(strategic competence)으로 설정하였다.

1) **문법적 능력**: 언어 기호를 얼마나 정확하고 정밀하게 사용할 수 있는가와 관련된 능력. 문법적 능력을 갖춘 사람은 어휘, 발음 규칙, 철자법, 단어 형성, 문장 구조 등의 언어학적 기호를 사용해 문법적으로 올바른 문장을 이해하고 생성해 냄.

2) **사회언어학적 능력**: 발화가 이루어지는 사회적 맥락이나 담화 상황에 적절하게 언어를 사용하거나 이해할 수 있는 능력. 담화 맥락이나 상황, 대화 상대자 등이 발화의 태도나 화법, 격식의 적절성을 결정함.

3) **담화 능력**: 조리 있고 논리적이며 짜임새 있게 담화를 이해하고 구성해 낼 수 있는 능력으로, 형식 상의 결속과 의미적 응집을 이루기 위해 아이디어를 이해하고 조직하는 능력을 이름. 즉, 텍스트 표층의 구성 요소들이 하나의 연쇄 속에서 상호 연관 짓는 방식인 형태적인 결속(cohesion)과 내용상의 일관성이나 논리적 연결과 같은 응집성(coherence)을 이루기 위해 아이디어를 조직하는 능력.[1] 담화능력을 갖춘 사람은 지시어, 담화 표지, 대체어 등의 형식적 응집 장치나 내용적 결속 장치를 이용하여 의미적 완결성과 통일성이 있는 담화를 구성해 내고 이해할 수 있음.

4) **전략적 능력**: 의사소통 효과를 높이거나 의사소통 장애를 극복하기 위해 사용하는 언어적·비언어적 전략의 구사 능력. 반복 요청하기, 의미 확인하기, 풀어 말하기, 정형화된 표현 사용하기, 모국어 어휘 사용하기, 몸짓 이용하기 등이 여기에 해당함.

커넬과 스웨인(Canale & Swain, 1980)에서는 '의사소통 능력(communicative competence)'이라는 용어를 언어에 대한 보다 포괄적인 기저지식의 의미로 사용하였으나, 커넬(1983)에서는 언어에 대한 포괄적인 기저지식뿐만 아니라 의사소통적

---

[1] 결속성과 응집성에 대한 자세한 내용은 박영순(2007:175-214)을 참조할 것.

언어 사용, 혹은 실제 의사소통 상황에서의 언어 수행 정도까지도 '의사소통 능력'으로 파악하였다.

바흐만과 팔머(Bachman & Palmer, 1996)는 의사소통적 언어능력(communicative language ability)을 우리가 언어로 의사소통을 할 때 사용하는 지식인 언어 지식(language knowledge)과 언어 지식이 의사소통 상황에서 구현될 때 작동하는 정신적 작용인 전략적 능력(strategic competence)으로 구성된다고 보고, 다음과 같이 하위 구성요소를 설정하였다.

1) 언어 지식(language knowledge)
   ① 구성적 지식(organizational knowledge): 텍스트의 구성과 관련된 지식.
      • 문법적 지식(grammatical knowledge): 개개의 발화나 문장을 조직하는 것과 관련된 지식.
      • 텍스트 지식(textual knowledge): 문장이나 발화가 어떻게 텍스트로 조직되는가와 관련된 지식.
   ② 화용적 지식(pragmatic knowledge): 맥락이나 의도가 의미 형성과 어떻게 연관되는가와 관련된 지식.
      • 명제적 지식(propositional knowledge): 문장이나 발화가 명제적 지식과 어떻게 연관되는가와 관련된 지식.
      • 기능적 지식(functional knowledge): 문장이나 발화가 발화 생산자의 의도와 어떻게 연관되는가와 관련된 지식.
      • 사회언어학적 지식(sociolinguistic knowledge): 문장이나 발화가 언어의 사용 맥락과 어떻게 연관되는가와 관련된 지식.

2) 전략적 능력(strategic competence)
   ① 목표 설정(goal setting): 달성하고자 하는 하나 이상의 의사소통 목표를 설정하고 선정하며, 선정된 의사소통 목표를 달성하기 위한 시도의 수행 여부를 결정하는 것.
   ② 판단(assessment): 특정 목표의 달성이 가능한 맥락을 결정하고, 특정 맥락에서의 목표 달성에 무엇이 필요한가를 결정하며, 어떤 언어 지식과 스키마가 목표를 수행하는 데 유용한가를 결정하는 것.
   ③ 계획(planning): 주어진 의사소통 목적 수행을 위해 관련된 언어 지식 영역을 선정하고 발화의 생산과 수용에서 이들 영역을 보충하기 위한 계획을 수립하는 것.

한편, 1980년대 들어 숙달도(proficiency)라는 용어가 외국어 능력 평가에 본격적으로 사용되기 시작하면서 외국어 교육에서도 중요한 의미를 갖게 되었다. 물론 숙달도라는 용어는 언어 구조, 즉 문법에 대한 능숙도를 나타내기 위해 이전에도 사용되어 왔는데, 1980년대에 들어서는 '언어를 이용해 무언가를 수행할 수 있는 능력의 정도'를 나타내는 개념, 즉 언어의 기능적 측면을 강조한 개념으로 인식되며 새로운 의미를 갖게 되었다. 즉, 숙달도는 언어 능력이 아닌 실제 의사소통 상황에서의 언어 수행 능력을 말하는 것이다.

ACTFL(American Council on the Teaching of Foreign Languages, 1986·1999)에서 규정한 숙달도의 개념을 살펴보면 숙달도가 무엇인지, 숙달도를 구성하는 요인에는 어떤 것들이 있는지 파악할 수 있다. ACTFL은 숙달도의 하위 범주로 과제/기능(task/function), 맥락(context), 내용(content), 정확성(accuracy), 담화 형태(text type)를 제시하였다.

1) 과제/기능(global tasks/function): 화자가 그 언어로 수행할 수 있는 실제적 과제.
   예 인사하기, 나열하기, 설명하기, 논쟁하기, 주장하기

2) 맥락(context): 화자가 언어를 사용하는 환경 및 조건.
   예 예측 가능한 일상적 맥락, 사회적 맥락, 친숙한 맥락, 낯선 맥락

3) 내용(content): 대화의 화제나 주제.
   예 취미, 날씨, 직업, 교육제도, 국제관계

4) 정확성(accuracy): 전달되는 메시지의 수용가능성, 질, 정교성 등을 말하는 것으로, 유창성, 문법, 발음, 어휘, 화용적 능력, 사회언어학적 능력 등을 포함함.
   예 외국인에게 친숙한 모국어 화자도 이해하기 힘든 정도의 정확성, 대부분의 모국어 화자가 별 어려움 없이 이해하는 정도의 정확성

5) 담화 형태(text type): 담화의 양과 구조.
   예 단어, 구, 문장, 문단, 확장된 문단

한편, 미국에서는 '외국어 학습을 위한 국가 기준(The standards for foreign language learning, 1996)'을 제정하고 의사소통(Communication), 문화(Culture), 연계(Connection), 비교(Comparison), 공동체(Communities)를 학습 목표로 제시하였는데, 이는 다른 사람과의 의사소통, 타문화에 대한 이해, 광범위한 분야에서의 정

보 획득과 처리를 목적으로 한 언어 사용을 강조하는 목표의 집합으로 이해할 수 있다.

1) 의사소통(Communication): 영어 이외의 외국어 사용에 능통할 것.
2) 문화(Culture): 외국의 문화에 대한 지식과 이해를 터득할 것.
3) 연계(Connection): 외국에 대한 각종 학과목을 외국어로 습득하여 지식과 정보를 넓힐 것.
4) 비교(Comparison): 내 것과 남의 것의 비교를 통해 언어와 문화의 본질을 통찰할 것.
5) 공동체(Communities): 국내외의 다언어, 다문화 사회에 참여할 것.

한편, 유럽공통참조기준(Common European Framework of Reference, 2001)에서는 언어 사용능력을 다음과 같이 범주화하고 있다.[2]

1) 일반적 능력
   ① 선언적 지식(상식, 사회문화적 지식, 상호문화적 의식)
   ② 기능과 노하우(실용적 기능, 상호문화적 기능)
   ③ 개성과 관련된 능력(태도, 동기, 가치관, 신념, 인지적 스타일, 성격 등)
   ④ 학습능력(언어와 의사소통에 대한 의식, 음성에 대한 의식과 능력, 학습기술, 발견능력)

2) 의사소통적 언어능력
   ① 언어적 능력(어휘, 문법, 의미, 음운, 정서법, 정음학)
   ② 사회언어적 능력(사회적 관계의 언어 표지, 예의 관습, 관용어·격언, 인용문, 속담 등, 언어사용역, 언어의 변이형)
   ③ 화용적 능력(담화능력, 기능적 능력)

3) 의사소통적 언어활동[3]
   ① 수용 활동

---

[2] 유럽공통참조기준에서는 '언어사용의 방법과 언어 습득'을 다음과 같이 기술하고 있다. "언어 사용(언어 학습 포함)은 인간이 개인으로서, 또 사회적 행위자로서 일반적 능력을 발전시키고 특히 의사소통적 언어능력을 발전시키는 행위이다. 인간은 다양한 생활 영역에서 나온 주제에 대해 텍스트를 산출하거나 수용하기 위해 언어처리과정이 관여되는 언어활동을 할 수 있는데, 이렇게 다양한 맥락과 조건 속에서 언어능력을 이용하는 것이다. 이때 인간은 과제를 수행하는 데 가장 적당하다고 생각하는 전략을 구사하며, 이런 의사소통 활동에서 얻은 경험으로 능력을 강화하거나 변질시킬 수 있다."
[3] 학습자나 언어 사용자의 의사소통적 언어능력은 이 의사소통적 언어활동을 통해 활성화된다.

② 표현 활동
         ③ 구어·문어 상호행위
         ④ 언어중개 활동(번역이나 통역 활동)

    4) 생활영역
         ① 공적 영역
         ② 사적 영역
         ③ 교육 영역
         ④ 직업 영역

    5) 의사소통적 과제, 전략, 텍스트

1.3. 한국어교육의 목표와 내용

 위에서 살펴본 의사소통 능력, 의사소통적 언어 능력, 숙달도, 미국의 외국어 학습을 위한 국가 기준, 유럽공통참조기준의 언어 사용능력 등은 그 자체가 교육과정이 아니며, 교육과정 설계를 위한 지침이나 교수법을 의미하는 것도 아니다. 그러나 그것이 함축하고 있는 내용들은 외국어 교육에 매우 중요한 근거와 방향성을 제공하고 있다.
 이들 용어들은 그 명칭과 개념에서 부분적으로 차이를 보이기는 하나, 언어 능력을 언어 사용법에 대한 지식으로 이해하는 데서 벗어나 특정 사회문화적 맥락 속에서 적절한 담화 유형·단위를 이용해 목표로 하는 언어 기능을 수행하고 의미를 표현하는 능력으로 보고 있다는 점에서 공통점을 보인다. 따라서 각 용어가 하위 구성 요소에 있어서는 약간의 차이를 나타내고 있으나, 그 내용 면에서는 언어의 기능적 측면, 내용적 측면, 형식적 측면, 사회언어학적 측면, 담화적 측면을 모두 담고 있다는 점에서 공통된다. 따라서 이들에 근거해 한국어교육 내용의 범주를 다음과 같이 설정할 수 있다.

〈표 1〉 한국어교육의 범주

범주	내용
기능/과제	과제 수행 능력
내용	주제나 문화에 대한 이해 및 표현 능력
사회언어적 요소	담화 맥락에 적합한 한국어 구사 능력
담화	응집성, 결속성 있는 담화 구성 능력 한국어 담화의 특성에 맞는 담화 구성 능력
언어	어휘, 문법, 음성4), 표기법 등의 구사 능력
태도	준언어와 비언어적 표현의 구사 능력

1.4. 한국어교육의 모형

1970년대 이후, 의사소통 능력이나 숙달도 개발을 목적으로 한 많은 외국어 교수법은 이전의 교수법과는 달리 교육의 초점을 언어 형태에서 의미나 기능으로, 교육의 결과에서 교육의 과정으로 옮겼다. 이러한 시대적인 흐름을 반영하듯 1990년대 이후 한국어교육에서도 '의사소통 능력 배양'을 목적으로 하거나 '과제 수행 중심'이라는 방법론을 내세운 연구나 교재 개발이 늘고 있으며, 교육 현장에서도 한국어 형태에 대한 교육이 약화되고 의사소통 활동의 비중이 커지고 있음을 확인할 수 있다. 즉, 한국어 교재나 교수법이 전통적인 교수 모형인 PPP(Presentation-Practice-Product) 모형에서 벗어나 의사소통 활동 중심인 TTT(Task-Teach-Task) 모형 쪽으로 기울어지고 있는 것이다. 이에 본 장에서는 TTT 모형이 한국어교육에 적합한지에 대해 검토하고, 한국어교육의 특성을 고려한 교육 모형에 대해 살펴보고자 한다.

1.4.1. PPP 모형과 TTT 모형

PPP(Presentation-Practice-Product) 모형은 '학습자에게 알지 못하는 것이 있다'는 전제에서 출발해 새로운 지식을 채워 주는 교육 모형이다.

---

4) 분절음의 정확한 발음, 자연스러운 억양과 어조의 구사는 언어 영역에 포함되나, 목소리의 크기, 발화 속도 등은 태도 영역에 포함된다.

| 제시(Presentation) | ⇨ | 연습(Practice) | ⇨ | 산출(Production) |

 PPP 모형은 구조주의적 관점에서의 언어 교육 모형으로, 학습자들이 새로운 언어 형태에 대해 이해할 수 있도록 설명하는 제시 단계(Presentation), 학습자들이 이해한 내용을 바탕으로 목표 형태를 내재화할 수 있도록 반복 훈련을 시키는 연습 단계(Practice), 앞의 두 단계를 통해 익힌 언어 형태를 의사소통을 목적으로 사용해 보는 산출 단계(Production)로 구성된다. 이 모형을 이용한 교육은 학습자에게 새로운 내용을 교육하는 활동을 중심으로 이루어지게 되며, 사전에 결정된 교육 내용을 교사가 중심이 되어 학습자에게 전달하는 방법을 사용함으로써 학습자들은 학습의 주체가 되기보다는 수동적인 역할에 머무르게 되는 경우가 많다. 또한 이 모형은 학습자에게 새로운 내용을 가르치고, 그 결과 학습자가 알게 되거나 수행하게 될 결과에 관심을 가지는 지극히 결과 지향적인 교육 모형이다.
 이와는 달리 TTT(Task-Teach-Task) 모형은 '학습자에게 언어를 수행할 수 있는 능력이 있음'을 전제로 그것을 보다 효율적으로 사용할 수 있도록 강화하려는 시도에 근거한다.

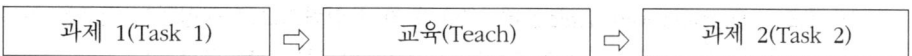

| 과제 1(Task 1) | ⇨ | 교육(Teach) | ⇨ | 과제 2(Task 2) |

 학습자는 불완전하게나마 주어진 과제를 수행하며(Task 1), 이때 발생한 문제나 오류를 보완하고 수정하기 위해 교육(Teach)이 실시되고, 그 후 보다 완전한 형태의 과제 수행(Task 2)이 이루어지는 절차로 진행된다. 문법과 같은 언어 구조에 관한 부분은 사전에 계획될 수도 있으나, 대개의 경우 사전에 계획되어 있지 않은 상태에서 학습자가 첫 번째 과제(Task 1)를 수행할 때 오류로 나타나는 언어 구조가 교육의 대상이 된다. 이때 형태 교육의 방법으로 사용되는 것은 다음과 같은 '형태에 초점을 맞춘 활동(focus on form)'이다(Doughty and Williams, 1998).

 ① **고쳐 말하기(recast)**: 학습자가 잘못 산출한 내용을 교사가 정확하고 유의미하고 적절한 형태로 바꿔 줌으로써 형태에 주목하게 하는 방법.

 ② **입력자료 강화(enhancing input)**: 진하게 표시하거나 다른 색깔로 표시하는 방법 등을 활용해 주목하도록 유도하는 방법.

③ 입력홍수(input flooding): 목표로 하는 문법 항목이 많이 포함된 텍스트를 제시함으로써 학습자가 목표 문법에 주목하도록 하는 방법.

④ 의식상향 과제(consciousness-raising task): 학습자에게 추론을 통해 해결할 만한 자료를 제공한 후, 학습자 스스로 일반화를 통해 규칙을 발견하도록 유도하는 방법.

⑤ 순차적 제시(garden path): 문법 사용에 대한 완전한 정보를 제공하지 않음으로써 오류를 유도해 내고, 학습자가 오류를 일으켰을 때 규칙에 관심을 가지도록 유도하는 방법.

⑥ 입력 처리(input processing): 교사로부터 주어지는 입력을 이해하고 처리하는 유의미한 활동을 수행하게 함으로써 목표 문법에 주목하도록 하는 방법.(예) 교사에 의해 지시되는 내용을 수행하면서 명령문의 형태에 관심을 가지게 하는 방법.)

⑦ 의사소통 과제(communicative task): 특정 문법 항목의 사용이 불가피한 의사소통 과제를 수행하게 함으로써 해당 문법 항목에 주목하게 하고 정확성을 높일 수 있도록 하는 방법.

⑧ 출력 산출(output production): 학습자에게 목표 문법 항목이 포함된 발화를 산출하게 함으로써 형태에 관심을 갖게 하고 정확성을 높일 수 있도록 유도하는 방법.[5]

⑨ 협력 대화(collaborate dialogue): 학습자 간에 협력적으로 구성하는 대화를 통해 형태에 관심을 갖게 하고 정확성을 높일 수 있도록 하는 방법.

이들 '형태 초점' 기법에 의한 형태 교육은 부분적으로는 명시적 교육이 가능할 수 있으나 대체로는 암시적 방법에 의해 이루어진다. 즉 문법에 대한 직접적인 설명이나 반복 훈련이 아닌 학습자의 발견 과정이나 추론 과정을 통해 규칙이 인지되고 의사소통 활동 속에서 규칙이 내재화되는 것이다. 따라서 TTT 모형을 이용한 한국어교육은 '의사소통 지향, 학습자 중심적, 과정 지향적' 특성을 갖는다.

---

[5] 이전에는 학습자에게 좋은 입력을 제공하는 것이 언어 능력을 향상시키는 데 중요하고 충분한 조건이라고 생각했으나(Krashen), 정확하고 적절한 생성력을 기르는 데는 좋은 입력을 제공하는 것만으로는 부족하고 산출 활동을 하도록 하는 것이 중요하다. '출력 산출'뿐만 아니라 '의사소통 과제'와 '협력 대화'도 정확한 생성 능력을 기르는 데 도움을 줄 수 있는 적극적인 활동 기법으로 볼 수 있다.

1.4.2. 한국어교육에 적합한 모형

이상에서 살펴본 바와 같이 PPP 모형과 TTT 모형은 각각 '구조 중심, 결과 지향, 교사 중심, 학습'과 '의사소통 중심, 과정 지향, 학습자 중심, 습득'의 대조적 특성을 지닌다. 제2언어 습득론의 관점에서 볼 때 TTT 모형을 이용한 한국어교육이 교육 효과 면에서 효율성을 가질 것으로 예상할 수 있다. 그러나 한국어교육 여건에 대한 면밀한 검토 없이 TTT 모형을 받아들이는 것은 위험한 선택일 수 있다. TTT 모형이 한국어교육에 효율적이고, 반대로 PPP 모형이 비효율적인 교육 모형인지에 대한 판단을 하기 위하여는 한국어 교수·학습의 특성을 살펴보는 것이 필요하다.

한국어는 대부분의 학습자들에게 낯선 언어이다. 이들은 대개 성인이 되어서 한국어를 접하게 되고, 한국어 교실에 들어오기 전까지 한국어를 익힐 기회를 거의 갖지 못한다. 즉 한국어에 대한 기본적인 지식과 이해가 부족하고, 완전히 낯선 언어로서 한국어를 배우게 되는 경우가 많은 것이다. 앞서 언급한 바와 같이 TTT 모형은 학습자가 그 언어로 제한적이나마 과제를 수행할 능력을 가지고 있음을 전제로 한다. 이 모형은 한국 내의 영어 학습자와 같이 이미 목표어에 대한 상당한 지식을 가지고 있거나 목표어 환경에 상당 기간 노출되어 불완전하게나마 목표 과제를 수행할 수 있는 경우에는 사용이 가능하다. 이를 한국어교육으로 바꾸어 생각하면, 외국 대학에서 한국어를 1~2년 정도 사용법 중심으로 학습하고 한국에 유학 온 학습자나 가정에서 한국어에 상당 기간 노출되어 있던 해외동포 학습자들에게는 TTT 모형을 이용한 한국어교육이 효율적일 수 있는 것이다. 그러나 한국어에 대한 지식이 없거나 부족한 학습자는 TTT 모형을 이용해 의사소통 능력을 향상시키는 데 한계가 있다. 이들이 TTT 모형을 이용해 한국어를 학습하는 데는 구조에 대한 이해와 연습에 기반해 의사소통 활동을 할 때와 비교해 훨씬 많은 시간과 노력이 요구된다. TTT 모형이 '형태 초점' 기법을 활용해 형태(문법) 교육에 관심을 가지고는 있으나, 연역적 설명이나 통제된 연습과 같은 이해와 규칙의 내재화에 필수적인 활동을 포함하고 있지 않고 대부분의 경우 형태 교육에 대한 치밀한 계획이 없는 상태에서 형태 교육이 이루어지기 때문에 이해와 연습의 토대 위에서 정확한 의사소통 활동이 힘들다는 문제를 가진다.

한국어 학습자의 연령층과 이들이 선호하는 학습 전략도 TTT 모형을 한국어교육에 그대로 사용하기 어렵게 만든다. 한국어 학습자는 해외동포 아동이나 한국에 거주하는 외국인 아동을 제외하고는 대부분이 성인인데, 성인은 기본적으로 자신의 발달된 인지를 활용해 새로운 것을 배우고자 하는 학습 성향을 가지고 있다. 성인은 규칙을 통해 언어를 학습하기를 기대하고, 하나의 언어 규칙을 이해함으로써 무수한 발화를 생성해 내기를 기대한다. 문법에 대한 학습자의 요구는 방성원(2000)의 조사를 통해 확인할 수 있다. 문법을 포함해 네 가지 언어 기술 중 가장 중요하게 학습자고자 하는 요소가 무엇인지를 묻는 질문에, 문법 학습이 가장 중요하다고 응답한 학습자의 수가 13으로, 듣기(13), 말하기(13)와 함께 쓰기(4), 읽기(1)보다 높게 나타났다. 이는 이윤영(2005)에서도 마찬가지로 나타났는데, 문법 교수·학습의 유용성 조사에서 한국어 교사는 〈매우 도움(44.7)-도움(53.2%)-그저 그렇다(2.1%)-별로(0)-전혀(0)〉의 응답 결과를 보였고, 학습자는 〈매우 도움(65.0)-도움(27.7%)-그저 그렇다(4.5%)-별로(2.8)-전혀(0)〉의 순으로 문법 교수·학습이 유용하다고 응답하였다.

한국어교육에서 TTT 모형을 그대로 사용하기 어렵게 만드는 또 다른 원인은 학습자들의 모국어와 다른 한국어의 구조적 특성이다. 한국어는 대부분의 외국인 학습자의 모국어와 구조 면에서 큰 차이를 가진다. 또한 한국어에는 유사한 의미를 나타내거나 기능을 수행하는 다양한 형태가 존재하며, 시제나 품사에 따라 다양한 이형태가 사용된다. 이러한 이유로 형태 초점 기법을 활용해 과제 수행을 중심으로 한국어를 학습하는 것은 매우 힘든 일이다.

이상에서 언급한 세 가지 이유 — 대부분의 한국어 학습자에게 한국어는 낯선 언어이다, 대부분의 한국어 학습자는 성인이다, 한국어는 대부분의 한국어 학습자의 모국어와 구조적인 차이가 크며, 한국어는 형태가 발달한 언어이다 — 를 통해 볼 때 한국어교육에서 TTT 모형을 사용하는 데는 무리가 있다. 교육의 효율성을 판단할 때 우리는 유창성과 정확성, 그리고 학습 속도라는 세 측면을 고려할 수 있다. 즉, 제한된 시간 안에 학습자가 얼마나 유창하고 정확하게 한국어를 구사하느냐에 따라 교육의 효율성이 결정되는 것이다. TTT 모형은 제2언어 습득 이론에 의거해 잘 설계된 교수 모형이기는 하나 효율성 있는 한국어교육을 이끌어 내기에는 부족하다. 비록 PPP 모형이 전통적인 교수 절차를 따르고 있기는 하나, 명시적인 형태 교육에 기반해 의사소통 능력을 기를 수 있는 방법을 취하고 있다는 측면에서 한국어교육에 보다 적합한 방법이라 할 수 있다.

그러나 한국어교육에서 문법 교육을 중요하게 다루어야 한다는 것이 언어 규칙을 설명하기 위해 언어를 분절시키자는 것을 의미하는 것은 아니다.[6] 또한 문법을 문법 그 자체로 교육하는 것을 의미하는 것도 아니다. 교육 목표인 형태가 포함된 언어 덩어리를 학습자에게 제시하여, 그 항목을 이해시키고 연습시킨 후, 다시 이들이 포함된 언어 덩어리로 의사소통 연습을 할 수 있도록 하자는 것이다.

PPP 모형이 한국어교육에서 효율적으로 사용되기 위하여는 방법론적 측면에서 변화가 필요하다. PPP 모형은 '결과 지향적, 교사 주도적' 특성을 가진다. 그러나 '결과 지향적, 교사 주도적' 방법을 활용해서는 의사소통 능력의 향상은 물론 형태 교육도 효율적으로 실시하기 힘들다. 따라서 한국어교육이 효율성을 갖기 위해서는 형태 교육에 기반해 의사소통 활동을 하도록 하는 PPP 모형의 교육 절차는 따르되, 방법론적 측면에서는 '과정 지향적, 학습자 중심적' 방법을 활용해 학습자의 능동적 참여를 이끌어 내도록 하는 것이 중요하다.

1.5. 한국어교육의 원리

최근 한국어교육 현장에서는 의사소통적 교수법을 비롯해 다양한 교수 원리나 기법이 사용되고 있다. 이들은 하나의 고정된 교수법으로서가 아니라 학습자 변인이나 교육 환경 등에 따라 선택적·절충적으로 사용되고 있다. 본 절에서는 한국어교육에서 주요하게 다루어지고 있는 교수법의 기본 원리에 대해 다루고자 한다.

〈원리 1〉 한국어교육 목적에 맞게 교육목표를 설정하고 교육과정을 설계해야 한다.

최근 한국어 교수·학습의 목적이 다양해지면서 하나의 교육과정을 이용해서는 학습자의 다양한 요구를 충족시키기 어렵게 되었다. 이에 따라 학습자나 교육 의뢰인, 교육 정책가 등의 요구를 적극적으로 반영하여 다양한 목적(일반 목적, 학문 목적, 직업 목적)의 한국어 교육과정을 설계하고, 그 틀에 맞춰 한국어를 교육하는 것이 필요하게 되었다.[7]

---

[6] 물론 목표 문법의 이해와 연습 과정에서 분절적인 제시와 연습이 이루어질 수 있으나, 이러한 문법 교육을 의사소통을 위한 전 단계 과정으로 이해한다면 아무 문제가 없을 것이다.
[7] 손호민(2002)은 '다양성 원칙'이라는 이름 하에 학습자가 누구인지, 어느 나라 사람인지, 아동인지, 성인인지, 외국인인지, 교포인지, 무엇을 배우고 싶어하는지, 어떻게 배우고 싶어하는지, 학습자의 한국어 수준이 어떠한지에 따라 교수법이 달라져야 한다고 보고, 철저한 요구

이를 위해서는 교사가 자신의 기준으로 교육 항목을 선정하고 교육 방법을 결정하던 과거의 교사 중심적 교육에서 벗어나 학습의 주체가 되는 학습자를 교육의 중심에 두는 것이 필요하다. 즉, 학습자의 요구(need)와 학습 목표에 대한 조사를 바탕으로 교육 과정을 설정해야 하며, 교육 방법이나 절차도 교사가 일방적으로 결정하는 것이 아니라 학습자의 이전의 학습 스타일 등을 고려해 학습자의 참여 속에 결정해야 한다. 이렇게 함으로써 학습에 대한 학습자들의 자율적, 능동적 참여를 이끌어낼 수 있으며, 학습자들의 내적 동기도 강화할 수 있다.

〈원리 2〉 사용 중심으로 한국어교육을 실시해야 한다.

1.3에서 언급하였듯이 한국어 교수・학습의 주요 목표는 한국어 의사소통 능력의 향상이고, 이를 위하여는 한국어의 사용 활동, 즉 과제가 한국어교육의 핵심이 되어야 한다. 사용 중심의 한국어교육이란 학습자들이 실세계에서 접할 가능성이 높은 맥락과 상황 속에서 실제로 수행할 가능성이 높은 과제나 기능을 수행하고 내용을 처리하는 상호 활동을 중심으로 한국어교육을 한다는 의미이다. 학습자의 실세계에서의 언어 사용을 촉진할 수 있는 의사소통 활동 유형으로는 인터뷰 활동, 정보 찾기 활동, 문제 해결하기 활동, 의사 결정하기 활동, 프로젝트 활동 등이 있으며, 프로젝트 기반 언어 교육(project-based language teaching), 과제 기반 언어 교육(task-based language teaching) 등이 특정 숙달도 단계나 특정 언어 사용 양상을 보이는 학습자들을 대상으로 한 교육을 위해 한국어교육에 적극적으로 활용될 수 있다.

한편 학습자들의 실제 의사소통 상황에서의 과제 수행력을 높이기 위해서는 한국어교육이 되도록 실제적 과제(real-world task) 중심으로 실시되어야 한다. 실제적 과제란 실세계에서 실제로 수행하는 과제를 말한다. 즉, 실세계에서 수행할 가능성이 높은 과제를 교실 활동으로 수행하게 함으로써 유의적 상황에서의 언어 사

조사의 바탕 위에서 상용 한국어, 의학용 한국어, 여행용 한국어 등 특수 목적 학습자를 위한 한국어 교재와 교수법을 개발 해야 한다고 하였다. 이를 포함해 손호민(2002)에서는 한국어 교수, 교육과정 설계, 교재 개발, 언어능력 평가 등에 광범위하게 적용되는 일반 원칙으로 1) 학습자 중심 원칙(learner-centeredness), 2) 맥락 의존 원칙(context basis), 3) 실제 언어 원칙(authenticity basis), 4) 능력 수준 원칙(level basis), 5) 과제 원칙(task/function basis), 6) 정확성 원칙(accuracy concerns), 7) 문화 통합 원칙(cultural integration), 8) 기능 통합 원칙(skill integration), 9) 평가 지향 원칙(assessment orientedness), 10) 다매체 활용 원칙(use of mass-media), 11) 다양성 원칙(multi-dimensionality), 12) 전문성 원칙(professionalism)을 들었다.

용 활동을 조장하여 실제 의사소통 상황에의 적응력과 사용 가능성을 높일 수 있다. 또한 학습자가 실생활에서 수행할 가능성이 높은 과제를 중심으로 교육내용이 구성되므로, 학습자의 의사소통 욕구를 내적으로 동기화시키는 장점을 갖는다. 실제적 과제의 활용은 학습자들의 학습 동기를 자극하여 학습 효과를 높일 수 있는 측면에서도 의미가 있다. 그러나 의사소통 능력의 향상에 실제적 과제의 사용이 효과적이라고 해서 한국어교육에서 교육적 과제의 사용이 배제되어야 하는 것은 아니다. 교육적 과제(pedagogic task)가 비록 교육적 목표를 위하여 실제 언어 수행과는 다르게 인위적으로 조직된 과제이기는 하지만, 교육적 과제의 수행은 학습자의 내적 습득 과정을 자극함으로써 이후에 수행하게 될 실제적 과제의 수행력을 높이는 역할을 한다. 따라서 한국어교육에서 교육적 과제를 완전히 배제하는 것은 어려운 일이고, 교육적 과제 수행을 바탕으로 하여 좀 더 실제 의사소통에 가까운 실제적 과제를 잘 수행할 수 있도록 과제를 구성하고 배열하는 것이 중요하다.

그런데 '과제'는 본질적으로 '기능 중심 혹은 의미 중심의 의사소통 활동'이라는 특성을 가진다. 따라서 '과제'는 특정 형태를 익히기 위한 기계적 활동이나 특정 발화 구조를 익히기 위한 모방 활동이 되어서는 안 된다. 그러나 많은 한국어 교재들에서 과제 본연의 모습과는 거리가 먼 사례들을 다수 찾아볼 수 있다. 즉, '주어진 대화와 같이 이야기를 나누어 보라'거나 '읽고 대답하라', '무엇에 대해 써라'와 같이, 제시된 예시문을 모방하는 활동이나 과정이 결여된 활동 등이 과제의 주류를 이루고 있는 것이다. '과제' 수행이 창조적·유의미적 의사소통 활동이 되게 하기 위해서는 학습자들이 가지고 있는 언어 지식과 세계에 대한 지식을 최대한 활용하여 자신이 표현하고자 하는 의미와 수행하고자 하는 기능을 효과적으로 수행할 수 있도록 최적의 조건을 만들어 주고, 그 바탕 위에서 학습자들이 언어 수행을 할 수 있도록 하는 것이 중요하다.

〈원리 3〉 형태에 대한 이해와 연습에 기반해 과제 수행이 이루어질 수 있도록 해야 한다.

한국어교육에서 의사소통이 강조되면서 교육의 중심이 '문법, 형태'에서 '기능/과제, 의미'로 이동하게 되었고, 정확성보다는 유창성이 강조되는 특징을 가지게 되었다. 그러나 의사소통 중심의 교육을 실시한다고 하여 한국어교육에서 문법이나 구조 등의 언어 형태에 대한 교육의 중요성을 무시하거나 과소평가해서는 안

된다. 특히 한국어는 대부분의 한국어 학습자에게 낯선 언어이고 조사나 어미 등의 문법 형태가 매우 발달한 언어이기 때문에, 문법적 지식이나 훈련 없이 한국어를 배우는 것은 지극히 어려운 일이다. 인지가 발달한 성인 학습자는 언어의 규칙 체계를 보유함으로써, 자신이 의도한 메시지를 표현하기 위하여 언어 규칙을 유연하게 사용할 수 있다. 따라서 문법 규칙을 이해하고 이를 학습자의 것으로 내재화시킬 수 있도록 설명과 연습의 단계를 거치는 것이 필요하며, 궁극적으로는 이렇게 익힌 문법 규칙을 언어의 실제적 사용으로 전이시킬 수 있도록 유도해야 한다. 즉, 한국어 형태에 대한 이해와 연습에 기반해 과제 수행이 이루어질 수 있도록 교육 절차를 설계하는 것이 필요하다.

〈원리 4〉 과정 중심의 한국어교육을 실시해야 한다.

한국어 학습의 결과 무엇을 할 수 있도록 하는 것이 아니라 학습을 촉진하는 학습 과정에 중점을 두고 한국어교육과정이 구성되고 교수·학습이 이루어질 수 있도록 해야 한다. 즉 교사 주도의 일방적인 교육이 아니라 학습자의 능동적인 참여와 발견 학습을 적극적으로 유도할 수 있는 방향에서 교육이 실시되어야 한다는 것이다. 이를 위해서는 자연스러운 학습/습득을 촉진할 수 있는 다양한 학습 활동이나 절차가 교육과정에 포함되어야 하고, 학습자의 발견 학습에 의한 귀납적 교육 방법이 적극 활용되어야 한다.

그러나 여기서 말하는 과정 중심의 교육이 Prabhu의 절차적 교수법이나 과제 중심 언어 교육(TBLT)에서 이야기하는, 형태에 대한 명시적 교육의 개입이 거의 없는 '과정'을 의미하는 것은 아니다. 1.3에서 언급한 바와 같이 '과정 중심의 한국어교육'에서의 '과정'이란 학습자의 내적 인지 처리 과정, 담화 참여자 간의 담화 구성 과정, 언어 기술 간 통합 처리 과정, 문법 인지와 산출 과정 등이 포함된, 언어 이해와 산출에 관여하는 모든 인지적, 사회적 처리 과정을 포함해야 한다. 즉, '과정'이 의미에 초점을 둔 의사소통의 연쇄적 수행만으로 구성되는 것이 아니라 학습자의 자발적이고 능동적인 문법 규칙 발견 과정, 인지한 규칙을 실제 의사소통 상황에서 적절히 사용할 수 있도록 훈련하는 연습 과정 등을 포함하는 개념으로 이해되어야 한다.

과정 중심의 한국어교육은 의사소통 단계, 즉 과제 수행 단계에서도 주요하게 다루어져야 한다. 과제 수행 효과를 극대화하기 위하여는, 과제 수행이 과정 중심으로 이루어져야 하는 것이다. 즉, 결과 중심의 과제 수행이 아니라 학습자가 지금까지 배워 알고 있는 언어 지식과 세계에 대한 지식을 최대한 활용하여 자신이 표현하고자 하는 의미와 수행하고자 하는 기능을 효과적으로 수행할 수 있도록 최적의 조건을 만들어 주고, 그 바탕 위에서 학습자들이 언어 수행을 할 수 있도록 과제가 구성되어야 한다. 이를 위해서는 학습자의 배경 지식과 경험, 인지 능력을 최대한 활용하여 발화 생산자와 수용자로서의 학습자의 스키마 형성과 작동을 돕는 준비 단계가 반드시 마련되어야 한다. 학습자가 자신의 인지력과 세계에 대한 배경지식을 동원해 발화를 이해하거나 산출할 준비를 할 때 텍스트의 원활한 이해와 생산이 가능하기 때문이다. 또한 학습 현장에서의 언어 과제 수행은 아무리 실제적 과제를 활용한다고 하더라도 실제 발화 맥락에서 유리되었다는 특성을 갖기 때문에 새로운 과제를 본격적으로 수행하도록 하기에 앞서 학습자로 하여금 텍스트의 이해나 산출에 필요한 준비를 할 수 있는 과정을 갖도록 하는 것이 중요하다.

〈원리 5〉 언어 기술 간 통합 교육을 실시해야 한다.

의사소통은 본질적으로 기술 통합적이다. 예를 들면, 우리는 들은 내용에 대한 글을 읽기도 하고, 이에 대해 말이나 글로 반응을 하기도 한다.[8] 이렇듯 의사소통에서 말하기, 듣기, 읽기, 쓰기 기술 간의 연계 활동은 매우 자연스럽고 일반적인 현상이다. 따라서 한국어교육에서 네 가지 언어 기술을 분리시켜 교육하는 것은 언어 사용의 본질을 무시하는 것이며 교육 효과를 반감시키는 결과를 가져오는 것이다. 말하기, 듣기, 읽기, 쓰기 활동이 의사소통의 본질을 반영하고 통합 활동을 통한 강화 효과를 거두기 위해서는 하나의 지식 스키마를 활용한 언어활동이 다른 언어 기술과 연계되어 교육될 수 있도록 과제를 유기적으로 구성하는 것이 필요하다. 즉, '듣기-말하기, 읽기-쓰기, 읽기-듣기-말하기, 듣기-말하기-쓰기' 등과 같이, 둘 이상의 언어 기술을 연계해 과제를 수행하도록 해야 한다. 예를 들면, 읽기 활동을 할 때 단지 내용을 파악하는 데서 그치게 하는 것이 아니라, 읽은 내용을 바탕으로 토론을 하게 하거나 읽은 내용을 요약하게 하는 활동을 하도록 하는 것이다. 이러한 기술별 연계 활동은 학습의 효과를 높이는 데도 중요한 역할을 한다. 하나의 기술 훈련을 통해 습득한 언어 지식과 의사소통 능력이 다른 기술과의 통

---

[8] 읽거나 듣기 활동을 이해하는 데서 그치고, 다른 언어 기술로 전이시키거나 연계시키지 않는 경우도 있다.

합 활동을 통해 강화될 수 있기 때문이다.

⟨원리 6⟩ 문장 단위를 넘어서 담화 차원에서 한국어교육을 실시해야 한다.

언어 능력이 문법적 능력으로 이해되던 시기에는 문장 이해 능력이나 생성 능력이 언어 교육의 목표였고, 언어 교육의 단위도 문장을 넘어서지 못하였다. 즉 올바른 문장의 이해와 생성이 언어 교육의 목표가 되어, 하나의 문장을 벗어난 문장 간의 관계나 전체 담화의 구조, 그리고 전체 맥락 속에서의 담화의 적절성은 무시되고 하나의 문장이 문법적으로 정확한가 하는 것만이 교육의 대상이 되었던 것이다.

그러나 의사소통은 기본적으로 문장 단위로 이루어지지 않는다. 또한 하나의 문장만으로는 그 문장이 담화 상황에 적절한지 여부를 파악하기 어렵다. 의사소통이라는 관점에서 볼 때 하나의 발화는 그 전체로서 기능하는 것이므로, 각각의 문장이 가지는 정확성이 아니라 응집력 있고 결속성 있는 담화를 이해하고 구성할 수 있는 능력이 중요하다. 이를 위해서는 말을 하거나 글을 쓸 때 내용을 조리 있게 조직할 수 있도록 교육하는 것이 필요하며, 말이나 글을 이해할 때도 언어 해독보다는 전달하고자 하는 의미를 중심으로 내용을 파악하게 하는 것이 필요하다.

⟨원리 7⟩ 한국어의 담화 특성을 고려한 교육을 실시해야 한다.

언어권, 문화권에 따라 담화를 구성하는 방식이 다르다. 즉, 한국인이 이야기하거나 글을 쓰는 방식과 미국인, 일본인, 중국인이 말하거나 글을 쓰는 방식과 다르다는 것이다. 외국어를 배운다는 것은 그 언어의 어휘와 문법을 모국어의 담화 구조에 얹어 사용하는 것을 의미하는 것은 아니다. 외국어를 배운다는 것은 그 언어로 의사소통하는 방식을 배운다는 것을 의미하며, 그러한 관점에서 한국어 학습자는 한국어 담화 공동체가 기대하고 요구하는 담화 구조에 맞춰 말하고 쓰는 방식을 배워야 하는 것이다. 따라서 한국어교육에서는 학습자가 모국어 담화 습관을 버리고 한국어 담화 구조에 맞춰 다양한 유형의 담화 구조를 생산해 낼 수 있도록 각각의 담화 유형이 가지는 수사적·형식적 특성을 교육해야 한다. 여기에는 담화 구조와 같은 담화의 전개 양상뿐만 아니라 담화 유형에 따라 달리 사용되는 정형화된 표현이나 담화 표지의 교육도 포함된다.

그런데 한국어 담화 공동체의 담화도 그 안에 속한 세부 공동체 별로 다른 구조를 갖는다. 예를 들면 학문적 담화 공동체의 담화와 영업 업무 분야 담화 공동체의 담화가 담화 구조나 언어의 형식 면에서 다르며, 학문적 담화 공동체의 담화라 하더라도 전공 영역에 따라 담화 구조나 언어 형식이 매우 다른 것으로 나타난다. 그러므로 일반적인 한국어의 담화 특성뿐만 아니라 학습자가 향후 속하게 될 특정 담화 공동체의 담화 특성을 교육하는 것도 필요하다.

한편, 한국어에서는 격식적 맥락에서의 발화와 비격식적 맥락에서의 발화, 문어와 구어가 어휘와 문법, 표현 등에서 큰 차이를 나타낸다. 비격식적 맥락에서의 발화나 구어에서는 격식적 맥락에서의 발화나 문어에 비해 비교적 생략이 자유롭고, 덜 격식적인 어휘나 문법, 표현들이 사용된다. 따라서 언어 사용 맥락에 따라 격식적 언어와 비격식적 언어, 문어와 구어를 적절히 구분해 사용할 수 있도록 교육하는 것이 필요하다.

〈원리 8〉 한국 문화에 대한 교육을 실시해야 한다.

한국어 학습은 단순히 한국어의 사용법을 익혀 한국어로 의사소통하는 것만을 의미하지는 않는다. 한국어 학습은 한국인들의 세계관과 가치관, 생활양식 등을 함께 배우는 것을 의미한다. 이를 위해서는 한국인과 한국 사회를 이해하는 데 필요한 다양한 요소들이 교육되어야 하는데, 여기에는 일상생활과 대중적인 문화에 대한 지식(일상생활과 관련된 기능이나 과제로 구성된 매일의 문화 양식, 일상생활에 언어적으로 적절하게 대처하는 법, 일반적인 제스처의 적절한 사용법, 사회적 층위, 직업, 결혼 등과 같은 기저에 있는 사실로 구성된 매일의 수동적 문화 양식), 공식적, 사회적 가치(주요 지형 및 기관·제도, 도덕적 가치, 주요 예술, 계층별·세대별 행동 양식), 역사적 사실(지리학적 기념물, 역사적 사실) 등이 포함될 수 있다.

한국 문화에 대한 이해는 한국인과 한국 사회를 이해하기 위해서도 필요하지만 한편으로는 한국어 숙달도를 높이는 데도 중요한 역할을 한다. 한국어 학습자의 한국 문화에 대한 문화적 숙달도가 낮을 때 의사소통이 원활히 수행되기 어려울 수 있다. 고급 수준의 학습자라 하더라도 '놀부'를 알지 못하면 '놀부 같다'와 같은 간단한 표현을 이해하기 힘든 것과 같이, 문화 정보가 없을 경우 학습자의 한국어 숙달도에 비해 낮은 수준의 과제나 기능도 수행하기가 힘들어진다. 문화적 숙달도는 말하기나 쓰기와 같은 생산적 기술보다는 듣기와 읽기와 같은 수용적 기술의 수행에 더 큰 영향을 미친다. 따라서 학습자의 한국어 텍스트 이해 능력을 높이기 위하여는 텍스트 이해에 중요한 역할을 미치는 한국 문화 내용에 대한 교육이 중요하게 다루어져야 한다.

또한 한국어교육 효과와 관련해서도 문화 교육은 중요하게 다루어져야 한다. 학습자의 한국 문화에 대한 그릇된 선입견 및 편견은 한국어 학습을 저해하거나 학습 효과를 반감시키는 결과를 가져온다. 또한 학습 과정이나 생활 속에서 발견하는 한국 문화와 자국 문화의 차이에 대한 인식은 한국 문화에 대한 무시로 이어질 수 있고, 이는 곧 한국어 학습의 방해 요소로 작용하게 된다. 그러므로 한국어교육 초기 단계부터 문화 교육을 실시해 학습자 문화와 한국 문화의 차이를 자연스럽게 받아들이도록 하고, 학습자로 하여금 한국 문화에 대한 우호적 태도를 갖도록 유도하는 것이 필요하다.

〈원리 9〉 학습자의 의사소통 전략이나 학습 전략의 개발 및 배양에도 관심을 기울여야 한다.

한국어교육은 언어 내용에 대한 교육뿐만 아니라 의사소통의 효율성이나 학습 효과를 높일 수 있는, 다양한 의사소통 전략 개발이나 학습 전략 개발에도 관심을 가져야 한다.

모국어 화자들도 의사소통 시 소통의 효율성을 극대화하고 소통의 장애를 극복하기 위해 다양한 전략을 구사하는데, 의사소통의 질이나 효과는 어떠한 전략을 구사했는지에 따라 큰 차이를 갖는다. 그런데 이러한 전략 구사는 모국어를 사용할 때보다 외국어를 사용할 때 보다 적극적으로 요구된다. 한국어 학습자들은 부족한 한국어 능력 때문에 자주 소통 장애 상황에 놓일 수 있다. 이때 학습자들이 의사소통을 중단하지 않고 계속할 수 있도록 하기 위해서는 장애 상황을 극복할 수 있는 다양한 전략을 교육하는 것이 필요하다. '풀어 말하기, 도움 요청하기, 바꿔 말하기(code switching), 반복 요청하기, 맥락을 이용해 추측하기, 정형화된 표현을 외워서 사용하기, 몸짓언어 이용하기' 등의 전략을 사용하도록 훈련시킴으로써 의사소통의 효율성을 높일 수 있는 것이다.

한편 학습의 효율성을 높이기 위하여는 학습자들에게 자신의 학습 방법에 대한 문제점을 인식하게 하고, 좋은 학습 전략을 익힐 수 있도록 하는 것도 필요하다. 자신에게 맞는 학습법 개발하기나 유의적 학습법 개발하기 등과 같은 학습 전략을 훈련시킴으로써 학습 효과를 제고할 수 있을 것이다.

1.6. 맺음말

　문법번역식 교수법 이래로 많은 교수법들이 개발되어 사용되고 있으나 어떠한 교수법도 모든 교육 상황에 적합한 것은 아니다. 효과적인 한국어교육을 위해서는 학습자의 나이, 숙달도, 모국어 등의 학습자 변인과 교사 변인, 학습의 장 변인 등을 고려하여 다양한 교수법이 절충되어 사용되어야 한다. 즉, 의미와 구조, 직관과 분석, 귀납적 교육과 연역적 교육, 유의적 교육과 기계적 교육, 유창성과 정확성, 내적 동기와 외적 동기, 오류 인정과 오류 부정 등의 상반되는 개념을 대립적 관계가 아닌 상호보완적 관계로 파악하여 필요에 따라 적절히 활용해야 한다.

　최선의 교수법은 결코 고정된 것은 아니다. 한국어 교사는 학습자의 특성, 교수 환경 등에 따라 적절한 교수법을 선택하거나 만들어 사용하는 것이 중요하다. 그러나 이 경우에도 잊어서는 안 되는 것은 한국어교육을 의사소통, 즉 사용 중심으로 실시해야 한다는 것이다.

참고문헌

강승혜(2003), 한국문화 프로그램 개발을 위한 한국어 학습자 요구분석, [한국어교육] 14-3, 국제한국어교육학회.
김유정(1997), 외국어로서의 한국어 문법 교육, [한국어학] 6, 한국어학회.
김유정(1999), 설문 조사를 통해 본 학습자들의 인식, [한국어교육] 10-1, 국제한국어교육학회.
김정숙(1994), 언어숙달도 배양을 위한 외국어로서의 한국어교육, [民族文化硏究] 27, 高麗大學校 民族文化硏究所.
김정숙(1998), 숙달도 배양을 위한 한국어교육 원리 및 모형, [이중언어학] 15, 이중언어학회.
김정숙(2003), 통합 교육을 위한 한국어 교수요목 설계 방안 연구, [한국어교육] 14-3, 국제한국어교육학회.
김정숙(2005), 한국어 교수법, [외국어로서의 한국어교육학], 한국방송통신대학교 출판부.

김정은(2004), 한국어교육에서의 언어 문화 교육, [이중언어학] 26, 이중언어학회.
민현식(2003), 국내 기관에서의 한국어교육과정: 표준교육과정의 내용 기술 방법론, [국제한국어교육학회 제13차 국제학술대회 발표집], 국제한국어교육학회.
박영순 편저(2002), [21세기 한국어교육학의 현황과 과제], 한국문화사.
박영순(2006), [외국어로서의 한국어교육론], 도서출판 월인.
박영순(2007), [한국어 화용론], 도서출판 박이정.
방성원(2000), 통합 교수를 위한 한국어 교재 개발 연구, [한국어교육] 11-2, 국제한국어교육학회.
방성원(2004), 한국어 문법화 형태의 교육 방안, [한국어교육] 15-1, 국제한국어교육학회.
백봉자(2001), 교재와 교수법을 통해 본 한국어교육의 역사와 과제, [외국어로서의 한국어교육] 25·26, 연세대학교 언어연구교육원 한국어학당.
백봉자(2002), 외국어로서의 한국어 교수법의 현재, [국제한국어교육학회 제12차 국제학술대회 발표집], 국제한국어교육학회.
성기철(1998), 한국어교육의 목표와 내용, [이중언어학] 15, 이중언어학회.
손호민(2002), 외국어로서의 한국어 교수법의 미래, [국제한국어교육학회 제12차 국제학술대회 발표집], 국제한국어교육학회.
심영택·위호정·김봉순 옮김(1995), [언어교수의 기본 개념], 도서출판 하우.(Stern, H. H.(1992), Fundermental Concepts of Language Teaching).
안경화·김정화·최은규(2000), 학습자 중심의 한국어교육과정 개발 방향에 대하여, [한국어교육] 11-1, 국제한국어교육학회.
원진숙(2000), 숙달도 배양을 위한 한국어 교재의 단원 구성 체제 개선 방안, [이중언어학] 17, 이중언어학회.
이동은(2003), 학구적 목적의 한국어 토론 수업 방안, [한국어교육] 14-3, 국제한국어교육학회.
이동재(2006), 한국어교육에서 교수-학습 방법론의 역할(새 방향), [국제한국어교육학회 제16차 국제학술대회 발표집], 국제한국어교육학회.
이윤영(2005), 한국어 문법 교육 방안 연구: 문법 형태 초점을 기반으로 하여, 고려대학교 교육대학원 석사학위 논문.
이해영(2001), 학습자 중심 수업을 위한 교재 분석, [한국말 교육] 12-1, 국제한국어교육학회.
최정순(1996), 교재 구성에 있어서 과제(task) 개념의 적용, [한국말 교육] 7, 국제한국어교육학회.
유럽평의회 편, 김한란 외 옮김(2007), [언어 학습, 교수, 평가를 위한 유럽공통참조기준], 한국문화사.

ACTFL(1999), *Oral Proficiency Interview Tester Training Manual*, ACTFL.

Bachman, F. L.(1991), What Does Language Testing Have to Offer?, *Tesol Quarterly*, Vol 25, No.4, Winter 1991.

Bachman, L. F. & Palmer, A. S.(1996), *Language testing in practice*, Oxford University Press.

Brown, H. D.(1994), *Principles of Language Learning and Teaching, 3rd edition*. Prentice Hall Regents.

Brown, H. D.(1994), *Teaching by Principles-An Interactive Approach to Language Pedagogy*, Prentice Hall Regents.

Canale, Michael(1983), From Communicative Competence to Communicative Language Pedagogy, In J. Richards and R. Schmidt, eds., *Language and Communication*, London: Longman.

Celce-Murcia, M.(ed.)(2001), *Teaching English as a Second or Foreign Language*, Heinle & Heinle Publishers.

Catherine Doughty & Jessica Williams(1998), *Focus on Form in classroom Second Language*, Cambridge University Press.

Ellis, R.(2003), *Task-based Language Learning and Teaching*, Oxford University Press.

Ellis, R.(2006), Principles of Instructed Second Language Learning, 국제한국어교육학회 제16차 국제학술대회 발표집, 국제한국어교육학회.

Graves, K. ed.(1996), *Teachers as Course Developers*, Cambridge University Press.

Ho-min Sohn(1995), Performance-based Principles and Proficiency Criteria for KFL Textbook Development, *Korean Language Education 6*, the International Association for Korean Language Education.

Nunan, D.(1988), *Syllabus Design*, Cambridge University Press.

Nunan, D.(1989), *Designing Tasks for the Communicative Classroom*, Cambridge University Press.

Omaggio, A. H.(2001), *Teaching Language in Context. (3rd ed.)*, Heinle & Heinle Publishers.

Richards, J. C.(2002), *Curriculum Development in Language Teaching*, Cambridge University Press.

2. 한국어 교수법의 흐름

2.1. 개관

　국내에서 한국어교육이 본격적으로 시작된 시점은 대부분 1959년 연세대학교 한국어 학당의 설립으로 볼 수 있을 것이다. 그 후 한국어교육은 1980년대 중반부터 기존의 한국어 교육기관의 학생 수도 늘어나고 새로운 한국어 교육기관도 많이 생기기 시작하면서 빠른 성장을 하였다. 그러다가 1990년대 후반 IMF 체제를 맞으며 잠시 그 발전이 주춤했으나 현재 또 비약적인 성장을 하고 있는 상황이다.
　이러한 성장과 더불어 한국어교육을 위한 전문가를 양성할 수 있는 학위 과정도 많은 대학원에 생겨나 현재 교육과정, 교재, 교수법, 평가 등 여러 분야에 걸친 연구가 지속적으로 이루어지고 있다. 즉, 지금의 한국어교육은 많은 외적인 성장뿐만 아니라 내적으로 더 탄탄하고 내실 있는 성장을 하기 위해 많은 노력을 하고 있다고 볼 수 있다. 또한 기존에는 외국어 교육에서 연구된 여러 연구 성과들을 한국어교육에 그대로 접목시키려고 했다면 현재는 한국어교육만의 특징을 고려한 교육을 하기 위해 노력하는 중이라고 할 수 있다.
　따라서 이 시점에서 한국어교육이 그동안 어떻게 이루어져 왔는지를 전체적으로 살펴보는 것은 의미가 있으리라 본다. 이러한 연구를 통해 현재의 위치를 다시 한 번 확인할 수 있고 앞으로의 발전 방향을 모색해 볼 수 있기 때문이다.
　특히 여기에서는 교수법이 어떻게 변화해 왔는지를 살펴봄으로써 한국어교육의 흐름을 이해해 보고자 한다. 교수법은 교육과정, 교재, 교사, 교육 내용 등 모든 것이 합쳐져서 만들어지는 것이기 때문에 교수법의 흐름을 살펴본다면 그동안의 한국어교육이 어떻게 이루어졌는지를 전체적으로 살펴볼 수 있을 것이다.
　현재 한국어 교수법은 지금까지 외국어 교수법을 그대로 수용했던 것에서 벗어나서 여러 교수법을 통합시키려 하고 있고, 학습자 중심적인 그리고 한국어교육에 보다 적절한 교수법을 찾으려고 노력하는 중이다.

본 연구에서는 한국어 교수법이 어떤 과정을 거쳐서 현재의 교수법에 이르게 되었는지 시대별로 살펴보고자 한다. 그리고 이를 통해 한국어 교수법이 나아가야 할 방향을 제시하는 것을 목적으로 한다. 따라서 먼저 한국어교육의 시대 구분을 어떻게 할 것인지 살펴보고 이를 바탕으로 그 시대의 교육기관이나 교육과정, 교재[1]의 특징을 통해 교수법을 살펴보고자 한다. 이렇게 교수법을 교육기관이나 교육과정, 교재를 통해 살펴보고자 하는 것은 교수법이란 교육을 구성하는 어떤 한 요소에 명시적으로 제시되는 것이 아니며 교육과 관련된 모든 요소에 녹아 있는 것이기 때문이다. 또한 정해진 교수법이 있다 해도 실제 구현되는 양상은 수업 상황에 따라 매우 달라질 수 있다. 따라서 교수법을 이해하기 위해서는 교육과 관련된 모든 요소들을 살펴봐야 하겠지만 그럴 수 없기 때문에 교수법이 보다 분명하게 드러나는 요소인 교육기관, 교육과정, 교재를 살펴보는 것이다.[2]

그리고 이 중에서 교육과정은 공통된 교육과정이 존재하지 않고 기관별로 각각 다른 교육과정을 가지고 있기 때문에 교육기관의 특징으로 묶어서 같이 살펴보고자 한다. 따라서 여기에서는 시대별로 교육기관과 교재가 어떤 특징을 가지고 있는지 살펴보고 이를 통해 한국어 교수법을 이해하고자 한다.

2.2. 한국어교육의 시대 구분

한국어 교수법을 살펴보기 위해서는 먼저 시대 구분을 해야 하는데, 지금까지 한국어교육에서 어떻게 시대 구분을 해 왔는지 살펴보고 거기에 따라 앞으로의 논의를 전개해 나가겠다.

백봉자(2001)의 경우는 한국어교육의 변천 시기를, 제1기는 1959년부터 1975년까지로 한국어교육의 초창기라고 했고, 제2기는 1976년부터 1988년까지로 한국이 경제적으로 급성장해서 학습자의 수적 증가를 이룬 시기라고 했다. 다음 제3기는

---

[1] 교재 편찬에서 내용과 형식을 결정하는 데는 어떤 교수법을 적용하느냐가 편찬 방향을 정해주는 조건이 되는 것이고, 특정한 교수법의 적용을 위해서는 주제와 제목, 어휘와 문법의 설명 방법, 연습 방법들이 그 이론을 따라 주어야 하는 것이다. 그래서 교재를 보면 그 교재가 어떤 교수법과 관련되어 편찬되었는가를 알 수 있게 된다(백봉자 2001:13).
[2] 예를 들어 교사의 경우 실제 교수법을 사용하는 대상으로 가장 중요한 요소라고도 볼 수 있으나 개개인 별로 그 사용 양상이 매우 다르고 과거의 경우를 조사하기 힘들며, 어떤 기관에 속해 있는 경우 그 기관이 정한 교수법을 따라야 하므로 여기에서는 연구를 하지 않았다.

1989년부터 2000년까지로 학습자들의 학습 동기가 다양해지고 한국어교육이라고 하는 학문 영역의 가능성이 대두된 시기라고 했다. 마지막으로 제4기는 2001년 이후로 약 40년간의 기초를 닦는 시기를 거쳐 한국어교육이 새롭게 도약하는 시기로 보았다.

조항록(2005)의 경우에는 한국어교육사를 살펴보기 위해서 1959년부터 1980년 전까지를 태동과 점진적 발전기로 보았고, 1980년 중반부터 1990년 중반까지를 도약기, 그리고 1990년 중반부터 지금까지를 안정적 성장과 확대기로 보았다.

그리고 강승혜(2005)에서는 세 부분으로 시기를 나누어 교육과정의 변천을 살펴보았다. 1960년대 초부터 1980년대 중반 이전까지를 한국어교육의 태동기로 보았는데, 이 시기의 학생들이 주로 선교사나 외교관, 학자들로 특수 목적의 한국어교육과정이 요구됨에도 불구하고 일반 목적 한국어 교육과정의 내용을 선정하여 문법 중심으로 가르쳤음을 지적하고 있다. 다음, 1980년대 중반부터 1990년대 중반까지는 한국어교육이 양적 팽창을 이룬 시기로 단일한 교육과정이 변화되기 시작한 시기이며 마지막으로 1990년대 중반 이후 현재까지는 학습자의 요구에 부흥하여 다양한 교육과정이 생긴 시기로 구분하여 살펴보고 있다.

또한 이지영(2005)에서는 교재의 변천사를 살펴보기 위해 시기를 네 부분으로 나누어 그 특징을 살펴보고 있다. 먼저 근대계몽기부터 1958년까지는 여러 나라의 외국인이 외국어로 된 문법·회화서 형식의 교재를 많이 개발한 시기라고 보았다. 다음, 1958년부터 1985년까지는 국내의 대표적인 세 교육기관에서 한국어교육이 이루어지고 교재 개발이 이루어진 시기이며, 1986년부터 1997년까지는 많은 교육기관이 생겨서 이에 따른 교재 개발이 이루어진 시기라고 보았다. 마지막으로 1998년부터 현재까지는 과제 중심, 기능 통합형 교재를 비롯하여 다양한 학습자를 위한 다양한 교재가 개발된 시기라고 설명했다.

마지막으로 안경화(2005)에서는 해방 이전 시기와 해방 이후 시기로 크게 나누어 교수법의 발달을 살펴보고 있다. 그리고 해방 이후 시기는 1990년대 중반을 기점으로 그 앞은 청각 구두식 교수법[3] 중심의 시기로 그 뒤는 의사소통적 접근법[4] 중심의 시기로 나누어 살펴보고 있다.

---

[3] 청각 구두식 교수법은 행동주의 심리학, 구조주의 언어학 이론을 토대로 개발된 것으로 언어 능력을 무의식적으로 형성되는 습관의 총체로 보았기 때문에 기계적인 모방과 연습을 통한 습관 형성을 강조하였다(김정숙 1997).
[4] 실제 의사소통 상황에서 메시지를 전달하고 해석할 수 있으며 특정 상황 안에서 인간 상호간에 의미를 전달하고 협상하는 의사소통 능력 배양을 목표로 한다(김정숙 1997:121).

이러한 시대 구분을 정리하면 연구자에 따라 조금 다를 수 있지만 대부분 1958년 한국어교육기관이 처음 생긴 해와, 아시안 게임과 올림픽이 열린 1980년대 중반, IMF 관리 체제하에 있었던 1997년 전후를 각각 큰 기준으로 삼아서 시대 구분을 하고 있음을 알 수 있다. 위의 내용을 표로 정리하여 살펴보면 다음과 같다.

〈표 1〉한국어교육의 시대 구분[5]

	백봉자	조항록	강승혜	이지영	안경화
1945년 이전				여러 나라의 외국인이 교재 개발을 한 시기	1. 해방 이전 시기
1958년 이전					
1959년- 1975년	한국어교육의 초창기	태동과 점진적 발전기	한국어교육의 태동기	국내의 대표적인 세 교육기관에서 교육과 교재 개발을 한 시기	2. 해방 이후 시기 (1) 청각 구두식 교수법 중심
1976년- 1985년	학습자의 수적 팽창을 이룬 시기				
1986년- 1997년	학습 동기가 다양해진 시기	도약기	한국어교육이 양적 팽창을 이룬 시기 -단일한 교육 과정의 변화	많은 교육기관이 생기고 교재가 발달한 시기	
1998년- 2000년		안정적 성장과 확대기	다양한 교육과정이 생긴 시기	다양한 교재가 개발된 시기	(2) 의사소통적 접근법 중심
2001년- 현재	한국어교육이 새롭게 도약하는 시기				

위의 시대 구분을 참고로 하여 여기에서는 한국어 교수법의 흐름을 살펴보는 데에 국내의 한국어 교육기관이 생기기 이전 시기를 살펴보는 것도 의미가 있으리라 판단되어 먼저 국내 한국어 교육기관이 생기기 이전과 이후로 크게 나누어 살펴보고자 한다. 그리고 대부분의 학자가 구분한 시대 구분을 통해서 교수법의 변화를 잘 살펴볼 수 있다고 보고 공통적인 시대 구분을 따르려고 한다. 따라서 국내 한국어 교육 기관이 생긴 이후의 시기는 1958년부터 1985년까지 국내에서 처음으로 체

---

[5] 연구자에 따라 1980년대 중반 혹은 1988년을 기준으로 삼은 경우도 있고, 1990년대 중반 혹은 1997년을 기준으로 삼은 경우도 있었다. 그러나 여기에서는 일단 전체적인 흐름을 알아보기 쉽게 하기 위해서 1985년과 1997년을 기준으로 하여 정리하였음을 말해 둔다.

계적인 한국어교육이 이루어진 시기로, 1986년부터 1997년까지 한국어교육이 양적 팽창을 이룬 시기로, 마지막으로 1998년 이후부터 현재까지는 다양한 교육과정과 교재가 개발되고 한국어교육이 안정적인 성장을 이루며 확대 발전하는 시기로 나누어 살펴보겠다. 이제 이러한 시대 구분에 따라 그 시대의 교육기관과 교재의 특징을 통해 교수법을 보다 자세히 살펴볼 것이다.

〈표 2〉 한국어 교수법의 이해를 위한 시대 구분

	시대의 특징
1958년 이전	1. 한국어 교육기관이 생기기 이전
1959년-1985년	2. 한국어 교육기관이 생긴 이후 (1) 국내에서 처음으로 체계적인 한국어교육이 이루어진 시기
1986년-1997년	(2) 한국어교육이 양적 팽창을 이룬 시기
1998년-현재	(3) 안정적인 성장과 확대 발전기 - 다양한 교육과정과 교재가 개발된 시기

2.3. 국내 한국어 교수법의 흐름

2.3.1. 한국어 교육기관이 생기기 이전 시기(1958년 이전)

이 시기에 대한 교수법을 살펴보기 위해서는 과거의 문헌이나 이 시기의 한국어교육에 대해 연구한 논문을 통해서 짐작할 수밖에 없다. 이 시기의 한국어교육에 대한 중요한 연구 논문으로는 고영근(1974)과 남기심(2001), 이지영(2003), 안경화(2005)를 들 수 있다. 여기에서는 이 논문들을 바탕으로 교수법을 살펴보고자 한다.

먼저 한국어교육이 언제 시작되었는지를 문헌상의 기록을 통해 살펴보면 신라시대까지 거슬러 올라갈 수 있다. 일본의 〈속일본기〉에 의하면 신라 성덕왕 때 신라어를 배웠다는 기록이 있기 때문이다. 그리고 이것이 최초의 한국어교육에 대한 기록으로 추정된다(松原 1977, 박갑수 1999 재인용). 또한 고려시대에는 송나라의 손목(孫穆)이 고려의 어휘를 수록한 〈계림유사〉를 편찬한 바 있고 조선 초기에는 명나라의 회동관(會同館)에서 외국과의 통역 번역을 목적으로 〈조선관역어(朝鮮館譯語)〉가 편찬된 바 있다(고영근 1974). 즉, 신라어 학습으로 시작하여 고려어 학습, 조선어 학습까지 한국어교육이 이어져 오고 있다고 볼 수 있다. 그러나 이러한 시대의 한국어교육은 현재 제대로 파악할 수 없으므로 여기에서는 개화기의 한국어교육부터 살펴보겠다.

개화기의 한국어교육은 서양인과 일본인에 의해 이루어졌다. 먼저 서양인의 한국어 연구는 선교사들에 의해 본격화되었는데 그들은 문법서, 회화서는 물론 사전 편찬까지 시도하였다. 고영근(1974)에서는 이들 선교사들이 스스로 학습을 하거나 한국인과의 접촉에 의해서 한국어를 습득한 것 같다고 말하고 있다. 이 당시에 나온 책들 중 처음에 나왔던 책들은 문법의 비중이 적고 회화문이 많이 제시되었다고 하나 그 이후에 제시된 책을 보면 문법을 상당히 중시하고 있음을 알 수 있다. Scott, J(1887)는 책을 아예 문법과 회화로 구성하고 있고, P.A. Eckardt(1923)는 품사 중심으로 서술하고 있기 때문이다.[6]

다음 개화기 일본인들은 한국 침략을 위해 비교적 소수의 통역관을 육성하는 데 중점을 두었다. 일본은 도쿠가와 시대부터 대마도 사람이 대마도와 부산의 왜관(倭館)에서 독자적으로 한국어를 학습하여 일본과 한국의 교류에 이바지하였는데, 명치 3년 즉 1870년 이후로는 중앙 정부의 외무성에서 그 일을 받아 명치 5년에 대마도에 어학소를 설립하고 종래의 통사(通事) 곧 통역관을 교사로 하여 매일 한국어교육을 실시하였다. 그러나 그 해 8월 대마도의 어학소를 폐지한 후 부산으로 옮겨서 한국어를 공부하게 했다. 명치 10년(1877년) 부산의 어학소가 조선어학교로 개칭되었고, 명치 13년(1880)년에 동경 외국어 학교에 조선어과가[7] 설치되자 조선어학교는 자연 없어졌다(오구라 신페이 1940:383-4, 안경화 2005:319 재인용).

그리고 정승혜(2006)를 보면 1910년 한일합방 이후 조선어과는 점차 폐지되는데 이는 일본이 한국을 지배하면서 한국어교육이 다시 한국 땅으로 넘어오게 된 것이 원인일 것이라고 짐작하고 있다. 따라서 식민 시기의 한국어교육은 일본 거류지 소학교를 비롯하여 조선 주재 일본인을 대상으로 하였으며 실무적이고 실천적인 조선어 교육이 장려되고 확대 실시되었다고 한다.

이 당시의 교수법은 당시의 교육 상황과 교재를 통해 짐작해 볼 수 있다. 오구라 신페이(1940:383-4)에 의하면 명치 10년 1월 3일 조선어학교의 교칙이 개정되었는데 그 교칙을 보면 그 당시의 한국어 교수 방법을 알 수 있다. 당시의 학습방법은 배송역독(背誦譯讀)이라 하면서 단 배송역독(背誦譯讀)에만 초점을 두지 말고

---

6) 근대 교재에 대한 부분은 이지영(2003)에 자세히 설명되어 있다.
7) 이것은 일본에서 근대적인 학교 교육 속에서 외국어로서의 한국어교육이 시작하게 된 효시라고 할 수 있다.

말을 통달할 수 있도록 노력하라고 하고 있다. 배송역독(背誦譯讀)을 통해 짐작하면 그 당시의 학습 방법은 뒤로 돌아서서 암송하고 읽고 번역하는 방식을 취한 것으로 보인다. 이렇게 암송하고 읽고 번역하는 학습 방법은 동양의 전통적인 외국어 교수 학습 방법이다. 그러나 조선어학교에서는 이렇게 외우고 번역하는 데만 관심을 둔 것이 아니라 의사소통 능력 또한 중시한 점이 특징적이다.8)

또한 이지영(2005)의 연구를 통해 살펴보면 이 시기의 교재는 일본어로 된 교재가 많이 있는데, 시대적인 배경 탓으로 일본 군부, 조선어 교사, 조선 총독부, 국어학자 등에 의해서 한국어 연구와 교재 개발이 많이 이루어졌다고 한다. 그리고 이 시기의 한국어 교재의 유형은 발음·문법 교재, 문법·회화 교재, 문법 교재 등이 있으며, 주로 문법을 설명하면서 어휘집과 같은 형식으로 관련 어휘들을 모아 놓거나 문장을 제시하는 수준이었다. 또한 기본이 되는 회화문을 제시하고 그것을 영어나 일어 등으로 번역해 놓은 유형의 교재가 대부분이었다. 각 교재마다 다양한 방법으로 대화문이나 예문을 제시하고 있으며, 단원 구성에서 특별한 구성적 특징이 나타나지 않아 이 시기의 교재는 교재 개발의 이론적 배경이나 교수법을 바탕으로 하기보다는 한국어의 문법적 특징이나 예문을 기술하는 데 중점을 두고 있다고 한다.

이러한 연구를 통해 볼 때 먼저 이 시기의 한국어교육은 외우고 번역하는 방법을 주로 취했다는 것을 알 수 있다. 교재에 있어서도 회화를 제시하고 그것을 외국어로 번역해 놓은 교재가 대부분이었다는 것을 보면 특별한 교수법을 지향하지는 않았지만 현재 우리가 말하는 문법-번역 교수법(Grammar-Translation Method)을 취하고 있었던 것으로 짐작할 수 있다. 또한 대부분의 교재가 문법을 위주로 만들어졌던 것을 살펴볼 때도 교수법은 문법 규칙을 배우고 번역을 주로 했다는 것으로 이해할 수 있다. 그러나 이러한 교수법을 주로 사용했다고 해도 실제적인 의사소통 능력 또한 중요하다는 것을 인식하고 있었는데 이것은 일본이 조선을 지배하면서 생긴 실제적인 필요성 때문이 아니었을까 한다.

---

8) 안경화(2005:319-320) 참조

2.3.2. 한국어교육 기관이 생긴 이후의 시기(1959년 - 현재)

해방이 된 후의 한국어교육은 1950년대 후반 한국어 교육기관이 생긴 이후부터 본격적으로 이루어졌다고 할 수 있다. 교육기관이 생긴 다음에야 한국어교육의 개념이 제대로 자리 잡을 수 있고 교재 등의 교육 자료가 개발될 수 있기 때문이다. 따라서 연세대학교의 한국어 학당이 생긴 이후에야 체계를 갖춘 교육이 시작되었다고 볼 수 있다. 이때부터 1990년 전반기까지는 주로 청각 구두식 교수법이 주된 교육 방법이었고, 이후 1990년대 중반기 이후 현재까지는 의사소통 중심의 교수법이 중심을 이루면서 이와 관련된 다양한 교수법이 같이 활용이 되고 있다.

이 시기의 교수법을 알아보는 데 중요한 연구로는 고영근(1974), 백봉자(2001), 백봉자(2002), 손호민(2002), 이효상(2002), 안경화(2005), 조항록(2005) 등을 들 수 있다.

① 국내에서 처음으로 체계적인 한국어교육이 이루어진 시기(1959년-1985년)

이 시기는 국내에서 한국어 교육기관이 처음으로 생겨서 본격적으로 한국어교육이 시작되어 뿌리를 내리는 시기라고 할 수 있다.

㉠ 교육기관들의 특징

제일 먼저 1959년 4월 1일 연세대학교에 한국어학당이 설립되었다. 이곳은 미국인 선교사가 세운 곳으로 다수의 선교사가 드나들면서 한국과 미국의 관계를 연결하는 역할을 하는 곳이었으며, 미국인의 한국 정착과 한국 내 역할 수행 시 한국어 능력의 필요성을 현실적으로 인식할 수 있는 곳이었다. 설립 이후 연세대학교 한국어 학당은 선교사, 외교관, 한국 연구 학자, 언론인 등 직업적 목적으로 한국어를 배워야만 하는 사람들의 학습기관으로 발전해 왔다(조항록 2005:32-33). 즉, 이 당시에 한국어를 배운 사람들은 주로 특별한 직업을 가지고 있는 사람들이었으나 교육과정상에서 이들을 배려하지는 못한 것 같다. 이점에 대해서는 강승혜(2005)에서도 이 시기 연세대학교가 학생들의 교육 목적과 상관없이 일반 목적의 한국어 교육과정의 내용을 선정하여 문법 중심으로 교육을 했다는 점을 지적하고 있다.

교수 방법은 고영근(1974)을 통해 살펴보면 통합교육, 어학실습, 읽기의 3부로 구성되어 있었다. 통합교육은 1급부터 6급까지 철저한 훈련과 시청각 자료를 통하여 한국어의 유형, 단어, 발음, 정상속도를 습득하게 함으로써 한국어의 문법형태와 사고 유형을 체득시키는 것을 목적으로 하였다고 한다. 그리고 어학 실습은 학생들에게 녹음 교재를 들려주고 또 자신의 음성을 직접 녹음함으로써 스스로의 잘못을 찾아낼 수 있도록 훈련했으며, 읽기는 묵독을 통하여 독해력을 기르는 데 주안점을 두었다고 한다.

다음 1963년 설립된 서울대학교 어학연구소는 1968년까지 재일교포 유학생에 대한 국어 교육을 실시하였으며, 특히 1968년에는 재일교포 유학생이 대학이나 대학원에 진학하는 데 도움을 줄 수 있도록 한국어 외에 국사나 영어, 수학까지도 가르쳤다고 한다. 그리고 이러한 과정이 1969년 서울대 교양과정부로 이관되자 어학연구소는 국내 대학에 유학 오는 외국인을 위한 한국어 과정을 개설하였다. 이 과정은 외국 유학생들이 대학이나 대학원에서 강의를 받는 데 지장이 없도록 하는 데에 교육 목표를 두고 있기 때문에 일상회화보다는 읽기와 쓰기에 중점을 두고 있다. 초급반에서는 발음, 회화력, 청취력에 중점을 두다가 일정기간(2개월)이 지나면 쉬운 문장 읽기와 기초 한자를 부과한다. 중급반에는 청취력, 독해력, 작문력에 중점을 두되 한자도 같이 지도하며 고급반은 독해력과 작문력에 중점을 두었고 한국문화도 곁들였다(고영근 1974:87-88). 이러한 교육 내용을 보면 서울대학교의 경우 유학생이 대학이나 대학원에 진학해서 공부를 하는 데 문제가 없도록 교육 내용을 편성한 것 같다. 그러나 주된 내용은 한국어에 대한 언어학적 지식과 문법 체계를 익히는 내용들이 주를 이루었다고 강승혜(2005)는 지적하고 있다.

1964년 민간 교육기관인 명도원과 1972년 재단법인 언어 교육학원[9]은 설립목적과 활동이 분명해진다. 명도원은 외국인 선교사들에게 한국어를 가르치기 위하여 관련 단체에 의하여 설립되었으며, 언어 교육학원은 한국인의 영어 교육을 위해 설립되었으나 동시에 외국인 외교관의 한국어교육 필요성에 따라 일부 대사관을 중심으로 한국어교육을 실시하였다. 따라서 이들 두 기관은 선교사와 외교관을 대상으로 한 특수 목적 한국어 교육기관이라고 볼 수 있다(조항록 2005:33).

이 두 기관의 수업 내용은 고영근(1974)에 따르면 먼저 명도원의 경우 제1교시에는 발음, 억양, 단어 설명을 하고 제3교시에는 문장 짓기와 패턴의 응용, 그리고

---

9) 재단법인 언어교육학원(Language Teaching Research Center)은 1971년 설립되어 영어 교육을 실시하기 시작하였고, 1972년부터는 외국인을 위한 한국어 반을 개설하여 지금까지 한국어교육을 실시하고 있다. 이 언어 교육학원을 고영근(1974)과 하정자(1991)에서는 언어교육 연구원이라고 부르고 있으나 여기에서는 언어교육학원으로 통일하여 부르도록 하겠다.

제5교시에는 이야기 및 받아쓰기에 치중하고 있다. 교재는 기본 교재 외에 한자 교재와 발음 보조 프린트를 사용하였다. 다음 언어교육 연구원은 특별한 교재가 없이 구두-청각 접근법(oral-aural method), 수정된 직접 교수법(modified direct method)[10]으로 접근을 했으며, 교사는 학습자의 모국어 사용과 문법적 설명을 철저히 배격하면서 구두-청각 접근법(oral-aural method)으로 제시(presentation)와 연습(practice)을 하였다. 학습자는 처음부터 한국어로 이야기를 주고받을 수 있도록 훈련하였다.

한편 평화 봉사 단원을 위한 한국어교육은 다른 한국어 교육기관의 교육 방식과 매우 달랐던 것으로 전해진다. 이곳은 한국에 파견되는 미국의 평화봉사단원에게 한국어를 가르침으로써 그들의 원활한 업무 수행을 돕기 위해 1966년부터 시작되었다. 고영근(1974)에 따르면 평화봉사단을 위한 한국어교육에서는 말하기, 특히 대인관계의 회화에 중점을 두며 읽기, 쓰기, 문법 등도 곁들인다고 하였다. 또한 교재의 내용을 통하여 한국문화를 이해할 수 있도록 교과과정이 짜여져 있으며, 교수방법은 직접 청각 구두식 교수법(direct audiolingual teaching), 시청각 교수법(audio-visual method)[11], 상황 강화 교수법(Situational Reinforcement), 초단파 교수법(micro-wave method)[12], Lipson 교수법, 침묵 교수법(the silent way)[13], 공동체 교수법(community language learning)[14] 등이 다양하게 활용되었다고 한다.

---

10) 직접 교수법은 유아의 모국어 습득 과정을 모방하여 개발한 교수법으로 구어 중심의 교육을 중시한다. 학습자의 모국어를 사용하지 않고 목표어만을 이용하며, 교사와 학생 간의 질문, 대답, 모델링, 그리고 연습을 통해 교육을 실시한다. 또한 구어 중심이기 때문에 정확한 발음이 중시되었으며, 필요한 문법은 귀납식으로 교육시켰다(김정숙 1997:118-119).
11) 시청각 교수법은 언어가 일종의 시청각 합일체라는 개념하에서 한국어교육에서 시청각 수단이 병행되어야 한다는 것이다. 수업 단계는 제시-설명-반복-전환의 단계를 거친다(이경화 1996:189).
12) 초단파 교수법은 하나의 주기로 학습할 수 있게 구안한 것인데 작은 학습 단위를 일련의 주기로 반복하여 연습시키는 교수법이다. 한 가지의 구조적 요소를 중심으로 학습이 전개되며 하나의 주기는 전 단계와 후 단계로 나누어지고 전 단계는 4개의 M단계(모방, 문법 요소의 조작, 어휘와 문의 의미 학습, 기억)가 있고, 후 단계에는 2개의 C단계(통제된 회화, 사유토론)가 포함된다. 이 교수법은 의사소통 활동이 중시가 된다(이경화 1996:189).
13) 침묵 교수법은 학습자의 자율성과 독립성을 강조해서 교사는 되도록 말을 안 하고 학습 과정을 발견의 과정으로 만드는 데 그 목적이 있다(sohn 2002:45).
14) 이 방법은 외국어를 배울 때 부딪히는 쇼크와 불안감을 줄이고 화기애애한 분위기에서 언어를 배우게 하는 데 중점을 두고 있다. 무엇을 배워야 한다는 강박관념 없이 대화를 함으로써 학습과정이 자연스럽게 이루어지도록 도모하고, 학생은 목표어로 할 수 없는 말을 모국어로 한다(sohn 2002:45).

지금까지의 내용으로 살펴볼 때 이 시기의 한국어교육은 유학생이나 선교사, 외교관, 봉사단원과 같이 특수한 목적과 직업을 가지고 한국어를 배우는 사람들을 위해 교육이 주로 이루어졌음을 이해할 수 있다.15) 그리고 1970년대 들어와서야 일반 목적으로 한국어를 배우려는 일본인과 재일교포 학습자가 조금씩 늘기 시작하였다. 따라서 이 시기에는 특수 목적 한국어교육이 필요했음에도 그러한 부분에 대한 한국어교육이 제대로 이루어지지 못했으며 개별 교육기관에 따라 교수 방법이 매우 달랐다는 것을 알 수 있다.

ⓒ 교재의 특징

국내에서의 최초의 교재는 연세대학교 한국어 학당의 교재로 사용할 목적으로 집필된 박창해의 한국어 교본 Ⅰ,Ⅱ(An intensive Course in Korean Ⅰ,Ⅱ. 1960, 1965)를 들 수 있다. 이 책은 당시 외국어 교육계를 풍미하던 구조주의 언어학과 행동주의 심리학에 뿌리를 둔 청각 구두식 교수법의 기본 원리를 그대로 적용하였다. 1960년대 출판된 한국어 교본 Ⅰ은 영어 설명으로 이루어져 있으며, 각 단원은 회화-발음-문법-문형 연습과 복습으로 되어 있다. 이 책에서는 특히 발음 교육을 중시하였는데 음성 언어학적인 입장에서 전문적인 설명까지 되어 있으며, 연습을 하게 했다. 또한 이 교재의 또 다른 특징은 모든 한글을 저자의 음운 체계에 따라 발음 나는 대로 전사(phonemic transcription Korean orthography)를 하고 있다는 점이다. 문법은 조사와 어미 중심으로 간단한 설명과 함께 용례가 제시되어 있다. 이러한 설명은 극히 간단하고 구조주의적인 입장에서 형태 분석적이며, 문형 연습과 복습에서도 청각 구두 교수법의 틀을 그대로 받아들이고 있다. Ⅱ권에서는 영어 설명이나 음운 전사가 없이 한국어로만 되어 있는데 교체 연습뿐만 아니라 유형 연습까지 있는 것을 보면 청각 구두식 교수법에서 기본이 되는 교체 연습을 강조한 것이 아닌가 한다. 이 책들은 한국어 문법을 체계화시켜서 청각 구두식 교수법에 맞추어 쓴 최초의 책이라는 데는 의미가 있으나 회화의 실용성이 문제가 되었다(백봉자 2001:13-14).

위의 책은 발음과 문형 연습을 강조했다는 점만 봐도 청각 구두식 교수법을 사용하고 있음을 알 수 있다. 발음을 강조한 것은 청각 구두식 교수법에서는 외국어

---

15) 위에서 살펴보지 않았지만 재외국민 교육원 또한 외국 체재 우리 외교관이나 주재원 자녀의 귀국 수학에 필요한 한국어 능력을 키워주기 위해 한국어 프로그램을 개설하였다고 한다(조항록 2005:35).

교수법에서도 모국어 습득과 마찬가지로 소리부터 접근해야 한다고 생각하기 때문인 것 같다. 그리고 문형 연습을 강조하고 반복하고 있는 것은 청각 구두식 교수법의 대표적인 특징이다.

이때의 교수법 또한 교재에 나타난 것처럼 철저한 청각 구두식 교수법을 사용하였다고 한다. 교사는 전 시간의 교과 내용을 문법과 어휘 중심으로 점검하고 학생들이 제대로 숙지하고 있는지 질문으로 알아본다. 또한 새 단위를 시작하기 위해서 교사는 회화를 두 번 정도 정확한 발음과 보통 속도로 읽어 주고 학습자들은 책을 덮은 상태에서 교사의 발음을 잘 듣는다. 그 다음 교사를 따라서 '외우기' 연습을 하며 이때 교사는 발음 교정을 해 준다. 이러한 외우기 단계가 끝나면 간단한 문법 제시와 설명을 하고 문형연습을 하게 된다(백봉자 2001:15).

이 외에 1967년에 한국 메리놀 선교회에서 출판한 한국어 교재(Myoungdo's Korean)가 있는데 이 교재는 실제 생활에서 쓰이는 대화를 중심으로 하였다. 그리고 1960년대 말에 있었던 미국 평화봉사단원을 위한 한국어 교재는 한국 내 교육기관에서의 교육 방법과는 아주 달랐다. 이 교재는 시청각 방법으로 된 교사 지침서라고 할 수 있는데 실제로 시청각 교재를 다루는 데 필요한 지침은 없고 일반적인 교수법을 소개하고 있다. 여기에서는 언어 교수를 제시, 반복, 연습, 회화의 네 단계로 나누어 실시하는데 제시 과정은 문법 설명 부분의 단계라고 했지만 의사소통 행위가 이루어지도록 진행해야 한다고 말하고 있다. 또한 반복 과정에서는 청각 구두식으로 도입되지만 연습 과정에서는 연습을 의사소통 과정으로 보고 과제 해결을 할 수 있는 능력을 배양하도록 하였다고 한다(백봉자 2001:16-17). 즉, 평화봉사단은 화자와 청자 사이에 이루어지는 대화의 상황을 언어의 행위로 보았으며 이러한 의사소통 행위를 강조하고 있었다. 이를 보면 평화봉사단은 단순한 암기로 언어를 가르치려 한 것이 아니라 현재 강조되는 의사소통 중심의 교수에 대한 인식을 하고 있었던 것 같다.

이를 시발로 하여 60년대에 국내에서 다수의 교재가 출간되는데, 이는 한국어교육기관의 신설과 관련이 있다. 70년대에는 국내에서 교재 개발이 활발해지나 역시 기관 교재의 범위나 특정 집단 대상의 교재 범위를 벗어나지는 못했다. 이 시기의 교재로는 1972년의 언어 교육학원의 교재, 연세대학교의 An Intensive Course In Korean Ⅱ(박창해 1975), 인지주의 접근법을 가미하여 새롭게 개발한 'Korean Ⅰ(박창해 1973) 등을 들 수 있다(조항록 2005:34).

이러한 교재와 관련하여 이지영(2005)에서는 이 시기 대부분의 교재는 청각 구두 교수법이 반영되어 있어서 단원 구성은 '본문→ 단어 설명 → 문법 설명 → 연습문제 유형'이 대부분의 교재에 나타나고 있다고 한다. 또한 청각 구두식 접근법을 적용하여 교재 안에 발음, 문법에 대한 지식을 함께 다루는 교재가 많이 개발되었으며 읽기 교재와 문법 교재도 개발되었다고 한다. 김영만(2005)에서도 이 시기의 교재들은 '대화문→ 문법 설명 → 연습'이라는 교수 학습 방식 위주로 되어 있으며, 특히 연습 부분은 거의 천편일률적인 반복과 문형연습을 통한 학습을 강조하고 있다고 한다. 이러한 내용을 통해 살펴볼 때 당시의 교육은 문법을 상당히 중시했으며 반복과 기계적인 연습을 하는 전형적인 청각 구두식 교수법을 사용하고 있음을 알 수 있다.

지금까지 1959년부터 1985년까지 교육기관과 교재가 어떤 특징을 가지고 있는지 살펴보았다. 이 시기의 가장 큰 특징은 먼저 특수한 직업을 가진 사람들을 중심으로 개별 교육기관 위주로 한국어교육이 이루어졌다는 것이다. 따라서 개별 교육기관별로 한국어교육 방법이 매우 다르며 이는 이 시기의 한국어교육이 아직 체계를 잘 잡지 못 했음을 짐작할 수 있게 한다. 그리고 대부분의 교재가 청각 구두식 교수법의 기본 원리를 적용하고 있는 것을 볼 때 이 시기 가장 중요한 교수법은 청각 구두식 교수법임을 알 수 있다. 따라서 수업 역시 청각 구두식 교수법에서 강조하는 대로 반복과 기계적인 연습을 통해 교육을 하려 했으며, 문법 역시 매우 강조되었다. 안경화(2005)에서도 한국어교육의 발아기인 1950년대 후반에서 70년대 중반까지의 한국어 교수 학습 방법은 청각 구두식 교수법이 주류를 이루어서 본문에 학습 문형이나 어휘가 제시된 후 문형 중심의 구조적인 연습이 이루어졌다고 한다. 그러나 문법 번역식 교수법도 부분적으로 활용되었으며 언어교육학원의 경우 직접 교수법을 사용한 점을 볼 때 기본적으로는 청각 구두식 교수법을 사용하였지만 기관별로 다른 교수법도 부분적으로 활용되었음을 알 수 있다. 그 이후 1970년대 중반에서 80년대 후반도 일본어권 학습자가 점차 늘어나 학습 동기가 다양해졌으나 주된 교수법은 역시 청각 구두식 교수법에서 크게 달라지지 않았다.

② 한국어교육이 양적 팽창을 이룬 시기(1986년-1997년)

이 시기는 국내의 한국어교육이 급속하게 발전을 이룬 시기로 특히 양적으로 많은 성장을 하였다. 많은 대학교에서 한국어교육 기관이 생겼으며, 기존의 기관에서도 학생 수가 크게 증가하였다.

이 시기 설립된 한국어교육기관은 고려대 민족 문화 연구원 한국어 문화 연수부(1986, 현 국제어학원 한국어문화교육센터), 이화여대 언어교육원 한국어 과정(1988), 선문대 한국어교육원(1989), 서강대 국제 평생교육원 한국어교육센터(1990), 한국외국어대 외국어 연수 평가원 한국어과정(1991), 경희대 언어 교육연구원(1992, 현 국제교육원)을 들 수 있으며 또한 많은 사설 교육 기관이 생겼다. 이러한 배경에는 한국의 경제성장과 재외 동포 후세의 증가, 그리고 1986년 아시안 게임과 1988년 서울 올림픽을 성공적으로 개최함으로써 한국이라는 이름을 널리 알린 것과도 관계가 있다.

그러나 이 시기는 양적으로는 많은 성장을 보였지만 내적으로는 아직 부족한 점이 많은 시기였다. 갑자기 많은 학습자가 밀려오면서 교재, 교사, 교수법 등 기본적인 여건을 갖춘 상태에서 발전을 한 것이 아니었기 때문이다. 따라서 수요에 의해 우선 교육이 실시되고 차후에 교재의 개발이 이루어졌기 때문에 교재 개발은 기관에 따라 큰 편차를 보여주었으며, 교수법과 관련해서는 기존의 청각 구두식 교수법 중심에서 의사소통 중심의 교수법으로 점차 넘어가는 시기라고 할 수 있다.16)

㉠ 교육 기관들의 특징

문희자(1991)에서는 서울대학교의 어학연구소를 소개하고 있는데 전체의 급은 1급부터 4급으로 구성되어 있다. 각 급에서 가르치는 내용을 보면 1급에서는 발음과 기본 어휘와 문형을 익히고 기초 회화의 연습을 강조하며 2급에서는 한국어의 문법 구조를 배우는 자의 삶의 맥락에서 그리고 일상 회화의 맥락에서 이해할 수 있도록 풀이된다고 설명하고 있다. 3급에서는 글쓰기와 읽기를 강조하고 한자 해독을 기존 지식의 맥락 안에서 가능하게 하는 교육 방법을 강구하고 있다고 했다. 마지막으로 4급에서는 한국의 대학에서 공부할 수 있는 능력을 기르는 것을 목적으로 하고 있다. 서울대학교의 교육은 급이 올라갈수록 한국어 쓰기 지도를 매우 중시하고 있는데 이는 이곳에서 한국어를 배우는 학생들이 단순히 생활 한국어를 배우기보다 학문적 연구를 위한 학생들이 많았던 것과도 관계가 있었던 것 같다.

이승환(1991)에서는 이화여자대학교의 언어교육원을 소개하고 있다. 이곳의 교육 단계는 1단계부터 8단계까지로 이루어져 있으며 주간에는 주로 우리나라 대학

---

16) 기본적인 특징에 대한 부분은 조항록(2005:36-40)을 참고로 하여 정리하였다.

에 진학하려는 학생들이 그리고 야간에는 외국인 직장인들이 주로 교육을 받고 있다고 했다. 이곳의 중요한 교육 방법은 통합교육이며 따라서 여기에서는 듣기, 말하기, 읽기와 쓰기를 동시에 교육하고 있다고 했다.

손한(1991)에서는 연세대학교의 한국어학당을 소개하고 있는데 이곳에서도 통합교육 방법을 사용하고 있다고 말하고 있다. 또 저급에서는 체계적인 문법과 문형, 그리고 말하기 이외에 듣기, 쓰기, 읽기를 통하여 한국어를 익히게 하고 고급에서는 토론 형식의 수업으로 한국의 문화를 이해하고 각 분야에 대한 전문적인 지식을 얻게 한다고 한다. 교재는 한국어 교본과 독본을 주교재로 하고 있고 한자 교재, 테이프, 비디오 테이프, 프린트 등을 부교재로 하고 있다. 연세대학교의 급별 교육 내용을 살펴보면 1급에서는 기초 문형과 문법, 2급에서는 문법중심의 쓰기 연습, 3급에서는 1급, 2급에서 배운 문법과 어휘력을 향상시키는 것에 초점을 두고 6급에서는 한국어 문법의 요약과 정리를 한다고 말하고 있다. 이러한 것을 보면 여전히 문법에 많은 초점을 두고 교육이 이루어지고 있음을 이해할 수 있다. 그러나 이 외에도 속담과 관습, 예절 학습을 통해 한국의 사고방식을 이해하려고 노력하거나 토론과 발표를 통해 말의 유창성을 향상시키기 위해 노력하는 것을 보면 한국어의 문화와 의사소통 능력 향상에도 많은 관심을 보이고 있음을 알 수 있다.

김기중(1991)은 고려대학교 민족 문화 연구소의 한국어문화 연수부(현 한국어문화교육센터)를 소개하고 있다. 수업 내용은 매일 단계에 따라 회화와 독본 각 두 시간씩 하루 네 시간의 강의로 이루어진다. 1급에서는 기본적인 문법 이해와 정확한 발음을 중시했고, 3급은 지금까지 배운 문법 사항을 이용해 발표력과 듣기 능력을 신장시킬 수 있도록 지도하여 문장 이해력을 높이려고 했다. 그리고 고급에서는 한국어를 보다 자연스럽게, 정확하게 구사할 수 있도록 하며 한국의 정치, 경제, 문화 등을 이해하게 만들어 대학이나 대학원에서 수학할 수 있을 정도의 실력을 갖추도록 했다. 회화 시간에는 다양한 상황 설정을 통해 일상생활에 필요한 표현을 흥미롭게 익히도록 했으며, 독본 시간에는 많은 문장을 읽고 한국어의 문형과 정확한 표현에 익숙하게 했다. 어학 실습은 정확한 발음과 듣기 능력의 배양을 위해 반복을 통한 숙달을 학습 방법으로 삼았다.

위의 대학교 기관들과는 조금 다른 모습을 보이는 곳이 재단 법인 언어교육 부설 언어교육학원이다. 하정자(1991)에서는 재단 법인 언어교육 부설 언어교육학원(언어교육연구원)의 특징적인 교육 방법을 설명하고 있는데 초급반에서부터 고급반까지 말하기, 듣기, 읽기, 쓰기를 모두 하지만 반에 따라 수준이 조금 다르다고 한다. 특히 이곳에서는 선생님이 무엇을 가르치려고 하기보다는 학생 스스로가 터득하게 하려는 데에 기본 목적이 있다고 하였다. 이것은 바로 침묵교수법(silent way)을 의미하며, 따라서 교사는 짜여진 교재에 얽매이지 않고 그림, 막대기, 차트, 비디오 등의 다양한 교구를 사용해 여러 상황을 제시함으로써 필요한 표현을 배울 수 있게 한다고 했다.

이 시기의 기관별 특징을 살펴보면 대부분의 기관이 문법을 강조하고 있으면서도 그 전과는 다르게 상황이나 맥락에 대한 관심을 보여주고 있으며 통합 교육을 시도하고 있음을 알 수 있다. 또한 학습자가 한국어를 잘하기 위해서는 언어만 배워서는 해결될 수 없으며 한국의 사회 문화를 이해해야 한다는 것을 인식하고 한국의 문화에도 관심을 갖고 교육시키려 하고 있음을 볼 수 있다. 그러나 여전히 문법을 강조하고 반복된 연습을 하고 있다는 것을 볼 때, 이 시기는 청각 구두식 교수법을 주된 교수법으로 사용하면서 의사소통 능력이 중요하다는 인식을 하고 의사소통 중심의 교수법도 활용하고 있는 시기라고 볼 수 있겠다.

따라서 이 시기는 청각 구두식 교수법에서 의사소통 중심의 교수법으로 넘어가는 시기로 볼 수 있다. 이 외에 대부분의 교육기관에서는 직접 교수법도 이용을 많이 했다고 하는데 김정숙 외(1992)에서는 이 방법이 학습자를 목표어에 노출시킴으로써 자연스럽게 듣고 말할 수 있는 능력을 길러 줄 수 있는 장점이 있어 많은 한국어 교육기관이 이 방법을 이용하고 있다고 했다.[17]

ⓒ 교재의 특징

이 시기에는 한국어교육이 활발해지고 새로운 한국어 교육기관이 생겨나기 시작하면서 언어교육기관을 중심으로 보다 체계적인 교재 개발이 시작되었다. 이지영(2005)에 따르면 이 시기에는 많은 교재 개발이 이루어졌으며, 특히 1995년경부터 과제 중심 교육에 대한 연구가 시작되면서 교재 개발에 적용될 수 있는 이론적 바탕을 마련한 시기라고 설명하였다. 또한, 이 시기에 개발된 교재들은 말하기와 읽기 중심으로 개발되었으며, 회화 교재, 읽기 교재, 듣기 교재, 문법 교재가 함께

---

17) 이 교수법은 학습 초기 문자의 도입 없이 정확한 발음을 강조하면서 듣고 말하는 훈련에만 치중하며 실물이나 사진을 많이 활용한다. 그러나 이 방법은 모국어 학습과 외국어 학습의 근본적인 차이를 무시하고 있다는 점과 모국어 사용을 완전히 배제함으로써 어휘와 구조를 이해하는 데 필요 이상의 노력과 시간이 소요될 수 있고, 학습자에게 다양한 상황을 제공하지 못하는 점 등이 문제점으로 지적된다(김정숙 외 1992).

개발되었다고 한다. 또한 교재 구성은 도입과 단원과 부록으로 이루어졌으며, 도입과 부록에 한글에 대한 소개나 색인 등이 첨부되었다. 단원 구성은 '본문 → 단어 설명 → 문법 설명 → 연습문제 유형'으로 구성되었다.

먼저 고려대에서는 1986년 '한국어 회화'와 '한국어'라는 책을 개발했다. 김기중(1991)에 따르면 이 책은 독본 교재가 가지는 문법 설명 위주의 학습을 지양하고 회화력 배양에 도움을 주고자 하였다. 또한 각 과마다 중요한 문법 사항을 영어와 일본어로 간단하게 설명해서 학습자의 이해를 돕고 문장 속에서 자연스럽게 습득할 수 있도록 했으며, 기본 문형에서는 문법과 문형을 아우르면서 어법이나 표현을 다양하게 제시해 반복해서 연습할 수 있게 하였다. 그리고 각 과의 학습이 끝난 후 연습 문제를 통해 충분히 복습하고 확인할 수 있도록 만들어졌다. 이 책의 또 다른 특징은 기존의 교재와 달리 흑백이지만 그림을 제시하면서 시각화를 시도했다는 점이다. 이 점은 이지영(2005)에서도 주목하고 있다. 이러한 교재의 특징으로 볼 때 고려대의 교재는 의사소통 능력을 향상하는 데 초점을 두고 문법 중심적인 교재가 되지 않으려고 노력했으며, 문법도 문장을 통해 상황을 생각하면서 자연스럽게 습득하도록 노력했다고 볼 수 있다. 또한 그림을 통해 학습자들이 언어를 사용하는 의사소통 상황을 더 잘 이해할 수 있도록 한 것 같다. 그러나 이 교재의 연습 활동을 보면 의사소통 상황을 주고 실제 한국어의 연습이 가능하도록 만들어졌다기보다 단순히 질문하고 답하는 형식을 취한 경우가 많이 있다. 또한 그림을 제시했지만 어휘 교체 연습과 크게 달라지지 않은 점이 있어서 역시 기본적으로 청각 구두식의 교수법을 바탕으로 하면서 부분적으로 의사소통 중심의 교수법을 활용한 교재라고 할 수 있겠다.

다음 연세대학교는 1992년 '한국어 1-6'을 개발했는데 이 책도 청각 구두식 교수법을 바탕으로 한 것이다. 백봉자(2001)에서도 이 책이 회화의 내용과 형식, 문형 연습의 형태가 청각 구두식 교수법을 벗어나지 못하고 있다고 지적하고 있다. 또한 부교재의 경우 학습자의 흥미를 끌 만한 다양한 내용을 담고 있지만 역시 어휘와 내용 그리고 질문 형식은 학습자의 내용 스키마를 자극하기에 충분하지 않다고 지적한다. 그러나 이 교재는 문법을 이해하는 데 있어 큰 도움을 줄 수 있는 교재라고 평했다. 민현식(2000)에서도 이 책은 문형 연습의 한 전형을 제시한 교재라고 평했다.

이화여자 대학교는 1991년 '외국인을 위한 한국어'라는 책을 개발했는데, 이화여대가 통합 교육을 지향하듯이 역시 교재도 통합 교육을 목적으로 하고 있다고 한다. 이승환(1991)에서는 이 교재가 통합 교육의 목적에 맞게 각 단계의 교재가 구성되어 있으며 각 단계마다 주 교재와 부교재가 있다고 설명한다. 교재의 내용과 구성은 제 5단계까지는 문법 항목의 단계적 전개를 중심으로 이루어져 있으며, 제 6단계 이후의 교재는 주제와 기능(notion and function)을 위주로 하는 내용으로 짜여있다고 한다. 또한 교재의 각 과에는 발음연습, 문법항목의 설명, 새로운 낱말, 새로운 표현, 대화, 읽을거리, 그리고 쓰기 연습이 있다고 했다.

이 외에 하정자(1991)에 따르면 언어교육학원의 경우 단기간 내에 한국에서 생활하기에 꼭 필요한 표현들을 상황별로 묶어 '속성 한국어(Survival Korean)'라는 교재를 만들었는데 이 교재는 현재 가장 기본적인 교재며 아주 실용적인 표현을 담고 있다고 한다.

지금까지 이 시기의 대표적인 교재들의 특성을 살펴보았다. 위의 특성들을 살펴볼 때 이 시기의 교재들은 청각 구두식 교수법을 중심으로 하였음을 알 수 있다. 김정숙 외(1992)에서도 1992년의 대부분의 교과서가 청각 구두식 교수법을 따라 문형 연습 위주로 되어 있음을 지적하면서 이러한 교수법이 단기간 내에 학생들을 잘 훈련된 앵무새처럼 말할게 할 수는 있으나 언어 습득의 창조적인 면을 무시하고 있어서 진정한 의사소통 능력을 키워주는 데는 한계가 있다고 말하고 있다.

그러나 이 시기는 청각 구두식 교수법을 사용하면서도 의사소통 중심의 교수법 또한 활용하였기 때문에 반복 연습에 있어서도 단순한 반복 연습만을 한 것은 아니다. 김영만(2005)에서도 1980년대 후반과 1990년대 초에 개발된 교재는 단순한 반복 연습이 아닌 학습자가 자신이 무엇을 말할지를 생각하고 나서 대답하는 방식으로 교재가 바뀌었음을 지적하고 있다. 또한 이 시기의 교재들 중에는 그림을 많이 제시하여 학생들이 자신이 한국어를 사용하는 상황을 이해할 수 있도록 한 교재도 있다고 했다.

한국어교육이 양적으로 매우 성장한 이 시기의 교육기관과 교재의 특징을 살펴본 결과, 이 시기는 청각 구두식 교수법에서 의사소통 중심의 교수법으로 넘어가는 시기라고 볼 수 있을 것 같다. 특히 의사소통 중심의 교수법과 관련된 과제 중심 교육에 대해서도 이론적 바탕을 마련한 시기라고 볼 수 있다. 그러나 여전히 다양한 교수법을 모색하거나 보조 교재를 개발하는 일은 한계를 가진 시기라고 볼 수 있다.

③ 안정적 성장과 확대 발전기(1998년-현재)

1990년대 중반 이후 한국어교육은 잠시 주춤하게 되는데 IMF 관리 체제로 인한 영향도 있으나 신규 수요의 창출이 더디었기 때문으로 보인다. 그러나 이 시기 한국어 교육기관들은 학습자 증가 현상이 주춤한 사이 교재 개발과 교수법 등을 개발하기 시작한다. 그리고 1990년대 후반 한국어 능력 시험(KPT)이 실시되고 한국어 세계화 추진 사업이 실시되면서 한국어교육은 제도화의 길을 걷게 된다. 그리고 2000년대 이후 다시 한 번 급속한 성장을 하게 되는데 그 원인은 중국의 경제 발전으로 인한 중국인 학습자가 빠르게 증가했고, 한일 월드컵의 성공으로 다양한 일본인 학습자가 형성되었기 때문이다. 또한 한류열풍으로 한국어를 배우러 한국을 찾아오는 외국인도 늘게 되었으며, 1993년 외국인 산업 연수생 제도가 도입되면서 많은 외국인 노동자가 들어오기 시작했다.

따라서 이 시기 한국어교육은 내실을 보다 튼튼히 다져서 안정적인 성장을 하는 시기라고 할 수 있다. 무엇보다 한국어교육에 있어서 보다 체계적인 제도화가 이루어졌고, 한국어 능력 시험이 실시되면서 한국어 능력 평가 원리의 설정이나 방법론의 개발에 커다란 영향을 주었다. 또한 다양한 학습자로 인해 한국어 교육과정이 다양해졌다.

특히 이 시기는 1990년대 들어와 소개된 의사소통 중심 교수법(Communicative Approach)이 중요한 교수법으로 자리를 잡은 시기라고 할 수 있다. 의사소통 중심 교수법을 반영한 교재들이 나오기 시작했고, 2000년 이후에는 한국어교육은 의사소통 중심 교수법을 이용하여 이루어진다는 사실을 모두 당연하게 받아들이기 시작했다. 의사소통 중심 교수법은 실제 발화 상황에서 요구되는 의사소통 기능과 담화상의 적절성에 관심을 갖는 것이다. 따라서 정확성보다는 유창성에 초점을 두고 학습자들이 실제 언어 상황과 같은 상황 속에서 문제를 해결하는 과정을 도와주려고 한다. 따라서 이 시기는 학습자 중심의 언어교육, 과정 중심의 언어 교육, 과제 중심의 언어 교육, 문화 교육 등이 함께 강조되고 있다.[18]

㉠ 교육기관들의 특징

의사소통 중심 교수법이라는 것은 정확히 하나의 방법만을 고집하는 것이 아니

---

18) 이 시기의 기본적인 특징에 대해서는 조항록(2005:42-48)을 참고로 하여 정리하였다.

라 학습자의 요구와 선호에 따라 융통성 있는 접근 방식을 취하기 때문에 이 방법을 채택한 한국어 교육기관의 교육 방법은 조금씩 차이가 있을 수 있다고 한다. 따라서 현재 사용하고 있는 교수법을 논하기 위해서 안경화(2005)에서는 각 기관들의 실제 수업 사례를 비교하고 있다. 안경화의 내용을 전체적으로 정리하면 다음과 같다.

〈표 3〉 실제 수업 사례 정리

		교수 학습 방법	특징
사례 1	1,2교시	통합적 교수 방법 어휘 및 문법 항목을 바탕으로 말하기 기술에 중심을 둠	학습자의 수준과 요구에 맞추어 듣기, 말하기, 읽기, 쓰기 등의 언어 기술을 적절히 통합하고 분리하는 방식으로 운영
	3,4교시	언어 기술별 교수 방법 과정 중심적 교수 방법	
사례 2	1교시	형태 중심의 구조 연습 25분간 랩 수업에서 문형 연습 25분간 교실에서 대화 연습	비교적 형태를 중시하는 교육과정을 운영. 그러나 학습자의 수준과 언어권별 특성에 따라 문형 연습과 과제 활용 정도를 결정한다.
	2교시	어휘 및 문법 항목 학습 단계별 교수 방법	
	3교시	읽기 수업	
	4교기	교수 항목의 심화 활동 과제 중심적 교수 방법	
사례 3	1일	어휘 및 문법 항목 학습 나선형 교수	의미 기능을 더 중시하는 수업사례. 사용 맥락이 주어진 실제적인 활동과 과제를 강조하고 나선형 교수 방법을 채택한 점이 특징. 전체 수업은 도입-제시-연습-마무리-활동으로 구성된다.
	2일	활동과 과제를 통한 교수	
사례 4	5일	기술별 과제 중심적인 교수 도입-듣기-말하기-문법-읽기-쓰기 단계적 교수 방법	기술별 과제 중심적인 교수가 특징적인 모형으로 중·고급에서 활용되는 수업사례 중 하나

위의 수업 사례를 통해 보면 교육기관에 따라 형태나 의미를 조금씩 좀 더 강조하기도 하지만 기본적으로 학습자의 특성에 맞게 여러 교수법을 적절히 활용하고 있음을 알 수 있다. 또한 상황에 따라 기능을 통합하여 가르치거나 언어 기술별로 가르치고 있음을 이해할 수 있다. 그리고 가장 중요한 것은 대부분 의사소통 중심적인 교수법을 기본으로 하여 과제 중심적인 교수법을 사용하고 있다는 것이다.

위의 경우는 일반적인 정규 과정상 수업이 어떻게 이루어지는지를 본 것이다.

이 외에 특별 과정으로 정규 과정과 다른 교수법을 사용하는 프로그램도 현재는 많이 보이고 있다. 이러한 프로그램 중 대표적인 것으로는 고려대학교의 한국어 플래그쉽 프로그램을 들 수 있다.[19]

이 프로그램에 속한 학생들은 고려대학교에서 학부 혹은 대학원 수준의 전공과목을 듣게 되고 한국 사회를 좀 더 잘 이해하기 위한 미디어 수업을 일주일에 3회 듣게 되며 전공 영역과 관련된 다양한 인턴쉽을 하게 된다. 즉 학생들이 진정한 고급 수준의 한국어 화자가 될 수 있도록 다양한 교육이 이루어지며 도우미와 개별 피드백을 주는 것과 같은 도움을 통해 개별적인 수준에 맞춘 체계적인 교육이 이루어지고 있다. 이러한 교육에서 주된 교수법은 과제기반 언어교수법(Task-Based Language Teaching, 이하 TBLT)[20]이다. 즉, 학습자들의 모든 수업은 어떤 과제를 제시하고 그 과제를 수행하기 위한 교육 내용으로 짜여져 있는데 2007학년도 가을학기 언론 수업의 내용을 보면 이 프로그램의 내용을 좀 더 이해할 수 있을 것이다.

〈표 4〉 KU-KFOP의 수업내용

일정	주별 과제
2주	〈미디어 자료를 통한 의견 제시하기〉 - 학력 위조를 통해 본 한국의 학벌, 학력 중심주의 풍조에 대한 입장
13주	〈미디어 자료를 중심으로 특정 사건의 역사적 흐름과 전환점 정리하기〉 - 일본 위안부 결의안 통과를 통해 본 위안부 문제의 전개 양상

위의 내용을 보면 미디어 자료를 통해 의견을 제시하거나 특정 사건의 역사적 흐름과 전환점을 정리하는 것과 같은 과제가 매주 제시되어 있으며, 이러한 최종

---

19) 이 프로그램은 TLF(The Language Flagship)의 프로그램 중 2002년 하와이 대학교에서 설립된 2년 과정 해외 현지 프로그램의 한 부분으로 정식 명칭은 KU-KFOP(Korea University-Korean Flagship Overseas Program/ 고려대학교 한국어 현지 프로그램)이다. TLF는 미국 연방 정부와 교육기관 및 기업과의 협력관계를 통해 차세대 글로벌 전문가로 성장할 대학원생을 선발하여 미국의 주요 경쟁국이자 국가 안정 보장과 관련되어 여러 국가의 언어 중 하나를 유창하고 구사할 수 있는 최고 수준의 언어 단계에 오르는 것을 목적으로 하는 프로그램이다. 여기에 선정된 학생들은 하와이 주립 대학교와 UCLA에서 1년간의 교육을 받은 후 한국의 고려대학교에 와서 1년간 심화된 교육을 받게 된다.
20) 이것은 의사소통 교수법의 일환으로 개발된 방법인데 언어 교육은 광범위한 각종 과제 수행을 통하여 의사소통 능력을 향상시키는 교육이라는 것이다. 과제란 어떤 목적을 가지고 수행하는 언어적, 비언어적 활동을 말하는데, Nunan(1989, 1999)은 외국어 습득상의 과제를 교육적 과제와 실생활 과제로 구분한다(Shon 2002:25).

과제를 수행하기 위해 신문이나 뉴스를 보고 내용을 파악하고 그에 대한 견해를 정리하고 토론과 발표를 하거나 보고서를 작성하는 활동을 하고 있다. 또한 기본적으로는 이렇게 TBLT의 방법을 사용하지만 상황에 따라서는 내용 중심 교수법(Contend-Based Instruction, 이하CBI)[21]의 방법도 사용할 수 있다. 예를 들어 13주 수업의 경우 실제 위안부 할머니가 와서 강연을 하고 이를 통해 위안부 문제를 알아보는 시간을 가졌는데 이러한 수업은 CBI를 사용한 수업이라고 볼 수 있다.

이 프로그램 외에도 서울대학교에서 하는 말레이시아 학생을 위한 프로그램은 CBI의 방법을 위주로 교육을 하고 있는 프로그램이다. 여기에서는 말레이시아 정부 장학생을 대상으로 하여 1년 6개월간의 위탁교육 기간 동안 대학 진학에 필요한 한국어 능력을 기르게 함과 동시에 기초 수학과 공학 교육을 병행하여 대학 전공에 필요한 기초를 갖추게 하고 있다.

ⓛ 교재의 특징

이 시기는 의사소통 중심 교수법이 한국어교육의 전체를 차지한 시기라고 할 수 있다. 따라서 한국어교육의 목적, 교육 방법, 평가 등 한국어교육 전반에 있어서 큰 변화를 가져온 시기라고 할 수 있다. 교재의 경우도 마찬가지로 의사소통 중심 교수법은 교재 개발에 큰 영향을 미치게 된다.

이지영(2005)에 따르면 이 시기에는 과제 중심, 기능 통합형 교재가 개발되었으며, 다양한 목적으로 한국어를 배우는 학습자를 위한 교재가 개발되었다고 한다. 또한 한국어 교재에 사진과 그림이 많이 사용되기 시작했으며, 한국 문화의 중요성이 강조되어 문화 소개나 문화 교육이 교육 현장과 교재에 반영이 많이 되었다고 설명한다. 그리고 온라인 교재나 멀티미디어 교재 개발도 이루어지고 있어서 여러 교육기관이나 단체에서 한국어교육 웹 사이트를 운영하면서 한국어교육의 영역을 넓혀가고 있으며, 특히 기능 통합형 교재가 개발되었다는 점이 특징적이라고 지적한다. 또한 단원 구성에 있어서는 기능 통합적이고 과제 중심적이라는 특징을 가지고 있다고 한다.

김중섭(2005)에서도 교재의 특성에 대해 이지영(2005)과 거의 같은 내용을 지적

---

21) 이것은 학습자들이 과학, 수학, 사회 등의 학과목을 공부할 때 해당 언어로 학습을 함으로써 그 언어를 공부하는 것이다. 즉, CBI는 언어 자체를 학습하는 것이 아니라 외국어의 사용을 다른 학문적 정보나 지식을 얻기 위한 수단으로 삼아 외국어 습득의 효과를 얻고자 하는 방법이다.

하고 있다. 한국어교육에서 의사소통 중심 교수법이 두각을 나타내면서 과제 중심 교재, 기능 통합형 교재가 개발되기 시작했으며, 학습자의 특성에 따라 노동자를 위한 교재, 문화 중심 교재 등에도 많은 관심을 쏟기 시작했다고 설명하고 있다. 또한 이 시기의 교재에서는 교재를 시작하기 전에 교재 구성과 내용에 관련된 교재 구성표를 제시하고 있으며 영역별 교재는 많이 개발되지 않았는데 그것은 기능이 통합된 교재의 성격이 강하기 때문이라고 지적하고 있다. 특히 경희대학교, 이화여자대학교, 서강대학교 교재는 의사소통 중심 접근법, 과제 기반 교수법, 통합 교수법 등을 반영하여 개발된 대표적인 교재들이며, 현재도 많은 교재들이 학습자의 의사소통 능력을 기르는 데 중점을 두고 과제 중심으로 구성하여 개발하고 있다고 말하고 있다. 또한 이 시기 교재들은 각 교재마다 단원 구성이 복잡해지는 양상을 보이고 있는데 이는 도입(warm up)→제시・설명(presentation)→연습(practice)→사용(use)→마무리(follow up) 등의 수업 절차를 단원 구성에 반영하면서 나타난 특징이라고 말하고 있다.

김영만(2005)에서는 이 시기에 개발된 교재들은 반복 연습을 지양하고 학습자의 활동을 중심으로 구성을 했으며 실생활 속에서의 자료를 도입하고 네 가지 기능을 통합하고자 했다고 한다. 즉, 최근의 교재들은 과제 중심의 언어 교육(Task-Based Language Teaching)을 표방한 것이며, 학습자의 지성과 사고력뿐 아니라 학습자를 수업의 주체로서 인식한 결과라고 볼 수 있다고 평가하고 있다.

즉, 이 시기의 한국어교육은 의사소통 중심의 교수법을 바탕으로 하여 기능 통합적이고 과제 중심적인 교육을 하고 있음을 알 수 있다. 그러나 이러한 것도 교재에 따라 다른 양상을 보이기 때문에 여기에서는 이 시기에 개발된 교재 중 3가지를 선택하여 각 교재별 특징을 좀 더 살펴보고자 한다.[22]

A교재의 경우 의사소통 능력과 과제 중심의 교수법을 반영한 교재로 무엇보다 천연색 삽화가 풍부하게 배치되었다는 점을 특징으로 들 수 있다.[23] 또한 통합교육을 목적으로 하였고 실생활을 많이 반영하려고 노력하였다. A교재는 단원 안에서 과제(Task)라는 말을 직접 사용하고 있고 지금까지 다른 교재와는 달리 한 단원의 시작을 대화로 시작하지 않고 학습자의 배경지식을 활용할 수 있는 질문으로 시작하고 있다. 그러나 통합 교육을 목표로 했다고 하지만 네 가지 언어 기능을 통

---

[22] 교재의 이름은 밝히지 않고 A, B, C로 표시하겠다.
[23] 민현식(2000), 백봉자(2001) 모두 이 교재가 의사소통 중심적이고 과제 중심 교수법을 반영하고 있다는 점을 말하고 있다.

합했다기보다는 말하기를 위주로 하여 다른 기능 교육이 좀 부수적으로 들어간 느낌이다. 또한 이 교재는 다양한 과제를 주기 위해서 노력했는데 때로는 현실에 적합하지 않거나 혹은 너무 실제적인 자료로 인해 학습자의 수준에 아주 어려운 과제를 주는 경우가 보인다.[24]

문법의 경우는 자세히 설명을 하기 보다는 연습을 통해 자연스럽게 익히도록 구성을 한 것 같은데 문법을 제시하는 예문의 경우 그 문법 부분을 진하게 표시함으로써 배우는 문법에 보다 집중하도록 했다. 문법 제시 방법에 대해서 민현식(2000)은 A교재가 문법 사항과 연습 활동은 제시하되 그에 대한 설명은 배제하여 학생들에 의해 문법 지식이 귀납적으로 인지되도록 지향하고 있다고 했다. 또한 백봉자(2001)는 실생활에서 바로 응용할 수 있는 의사소통 능력을 키울 수 있는 것을 목표로 세우고 연습 활동과 과제 활동을 유기적으로 구성해 학습자들이 효과적으로 문법을 이해할 수 있다고 했으며, 홍정은(2005)은 문법 항목을 제시할 때 실제 생활과 관련된 질문을 하거나 상황을 소개하여 학습자 스키마를 활성화시킨 후 연습(practice)을 한다고 설명하고 있다. 이러한 내용을 종합해 볼 때 이 교재가 문법을 제시할 때 학습자들의 스키마를 활성화시키고 그 후 연습 활동을 통해 자연스럽게 습득하는 것을 목표로 하고 있음을 이해할 수 있겠다.

B교재는 일단 다양한 시각자료와 색을 사용하여 학생들의 흥미를 끌 수 있다는 장점이 있다. 또한 이 책의 집필 방향을 살펴보면 학생들의 의사소통 능력을 신장시키는 것을 목적으로 하고 있으며, 통합 교수를 위한 교재이며, 유창성과 정확성을 모두 중요시하고 있다. 그리고 한국 문화를 자연스럽게 포함시킨다고 이야기하고 있다. 그리고 실제 교재에서는 과제라는 이름으로 활동을 제시하고 있지는 않지만 교재 구성에 대한 안내를 보면 그 과에서 수행해야 하는 과제가 나와 있는 것으로 봐서 과제 중심적인 교재라고 볼 수 있을 것 같다. 이러한 집필 목적과 교

---

[24] 아래의 예는 이 책의 1급의 10과에 나오는 과제이다. 여기서 냉장고를 집에 설치하면서 주의사항을 묻고 답하는 내용은 1급의 학습자들이 이해하기도 어렵고 실제로 사용하기도 매우 어려운 내용들이다. 또한 전화로 냉장고를 주문하는 과제는 현실성이 매우 떨어진다고 볼 수 있다.

과의 제목	과제 학습 내용
10과 쇼핑 2	* 전화로 냉장고 주문하기 * 전화로 길찾기 * 냉장고 설치에 대한 주의사항 묻고 말하기 * 옷 세탁에 대한 주의사항 묻고 말하기

재 구성에 대한 안내를 보면 B교재는 의사소통 중심적이며, 통합 교수를 목적으로 하는 과제 중심적인 교재라고 이해할 수 있을 것이다.

이러한 목적을 반영하기 위해서 노력했지만 역시 몇 가지 문제점이 보인다. 먼저 통합 교수를 목적으로 했다고 했지만 각 기능이 목적과 관련성을 가지고 통합되었다기보다 여러 활동을 많이 넣으려고만 한 것 같다. 또한 듣기로 시작하여 쓰기로 끝을 내는 구성은 대부분의 과에서 공통적으로 적용되고 있는 것 같은데, 이러한 형식을 맞추다 보니 주제에 따라 필요 없는 활동들도 들어가 있는 것 같다. 또한 한 과의 목표와 최종 과제가 잘 맞지 않는 모습을 보이며, 과제의 의미를 단순한 연습 활동으로 이해한 경우도 있는 것 같다. 그리고 B교재는 연습문제의 경우도 단순히 단어를 대체하거나 형태를 바꾸어 넣는 유형이 대부분이라서 의사소통 능력을 키우는 데에 좀 부족할 것 같다.[25]

C교재의 집필 방향을 살펴보면 의사소통 중심의 교수법을 중심으로 하고 있기 때문에 중요시 하는 것도 의사소통의 상호작용을 최대화하는 것이며 말하기를 중시하고 있다고 한다. 또한 말하기를 중요하게 여기지만 읽기, 듣기, 쓰기, 말하기의 네 가지 기능이 효과적으로 균형을 맞출 수 있도록 노력했다고 한다. 이러한 내용을 참고하면 기본적으로 이 교재는 의사소통 중심의 교수법을 바탕으로 하여 말하기를 중심으로 하되 여러 기능들을 통합하고자 노력한 교재이다.

그러나 통합을 하다 보니 쓰기의 기능이 좀 약화된 것으로 보인다. 쓰기의 경우에는 따로 제시되지 않고 매 단원마다 읽고 말하기나 듣고 말하기를 한 후에 이런 활동과 연관하여 쓰기로 이어지는 활동을 제시하고 있다. 물론 여러 활동을 통합하여 제시하고자 했으므로 이런 구성으로 이루어진 것 같으나 상황에 따라서는 쓰기를 좀 더 비중 있게 다루어야 하는 부분도 있어야 할 것이고 쓰기가 없어도 되는 부분도 있을 수 있을 것이다. 또한 그 주제와 과제가 적절하지 못한 경우도 눈에 보인다.[26]

---

25) 그러나 백봉자(2001)에서는 이러한 점을 긍정적으로 평가하여 이 교재가 청각 구두 교수법과 의사소통 중심의 교수법을 적절히 배합했다고 보고 있다.
26) 예를 들어 3B의 6과 '실수와 변명'이라는 과는 다음과 같은 과제가 제시되어 있다.

단원명	활동	최종 과제
6과 실수와 변명	듣고 말하기	*모임에서 친구들이 늦은 이유 듣기 *5년 후에 반 친구들과 동창모임을 한다고 가정하고 말하기, 그 날의 일기 쓰기

이 과의 주제는 실수와 변명을 이야기하기인데 최종 과제가 단순히 5년 후에 반 친구들

지금까지 살펴본 것처럼 이 시기의 교재들은 모두 의사소통 능력의 신장을 최우선으로 하고 있으며 이러한 목표를 위해 과제 중심적이고 기능 통합적인 교육을 하고자 노력하고 있었다. 또한 학습자들이 자신들의 스키마를 활용할 수 있게 단원의 첫 시작에 그림과 질문을 넣어 그 과에서 어떤 내용을 배울지를 예측할 수 있게 했으며 천연색의 다양한 그림들을 사용하여 학습자의 입장을 많이 고려하였다.

그러나 각각의 교재별로 조금씩의 문제가 보이기도 한다. 먼저 과제 중심적인 교재를 표방하고 있지만 주제에 맞지 않는 과제도 많이 보이고 있으며, 때에 따라서는 너무 실제적인 과제를 추구하다 보니 학습자의 수준에 맞지 않는 과제도 제시되어 있었다. 또한 기능을 통합하고자 했지만 대부분 주제와 관련성을 가지고 적절히 통합되었다기보다 여러 기능들의 활동이 나열되거나 혹은 한 기능이 좀 약화되는 모습을 보였다. 이 외에 백봉자(2001)에서는 경희대와 외대, 서강대, 선문대 교재들은 모두 학습자 중심의 교수법을 지향하는 것처럼 보이나 교육의 목적이나 대상이 제대로 정립되지 않은 상태에서 기술적인 면에 치중하여 주제 선정과 접근 방법, 그리고 학습 과정과 활용이 서로 비슷하며 설명과 연습이 충분하지 못하다고 지적하고 있다.[27]

한국어교육이 안정적인 성장을 이루며 발전하는 이 시기의 가장 중요한 교수법은 의사소통 중심의 교수법으로 이를 바탕으로 하여 과제 중심적이며, 기능 통합적인 교육이 이루어지고 있었다. 또한 배우는 학습자의 입장을 좀 더 고려한 교육이 이루어지도록 노력하고 있었으며, 상황과 학습자에 따라 여러 교수법을 절충하여 사용하는 모습을 보여주었다.

  과 동창회를 한다고만 되어 있어서 이러한 상황들을 어떻게 연습시킬지는 의문이 든다. 교사가 적절한 역할 카드를 주지 않는다면 제대로 의도하는 과제가 이루어지지 않을 것이기 때문이다. 또한 이러한 말하기 연습을 한 후에 쓰기 연습으로 누가 어떤 이유로 왜 늦었는지에 대한 이유를 쓰는 것을 목적으로 했다면 효과가 많지 않은 과제가 될 것 같다. 동창회를 하고 난 후의 일기를 쓰는 경우 그날 누가 왔으며 어떤 일이 있었는지를 위주로 쓰게 될 것이기 때문이다.

[27] 이러한 문제점이 좀 더 해결된 교재로 백봉자(2001)는 2000년과 2001년에 걸쳐 출판된 KLEAR 교재를 들고 있다. 이 책은 영어권 대학생이라고 하는 특정한 사용자 집단을 위한 책으로 주교재인 'Integrated Korean'은 제목에서 보듯이 통합 교수법을 지향하고 있으며, 따라서 이 교재는 의사소통 중심 교수법과 과제 해결 중심 교수법을 보이고 있다고 했다. 그러나 이런 교수법을 보이면서도 또한 문법 설명과 연습 문제가 충실하게 되어 있다고 한다. 즉, 이 교재는 청각 구두식 교수법과 의사소통 중심의 교수법이 잘 통합된 책으로 소개하고 있다.

이상 시대별로 한국어 교수법이 어떻게 발전해왔는지 살펴보았다. 지금까지의 내용을 정리하면 다음과 같다.

〈표 5〉 한국어 교수법의 특징

	시대의 특징
1958년 이전	1. 한국어 교육기관이 생기기 이전 - 특별한 교수법을 지향하지는 않았지만 문법-번역 교수법을 많이 사용

1959년-1985년	2. 한국어 교육기관이 생긴 이후
	 (1) 국내에서 처음으로 체계적인 한국어교육이 이루어진 시기
	  - 특수한 목적과 직업을 가진 사람들 위주로 교육
	  - 개별 교육기관에 따라 교수법이 매우 다름
	  - 청각 구두식 교수법을 사용하여 문법과 문형 중심의 연습이 매우 강조됨
	  - 문법 번역식 방법이나 직접 교수법도 부분적으로 사용

1986년-1997년	(2) 한국어교육이 양적 팽창을 이룬 시기
	  - 청각 구두식 교수법에서 의사소통 중심의 교수법으로 넘어가는 시기
	  - 문법을 강조하면서도 상황이나 맥락에 대한 관심을 보여주고 있으며 통합교육을 시도.
	  - 직접 교수법도 부분적으로 사용

1998년-현재	(3) 안정적인 성장과 확대 발전기
	  - 다양한 교육과정과 교재가 개발된 시기
	  - 의사소통 중심의 교수법을 기본으로 하여 다른 교수법을 절충하여 사용하고자 노력
	  - TBLT나 CBI의 교수법도 프로그램에 따라 사용
	  - 과제 중심, 기능 통합적인 교육 강조하며 학습자 중심적인 교육에 관심.
	  - 한국 문화의 중요성 인식
	  - 온라인이나 멀티미디어를 활용한 교육 개발

2.4. 한국어 교수법의 발전 방향

지금까지 한국어 교수법이 어떻게 발전해 왔는지를 시대별로 살펴보았다. 이 장에서는 앞에서 살펴본 내용을 바탕으로 해서 다음 시기가 요구하는 한국어 교수법은 어떠해야 하는지를 논하고자 한다.

① 절충적인 교수법의 모색이 필요하다.

과거 한국어교육은 청각 구두식 교수법에 크게 의존하여 문법을 익히고 문형을 기계적이고 반복적인 연습을 통해 외우도록 해 왔다. 그 결과 학습자들은 외운 문형을 이야기할 수 있었지만 상황 맥락에 맞는 진정한 의사소통은 잘 할 수가 없었다. 따라서 최근 한국어교육에서는 의사소통 능력을 키우는 것을 주목적으로 하여 학습자들이 자신이 말하고 있는 상황을 인식하고 그 상황에 맞는 대화를 잘 할 수 있도록 가르치고 있다. 그러나 그 결과 학습자들의 유창성은 크게 향상되었지만 정확성이 약화되는 결과를 가져왔다. 따라서 이제는 다시 형태에 초점을 맞춘 (focus on form)[28] 교육이 다시 부각되기 시작되었다. 즉, 유창성뿐만 아니라 정확성 또한 한국어 능력에서 매우 중요하다는 것을 깨닫게 된 것이다. 이러한 문제에 대해 김정숙 외(1992)에서는 의사소통 능력을 중시한다고 해도 유창성만을 강조하는 것은 문제가 있으며, 정확성과 유창성은 상호 보완적인 것임을 이미 지적하고 있다.

따라서 이제는 유창성과 정확성을 둘 다 개발할 수 있는 교육이 필요하게 되었다. 그리고 이러한 교육은 어떤 하나의 교수법만으로는 이루어질 수가 없다. 따라서 한 가지의 교수법을 고집할 필요 없이 여러 교수법을 활용하여 한국어에 보다 적절한 교수법을 찾아야 할 것이다. 이러한 문제에 대해 김정숙(1997), 민현식(2000), 최정순(2005), 안경화(2005) 모두 통합적이고 절충적인 교수법이 필요함을 이미 지적하고 있다.[29]

② 한국어 학습자를 더 고려한 교수법이 개발되어야 한다.

현재 대부분의 교육기관과 교재는 배우는 학습자의 입장을 고려한 교육을 매우 중시하고 있다. 이러한 관심이 반영되어 학습자의 스키마 활용이 매우 중요하다는 것을 인식하고 단원의 처음이나 수업 시작에 그 날 배울 내용과 관계되는 질문을 던지거나 그림을 사용하기도 한다. 또한 최근에 개발된 교재는 교재 자체가 흑백

---

[28] 형태 초점(focus on form)이라는 것은 과거 의미와 상관없이 형태에만 초점을 맞추는 것 (focus on forms)과 다르게 의미 맥락 속에서 형태에 초점을 두는 것을 말한다(Catherine Doughty & Jessica Williams 1998:3-4).
[29] 백봉자(2007)는 또한 절충적인 교수법만이 아니라 학계가 모두 동의하는 표준적인 교수법의 개발이 필요하며 영역별 교수법에 대한 연구가 더 이루어져야 한다고 말하고 있다.

의 교재를 벗어나 천연색의 그림이나 사진을 사용하는 경우가 대부분이다. 그러나 이러한 노력 외에 다양한 학습자를 위한 교수법이 더 개발되어야 할 것 같다. 한국어를 배우고자 하는 학습자들은 그들의 언어와 문화, 나이, 학력 등 모든 것이 다르다. 따라서 이런 학습자들에게 일반적으로 적용될 수 있는 공통적인 교수법만을 강요해서는 안 될 것이다.[30] 김정숙(1997)에서도 학습자 요인을 고려하여 교육과정, 교육 방법, 절차를 설계함으로써 학습자들의 자율적이고 능동적인 참여를 이끌어내야 함을 지적하고 있다. 또한 백봉자(2007)에서는 교사와 학습자 혹은 학습자와 학습자 간의 상호작용이 끊임없이 일어나도록 도와주는 것이 학습자 중심의 교수법이라고 말한다.

③ 기능 통합형 교재가 더 개발되어야 한다.

현재 많은 교재가 기능 통합형으로 개발되었다. 그러나 그러한 교재들이 모두 각각의 기능을 적절히 잘 통합하고 있는가는 의문이 든다. 예를 들어 주제와 기능에 따라 통합해야 하는 기능도 달라질 수 있고, 또 때에 따라서는 통합을 하되 좀 더 강조되어야 하는 기능도 있을 것이다. 그러나 현재의 교재들은 교재의 형식을 맞추기 위해서 각 단원에 모두 같은 형식으로 기능이 통합되어 있다. 즉, 그 교재가 듣기/말하기와 읽기/말하기를 기본 구조로 만들어진 경우 모든 단원이 위와 같은 형식을 갖추고 있다. 또한 통합을 하면서 쓰기 기능이 특히 약화된 경우가 많이 보인다. 따라서 현재 사용하고 있는 교재들의 문제점을 파악하여 통합을 어떻게 할 것인가의 문제도 다시 한 번 생각해 봐야 할 것이다.

④ 과제에 대한 연구가 더 이루어져야 한다.

현재 한국어교육은 의사소통 중심의 교수법을 주된 교수법으로 채택하면서 과제 중심적인 수업이 이루어지고 있다. 따라서 수업시간에 과제를 수행하면서 한국어를 학습하도록 하는 것을 모두들 당연하게 여기고 있다. 그러나 여전히 주제와 기능에 맞는 적절한 과제를 찾는 문제는 더 연구가 이루어져야 할 것 같다. 단순한

---

30) 강사희(1999)에서는 성인 학습자에 대한 교수 방법을 제안하고 있는데 여기에서는 특히 성인의 경우 이미 자신만의 학습 방법을 가지고 있는 경우가 많기 때문에 그 스타일에 맞는 교수법을 찾아야 한다고 이야기하고 있다.

연습 활동과 과제가 어떻게 구분되어야 하는지 그리고 교육을 위한 과제와 실제적인 과제가 어떻게 절충적으로 사용될 수 있는지 등 해결해야 할 문제가 많이 남아 있기 때문이다. 또한 이러한 문제와 더불어 보다 구체적으로 주제와 기능과 배운 문법을 모두 적절히 활용할 수 있는 세부적인 과제 개발 또한 더 이루어져야 한다.31)

⑤ 한국 문화 교육 방법이 더 연구되어야 한다.

현재 많은 사람들이 문화에 대한 관심을 많이 보이고 있다. 진정한 고급 화자가 되기 위해서 또는 한국에서 한국어를 사용하며 살아가기 위해서는 한국 문화를 꼭 알아야 하기 때문이다. 따라서 최근의 교재들은 단원의 한 부분에 문화와 관련된 부분을 모두 포함시켜서 한국 사람의 문화와 예절을 소개하는 경우가 많이 있다. 그러나 여전히 한국어교육과 한국 문화 교육을 어떻게 절충시켜야 할지에 대한 고민이 많이 있다.32) 어떤 방법으로 한국 문화를 전달하는 것이 가장 효과적인 것일까? 그리고 학습자에게 가르쳐야 하는 문화의 범주는 어디까지일까? 이런 여러 문제에 대한 연구가 더 이루어져야만 할 것이다.

⑥ 다양한 매체를 활용한 교육 방법이 개발되어야 한다.

현재 한국어교육의 상황은 과거와 달리 매우 좋은 편이다. 컴퓨터를 사용하는 것은 물론이고 프로젝터를 사용하여 수업을 하기도 한다. 그러나 이런 수업이 항상 모든 기관에서 이루어질 수 있는 것은 아니다. 이러한 장치를 모두 갖춘 교실은 거의 없기 때문이다. 그러나 한국어교육이 좀 더 발전하기 위해서는 텍스트 교재를 벗어나서 여러 매체를 활용한 교육이 이루어져야 할 것이다. 텍스트 교재만을 사용하는 것은 스스로 교수 학습 방법에 한계를 가져오는 일이기 때문이다. 이와 관련하여 나찬연(2005)에서는 매체 통합형 교재를 개발할 필요가 있다고 말하고 있다. 매체 통합형 교재는 하나의 내용을 텍스트 교재, CD-ROM이나 DVD와 같은 광매체

---

31) 최정순(2005)에서도 교육과정에 맞는 적절한 과제의 모색이 필요함을 지적하고 있다.
32) 최정순(2005)은 외국어의 교육은 문화 교육과 불가분의 관계에 있음에도 아직 한국어교육에서는 문화 교육이 분리되어 이루어지고 있으며, 특히 한국 문화에 대한 지식을 제공하고 가르치고 있음을 지적하고 있다. 따라서 한국어교육과 한국 문화 교육이 통합될 수 있는 방법론이 필요하다고 말하고 있다.

교재, 그리고 홈페이지에 내용을 담은 웹 교재 등과 같이 다매체를 이용하여 제작한 교재를 말한다. 이 경우 교수 학습의 주체들은 자신의 상황에 따라 적절한 교재를 선택적으로 활용할 수 있게 된다고 한다.

2.5. 맺음말

현재 한국어교육은 새로운 도약을 해야 할 시기라고 할 수 있다. 안정적인 성장을 하고 있는 지금이 바로 현재의 모습에 만족하지 말고 많은 연구를 통해 한국어교육을 새롭게 발전시킬 시기이기 때문이다. 따라서 여기에서는 지금까지 한국어교육이 어떻게 이루어져 왔는지를 살펴보고 이를 통해 앞으로 어떤 노력을 해야 하는지를 알아보고자 했다. 특히 한국어 교수법은 교육과정, 교육내용, 교육환경, 교사 등 교육과 관련된 모든 것을 포함하고 있는 것이므로 교수법의 흐름을 통해 한국어교육을 이해해보고자 했다.

교수법을 이해하기 위해서 시대별로 교육기관과 교재의 특징을 정리하였고 이를 통해 다시 거꾸로 그 시대의 교수법을 유추해 보았다. 한국어 교육기관이 생기기 이전에는 주로 외우고 번역하는 방법을 사용하고 있었다. 그 시대에는 사실 현재 우리가 말하는 교수법을 사용했다고는 할 수 없으나 교재에 있어서도 회화를 제시하고 그것을 외국어로 번역해 놓은 교재가 대부분이었다는 것을 볼 때 문법-번역 교수법을 취하고 있었던 것이 아닐까 한다. 다음 1959년부터 1985년까지의 주된 교수법은 청각 구두식 교수법으로 수업 역시 문형이 제시되고 반복과 기계적인 연습을 통해 교육이 이루어졌다. 그러나 부분적으로 기관에 따라 직접 교수법이나 문법 번역식 교수법이 사용된 것으로 보인다. 1986년에서 1997년까지는 한국어교육이 양적으로 성장한 시기로 청각 구두식 교수법에서 의사소통 중심의 교수법으로 넘어가는 시기라고 볼 수 있다. 문법을 강조하고 반복된 연습을 하고 있으면서도 상황이나 맥락에 대한 관심을 보이고 의사소통 능력이 중요하다는 인식을 하고 있기 때문이다. 그리고 과제 중심 교육에 대한 이론적 기초를 닦았으며, 교재에 있어서도 단순한 반복 연습을 넘어서는 연습 문제들이 나타나며 그림을 제시하여 학습자가 상황을 보다 잘 이해할 수 있도록 한 교재가 나타났다. 또한 직접 교수법도 부분적으로 활용하고 있었다. 마지막으로 1998년 이후에는 기본적으로는 의사소통 중심의 교수법을 바탕으로 하면서 학습자의 특성에 맞게 여러 교수법을 적절히 활용하고자 노력하는 모습이 많이 보이고 있다. 가장 중요한 것은 상황 중심의 그리고 과제 중심적인 교수법을 사용하고 있다는 점이다. 교재에 있어서도 과제 중심적이고 기능 통합적인 교재의 모습이 많이 보이고 있으며, 학습자의 스키마를 활용하는 것에도 관심을 보이고 있다. 즉, 학습자를 고려하고 실제 의사소통 상황 속에서 의사소통 행위를 성공적으로 할 수 있도록 많은 노력을 기울이고 있다.

이렇게 교수법의 변화를 알아본 결과 여전히 해결해야 할 문제들이 있음을 알게 되었다. 특히 의사소통 중심의 교수법을 강조하다 보니 유창성은 확보되었지만 정확성이 간과되는 결과를 낳게 되었기 때문이다. 따라서 여러 교수법을 절충하여 한국어에 보다 맞는 교수법을 찾아야 할 것이고 다양한 학습자를 좀 더 고려한 교수법의 연구가 절실하다 하겠다. 또한 현재 사용되는 과제와 기능 통합형 교재가 더 개발되어야 하며 텍스트 교재를 넘어서는 여러 매체 교재 또한 개발이 요구된다. 마지막으로 한국 문화 교육을 어떻게 해야 할 지에 대한 연구 또한 필요하다 하겠다.

참고문헌

강사회(1999), 외국어로서의 한국어 교수법: 성인 학습자를 위한 새 방향, [말] 23·24, 연세대학교 한국어 학당.
강사회(2006), 한국어 기능 교수-학습의 새로운 동향, 한국어 교수-학습 방법론의 재정립, 외국어로서의 한국어 교수법, 국제 한국어교육학회 제 16차 국제 학술대회 발표논문집.
고영근(1974), 외국어로서의 한국어교육에 대한 연구, [언어교육] 6-1, 서울대 어학연구소.
김기중(1991), 한국어문화 연수부 소개, [새국어생활] 제1권 2호, 국립국어연구원.
김영만(2005), [한국어교육의 이론과 실제], 역락출판사.
김정숙·원진숙(1992), 외국어로서의 한국어교육의 반성과 새로운 연구 방법의 모색, 의사소통능력 계발을 위한 통합 교육론을 중심으로, [어문론집 31], 고려대학교 국어국문학 연구회.
김정숙(1997), 외국어로서의 한국어교육 원리 및 방법, [한국어학] 6. 한국어학회.
김정숙(1999), 담화 능력 배양을 위한 외국어로서의 한국어 쓰기 교육 방안, [한국어교육] 제 12권 2호, 국제한국어교육학회.

김정훈·유승금(2001), 사이버 공간에서의 한국어 학습 전략 연구, [한국어교육] 제 12 권 2호, 국제한국어교육학회.

김제열(2001), 한국어 교재의 문법 기술 방법 연구, [외국어로서의 한국어교육] 25·26, 연세대학교 언어연구교육원 한국어학당.

김중섭(2001), 기록과 관찰을 통한 한국어 교수법 개선 방안 연구, [한국어교육] 제 10 권 2호, 국제한국어교육학회.

나찬연(2005), 멀티미디어를 활용한 교수 학습, [한국어교육론] Ⅰ, 한국문화사.

남기심(2001), 외국인을 위한 한국어교육의 회고와 전망, [외국어로서의 한국어교육] 25·26, 연세대학교 한국어학당.

문희자(1991), 어학연구소 소개, [새국어생활] 제 1권 2호, 국립국어연구원.

민현식(2000), 한국어 교재의 실태 및 대안, [국어 교육 연구] 7, 서울대 국어교육연구소.

박갑수(1999), [아름다운 우리말 가꾸기], 집문당.

박영순(2001), [외국어로서의 한국어교육론], 월인.

백봉자(2001), 교재와 교수법을 통해 본 한국어교육의 역사, [말] 25-1, 연세대학교 언어연구교육원 한국어학당.

백봉자(2002), 외국어로서의 한국어 교수법의 현재와 미래, 국제한국어교육학회 제 12 차 국제 학술대회 발표논문집.

백봉자(2007), 외국어로서의 한국어교육학의 정체성을 다시 생각한다, 국제한국어교육학회 제 17차 국제 학술대회 발표논문집.

손한(1991), 언어연구교육원 소개, [새국어생활] 제 1권 2호, 국립국어연구원.

유석훈(2005), 고급 수준 한국어문화 교수의 실제: KFOP-KU의 경우, 국제 한국어교육학회 제 15차 국제 학술대회 발표논문집.

이경화(1996), 외국어로서의 한국어 교수-학습 방법 모색, [교육한글] 9, 한글학회

이동은 외(2005), 학문 목적의 한국어교육을 위한 예비 프로그램의 실례: NFLI KFOP-KU에서의 SIP를 중심으로, 국제한국어교육학회 2005년도 추계 학술대회 자료집.

이승환(1991), 언어교육원 한국어 강좌 소개, [새국어생활] 제 1권 2호, 국립국어연구원.

이윤영(2005), 한국어 문법 교육 방안 연구: 문법 형태 초점을 기반으로 하여, 고려대학교 석사학위 논문.

이지영(2003), 근현대 한국어 교재의 단원 구성 변천, [국어 교육 연구], 서울대 국어교육연구소.

이지영(2005), 교재의 연구사와 변천사, [한국어교육론] Ⅰ, 한국문화사.

이해영(1999), 듣기 교육의 원리와 수업 구성, [한국어교육] 제 10권 1호, 국제한국어교

육학회.
정승혜(2006), 일본에서의 한어 교육과 교재에 대한 개관, [이중언어학] 30, 이중언어학회.
조항록(2005), 외국어로서의 한국어교육사, [한국어교육론] Ⅰ, 한국문화사.
하정자(1991), 언어교육연구원 소개, [새국어생활] 제 1권 2호, 국립국어연구원.
한재영(2005), [한국어 교수법], 태학사.
홍정은(2005), 과제 중심 한국어 교재의 과제 분석, 고려대학교 석사학위 논문.
Brown, H. D.(2001), *Teaching by Principles*, Longman.
Doughty, C & Jessica Williams.(1998), *Focus on Form in Classroom Second Language Acquisition*, Cambridge: Cambridge University Press.
Lee, Hyo-sang(2002), *Korean Language Education and Teaching Methodology in American University*, 国際한국어교육학회 제 12차 국제학술대회 발표논문집.
Sohn, Ho Min(2002), 외국어로서의 한국어 교수법의 미래, 외국어로서의 한국어 교수법의 현재와 미래, 国際한국어교육학회 제 12차 국제학술대회 발표논문집.

〈한국어 교재〉
경희대 한국어교육부(2000), [한국어 초급]Ⅰ, 서울: 경희대학교 출판부.
고려대학교 한국어문화연수부(1991), [한국어회화] Ⅰ, 서울: 고대민족문화연구원.
서강대학교 한국학센터(2005), [서강 한국어] 3A, 도서출판 하우.
서강대학교 한국학센터(2005), [서강 한국어] 3B, 도서출판 하우.
이화여자대학교 언어교육원(1998), [말이 트이는 한국어]Ⅰ, 서울: 이화여자 대학교 출판부.
이화여자대학교 언어교육원(1999), [말이 트이는 한국어]Ⅱ, 서울: 이화여자 대학교 출판부.

〈인터넷 사이트〉
KU-KFOP: http://www.kfop-ku.org

3. 한국어 능력 평가

왕소군(王昭君)의 춘래불사춘(春來不似春)

　정설(定說)이냐 이설(異說)이냐를 논하지 않고 중국 4대 미녀로 손꼽히는 왕소군의 이야기를 간략히 해 보면 다음과 같다.
　당시 한나라 원제(元帝)는 많은 궁녀들을 관리하기 위한 방편으로, 화공(畵工)에게 후궁들의 얼굴을 화첩에 그리게 하였다. 궁녀들은 황제를 만나기 위해, 당시 화공이었던 모연수에게 뇌물을 주었고, 모연수는 이를 악용하여 자신의 힘을 과시하였다. 그러나 당시 궁녀 중 하나였던 왕소군은 미모에 자신이 있었기에(한 설에 의하면 자신의 미모를 최고라고 생각하여 건방지고 도도하게 굴었다고도 함) 뇌물을 주지 않았고, 모연수는 이를 괘씸히 여겨 왕소군의 얼굴에 점을 찍어 추녀로 그려서 황제의 그림자도 밟지 못할 지경으로 만들었다. 그런데 당시 흉노족의 왕이 국경을 침범하며 한나라를 괴롭혔는데, 원제는 유화책으로 흉노족의 왕에게 공주를 시집보낼 상황을 맞게 된다. 이에 가장 못생긴 궁녀를 뽑아 공주 대신 보낼 생각을 하게 되며, 가장 못생긴 왕소군이 낙점을 받게 되어 원제의 앞에 나서게 된다. 왕소군의 미모를 보게 된 원제는 원통하였으나, 이미 한 약속이라 그대로 왕소군을 흉노족의 왕에게 보내게 되었다. 흉노족의 왕에게 시집을 가게 된 왕소군이 지었는지, 그 안타까운 상황을 보고 시인들이 지었는지 다음과 같은 시가 전해진다.

　胡地無花草 春來不似春 (호지무화초 춘래불사춘)
　이(오랑캐) 땅에는 꽃과 풀이 없으니 봄이 왔으나 봄 같지 않구나!

　중국 4대 미녀로 손꼽히는 왕소군의 인생이 후대에 이렇듯 슬픈 이야기로 전해지는 이유는 무엇일까? 그건 바로 왕소군의 미모에 대한 '평가'가 어떻게 이루어졌는가와 관련이 될 것이다.
　여기에서는 평가의 세 가지 요인이 관련되어 있다.
　첫째는 평가 방법이다. 즉, 평가 도구로 무엇을 어떻게 사용했느냐와 관련된다. 궁녀들의 미모를 평가하기 위해 한나라 원제가 화첩이 아니라 변학도가 했듯이 '기생점고'의 형식을 사용했다면 어떠했을까? '면 대 면'으로 이루어진 평가였다면, 왕소군은 황후가 되었을 수도 있었을 것이다.

> 둘째는 평가자이다. 여기에서 평가자는 화공 모연수라고 할 수 있다. 평가자는 객관적으로 평가해야 한다. 그러나 모연수는 뇌물을 주지 않는 왕소군의 미모를 객관적으로 그리지 않고, 괘씸하게 생각하여 주관적으로 평가를 해 낸 것이다. 이렇듯 평가자의 주관은 한 여인의 인생을 돌이킬 수 없는 지경으로 만들게 되며, 끝내 자신은 이러한 평가의 대가를 '참형'으로 치르게 되고 만다. 이는 평가자의 역할이 얼마나 중요한지를 극명하게 보여 주는 예라고 할 수 있다.
>
> 셋째는 수험자이다. 왕소군이 이 평가의 수험자라고 할 수 있다. 왕소군이 뇌물을 상납하지 않은 것을 탓하는 것은 아니다. 그러나 도도하고 건방진 태도로 평가에 임하는 것은 평가에 임하는 바른 자세라고 할 수 없을 것이다. '외국어'를 잘 한다는 자신감에 '평가자님, 어디 제대로 내 능력을 평가해 보시죠?' 하는 마음으로 입을 꾹 다물고 있는 도도한 수험자를 만난다면, 아무리 평가 전문가라도 제대로 평가를 해 내기는 쉽지 않을 것이다. 수험자는 자신의 능력을 제대로 평가받기 위해 적극적이고 겸허한 자세로 평가에 최선을 다해야 한다.
>
> 왕소군의 '춘래불사춘' 고사성어가 '한국어능력 평가'에 주는 가르침은 크다고 할 수 있다. 이 단원에서는 이러한 '평가'가 '한국어교육'에서 어떻게 이루어져야 하는지를 살펴보자.

3.1. 한국어 능력 평가의 개념과 목적

한국어 능력 평가의 목적을 말하기에 앞서, 먼저 한국어 능력 평가가 무엇인지 언급할 필요가 있다. 이는 '한국어 능력'이 무엇인지, 그리고 '평가'가 무엇인지에 대한 정의로 나누어 살펴볼 수 있다.

먼저 '한국어 능력'이라는 것은 바로 '한국어로 의사소통할 수 있는 능력'이라고 할 수 있다. 그렇다면 '의사소통할 수 있다'는 것은 무엇인가?

학자들의 '의사소통 능력'에 대한 정의를 살펴보면 크게 두 가지 유형으로 나뉜다. 하나는 '의사소통 능력'을 '숙달도' 등의 다른 용어를 사용하여 개념을 풀이한[1] 경우이며, 다른 하나는 '의사소통 능력'을 몇 개의 범주로 나누어 설명한 경우이다.[2]

---

[1] Widdowson(1978:144) '의사소통 능력이란 결국 담화를 해석하고 생산해 내는 능력'을 그 예로 들 수 있다.

김유정 외(1998:47)에는 '의사소통'이라는 말은 단순히 배워서 인식할 수 있다는 차원이 아니며, 의사소통 능력은 기본적으로 이해·표현을 통해 문제를 해결하는 능력이라고 언급하였다. 여기에서 주목할 것은 '문제를 해결하는 능력'이다. '문제를 해결한다.'는 것은 '문제'를 전제로 한다. 여기에서 '문제'란 '의문, 요구, 부탁, 명령, 정보, 지식, 갈등 해소, 감정 공유, 고백, 사교' 등을 포괄하는 개념이다. 즉 우리는 살아가면서 다양한 문제 상황에 직면하게 되며, 그 상황을 해결하기 위해 직접적으로는 인간끼리 구어를 사용하는 청자와 화자로,3) 간접적으로는 문어 텍스트를 사이에 두고 필자와 독자로서 끊임없이 상호교섭을 하게 된다. 따라서 '한국어 의사소통 능력'이란 어떠한 문제 상황에 대해 '한국어'를 사용하여 '사람과 사람'이 직접적으로 문제 상황을 해결하거나 혹은 '한국어 텍스트'를 통해 간접적으로 문제 상황을 해결하는 능력이라고 할 수 있다.

다음으로 '평가'란 무엇인가에 대해 생각해 보자.
'평가'에 대한 정의 또한 '값을 매긴다'는 풀이에서부터 '평가'는 결과에 대한 보고가 아니라 '자료 수집 절차 모두를 포함하는 개념' 등 다양하다. 이러한 개념들과 함께 주목해야 할 것은 다음 내용들이다.

(1) 평가는 하나의 방법론(method)이다.

방법론에 대한 정의 또한 여러 가지이다. 그러나 여기에서는 방법론을 '항목'과 '절차'와 '기법'이 존재하는 것으로 정의하고자 한다. 이는 '교수법(Teaching Method)'와 비교해 보았을 때 설명이 명확해진다. '교수법' 즉 '교수 방법론'이라는 것은 교수 '항목'이 무엇인지, 교수 '절차(순서)'가 어떻게 되는지, 그리고 어떠한 '기법(기교)'를 사용하는 것이 적절한지에 대해 이론으로 정립해 놓은 것이다. 따라서 '문법번역식 교수법'과 '청각구두식 교수법'의 항목과 절차와 기법은 분명 다르다. 마찬가지로, '평가' 또한 무엇을 평가해야 하는지의 '항목'과 어떤 순서로 평가해야하는지의 '절차', 이때 어떠한 '기법'이 적절한지에 대해 이론으로 정립되어 있는 것이며, 이것이 실제적으로 구현되어야 하는 것이다. 평가에 대한 이러한 개념 정의는

---
2) Canale(1983)에서 '언어학적 능력, 사회언어학적 능력, 담화적 능력, 전략적 능력'으로 분류한 것을 그 예로 들 수 있다.
3) 실생활에서는 '방송' 등 간접적인 구어 텍스트를 사용하여 의사소통하는 경우도 있다.

'교수법'과의 차이점을 드러냄과 동시에 평가의 중요성을 제시하는 것이다.

(2) 평가는 '측정'(measuring)하는 목적이 있다.
(3) 평가는 '인간'의 능력이나 지식을 측정한다.
(4) 평가는 '특정 분야(special area)'를 측정한다(신성철 역 1996:347-348).

(2)-(4)의 정의는 평가가 목적 있는 활동으로서 인간의 능력이나 지식의 일부를 측정하는 행위임을 나타낸다. '목적 있는 활동'은 평가 목적이 무엇인지에 따라 그 목적을 충실히 수행해 낼 수 있도록 평가가 이루어져야 함을 의미한다. 또한 '지식' 측정이냐, '능력' 측정이냐에 따라 평가의 방법이 달라질 수 있음도 시사한다.[4] 그리고 '특정 분야를 측정한다는 것은 앞에서 언급한 평가 항목과 관련된다고 할 수 있다. 교수의 항목과 평가의 항목은 수적으로 차이가 날 수밖에 없을 것이다. 가르친 모든 것을 평가한다는 것은 현실적으로 불가능하다. 따라서 그 중 몇 가지만을 추려서 평가를 해야 한다. 그러나 중요한 것은 그 몇 가지를 측정하는 것은 바로, 그 몇 가지의 측정을 통해 측정하지 않은 나머지 잠재 능력(지식)까지도 추정할 수 있어야 한다는 것이다. 따라서 중요한 것은 '특정 분야'이다. 무작위로 선택되는 '특정 분야'가 아니라 평가에서 핵심이 되는 항목이어야 함을 의미한다. 한국어 능력을 평가한다고 하면, 가르쳐지는 무수히 많은 것들 중 비중이 적거나 주변적인 것을 '특정 분야로 선택하는 것이 아니라, 교육 목표에 부합하는 가장 핵심적인 항목을 선택하여 측정했을 때 비로소 '평가'의 정의에 부합하게 되는 것이다. 그러므로 한국어 능력 평가 항목을 안다고 하는 것은 다시 말하면, 한국어교육의 핵심 항목이 무엇인지를 안다는 것을 의미한다고 할 수 있다. 이는 평가의 중요성을 다시 한 번 강조할 수 있는 이유이기도 하다.

지금까지의 두 개념을 통합하여 '한국어 능력 평가'를 정의해 보면 다음과 같다.

'한국어 능력 평가'란 '한국어로 의사소통할 수 있는지를 평가'하는 것이다. 이는 한국어를 직·간접적으로 사용하여 우리가 부딪히는 많은 문제 상황을 해결할 수 있는 능력이 있는지에 목적을 두고 일어나는 것이며, 한국어를 사용하는 문제 상황 중 핵심적인 특정 분야를 측정하여 측정되지 않은 잠재 능력까지도 추정해 내

---
4) 한국어 능력 평가는 '지식' 평가가 아니라 '능력' 평가임을 주목할 필요가 있다.

는 활동이라고 할 수 있다.

다음으로 한국어 능력 평가의 목적을 살펴보도록 하자.

Harris(1969:2-3)에서 제시한 언어 평가의 주요 목적은 다음과 같다.

(1) 언어 교육 계획의 준비
(2) 학생의 언어 능력에 따른 분류와 교실 배정
(3) 학생의 구체적인 장점과 단점 진단
(4) 언어 학습에 대한 적성
(5) 측정 교육 목표에 대한 학생의 성취도 측정
(6) 교육 효과에 대한 평가

이러한 평가 목적이 수행되는 것은 실제 다양한 평가 유형으로 드러나게 된다. 따라서 평가 유형별로 평가 목적을 다시 살펴보면 다음과 같다.

① 배치 평가(Placement Tests)

교사의 입장에서는 실력이 비슷한 학습자끼리 학습할 수 있도록 학습자를 각 등급에 맞게 배치하여 교수할 수 있도록 하기 위한 것이다. 그리고 교육 기관에서는 그 시기에 학습하는 학습자의 수준과 요구(needs)를 검토하고 그에 맞는 학습이 이루어질 수 있도록 교수 의도와 전체 커리큘럼을 조절할 수 있다. 또한 학습자의 입장에서는 자신의 언어 능력이 어느 정도인지를 판단하고 능력에 맞는 학습이 이루어질 수 있도록 반을 배치 받고 이를 통해 정의적으로도(affectively) 안정감 속에서 학습을 할 수 있다.[5]

---

[5] Brown(1994)에서는 학습자의 학습에 영향을 미치는 요소로 인지적 원리, 정의적 원리, 언어학적 원리를 들고 있다. 그 중에서 정의적 원리로 학습자 사회에서의 관계, 감정적 유대 등에 대해 언급하면서 자신감(self-confidence)을 들고 있다.

② 진단 평가(Diagnostic Tests)

교사는 학습자가 지닌 언어의 특정한 측면을 진단하고 학습자에게 그에 맞는 보충 학습을 유도하고 실시하기 위해 평가를 실시한다. 예를 들어, 발음의 진단 평가는 한국어의 어느 음운상의 특징이 학습자에게 곤란을 주는가를 판단하고 교정하는 것이 목적이다. 학습자의 입장에서는 자신의 부족한 점을 진단 받아서 집중적으로 재학습하고 훈련하여 고칠 수 있다. 교육 기관의 입장에서는 전체적인 커리큘럼의 진행 상황을 과정 중에 수시로 점검할 수 있고, 이를 통해 학습자의 요구를 수시로 충족시킬 수 있다는 장점이 있다.

③ 적성 평가(Aptitude Tests)

본질적으로 교사나 교육 기관에서 학습자의 한국어 학습 성공 여부를 예측할 수 있기 위해 시행한다. 다시 말하면, 학습자가 한국어를 학습해서 그 학습에 성공할 수 있는 역량(capacity), 또는 일반 능력이 있는지를 측정하기 위한 것이다. 이러한 적성 평가는 외국의 경우 현대언어 적성검사(Modern Language Aptitude Test, Carroll and Sapon 1958)와 Pimsleur 언어 적성 검사(PLAB: Pimsleru Language Aptitude Battery, Pimsleur 1966)가 널리 알려져 있는데 실제 '언어 적성'을 측정하지 못한다는 한계와 학습자와 교사 양자에게 편견을 주는 언어 적성 평가를 어떻게 해석할 것인가의 문제로 인하여 최근에는 거의 이루어지지 않고 있고(신성철 역 1996:359),[6] 국내의 경우도 마찬가지이다. 그럼에도 불구하고, 새로운 인식의 전환이 필요하다. Brown은 이 평가의 부정적인 역할로 "외국어를 수강하기 '전에' 사람을 평가할 사치나 자유를 갖고 있는 경우는 드물고, 이러한 평가의 결과에 좌우되어 학습의 성패가 좌우되고 그렇게 유도될 수 있다."고 하였다. 그러면서 대안으로 Oxford(1990), Ehrman(1990)에서 상황 중심의 의사소통 능력의 습득에 절대적임을 입증한 학습 전략과 유형 같은 것을 통하여 학습자를 도움이 되는 쪽으로 유도하고 학습 과정을 저해시킬 장애 요인을 제거시켜 주도록 해야 한다고 하였다(신성철 역 1996:359-360). 이러한 면에 착안을 한다면, 학습자의 언어 적성을 측정하는 것은 교사나 교육 기관에 있어서 학습자의 특성을 미리 인식하고 이를 바람

---

6) 자세한 내용은 신성철 역(1996:359)을 참조할 수 있다.

직한 학습 방향으로 유도할 수 있도록 다양한 교수요목(syllabus)과 교수 방법을 개발할 수 있는 기회를 제공한다. 또 학습자는 자신의 언어 적성을 객관적인 입장에서 관찰하고 수정하며, 언어 학습에 있어서 바람직한 학습 전략과 유형에 대해 인식을 하게 되고 나아가 성공적인 언어 학습으로 나아가는 계기로 삼을 수 있다.

④ 성취도 평가(Achievement Tests)

교사의 입장에서는 교육 과정의 중간 시점과 마지막 시점에서 학습자가 얼마만큼 이해하고 실력이 얼마나 향상했는지를 점검해 보고, 평가 결과를 통해 교수 방법의 장단점을 점검하고 남은 기간 동안의 교수에 이를 반영하기 위한 계획을 세울 수 있다. 학습자는 심정적인 자신의 언어 학습 발달 과정을 객관적으로 인식할 수 있고, 학습 과정에 대해 보상을 받을 수 있는 기회가 된다. 또한 부족한 부분을 보충할 수 있는 계기를 마련하여 다음 학습 과정에 도움이 될 수 있다. 교육 기관에서는 과정이 제대로 충실히 수행되고 있는지에 대해 점검해 볼 수 있다.

⑤ 숙달도 평가(Korean Proficiency Tests)

이 평가는 개별 교육 기관에서 평가한다기보다는 한국을 대표하여 국내뿐 아니라 외국에서 한국어를 학습하는 학습자들 모두를 대상으로 평가하는 것이다. 평가 기관에서는 한국어를 학습하는 학습자들의 한국어 의사소통 능력의 수준이 어느 정도인지를 가늠해 볼 수 있다. 국내의 학습자와 외국의 학습자의 수준간의 차이 등을 비교하여 한국어교육 전반의 현황과 실태를 파악할 수 있으며 바람직한 한국어 학습이 이루어지기 위한 방향의 설정도 가능하게 된다. 학습자는 자신의 한국어 실력이 공인된 기준에서 어느 정도인지를 평가받을 수 있다. 개별 교육 기관이 아니고 공신력 있는 기관을 통한 평가이고, 정해진 교과 과정에 의한 평가가 아니고 실제 한국어 의사소통 능력과 관련된 광범위한 능력의 평가이므로 학습자에게 주는 정의적인 보상 심리도 크다고 할 수 있다.

⑥ 진학 능력 평가(Tests for entrance into higher grade)

실제로 한국어를 학습하는 학습자의 경우 학습 동기가 진학인 경우가 늘고 있다. 그리고 한국의 대학 기관에서도 매년 많은 외국인과 교포 학습자들을 받아들이고 있다. 그러나 실제로 이들이 대학에서 공부할 능력을 가졌는지에 대한 평가는 아직 제대로 그 모습을 갖추고 있지 못하다. 그 중에서도 한국어 능력은 대학 수학 능력에서 기본이 되는 것이다. 그럼에도 공인된 평가 기준이 마련되어 있지 못한 상태이다. 따라서 표준화되고 공인된 평가가 이루어진다면, 국내 대학 기관은 대학 수학 능력에서 기초가 되는 언어 능력에 있어서 문제가 없는 학습자를 선발할 수 있다. 또한 학습자는 학습의 동기와 목표를 대학 수학 능력에 두고 한국어를 학습할 수 있고 실제로 대학에서 학습할 수 있는 정도의 언어 능력을 키울 수 있게 될 것이다.

⑦ 취업 능력 평가(Tests for employment)

한국어 학습자들이 취업을 위한 한국어 능력 평가에 대한 요구는 점차 증가하고 있다.[7] 이는 학습자 스스로도 취업 즉, 직장 생활을 위한 한국어 능력은 개별화되고 특성화된 어휘 지식, 사회언어학적 지식 등이[8] 필요함을 알고 있다는 것을 의미하기도 한다. 또한 국내의 기업에서 외국인을 고용할 기회가 늘고 있는 현재의 추세를 반영해 보면 그 수요를 짐작할 수 있다.

⑧ 번역 능력 혹은 통역 능력 평가(Tests for translation)

번역이나 통역은 일상적인 언어 능력을 벗어난 고도의 언어 능력을 지녀야 하고, 한국의 정치·경제·사회·역사·문화·자연 등 거의 모든 부분에 걸친 지식을 겸비해야 가능한 어려운 작업이라고 할 수 있다. 물론 번역이나 통역 능력 평가는 취업을 위한 평가로 함께 처리될 수 있을지도 모른다. 그러나 일반적인 직장 내의 일과 번역의 일은 사뭇 다르다. 특히 문학적인 글의 번역과 같은 경우는 더욱 그렇다. 따라서 전문적인 영역의 번역이나 통역을 위해서는 개별적인 평가가 필요하고, 학습자는 이를 통해 자신의 능력을 평가받을 수 있고 인정받을 수 있을 것이다.

---

7) 이는 고용허가제 한국어능력시험(EPS-KLT)와 취업방문제와 관련한 B-TOPIK 등에 응시하는 수험자의 수가 증가하는 것을 보더라도 관심도의 증가를 짐작할 수 있다.
8) 직업의 종류에 따라 필요한 어휘 지식이 다를 것이고, 일상적인 언어 생활보다는 격식적인 (formal) 언어가 많이 사용되는 것이 특징이 될 수 있다.

3.2. 한국어 능력 평가의 개발 절차

효과적인 평가를 하기 위해서는 객관적으로 받아들여질 수 있는 평가 문제가 출제되어야 하며 사전에 충분한 계획을 세워야 한다.

① 1단계: 학습자가 성취해야 하는 교과 과정 전반의 목표를 확인한다.

이 단계는 내용 타당도를 높이기 위한 단계이며, 평가가 전반적으로 적절하게 수행될 수 있도록 하는 가장 중요한 단계이다. 다년간의 교육 경험자거나 평가 전문가라고 하더라도, 교과 과정 전반의 목표를 가시적으로 확인하지 않는다면 자신의 생각에 갇혀 편중된 주제, 기능, 어휘, 문법을 평가 문항으로 제시하는 경우가 많다. 따라서 교수요목(syllabus) 등을 활용하여 교과 과정 전반의 목표를 확인하는 것이 반드시 요구된다.

② 2단계: 교과 과정 목표에 따라 시험 항목을 설정한다.

성취도 평가의 내용은 교과 과정의 내용을 직접적으로 반영하는 것이어야 한다. 그러므로 교과서에서 다루어진 상황, 기능, 문법, 어휘에 대한 목록을 준비해야 한다. 그리고 그 안에서 핵심 항목이 될 수 있는 것들이 무엇인지를 파악하고, 기술별로 적절한 내용 항목들을 선정해낼 수 있어야 할 것이다. 이 단계 역시 내용 타당도를 확인하는 단계라고 할 수 있다. 시험 항목을 선정할 때에는 교재의 교수요목을 출력하여 체크를 하는 방식을 사용하는 것이 고른 항목을 선정한다는 면에서 유용할 수 있다.

③ 3단계: 시험 전반의 틀을 만든다.

여기에서는 2단계에서 뽑아놓은 어휘나 문법을 어떤 문제의 유형에 맞추어 출제할 것인가 구성해 보는 단계이다. 이 단계에서는 시험 시간, 출제 문항 수, 객관식과 주관식 문항 비율, 배점 등이 고려되어야 한다. 시험 시간과 문항 수는 평가를 위해 제공되는 시간과 학습자들의 시험 수행 속도가 고려되어야 한다는 것으로, 정해진 시간에 다룰 수 있는 문항의 수를 조절하고 학습자들의 시험 수행 속도에 맞는 문제 유형으로 출제되어야 한다. 이와 함께 전체 문항 수를 몇 개의 대문항으로 구성할지, 각 대문항은 몇 개의 소문항으로 구성되는지 또한 이 단계에서 고려해야 한다. 대문항 유형은 아래 표를 참조할 수 있으며, 숙달도별로 적절한 대문항 유형을 선정할 수 있어야 한다.

읽기	쓰기	듣기	말하기
1. 단어에 맞는 그림 찾기	1. 그림을 보고 쓰기	1. 어휘 듣기	1. 개인적인 인터뷰
2. 문장에 맞는 그림 찾기	2. 어순에 맞게 배열하기	2. 문법적 특질 듣기	2. 짝짓기 인터뷰
3. 설명 읽고 해당 어휘 쓰기	3. 문장 연결하기	3. 정보 듣기	3. 그림이나 지도를 이용한 설명
4. 유의어/반의어 찾기	4. 대화 완성하기	4. 이어지는 말 찾기	4. 상황적 담화, 역할놀이
5. 문장 내 단어 의미 찾기	5. 간단한 질문에 대답하기	5. 핵심 내용 찾기	5. 독백
6. 문맥에 맞는 단어·표현 찾기	6. 문제의 요구에 따라 단락 바꿔 쓰기	6. 지도나 도표 따라가기	6. 학생↔교사 인터뷰
7. 알맞은 단어를 골라서 문맥에 맞게 고치기	7. 개인 정보 채우기	7. 그림 완성하기	7. 다양한 실질적, 추상적 주제의 토론
8. 문장 내 틀린 부분 찾기	8. 실용적인 글쓰기	8. 간단한 그림 그리기	
9. 비문 찾기	9. 시간의 순서에 따라 쓰기	9. 그림 순서 맞추기 또는 연결하기	
10. 문장 읽고 관계 있는 문장 찾기	10. 그림의 순서대로 쓰기	10. 설명을 듣고 정확한 그림 찾기	
11. 관계 있는 질문과 대답 찾기	11. 그림이나 사진을 보고 묘사하기	11. 내용 이해	
12. 대화 구성하기	12. 글 읽고 일부분 완성하기	12. 세부 내용 파악	
13. 문맥에 맞는 부사어 또는 조사 찾기	13. 기사문 작성하기	13. 요지 파악	
14. 정보 파악하기	14. 주장하는 글쓰기(찬성 또는 반대)	14. 요약하기	
15. 중심 내용 이해하기	15. 개요를 보고 글쓰기	15. 받아쓰기	
16. 글의 제목 붙이기	16. 요약하기	16. 추론적 듣기	
17. 작자 어조·태도 파악하기	17. 주어진 제목에 따라 쓰기	17. 담화 유형 구분	
18. 지시어가 가리키는 내용 찾기			
19. 글의 기능 파악하기			
20. 주제문 찾기			
21. 문장 삽입·삭제하기			
22. 세부 내용 이해하기			
23. 단락 순서 배열하기			
24. 문맥에서 어구의 의미 파악하기			
25. 빈칸 메우기			
26. 글 읽고 그림 순서 배열하기			
27. 제목이나 글의 목차로 글의 내용 파악하기			

④ 4단계: 시험 문항을 출제한다.

　실제로 시험 문항을 작성해 보는 단계이다. 교과 과정에서 강조되어야 할 상황, 기능, 문법, 어휘 등을 중심으로 문항을 작성하는 것이 중요하다.
　이때 주의해야 할 점은 질문의 유형이 평가하고자 하는 내용에 적합한가 하는 것이다. 읽기 평가의 경우, 내용에 대한 이해 정도를 측정하고자 하면서 적절한 어휘의 괄호 넣기와 같은 유형의 문제는 적합하지 않다. 그리고 쓰기 평가의 경우 특정한 문형(sentence pattern)이 어떠한 상황에서 쓰일 수 있는지에 대한 평가를 하고자 하면서 상황이 배제된 상태의 단순한 문장 만들기 문제는 적합하지 않다.
　또한 서로 다른 항목에 속하는 문제가 다른 문제의 답을 암시할 수 있는 내용으로 출제되지 않도록 주의해야 한다. 예를 들어 쓰기 문제에서 조사의 쓰임에 대한 평가를 하는 문제에 출제되었던 문장이나 관용어 등이 다른 항목에서 예문 등으로 제시되어서는 안 된다.
　3, 4단계는 구인 타당도와 관련된 단계라고 할 수 있다.

⑤ 5단계: 시험 문제를 검토한다.

　검토는 출제자 외 최소한 1인 이상의 교수 경험자가 해야 하며 이러한 과정을 거쳐야 평가의 신뢰도와 타당도를 높일 수 있다. 검토 시 고려해야 할 사항은 다음과 같다.

　(1) 시험 문제의 지시문 내용이 명확한가 하는 것이다. 학습자가 자신의 실력을 가장 잘 나타낼 수 있도록 문제의 지시문을 구성하는 배려가 필요하다. 지시문의 목적은 모든 학습자가 똑같이 이해하고 어떠한 방향으로 문제를 풀어야 할 것인가를 쉽게 지시하는 데 있다. 그러므로 평가 지시문은 짧고 이해하기 쉬워야 하며 속도가 느린 학습자라도 문제의 유형을 충분히 이해할 수 있도록 해야 한다. '보기'를 제시해 주는 것도 좋은 방법이다. 특히 지시문이 이중 부정으로 작성된 것이 없도록 한다.

　(2) 각각의 문제 항목에서 측정하고자 하는 것에 구체적인 목표가 있는가 하는 것이다. 그 항목에서 측정하고자 하는 것이 맞춤법인지 어휘 능력을 알아보는 것

인지 아니면 이해 정도를 물어보는 것인지 구체적인 목표가 설정되어 있어야 할 것이다.

(3) 선다형 문제에서 제시되는 예문이 학생들을 아주 적절히 유인하게 만들어졌는가 하는 것이다. 선다형 문제의 보기들은 적당히 혼선을 주어야 할 필요가 있다(주의분산요인). 너무 쉽게 답이 나오거나 답이 모호하게 혼동이 되게 하는 것은 피해야 한다. 내용에 있어서도 너무 쉽거나 문장의 길이로 추측해서 답을 택할 수 있는 문제는 피해야 할 것이다.

(4) 문제의 난이도가 적절한가 하는 것이다. 성취도 평가는 학습한 교과 과정에 대한 평가이다. 그러므로 학습자의 수준에 적당한 문제가 출제되어야 한다. 단문을 위주로 배우는 초급 학습자에게 수식어나 연결어미가 쓰인 복잡한 문장이 출제되는 것은 바람직하지 않다. 또한 문항의 난이도에 따라 쉬운 문항에서 어려운 문항으로 배열을 하는 것도 필요한 사항이라고 하겠다. 그리고 잘하는 학생과 못하는 학생의 차이를 두기 위해 사용 빈도가 낮은 문항을 출제하는 것은 배제되어야 한다.

(5) 정해진 시간에 풀어야 할 전체 문항수가 적당한가 하는 것이다. 학습자들이 제한된 시간 안에 문제를 풀 수 있는 문항 수로 조절하는 것이 중요하다. 시간 안에 풀 수 없는 많은 수의 문항 수, 혹은 평가 시간이 지나치게 일찍 끝나는 적은 수의 문항을 출제하는 것은 좋은 시험이라고 할 수 없을 것이다.

(6) 모든 시험 문제가 배운 내용을 충분히 반영했는가 하는 것이다. 학습자가 주어진 기간에 학습한 내용에 대해서 총괄적으로 평가를 받는 것은 무엇보다 중요하다. 따라서 다양한 주제와 기능과 관련하여 시험 문항이 출제되어야 한다. 몇 가지 주제와 소재 등이 중복적으로 등장하는 것은 바람직하지 않다.

(7) 수업 시간에 학습되지 않은 내용으로 시험 문제 출제를 하면 안 된다. 또한 언어 능력이 아니라 사고력과 지적 능력을 요구하는 문제는 안 된다. 수업 시간에 접해 보지 않은 내용은 학습자들에게 긴장감을 주고 시험을 포기하게 만들 수도 있다. 또한 앞으로의 학습 의욕을 약화시킬 수도 있을 것이다. 그러므로 수업시간

에 배운 내용을 응용한 문제로 출제하는 것이 바람직하다. 그리고 문화권이나 성별에 따라 특정인에게 유리한 문항을 출제해도 안 된다. 그러나 수업 시간에 배우지 않은 어휘나 문법이 내용 구성에 있어서 활용될 수는 있다.

(8) 문항의 배열이 타당한가의 문제이다. 쉬운 문항에서 어려운 문항으로, 객관식과 단답형 그리고 짧은 지문의 문제 유형부터 배열을 한다. 이러한 것은 학습자의 심리를 배려하는 것이다.

(9) 실제 자료(authentic material) 이용 시 적절성을 따져 보아야 한다. 숙달도 지향의 성취도 평가에 있어서 실제적인 자료를 사용하는 것은 학습자의 동기를 유발하고 자신감을 불러일으키는 데 중요한 요인이다. 그러나 문제로 만들었을 때의 유용성은 다양하게 나타나므로 심사숙고해야 한다.

(10) 앞뒤 문항이 서로 문제를 푸는 데 결정적인 역할을 하는 힌트를 지니고 있으면 안 된다. 이는 평가의 신뢰도를 떨어뜨리게 된다.

(11) 선택형 문제의 경우, 듣거나 읽지 않아도 선택지만 읽어 보고도 답할 수 있는 문항이 있는지를 검토한다. 또한 듣기나 읽기 자료의 양은 긴데 단어 하나에 의지해서 문제를 풀거나 끝부분만 듣고 풀 수 있는 허무한 문항은 지양한다.

(12) 정답이 오직 하나인지 확인한다. 그리고 선택지의 내용은 듣기나 읽기 자료에 제시된 내용 중에서 평가 목표와 관련하여 중요한 내용들로 구성한다. 이때 자료에 없는 내용으로 구성해서는 안 된다. 또한 쓰기 완성형의 경우에도 정답을 하나로 유인하도록 작성되었는지 검토해야 한다.

⑥ 6단계: 시험을 본 후에 피드백을 활용한다.

시험을 본 후에 평가 결과를 통한 시험 문제에 대한 난이도와 학생의 반응, 제한 시간 등 시험에 대한 정보를 얻은 것을 기록하고 다음 평가에 활용한다. 이 단계는 평가에 대한 오류를 최소화하기 위하여 반드시 이루어져야 할 것이다. 또한 시험에서 얻어진 정보를 복습이나 다음 과로 넘어가는 데 사용해야 한다. 시험은 학습자들에게 알아야 할 것을 제시해 주는 것이고, 앞으로 학습해야 할 방향을 제시해 주는 것이어야 한다. 이때 중요한 것은 서술 평가를 통해 학습자의 장점과 단점을 구체적으로 지시해 주는 것이다. 또한 시험은 교사에게도 앞으로의 교육에 참고가 되는 것이다. 그러므로 시험은 다음 학습에 뒷받침이 되어야 한다.

3.3. 한국어 능력 평가 실례

여기에서는 듣기 영역과 읽기 영역의 실제 문항 몇 가지를 살펴보면서, 각 문항들이 어떤 문제를 가지고 있는지 그리고 어떻게 보완되어야 하는지에 대해 구체적으로 설명해 보고자 한다.9)

3.3.1. 듣기

〈초급〉

1. 다음 대화를 듣고 이어질 수 있는 말을 고르시오.10)

   여: 며칠 전 본 물리학 시험 어땠니?
   남: _____

   ① 잘 모르겠어. 거기 가 본 적이 없어서.
   ② 아니, 나 물리학 시험 안 봤어.
   ③ 난 완전히 망쳤어. 넌 어때?
   ④ 그래, 아주 쉬웠어.

1-1. 다음 대화를 듣고 이어질 수 있는 말을 고르시오.

   여: 오늘 시험 어땠어요?
   남: _____

   ① 시험공부를 해요.
   ② 내일 시험 보기 싫어요.
   ③ 어려워서 잘 못 봤어요.

---

9) 여기에서 제시된 문항들은 실제 2005년 모대학원 평가론 수업 시간에 학생들이 출제한 문항을 예로 든 것임을 밝힌다.
10) 짧은 답에서 긴 답으로 배열하는 것은 여기에서는 지적하지 않는다.

④ 오늘 시험공부를 할 수 없어요.

1번 문항은 먼저 숙달도에 있어서 '초급'이라고 하기 어려운 어휘들이 나타나고 있다. 또한 정답도 ②와 ③이 모두 가능하다. 그리고 ①은 평가 목표에서 동떨어진 오답이 등장하고 있다. 이러한 면을 수정하여 다시 제시한 것이 1-1번이다.

2.

여: 얼마 전에 결혼식장에 갔는데 어떤 여자가 나랑 똑같은 옷을 입고 온 거예요.
준영 씨 같으면 어떻게 하겠어요?
남: _____

① 좋아요. 식사를 하러 식당에 가요.
② 저라면 그 여자를 피하겠어요.
③ 여자라서 괜찮아요.
④ 결혼식에는 정장차림을 해야 해요.

2번 문항은 한국적 정서가 들어가 있는 문항이다. 정답으로 ②번을 의도한 것으로 보이나, 외국인들의 시각에서는 쉽게 선택되기 어렵다고 할 수 있을 것이다. 이러한 문항들은 평가 목표가 어휘인지, 문법인지, 특수한 표현인지 분명하게 드러나지 않는 면이 있다.

※ 다음 말을 듣고 일요일에 여자가 할 일을 고르세요.
3.

남자: 일요일에 뭐 할거야?
여자: 집에서 쉴 거야.
남자: 뭐하고 쉴 거야?
여자: 영화 볼 거야.

① 운동한다.   ② 쇼핑한다.   ③ 잠을 잔다.   ④ 영화를 본다.

3-1.
> 남자: 수미 씨, 일요일에 약속 있어요?
> 여자: 아뇨, 그냥 집에서 쉴 거예요.
> 남자: 그래요? 그럼 나하고 영화 볼래요?
> 여자: 영화요? 좋아요.

① 운동한다.　② 쇼핑한다.　③ 영화를 본다.　④ 집에서 쉰다.

3번은 물론 현실에서 대화 가능한 텍스트이다. 그러나 평가의 측면에서 본다면, "집에서 쉴 거야."라는 답에 "뭐하고 쉴 거야?"라고 꼬치꼬치 캐묻는 형태는 바람직하지 못한 대화이다. 또한 쉰다는 대답은 네 가지 답안에 등장하지 않아서 난이도 측면에서도 지나치게 쉽다. 3-1번은 이러한 면을 보완한 것이라고 할 수 있다.

〈중급〉

4. 다음은 무엇에 대한 안내 방송입니까?

> 안내 말씀 드립니다.
> 12월 13일, 화요일, 오전 10시부터 12시까지 하반기 물탱크 청소로 인해 단수가 될 예정이오니 주민 여러분께서는 다소 불편하시더라도 양해해 주시기 바랍니다.

① 수도 공급 중단
② 수도 요금 인상
③ 물탱크 청소
④ 물탱크 교체

4-1. 다음은 무엇에 대해 이야기하고 있습니까?

> (딩동댕) 주민 여러분, 안녕하십니까. 관리 사무실에서 잠시 안내 말씀 드리겠습니다. 다음 주 월요일부터 화요일까지 아파트 물탱크 청소로 물이 나오지 않게 됩니다. 오전 10시부터 12시까지 물이 나오지 않으니 사용하실 물을 미리 받아 주시기 바랍니다. 다시 한 번 말씀드립니다. 다음 주 월요일과 화요일 오전 10시부터 12시까지 수돗물이 나오지 않으니 미리 사용하실 물을 준비해 놓으십시오.

① 물을 아껴서 써야 한다.
② 물이 나오지 않을 예정이다.
③ 물탱크를 새롭게 바꿀 계획이다.
④ 물탱크를 청소할 날이 미루어졌다.

위의 〈중급〉 4번 문항은 정답으로 ①과 ③이 언급될 수 있다. 또한 들어야 하는 것이 '단수'가 정답인 '수도 공급 중단'과 연결되어 있어서 어휘 하나를 듣지 못하면 풀 수 없는 면도 있다. 또한 답안으로 제시된 어휘들도 실제 듣기 텍스트보다 결코 쉽지 않아 수험자들에게 가혹한 문항이 될 수 있다. 이러한 측면은 실제 듣기 텍스트가 반복성을 가지는 것을 충분히 활용하여 4-1번처럼 텍스트를 수정하여야 하고, 답안도 쉬운 표현으로 바뀌어야 한다.

---

5. 다음 대화를 듣고 내용에 맞는 답을 고르시오.

> 남 : 실례합니다. 국제어학원에 가려고 하는데, 어떻게 가야 하나요?
> 여 : 국제어학원에 가려면 이 길을 건너야 해요.
>   길을 건너서 오른쪽으로 조금 가다보면 큰 건물이 나오는데, 거기 3층에 있어요.
> 남 : 네, 감사합니다.

① 국제어학원은 길을 건너면 바로 보입니다.
② 국제어학원은 길을 건너 오른쪽에 있습니다.
③ 국제어학원은 길을 건너 오른쪽으로 가면 있습니다.
④ 국제어학원은 길을 건너 왼쪽으로 가면 있습니다.

5번 문항은 길 찾기와 관련하여 자주 등장할 수 있는 유형이다. 이러한 문항을 만들 때 고유명사를 등장시키는 것보다는 보통명사를 사용하는 것이 듣기 목적을 '위치' 한 곳으로 집중시킬 수 있다. 또한 공간과 관련한 문항이니만큼 답안을 문자로 구성하는 것보다는 실제로 약도를 제시하여 지점을 찾게 하는 것이 바람직하다.

〈고급〉

6. 다음 대화를 듣고 내용에 맞는 답을 고르시오.

> 광주 전남지역에서는 4일부터 내린 폭설로 비닐하우스가 붕괴되는 등 8억 원의 피해가 난 것으로 집계되고 있다. 광주에 30센티미터가 내리는 등 기록적인 적설량을 기록했던 눈은 점차 그치고 맑아지고 있다. 이에 따라 전남지역 해상에 풍랑과 강풍주의보 등이 내려진 것을 제외하고는 눈과 관련된 기상특보는 해제됐다. 전남지역에서는 비닐하우스 14개동과 축사 6개동이 붕괴되고 수산양식시설 3곳이 파손돼 8억여 원의 재산 피해가 난 것으로 집계되고 있다. 또 광주지역 126개 초,중,고등학교와 전남지역 4백 90여개 학교가 폭설 때문에 5일 하루 휴교에 들어갔다.

① 전국적으로 8억여 원의 재산피해가 났다.
② 광주에 앞으로 30센티미터 정도의 눈이 더 내릴 예정이다.
③ 전남지역 해상에 강풍주의보가 내려져 있다.
④ 전국적의 초,중,고등학교는 폭설 때문에 5일 하루 휴교에 들어갔다.

6-1. 다음을 듣고 들은 내용과 <u>다른</u> 것을 고르시오.

> 남부 지방에서는 어제와 오늘 내린 폭설로 교통이 마비되고 집과 농작물에 피해를 주면서 주민들이 어려움을 겪고 있습니다. 하루 평균 50센티미터 이상의 큰 눈으로 도로 곳곳에서 자동차들이 꼼짝 못하고 서 있는 모습이 발견됩니다. 또한 비닐하우스가 무너져 재배되고 있던 겨울 농작물들의 피해가 커지고 있습니다. 이번 눈으로 인해 이 지역 학교들이 오늘 하루 휴교에 들어갔습니다. 현재 눈은 점차 그치고 있어 내일부터 학교 수업은 정상적으로 진행될 예정이나 피해 복구 작업은 도로 사정으로 인해 바로 되지 못하고 지연될 전망입니다.

① 갑자기 내린 눈으로 교통 상황이 나쁘다.
② 비닐하우스의 겨울 농작물 피해가 크다.
③ 학교들이 며칠 동안 휴교를 할 예정이다.
④ 눈 때문에 피해 복구 작업이 늦어질 전망이다.

〈고급〉 6번은 고유명사와 숫자가 너무나도 많이 나타나고 있다. 이러한 텍스트가 평가에 등장하는 것은 수정 없이 실제 자료를 활용하였기 때문이다. 물론 실제 듣기 자료를 들어야 하는 것은 중요하지만, 평가 목표가 기상 상황, 피해 상황 등에 있다면 굳이 이런 텍스트를 사용하여 듣기의 부담을 가중시킬 필요는 없을 것이다. 또한 평가 답안이 8억, 30센티미터, 5일 등 숫자 듣기에 집중하고 있어 고급 평가 목표로 적절하지 않다. 6-1번처럼 수정을 하면 세부 내용 이해라는 평가 목표를 순서대로 수행할 수 있는지를 측정하기에 좀 더 적절한 문항이 될 것이다.

7. 다음 안내방송이 나오는 장소는 어디일까요?

> 이어폰이 필요하신 분은 1층에서 미리 요청하시고, 통역이 필요하신 분은 며칠 전에 전화로 연락주시면 연결을 해 드리겠습니다. 단체로 방문하시기를 원하시면 가급적 평일을 택해 주시고, 내년 3월까지 요금을 할인해 드리므로 참고하십시오. 특별전은 매년 겨울에 기획되고 있고 현재는 국내 작가와 섭외 중에 있습니다. 카페테리아는 2층에 있습니다. 음식물 반입은 금지되어 있으니 주의하시기 바랍니다.

① 전시장
② 체육관
③ 식물원
④ 민속 박물관

7-1. 다음 대화를 듣고 맞는 것을 고르십시오.

> 남: 여보세요, 박물관이죠? 문의할 게 있어서 전화를 했는데요.
> 여: 네, 말씀하십시오.
> 남: 단체로 30명 정도가 가려고 하는데요, 미리 예약을 해야 하나요?
> 여: 네, 미리 예약을 하셔야 하는데요, 죄송하지만 단체 관람객은 관람의 편의를 위해 평일에만 받고 있습니다.
> 남: 평일에만요?
> 여: 네, 그렇습니다.
> 남: 그래요? 그럼 일본 사람들이 갈 건데 통역을 해 주시는 분이 있나요?
> 여: 따로 통역을 해 주시는 분은 없고, 오시면 안내소에서 통역기를 빌려 드립니다.
> 남: 아, 네. 혹시 박물관에서 음식을 먹을 수 있는 곳이 있습니까?
> 여: 박물관에는 음식을 가지고 들어가실 수 없고요, 대신 박물관 옆 건물에 식당과 커피숍이 있으니 이곳을 이용하시면 됩니다.
> 남: 아, 그렇군요. 네, 알겠습니다. 감사합니다.

① 박물관을 구경하려면 미리 예약을 해야 한다.
② 박물관 단체 관람객은 주말에만 이용할 수 있다.
③ 박물관에는 외국인들을 위한 통역 안내원이 있다.
④ 박물관 안에 있는 식당에서 음식을 먹을 수 있다.

7번 문항은 먼저 텍스트 자체가 듣기라고 보기 어렵다. 내용 연결뿐만 아니라 호흡 단위도 자연스러운 구어 텍스트라고 할 수 없다. 그리고 이러한 내용의 텍스트를 과연 실제로 안내하는 상황이 있을지도 의심스럽다. 이러한 듣기 텍스트가 평가 문항으로 등장하는 이유는 출제자가 중요한 정보라고 생각하는 것들을 그대로 모아 놓기만 하기 때문이다. 과연 텍스트를 들을 만한 실제 상황이 무엇인지에 대한 고려가 있어야 하고, 그 텍스트가 구어다워야 한다. 구어의 특성이 있는지를 드러내기 위해서 출제자는 반드시 텍스트를 창작, 수정한 후에 실제로 구어로 수행을 해 보아야 한다. 또한 이 문항은 '특별전'과 '작가' 어휘 듣기를 통해 '전시회'라는 답을 선택하도록 유도되어 있다. 숙달도 면에서도 부적절한 면을 보인다. 7-1번은 '문의' 상황으로 텍스트를 유도하고, 그 안에 구어적 특성을 충분히 드러내고 있다. 이 경우 숙달도 면에서 고급보다는 중급 수준으로 낮춰진 경향이 있으므로, 문항 출제 시 고려해야 할 것이다.

3.3.2. 읽기

〈초급〉

1. 다음을 읽고 <u>틀린</u> 것을 고르십시오.

```
              준오 미용실

   박 성 아  스타일리스트

   서울시 중구 충무로 1가 224-4호 인송 빌딩 3층
   Tel : 02-777-1213  수요일 휴무
   Fax : 02-965-0064
   E-Mail : junohair.com
```

① 회사는 준오 미용실입니다.
② 박성아 씨는 헤어디자이너입니다.
③ 전화번호는 965-0064입니다.
④ 준오 미용실은 인송 빌딩 3층에 있습니다.

1-1. 다음을 읽고 <u>틀린</u> 것을 고르십시오.

```
                    준오 미용실

    박 성 아

    서울시 중구 충무로 1가 224-4호
    인송 빌딩 3층

    전화 : 02-777-1213
    Fax  : 02-965-0064
```

① 이 사람의 이름은 박성아입니다.
② 이 사람은 준오 미용실에 다닙니다.
③ 이 사람의 전화 번호는 965-0064입니다.
④ 이 사람은 인송 빌딩 3층에서 일을 합니다.

〈초급〉 1번 텍스트는 실제 자료(authentic material) 중 하나인 명함을 이용한 것이다. 이러한 실제 자료 활용은 바람직한 것이다. 그러나 실제 자료를 활용할 때에도 숙달도에 적절하게 텍스트가 수정될 필요는 있다. '스타일리스트'라는 외국어 직업명의 사용은 굳이 드러나지 않아도 될 항목이며, '수요일 휴무'와 '이메일'은 문제와 직접적으로 관련이 없으므로 여기에서는 생략되어도 무방하다. 그리고 답안을 작성할 때 드러난 문제는 네 가지의 답의 초점이 사람과 장소 등으로 분산되어 있어 수험자로 하여금 혼란스러움을 느끼게 한다. 이는 평가 목표가 되는 텍스트가 '명함'이라는 것을 고려한다면, '명함'의 주인인 사람으로 초점이 모이는 것이 더 적절하다고 하겠다. 이러한 면을 보완하여 1-1번처럼 고친다면 텍스트도 답안도 목표가 분명하게 드러나게 된다.

* [2-3] 다음 글을 읽고 질문에 대답하십시오.

> 왕맹 씨는 중국 사람입니다. 회사원입니다. 토요일과 일요일에 일을 하지 않습니다. 보통 집에서 책을 읽습니다. 친구들과 영화도 보고, 쇼핑도 합니다. 가끔 기차를 타고 바다와 산에도 갑니다.

2. 주말에 하는 것이 <u>아닌</u> 것을 고르십시오.
   ① 공부하기　　　② 책읽기
   ③ 영화보기　　　④ 여행하기

3. 맞는 것을 고르십시오.
   ① 왕맹 씨는 토요일에 출근을 합니다.
   ② 왕맹 씨는 주말에 가끔 여행을 갑니다.
   ③ 왕맹 씨는 쇼핑을 좋아합니다.
   ④ 왕맹 씨는 주말에 언제나 친구들과 영화를 보고 쇼핑을 합니다.

* [2-1] 다음 글을 읽고 질문에 대답하십시오.

> 왕맹 씨는 회사원입니다. 왕맹 씨는 토요일과 일요일에 일을 하지 않습니다. 그래서 주말에는 보통 집에 있습니다. 왕맹 씨는 책을 읽는 것을 좋아합니다. 그래서 보통은 주말에 집에서 책을 읽습니다. 그렇지만 가끔은 친구들과 영화도 보고, 쇼핑도 합니다. 오늘 왕맹 씨는 친구들과 영화를 볼 것입니다.

2-1. 위 글의 내용과 같은 것을 고르십시오.
   ① 왕맹 씨는 일주일에 5일 일을 합니다.
   ② 왕맹 씨는 가끔 주말에 책을 읽습니다.
   ③ 왕맹 씨는 주말마다 친구들을 만납니다.
   ④ 왕맹 씨는 오늘 집에서 책을 읽을 것입니다.

위의 [2-3]번의 문제는 하나의 텍스트를 가지고 두 문항을 출제한 데 있다. 다시 말하면, 2번과 3번이 서로 비춰 주고 있다는 말이다. 2번 문항과 3번 문항이 별도의 평가 목표를 가진 개별 문항이 아니라, 겹친다는 것이다. 이러한 양상은 하나의 텍스트를 이용해 두 개 이상의 문항을 만들어 보려는 출제자의 과욕이 부른 현상 중 하나이다. [2-1]번처럼 고치는 것이 평가 문항을 분명하게 할 수 있다.[11]

---

[11] 물론 2-1번 텍스트가 약간은 부자연스러운 면을 보이기는 하지만, '국부종속성'을 고려하여 평가 목표를 하나로 만든다는 면에서 중요하다.

〈중급〉

* [1-3] 다음 글을 읽고 문제에 답하시오.

제주도 2박 3일 여행

상품가 :　　　성인 245,000원　　　　아동 195,000원

〈출발일〉
　매주 월, 수, 금요일
〈포함내역〉
　항공료, 호텔 2박, 조/중식 2회, 렌터카, 여행자 보험
〈출발지〉
　김포 공항 2층 약국 앞 07:00
〈여행 포인트〉
　바다가 내려다보이는 아름다운 호텔
　렌터카 54시간, 승마 체험

1. 성인 두 명의 여행 가격은?

　① 195,000원　　　　② 390,000원
　③ 490,000원　　　　④ 알 수 없음

2. 상품 내용에 포함되지 않는 것은?

　① 석식　　　　　　② 항공료
　③ 여행자 보험　　　④ 렌터카

3. 제주도로 출발하려면 언제(시각),어디로 가야 하나?

　_____

1-1. 이 여행에 대한 설명으로 맞는 것은?

　① 저녁 식사도 여행비에 포함되어 있다.
　② 원하는 사람만 여행자 보험을 들어 준다.

③ 호텔은 바닷가에 위치해서 바다를 볼 수 있다.
④ 말을 타는 체험을 하려면 따로 돈을 내야 한다.

〈중급〉 [1-3]번 문항에서 1번과 3번은 중급 문제가 아니라, 초급 문제이다. 또한 2번 문항은 문자 읽기에 준하는 문제로 출제되어 있다. 1-1번처럼 수정하면 숙달도 면에서도 평가 목표에 있어서도 중급에 준하는 문항이 될 수 있다.

〈고급〉

* [7-8] 다음 글을 읽고 물음에 답하시오.

(가) 얼마 전 외국에서 열린 경기에서 한국 선수가 1위를 한 적이 있었다. 경기가 끝나자마자 그의 가족과 기자들은 기쁨에 벅차 경기장 안으로 뛰어 들어가서 선수와 함께 승리를 기뻐했다. 그러나 이 일은 경기에서 진 선수에 대한 예의를 지키지 않은 행동으로 외국 매스컴의 비난을 받았다.

(나) 그러나 다른 관점에서 보면 상황은 달라진다. 스포츠에서는 각각의 규칙과 함께 선수들이 지켜야 할 예의가 있기 때문이다. 여기에 익숙한 외국 사람들에게 그러한 행동으로 받아들여졌고 비난을 받았던 것이다.

(다) 개인주의적인 현대 사회에서 기쁨과 슬픔을 함께 나누는 한국 문화는 그 나름대로의 가치가 있다. 그렇지만 '로마에서는 로마법을 따라야 한다.'는 말처럼 자신과 다른 문화 속에서 그 문화의 상대성을 받아들이고 그것을 따르는 자세도 필요한 것이다.

(라) 한국 사람들은 옛날부터 좋은 일이 있으면 함께 축복해 왔다. 이것은 한국 문화 중의 하나인 '잔치 문화'에서도 쉽게 찾아볼 수 있다. 좋은 일이 있으면 큰 일이건 작은 일이건 상관없이 잔치를 벌이고 음식과 음악으로 즐기면서 모두 같이 기쁨을 나누었다. 또 함께 어울림으로써 주위 사람들과 더욱 친해질 수 있었고 공동체 의식도 확인할 수 있었다. 이러한 한국 사람에게 한국 선수의 가족들과 기자들이 경기장 안으로 뛰어들어가 함께 기뻐했던 일은 자연스럽고 당연한 일이다.

7. 다음 글을 순서대로 배열한 것을 고르십시오.
① (라) - (가) - (나) - (다)
② (라) - (나) - (다) - (가)
③ (가) - (라) - (다) - (나)
④ (가) - (라) - (나) - (다)

8. 다음 글의 중심 내용을 고르시오.
   ① 잔치 문화는 한국의 미풍양속이다.
   ② 자신의 문화를 지키는 일이 중요하다.
   ③ 다른 문화를 자신의 것으로 만들어야 한다.
   ④ 문화의 상대성을 인정하는 자세가 필요하다.

이 텍스트의 담화 구조가 분명하게 드러나지 않아서, 7번 문제의 난이도를 지나치게 어렵게 하는 경향이 있다. 담화의 응집 장치로 드러나야 하는 접속사 등이 충분히 많지 않아서, 수험자가 읽기 전략을 활용하여 문제를 해결하기도 어려워 보인다. 이러한 문제는 아래 텍스트에 진하게 표시된 것처럼 수정하면 쉽게 해결될 수 있을 것이다. 또한 8번 문제의 경우 '중심 내용'을 묻고 있는데, ①과 나머지 세 개의 답안의 문장 형식이 다르게 나타나고 있다. 이 부분도 아래 8-1번처럼 '주장'을 묻는 문항으로 수정하는 것이 평가 목표를 분명히 드러낼 수 있다.

* [7, 8-1] 다음 글을 읽고 물음에 답하시오.

(가) 얼마 전 외국에서 열린 경기에서 한국 선수가 1위를 한 적이 있었다. 경기가 끝나자마자 가족과 기자들은 기쁨에 벅차 경기장 안으로 뛰어 들어가서 선수와 함께 승리를 기뻐했다. 그러나 이 일은 경기에서 진 선수에 대한 예의를 지키지 않은 행동으로 외국 매스컴의 비난을 받았다. 그렇다면 과연 한국 사람들의 이러한 행동은 비난을 받아 마땅한 일인가.

(나) 그러나 다른 관점에서 보면 상황은 달라진다. 스포츠에서는 각각의 규칙과 함께 선수들이 지켜야 할 예의가 있기 때문이다. 여기에 익숙한 외국 사람들에게 한국 사람들의 행동은 좋지 않게 받아들여졌고 비난을 받았던 것이다.

(다) 그렇다고 해서 한국 문화가 일방적으로 나쁘다는 것은 아니다. 물론 한국 문화는 그 나름대로의 가치가 있다. 그렇지만 상황을 살피지 않고 일방적인 문화적 행동은 때로는 낮게 평가될 수 있음을 잊지 말아야 할 것이다.

(라) 한국 사람들은 옛날부터 좋은 일이 있으면 함께 축복해 왔다. 이것은 한국 문화 중의 하나인 '잔치 문화'에서도 쉽게 찾아볼 수 있다. 좋은 일이 있으면 큰일이건 작은 일이건 상관없이 잔치를 벌이고 음식과 음악으로 즐기면서 모두 같이 기쁨을 나누었다. 또 함께 어울림으로써 주위 사람들과 더욱 친해질 수 있었고 공동체 의식도 확인할 수 있었다. 이러한 한국 사람에게 한국 선수의 가족들과 기자들이 경기장 안으로 뛰어 들어가 함께 기뻐했던 일은 자연스럽고 당연한 일이다.

8-1. 이 글을 쓴 사람이 주장하는 바를 고르십시오.
① 잔치 문화는 비판 받아야 한다.
② 자신의 문화를 지키는 일이 중요하다.
③ 다른 문화를 자신의 것으로 만들어야 한다.
④ 일방적인 문화 행동은 비난을 받을 수도 있다.

참고문헌

강승혜 외(2006), [한국어 평가론], 태학사.
김영아(1996), 외국어로서의 한국어 능력 평가 방안 연구, 고려대학교 대학원 박사학위 논문.
김유정·방성원·이미혜·조현선·최은규(1998), 한국어 능력 평가 방안 연구: 성취도 평가를 중심으로, [한국어교육] 9권 1호.
김유정(1999), 외국어로서의 한국어 능력 평가 연구: 숙달도 평가를 중심으로, 고려대학교 대학원 박사학위 논문.
김정숙·원진숙(1993), 한국어 말하기 능력 평가 기준 설정을 위한 연구, [이중언어학] 10, 이중언어학회.
박갑수(1998), 외국어로서의 한국어교육 평가, [이중언어학] 15, 이중언어학회.
박영순(1997), 국어교육과 한국어교육, [한국어학] 6, 한국어학회.
박영순 편(2002), [21세기 한국어교육학의 현황과 과제], 한국문화사.
백봉자(1998), 한국어교육 성취 수준에 대한 평가, [이중언어학] 15, 이중언어학회.
성광수(1995), 해외 한국어교육의 몇 가지 문제, [이중언어학] 12, 이중언어학회.
성기철(1998), 한국어교육의 목표와 내용, [이중언어학] 15, 이중언어학회.
신용진(1998), [영어교육공학 Ⅴ], 한국문화사.
정광·고창수·김정숙·원진숙(1994), 한국어 능력 평가 방안 연구: 언어숙달도(Proficiency)의 측정을 중심으로, [한국어학] 1, 한국어학 연구회.
한재영 외(2005), [한국어 교수법], 태학사.
Alice Ommaggio Hadley.(1993), *Teaching Language in Context*, 2nd edition, Heinle & Heinle Publishers.
Bachman, L. F and S. Savignon.(1986), The evaluation of communicative language proficiency: a critique of the ACTFL oral interview, *Modern Language Journal* 70, 4.
Bachman, L. F.(1990), *Fundamental Considerations in Language Testing*, Oxford:

Oxford University Press.

Brown, H. Douglas.(1980a), *Principles of Language Learning and Teaching*, 신성철 (1996) 역, [외국어 교수, 학습의 원리], 한신문화사.

Hymes, D. H.(1972), On communicative competence, In J. B. Pride and J. Holmes (eds.) : *Sociolinguistics*, Harmondsworth : Penguin.

Nunan, David.(1989), *Designing Tasks for the Communicative Classroom*, Cambridge University Press.

제5부

한국어교육의 내용과 방법

1. 한국어 말하기 교육
2. 한국어 듣기 교육
3. 한국어 읽기 교육
4. 한국어 쓰기 교육
5. 한국어 문법 교육
6. 한국어 어휘 교육
7. 한국어 문화 교육
8. 한국어 발음/억양 교육

1. 한국어 말하기 교육

외국인들이 한국어로 말을 할 때 외국인 특유의 어색한 표현을 하는 것을 자주 듣는다. 다소 어색하지만 말의 뜻을 이해하는 데는 별 문제가 없다. 이렇게 외국인들이 한국어로 어색하게 말하는 것을 듣고 얄반인들은 '재미있다', '무슨 뜻인지는 알겠다'고 반응하지만 한국어교육에 관심이 있는 사람들은 그 외국인의 말하기에 나타난 문제점을 분석하고 해결 방법을 생각해 보게 될 것이다.

한국에 유학을 와서 우연한 기회에 방송 출연을 했다가 유명해진 어느 외국인 학생이 신문 기자와 인터뷰한 기사를 보자.

"왜 한국으로 왔냐"고 묻자 멜렌은 대뜸 "한국 사람 그 질문 아주 매우 많이 하십니다!"며 무릎을 쳤다. "말레이시아, 일본, 한국 골라야 했어요. 말레이시아? 가 봤어요. 일본? 공부 해봤어요. 한국? 안 가봤어요. 오고 싶었어요!" 궁금증이 엄청나게 많은 아가씨다.

지구 반대편에서 설레는 마음을 안고 대한민국까지 날아왔지만, 처음엔 힘들었다. 겨울 내내 감기를 앓았다. "눈 정말로 많이 오십니다. 남아공은 눈 잘 안 와요. 한국은 매우 춥습니다. 난 천식 있는데, 여기 와서 아팠어요." 서울의 탁한 공기도 멜렌의 천식을 더 심하게 했다. 그녀는 요즘도 매일 천식 약을 복용하며 버틴다. 그래도 즐겁다. "음식 신기하고, 매일 다른 사람 만납니다. 베이비가 된 마음이십니다." 눈동자가 반짝 반짝했다.

경주도 가고 부산도 갔다. 강원도로 놀러 간 적도 있다. 친구들과 매일 '소주'도 먹었다. 한 학기에 무려 8kg이 쪘다. "라면, 소주, 삼겹살 많이 많이 먹었습니다. 몸이 둥둥해졌습니다. 배가 불러 왔습니다. 그래서 된장찌개와 야채만 먹었습니다. 다시 몸 좁아졌습니다." 손가락으로 된장찌개와 야채 덕에 도로 날씬해졌다는 허리를 집어 보였다. ―조선일보, 2007. 9. 14.

이 학생은 한국어를 배운 지 얼마나 되었을까? 이 학생의 한국어 말하기에 나타난 문제점은 무엇인가? 이 학생이 한국어로 유창하면서도 자연스럽게 말을 하게 하려면 무엇을 어떻게 지도하면 될까? 이 단원에서는 한국어를 배우고자 하는 학습자들이 한국어 말하기를 자연스러우면서도 유창하게 구사하기 위하여 한국어 말하기 교육에서 무엇을 어떻게 가르쳐야 하는가에 대해서 살펴보자.

1.1. 한국어 말하기 교육의 중요성과 목표

1.1.1. 한국어 말하기 교육의 중요성

한국어 말하기 교육은 학습자가 한국어 화법 문화에 맞게 자연스럽게 자신의 의사를 표현할 수 있도록 체계적으로 교수-학습하는 것을 말한다. 정상적인 지능과 의욕을 가진 인간이라면 누구나 자신의 모국을 떠나 외국의 언어 환경 상황에 노출되면 여러 번의 시행착오를 거치면서 경험적으로 외국어를 익히게 된다. 그러나 한국어교육에서 말하기를 지도한다는 것은 한국 내에서든 외국에서든 한국어 음성언어 의사소통 상황에서 학습자가 유창하고 정확하게 말하기를 수행할 수 있도록 교육의 내용을 구성하고 이를 효과적인 방법으로 익히도록 하는 것이다. 한국어 말하기 교육은 학습자가 외국어를 새로 배울 때 겪게 되는 심리적인 불편감과 시행착오를 최소화하면서 효과적으로 한국어 말하기를 배울 수 있도록 한다.

외국인 학습자가 한국어를 배울 때 말하기, 듣기, 읽기, 쓰기는 모두 중요한 의사소통 방법이다. 이 중 말하기는 사적이면서 개인적인 음성언어 의사소통 상황에서부터 공식적이면서 조직 내에서 이루어지는 음성언어 의사소통에 이르기까지 목표어로 자신이 표현하고자 하는 의미를 생성하여 상대방과 상호교섭적으로 의사소통을 할 수 있도록 한다.

한국어 교수-학습에서 말하기 능력은 다음과 같은 점에서 중요하다. 우선, 말하기 능력은 가장 일차적인 한국어 능력의 표지이다. 일반적으로 한국어 의사소통능력이 있다는 것은 한국어로 말하고 듣고 읽고 쓰는 것을 정확하고 유창하게 할 수 있다는 것을 의미한다. 한국어 능력을 구성하는 이러한 하위 능력 중 일상적 의사소통 상황에서 가장 쉽게 확인할 수 있는 부분이 바로 말하기 능력이다. 듣기와 읽기 능력과 같은 이해 능력은 이해의 정도를 의도적으로 확인해 보아야 드러나지만 쓰기와 말하기 능력과 같은 표현 능력은 학습자가 수행하는 과정에 바로 드러난다. 이 중 쓰기 능력은 학습자가 작성한 글을 통해 평가할 수 있는 것에 비하여 말하기 능력은 학습자가 구두로 표현하는 과정에서 바로 드러난다는 점에서 일차적이라고 할 수 있다. 또, 한국어 학습자가 한국인과 면대면으로 직접적으로 교류할 수 있게 한다. 혼자서 한국 영화나 드라마를 감상하거나 책을 읽을 목적만으로 한국어를 배우는 학습자는 드물다. 외국인 학습자들이 한국어를 배우는 목적은 취업, 학문, 여행, 취미 등 다양하나 이들 목적의 공통점은 대부분 한국인과 직접적으로 의사소통을 해야 한다는 것이다. 한국어 말하기 능력은 외국인 학습자에게 일상적 상황이든 직업적 상황이든 한국인과 구두로 의사소통할 때 자신이 생각한 바를 바로 표현할 수 있게 해 준다는 점에서 중요하다.

1.1.2. 의사소통능력과 한국어 말하기 능력

인간이 언어를 사용할 수 있는 능력을 어떻게 보는가에 대해서는 여러 가지 견해가 있다. Chomsky(1965)는 인간이 문장을 생성하는 규칙에 관한 지식과 말을 이해하고 사용하는 데 쓰이는 지식을 구분하여 언어수행(performance)과 언어능력(competence)이라고 하였다. 언어수행은 구체적 상황에서 실제로 언어를 사용할 수 있는 능력을 의미하며, 언어능력은 언어 수행의 본질적인 한 부분으로 음의 구조, 단어, 문법 규칙 등과 같이 화자의 언어에 대한 지식으로 언어 사용에 내재된 문법적 능력을 말한다. Hymes(1972)에서는 Chomsky(1965)의 언어능력의 개념이 특정 상황에서의 발화의 적합성을 도외시하고 문법적인 문장 생성 능력만을 지시한다고 비판하면서 언어 능력을 추상적인 언어 지식이 아닌 실제 상황에서의 언어 사용 능력으로 개념화하고 이를 의사소통능력(comunicative competence)이라고 하였다.

그 이후 Canale & Swain(1980)에서는 의사소통능력을 문법적 능력, 사회언어학적 능력, 담화 능력, 전략적 능력으로 정의하였다. Celce-Murcia(1995)에서는 Hymes(1972)의 의사소통능력(communicative competence)을 확대하여 언어적 능력, 전략적 능력, 사회문화적 능력, 형식화 능력, 담화 능력, 비언어적 능력 등과 같이 여섯 가지로 나누어 설명하고 있다(박영순 2007:66-68).

- 언어적 능력은 문법적 능력을 말한다. 문법적 능력은 음운론적 능력, 형태론적 능력, 통사론적 능력, 의미론적 능력으로 세분될 수 있다. 음운론적 능력은 올바른 발음 능력을, 형태론적 능력은 단어형성 능력을, 통사론적 능력은 문법적인 문장을 구성하는 능력을, 그리고 의미론적 능력은 단어나 문장의 사전적, 1차적 의미를 이해하고, 알맞은 단어나 문장을 생산하는 능력을 말하는 것이다.
- 전략적 능력은 언어 학습, 언어 처리, 언어 생산에 관련된 것으로 다른 능력에 대한 지식을 활성화시키고 언중들이 의사소통할 때 필요한 지식의 차이와 결핍을 보충하는 데 도움이 되는 능력을 말한다.
- 사회문화적 능력은 사회 문화적 언어 사용 요인과 관련된 화용론적 요인에 따라서 총괄적인 사회적 문화적 상황 안에서 적절하게 메시지를 표현하는 화자의 능력을

말한다.
- 형식화 능력은 언어사용이 활성적인 어휘 뭉치와 활성적인 분절적 구조와 단어들처럼 조립된 경로로 구성되어 있다는 사실을 파악하는 능력으로 고정된 다차원 단어 표현과 관용어와 판에 박힌 표현들을 사용하는 것과 관련된다. 인사와 같이 의례적 언어를 구사하는 능력이 한 예이다.
- 담화 능력은 통일된 텍스트를 만들기 위하여 단어, 문장, 담화들을 선택하고, 연결하고, 배열하는 능력을 말한다.
- 비언어적인 능력은 언어적 메시지 외의 의미를 표현하고 이해하는 데 영향을 미치는 것들로 준언어, 몸짓언어, 공간언어, 침묵 등을 적절히 사용하고 이해하는 능력을 말한다.

인간의 의사소통능력을 어떻게 이해하는가는 언어 교육에 시사하는 바가 크다. 즉 언어 교육의 목표가 의사소통능력의 신장이므로 이를 위하여 무엇을 가르쳐야 하는가가 구체화된다. 한국어 말하기 교육의 궁극적 목표는 한국어 말하기 능력의 신장이다. 이는 곧 말하는 데 필요한 의사소통능력을 길러 주어야 한다는 것을 의미한다. 그러므로 한국어 말하기 교육에서는 어휘와 문법을 중심으로 가르치고 이를 사용하여 말하게 하는 차원의 교육이 아니라 학습자가 한국어로 자연스럽고 유창하게 말하는 데 필요한 의사소통능력을 통합적으로 길러주는 데 초점을 맞추어야 한다. 이러한 점에서 본다면 기존의 언어적 능력 중심의 말하기 교육에서 벗어나 전략적 능력, 사회문화적 능력, 형식화 능력, 담화 능력, 비언어적 능력 등을 함께 기를 수 있는 교육이 되어야 한다.

1.1.3. 한국어 말하기 교육의 목표

외국인 학습자가 정확하고 유창한 한국어 말하기 능력을 기를 수 있도록 체계적이고 효과적인 한국어 말하기 교육이 이루어져야 한다. 한국어 말하기 교육의 일반적 목표는 한국어 학습자가 한국어로 정확하고 유창하게 자신의 생각을 표현할 수 있어야 한다는 것이다. 그러나 이러한 일반적 목표는 학습자의 능력에 따른 한국어 말하기 교육의 목표를 구체적으로 제시해 주지 못한다는 한계를 가진다. 이런 측면에서 한국어 숙달도 평가인 한국어 능력 시험(TOPIK: Test of Proficiency in Korean)의 평가 기준은 일반적인 한국어교육의 목표를 설정하는 데 유용하다. 현재 한국어 능력 시험에서는 말하기 영역을 별도로 평가하고 있지 않지만 듣기, 읽기, 쓰기 영역과 관련된 평가 기준을 통하여 등급별로 어느 정도의 말하기 능력을 갖추어야 하는가에 대하여 유추가 가능하다. 본서에서는 한국어 능력 시험의 평가 기준과 김하수 외(1999), 양태식 외(2000) 등을 참고하여 등급별로 한국어 말하기 교육의 목표를 다음과 같이 설정하고자 한다.

〈표 1〉 한국어 말하기 교육의 목표

등급		목표
초급	1급	• 생존에 필요한 기초적인 언어 기능을 수행할 수 있다.(자기소개, 물건 사기, 음식 주문하기 등) • 사적이고 친숙한 화제에 대하여 간단히 말할 수 있다.(자기 자신, 가족, 취미, 날씨 등)
	2급	• 일상생활에 필요한 기능(전화하기, 부탁하기 등)을 수행할 수 있다. • 공공시설 이용에 필요한 기능(우체국, 은행 등)을 수행할 수 있다. • 사적이고 친숙한 화제에 관해 유창하게 말할 수 있다. • 공식적 상황과 비공식적 상황에서의 언어를 구분해 사용할 수 있다.
중급	3급	• 일상생활을 영위하는 데 별 어려움을 느끼지 않을 정도로 말할 수 있다. • 다양한 공공시설의 이용과 사회적 관계 유지에 필요한 기초적 언어 기능을 수행할 수 있다. • 친숙하고 구체적인 소재는 물론, 자신에게 친숙한 사회적 소재에 대하여 말할 수 있다. • 단답식 의사소통에서 벗어나 자기 의견을 구체적으로 말할 수 있다. • 화자와 청자의 관계에 따라 적절한 어법을 사용할 수 있다.
	4급	• 공공시설 이용과 사회적 관계 유지에 필요한 언어 기능을 수행할 수 있다. • 일반적인 업무수행에 필요한 기능을 어느 정도 수행할 수 있다. • 일반적인 사회적, 추상적 소재에 대하여 정확하고 유창하게 말할 수 있다. • 빈도가 높은 추상어, 속담, 관용어를 사용하여 말할 수 있다.
고급	5급	• 전문 분야에서의 연구나 업무 수행에 필요한 언어 기능을 어느 정도 수행 할 수 있다. • 정치, 경제, 사회, 문화 등 친숙하지 않은 소재에 관해서도 말할 수 있다. • 공식적, 비공식적 맥락과 구어적, 문어적 맥락에 따라 언어를 적절히 구분하여 말할 수 있다. • 토론, 토의, 협상, 설득, 연설 등을 할 수 있다. • 속담, 관용어 표현을 자연스럽게 사용하여 말할 수 있다.
	6급	• 전문 분야에서의 연구나 업무 수행에 필요한 언어 기능을 비교적 정확하고 유창하게 수행할 수 있다. • 정치, 경제, 사회, 문화 등 전문적인 주제에 대해여 유창하게 말할 수 있다. • 원어민 화자의 수준에는 이르지 못하나 기능 수행이나 의미 표현에는 어려움을 겪지 않는다. • 토론, 토의, 협상, 설득, 연설 등을 유창하게 할 수 있다. • 한자를 포함하여 고급 표현, 의성어, 의태어 표현을 자유롭게 구사할 수 있다.

〈표 1〉에서와 같이 한국어 말하기 교육의 목표를 등급별로 설정을 할 때 초급 단계에서는 '일상성'을, 중급 단계에서는 '사회성'을, 고급 단계에서는 '전문성'을 각 단계의 목표 특성으로 두고 이를 지향하도록 하고 있다. 즉 초급 단계에서는 기초적 언어 기능, 공공시설 이용에 필요한 기능 등을 수행할 수 있고 사적이고 친숙한 화제에 관해 이야기할 수 있을 정도로 일상생활에 필요한 말하기 능력을 갖추어야 한다는 것이다. 또 중급 단계에서는 사회 속에서 관계를 맺고 업무를 수행할 수 있을 정도로 사회생활에 필요한 말하기 능력을 갖추어야 하고, 고급 단계에서는 이러한 '사회성'이 심화되면서 한국어로 수행할 수 있는 담화의 종류도 더 다양해지고 전문적인 일을 수행할 수 있을 정도의 말하기 능력을 갖추어야 한다는 것이다. 각 등급 내에서 말하기 수행의 유창성과 정확성을 기준으로 다시 상하로 세분된 목표를 두고 있다. 이러한 등급별 한국어 말하기 교육의 목표는 학습자의 수준에 따라 교육의 내용을 선정하고 평가 내용을 구성할 때 중요한 기준이 된다.

1.2. 한국어 말하기 교육의 내용 선정 원리

교육의 내용을 결정할 때 가장 먼저 고려해야 할 것은 설정된 교육 목표를 달성하기 위하여 학습자에게 무엇이 필요한가 하는 것이다. 그러므로 그 구체적인 내용은 학습자의 연령, 학습 목적, 학습 능력 등의 변인에 따라 결정되지만 교육 내용을 선정할 때 고려하여야 할 일반적인 원리가 있다. 한국어 말하기 교육의 내용은 학습자가 한국어로 유창하고 정확하게 말하는 데 필요한 것이 되어야 한다. 한국어 말하기 교육의 목표를 이처럼 학습자의 말하기 능력 신장으로 두고 교육 내용을 선정할 때에 다음과 같은 원리가 고려되어야 한다.

원리①: 한국어 구어의 특성을 고려한 표현 교육이 되어야 한다.

음성언어 의사소통의 상황에서 말을 할 때는 상황에 따라서 격식적인 표현을 쓰기도 하고 비격식적인 표현을 쓰기도 한다. 한국어 말하기 상황에서 나타나는 격식적인 표현은 문자 언어 표현과 거의 유사하다. 그러나 일상생활과 같이 비공식적인 담화 상황에 주로 사용하는 비격식적 표현은 한국어 구어의 특성을 그대로 드러낸다. 그러므로 한국어 말하기 교육에서는 학습자에게 한국어 구어의 특성을 이해하고 사용할 수 있도록 교육 내용을 선정하여야 한다. 이해영(2002ㄱ)에서는 한국어 구어의 특성을 다음과 같이 정리하고 있다.

<표 2> 한국어 구어의 특성(이해영 2002ㄱ:97-98)

(1) 통사적 특성

- 문어에 비해 어순이 자유롭다.
- 문어에 비해 조사 생략이 자유롭다.
- 구어 접속 조사 '하고'가 사용된다.
- 접속 조사가 반복적으로 사용된다.
- 호격 조사가 사용된다.
- 관형격 조사의 사용이 적다.
- 문장 성분의 생략이 많다.
- 단형부정을 장형부정보다 선호한다.
- 이중부정이 선호되지 않는다.
- 문장 부사가 자주 사용된다.
- '되게, 무지, 참, 진짜' 등의 정도부사가 사용된다.
- 기본 단위가 완결된 문장이기보다는 구나 절 단위인 경우가 많다.
- 문장 구조가 단순하여 복문 사용이 많지 않다.
- 능동문이 피동문보다 많이 사용된다.
- 반말체 어미의 뒤뿐 아니라 어절 단위에 '-요'가 사용되기도 한다.

(2) 음운적 특성

- '그것은〉그건'처럼 음운의 축약과 탈락이 많이 일어난다.
- 표준적이지는 않으나 된소리로 발음되는 현실음이 많다.
- '의〉으/에, 예〉이'처럼 발음되는 표준음 또는 현실음이 많다.
- 표준적이지는 않으나 '고〉구'처럼 발음되는 경향이 있다.
- '막아〉마거'처럼 발음되는 현실음이 많다.
- '네가' 대신 '니가'가 사용되기도 한다.
- 문말 억양에 의해 화자의 명제에 대한 태도가 나타난다.
- 강조하고 싶은 말을 강조하여 발음할 수 있고, 발화 속도도 조절된다.

(3) 담화적 특성

- '글쎄, 뭐, 그런데 말이야, 자' 등 구어 담화표지가 사용된다.
- 의사소통 전략으로 간접 표현이 자주 사용된다.
- 잘못된 발화와 이의 교정이 일어날 수 있다.
- 순서 교대가 계획되거나 예측되지 않으며 순서 없이 끼어들거나 대화의 중복이 일어난다.
- 대응쌍이 언제나 인접해서 나타나는 것은 아니다.
- 한국어의 선호 조직은 한국어 학습자의 모국어의 선호 조직과 비슷한 경우도 있지만 다른 경우도 있다.
- 담화적 차원에서 화제가 되는 것은 자주 생략된다.
- 담화 참여자에 의한 화제 전환이 잦다.
- 1인 발화자에 의해 정보가 구성되기보다는 담화 참여자들이 협력적으로 정보를 구성한다.
- 일상생활의 대화에서 사용되는 관례적인 표현이 있다.
- 한국어 화자 특유의 몸짓언어가 사용된다.

이 밖에 한국어 구어의 어휘적 특성으로 비격식적 어휘가 주로 사용된다는 것이 추가될 수 있다. 이처럼 한국어 구어의 특성을 반영한 말하기 교육을 통하여 학습자가 자연스러운 한국어를 구사할 수 있게 된다.

원리②: 표준어와 표준 발음을 구사할 수 있도록 지도해야 한다.

간혹 TV에서 경상도나 전라도 사투리를 유창하게 쓰는 외국인을 볼 때가 있다. 이런 경우 표준어로 말하는 외국인에 비하여 상대적으로 사람들의 눈길을 끈다. 일반적인 한국 사람들 입장에서는 외국인이 사투리를 쓰는 것이 신기하기도 하고 재미있기도 하다. 그러나 한국어 교사의 입장에서 본다면 — 특히 대구나 부산, 광주 등과 같이 지방의 한국어교육 기관에서 말하기 교육을 할 경우라면 한국어 학습자에게 사투리를 말할 수 있도록 가르쳐야 하는가라는 문제에 대하여 고민을 하지 않을 수 없다. 이와 관련하여 전은주(2003)에서는 다음과 같이 언급하고 있다.

> 일반적인 한국어교육과정은 학습자가 한국어 표준어를 사용하여 의사소통할 수 있도록 계획되어야 한다. 이것은 표준어가 좋은가 사투리가 좋은가의 문제가 아니라 어느 것이 활용의 범위가 넓고 사용했을 때 효과적인가에 따라 결정되어야 할 문제이다. 현재 국내 방송법에는 방송에서 사용하는 언어는 표준어이어야 한다고 규정짓고 있고, 우리나라 전역에 TV가 나오지 않는 지역은 거의 없다. 따라서 표준어를 사용하지 않더라도 표준어를 이해하지 못하는 사람들은 거의 없다. 그러므로 외국인 학습자가 표준어를 구사하여 의사소통하는 것이 사투리를 구사하는 것보다 더 많은 사람과 효과적으로 의사소통할 수 있는 방법이 되는 것이다. 의사소통에는 표현과 이해의 두 측면이 있다. 사투리를 구사하는 것과 이해하는 것은 다르다. 지방 한국어 학습자의 한국어 의사소통에서 문제가 되는 것은 지역 사회 구성원이 구사하는 방언을 이해하지 못하는 것이다. 그러므로 한국어 학습자들이 표준어를 사용하여 의사소통을 할 수 있고, 동시에 자신이 있는 지역의 방언을 듣고 이해할 수 있는 것을 교육의 목표로 설정해야 할 것이다(전은주 2003:388-389).

즉 일반적 한국어 말하기 교육의 상황에서 학습자에게 사투리를 가르치는 것보다 효용성과 효과성의 측면에서 보더라도 표준어와 표준발음으로 말할 수 있게 지도하는 것이 바람직하다. 그러나 학습자들의 요구는 교육 내용을 선정하는 중요한 기준이 되므로 학습자들이 사투리를 배우기를 원한다면 표준어, 표준발음 지도와 함께 병행해서 가르치는 것이 좋을 것이다.

원리③: 언어적 의사소통뿐만 아니라 비언어적 의사소통 방법도 지도하여야 한다.

음성언어 의사소통에서 언어로만 의미를 전달하는 것은 아니다. 미국의 사회학자 Albert Meharabian이 조사한 바에 의하면 메시지 전달에서 말이 차지하는 비중이 7%, 목소리(음조, 억양 크기 등)가 38%, 비언어적인 태도가 55%에 달한다고 한다. 또, Birdwhistell의 연구에서도 음성언어 의사소통시 동작언어가 전달하는 정보의 양이 65-70%에 해당하고 음성언어는 불과 30-35%의 정보만을 전달한다는 것이다 (이창덕 외 2001:165). 시대와 연구 상황에 따라 결과에 정도의 차이는 있겠지만 음성언어 의사소통에서 비언어적 의사소통이 의미를 전달하는 중요한 한 축이라는 점은 주목하여야 한다. 학습자가 자연스럽게 한국어로 구두 의사소통을 하기 위해서는 언어적 표현 방법뿐만 아니라 한국어 구두 의사소통에 나타나는 비언어적 표현 방법 또한 이해하고 있어야 한다. 비언어적 의사소통의 방법이 인간의 의사소통에서 보편적으로 나타나는 부분도 있지만 다른 언어 문화권과 달리 한국어 구두 의사소통에서 나타나는 특징적인 것이라면 이는 반드시 교육되어야 한다. 조현용(2006)에서는 한국인의 신체 언어 목록 78개를 제시하고 있는데 한국어 학습자가 이러한 신체 언어를 이해하고 자신의 말하기에 사용할 수 있도록 지도하는 것이 바람직하다.

〈표 3〉 한국인의 신체 언어 목록의 예 (조현용 2006:153-156)

• 가슴 앞에서 양손으로 하트 모양을 만드는 행위(사랑한다, 유행하는 표현)	• 엄지를 검지에 붙여서 검지가 조금 보이게 만드는 행위(아주 작다는 의미)
• 다리 꼬고 앉기(어른 앞에서는 좋지 않은 행위)	• 엄지를 위로 들기(좋다, 최고라는 의미)
• 다리를 떨다(복이 나간다고 금기 시 되는 행위)	• 엄지와 검지로 원 만들기(좋다는 의미(위로), 돈을 의미(아래로))
• 두 검지를 머리 옆에 대고 위로 세우는 행위(화가 났다는 의미)	• 자신의 귓불을 만지는 행위(뜨겁다는 의미)
• 새끼손가락을 서로 걸기(약속)	• 주먹으로 자신의 이마를 두세 번 두드리는 행위(자신의 잘못을 깨닫는 것)
• 새끼손가락을 위로 들기(애인, 약속)	• 주먹을 머리 높이에서 앞뒤로 강하게 흔드는 행위(주장을 나타내는 행위)
• 손끝으로 가슴을 가리키는 행위(자신을 의미)	• 주먹을 쥐고 상대편에게 손등 쪽을 내미는 행위(위협)
• 손날(검지 쪽)로 목을 치는 행위(죽었다는 의미)	• 한 눈을 감으면서 두 손을 각각 권총 모양으로 만들어 쏘는 흉내를 내는 행위(유행하는 표현/관심을 나타냄)
• 손날(새끼손가락 쪽)로 목옆을 치는 행위(해고, 죽었다)	
• 손등을 위로 하여 앞뒤로 흔드는 행위(오라는 의미)	• 한 주먹을 다른 손으로 잡고 있다가 앞으로 쭉 내미는 행위(모욕의 의미)
• 손바닥을 위로 하여 앞뒤로 흔드는 행위(주로 동물을 부르는 의미)	• 한 쪽 다리를 세우고 앉는 행위(양반 집 여자들의 앉는 자세)
• 손으로 볼을 꼬집는 행위(귀엽다 또는 밉다)	• 손을 비비다(용서를 구하다)
• 양 손바닥을 돌리면서 비비며 고개를 숙여 절을 하는 행위(전통적인 기원의 의미)	

원리④: 대인 의사소통, 조직 의사소통, 사적, 공적 상황 등 다양한 담화 상황에서 자연스럽게 말할 수 있도록 지도하여야 한다.

음성언어 의사소통 상황은 참여자의 수, 목적, 공식성 등에 따라 담화의 형식과 표현 방식에 차이가 있다. 그러므로 한국어 말하기 교육에서는 일상적인 대화뿐만 아니라 그 외 담화 상황에서 한국어로, 어떤 방식으로, 어떻게 표현해야 하는가를 지도해야 한다. 학습자가 토론, 토의와 같은 조직 의사소통의 방법과 공적인 상황에서의 면접, 면담, 발표, 협상 등의 말하기 방법을 경험하게 하고 이런 담화 상황에서 한국어로 자연스럽게 말을 할 수 있도록 교육 내용을 구성하여야 한다. 이 경우 담화의 주제보다는 담화의 형식과 그 담화에서 주로 사용되는 표현들을 중심으로 다루어야 한다. 예를 들자면 토론이라는 담화를 한국어 말하기 교육에서 가르칠 때 특정의 논제를 주고 학습자끼리 바로 토론을 하게 하는 경우, 토론이라는 담화에 대하여 학습자에게 구체적으로 지도한 내용은 없다. 이때 학습자에게 토론 상황에서 토론의 방식과 사회자나 토론 참여자가 주로 쓰는 표현을 지도하고 익히게 한 뒤 토론을 실제로 해 보게 한다면 학습자는 토론의 방식과 표현을 배울 수 있다. 그러므로 한국어 말하기 교육에서는 다양한 담화 상황을 다루어야 하며, 각각의 담화 형식과 표현 방식에 대한 구체적인 내용을 지도 내용으로 선정하여야 한다.

원리⑤: 학습자가 전략적인 의사소통 참여자가 되도록 지도하여야 한다.

한국어 말하기 교육의 목표는 학습자가 한국어로 자신의 생각을 유창하고 자연스럽게 말할 수 있게 하는 것이다. 앞서 살펴본 바와 같이 의사소통능력의 구성 요소 중 하나가 전략적 능력이다. 학습자들은 그들의 부족한 지식 때문에 말하고 싶은 것을 다 말하는 데 자주 어려움을 겪는데 이러한 어려움을 극복하기 위해 그들은 다양한 의사소통 전략에 의지한다(Ellis 1997). 자신이 제대로 이해를 하지 못했거나 말로 표현하기 어려운 내용일 때 아무 말도 하지 않고 가만히 있는 학습자보다는 "좀 생각해 본 다음에 말씀드릴게요."라고 말하는 사람이 의사소통의 원활성의 측면에서 볼 때 더 나은 화자이다. 또 자신이 정확하게 알지 못하는 어휘나 문법 항목을 이용하여 말해서 오류를 범하는 화자보다는 자신이 알고 어휘나 문법 항목들을 가지고 다소 풀어서라도 제대로 표현해 낼 수 있는 사람이 더 나은 화자이다. 그러므로 한국어 말하기 교육에서는 음성언어 의사소통 상황에서 전략적인 화자로서 학습자가 어떻게 해야 하는가에 대한 것을 지도 내용으로 포함하여야 한다. 허용 외(2005)에서는 Brown(1994)를 참조하여 한국어교육에서 사용할 수 있는 말하기 전략의 예로 다음과 같은 표현을 제시하고 있다.

〈표 4〉 말하기 전략의 예 (허용 외, 2005:369)

- 분명히 말해 달라고 요구하기(뭐라고요? 그게 무슨 뜻이에요?)
- 반복 요청하기(네? 다시 말씀해 주세요.)
- 시간을 끌기 위한 군말 사용하기(음…… 그러니까…… 뭐냐하면……)
- 대화 유지를 위한 표현 사용하기(응, 그래서? 그래……)
- 다른 사람의 주의 끌기(있잖아, 자아…… 그런데 말이야……)
- 단어나 표현을 모를 때 다른 말로 쉽게 풀어 말하기
- 듣는 사람에게 도움 요청하기(이런 걸 뭐라고 하지요?)
- 정형화된 표현 사용하기(이거 얼마에요? 여기서 공항까지 얼마나 걸려요?)
- 몸짓이나 표정 등 비언어적 표현 사용하기

원리⑥: 한국의 화법 문화를 이해하고 이를 자신의 말하기에 반영할 수 있도록 하여야 한다.

언어 표현에는 그 언어를 사용하는 사람들의 사고방식과 가치관, 행동 양식 등이 반영되어 있다. 영어의 'my family'에 해당하는 한국어 표현은 '나의 가족'보다는 '우리 가족'이 자연스럽다. '나의 형'보다는 '우리 형'이, '나의 어머니'보다는 '우리 어머니'가, '나의 아버지'보다는 '우리 아버지'라는 표현이 자연스럽다. 이런 현상을 두고 서양의 개인적 성향에 비하여 한국인의 공동체적 성향이 언어 표현에 반영된 것이라 해석하기도 한다. 이처럼 화법 문화란 어떤 언어로 음성언어 의사소통을 하는 과정에 반영되는 그 언어를 사용하는 집단 고유의 사고, 가치관, 행동 양식 등을 의미한다. 박영순(2005:197)에는 문화가 말하기에 반영된 것을 잘 보여주고 있다.

> 의사소통 행위의 문화적 규범 또한 전제를 포함한다. 한국 사회에서 아는 사람을 만났을 때 사람들은 '안녕하세요?', '그동안 별고 없으셨어요'와 같은 인사를 나눌 것이다. 만일 한 사람이 '안녕하세요?'로 인사했을 때 화자가 의문문으로 인사했다고 하여 정말로 무엇인가를 '질문'한 것이라고 생각하면 안 되고 반가움을 나타내는 인사라는 것을 알아야 한다. 즉 그것은 의례적인 표현일 뿐이다. 그렇게 때문에 한국어의 경우 상대방이 '안녕하세요?'라고 하면 청자도 똑같이 '안녕하세요?'라고 하는 것이 보통이다.

한국의 문화가 반영된 언어 표현은 모국어 화자의 경우 성장하면서 자연스럽게 익히게 되지만 외국인 화자의 경우는 학습하지 않으면 이해할 수도 없는 것이다. 외국인 동료에게 "다음에 식사나 한 번 같이 합시다."라고 의례적으로 말을 했는데 이러한 한국식 표현을 이해하지 못한 동료가 "언제 식사 같이 할까요?"라고 말을 하면 상대방은 순간 당황하게 된다. 한국 회사에 지원하고 면접을 한 뒤 면접관이 "다음에 연락드리겠습니다."라는 말을 채용하겠다는 말로 잘못 이해하고 몇날 며칠 전화기 옆에서 기다리다가 급기야 다시 회사에 전화해서 '왜 전화를 하지 않느냐고 따져 물은 경험이 있는 외국인이 한국 사람은 거짓말쟁이라고 비난하는 것은 한국의 화법 문화를 제대로 이해하지 못하는 데서 비롯된 오해 때문이다. 최근의 외국어 교육은 '문화 간의 의사소통능력(cross-cultural, intercultural communication)'을 길러주는 것을 목표로 하고 있는데 이것은 실제 대화 현장에서 화-청자가 속한 사회의 특수한 관습이나 문화적 배경을 알아야만 충분한 의사소통이 가능하다고 보기 때문이다(박영순 2005:199). 즉, 목표 언어의 화법 문화를 이해하지 못한다면 이를 음성언어 의사소통의 과정에 반영하여 자연스럽게 표현하고 원활하게 대응하기도 어렵다. 그러므로 한국어로 구두 의사소통을 하는 데 있어서 이해하고 반영해야 할 한국적 화법 문화가 있다면 한국어 말하기 교육에서 지도하여야 한다.

원리⑦: 학습자의 요구가 교수-학습 내용에 반영되어야 한다.

학습자의 필요는 교수-학습에서 매우 강력한 학습 동기 유발 요소이다. 말하기 교수-학습에서 학습자가 실제 말로 표현을 해 보는 과정이 많을수록 학습자의 말하기 능력 신장에도 많은 도움이 된다. 그러므로 학습자가 말을 하고자 하게 하는 적극적인 교수-학습 상황을 만들어 주는 것은 아주 중요하다. 우선 말하기 교수-학습 내용을 선정하고 조직하는 데 있어서 학습자의 요구가 반영되어야 한다. 앞서 살펴 본 말하기의 내용들 중 학습자가 우선적으로 배우고 싶어 하는 내용이 있다면 이것은 반영되어야 하며, 이러한 일반적인 교수-학습 내용 이외에 학습자가 배우고 싶어 하는 내용이 있다면 이 역시 반영되는 것이 바람직하다. 또, 말하기 교수-학습에서는 말할 화제나 주제, 소재 선정에 있어서 학습자의 요구가 반영되어야 한다. 여가 생활, 연애, 결혼 등과 같은 화제를 좋아하는 학습자가 있는가 하면 사회, 정치, 경제 등의 화제를 좋아하는 학습자가 있다. 학습자가 관심이 있는 화제나 주제, 소재 등에 대하여 말하게 하는 것이 학습자가 많이 말하게 하는 데 유리하다.

1.3. 한국어 말하기 교육의 방법

1.3.1. 말하기 지도의 원리

한국어 말하기 교육은 학습자의 한국어 말하기 능력을 배양할 수 있는 교육이 되어야 한다. 교육을 실천하는 데 있어서 교육 전반의 방향성을 살필 수 있는 방법은 교육을 원리적인 측면에서 접근하는 것이다. 한국어 말하기 교육이 구체적인 교수-학습의 장에서 어떤 양상으로 이루어져야 하는가를 제대로 이해하기 위해서는 한국어 말하기 지도가 어떤 원리를 지향하는가에 대한 이해가 선행되어야 한다. 교사가 한국어 말하기 교수-학습의 방법을 구안할 때는 이러한 원리가 반영되어야 한다.

원리①: 학습자의 말하기(담화) 수행 중심의 교육이 되어야 한다.

학습자의 한국어 말하기 능력을 배양하기 위해서는 학습자가 말할 수 있는 기회가 많이 주어져야 한다. 한국어 말하기 교수-학습이라고 해서 전적으로 학습자가 말만을 할 수는 없다. 한국어 말하기 교수-학습은, 해당 교수-학습 시간에 배워야 할 과제, 기능, 전략, 표현 등에 대한 교사의 설명과 학습자에게는 이를 익히기 위한 이해와 적용의 과정이 필요하다. 교사가 설명을 위하여 많은 이야기를 하면 할수록 학습자가 실제 말을 하면서 말하기 능력을 배양할 수 있는 시간은 줄어들 수밖에 없다. 학습자에게 해당 학습에 나오는 어휘, 문법, 기능 등의 학습 내용을 익히게 하기 위하여 단편적인 연습을 많이 하면 할수록 학습자가 실제적인 담화 수행을 경험할 수 있는 시간은 줄어들 수밖에 없다. 그러므로 한국어 말하기 교육이 학습자의 말하기(담화) 수행 중심의 교육이 되기 위해서는 교사의 설명, 단편적인 어휘, 문법, 기능 연습 등을 최소화하고 학습자가 실제적 말하기를 경험할 수 있는 시간을 최대화하여야 한다.

원리②: 학습자에게 유의미한, 완결성을 갖춘 과제(task)에 대한 학습이 주가 되어야 한다.

학습자의 한국어 말하기 능력을 배양하기 위하여 지도하여야 할 내용에는 여러 가지가 있다. 학습자가 자신이 생각하고 있는 바를 정확하고 유창하게 말로 표현하기 위해서는 그 담화 상황에서의 표현과 관련된 어휘, 문법, 기능, 전략 등을 알고 있어야 하며, 이를 실제 수행할 수 있어야 한다. 한국어 말하기 교수-학습의 과정은 학습자가 말하기 능력을 기르는 데 필요한 다양한 학습활동을 수행하는 과정이기도 하다. 이때 학습자가 어떤 학습활동을 주로 경험하는가가 실제 학습자의 말하기 능력의 정도에 큰 영향을 미친다. 학습자가 일반적 의사소통 상황에서 충분한 의미를 가지며 한국어 음성언어 의사소통 과정으로서 요건을 갖춘 활동을 경험해 보는 것이 실제 학습자의 말하기 능력 신장에 도움이 된다. 이처럼 학습자가 의사소통을 목적으로, 형태가 아닌 의미에 중점을 두고 언어를 이해, 처리, 생산하는 모든 활동을 과제(communicative task)라고 한다(Nunan, 1996).[1] 그러므로 한국어 말하기 교육에서 학습 활동을 구성할 때는 학습자에게 유의미하며 완결성을 갖춘 과제에 대한 활동이 주가 되도록 하여야 한다. 한국어 교사의 입장에서 학습 내용으로 설정한 것을 순차적으로 설명하고 이를 학습자가 이해하게 하는 데 초점을 둘 것이 아니라 이러한 학습의 결과로 학습자가 수행할 수 있게 될 최종적인 말하기 능력은 어떤 것이 되어야 하는가를 중심으로 학습 활동을 구성할 필요가 있다. 이러한 측면에서 본다면 과제 중심의 학습 활동이 가지는 말하기 교육적 측면에서의 효용 가치는 매우 높을 수밖에 없다.

원리③: 한국어 말하기 교육은 실제성(authenticity)을 준수하여야 한다.

한국어 말하기 교육에서 사용되는 학습 과제와 학습 자료는 실제성을 갖춘 것이어야 한다. 여기서 실제성이란 언어 사용의 맥락과 생성된 언어 표현이 실제 의사소통 상황을 반영하여야 한다는 것을 의미한다. 그러나 교육이라는 상황은 그 자체가 의도적이고 계획적이라는 점에서 실제 언어생활 그 자체가 될 수 없다. 그러므로 언어 교육에서 실제성의 개념에는 전이성의 정도가 매우 높아 실제와 거의 유사하다는 의미가 전제되어 있다. 언어 교육에서 사용되는 과제와 자료가 실제성을 만족할 때 이것은 언어 학습 방법과 도구로서 가치를 지니게 된다. 심재기·문금현(2000:149)에서는 약 80%의 학생들이 교과서에서 배운 내용과 한국인의 실제 대화가 다르다고 인식하고 있으며, 실제성이 없다고 느끼는 이유를 ①실제 대화에

---

[1] Nunan(1996:11)에서는 과제의 구성 요소로 목표, 입력, 활동, 교사의 역할, 학습자의 역할, 배경 등을 들고 있다.

서의 생략과 축약, ②실제 말의 속도, ③안 배운 단어나 여러 의미로 쓰이는 단어, 젊은이들이 자주 쓰는 신어(新語) 및 한자어의 사용, ④교과서에서 배운 문형과의 차이, ⑤반말의 사용, ⑥부정확한 발음, 대화의 내용이 긴 점, 사투리의 사용 등으로 들고 있다(조수진, 2007 재인용). 조수진(2007:81)에서는 한국어 학습자들이 말하기에서 어려움을 느끼는 이유 중 하나가 교실 수업에서 배운 내용이 실제 의사소통과 괴리가 있다는 점을 지적하고 있다.2) 그러므로 한국어 말하기 교육에서 학습자들이 수행하게 되는 과제 속의 담화가 실제 생활에 존재하여야 하며, 이 과제를 수행하는 교수-학습 환경 또한 실제 담화 환경과 유사해야 하며, 이 과제가 학습자의 실제 한국어 말하기 능력 신장에 유용해야 한다. 또 말하기 교수-학습을 위하여 만들어진 자료 역시 실제 담화 상황을 반영하여야 하며, 이 자료가 학습자에게 자연스러운 한국어 말하기의 전형적인 예가 될 수 있어야 한다.

원리④: 학습자의 요구가 교수-학습의 방법에도 반영되어야 한다.

말하기 교수-학습의 내용뿐만 아니라 교수-학습 방법을 선택하는 데 있어서도 학습자의 요구가 반영되어야 한다. 말하기 경험을 충분히 할 수 있는 기회를 반복적으로 제공함으로써 학습자의 말하기 능력도 향상이 된다. 말하기 교수-학습에서는 무엇에 대하여 말을 하게 하는가에 못지않게 어떤 교수-학습 방법으로 말하게 하는가 역시 학습자의 발화 양과 횟수에 큰 영향을 미친다. 한국어 말하기 교육에서 교수-학습 방법으로서의 말하기 유형은 학습자가 어떤 과제나 주제에 대하여 실제 말할 수 있도록 수행을 끌어내게 한다는 매개적 관점과 학습자에게 특정의 말하기 유형을 경험하게 한다는 교육적 관점이 모두 존재한다. 예를 들어 '교육 제도'를 주제로 말하기 수업을 할 때 여러 가지 교수-학습 방법을 사용할 수 있다. 한국과 학습자의 모국의 교육 제도를 비교하여 발표를 하게 할 수도 있으며, 특정 교육 문제에 대하여 토론을 하게 할 수도 있다. 이때 발표나 토론은 학습자가 '교

---

2) Anderson & Lynch(김지홍 역 2003:58)는 제2언어 학습자들이 일련의 제한된 문법 구조에 노출되어 있고, 상당히 커다란 말덩어리들에 대해 반복적으로 노출되도록 대화에서 배려되고 있으며, 특히 교실 연습 동안 어린 학습자들은 맥락이 매우 잘 짜여져 있고 예측될 수 있는 입력물을 제공받는다고 하였다. 그렇기 때문에 실제 대화를 접하는 학습자들은, 어휘나 문법 수준이 단계별로 조직적으로 배열되지 않고 화제조차 일관성 있게 진행되지 않기 때문에 이를 올바르게 해석하여 적절한 반응을 보이며 의사소통 하는 데 더 과부하가 되기 쉽다(조수진 2007:81).

육 제도'에 대하여 말하기 수행을 할 수 있도록 해 준다는 점에서 말하기 교수-학습의 방법으로서 기능을 한다. 또 동시에 한국어로 발표나 토론이라는 담화를 어떻게 해야 하는가를 경험할 수 있도록 해 주는 기능도 가진다. 학습자가 동료 학습자와 짝활동을 하는 것보다는 토론을 하는 것을, 혹은 어떤 주제에 대하여 발표하는 것보다는 인터뷰 해 보는 것을 선호한다면 이러한 말하기의 방법을 선택하는 것이 학습자가 더 많이 말하게 하는 방법이 된다. 그러므로 교수-학습 방법의 측면에서 말하기 유형을 선택할 때는 교육적 관점보다 매개적 관점에 초점을 두어 학습자가 주어진 주제나 과제에 대하여 더 많이 말하게 할 수 있는 방법이 무엇인가를 살펴보아야 한다. 즉 학습자가 원하는 말하기 교수-학습 방법이 있다면 교수-학습의 내용에 맞추어 이러한 요구도 반영되어야 한다.

원리⑤: 통합적 언어 교육이 되어야 한다.

한국어 말하기 교육은 듣기, 쓰기, 읽기 교육과 통합적으로 이루어져야 한다. 담화 상황에서 보더라도 말하기와 듣기는 동시에 이루어져서 한 사람이 말을 하면 다른 사람은 그 말을 들어야 한다. 또, 말하기와 쓰기는 언어를 사용하여 표현한다는 점에서 비슷한 인지 과정을 거친다. 듣기와 읽기는 언어에 대한 이해 과정이라는 공통점이 있으며, 어떤 내용을 읽고 그에 대하여 말하는 과정을 통하여 말하기 능력을 향상 시킬 수 있다는 점에서 읽기와 말하기 교육 역시 무관하지 않다. 이처럼 말하기 기능은 듣기, 쓰기, 읽기 기능과 밀접한 연관이 있다. 그러므로 이들 네 기능을 통합적으로 교수-학습하는 것이 학습자가 가장 효과적으로 그 언어를 배울 수 있게 하는 방법이 된다.

원리⑥: 교사는 학습자가 자신감을 가지고 한국어 말하기를 할 수 있도록 교수-학습하여야 한다.

모국어가 아닌 다른 언어로 말을 해야 한다는 것이 학습자에게는 심리적으로 큰 부담이다. 그러므로 한국어 교사는 학습자가 이러한 부담을 최소화할 수 있도록 도와주어야 한다. 학습자가 심리적 부담을 줄이고 자신감을 가지고 말할 수 있게 하기 위해서 교사는 교수-학습 상황에서 다음 사항에 특별한 주의를 기울여야 한다.

첫째, 학습자가 말할 수 있는 충분한 시간을 주어야 한다. 교사가 학습자의 말을 끊고 보충 설명을 하거나 학습자가 말을 하고 있는데 이를 중지하게 하고 다른 학습자에게 말할 기회를 주는 경우가 있다. 이런 경우가 반복되면 학습자는 자신이 말을 잘못하기 때문이라고 생각하게 되며 말하기 학습에 대한 자신감을 잃게 된다. 그러므로 말하기 수업 시간에 학습자에게 표현할 수 있는 충분한 시간을 주어야 하며 부득이하게 말을 중지시킬 때에는 그 이유를 설명하여 학습자가 자신의 한국어 말하기에 대하여 부정적인 인식을 갖지 않도록 한다.

둘째, 교사는 학습자가 말을 할 때 경청을 해야 하며 긍정적인 비언어적 표현을 나타내야 한다. 학습자는 자신이 말할 때 교사의 언어적 반응뿐만 아니라 비언어적 반응까지도 민감하게 느낀다. 교사가 학습자의 말에 관심을 가지고 집중하여 듣고, 학습자를 응시하며 고개를 끄덕이거나 '그렇군요', '그래서요', '네' 등의 짧은 반응을 통하여 학습자가 더 적극적으로 말할 수 있도록 돕는다. 이 경우 학습자가 화자로서 자신이 충분히 존중받고 있다고 느끼게 되며 자신의 말하기에 대하여 긍정적인 인식을 갖게 된다.

셋째, 칭찬과 격려를 아끼지 말아야 한다. 학습자가 말을 한 뒤 그 표현의 방식이나 내용에 대하여 충분한 피드백을 제공해야 한다. 학습자의 발음, 사용한 어휘, 표현 방식 등에서 잘한 부분이나 그 전보다 향상된 점을 구체적으로 이야기해 줌으로써 학습자가 성취감과 자신감을 느낄 수 있도록 해 준다. 또 교사는 학습자가 표현한 내용 중 재미있거나 좋은 부분을 전체 학습자들 앞에서 재진술해 보임으로써 학습자가 자신의 말하기가 가치 있는 것이라고 느끼게 한다.

넷째, 학습자의 오류를 지적할 때 상처를 받지 않도록 조심해야 한다. 학습자의 말하기에 나타난 잘못된 부분을 고쳐줄 때도 그러한 문제가 학습자에게만 나타나는 현상이 아니고 일반적인 현상임을 이야기해 주는 것도 한 방법이 될 수 있다. 또 학습자의 말하기에 대하여 칭찬을 먼저 하고 고쳐야 할 점을 지적해 주는 방법을 사용함으로써 학습자가 자신의 학습에 대하여 부정적인 측면을 상대적으로 크게 느끼지 않게 한다.

원리⑦: 교사는 학습자의 말하기 수행에 대하여 적절한 피드백을 제공하여야 한다.

한국어 말하기 교수-학습의 주된 과정은 학습자의 말하기로 구성되어 있다. 학습자들은 주어진 교수-학습 상황에서 자신이 알고 있는 한국어 어휘, 문법, 담화 등의 지식을 사용하여 의도한 바를 말로 표현하게 되며 이 과정을 통하여 한국어 말하기를 배우게 된다. 그러므로 학습자가 생산한 언어 표현에 대하여 교사가 피드백을 제공해 줄 때 학습자 역시 자신의 말하기 수행에 대하여 숙고할 수 있는 기회를 가질 수 있다. 학습자가 발전적인 숙고를 할 수 있도록 교사는 학습자의 수행에 나타난 강점과 개선점에 대하여 구체적으로 지적해 주어야 한다. 학습자의 수행에 대하여 무조건적으로 잘 했다는 것보다는 어떤 부분을 잘 했다는 분석적인 피드백이 좋으며, 개선해야 할 점을 말할 때에는 학습자가 자신감을 잃지 않도록 잘한 점을 말한 뒤 개선점을 이야기한다.[3]

1.3.2. 실제

(1) 교수-학습 모형

한국어 학습자의 말하기 능력을 신장하기 위해서는 교수-학습의 과정에 충분한 말하기 학습활동이 주어져야 한다. 한국어 말하기 교수-학습 모형은 교수-학습에 대한 관점에 따라 다양한 단계로 설계가 가능하다.[4] 학습자의 말하기 능력 신장을 위해서 한국어 말하기 교수-학습 모형에는 다음과 같은 관점이 반영되어야 한다. 첫째, 학습자 중심의 관점이 반영되어야 한다. 둘째, 과제 중심의 수행이 반영되어야 한다. 셋째, 학습해야 할 내용에 대한 동기 유발과 충분한 예시가 다루어져야 한다. 넷째, 학습할 내용에 대한 교사의 충분한 설명과 지도가 이루어져야 한다. 이러한 관점을 반영하여 다음과 같이 6단계로 교수-학습 과정을 진행할 수 있다.

---

[3] 이에 대한 구체적인 내용은 1.3.2의 (3)을 참조할 것.
[4] 이미혜(2002)에서는 과제 수행 중심의 말하기 수업을 도입 단계→제시 단계 → 연습 단계→ 활동 단계 → 마무리 단계로 제시하고 있다.

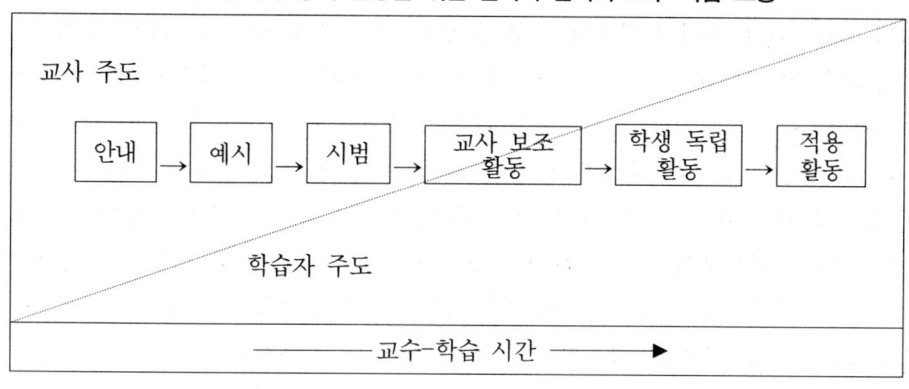

〈표 5〉 말하기 능력 신장을 위한 한국어 말하기 교수-학습 모형

위 모형은 크게 교사 주도의 안내, 예시, 시범, 교사 보조 활동 등의 단계에서 학생이 독립적으로 말하기 과제를 수행하는 학생 독립 활동과 적용 활동의 단계로 크게 구분된다. 결과적으로 말하기 과제 수행에 대한 책임이 교사에서 학생에게로 점진적으로 넘어가게 된다. 각각의 단계에는 다음과 같은 교수-학습이 이루어진다.

[안내] 단계에서 교사는 학습자가 학습 동기를 유발할 수 있는 발언이나 활동을 한다. 또 주어진 학습 목표를 제시하고 학습자의 배경 지식을 활성화할 수 있도록 한다. 특히 학습자가 해당 학습 후 어떤 음성언어 의사소통 상황에서 어떻게 말하기를 수행할 수 있어야 하는가에 대하여 구체화하여야 한다.

[예시] 단계에서 교사는 주어진 학습 목표를 도달하는 데 필요한 실제의 예를 통하여 한국어 말하기에 필요한 새로운 지식이나 기능, 전략 등을 설명한다. 이때 예시 자료는 한국어 말하기에 대한 실제적 자료로 구성되어야 하며, 음성 자료, 녹화 자료, 전사 자료 등을 사용할 수 있다. 이 예시 자료에서는 한국어 학습자에게는 학습 목표를 달성한 뒤 수행해야 할 역할 모델을 보여 줄 수 있어야 한다.

[시범] 단계에서는 교사는 예시 단계에서 설명한 학습 내용을 사용하여 과제를 해결하는 방법을 보여주고 학생들의 이해 정도를 파악한다. 이때 학생들이 제대로 이해하지 못한 경우 다시 설명하고 의문 사항이 있으면 질문하게 한다. 이 단계는 교사의 충분한 구두 설명과 시범이 핵심이 되므로 교사는 학생들의 반응을 주의 깊게 관찰하여야 한다. 학습자에게 구두로 설명할 때는 학술적 용어를 사용하지 말고 학습자가 이해할 수 있는 쉬운 표현으로 하는 것이 바람직하다. 또 주어진 학습 내용이 한국어 말하기의 상황 맥락에서 어떻게 작용하는지를 충분히 설명해 주어야 한다.

[교사 보조 활동] 단계에서는 학생이 이해한 학습 내용을 사용하여 연습 활동을 하게 된다. 이 단계에서 학습자가 할 수 있는 연습 활동에는 따라하기, 교체하기, 변형하기, 질문과 대답, 문장 만들기 등이 있다. 이때 교사는 활동에 대하여 충분히 안내해 주고 학생들이 연습활동을 하는 것을 관찰하고 평가한 뒤 교정해 준다. 이 경우 학생들 간의 활동뿐만 아니라 교사와 학생이 함께 대화를 주고받는 방법의 학습활동도 이루어질 수 있다. 특히 이 단계에서, 교사 주도의 말하기 교수-학습이 이 단계에서부터 점차로 학생 주도로 넘어갈 수 있도록 교사는 학습자의 연습 활동에 대하여 언어적 비언어적으로 긍정적인 피드백을 주어서 학습자가 자신감을 가지고 적극적으로 학습활동을 할 수 있도록 도와준다.

[학생 독립 활동] 단계에서는 학생 스스로 교사의 도움 없이 학습 내용을 사용하여 연습 활동을 하게 된다. 이 단계에서 학습자가 할 수 있는 연습 활동에는 역할극, 정보 찾기, 게임, 인터뷰 등이 있다. 이러한 연습 활동들은 학습 내용을 사용하여 말하기 수행 경험을 쌓거나 확장하게 하면서 동시에 학습 목표를 달성하는 데 직접적인 기여를 하게 한다. 이 단계에서 학습 활동은 발표나 짝활동, 모둠활동의 유형으로 주로 주어지기 때문에 학습자는 전적으로 자신의 말하기 수행에 대하여 책임을 지고 상대 학습자의 학습에 기여하여야 한다. 한국어 말하기 교수-학습에서 학생 독립 활동은 학습자 간의 의사소통, 학습자 내의 조직 의사소통의 상황으로 주어지므로 한 학습자가 말하기를 할 때 상대 학습자는 듣기를 할 수밖에 없는 구조를 가지고 있다. 따라서 한 학습자가 적극적으로 말하기 수행을 한다고 하더라도 상대 학습자가 이에 부응하지 않으면 원활한 학습활동이 이루어지기 어렵다. 그러므로 교사는 학습자가 서로의 학습에 대하여 상호책무성을 가지고 적극적으로 임할 수 있도록 사전에 지도하여야 한다. 교사 보조 활동 단계와 이 단계의 차이는 학습자가 말하기 수행을 위한 활동을 하는 동안 교사가 이에 대하여 개입하지 않으며 학습자는 실제 의사소통 상황이라는 가정 하에 주어진 상황맥락에서 학습 내용을 최대한 사용하여 말하기를 수행한다는 것이다.

[적용 활동] 단계에서는 학습한 내용을 종합적으로 이용하여 과제 활동을 수행하도록 설계한다. 앞서 언급한 바와 같이 한국어 말하기 교수-학습에서는 학습자의 과제 활동이 권장되어야 한다. 즉, 학습자가 수업 시간에 말하기에 필요한 단편적인 지식이나 기능, 전략 등을 배우고 익히는 데 그치지 않고 이들을 종합적으로 사용하여 담화의 상황맥락에 맞게 과제를 수행할 수 있어야 한다는 것이다. 그러므로 교사는 주어진 학습 목표와 내용을 종합하여 음성언어 의사소통 상황에서 유

의미하며, 학습자가 해당 학습을 통하여 수행할 수 있어야 할 과제 활동을 구성하여 제공하여야 한다. 이 단계 역시 학습자가 활동하는 중간에 교사의 직접적인 교정이 이루어지지 않는다. 학습자가 수행을 하는 동안 교사는 관찰을 통하여 학습자의 학습 목표 성취에 대하여 최종적인 평가를 하고, 학습자의 수행이 끝난 뒤 이에 대하여 피드백을 주고 최종적으로 학습을 정리하고 마무리한다.

　이상과 같은 교수-학습 모형의 단계들은 주어진 학습 내용에 대하여 학습자의 이해와 사용에 문제가 없다면 교수-학습 시간의 흐름과 함께 순차적으로 진행되게 된다. 그러나 교사의 관찰과 평가를 통하여 학습자의 이해와 사용에 문제가 발견된다면 그 전 단계로 회귀할 수 있다. 또, 여러 개의 학습 내용이 주어졌을 때 각각에 대한 '시범 → 교사 보조 활동 → 학생 독립 활동' 단계가 주어진 뒤 최종적으로 여러 학습 내용을 종합하여 학습 목표와 관련된 '적용 활동'의 단계가 주어질 수도 있다.

(2) 학습 활동 유형과 방법

　학습자가 학습 목표로 제시된 지식, 기능, 전략 등을 교사의 설명과 시범을 통하여 충분히 이해한 뒤 이를 실제 언어 사용에 사용할 수 있도록 하기 위해서는 구체적이고 실용적인 교수-학습 활동이 제공되어야 한다. 한국어 말하기 수업 시간에 사용할 수 있는 학습 활동 유형은 매우 다양하다.

　허용 외(2005)에서는 Brown(1994)을 기반으로 말하기 학습에 나타나는 학생들의 말하기 활동의 유형을 모방형, 집중형, 반응형, 정보 전달을 위한 대화형, 사회적 관계 유지를 위한 대화형, 독백형 등으로 나누고 있다. 이미혜(2002:72-75)에서는 학습 활동의 유형을 과제 활동을 위한 단편적인 활동인 '연습 활동'과 뚜렷한 기능을 목표로 한 연습 활동이 특정한 상황 속에서 전개되며 활동의 참여자들이 특정한 역할을 가지는 '과제 활동'으로 구분하고 있다. 이 논문에서는 연습 활동의 예로 문형 중심의 통제된 연습, 인터뷰하기, 정보 결함 활동(Information Gap Activity), 문제 해결 활동, 발표하기, 토론하기, 대화 관찰 등을 들고 있다. 한채영 외(2005: 116-117)에서는 한국어 말하기 지도를 위한 수업 활동의 유형을 정확성을 위한 연습 활동과 유창성을 위한 연습 활동으로 나누고 각각에 전체 학급 활동과 짝 활동, 그룹 활동[5]을 두고 있는데 이를 정리하면 다음과 같다.

---

[5] 본서의 모둠 활동과 동일하다.

〈표 6〉 말하기 수업 활동의 유형(한채영 외 2005:116-117)

정확성을 위한 연습 활동 유형		유창성을 위한 연습 활동 유형	
전체 학급 활동	짝 활동, 그룹 활동	전체 학급 활동	짝 활동, 그룹활동
언어 게임 추측 게임 드릴 반복	간단한 대화문 통제된 대화문 파트너 찾기 역할극	자유대화 토론 스토리텔링 시뮬레이션	역할극 프로젝트활동 게임

결국 동일한 학습 활동도 어떤 관점으로 보는가에 따라 학습 활동의 유형과 명명이 다르게 나타난다고 볼 수 있다. 본서에서는 한국어 말하기 학습 활동들은 활동의 교육적 목적이 무엇인가, 말하기 교수-학습의 어느 단계에 나타나는 활동인가, 활동에 교사가 어느 정도로 개입하는가, 활동 참여자의 형태는 어떠한가, 활동에 주로 나타나는 담화 유형이 무엇인가, 활동에 나타나는 담화의 목적이 무엇인가, 활동의 구체적 방식 등의 관점에 따라 학습 활동의 유형을 다음과 같이 나누고자 한다.

〈표 7〉 한국어 말하기 학습 활동의 유형

학습 활동 유형 분류의 관점	학습 활동
활동의 교육적 목적	이해 활동, 사용 활동(연습활동), 과제 활동
교수-학습 단계	교사 보조 활동, 학생 독립 활동, 적용 활동
교사 개입 여부	교사 보조 활동, 학생 독립 활동
활동 참여자의 형태	개인 활동, 짝 활동, 모둠 활동
활동에 나타나는 담화의 유형	대화 활동, 발표 활동, 토론 활동, 인터뷰 활동 등
활동에 나타나는 담화의 목적	정보전달, 의사결정, 문제해결 등
활동의 방식	게임, 프로젝트, 역할극 등

한국어 말하기 학습 활동의 유형을 나누는 방식 중 활동의 교육적 목적, 교수-학습 단계, 교사 개입 여부, 활동 참여자의 형태 등은 말하기 학습 활동만을 위한 고유한 것은 아니다. 듣기, 읽기, 쓰기 활동 역시 이러한 관점에서의 분류가 가능하나 활동이 주어지는 교수-학습의 목표가 말하기 능력 신장이고, 활동의 구체적 수행 형태가 말하기로 주어진다는 점에서 다른 언어 기능을 위한 활동과 변별적이다.

활동에 나타난 담화의 유형에 따른 대화 활동, 발표 활동, 토론 활동, 인터뷰 활동 등은 이러한 담화 수행이 학습 활동의 방법인지 내용인지를 분명히 구분하여 사용하여야 한다. 예를 들어 '교통'이라는 화제에 대하여 학습한 뒤 '버스 전용 차선이 필요한가'라는 논제에 대하여 토론 활동을 할 경우를 생각해 보자. 이 경우 말하기 학습 활동을 위한 방법으로 '토론'이 사용되었으므로 학습자들은 '교통'과 관련하여 배운 사항들을 사용하여 토론 활동을 하면서 학습 내용에 대한 말하기 수행을 경험하게 된다. 그러나 이 활동을 하기 위하여 한국어로 '토론'이라는 담화를 수행하는 데 나타나는 전형적인 표현을 중점적으로 가르치고 연습하게 한다면 이것은 토론을 학습의 내용으로 다루게 되어 정작 '교통'이라는 화제에 대한 학습 활동으로는 적절하지 못하게 된다. 그러므로 대화, 발표, 토론, 토의, 인터뷰 등의 담화를 학습 활동의 방법으로 사용할 때는, 앞서 언급한 바와 같이 사전에 이러한 담화를 수행하는 데 필요한 말하기 표현을 학습의 내용으로 지도한 뒤 사용하여야 한다.

위의 학습 활동 중 활동에 나타난 담화의 유형과 목적, 활동의 방식 등에 따라 분류된 학습 활동들은 말하기 수행에 나타난 구체적인 표현의 양상과 직접적으로 관련이 되어 있어서 말하기 학습 활동으로 쉽게 인지가 가능하다는 장점을 가진다. '게임'의 방식으로 주어지는 학습 활동의 경우 이것이 주어진 학습 내용에 대한 연습을 위한 것이라면 사용 활동으로, 교수-학습 단계 중 학생 독립 활동 단계에서 교사의 개입 없이 하는 것이라면 학생 독립 활동으로, 참여자의 형태가 모둠으로 주어지는 것이라면 모둠 활동으로, 각 모둠의 대표가 나와 대화형으로 진행하는 것이라면 대화 활동으로, 알고 있는 것에 대하여 표현하는 것이라면 정보 전달 활동 등으로 분류가 가능하다. 이 같이 분류 관점에 따른 학습 활동의 유형을 각각 살펴보면 교수-학습에서 사용되는 학습 활동의 유형 분포를 파악할 수 있다. 그러므로 말하기 교육에서는 학기, 단원, 차시 학습에서 가급적 학습자가 다양한 담화의 유형과 목적, 방식 등을 경험할 수 있도록 하기 위하여 어느 한 유형의 학습 활동에 편중되지 않도록 고려하여야 한다. 위의 학습 활동 유형 중 활동에 나타난 담화 유형과 활동의 방식에 따른 유형을 중심으로 활동 방법을 살펴보면 다음과 같다.

㉠ 대화 활동

학습자가 주어진 대화를 하면서 말하기 활동을 하는 방법이다. 이때 대화는 교사와 학습자간, 학습자와 학습자간에 이루어질 수 있으며 대화에서 사용하여야 할 화제, 주제, 기능, 전략 등을 미리 제시해 준다. 흔히 말하기 수업에서 짝 활동으로 오는 대부분의 것은 대화 활동에 포함된다. 교수-학습의 초기 단계에서의 대화 활동은 발음, 어휘, 문법, 기능 등의 학습을 위하여 제시된 예문이나 상대방의 말을 반복하거나 모방하는 방법, 암기를 하여 반응하게 하는 방법으로 이루어지기도 한다. 또 두 사람이 질문과 대답을 하는 방식으로 이루어지기도 한다. '적용'과 같이 교수-학습의 후기 단계에서는 반복, 모방, 암기 등에서 벗어나서 주어진 맥락에 맞게 상대방과 자연스럽게 실제적인 대화를 할 수 있도록 담화 맥락에 대한 충분한 정보를 제공해야 한다.

〈표 8〉 교사 보조 활동 단계의 대화 활동 예

```
〈초급〉
  * 보기와 같이 옆 사람과 휴가에 어디를 여행할지 이야기해 보세요.
  (보기)  학생 A:  경주에 가 봤어요?
         학생 B:  경주에 못 가 봤어요.
                ○○씨는 경주에 가 봤어요?
         학생 A:  아니오, 저도 경주에 못 가 봤어요.
         학생 B:  그럼 우리 같이 경주에 가 볼까요?
         학생 A:  네, 좋아요.
```

ⓛ 발표 활동

학습자가 청중들 앞에서 혼자 말하게 하는 활동이다. 발표 활동에는 교실에서 이루어지는 프레젠테이션, 강의, 보고 등의 말하기 역시 포함된다. 학습자에게 자신의 생각이나 견해를 말하게 하거나 사진, 그림, 지도, 도표 등의 시각 자료를 주고 비교, 설명, 기술 등과 같이 지시한 대로 청중 앞에서 말하게 하는 방법이다. 이 활동을 통하여 정해진 학습 내용에 대한 말하기 연습뿐만 아니라 공식적 상황에서 말하기를 할 때 어떤 표현을 주로 쓰는가에 대해서도 연습을 할 수 있다. 취업 목적으로 한국어를 배우는 학습자에게는 회사에서 회의 자료에 대하여 프레젠테이션하는 상황을 설정해 두고 발표 활동을 해 보는 것도 유익하다.

ⓒ 토론 활동

논제에 대하여 학습자들끼리 서로 의견을 주고받으면서 논리적인 표현으로 상대를 설득하게 하는 활동이다. 토론 활동의 경우는 자신의 견해를 충분히 표현할 수 있을 정도로 일상적 의사소통에 지장이 없으면서 공식적 말하기의 방법을 알고, 경제, 사회, 문화 등의 분야의 화제에 대하여 학습한 경험이 있는 중급 이후에서 사용하는 것이 바람직하다. 학습자가 토론을 활발하게 할 수 있도록 사전에 논제와 관련된 자료를 수집하여 읽어 오게 하는 과제를 부과하거나 논제에 대한 자신의 견해를 글로 미리 써 오게 하는 것도 좋은 방법이 된다. 교사가 교실 구성원이 모두 관심을 가질 수 있는 논제를 선택하는 것도 좋으며 학생들끼리 어떤 논제에 대하여 토론할 것인가를 사전에 토의하여 결정하게 하는 것도 좋다. 또 토론에서 주로 쓰이는 표현을 사전에 미리 학습하여 토론이 원활하게 이루어지도록 한다.

〈표 9〉 토론 논제의 예

- 성형수술은 필요하다.
- 인간 배아 복제는 금지되어야 한다.
- 낙태를 법적으로 허용해야 한다.
- 공공장소에서 금연은 옳지 않다.
- 결혼은 해야 하는가
- 테러범과 협상을 해야 하는가
- 안락사 제도는 필요하다.
- 사형 제도는 필요하다.
- 술은 사람 몸에 해롭다.

㉣ 인터뷰 활동

한 학습자가 다른 사람에게 정보를 얻고자 질문을 하고 답을 듣는 활동이다. 학습자가 미리 질문해야 할 내용을 준비할 수 있으며, 여러 사람을 인터뷰할 경우 같은 표현을 반복적으로 사용함으로써 그 표현에 대하여 충분히 연습할 수 있다는 장점이 있다. 교실 상황에서 인터뷰 활동을 할 경우 인터뷰를 하는 학습자와 인터뷰를 받는 학습자가 있을 수밖에 없다. 인터뷰를 받는 학습자 역시 자신의 의견, 감정, 지식 등을 말로 표현하여 전달할 수 있는 말하기 활동을 할 수 있다는 점에서 학습자 모두에게 유익한 활동이다. 인터뷰 활동은 인터뷰를 할 대상이 누구인가에 따라 유형을 나눌 수 있다. 교실 내 인물에 대하여 인터뷰를 할 경우는 수업 시간에 직접적이고 실제적인 인터뷰를 할 수 있으며, 교실 밖 인물에 대하여 인터뷰를 할 경우는 학습 과제로 부과하여 실제 인터뷰를 해 오게 한다. 한국어 학습자가 말하기 연습을 할 수 있는 대상은 주로 교사와 동료 학습자로 한정되어 있다. 교실 밖 인물에 대하여 인터뷰 활동을 해 오도록 과제를 부과함으로써 학습자가 다양한 대상과 말하기를 해 볼 수 있는 기회를 주고, 교실 밖에서 한국어로 일반인과 실제 말을 해 보았다는 것이 학습자에게 성취감을 준다. 이 밖에 유명인이나 영화나 소설, 사건 속의 가상 인물에 대하여 수업 시간에 인터뷰를 하게 할 수 있다. 유명인과 가상 인물과 관련된 자료를 충분히 제공한 뒤 한 학습자는 인터뷰를 하고 상대 학습자는 자료에 기반을 두고 답변을 하게 한다. 가상의 인터뷰는 역할극과 유사한 성격을 가지는데 역할극이 다양한 담화 상황과 목적 하에서 이루어지는 것임에 반해 인터뷰는 공식적인 말하기의 상황에서 정보를 수집하기 위하여 이루어진다는 점에 차이가 있다.

〈표 10〉 한국어 말하기 교수-학습을 위한 인터뷰 활동의 유형

- 교실 내 인물 인터뷰(친구, 선생님)
- 교실 밖의 인물 인터뷰(하숙집 아줌마, 한국 대학생, 가게 아줌마 등)
- 가상 인물 인터뷰(영화나 소설 속 주인공, 가상 사건의 피의자 등)
- 유명인에 대한 가상 인터뷰(화제의 인물, 역사적 인물, 과학자, 연예인 등)

ⓜ 게임 활동

학습자들끼리 어떠한 정해진 형식에 따라 말하기와 듣기를 통하여 의사소통하면서 경쟁하게 하는 활동이다. 정형화된 수업의 형식에서 벗어나서 놀이를 통하여 학습자가 즐겁게 활동을 하면서 말하기와 듣기를 연습할 수 있다. 학습 내용에 따라 낱말 맞추기 게임, 스무 고개, 경매 놀이, 끝말잇기, 연상 게임, 수수께끼 등 어떤 형식의 놀이를 선택할지 결정하게 된다. 예를 들자면 '직업'을 화제로 학습한 뒤 직업에 대하여 학습자가 말로 표현할 수 있도록 하기 위하여 스무 고개 형식의 게임을 해보는 것도 좋은 방법이 된다. 게임은 학습자간의 상호 의사소통을 활발하게 하고 경쟁심을 유발하여 재미있게 활동할 수 있다는 장점이 있으나 자칫 경쟁이 과열되어 학습자 간의 화합이 깨지거나 한국어 말하기 연습보다는 게임 자체에만 집중을 하여 정확하지 않은 표현과 얼굴 표정, 동작 등을 사용하더라도 게임에 이기면 된다는 식으로 흥미 중심으로 흐를 수 있다는 문제점도 있다. 그러므로 교사는 게임 활동을 할 때 사전에 학습자가 무엇에 대하여 정확히 연습해야 하며 활동의 목표가 무엇인지, 주의점 등을 학습자에게 명확히 해둔다.

〈표 11〉 한국어 말하기 교수-학습을 위한 게임 활동의 예

무슨 직업일까요? 〈중급〉

다음 여러 가지 직업 중에서 설명하는 것과 같은 직업은 무엇일까요? 질문 내용과 방법에 따라 옆 사람과 함께 해봅시다.[6]

> 회사원 / 농부 / 광부 / 어부 / 은행원 / 교수 / 교사 / 강사 / 보모 / 공무원 / 외교관/ 군인 / 경찰 / 소방관 / 프로듀서 / 아나운서 / 기자 / 변호사 / 판사 / 검사 / 의사 / 약사 / 간호사 / 사업가 / 공인중개사 / 공인회계사 / 요리사 / 외판원 / 디자이너 / 경비원 / 관광안내원 / 비서 / 가사도우미 / 음악가 / 화가 / 무용가 / 작가 / 정치가 / 운전기사 / 승무원 / 기관사 / 통역사 / 실업자 / 비행기 조종사

〈질문 내용〉 자격, 근무 환경, 하는 일, 보수, 승진, 정년퇴직, ……

〈질문과 대답 방법〉
1. 특별한 자격증이 필요합니까? → 네.
2. 유니폼을 입고 일을 합니까? → 네.
3. 근무지 이동이 심합니까? → 그럴 수 있습니다.
4. 신체적인 활동이 많은 직업입니까? → 네.
5. 특별히 많이 사용하는 신체 부위가 있습니까?
   → 아니오, 전신을 사용합니다.
6. 앉아서 하는 일입니까? → 아니오.
   ………………………
20. 위험이 따르는 직업입니까? → 그렇다고 할 수도 있습니다.
   → 정답. 경찰입니다.

(ㅂ) 프로젝트

학습자끼리 모둠을 구성하여 한 주제에 대하여 자료 조사, 토의, 보고서 작성, 발표 등의 일련의 과정을 함께 거치면서 다양한 관점으로 생각해보고 표현해 보게 하는 종합적인 활동이다. 모둠 구성원들이 협동을 하여 한 주제에 대하여 폭넓게 탐구해 볼 수 있는 과정을 거치게 되며 그 결과를 공개하고 수업에서 발표하도록

---

[6] 전체 학생들을 대상으로 한 학생이 문제를 낼 수도 있다.

함으로써 말하기 연습을 하면서 동시에 한국어를 사용하여 한 주제에 대하여 학습하게 하는 기능을 가지고 있다. 한국의 역사, 경제, 사회, 문화 등과 관련된 주제를 주어서 학습자가 한국에 대하여 깊이 있게 이해할 수 있는 기회를 부여하고 이러한 주제와 관련된 표현을 학습할 수 있게 한다.

프로젝트 활동이 제대로 수행되기 위해서는 협동학습의 기본 원리인 '학습자의 상호 작용, 긍정적 상호 의존, 개별 책무성' 등이 잘 지켜져야 한다. 교사는 말을 많이 하는 학생만 더 많이 말을 하게 되는 부익부 현상, 별 노력을 하지 않고 다른 구성원의 활동으로 과제를 수행하는 무임승차 효과(free-rider effect)나 적극적인 한두 명이 활동을 끌어가는 봉 효과(sucker effect), 상대적으로 말하기에 소극적인 학습자의 자아존중감 감소 등이 발생하지 않도록 해야 한다. 이 같은 문제가 일어나지 않고 프로젝트 활동이 제대로 이루어지기 위하여 활동 전에 모둠 구성원의 역할을 분담해 주고, 활동의 과정과 결과를 평가에 어떻게 반영할지 평가 기준을 제시하는 등의 장치를 마련하는 것이 좋다.

⓼ 역할극

학습자에게 가상의 담화 상황을 제시하고 담화 맥락에 맞는 내용과 형식으로 말을 주고받게 하는 활동이다. 일상적인 대화 상황에서부터 공식적인 면접, 발표, 토론 등 모든 담화 상황이 가능하다. 역할극은 학습자에게 대본을 주고 암기하여 말하게 하는 유형과 담화 상황만 제시를 하고 수행해야 할 말을 학습자가 스스로 생성해 내게 하는 유형으로 구분된다. 전자는 학습자가 어떤 상황에 필요한 표현을 정확하게 익힐 수 있는 기회를 제공한다는 점에서 가치가 있으나 학습자가 담화 상황에 맞게 직접 표현을 해 보게 하는 말하기 연습이 되지는 못한다. 후자는 학습자가 자신이 아닌 다른 사람의 입장이 되어서 그 사람처럼 말을 해 보게 하면서 수업 시간에 익힌 표현을 사용해 보도록 유도할 수 있다는 장점이 있다. 이 경우 학습자들이 말하기 연습을 하면서 동시에 재미있게 역할극을 수행할 수 있도록 흥미로운 상황을 제시한다. 역할극의 상황은 일상적인 것에서부터 영화나 소설 속의 상황과 같이 가공적인 것 모두 가능하다. 또 학습자가 그 담화 상황에서 어떤 역할을 수행해야 하는지 분명히 제공되어야 한다.

⟨표 12⟩ 역할극의 예

⟨중급⟩
* 오주연 씨는 광고 회사에 취직을 하려고 합니다.
  오주연 씨와 면접관 A, B가 되어서 면접을 해 보세요.

  오주연: 여 25세, 대학에서 국어국문학을 전공.
              대학 시절 신문사 기자로 활동함. 진취적이고 외향적인 성격.
  면접관 A: 남 40대 후반, 광고 회사 전무.
  면접관 B: 여 40대 중반, 광고 회사 상무.

(3) 오류의 수정

한국어 말하기 교수-학습에서 학습자의 잘못된 말하기를 흔히 발견할 수 있다. 학습자의 표현이 올바르지 않다고 해서 모두 오류는 아니다. 오류(errors)란 학습자가 그 언어에 대하여 정확하게 잘 몰라서 잘못된 표현을 하는 경우를 말한다. 이에 반하여 그 언어에 대하여 잘 알고 있기는 하나 이것을 표현에 그대로 수행하지 못하여 잘못된 표현을 하는 경우가 있는데 이를 실수(mistakes)라고 한다. 모국어 화자라고 하더라도 피곤할 때나 긴장 상태에서 말을 할 때에는 실수를 한다. 학습자의 오류는 수정되어야 하지만 실수는 상황적인 것이므로 교수-학습의 대상이 되지 않는다. 그러므로 학습자가 잘못된 표현을 하는 경우 그것이 오류인지 실수인지를 구분할 필요가 있다.

㉠ 오류의 원인

오류를 관찰하고 분석함으로써 학습자가 왜 오류를 범하는지 그 원인을 알 수 있으며, 학습자가 어떤 오류를 범하는지 알 수 있으므로 교사에게 유용하다(Ellis 1997). 오류의 원인으로는 생략, 과대일반화, 전이 등이 있다. 생략 오류는 학습자가 목표 언어를 보다 더 단순하게 사용함으로 인해서 생기는 올바르지 못한 표현을 말한다. 예를 들어 '학생 차 있습니다'처럼 조사를 생략해서 '학생이 차에 있습니다'인지 '학생의 차가 있습니다'인지 문장의 정확한 의미를 제대로 말하지 못하는 경우나 '학생 있습니다'처럼 어색한 표현이 되게 하는 경우가 있다. 과대일반화(overgeneralization) 오류는 학습자가 목표 언어를 그들이 학습하고 처리하기 쉬운 형태로 생성함으로 인해서 생기는 올바르지 못한 표현을 말한다. 앞서 나온 유학

생의 말에 나타난 '눈 정말로 많이 오십니다'처럼 주어에 상관없이 서술어에 높임의 선어말어미 '시'를 붙여서 존대 표현을 만들어 내는 경우를 들 수 있다. 이 밖에 전이(transfer) 오류는 학습자가 자신의 모국어에 있는 언어 지식을 목표 언어에 적용하여 생기는 올바르지 못한 표현을 말한다. 일본에서 온 한국어 학습자의 경우 '친구에 편지를 썼어요'와 같은 오류를 종종 범하는데 이는 일어의 'に'를 한국어 표현에 그대로 적용을 해서 문제가 생긴 경우이다. 이 중 생략과 과대일반화로 발생하는 오류는 학습자의 모국어에 상관없이 공통적으로 나타나는 현상이다. 전이 오류의 경우는 학습자의 모국어와 목표 언어의 차이에서 발생하는 것으로 학습자의 모국어에 따라 오류의 전형도 다르게 나타난다. 학습자의 모국어에 따른 오류의 전형을 한국어 교사가 숙지하고 있다면 학습자의 모국어와 한국어를 대조하여 설명함으로써 오류를 생성하지 않도록 미리 지도할 수 있으며, 오류를 범했을 때 이를 수정할 수 있도록 효과적으로 설명할 수 있다.

ⓒ 오류의 유형

학습자가 목표 언어의 발음, 어휘, 문법, 담화, 사회 문화 등의 지식이 정확하지 않은 경우 올바르지 않은 표현을 생성하게 된다. 학습자가 범하게 되는 오류가 어떤 지식과 관련되는가에 따라 발음 오류, 어휘 오류, 문법 오류, 담화 오류, 사회 문화 오류 등으로 유형화할 수 있다. 어휘나 문법 지식이 정확하지 않아서 올바르지 않은 표현을 생성하게 되는 경우는 말하기뿐만 아니라 쓰기에서도 나타난다. 그러므로 한국어 말하기 교육에서는 이들 오류 유형 중 특히 발음 오류와 담화 오류, 사회 문화 오류 등은 화석화되지 않도록 지도해 주어야 한다.

ⓒ 오류의 평가

학습자의 말하기에 나타나는 오류라고 해서 모두 동일한 정도의 문제를 가지는 것은 아니다. 오류 중에는 생성된 표현을 이해하지 못할 정도로 심각한 오류도 있지만 이해에 별 문제가 없는 사소한 오류도 있다. 일반적으로 오류를 평가할 때 전체적 오류(global errors)와 국소적 오류(local errors)로 나눈다. 전체적 오류는 문장의 기본 구조가 잘못된 오류로 의사소통에 큰 방해가 되어 의미 이해를 어렵게 하는 정도의 오류를 말한다. 국소적 오류는 문장의 전반적 구조에는 문제가 없으나 구성 요소 중 일부가 잘못되어 발생하는 것으로 의사소통에 크게 방해되지 않으며 의미를 이해하는 데도 별로 영향을 주지 않는 정도의 오류를 말한다. 전체적 오류는 의사소통 자체에 지장을 주므로 국소적 오류보다 더 심각하게 고려되어야 한다. 말하기 수업에서 국소적 오류를 일일이 고쳐주게 되면 학습자가 의기소침해질 수 있으므로 그냥 넘어가는 것이 효과적일 수 있다.[7] 그러나 전체적 오류의 경우는 학습자의 심리적 상태를 고려하여 적절한 지도가 반드시 이루어져야 한다.

ㄹ) 오류에 대한 지도

오류를 분석하는 것이 학습자가 말하기 능력 신장을 돕는 데 있으므로 오류를 수정할 수 있는 기회를 부여해야 한다. Harmer(2001)에서는 오류를 수정하도록 지도하는 방법으로 반복 요구, 모방, 지적 또는 질문, 표정, 단서 제공, 직접 수정 등을 들고 있다(허용 외, 2005 재인용). 반복 요구는 학습자가 오류를 생성했을 때 '네? 뭐라고요?' 등과 같이 반응함으로써 학습자에게 오류가 있음을 암시하고 수정하도록 유도하는 방법이다. 모방은 학습자가 오류를 생성했을 때 이를 그대로 교사가 따라하면서 오류가 있음을 나타낸다. 지적 또는 질문은 '이상하네요. 뭐가 틀렸지요?'처럼 학습자에게 오류가 있음을 지적하거나 질문하는 방법을 통해 수정하게 하는 방법이다. 이 밖에 교사가 이상하다는 표정이나 제스처를 나타냄으로써 오류가 있음을 암시할 수도 있다. 단서 제공의 방법은 '높임법에 조심해서 다시 말해 보세요.'라고 함으로써 오류가 어디에서 일어났는지를 학습자가 스스로 깨달아 고치도록 유도한다. 이러한 방법으로도 학습자가 오류를 수정하지 못하거나 시간을 절약하기 위하여 바로 올바른 문장을 직접 말해 줌으로써 오류를 지적하는 방법이 있다. 교사가 오류를 직접 수정하는 방법보다는 오류가 있음을 암시함으로써 학습자가 스스로 오류에 대하여 생각해 볼 기회를 갖게 한 뒤 수정할 수 있도록 하는 방법이 학습의 효과성 측면에서 유리하다. 허용 외(2005)에서는 원인별 오류 대처 방법을 다음과 같이 제시하고 있다.

---

[7] 문법을 중점적으로 지도하는 경우라면 정확한 문장 표현이 중요하므로 국소적 오류라도 수정해 주어야 한다.

⟨표 13⟩ 원인별 오류 대처 방법 (허용 외 2005:372)

- 학습자가 올바로 사용된 형태를 볼 기회가 거의 없었거나 언어 체계에 대한 충분한 지식의 발달이 덜 되어서 나타나는 오류: 모델을 자주 제시해 보여주고 관찰할 기회를 제공한다.
- 신경과민, 겁, 소심증으로 인한 오류: 편안하고 덜 위협적이며 긴장을 주지 않는 활동을 하게 배려한다.
- 활동이 너무 어려워 인지적으로 과부하가 걸려 생각할 게 너무 많아 저지르는 오류: 좀 더 활동을 쉽게 해 준다.
- 활동이 복잡하고 헷갈려서 범하는 오류, 발음이 너무 어려워 혀가 꼬이는 경우: 고쳐주지 않는다.
- 모국어로 인한 간섭으로 생기는 오류: 정정해 주고 모국어와 목표어 간의 차이점을 알려준다.
- 잘못된 모델을 따라하면서 생긴 오류: 정정해 주고 좋은 모델을 제시해 준다.
- 틀린 경우, 발달이 잘못된 경우: 직접 고쳐주기보다 재차 확인 질문을 함으로써 다시 생각해 보고 고치도록 한다.

1.4. 한국어 말하기 교육에서의 평가 방안

한국어 학습자에게 말하기 교육을 하는 과정에서 학습자가 어느 정도로 학습 목표를 달성하였는가를 평가하게 된다. 이러한 평가는 학습자의 학습에 대한 성취의 상태와 정도를 파악할 수 있으므로 성취도 평가에 해당한다. 교육의 과정에서 평가를 통하여 학습자의 강점과 약점을 파악할 수 있으며 평가의 결과는 평가 이후에 올 학습의 목표와 내용에 결정적인 영향을 미치게 된다.

언어교수법에 있어서의 1980년대 이후 평가에 대한 접근법은 의사소통 중심의 언어교수법과 같은 선상에서 이해할 수 있는데, 언어의 기능과 의미뿐만 아니라 실제 의사소통 상황에서의 언어 사용에 관심을 두어 언어의 정확성보다는 유창성에 근거를 둔 평가 방법을 고안하는 데 주력하였다(한재영 외 2005:597). 박영순(2006:127)에서는 한국어 말하기 교육에서 평가할 내용을 발음, 문장 발화, 한국어 사회문화적 지식, 어휘 등으로 제시하고 있다. 이러한 평가 내용 이외에 실제 말하기 교수-학습에서 무엇을 다루었는가에 따라 추가적으로 더 많은 내용에 대한 평가가 가능하다. 한국어 말하기 교육에서의 평가는 일반적인 평가의 원리를 만족하면서 동시에 다음과 같은 사항에 유의하여야 한다.

첫째, 한국어 말하기 교육의 목표와 내용을 근거로 평가 내용을 선정하여야 한다. 한국어 말하기 능력에 대한 숙달도 평가와 한국어 말하기 교육에서의 성취도 평가는 평가의 목적이 다르다. 일반적으로 한국어교육 기관에서 말하기 교육을 할 때 한국어 말하기 능력의 신장이라는 교육 목표는 동일하더라도 구체적인 교육 내용에는 차이가 있을 수밖에 없다. 그러므로 실제 교육한 내용에 대한 평가가 이루어져야 성취도 평가로서의 기능을 만족할 수 있다.

둘째, 학습자의 말하기를 직접적으로 평가하여야 한다. 학습자의 말하기 능력을 평가하기 위해서 반드시 평가 도구가 말하기 수행만이 있는 것이 아니다. 다수의 피험자를 대상으로 이루어지는 외국어 숙달도 평가 도구의 예들에서 보듯이 실용도를 위하여 읽기, 쓰기, 듣기 등의 평가를 통하여 간접적으로 말하기 능력을 측정하는 것이 가능하기는 하다. 그러나 대부분의 한국어 말하기 교수-학습에서의 평가는 이와 평가 환경이 다를 뿐만 아니라 평가를 통하여 학습자에 대한 구체적 진단과 피드백이 주어져야 하므로 학습자의 실제 말하기 수행에 대한 평가가 이루어져야 한다.

셋째, 과제 중심의 평가가 되어야 한다. 앞서 살펴보았듯이 한국어 말하기 교수-학습에서 다루어질 수 있는 활동은 매우 다양하다. 교사가 지식, 기능, 전략 등에 대하여 설명한 뒤에 실시하는 이해활동과 교육적으로 의도된 연습활동보다는 주어진 실제적 담화 상황에서 학습한 내용들을 적용하여 과제를 수행할 수 있도록 한 말하기 과제에 대하여 평가를 하는 것이 바람직하다. 한국어 말하기 교수-학습을 통하여 학습자가 성취하여야 할 것은 한국어 말하기 사용과 관련된 단편적인 지식이나 분절적인 기능, 비맥락적인 전략 등이 아니다. 궁극적으로 학습 목표에 대한 학습자의 성취 역시 학습 내용을 기준으로 말하기 과제를 어느 정도 수행해 낼 수 있는가가 판정되어야 한다.

넷째, 평가 범주와 기준을 미리 학습자에게 제시한다. 피험자의 말하기 수행 중 어떤 것에 대하여 평가할지를 미리 제시하는 것은 평가자의 입장에서는 평가할 구체적 내용과 기준이 명확해진다는 장점이 있으며, 피험자에게는 말하기 수행에서 무엇이 중요한가를 재인식하게 해 주므로 교육적 기능도 가진다. 평가 범주와 기준이 미리 마련이 되지 않은 상태에서의 말하기 평가는 인상 평가가 될 가능성이 있으므로 평가 도구를 제작할 때 평가 내용에 맞추어 평가 범주와 기준을 작성한다.

다섯째, 평가에 대한 교사의 분석적 피드백이 학습자에게 주어져야 한다. 학습자가 주어진 평가 과제를 어느 정도로 수행하였는가에 대하여 평가 범주와 기준에 따라 강점과 약점을 설명해 주어야 한다. 성취도 평가 후 종합적으로 몇 점을 받았다든가 다음 급으로 올라갈 수 있다든가의 판정은 학습자에게 큰 도움을 주지 못한다. 성취도 평가의 결과를 다음 단계의 학습에 반영하고 학습자가 자신의 성취 정도에 대하여 충분히 이해하게 하기 위해서는 과제 수행에 대하여 구체적이고 분석적인 피드백이 필요하다.

어떤 평가이든 평가 상황을 고려하여 평가 과제를 구성하게 된다. 한국어 말하기 교육에서의 평가는 학습자의 직접적인 말하기 수행에 대한 것이므로 다른 평가에 비하여 시간이 많이 걸리고 학습자와 말을 주고받으면서 혹은 학습자의 수행을 보면서 평가자가 바로 평가를 해야 한다는 부담이 크다. 이러한 문제를 보완하기 위하여 평가자와 피평가자 간의 인터뷰보다는 피평가자 간의 말하기 수행을 교사가 관찰 평가할 수 있도록 하는 방법이 있다. 또 피평가자의 말하기 수행을 녹화한 뒤 이 자료를 재생해서 보면서 평가한다면 반복적인 관찰을 할 수 있다는 장점이 있다.

참고문헌

김하수 외(1999), 범용 한국어교육 교재(초급)의 개발 사업 보고서, 한국어세계화재단.
민현식 외(2005), [한국어교육론3], 한국문화사.
박영순(2006), [외국어로서의 한국어교육론(개고판)], 월인.
박영순(2007), [다문화사회의 언어문화 교육론], 한국문화사.
백봉자(2005), 말하기・듣기 교육의 교수 학습, 민현식 외(2005), [한국어교육론 3], 한국문화사.
양태식 외(2000), 2000년도 한국어 세계화 추진 기반 구축 사업 보고서: 한국어 중급 교수요목 개발 분과, 한국어세계화재단.
이미혜(2002), 한국어 말하기 교육의 이론과 실제, 박영순 편(2002), [21세기 한국어교육학의 현황과 과제], 한국문화사.
이해영(2002ㄱ), 한국어 듣기 교육의 이론과 실제, 박영순 편(2002), [21세기 한국어교육학의 현황과 과제], 한국문화사.
이해영(2002ㄴ), 비교문화적 화용론에 기초한 한국어의 화용 교육, [이중언어학] 21, 이중언어학회.
이해영(2005), 말하기・듣기 교육의 과제와 발전 방향, 민현식 외(2005), [한국어교육론 3], 한국문화사.

전은주(1999), [말하기·듣기 교육론], 박이정.
전은주(2003), 국제 도시 부산에서의 한국어교육 실태와 발전 방안 연구: 지역 특성을 고려한 학습자 중심의 한국어교육과정 개발을 중심으로, [한국어교육] 14-2.
조수진(2007), 한국어 말하기 교수의 원리 연구, 서울대학교 박사학위논문.
조현용(2006), [한국어교육의 실제], 유씨엘.
한재영 외(2005), [한국어 교수법], 태학사.
허용 외(2005), [외국어로서의 한국어교육학 개론], 박이정.
현윤호(2005), 말하기·듣기 교육의 연구사와 변천사, 민현식 외(2005), [한국어교육론 3], 한국문화사.
Brown, H.(1994), *Teaching by Principles*, NJ:Prentice Hall.
Ellis, R.(1997), *Second Language Acquisition*. Oxford University Press/박경자 외 옮김 (2000), [제2언어 습득], 도서출판 박이정.
Nunan, D.(1996), *Designing Tasks for the Communicative Classroom*, Cambridge.

2. 한국어 듣기 교육

2.1. 한국어 듣기 교육의 목표

2.1.1. 듣기 기능의 특징

듣기는 언어의 네 가지 기능 중 음성 언어를 이해하는 의사소통 활동과 관련된 기능이다. 대화에서 상대방의 말을 이해하고 그에 알맞은 반응을 준비하거나, 수업 시간에 교사의 설명을 듣고 이해하거나, 지시를 듣고 그에 맞는 수행을 하거나, 대중교통에서의 안내 방송을 듣고 자신의 행동을 계획하는 등의 활동이 모두 듣기를 통해 이루어지는 활동이라고 할 수 있다. 듣기의 중요성에 대해 Abrams(1986:2)는 말을 이해하지 못하면 저절로 의사소통이 이루어지지 못하므로 의사소통의 목적을 달성하기 위해서는 발화된 언어를 이해할 수 있도록 먼저 가르치는 것이 중요하다고 하였다. 그리고 Rivers(1984; J. Morley 1994:82에서 재인용)는 사람들이 평균적으로 듣기 활동에 말하기의 2배, 읽기의 4배, 그리고 쓰기의 5배 만큼 시간을 할애한다고 하였는데, 그만큼 듣기 기능은 우리의 언어생활에서 큰 비중을 차지하는 기능이라고 할 수 있다.

그러나 외국어로서의 한국어 듣기는 학습자들에게 두려움을 많이 안겨주는 기능이기도 하다. 이는 듣기가 본질적으로 음성언어를 통해 이루어지는 활동이라는 데에서 비롯된 것이다. 우선, 듣기를 통한 이해는 읽기를 통한 이해와는 달리 시간적인 제약이 뒤따른다. 이는 문자 언어와 음성 언어가 가지는 전달 방식의 차이 때문이다. 문어는 시각적으로 제시되는 반면, 구어는 시간 속에 배치되므로 문어를 통한 전달에서는 의미의 지속 시간이 길지만 구어를 통한 전달에서는 의미의 지속 시간이 매우 짧다. 이러한 점으로 인해 읽기의 경우는 독자가 의미를 이해하는 과정을 자율적으로 조절할 수 있다. 즉 읽는 목적에 맞게 스스로 속도를 조절하며 읽을 수도 있고, 이해가 어려운 부분을 다시 읽어 볼 수도 있다. 그러나 대개의 상황에서 듣기를 수행하는 청자는 의미를 이해하는 과정을 자기 재량에 맞게 조절할 수 없다. 따라서 외국어이든, 모국어이든 듣기 이해자의 부담은 읽기 이해자가 느끼는 부담보다 더 크다고 볼 수 있다.

또한 한국어 듣기가 음성 언어를 통해 이루어진다는 것은 곧 한국어 구어가 가지는 특성에 대처해야 하는 부담이 더해진다는 것을 의미하기도 한다. 이해영(2002:96)에서는 "우리가 모국어로 듣기를 수행하게 되는 현장은 주변 소음과 참여자 간의 순서 없이 끼어듦, 중복, 음성적·문자적·통사적·화용적 축약, 머뭇거림(hedges), 휴지, 횡설수설하는 말, 비문법적 요소, 방언, 관용어, 은어, 사회 문화적 의미가 함축된 말, 발화속도, 강세, 억양, 담화의 상호작용적 요소들이 혼재한다."라고 하여, 실제의 듣기 상황의 불규칙성, 복잡성, 비공식성 등을 언급하고 있다. 황인교(1999:288) 역시, 구어가 가지는 특징을 지적하였는데, 구어는 '강세, 리듬, 억양이 있어 의미와 느낌을 나타내며 축약, 생략, 비문법적 형태, 군더더기말 때문에 자연스러운 한국인의 말을 이해하는 것이 어렵고, 속어, 관용어 등의 사회 문화적 어휘가 많이 쓰이며, '저, 음, 글쎄, 그래 갖구'와 같은 수행 변이가 많이 일어나고 확인, 동의, 환기와 같은 상호작용이 일어난다고 하였다. 이와 같은 한국어 구어의 특성은 문자를 중심으로 한국어를 처음 접하는 경우가 많은 성인 외국인 학습자들[1]에게는 한국어 듣기의 어려움을 더하게 하는 원인이 될 것이다.

2.1.2. 한국어 듣기 교육의 수준별 목표

한국어 듣기 교육의 목적은 한국어 학습자들의 의사소통 능력 향상을 위하여 언어의 4대 기능 중의 하나인 듣기 능력을 배양하는 데에 있다. 여기에서 의사소통 능력의 향상을 도모하기 위한 듣기 능력이라는 것은 개인이 한국어로 발화된 내용을 듣고 단순히 이해하는 데에 그치는 것이 아니라 그에 알맞은 반응까지를 할 수 있도록 하는 것을 말한다. 곧 어떤 소리를 인식해 내는 물리적 과정에서 출발하여 그 의미를 구성해 내는 것을 넘어서서 그 소리에 담긴 내용을 종합적으로 이해하고 해석하여 문맥 속에서 적절한 반응을 보이는 것까지를 포함하는 것이어야 한다.

---

[1] 이러한 상황은 구어에 익숙한 재외동포들의 경우에는 달라질 수 있다. 대부분의 재외동포들은 가정 내에서 한국어를 일상적으로 듣고 말하면서 어느 정도 습득한 경우가 많기 때문에 한국어의 구어적인 특성에 익숙하다는 특징이 있다. 이러한 학습자들은 오히려 한국어의 문어적 격식에 익숙하지 않아 일으키는 오류가 많은 편이다.

이러한 듣기 교육의 궁극적 목적으로 나아가기 위한 목표는 수준별로 달리 설정될 수 있다. 수준별 듣기 교육의 목표는 각 교육 기관마다 나름대로 차이를 보이기 마련이지만, 표준적인 수준별 목표라고 할 수 있는 한국어능력시험(Test of Proficiency in Korean, 약칭 TOPIK)[2] 듣기 평가의 등급별 평가 기준을 참고하여 한국어 듣기 교육의 수준별 목표를 살펴볼 수 있을 것이다.

〈표 1〉 한국어능력시험의 듣기 영역 등급별 평가 기준

급		총괄 기준	듣기 영역 평가 기준
초급	1급	자기 소개하기, 물건 사기, 음식 주문하기 등 생존에 필요한 기초적인 언어 기능을 수행할 수 있으며 자기 자신, 가족, 취미, 날씨 등 매우 사적이고 친숙한 화제에 관련된 내용을 이해하고 표현할 수 있다. 약 800개의 기초 어휘와 기본 문법에 대한 이해를 바탕으로 간단한 문장을 생성할 수 있다. 또한 간단한 생활문과 실용문을 이해하고, 구성할 수 있다.	• 한국어의 기본적인 음운(자음, 모음, 받침)을 식별할 수 있다. • 간단한 질문을 듣고 대답할 수 있다. • 간단한 대화를 듣고 내용을 파악할 수 있다. • 간단한 담화를 듣고 내용을 파악할 수 있다.
	2급	전화하기, 부탁하기 등의 일상생활에 필요한 기능과 우체국, 은행 등의 공공시설 이용에 필요한 기능을 수행할 수 있다. 약 1,500~2,000개의 어휘를 이용하여 사적이고 친숙한 화제에 관해 문단 단위로 이해하고, 사용할 수 있다. 공식적 상황과 비공식적 상황에서의 언어를 구분해 사용할 수 있다.	• 변별하기 어려운 음운이나 음운의 변동을 식별할 수 있다. • 일상적인 생활과 관련한 간단한 질문을 듣고 대답할 수 있다. • 간단한 대화를 듣고 상황이나 내용의 흐름을 파악할 수 있다. • 일상생활과 관련 있는 간단한 담화를 듣고 내용을 파악할 수 있다. • 실생활에서 접하는 간단한 안내 방송 등 실용적인 담화를 듣고 내용을 파악할 수 있다.
중급	3급	일상생활을 영위하는 데 별 어려움을 느끼지 않으며 다양한 공공시설의 이용과 사회적 관계 유지에 필요한 기초적 언어 기능을 수행할 수 있다. 친숙하고 구체적인 소재는 물론, 자신에게 친숙한 사회적 소재를 문단 단위로 표현하거나 이해할 수 있다. 문어와 구어의 기	• 비교적 복잡한 맥락을 갖는 일상 대화를 듣고 내용을 파악할 수 있다. • 사회적인 맥락과 관련 있는 대화를 듣고 내용을 파악할 수 있다. • 비교적 복잡한 맥락을 갖는 담화를 듣고 내용을 파악할 수 있다. • 간단한 광고나 인터뷰를 듣고 내용을

---

2) TOPIK은 외국인 및 재외동포를 대상으로 한국어 능력을 측정하는 시험이다. 이 시험에서 표방하고 있는 수준별 기술은 현재 표준적인 교육과정이 없는 한국어교육에서 중요한 수준별 목표를 제공하고 있다고 볼 수 있다.

		본적인 특성을 구분해서 이해하고 사용할 수 있다.	파악할 수 있다.
	4급	공공시설 이용과 사회적 관계 유지에 필요한 언어 기능을 수행할 수 있으며 일반적인 업무 수행에 필요한 기능을 어느 정도 수행할 수 있다. 또한 뉴스, 신문 기사 중 비교적 평이한 내용을 이해할 수 있다. 일반적인 사회적·추상적 소재를 비교적 정확하고 유창하게 이해하고 사용할 수 있다. 자주 사용되는 관용적 표현과 대표적인 한국 문화에 대한 이해를 바탕으로 사회·문화적인 내용을 이해하고 사용할 수 있다.	• 복잡한 맥락을 갖는 일상 대화를 듣고 내용을 파악할 수 있다. • 사회적 맥락을 갖는 대화를 듣고 내용을 파악할 수 있다. • 복잡한 맥락을 갖는 담화를 듣고 함축된 의미를 파악할 수 있다. • 간단한 뉴스를 듣고 내용을 파악할 수 있다. • 비교적 친숙한 소재를 다룬 토론을 듣고 내용을 파악할 수 있다.
고급	5급	전문 분야에서의 연구나 업무 수행에 필요한 언어 기능을 어느 정도 수행할 수 있으며, 정치, 경제, 사회, 문화 전반에 걸쳐 친숙하지 않은 소재에 관해서도 이해하고, 사용할 수 있다. 공식적, 비공식적 맥락과 구어적, 문어적 맥락에 따라 언어를 적절히 구분해 사용할 수 있다.	• 사회적인 맥락이나 전문적인 주제를 다룬 대화를 듣고 내용을 파악할 수 있다. • 전문적인 주제를 다룬 강연, 대담 등을 듣고 대강의 내용을 파악할 수 있다. • 주례사, 추모사 등을 듣고 내용을 파악할 수 있다. • 전문적인 주제를 다룬 내용을 듣고 화자의 의도를 파악하거나 내용을 추론할 수 있다.
	6급	전문 분야에서의 연구나 업무 수행에 필요한 언어 기능을 비교적 정확하고 유창하게 수행할 수 있으며 정치, 경제, 사회, 문화 전반에 걸쳐 친숙하지 않은 주제에 관해서도 이용하고 사용할 수 있다. 원어민 화자의 수준에는 이르지는 못하나 기능 수행이나 의미 표현에는 어려움을 겪지 않는다.	• 대부분의 뉴스를 듣고 내용을 파악할 수 있다. • 전문적인 주제를 다룬 강연, 대담 등을 듣고 내용을 파악할 수 있다. • 전문적인 주제를 다룬 내용을 듣고 화자의 의도를 추론할 수 있다. • 전문적인 주제를 다룬 복잡한 맥락의 담화를 듣고 내용을 추론할 수 있다.

이와 같은 TOPIK의 총괄 평가 기준과 등급별 평가 기준을 살펴보았을 때, 듣기 교육의 수준별 목표는 다음과 같은 측면이 고려되었다는 것을 알 수 있다.

첫째는 학습자들이 들어야 하는 담화의 주제 측면이다. 위의 등급별 평가 기준에 의하면, 초급에서는 사적이고 친숙한 주제를 다루는 것으로부터 시작하지만 수준이 높아짐에 따라 점차 주제의 범위가 '자기'를 벗어나 점점 넓어지고, 고급에 이르면 전문적이고 친숙하지 않은 주제로까지 나아가는 것을 볼 수 있다. 즉, 초급에서는 생존에 필요하거나 일상생활에 필요한 주제의 내용을 들을 수 있어야 하며, 중급에서는 사회적이고 추상적인 소재의 주제를, 고급에서는 정치, 경제, 문화 등에 걸친 친숙하지 않은 전문적인 주제를 들을 수 있어야 한다는 것이다. 또한, 이렇듯 주제가 넓어지는 것과 함께, 학습자들이 들어야 하는 담화에 사용된 어휘의 양과 수준도 동시에 발전을 보여야 한다.

둘째는 학습자들이 들어야 하는 담화의 유형과 관련된 것이다. 초급에서는 간단한 대화나 안내방송 등의 실용적인 담화 유형을 들어야 한다면 중급에서는 보다 복잡한 대화, 인터뷰, 평이한 뉴스나 토론 등으로 유형이 넓어지고, 고급에서는 뉴스, 강의, 대담 등의 복잡한 정보 전달적인 기능을 하는 담화 유형뿐만 아니라 주례사나 추모사와 같은 담화 유형을 듣는 것으로까지 넓어진다. 또한 이와 함께 학습자들이 들어야 하는 담화의 길이 역시 점차 길어지게 된다.

셋째는 학습자들이 듣기를 통해 수행해야 하는 기능의 측면이다. 초급에서는 음운을 식별하거나 간단한 반응 수준의 대답을 하거나 간단한 담화의 내용을 파악하는 데에 그친다면, 중급에서는 내용을 파악하고 그 함축적 의미를 이해해야 하며, 고급에서는 파악한 내용을 바탕으로 하여 내용을 추론하고, 말하는 이의 의도를 파악할 수 있는 데에까지 이르러야 한다고 볼 수 있는 것이다.

2.2. 한국어 듣기 교육의 내용

그렇다면 한국어 듣기 능력을 향상시키기 위해 무엇을 가르쳐야 할까? 교육의 내용에 해당하는 '무엇'의 문제에 대해 살펴보기 위해서는 듣기의 과정에 대한 이해가 선행되어야 한다. 듣기 이해의 과정에 대한 대표적인 논의로서 상향식 정보처리 모형(Bottom-up model)과 하향식 정보처리 모형(Top-down model)의 논쟁을 들 수 있다.

상향식 모형은 듣기를 수행하는 청자가 언어의 작은 부분에 대한 인식에서 점차 단위를 확장시키면서 이해에 도달한다는 모형이다. 즉, 소리를 인식하고 음운을 식별하는 것에서 출발하여 어휘의 차원, 어절의 차원, 문장의 차원, 문단의 차원으로 차차 넓어지면서 이해가 이루어져 결국 전체 담화의 내용을 처리하는 것으로 보는 것이다. 따라서 듣기 이해 과정에 대한 상향식 모형에 따른다면, 음운의 식별이나 어휘의 이해 등 '작은 부분'에 대한 교육이 강조되게 된다.

상향식 모형과는 반대로, 하향식 모형에서는 청자가 듣기를 수행하기 이전에 가지고 있던 보편적 기대나 배경지식의 역할을 강조한다. 즉, 청자는 듣기를 수행하기 전에 이미 자신의 지식으로부터 의도적이든, 의도적이지 않든 들을 내용에 대한 기대나 추측을 시작하며, 듣기를 수행하거나 듣기를 마친 후에도 청자의 적극적인 예측, 추론, 해석이 끊임없이 이루어진다는 것이다. 따라서 듣기 이해에 있어 청자의 능동적인 활동이 결정적인 역할을 한다고 강조한다. 이에 따르면, 내용과 담화 유형의 특징에 대한 지식을 포함한 배경지식을 활성화하여 내용을 예측하고, 의미를 추론하고 해석하는 등의 활동에 초점을 두는 교육 내용이 중점적으로 제시될 수 있다.

이와 같은 두 가지의 모형이 모두 인간의 듣기 이해 과정을 탐구하는 데에 일정한 통찰을 제공해 주고 있기는 하지만, 두 모형의 극단성으로 인하여 실제의 듣기 이해 과정을 반영하고 있다고 보기는 어렵다. 이에 상호작용적 모형에서는 청자가 하향식 처리를 하는 가운데 상향적 처리와의 상호작용을 통하여 의미를 파악한다고 가정하였다. 곧, 청자들이 배경지식의 활성화를 통해 적극적으로 듣기에 임하지만, 그 과정에서 소리의 인식이나 어휘의 이해와 같은 작은 부분의 역할도 중요하다는 것을 인정하는 것이다. 이러한 상호작용적 모형에 의하면 음운이나 단어, 문법 등의 음성적 실현과 같이 상향식 모형에서 제시하는 내용들뿐만 아니라, 한국어의 구어적 특징, 효과적인 듣기 전략, 다양한 담화의 유형적 특성, 그리고 듣기 이해에 도움을 주는 언어 외적 요소가 그 교육 내용이 될 수 있을 것이다.

다음에서는 이러한 상호작용적 모형에 기초하여 한국어 듣기 교육에서 다루어야 할 내용을 하나씩 살펴보도록 하겠다.

2.2.1. 음운, 단어, 문법 요소의 음성적 실현

한국어 듣기 교육에 있어 음운, 단어, 문법 요소들이 어떻게 실현되는지에 대한 교육이 필요하다. 한국어에서 의미를 변별시킬 수 있는 음소, 즉 음운을 익히고 분별하는 것은 아무리 강조해도 지나치지 않다. 한국어를 배우는 학습자들에게 한국어는 외국어이기 때문에 자신의 모국어의 음운 체계와 한국어의 음운 체계의 괴리로 인해 올 수 있는 듣기 장애를 극복할 필요가 있기 때문이다. 예를 들어, 중국인 학습자의 경우 모국어의 모음 음운 목록에 /—/ 소리가 존재하지 않는 것으로 인해서 /—/ 소리를 다른 소리와 구별하는 것을 힘들어 하는 것이나, 일본인 학습자들이 받침 발음의 /ㄴ/, /ㅁ/, /ㅇ/의 구별을 하기 힘들어 하는 것들을 보았을 때[3], 한국어 음운에 대한 교육이 기본적으로 이루어져야 할 것임을 알 수 있다.

또한, 단어나 문법 요소가 음성적으로 어떻게 실현되는지 역시 그것들의 문자적 제시와 구별된 듣기 교육의 내용으로 제공되어야 한다. 단어나 문법 요소가 문자적으로만 제시될 경우에는 그것들을 실제 들었을 때 쉽게 인식하지 못하게 될 수 있다. 특히 음운의 변동이 있어 문자를 보고 스스로 그 음성적 실현을 예측하지 못하는 경우는 더욱더 주의를 요한다. 예를 들어, 문법 '-(으)ㄹ 수 있다'의 경우, 글자로 표현된 소리와 달리 [을 쑤 이때], [ㄹ 쑤 이때]와 같은 음운 변동이 일어나게 되는데, 이렇듯 하나의 문법 요소를 배우면 이것의 음성적 실현이 명시적으로든, 암시적으로든 교육되어야 한다는 것이다.

2.2.2. 한국어의 구어적 특징

한국어의 구어적 특징은 문어와의 비교를 통해 분명히 드러난다. 노대규(1996)에서는 어휘 의미론적 측면, 화용 의미론적 측면, 통사론적 측면, 음운론적 측면으로 구분하여 한국어의 구어적 특징을 다음과 같이 제시하였다.

음운론적 특징
- 비분절 음운이 문장의 유형 및 의미와 밀접한 관계가 있다.
- 음운이나 음절의 생략이 많다.
- 음절의 축약이 많다.
- 생략과 축약이 동시에 일어나기도 한다.
- 단어 결합에 자모음이나 보조동사가 첨가되는 경우가 많다.
- 단어 내부나 단어 결합에서 모음과 자음이 변동되어 쓰이는 경우가 많다.

통사론적 측면
- 어순이 자유롭다.
- 격조사나 보조사의 생략이 많다.
- 접속조사의 생략이 안 된다.

---

[3] 이러한 음운에 대한 교육은 발음 교육의 내용과 깊은 상관이 있지만, 발음 교육에서는 학습자들로 하여금 직접 한국어의 음운을 소리 내어 실현하게 하는 교육이 이루어진다면, 듣기 교육에서는 이를 정확하게 분별하여 듣게 하는 교육이 이루어진다.

- 호격조사 사용된다.
- 접속조사가 반복적으로 쓰이는 경우가 많다.
- 관형어를 제외한 거의 모든 문장 성분들이 생략되는 경우가 많다.
- 문법성의 정도가 낮거나 비문도 자주 쓰인다.
- 말하는 이가 말끝을 다 맺지 않아 정보가 어느 정도 생략된 미완성 문장이 사용되는 경우도 흔하다.

어휘 의미론적 측면
- 비격식적 어휘가 많이 쓰인다.
- 주저어, 부가어, 혼합어, 축약어가 많이 쓰인다.
- 비속어, 은어, 존대어, 유아어, 금기어, 유행어, 비표준어가 쓰이는 경우가 있다.
- 전문어가 쓰이는 경우는 적다.

화용 의미론적 측면
- 의미해석상 모호한 중의적 표현이 많이 쓰인다.
- 반어적 표현, 풍자적 표현, 과장적 표현, 비유적 표현, 간접적 표현 등이 많이 쓰인다.
- 문장 유형별로 각 표현이 발화 상황에 따라 직접적으로도 쓰이고 간접적으로도 사용된다.
- 반복적 표현이 많이 쓰인다.

한국어의 구어적 특징으로 인해 생기는 현상들, 즉 표기와 실제 발음이 일치하지 않는 경우라든가, 어순의 배열이 자유롭고 주어가 쉽게 생략되는 경우 등은 학습자에게 어려움을 줄 것이다. 따라서 듣기 교육에서는 한국에서 자연스럽게 사용되고 쉽게 발견될 수 있는 자연스러운 구어 텍스트를 활용하는 것이 필요하다.

2.2.3. 효과적인 듣기 전략의 사용

우리가 듣기를 행하는 과정은 녹음기가 소리를 녹음하듯 소리 하나하나를 되새기는 과정이 아니라(Anderson and Lynch 1988:9-11) 필요한 정보를 목표로 삼고, 이를 듣기 위해 끊임없이 흘러들어오는 소리들을 해석하고, 그 중 자신에게 필요한 정보를 골라 이해하고, 다른 정보들과의 관련성을 만드는 복잡한 과정이다. 이렇듯 듣기 과정 자체가 목적지향적인 성격을 가지고 있는 것이기 때문에, 청자가 듣기의 목적을 달성하기 위해서는 듣기 전략을 적절하게 사용할 필요가 있다. 전략(strategy)이란 원래 군사 용어로서 전쟁을 승리로 이끌기 위한 전쟁 기법을 가리키는 그리스어 "strategia"에서 유래한 말이다(천경록 1995:321). 전략은 뚜렷한 목적지향성을 가진 것으로서, 천경록(1992:455)에서 행위자가 주어진 목적을 달성하기 위하여 최적의 대안을 모색하는 방법이라고 정의한 것은 이러한 전략의 목적지향적인 성격을 잘 드러내고 있다. 전략이라는 것이 이렇듯 목적을 달성하기 위한 것이기에 효율적이고 유연한 전략의 사용은 매우 핵심적인 것이다.

이와 관련하여 전략 사용과 외국어 듣기 성취도의 상관관계가 높다는 것이 많은 연구들에 의해 밝혀지고 있다.(O'Malley et al. 1987; Song 2002) 특히, Song(2002)의 연구에 의하면, 듣기 전략 사용은 듣기 이해도에 18%의 영향력(impact)을 가지는 것으로 나타났는데, 이 수치는 연구자가 조사한 요인들 중 가장 큰 것이었으며, 두 번째로 큰 영향력을 가지는 '문법(9%)' 요인보다도 두 배 가량 컸다. 즉, 듣기 전략을 효과적으로 사용하는 사람들이 듣기 기능을 더 잘 수행할 수 있다는 것이다. 또한, 듣기 숙달도가 높은 학습자가 구체적으로 어떤 전략을 사용하는지도 여러 연구를 통해 밝혀지고 있다. 여러 연구의 결과들은 전략 사용이 많을수록 높은 듣기 성취를 이룬다는 것뿐 아니라, 효과적이고 유연한 전략의 사용이 듣기 성취에 중요한 영향을 미친다는 것을 보여주고 있다.

O'Malley et al.(1985)는 언어 전략을 초인지전략(Metacognitive strategies), 인지전략(Cognitive strategies), 사회・정의적 전략(Socioaffective strategies)로 나누었다. 초인지 전략은 상위 인지 전략이라고도 하며 듣기 이해에 있어서 계획, 점검, 평가를 말한다. 초인지 전략은 한마디로 '전략 사용에 관한 전략'이라고도 할 수 있다. 과제의 요구와 흐름을 깨닫고, 적절한 전략을 적절한 시기에 적절한 방법으로 사용하는 것을 총괄하는 것은 초인지 전략의 몫이다. 인지 전략은 정보를 조작하는 데 쓰이는 전략이다. 마지막으로 사회・정의적 전략은, 의미 협상이 가능한 상황의 듣기에서는 특히나 중요한데, 의미를 이해하기 위해 협동하거나 명료하게 부연해 달라는 요구를 하는 등이 그 예이다. O'Malley et al.(1990)의 분류에 기준하여, 한국어 듣기 전략을 열거하면 다음과 같다.

<표 2> 한국어 듣기 전략

초인지 전략	1. 점검하기: 들으면서 내가 과연 잘 이해하고 있는지를 순간적으로 점검하고, 자신의 듣기 능력에 맞게 듣기 수행을 계획한다. 2. 자기관리하기: 듣기 전이나 듣는 중에 마음을 가다듬고 정신을 집중한다. 3. 목적을 가지고 선택적으로 듣기: 무엇을 들어야 할지를 간단하게 선택한 후 듣는다. 4. 못 들은 내용에 집착하지 않기: 못 들은 문장에 대해 너무 걱정하지 않고 빨리 다음 문장에 주의를 기울여 듣는다.
인지 전략	1. 메모하며 듣기: 간단히 메모를 하면서 듣는다. 2. 한국어로 생각하며 듣기: 자신의 모국어로 번역하기보다는 바로 한국어로 의미를 파악하고자 한다. 3. 배경지식을 이용하여 정교화하기: 들리는 내용을 세상에 대한 지식이나 이전에 알고 있던 내용에 비추어 이해하려 한다. 4. 요약하기: 들으면서 들은 부분에 대한 요약을 간단하게 하거나 들은 후 들은 내용을 마음 속으로 정리한다. 5. 비언어적 단서를 통해 추론하기: 발화자, 발화자들의 관계, 발화의 상황을 통해 내용을 추론한다. 6. 언어적 단서를 듣고 추론하기: 조사, 담화 표지, 어조, 문맥 등을 이용하여 내용을 추론한다. 7. 담화적 특질을 통해 추론하기: 듣는 내용이 어떤 종류의 담화인지를 파악하고 그 담화의 특징을 이용하여 내용을 추론한다. 8. 다음 내용을 예측하며 듣기: 다음에 무슨 내용이 나올지를 추측하면서 듣는다. 9. 반복 어구나 강조하는 말을 듣기: 말의 속도가 갑자기 변화되고, 화자가 천천히 명확하게 강조하여 말하거나 반복하여 말하면 그것에 주의를 기울이며 듣는다.
사회·정의적 전략	1. 협동하기: 모르는 내용을 파악하기 위해 동료와 협동한다. 2. 부연 설명, 반복을 요구하기: 이해하지 못한 내용에 대해 다시 설명해 줄 것을 요구한다.

2.2.4. 다양한 담화의 유형적 특성

듣기 담화의 다양한 유형들은 각각 나름대로의 유형적 특성을 지니고 있다. 이러한 담화의 유형적 특성을 잘 알고 있는 청자는 담화의 상황을 쉽게 이해할 수 있고, 이어질 담화에 대한 기대와 예측을 하면서 듣게 되어 듣기를 성공적으로 수행할 수 있다. 담화의 유형적 특성에 대한 한국어 듣기 교육 내용은 언어사용역(register)에 대한 것과 담화표지(discourse marker)를 포함한 담화 구조(discourse structure)에 대한 것으로 나뉠 수 있다.

언어사용역이란, 언어 사용에 있어서 메시지의 내용을 밝히고 문맥상의 의도를 변화시킬 수 있는 체계(Hatim and Mason 1990:46)로서, 언어 사용의 상황에 따라 화자가 의도적으로 선택하게 되는 문법적, 어휘적, 표현적 범위를 말한다. 한국어를 배울 때 가장 대표적으로 배울 수 있는 언어사용역의 예로는 공식적 상황에서는 대개 격식체 어미 '-습니다'가 사용되고 비공식적 상황에서는 비격식체 어미인 '-아/어요'가 사용된다는 점4)을 들 수 있다.

담화의 구조는 전체 담화가 진행되는 방식에 대한 것이다. 특정한 담화의 구조에 대한 교육을 통해, 학습자가 비슷한 유형의 새로운 담화에 직면했을 때에도 예상되는 담화 구조에 따라 잘 대처할 수 있게 해 준다. 예를 들어 대학에서의 강의 담화의 전반부가 전 시간에 배운 내용을 정리하고, 오늘 강의할 내용에 대한 개괄적인 설명을 하는 식으로 진행된다는 것을 알고 있는 학습자라면 이를 활용하여 듣기 이해를 더 잘 수행할 수 있다는 것이다. 담화의 구조를 이루는 각 부분들은 담화 표지라는 장치를 통해서 그 시작과 끝의 경계가 표시되므로, 담화의 구조에 대한 교육은 담화 표지에 대한 교육을 포함하게 된다. 이해영(2004:148)은 강의 담화의 이해를 돕는 담화 표지를 다음과 같이 정리하였다.

<표 3> 강의 흐름 파악을 돕는 담화표지 및 표현(이해영 2004:148)

기능	강의 흐름 파악을 돕는 담화표지 및 표현
학습 내용 개관	오늘부터는.../ 이제부터는...
전시 내용 정리	지난 시간에는...
다음 수업 내용 예고	다음 시간에 불상을 보도록 합시다./ 이거는 다음 시간에 할까요?
구체적인 학습 내용 소개	우리가 보게 될 부분은.../ 그 중에서도 ...을 보도록 하겠어요/ ...을 보게 될 거예요
관련 기학습 내용 환기	... 것은 알고 있을 거예요/ ...라고 하잖아요/ 여러분들이 ....하면 생각나는 게 있잖아요/ ...한다고들 생각하잖아요/ 아까도 말씀드렸다시피.../ 아까 그... 생각나세요?/ ... 생각나시죠?...했었죠?... 는 다시 설명 안 할게요/ 우리 아까 ...에서 봤죠?
선행 연구 내용 소개	...에 대해서는 흔히들 그렇게 얘기해요/ 이렇게 설명들을 하죠/ 학자들 사이에 논란이 되었던 게... 후대에 연구되기를.../ ...라고 말하는 사람도 있고/ ...로 표현하기도 하구요/...만 가지고 연구한 중국의 학자가 있었는데... 일본의 어느 학자는.../ ...식

---

4) 때로는 공식적 상황인데도 비격식체 어미로 바꿔 사용하는 경우가 있는데, 이는 화자가 청자와의 관계를 좀 더 친밀감 있게 설정하고자 하거나, 공식적 상황 가운데 비공식적 상황을 가정하고자 하는 의도를 가지고 비격식체 어미를 선택하는 것이라고 할 수 있다.

	의 해설이 있습니다/ ...가 아닐까 하는 학설이 있었다가...
소주제 전환	자, 그러면.../ 자, 아무튼.../ 음, 자, / 이제부터는.../ 인제.../ 이번에는 ...를 보도록 하겠어요
소주제 심화	그래서 들어가 보면은요.../ 거기다가.../ 그리고 좀 더 보자면...
수업 내용 부분 정리	자, 지금까지 여러분이 덕흥리 고분을 보셨어요. 그 다음에는...를 보셨어요/ 자, 우리가 좀 전에 ...을 봤어요
설명 내용 지정	지금 보시는 것이 ...인데요/ 요거는 지금... /이거는.../ 여러분들, 이거는.../ 여기 보면은.../ 여기는 지금/ 이게 지금 뭐냐면은요
특정 내용 부각	그 중에서.../ 그런데 재미있는 것은/ 그런데 이것은.../ 특히 이제...
용어 설명 및 개념 정의	...라고 하는 거는/ ...는 우리가 ...라고 불러요
부연 설명	말하자면은.../ 무슨 얘긴가 하면은.../ ...라고 볼 수 있는 거죠/ 그러니까
순차적 나열 설명	그 다음에, 그 다음에... 자 그 다음에 이거는..., 그 다음/ 이번엔...
인과 관계의 내용 제시	이거는 왜 그러냐면/ 자, 그래서요/ 왜냐하면, 그거는 ... 때문에...
강의 내용 반복 알림	...를 다시 한 번 보도록 하겠어요
청취 가능 확인	저 위에 들려요?
이해 확인용 질문	그렇죠?/ 응?
필기 금지	이거는 적지 마십시오/ 쓸 생각하지 마세요
휴식 알림	조는 사람이 있는데, 좀 쉬었다 할까?/ 조금만 보고 쉽시다/ 여기서 수업을 쉬었다가, 15분 쉬었다가 수업을 이어서 하겠어요/ 15분 쉬는 걸로 그렇게 하겠어요
휴식 후 수업 시작 알림	다 들어왔죠?
수업 종료 알림	오늘 여기까지 합시다/ 오늘 여기까지 할게요/ 그러면 내일 봅시다

2.2.5. 언어 외적 요소

강명순 외(1999)에서는 듣기의 특성 중 하나로 '화자의 어조, 표정, 동작 등의 언어외적인 요소가 영향을 준다'는 점을 들었다. 이러한 언어 외적 요소들은 화자가 구어와 함께 전달하고자 하는 다양한 의도에 대한 부수적 표현 방식 중의 하나이다. 이들 중 특히 어조와 동작은 언어마다 특수성을 가져 한국어 듣기 이해에 영향을 미치므로 듣기 교육 내용에 반드시 포함되어야 한다.

어조(語調)는 "차분한 어조, 담담한 어조, 비웃는 어조, 들뜬 어조"라는 말로 쓰일 수 있는 것에서도 확인할 수 있듯이, 말 속에 담겨 있는 화자의 기분이나 의도의 표현이다. 따라서 듣기를 수행할 때 어조를 파악한다는 것은 화자의 기분이나 의도를 파악한다는 것과 같은 말이 될 수 있다. 이를 알 수 있는 흔한 예로, "잘 한다"라는 발화가 여러 상황에서 다른 의미를 가질 수 있다는 것을 들 수 있다. 즉, 이 발화는 상대방의 행위에 대한 칭찬의 의미가 될 수도 있고, 이와는 정반대로 상대방의 행위에 대한 비판의 의미를 가질 수도 있는데, 이것은 이 발화에 담겨 있는 단어나 어미 등의 차이가 아닌 어조의 차이로 인해 실현되는 것이다. 또한 "날씨 따뜻하다"라는 한 문장의 발화도 단순히 정보를 전달할 수도 있고, 날씨가 추울 것이라고 예상한 사람이 자신의 예상을 빗나간 것에 대한 놀람을 전달할 수도 있고, 야외 활동을 계획한 사람이 오늘 날씨가 자신의 기대에 맞게 따뜻하여 기쁘다는 느낌을 전달할 수도 있는데 이러한 차이들은 모두 어조의 차이로 인한 것이 될 수 있다.

　동작은 소리를 통해 전해지는 구어 발화에 시각적인 효과를 더해줘 듣기 이해를 돕거나 보충해주는 요소이다. 조현용(2007)에서는 감정 표현하기, 거절하기, 거짓된 사실 말하기, 격려하기, 금지하기, 다짐·결심하기, 질문·대답하기, 묘사하기, 불만 나타내기, 비판·비난하기, 사과하기, 설명하기, 소망하기, 숫자 표현 및 수량 표현하기, 약속하기, 요청하기, 위로·격려하기, 위치 설명하기, 인사하기, 제안하기, 진단하기, 칭찬하기, 토론·주장하기, 확인하기, 후회하기 등을 표현할 때 사용하는 한국인들의 비언어적 표현을 정리하였는데, 예를 들어, 머리를 좌우로 세게 흔드는 행위는 강한 거부감을 보이며 부정하거나 거절하는 기능을, 고개를 어깨 쪽으로 천천히 내리는 행위를 한두 번 정도 하면 의아해하며 확인을 하는 것을 보여주는 것이라고 하였다. 이러한 동작 표현에는 한국어만의 특수성을 포함하고 있는 것이 있으므로 이들에 대한 교육은 듣기 이해 능력의 향상에 도움을 줄 수 있는 것이다.

2.3. 한국어 듣기 교육의 방법

2.3.1. 한국어 듣기 교육의 원리

① 학습자가 접하게 될 다양한 맥락을 고려하여 교육해야 한다.

　학습자의 한국어 능력이 높아질수록, 이들이 접하게 될 듣기의 유형은 더더욱 다양해지게 된다. 그러므로, 학습자가 접하게 될 다양한 유형의 자료를 적절한 시기에 제공하고 교육하여 이들을 성공적으로 들을 수 있게 해야 하는 것이다.
　그렇다면 듣기 담화의 유형에는 어떤 것들이 있을까? 듣기 담화의 유형[5]은 상호성 여부, 듣기의 상황, 듣기의 목적을 기준으로 분류될 수 있다. 이를 나타내면 다음과 같다.

<표 4> 듣기 담화의 유형

듣기의 목적 \ 상호성 여부, 듣기 상황	일방향적		쌍방향적	
	공식적	비공식적	공식적	비공식적
친교적	자기 소개, 축사(式辭)			
정보교환적	뉴스, 일기예보, 광고, 안내 방송, 강의, 발표	지시	상담, 문의, 인터뷰	대화
비평적	연설		토론, 토의	
감상적	낭송, 낭독, 노래		연극, 영화, 드라마	

상호성 여부에 따라 한 사람의 발화가 청자의 개입이 없이 이어지는 일방향적 담화 유형과 한 사람의 발화에 이어 청자가 그에 대한 즉각적 반응을 하는 쌍방향적 담화 유형으로 나뉠 수 있다. 쌍방향적 담화 유형에서 둘 이상의 참여자는 화자와 청자의 역할을 수차례 바꿔 가면서 참여하게 된다(J. Morley 2001:73). 이러한 분류는 듣기의 상황에 따라서 다시 한 번 분류될 수 있는데, 공식적 상황과 비공식적 상황이 그것이다. 공식적 상황이란, 참여자 간의 인간적 친밀도와는 별도의 태도를 가지고 발화가 진행되는 상황을 말하는 것이며, 비공식적 상황이란 참여자 간의 인간적 친밀도에 의해 좌우되는 상황을 말하는 것이다. 공식적 상황은 익명의 청중이 있는 경우나 직업적, 전문적 성격이 강한 내용을 담고 있는 경우에 발생하게 된다. 마지막으로 담화의 목적에 따라6) 친교적 담화, 정보교환적 담화, 비평

---

5) 전은주(1998:71)은 듣기의 유형을 듣기 상황과 목적을 기준으로 나누었다. 듣기 상황은 공식적 상황과 비공식적 상황으로 나뉠 수 있고, 듣기의 목적은 비판적 이해와 평가를 위한 것, 내용 이해 및 정보 처리를 위한 것, 감상적 이해와 평가를 위한 것으로 나누었다. 또한 D. Nunan(1999:204)에서도 듣기의 유형 분류를 시도하였는데, 우선 듣기의 유형을 독백 듣기와 대화 듣기로 나누고, 독백 듣기는 계획된 독백과 계획되지 않은 독백으로 나누었다. 또 대화는 목적에 따라 사회적, 대인적, 업무적 대화로 나뉠 수 있다고 하였으며, 대인적 대화는 친밀도에 따라 더 세분화될 수 있다고 하였다.
6) 하나의 담화에 다양한 담화의 목적이 존재하는 경우, 또는 담화가 발생하는 시간과 장소에 따라 담화의 목적이 다양해지는 경우도 있다. 그러나 <표 4>에서는 특정한 담화 유형이 가지고 있는 가장 전형적인 목적을 기준으로 분류하였다.

적 담화, 감상적 담화로 나눌 수 있다. 친교적 담화는 담화에 참여하는 사람들 간의 교류를 높여 친밀도를 높이기 위한 목적을 가진 담화를 말하며, 정보교환적 담화는 정보를 전달하기 위한 목적의 담화이다. 비평적 담화는 서로의 의견을 개진하는 목적을 가진 담화이며, 감상적 담화는 언어를 통해 정서적, 심리적 유희를 느끼기 위한 담화를 말하는 것이다.

② 실제의 한국어 듣기의 특성에 맞게 교육해야 한다.

듣기 기능은 학습자들에게 특히나 어려움을 느끼게 하는 기능이므로 교사들은 학습자들의 수준에 맞게 가공한 자료를 제작하여 듣기 교육을 실시하는 경우가 많다. 그러나 이러한 때에도 반드시 유념해야 할 점은 듣기 자료들은 궁극적으로 한국어 학습자들이 인위적인 한국어 교실 수업에서 벗어나 실제로 한국어를 접했을 때에도 당황하지 않고 최대한의 능력을 발휘하여 성공적인 듣기를 수행하게 하기 위해 고안되어야 한다는 점이다. 따라서 한국어 듣기 교육에서는 한국어 구어의 실제적인 특성에 맞는 교육이 필요할 것이다.

한국어 구어의 실제적인 특성에 맞는 교육이란 것은, 음성 듣기 자료를 제공할 때에도 적용될 수 있고, 이에 대한 활동을 계획할 때에도 적용될 수 있는 것이다. 우선, 학습자들에게 제공될 음성 자료들은 문어와 대립되는 구어의 언어사용역(register), 발음, 억양, 속도의 측면에서 구어의 특성을 잘 보여줘야 한다. 그 중 특히 속도의 측면은 학습자들로 하여금 한국어 듣기를 가장 어렵게 하는 요인(안경화, 김정화, 최은규 2000) 중의 하나이므로 듣기 자료의 제작에 있어 특히나 주의해야 한다.

듣기 자료뿐 아니라 듣기 활동 역시 실제 세계에서 일어날 만한 활동을 중심으로 짜여야 한다. 다음의 듣기 활동의 예를 보자.

> 약사: 어디가 아프세요?
> 손님: 목이 너무 아파요. 너무 아파서 말하는 것도 힘듭니다.
> 약사: 목감기예요. 언제부터 아팠어요?
> 손님: 그저께부터 아팠어요.
> 약사: 그럼 이 약을 드세요. 밥 먹고 30분 후에 한 개씩 드시면 돼요. 그리고 물하고 과일을 많이 드셔야 돼요. 그리고 오늘 밤은 잠을 많이 자야 합니다. 산책은 하지 마세요.
>
> 약사의 말을 듣고 손님이 해야 하는 것을 다음에서 모두 고르세요.
>
> ① 약을 먹어야 합니다.
> ② 손을 씻어야 합니다.
> ③ 물을 많이 먹어야 합니다.
> ④ 잠을 많이 자야 합니다.
> ⑤ 산책을 해야 합니다.

위의 듣기 활동은 초급의 학습자에게 제공될 수 있는 수준의 내용으로서, 약국 안에서 일어날 수 있는 대화를 듣고, 약사의 충고를 들어보게 하는 활동이다. 학습자가 실제로 약국에 가서 약사와 대화를 하는 상황을 생각해 본다면, 외국인인 학습자가 가장 주의해서 들어야 하는 것은 약사가 이야기해 주는 충고나 주의 사항일 것이다. 위와 같은 활동은 학습자가 실세계에서 경험할 만한 또는 수행해야 하는 기능을 발달시킬 수 있는 실제적인 활동이라고 볼 수 있는 것이다. 이와 같이 외국인을 위한 한국어 듣기 교육에서는 듣기 자료뿐만 아니라 활동도 실제의 한국어 듣기의 특성에 맞게 교육되어야 한다.

③ 학습자가 듣기 전략 개발을 꾀할 수 있도록 교육해야 한다.

교사가 학습자에게 궁극적으로 가르쳐야 하는 것은 한국어 교실에서 듣게 되는 한국어 담화가 아니라 교실 밖에 나가 경험하게 될 수없이 많은 듣기 담화들이다. "부모는 아이에게 물고기를 잡아주는 것이 아니라 물고기를 잡는 법을 가르쳐 줘야 한다"라는 교육에 관한 흔하고도 일반적인 명제는 한국어 듣기 교육에서도 여전히 적용될 수 있다. 즉, 한국어 듣기 교육은 수업 중 듣기를 잘 수행하도록 이끌어주는 것만이 아니라, 궁극적으로 학습자가 접하게 될 듣기 상황들에 잘 대처할 수 있도록 가르쳐 주는 것이어야 한다. 이는 곧 학습자들이 자신만의 전략을 개발할 수 있도록 교육해야 한다는 것이 된다.

그러나 자칫 듣기 활동은 수업 중 직면한 듣기 담화에 대한 이해를 확인하는 수준에서 그치는 경우가 많다. 이러한 문제에 대해 McDonough(1981)는 "과제를 읽거나 들은 후 그에 대해 질문을 하여 답하게 하는 활동은 가르칠 때 사용하는 활동이 아니라 시험을 볼 때 사용하는 활동이다(McDonough 1981:74)"라고 하였다. 이 지적처럼 한국어 듣기 교육은 학습자들이 수업 중에 들었던 담화를 잘 들었는지를 확인하는 차원에서 벗어나, 그들에게 전략을 교육하고 이를 익힐 수 있게 해야 하는 것이다.

---

1. 여러분은 평소에 무엇을 알기 위해서 일기예보를 듣습니까?

2. 다음 빈 칸에 여러분이 알고 싶어하는 질문을 써 보십시오.
   ① _____ 예) 오늘 비나 눈이 옵니까?
   ② _____ 예) 오늘은 날씨가 얼마나 춥습니까?
   ③ _____

3. 일기예보를 듣게 될 것입니다. 잘 듣고 여러분이 알고 싶어하는 질문에 대한 답이 있는지를 들어보십시오.

   > 오늘의 날씨를 말씀드리겠습니다. 서울을 비롯한 중부 지방에 구름이 많아졌습니다. 이 구름으로 오전에 잠깐 비가 오겠습니다. 비가 온 후에는 기온이 떨어져 영하 6도 정도의 추운 날씨를 보이겠습니다. 또 찬바람도 많이 불어 추위가 더 강하게 느껴지겠습니다. 따뜻한 코트를 준비하셔야겠습니다. 이상 오늘의 날씨였습니다.

4. 다음 빈 칸에 여러분이 알고 싶어하는 답을 써 보십시오.
   ① _____ 예) 오전에 비가 옵니다
   ② _____ 예) 영하 6도의 추운 날씨입니다, 찬바람도 붑니다
   ③ _____

위의 활동은 초급 후반부 정도의 수준에 있는 학습자로 하여금 '원하는 정보를 선택적으로 듣기' 전략을 발달시킬 수 있게 고안되어 있다. 학습자들이 듣기 전에 자신이 알고 싶은 정보를 위주로 스스로 질문을 생성하고, 그 질문에 집중해서 정보를 듣게 하는 것이다. 위의 일기예보 텍스트에는 초급 수준의 학습자가 정확하게 이해하기 어려운 문법 요소와 어휘들이 많이 담겨 있다. 그럼에도 불구하고 위의 텍스트를 통해 학습자가 얻고자 하는 정보를 얻었다면 이는 성공적으로 듣기를 수행했다고 볼 수 있을 것이다. 즉 듣기를 하기 전에 자신이 필요로 하는 정보를 선택하고 이에 집중해서 듣게 하는 전략을 가르치는 것이 필요한 것이다.

이렇듯, 수업은 학습자의 듣기 전략을 개발할 수 있도록 고안되어 궁극적으로 학습자가 처하게 될 여러 듣기 상황에서 전략적으로 사고하고 행동할 수 있도록 지도해야 한다.

2.3.2. 한국어 듣기 교육의 실제

① 듣기 수업의 기본 모형

듣기 수업은 아래의 〈표 5〉에서와 같이 크게 듣기 전 단계(pre-listening), 듣기 단계(listening), 들은 후 단계(post-listening)로 나눌 수 있다.

〈표 5〉 듣기 수업의 기본 모형

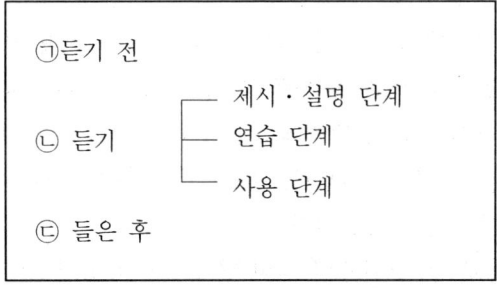

㉠ 듣기 전 단계

듣기 전 단계는 듣기 단계에서 다루게 될 내용에 대한 학습자들의 배경 지식을 활성화시키는 단계이다. 듣기 전 단계는 배경지식의 중요성을 강조하는 하향식 정보 처리 모형의 영향으로 그 중요성이 강조되고 있다. 듣기 전 단계에서 사용할 수 있는 활동은 다음과 같다.

- ◆ 그림이나 사진을 보고 간단히 이야기하기
- ◆ 제목을 보고 내용을 예측하기
- ◆ 주제에 관한 자신의 생각을 이야기하기
- ◆ 주제에 관한 자신의 경험을 이야기하기
- ◆ 짧은 글을 읽고 주제에 대해 생각해 보기
- ◆ 주제에 관해 알고 있는 것을 말해 보기

다음의 예는 초급 후반부 단계의 '부탁하기' 기능에 대한 듣기 전 단계 활동의 예이다.

> 1. 여러분은 친구에게 부탁을 해 본 적이 있습니까? 무슨 일로 부탁을 했습니까? 아니면 친구에게 부탁을 받아 본 적이 있습니까? 무슨 일을 부탁 받았습니까?
> 2. 친구에게 부탁을 할 때 어떻게 말했습니까? 또는 친구의 부탁을 받았을 때 친구에게 어떻게 말했습니까?

위의 예는 '부탁하기' 기능의 듣기를 수행하기 전에 배치할 수 있는 '주제에 관해 자신의 경험을 이야기하기' 활동과 '주제에 관해 알고 있는 것을 말해 보기'와 '주제에 관해 알고 있는 것을 말해 보기' 활동이다. 첫 번째 활동에서는 부탁을 하거나 부탁을 받은 경험에 대해서 이야기하게 한다. 또 두 번째 활동에서는 학습자들이 부탁을 하거나 부탁을 듣고 반응할 때 사용하는 표현에 대해 알고 있는 것을 말해 보게 하는 활동이다. 듣기 활동에서는 부탁에 관한 다양한 표현을 배우고 이를 들어보는 활동을 하게 될 것이므로, 학습자들이 기존에 알고 있던 '부탁'과 관련된 표현을 상기시키는 것이 중요하다.

듣기 전 활동은 실제 듣기 단계의 예비 단계로서의 성격이므로, 교사는 듣기 전 단계에서 시간을 지체해서는 안 된다. 앞으로 배울 내용에 대해 배경지식을 활성화시켰다는 목적을 달성했다면 듣기 단계로 넘어가야 할 것이다.

ⓒ 듣기 단계

'듣기 단계'는 수업에서 목표로 하는 내용을 배우고, 이를 적용하는 연습 과정을 거쳐 실제의 듣기 과제를 수행하는 단계이다. 듣기 단계는 읽기, 말하기 등의 다른 수업과의 연계 가능성, 학습자들의 언어 숙달도 수준, 수업의 목표에 따라 다양해질 수 있지만, 기본적으로는 제시·설명 단계, 연습 단계, 사용 단계로 구성될 수 있다.

'제시·설명 단계'에서는 학습자들에게 새로운 어휘나 표현, 담화 유형의 특성, 전략 등의 교육 내용을 제시하고 이에 대한 간단한 설명을 제공하는 단계이다. 학습자들에게 새롭게 제시되는 교육 내용은 학습자들의 현재 듣기 능력 수준을 조금 웃도는 'i +1'의 이해 가능한 입력(comprehensible input)[7]의 수준을 적절하게 지켜야 하며, 교사는 학습자들에게 새로운 교육 내용을 설명할 때, 학습자들이 기존에 알고 있던 것들과 연결시켜 제시하려고 노력해야 한다. '연습 단계'는 제시받은 교육 내용에 집중하여 듣게 하는 활동이 배치된다. 이 단계는 학습자들이 머릿속의 지식으로만 가지고 있는 것을 실제의 집중적인 듣기 수행을 통해 익히게 하는 단계이다. 마지막으로 '사용 단계'는 교육 내용에 대한 집중적인 연습에서 벗어나 이를 좀 더 실제적이고 종합적인 맥락 속에서 수행해보게 하는 과제 활동이 배치된다. 따라서 이 단계에서는 학습자들이 듣게 되는 담화의 길이가 길어지고, 맥락은 좀 더 복잡해지며, 수행하게 될 기능은 좀 더 심화될 수 있다.

Jo McDonough and Christopher Shaw(1993)에서는 듣기 단계의 활동을 크게 '확장적(extensive)' 활동과 '집중적(intensive)' 활동[8]으로 나누었다. 확장적 활동이란 "전반적 이해를 촉진하고, 학습자들로 하여금 모든 단어의 의미를 파악하지 못해도 걱정하지 않도록 북돋는 것과 관련된" 연습 활동을 말하며, 집중적 활동이란 "언어의 특정한 항목, 소리, 세부 사실과 같은 세부 사항을 다루는(J, McDonough and C, Shaw 1993:128)" 활동을 말하는 것이다. 다음은 확장적 활동과 집중적 활동의 예를 정리한 것이다.

---

[7] Krashen(1981:100)은 학습자들의 언어 습득이 이루어지기 위한 중요한 조건 중 하나로 입력 가설(input hypothesis)를 주장하였다. 이것은 "현재 학습자들의 언어 능력 수준을 약간 상회하는 수준의 언어 구조를 가진 언어 입력을 듣거나 읽기를 통해서 이해하는 것"을 통해서 학습자들의 언어 습득을 이끌 수 있다는 가설로서, 학습자들의 현재 수준을 'i'라고 했을 때, 학습자들이 이해하는 언어 입력은 'i+1' 수준이어야 한다고 하였다. 이러한 이해 가능한 입력(comprehensible input)이 주어졌을 때, 학습자의 언어가 발전해 간다는 것이다.
[8] 이러한 집중적 활동과 확장적 활동은 단계별 구분은 아니므로, 확장적 활동과 집중적 활동은 하나의 단계 속에 동시에 배치될 수도 있다.

<표 6> 집중적 활동과 확장적 활동의 예

확장적 활동의 예	집중적 활동의 예
• 중심 생각 찾기 • 그림을 순서에 맞게 배열하기 • 알맞은 그림과 사진 찾기 • 전체 내용에 대한 O/X 문제나 선택형 문제에 답하기 • 다음에 나올 내용을 예측하기 • 알맞은 짝 찾기 • 전체 텍스트에 나타난 화자의 견해를 추론하기 • 화자의 태도를 이해하기 • 듣고 요약하기 • 들으며 메모하기	• 빈 칸 채우기 • 숫자나 글자를 듣고 식별하기 • 세부 사실을 듣고 O/X 문제나 선택형 문제에 답하기 • 격자틀, 시간표, 도표를 완성하기 • 들은 어휘 표시하기

다음의 예는 '부탁하기' 기능에 대한 듣기 연습 단계 활동을 보여준다.

---

1. 친구의 부탁을 들어 보세요.

　1) 부탁을 듣고 무엇을 하겠습니까? 선을 그어 그림과 연결해 보세요.

　　　　　　　A　　　　　　　　B　　　　　　　　C
　　　　　　　·　　　　　　　　·　　　　　　　　·

　　　　　　　·　　　　　　　　·　　　　　　　　·
　　강아지에게 밥을 줘요.　　사진을 찍어요.　　도서관에 책을 돌려줘요.

　2) 다시 한 번 친구의 부탁을 듣고 아래의 빈칸을 채워 보세요.

　　A.
　　　저기요. 저희가 같이 사진을 좀 찍고 싶은데요. (답: 저희 사진 좀 찍어 주시겠어요) ?

　　B.
　　　제가 부산으로 여행을 가는데요. 우리집 강아지에게 밥을 줄 사람이 없어요. 우리집 강아지에게 (답: 밥 좀 주실 수 있어요) ?

　　C.
　　　미안한데요. 내일까지 이 책을 갖다 줘야 되는데요. (답: 제가 시간이 없어서요. 이 책 좀 부탁드려요) .

위의 활동은 상대방이 나에게 부탁을 하는 내용의 짧은 담화를 듣는 '알맞은 그림 찾기' 활동과 '빈 칸 채우기' 활동이다. 누군가로부터 부탁을 받을 때 가장 중요한 것은 부탁의 내용이 무엇인지를 이해하는 것이므로, 이를 듣고 이해하게 하는 활동이라고 볼 수 있다. 또, 빈 칸을 채우는 활동을 통해서 부탁의 내용뿐만 아니라 부탁을 할 때 사용하는 표현 '-아/어 주시겠어요?', '-아/어 주실 수 있어요?', '~(을) 부탁드려요'와 같은 표현에 집중할 수 있도록 해 준다.

ⓒ 들은 후 단계

'들은 후 단계'에서는 첫째, 듣기 단계에서 배운 내용을 확인하고, 둘째, 이를 이용하여 실제의 한국어 듣기 환경에 부딪혀 볼 수 있도록 독려하고, 셋째, 말하기, 읽기, 쓰기의 여타 기능과의 연계를 꾀할 수 있다. 다음과 같은 활동을 통해 수업의 마무리 단계인 '들은 후 단계'를 이끌 수 있다.

- ◆ 배운 내용을 상기하여 이야기하기
- ◆ 배운 내용과 관련된 교실 밖 듣기의 상황을 떠올려보기
- ◆ 배운 내용과 관련된 교실 밖 듣기 수행을 계획하기
- ◆ 주제와 관련된 역할극 등 들은 내용을 바탕으로 말하기
- ◆ 들은 내용을 바탕으로 쓰기를 계획하기
- ◆ 들은 내용과 관련된 읽기를 계획하기

앞서 예를 들어 살펴보았던 '부탁하기' 수업의 '들은 후 단계'에서는 다음과 같이 배운 내용을 상기하고, 이를 간단한 말하기로 연계하는 활동을 할 수 있다.

---

1. 부탁을 할 때 어떻게 말했습니까? 또 부탁을 들어줄 때와 거절할 때에는 어떻게 말했습니까?
2. 옆의 친구에게 부탁할 것이 있습니까? 친구에게 부탁을 하고, 친구가 부탁하는 것을 들어 줍시다.

2.4. 한국어 듣기 평가

4절에서는 성취도 평가(achievement test)로서의 한국어 듣기 평가에 한정하여

논의할 것이다. 성취도 평가란, 특정 교육 기관에서 교육을 받은 학습자들이 해당 교육 내용을 익혔는지를 형식을 갖춰9) 평가하는 것이다. 따라서 성취도 평가로서의 한국어 듣기 평가는 반드시 교과과정 내에서 다룬 듣기 교육 내용과의 관련성 속에서 실행되어야 한다.

성취도 평가로서의 한국어 듣기 평가의 계획 시 고려할 만한 점을 듣기 평가의 형식의 선택, 듣기 담화의 선택, 문제 유형의 선택의 세 가지 측면에서 살펴볼 수 있다.

듣기 평가 형식을 선택한다는 것은 '어떻게 듣기 능력을 평가할 것인가?'의 문제이다. 듣기 평가의 형식은 실제 의사소통의 상황 속에서 듣기 수행 능력을 측정하는 직접 평가(direct measurement)와 실제 의사소통의 상황은 아니지만 그에 준하는 상황 속에서 듣기 수행 능력을 측정하는 간접 평가(inderect measurement)가 있다. 직접 평가의 예로는 평가자와 피평가자의 인터뷰, 평가자의 지시를 듣고 행동하기, 공식적인 일방향적 담화를 듣고 메모하기 등을 들 수 있다. 간접 평가는 선다형 문항, 개방형 문항, 받아 쓰기와 같은 지필 평가와 들은 내용을 바탕으로 구술하게 하는 형식의 평가가 가능하다. 직접 평가는 실제의 듣기 수행 능력을 평가할 수 있다는 의의가 있으나 시행 상 인력과 시간 부족 등의 문제가 있을 수 있으며, 다양한 담화 상황을 평가하기 힘들다는 단점이 있다. 따라서 듣기 평가에 있어서는 간접 평가의 하나인 지필 평가가 일반적으로 사용되고 있다.

듣기 담화를 선택한다는 것은 '피평가자들이 무엇을 들어야 하는가?'라는 문제를 다루는 것이다. 피평가자들이 들어야 하는 주제는 무엇이며, 유형은 무엇인지, 어휘와 문법·표현은 무엇인지에 대한 선택이 교육 내용과의 밀접한 관련성 속에서 이루어져야 하며, 주제, 유형, 어휘와 문법·표현의 내용적 측면이 적절하게 조합되어야 한다.

문제 유형의 선택은 '피평가자들은 듣는 중에 또는 들은 후에 무엇을 해야 하는가?'라는 문제를 다루는 것이다. 즉, 피평가자들이 듣는 중 또는 들은 후 수행해야 하는 반응의 유형을 결정하는 것이다. 그것은 담화가 일어나는 상황을 파악하는 것일 수도 있고, 담화의 중심 내용을 파악하는 것일 수도 있으며, 좀 더 세부적인

---

9) 한국어의 평가는 'evaluation'과 'testing'을 두루 가리키는 통일적인 용어인데, 본디 'evaluation'은 비형식적인 평가를, 'testing'는 형식적인 평가를 일컫는다(김유정 2002:223). 여기에서 다루고자 하는 성취도 평가(achievement test)는 형식적인 평가의 일종이므로 '형식을 갖춰 평가하는' 것이라고 할 수 있다.

내용을 이해하거나 특정한 음운이나 단어만을 듣는 것일 수도 있다. 이해영 외 (2006)는 한국어능력시험(TOPIK)의 듣기 문항의 유형을 다음과 같이 15가지로 열거하였는데, 숙달도 평가인 한국어능력시험의 문제 유형은 성취도 평가에서도 활용할 만하다.

1) 음운 식별하기
2) 세부 내용 파악하기
3) 중심 생각 파악하기
4) 전체 내용 파악하기
5) 듣고 화제 찾기
6) 제목 붙이기
7) 화자의 태도·심정 파악하기
8) 듣고 적절한 행동 고르기
9) 듣고 이어지는 말 고르기
10) 듣고 이유·근거·목적 파악하기
11) 논리적 흐름 파악하기
12) 대화 장소 찾기
13) 대화 상황 파악하기
14) 대화 참여자 파악하기
15) 담화 유형 파악하기

(이해영 외 2006:103)

참고문헌

강명순·이미혜·이정희·정희정(1999), 한국어 듣기 능력 평가 방안: 숙달도 평가를 중심으로, [한국어교육] 10-2, 국제한국어교육학회, 47-94.
강승혜 외(2006), [한국어 평가론], 태학사.
김유정(2002), 외국어로서의 한국어 능력 평가론, 박영순 편, [21세기 한국어교육학의 현황과 과제], 209-242.
노대규(1996), [한국어의 입말과 글말], 국학자료원.
백봉자(2005), 말하기, 듣기 교육의 교수 학습, [한국어교육론], 한국문화사.
이해영(2002), 한국어 듣기 교육의 이론과 실제, 박영순 편, [21세기 한국어교육학의 현황과 과제], 93-127.
이해영(2004), 학문 목석 한국어 교과과성 설계 연구, [한국어교육] 15-1, 국제한국어교육학회, 137-164.
이해영(2005), 말하기, 듣기 교육의 과제와 발전 방향, [한국어교육론], 한국문화사.
이해영·김정숙·김영규·방성원·이정희·이동은 (2006), 한국어능력시험 문항 유형 개발을 위한 기초 연구: 문항 개발을 위한 지침서, 한국교육과정평가원 연구보고서.

안경화·김정화·최은규(2000), 학습자 중심의 한국어교육과정 개발 방향에 대하여, [한국어교육] 11-1, 국제한국어교육학회, 67-83.

전은주(1998), 말하기·듣기의 본질적 개념과 교육과정 구성 방안 연구, 고려대학교 박사학위논문.

조현용(2007) 한국인 비언어적 행위의 특징과 한국어교육 연구, [이중언어학] 33, 이중언어학회, 269-295.

차경환, 신동일(2001), [영어 청취론], 한국문화사.

천경록(1992), 독해 과정과 명제, [청람어문학] 7, 청람어문학회, 438-462.

천경록(1995), 기능, 전략, 능력의 개념 비교: 국어과 교육의 개념과 관련하여, [청람어문학], 청람어문학회.

한재영 외(2006), [한국어교수법], 태학사.

현윤호(2005), 말하기, 듣기 교육의 연구사와 변천사, [한국어교육론], 한국문화사.

황인교(1999), [외국어로서의 한국어교육 연구: 구어 교수 이론의 정립을 위하여], 283-201.

Ann Anderson & Tony Lynch(1988), *Listening*, Oxford University Press.

David Nunan(1999), *Second Languaage Teaching and Learning*, Heinle & Heinle Publish.

Hatim, B. and Mason, Ian(1990), *Discourse and the Traslator*, London: Longman.

J. Morley(2001), *Aural Comprehenstion Instruction*, Principles and Practices,

Jo McDonough and Christopher Shaw(1993), *Materials and Methods in ELT*, 2rd Edition, Blackwell Publishing.

Krashen, Stephen(1981), *Second Language Acquisition and Second Language Learning*, Oxford: Pergamon Press.

McDonough, S.(1981), *Psychology and Foreign Language Teaching*, Oxford: Pergamon.

Marianne Celce-Murcia(2001), Teaching English as a Second or Foreign Language, 3rd, 69-85, Heinle & Heinle Publish.

O'Malley, J. M.(1987), The effects of training in the use of learning strategies, In A. Wenden and J. Rubin(eds.), *Learning Strategies in Language Learning*, Englewood Cliffs, N.J.: Prentice-Hall.

O'Malley,, J. M., and A. U. Chamot.(1990), *Learning Strategies in Second Language Acquisition*, Cambridge: Cambridge University Press.

Song Mi-jeong(2002), The Effect of Listening Strategy Use on Listening Ability: 'Using an Immediate Retropective Data Collection Method', *English Teaching* Vol 57, No. 3

3. 한국어 읽기 교육

가야할 목적지를 버스나 지하철 노선에서 확인할 때, 식당에서 메뉴를 고를 때, 아르바이트나 하숙집을 찾기 위해 대학 캠퍼스 주변의 벽보를 살펴 볼 때, 우리는 모두 '읽기'라는 공통된 의사소통 상황에 개입하게 된다.

해당 언어를 모국어로 하는 사람들에게 사실 이런 상황들은 아주 쉽고 간단히 해결할 수 있는 것들이다. 만약 잠깐의 머뭇거림이 있다면 그것은 독해 능력의 문제가 아니라 선택의 문제라고 보아야 할 것이다. 그러나 해당 언어를 모르는 사람들이 이런 과제를 수행해야 하는 상황이라면, 예를 들어 한국 사람들이 쿠웨이트에서 아랍어로 된 메뉴를 읽는다거나 캄보디아에서 크메르어로 된 버스 노선도를 보고 있다면 이런 상황을 어떻게 극복해 나갈 수 있을까? 마찬가지로 외국어로서 한국어를 배우는 학습자들에게는 한글로 된 읽기 텍스트[1]의 이해를 바탕으로 자신에게 주어진 과제를 성공적으로 수행하는 일이 그리 쉽지만은 않다.

국내에서 대학 또는 대학원을 진학하거나 한국 기업체의 취업을 목적으로 한국어를 배우려는 학습자의 숫자가 상당히 늘어났다. 이들에게는 메뉴나 벽보 차원이 아닌 상당한 수준의 읽기 능력이 요구된다. 또 구어 상황에 노출될 기회가 매우 제한적인 국외 한국어 학습자들에게는 읽기를 통해 한국어를 학습하고 정보를 획득하는 비중이 상당히 높다.

따라서 외국어로서 한국어를 배우는 학습자들이 다양한 종류의 읽기 텍스트 앞에서 당황하지 않고 무난히 과제를 수행할 수 있도록 예비 한국어 교사가 읽기 교육에 대한 지식과 방법을 익히는 일은 의미가 있다.

본 단원은 크게 두 부분으로 나누어 볼 수 있다. 단원의 전반부에서는 한국어 읽기 교육의 목표 및 내용 그리고 몇 가지 읽기 교육의 원리를 제시할 것이다. 단원의 후반부에서는 초·중급 학습자를 대상으로 하는 읽기 수업의 실제를 통해 읽기 전·중·후 단계에서 사용할 수 있는 다양한 활동 유형과 방법을 제시하고, 수업의 실제에서 보여준 텍스트를 토대로 구체적인 성취도 평가 문항을 보여 주도록 하겠다.

---

[1] 박영순(2004:27-29)에서는 텍스트를 담화보다 상위의 개념으로서 결속성, 응집성, 의미성, 완결성, 정체성을 갖춘 최대 언어 단위로 본다. 본고에서는 한국어 학습자가 교실 내외에서 접하게 되는 모든 읽기 자료의 개념으로 '텍스트'를 사용할 것이다.

3.1. 한국어 읽기 교육의 목표

한국어 의사소통 능력은 구어를 대상으로 하는 듣기, 말하기 능력과 문어를 대상으로 하는 읽기, 쓰기 능력이 골고루 갖추어졌을 때 비로소 얻게 된다.[2] 한국어 읽기 교육의 목적은 한국어 의사소통 능력의 일부인 학습자의 한국어 읽기 능력을 배양하는 데 있다.

그렇다면 한국어 읽기 교육을 통해 도달해야 할 한국어 읽기 교육의 목표는 어떻게 설정될 수 있을까? 한국어 읽기 교육의 목표는 '한국어 학습자가 '읽기' 의사소통 상황에서 사전이나 다른 사람에 의지하지 않고 제한된 시간 내에 정확하고도 유창하게 과제를 해결할 수 있도록 하는 것'이 될 것이다.

그러나 한국어 읽기 교육의 목표는 '교육'이라는 측면과 교육의 대상이 '외국어'라는 측면에서 학습자의 숙달도(Proficiency)[3] 수준을 고려하지 않을 수 없다. 교육의 목표와 평가 기준이 엄밀히 일치하는 것은 아니지만 표준화된 교육 과정이 마련되어 있지 못한 한국어교육 상황에서 TOPIK(한국어 능력시험, Test of Proficiency in Korean)[4]의 수준별 평가 기준과 영역별 평가 기준은 참고할 만한 하나의 대안이 될 수 있다. TOPIK의 수준별 총괄 평가 기준과 읽기 영역 평가 기준은 다음과 같다 (이해영 외(2004)에서 인용).

---

[2] Bachman(1989:253, LoCastro, V(2003)의 서문 ix에서 재인용)은 의사사통 능력을 크게 언어 능력(Language Competence)과 전략적 능력(Strategic Competence), 그리고 심리물리적 기술(Psychophysical skills)로 나눈다. 본고에서 한국어 의사소통 능력을 일단 듣기·말하기·읽기·쓰기 4가지 능력으로 구분하는 것은 Bachman이 심리물리적 기술을 생산(Productive skills: Oral과 Visual)과 이해(Receptive skills: Oral과 Visual) 영역으로 나눈 것과 동일한 차원이다. 읽기 능력이란 시각을 통해 들어오는 문자와 음절, 어휘, 구, 절, 문장, 문단 등을 인식하고 이해하는 능력이라 할 수 있다. 물론 읽기 능력은 언어 능력과 전략적 능력이 뒷받침되어야 얻을 수 있다.

[3] 언어 숙달도(language proficiency)란 '그 언어를 사용해서 실제 의사소통 상황에서 무엇을 할 수 있는가'라는 언어의 기능적 측면을 강조한 용어로서, 1980년대 이후 언어 평가 분야에서 처음 도입되어 사용되었다.

[4] TOPIK은 한국 문화 이해 및 유학 등에 필요한 한국어 능력을 측정·평가하는 일반 한국어능력 시험(Standard TOPIK, S-TOPIK)과 한국의 일상생활 및 한국 기업체의 취업에 필요한 의사소통 능력을 측정·평가하는 실무 한국어능력 시험(Business TOPIK, B-TOPIK)이 있다. 본문에서 제시한 총괄 평가 기준은 일반 한국어능력 시험의 평가 기준으로 인터넷 사이트 http://topic.or.kr에서도 확인할 수 있다.

〈표 1〉 한국어 능력시험의 수준별 총괄 평가 기준

시험 종류	평가 등급	총괄 기준
초급	1급	• 자기 소개하기, 물건 사기, 음식 주문하기 등 생존에 필요한 기초적인 언어 기능을 수행할 수 있으며 자기 자신, 가족, 취미, 날씨 등 매우 사적이고 친숙한 화제에 관련된 내용을 이해하고 표현할 수 있다. • 약 800개의 기초 어휘와 기본 문법에 대한 이해를 바탕으로 간단한 문장을 생성할 수 있다. • 또한 간단한 생활문과 실용문을 이해하고 구성할 수 있다.
	2급	• 전화하기, 부탁하기 등의 일상생활에 필요한 기능과 우체국, 은행 등의 공공시설 이용에 필요한 기능을 수행할 수 있다. • 약 1,500~2,000개의 어휘를 이용하여 사적이고 친숙한 화제에 관해 문단 단위로 이해하고, 사용할 수 있다. • 공식적 상황과 비공식적 상황에서의 언어를 구분해 사용할 수 있다.
중급	3급	• 일상생활을 영위하는 데 별 어려움을 느끼지 않으며 다양한 공공시설의 이용과 사회적 관계 유지에 필요한 기초적 언어 기능을 수행할 수 있다. • 친숙하고 구체적인 소재는 물론, 자신에게 친숙한 사회적 소재를 문단 단위로 표현하거나 이해할 수 있다. • 문어와 구어의 기본적인 특성을 구분해서 이해하고 사용할 수 있다.
	4급	• 공공시설 이용과 사회적 관계 유지에 필요한 언어 기능을 수행할 수 있으며 일반적인 업무 수행에 필요한 기능을 어느 정도 수행할 수 있다. • 또한 뉴스, 신문 기사 중 비교적 평이한 내용을 이해할 수 있다. 일반적인 사회적·추상적 소재를 비교적 정확하고 유창하게 이해하고 사용할 수 있다. • 자주 사용되는 관용적 표현과 대표적인 한국 문화에 대한 이해를 바탕으로 사회·문화적인 내용을 이해하고 사용할 수 있다.
고급	5급	• 전문 분야에서의 연구나 업무 수행에 필요한 언어 기능을 어느 정도 수행할 수 있다. • 정치, 경제, 사회, 문화 전반에 걸쳐 친숙하지 않은 소재에 관해서도 이해하고 사용할 수 있다. • 공식적, 비공식적 맥락과 구어적, 문어적 맥락에 따라 언어를 적절히 구분해 사용할 수 있다.
	6급	• 전문 분야에서의 연구나 업무 수행에 필요한 언어 기능을 비교적 정확하고 유창하게 수행할 수 있다. • 정치, 경제, 사회, 문화 전반에 걸쳐 친숙하지 않은 주제에 관해서도 이용하고 사용할 수 있다. • 원어민 화자의 수준에는 이르지는 못하나 기능 수행이나 의미 표현에는 어려움을 겪지 않는다.

<표 2> 한국어 능력시험 읽기 영역의 수준별 평가 기준

시험 종류	평가 등급	읽기 영역 평가 기준
초급	1급	• 간단한 표지나 표지어의 의미를 이해한다. • 짧은 서술문을 읽고, 주제어를 파악할 수 있다. • 일기, 편지 등 간단한 생활문을 읽고, 내용을 파악할 수 있다. • 메모, 영수증 등 간단한 실용문을 읽고, 정보를 파악할 수 있다.
	2급	• 실생활에서 흔히 볼 수 있는 간단한 표지어의 의미를 이해할 수 있다. • 일상생활과 관련된 설명문이나 생활문, 편지글 등의 글을 읽고, 내용을 파악할 수 있다. • 생활하는 데 필요한 광고나 안내문, 영수증 등을 읽고, 정보를 파악할 수 있다.
중급	3급	• 생활 문화와 관련된 글을 읽고, 내용을 파악할 수 있다. • 생활 문화와 관련된 글을 읽고, 내용을 추론할 수 있다. • 광고나 안내문, 간단한 신문기사 등의 글을 읽고, 정보를 파악할 수 있다.
	4급	• 경제, 사회, 문화 등과 관련된 글을 읽고, 내용을 파악할 수 있다. • 경제, 사회, 문화 등과 관련된 글을 읽고, 내용을 추론할 수 있다. • 계약서, 사용설명서 등의 실용문을 읽고, 구체적인 정보를 파악할 수 있다. • 광고나 안내문, 신문기사, 건의문 등의 시사성 있는 글을 읽고, 구체적인 정보를 파악할 수 있다. • 수필이나 동화 등의 작품을 읽고, 내용을 파악할 수 있다.
고급	5급	• 정치, 경제, 사회, 과학 등과 관련된 글을 읽고, 내용을 파악할 수 있다. • 비교적 쉬운 시, 소설 등의 문학 작품을 읽고, 내용을 파악할 수 있다. • 대부분의 신문기사, 건의문 등을 읽고, 정보를 파악할 수 있다. • 수필, 동화 등의 작품을 읽고, 내용을 추론할 수 있다.
	6급	• 전문적이고 추상적인 주제를 다룬 글을 읽고, 내용을 파악할 수 있다. • 한국 문학의 대표적인 수필이나 소설, 희곡 등의 작품을 읽고, 내용을 파악할 수 있다. • 수필이나 소설 등의 작품을 읽고, 내용을 추론할 수 있다. • 다양한 종류의 글을 읽고, 글을 쓴 의도를 파악할 수 있다.

그밖에 한국어 읽기 평가의 초·중·고급 수준별 목표는 강승혜 외(2006:225-227)에서도 찾아 볼 수 있다.[5]

---

5) 읽기 교육의 목표는 한재영 외(2006:225-226)와 주옥파(2004:174)에서도 찾아볼 수 있다. 그러나 한재영 외(2006)의 논의는 초급의 경우 지나치게 발음(낭독) 중심 교수법에 근거해 목표를 설정하고 있고 중·고급 역시 목표라기보다는 읽기 방법에 해당하는 내용이 많으며 또한 외국어 교육보다는 모국어 교육에 근거해 목표를 설정하고 있다.
  주옥파(2004)는 읽기 교육의 최종 목표를 한국어 의사소통 능력 향상에 두고, 그 아래 1차 목표와 2차 목표를 설정하고 있다. 1차 목표로는 음운·형태·어휘·통사 등의 문법적 능력 향상을, 2차 목표로는 텍스트 및 화용 능력의 향상, 문맥 속 작가의 의도 파악 능력 및 학습자의 스키마를 활용한 글의 분석 및 종합 능력·사고력 신장을 들고 있다.

초급 읽기 평가의 목표
- 일상생활과 관련이 있는 표지나 표지어를 이해할 수 있다.
- 일상생활에서 자주 접하는 화제, 소재, 주제, 기능을 다룬 간단한 글을 읽고 내용을 이해할 수 있다.
- 생활하는 데 필요한 간단한 생활문과 광고나 안내문 등의 실용문을 읽고, 정보와 내용을 파악할 수 있다.
- 단문에서 시작하여 짧은 서술문, 광고문, 안내문 등 점차 간단하면서도 다양한 담화의 내용을 이해할 수 있다.

중급 읽기 평가의 목표
- 친숙하고 구체적인 사회, 문화 소재를 다룬 간단한 글을 읽고 이해할 수 있다.
- 광고, 안내문 등의 실용문을 읽고 중요한 정보를 파악할 수 있다.
- 비교적 친숙한 사회적 주제를 다룬 논설문이나 설명문 등을 이해할 수 있다.
- 가벼운 수필이나 동화, 간단한 시 등의 작품을 읽고 내용을 파악할 수 있다.
- 사회적 관계 유지에 필요한 텍스트를 읽고 이해할 수 있다.
- 비교적 평이한 내용을 다룬 시사적인 글을 읽고 내용을 이해할 수 있다.

고급 읽기 평가의 목표
- 정치, 경제, 사회, 문화 등에 걸쳐 전문적으로 다룬 글을 읽고 이해할 수 있다.
- 사회적이고 추상적인 내용을 다룬 논설문, 설명문 등의 글을 이해할 수 있다.
- 본격적인 수필, 동화 등의 작품을 읽고 내용을 파악할 수 있다.
- 한국 문학의 대표적인 작품을 읽고 감상할 수 있다.
- 다양한 종류의 글을 읽고 글을 쓴 의도를 파악할 수 있다.
- 고유 업무 영역이나 전문 연구 분야와 관련된 글을 이해할 수 있다.

이해영 외(2004)와 강승혜 외(2006)에서 제시하고 있는 수준별 읽기 평가의 목표는 읽기 교육의 목표가 아래 세 가지 측면에서 고찰되어야 함을 시사해 준다.

첫째, 학습자의 숙달도 수준이 올라갈수록 텍스트가 다루는 주제의 범위가 확대된다. 따라서 읽기 교육의 목표 역시 초급에서는 일상생활에서 자주 접하는 주제(개인 신상(이름, 나이, 직업, 국적, 취미, 가족 등), 음식, 날씨, 쇼핑, 위치, 교통, 여행, 색, 모양, 건강 등)를, 중급에서는 비교적 친숙하고 구체적인 사회·문화에 관한 주제(직업, 성격, 습관, 연애와 결혼, 문화 차이, 유행, 사건과 사고, 스포츠 등)를, 고급에서는 정치·경제·사회·문화·과학 등의 전문적인 영역 및 추상적인 주제(교육제도, 정치제도, 사회보장제도, 환경문제, 대중문화, 전통문화, 신화, 인류문명, 인간복제, 사형제도, 안락사, 낙태 등)를 다룬 텍스트를 읽고 이해하는 것이 되겠다.

둘째, 학습자의 숙달도 수준이 올라갈수록 텍스트의 종류가 다양해진다. 따라서 초급에서는 간단한 생활문과 실용문을, 중급에서는 생활문과 실용문을 포함, 비교적 쉬운 주제의 논설문과 설명문, 신문기사 그리고 언어적 난이도가 낮은 문학 작품을, 고급에서는 중급에서 다루는 텍스트 이외 한국의 대표적인 문학 작품을 포함한 다양한 종류의 텍스트를 읽고 이해하는 것이 읽기 교육의 목표가 되겠다.6)

셋째, 학습자의 숙달도 수준이 올라갈수록 텍스트를 읽고 수행하는 기능에 차이가 있다. 따라서 초급에서는 텍스트가 주는 정보를 통해 표면적인 의미를 파악하는 차원이라면 중급을 거쳐 고급에 이르러서는 텍스트를 읽고 추론·비판하기와 더불어 글쓴이의 의도까지 파악하는 것이 읽기 교육의 목표가 되겠다.

그 밖에도 학습자의 숙달도 수준에 따라 읽고 처리해야 할 텍스트의 주제 및 종류가 다양해진다는 점에서 어휘력 향상 및 제한된 시간 내 처리해야 할 텍스트의 양 즉, 유창성 신장 역시 읽기 교육의 목표 속에 포함되어야 할 것이다.

3.2. 한국어 읽기 교육의 내용

한국어 읽기 교육의 내용은 당연히 읽기 교육이 지향하는 목표에 도달할 수 있

---

6) 생활문·실용문·서술문 등이 구체적으로 어떤 종류의 텍스트를 포괄하는 것인지 모두 밝히기는 어려울 것이다. 또한 신문기사·설명문·논설문 등과 같은 텍스트의 유형 역시 주제와 표현의 난이도, 학습자가 읽고 수행해야 할 기능에 따라 실제 초·중·고급의 교육 현장에서 선택될 수 있는 구체적인 텍스트에는 한계가 있기 마련이다. 그러나 초·중·고급에서 다룰 만한 텍스트의 종류를 대략적이나마 제시해 보면 다음과 같다.

   초급: 초급 수준의 자기소개글·일기·편지·광고, 명함, 신분증, 메모, 휴대전화 문자 메시지, 영수증, 메뉴, 지하철 노선, 기차표, 열차시간표, 일기예보, 공공시설 이용 안내문, 청첩장, 연하장 등

   중급: 각종 신청서, 이력서, 자기소개서, 추천서, 사용설명서, 제품설명서, 요리법, 각종 광고, 설문지, 중급 수준의 설명문·신문기사·기행문·시·수필·동화·만화·노래 가사 등

   고급: 설명문, 논설문, 업무용 문서, 신문기사, 주례사, 추모사, 담화문, 투고문, 학술서적, 감상문, 서평, 문학평론, 시, 시조, 수필, 소설, 희곡, 영화·드라마 대본, 신화, 전설 등 거의 모든 종류의 텍스트

도록 구성되어야 한다. 본고에서는 읽기 교육의 내용을 어휘·문법·문어적 표현 등을 포괄하는 언어적 영역과 텍스트 표지, 텍스트 구조, 읽기 전략으로 나누어 기술하겠다. 물론 텍스트 표지와 텍스트 구조는 모두 언어적 영역으로 한데 묶일 수 있으나 이 둘의 경우 특히 읽기에서 중요한 의미를 갖는다는 점에서 따로 분리하여 기술하겠다.

① 언어적 영역

학습자들은 읽기의 어려움으로 어휘력의 부족을 꼽을 때가 많다. 또 그와 상응하게 읽기를 통해 어휘력이 향상되었다고도 한다. 따라서 학습자가 한국어 숙달도 수준에 맞는 텍스트를 읽고 이해하기 위해서는 또한 읽기를 통해 어휘력을 향상시키기 위해서는 초급에서는 일상생활에 필요한 기본적인 어휘를, 중급에서는 사회·문화 현상과 관련된 비교적 쉬운 어휘를, 고급에서는 정치·경제·사회·문화·과학 등 전문적인 영역에서 다루는 어휘를 교육해야 한다. 그 밖에도 중·고급에서는 추상 어휘, 고사 성어, 시사용어, 속담, 관용어, 수사적 표현 등도 교육 내용 속에 포함되어야 할 것이다.

문법 역시 학습자의 숙달도 단계에 따라 초급에서는 한국어의 기본적인 문장 구조와 서법, 시제, 부정, 높임법, 관형형, 격조사, 연결어미, 보조 용언, 불규칙 용언 등을, 중·고급에서는 복잡한 의미와 체계를 갖는 의미 조사·연결어미·보조 용언 등을 교육해야 한다.[7]

그 밖에도 간편체(plain style, 현재: '명사+(이)다, 동사 어간+ㄴ/는다, 형용사 어간+다', 과거: '명사+였/이었다, 동사·형용사 어간+았/었다', 미래(추측): '명사+일 것이다, 동사·형용사 어간+(으)ㄹ 것이다' 형태의 문장 종결법)나 메모·광고·안내문 등에 쓰이는 종결 표현(-(으)ㅁ, -(으)ㄹ 것 등), 문어에 주로 쓰이는 연결어미(-아/어, -(으)니, -(으)며, -되 등)와 종결 어미(예를 들어 '창밖을 보라'의 -(으)라, '말한들 무엇하랴'의 -(으)랴, '길을 떠나다'의 -다 등), 문어에 많이 쓰이는 조사(-(으)로서, -(으)로써 등)와 부사(일찍이, 장차, 앞서, 바야흐로, 과연, 미상불, 곧, 즉, 또한, 혹 등) 그리고 문장 부호의 쓰임 등도 읽기 교육 내용에 포함되어야 한다.

---

[7] 물론 어휘와 문법은 읽기 교육 내용에만 국한되는 것은 아니다. 그러나 철자 인식을 통해 어휘와 문법의 정확한 의미와 용법을 파악한다는 점에서 다른 언어 기능과 차별성을 갖는다.

② 텍스트 표지

텍스트의 의미를 정확하게 또한 유창하게 파악하기 위해서는 문장과 문장, 단락과 단락을 형태적으로 결속시키고 내용적으로 응집시키는 텍스트 표지(Text index)8)의 형태와 의미 그리고 기능을 아는 것이 중요하다. 따라서 지시어('이·그·저' 즉, 지시 관형사를 기본으로 한 지시 대명사, 지시 부사, 지시 형용사)와 대용어(동어 반복을 피하기 위해 사용하는 단어나 표현), 반복 어구, 접속 부사(그리고, 그러나, 그래서, 그러므로…)와 나열(예를 들어, 첫째·둘째·셋째…)·첨가(또, -뿐만 아니라, 하물며…)·논증(따라서, 왜냐하면 -기 때문이다…)·조건(만약 -라/다면…)·대조(반면…)·부연(즉, 다시 말해서…)·인용(-에 의하면, -라(다)고 말하다…)·요약(지금까지, 요컨대, 종합하면, 결론적으로…) 등의 기능을 담당하는 어휘적·문법적 표현 등은 읽기 교육에서 특히 강조해야 할 내용이다.

③ 텍스트 구조

학습자의 한국어 숙달도 수준이 향상됨에 따라 읽고 이해할 텍스트의 종류는 다양해진다. 텍스트 구조에는 편지글의 경우 '받는 사람, 첫인사, 본문, 끝인사, 쓰는 사람, 날짜', 논설문의 경우 '서론, 본론, 결론', 소설의 경우 '발단, 전개, 위기, 절정, 결말'과 같은 거시적 수준의 텍스트 유형별 구조뿐만 아니라 텍스트 내부에 나타나는 미시적 수준의 설명·논증·묘사·서사·분류·예시·정의·비교·대조·유추·인과와 같은 서술 방식 등도 포함된다.

텍스트 구조를 교육하기 위해서는 텍스트 선정 시 해당 텍스트가 한국어의 가장 일반적인 텍스트 구조를 보여주는 것이어야 한다. 각각의 텍스트가 가지는 가장 일반적인 구조를 가르치는 것은 학습자의 교실 밖 적응력을 높이는 데 기여한다. 텍스트 구조와 더불어 텍스트 고유의 특징적인 표현이 있다면 이 역시 명시적으로 교육되어야 한다.

---

8) 본고에서 말하는 텍스트 표지란 텍스트 언어학에서 말하는 담화 표지(discourse index) 또는 결속 장치(cohesive device)와 유사한 개념이다.

④ 읽기 전략

'무엇을 읽을 것인가'가 아닌 '어떻게 읽을 것인가' 즉, 읽기 전략에 대한 교육은 학습자를 능률적인 한국어 독자가 되도록 이끌어준다. 물론 읽기 전략은 텍스트와 분리되어 개별적으로 가르쳐야 할 교육 내용은 아니다. 학습자가 교실 밖에서도 텍스트를 읽기 전과 읽는 동안에 적극적으로 활용할 수 있도록 수업 중에 자연스럽게 녹아 있어야 한다.

제목이나 자신의 배경 지식을 통해 텍스트의 내용을 예측하고, 자신의 예측이 맞는지 확인하거나 틀렸을 때 수정하며, 텍스트 내용 이해에 필요한 정보와 불필요한 정보를 구분하고, 모르는 어휘나 문법에 대해서는 맥락을 통해 의미와 기능을 유추하고, 텍스트 표지나 텍스트 구조를 활용하고, 주제어와 핵심어, 주제문이나 주제 단락을 찾고, 글을 읽는 목적과 텍스트의 종류에 따라 scanning(특정 정보만을 찾아 빠른 속도로 훑어 읽기), skimming(글의 주제나 요지를 찾아 빠른 속도로 읽기), intensive reading(텍스트의 언어적 정보 즉, 어휘나 표현을 해독하며 꼼꼼히 읽기)과 같은 적합한 읽기 방법을 선택하는 것 등이 모두 읽기 전략에 해당한다.

3.3. 한국어 읽기 교육의 방법

과거 외국어 교육에서의 읽기 교육은 문법 지식과 어휘 지식에 기대어 텍스트의 개별 문장을 처음부터 끝까지 하나하나 읽고 이해하는 방식이었다. 그러나 이러한 방법은 학습자가 목표어의 실제 의사소통 상황에서 텍스트를 읽고 대처하는 능력을 배양하는 데는 실패하였다. 또 의사소통적 접근법(communicative language approach)의 등장으로 인해 읽고 쓰는 문어 능력은 듣고 말하는 구어 능력에 비해 상대적으로 덜 중요하며, '읽기'는 문법이나 어휘, 기타 다른 언어 기능을 교육하기 위한 '보조 수단'으로 인식되어 온 것이 사실이다.

그러나 통합 교육의 중요성에 대한 자각과, 독자가 글을 읽고 이해할 때 텍스트가 제공하는 언어적 정보를 수동적으로 받아들이기만 하는 것이 아니라 자신의 배경 지식과 경험을 토대로 능동적으로 의미를 재구성해 나가기도 한다는 인지 심리학의 연구 결과는 자연스럽게 읽기 교육에 대한 관심을 불러 일으켰고 또 그 방법

에도 영향을 미치게 되었다.[9]

그렇다면 한국어교육에서 읽기 교육은 어떠한 방향으로 이루어져야 하는지 몇 가지 원리를 제시하면 다음과 같다. 이것은 어떠한 텍스트를 어떻게 읽혀야 학습자의 읽기 능력이 향상될 것인지를 논의하는 부분이다.

3.3.1. 한국어 읽기 교육의 원리

① 학습자의 스키마를 최대한 활성화시켜야 한다.

스키마(schema)[10]란 인간의 기억 속에 저장되어 있는 정보들을 연결시켜 주는 지식의 구조로 사전 지식(prior knowledge) 또는 배경 지식(background knowledge)과 유사한 개념이다. 스키마는 경험과 학습의 축적으로 인해 끊임없이 변화한다. 이러한 스키마를 읽기와 관련지어 보면 크게, 텍스트가 어떻게 조직되는지를 아는 즉, 텍스트의 유형과 구조에 대한 지식인 형식 스키마와 텍스트의 내용 이해에 영향을 미치는 경험이나 배경 지식인 내용 스키마로 나누어 볼 수 있다. 따라서 제목을 통해 텍스트의 내용을 예측하게 하고, 텍스트 주제와 관련된 학습자들의 경험을 상기시키고, 텍스트 구조를 활용해 읽도록 하거나, 텍스트 내용 이해에 도움이 될 배경 지식을 제시하는 것 등은 학습자의 스키마 활성화에 도움이 된다.

② 텍스트의 전체 내용 이해로 나아갈 수 있도록 격려한다.

숙달도 단계가 낮거나 모국어 읽기나 기타 외국어 읽기에서 주로 상향식 방법[11]

---

9) 인지 심리학에 기반을 둔 읽기 관련 이론은 스키마 이론과 상향식·하향식·상호작용식 모델이라 부르는 언어 처리 과정 이론을 들 수 있다. 두 이론에 대한 보다 자세한 내용은 김정숙(1996:297-300), 권미정(1999:6-13), 국제한국어학회 편(2005:128-135) 등을 참고하기 바란다.
10) 스키마(schema)는 케임브리지 대학의 생리학자 Head(1920, 1926)가 처음 사용한 용어이다. Head가 사용했던 스키마는 '몸과 마음을 아우르는 총체적 정신 개념'으로, 마음의 변화로 인해 스키마는 끊임없이 변한다고 보았다(신헌재 외 역(2004:81)에서 재인용).
11) 언어 처리 과정 이론 중 하나인 상향식 모델(bottom-up model)은 독자의 텍스트 해석 과정을 텍스트가 제공하는 가장 작은 단위부터 큰 단위로 즉, 음절→ 단어→ 구→ 문장→ 단락→ 전체 텍스트와 같은 순으로 텍스트에 제시된 정보를 해독해 나가는 것이라고 본다. 반면 하향식 모델(top-down model)에서는 텍스트의 의미란 텍스트 속에 명시되어 있는 것이 아니라 독자가 자신의 배경 지식을 활용하여 능동적으로 재구성해 나가는 것이라고 본다. 이 두 가지 처리 과정이 끊임없이 반복적으로 발생한다고 보는 입장이 바로 상

에 익숙해진 학습자들은 모르는 단어나 문법을 만났을 때 텍스트의 전체 내용 이해로 나아가지 못하는 경향이 있다. 따라서 텍스트 내용 이해에 결정적 영향을 미치지 않는 단어나 문법은 과감하게 지나가고, 텍스트 내용 이해에 영향을 미칠 것으로 예상되는 단어나 문법의 경우는 문맥을 통해 그 의미와 기능을 추측하며, 텍스트를 읽는 목적을 제시하여 형태보다는 의미 파악에 집중하고, 텍스트의 주제문이나 주제 단락을 찾게 하거나 흩어진 단락들을 주고 그 순서를 바로 잡는 활동 등을 통해 학습자들이 텍스트의 전체적인 의미 파악에 주력하도록 유도해야 한다.

③ 다양한 활동을 제시하고 통합 교육을 지향한다.

한국어 교실은 한국어 수준이 비슷하다는 점을 제외하고는 제1언어, 연령, 학습 목적, 관심 분야, 읽기에 대한 선호도 등 많은 부분이 이질적인 학습자들로 구성된다. 따라서 자칫 지루하거나 산만해지기 쉬운 읽기 수업에서 학습자의 동기를 지속시키면서 이들의 읽기 능력을 일정 수준 향상시키기 위해서는 읽기 전·중·후 단계에서 다양한 활동들을 제시해야 한다. 물론 이러한 활동들은 서로 유기적으로 연계되어 있어야 하며 학습자에게 유의미한(meaningful) 활동이어야 한다. 또한 이러한 활동들은 쓰기·말하기·듣기와 자연스럽게 통합되어 있어야 할 것이다.

④ 실제적인 과제 수행이 되도록 절차와 방법을 모색한다.

한국어 숙달도란 학습자가 실제 한국어 의사소통 상황에서 과제를 수행할 수 있는 능력을 의미한다. 따라서 학습자의 읽기 숙달도 향상을 위해서는 교육 현장에서 수행되는 과제가 실제적이어야 한다. 과제가 실제성을 갖기 위해서는 읽기 자료 즉, 텍스트가 실제적이어야 하며, 텍스트를 읽는 목적이 한국인이 실제 의사소통 상황에서 글을 읽는 목적과 동일해야 한다. 물론 학습자의 숙달도 단계가 낮은 경우 교육적인 효과를 위해 제작된 자료를 사용하게 되고 또한 읽기를 통해 한국어를 연습한다는 기능적인 측면이 없지는 않다. 그러나 한국인이 해당 텍스트를 읽는 목적이 정보 획득이라면 한국어 학습자 역시 정보 획득이라는 목적을 유지해 나가며 텍스트를 읽을 수 있도록 절차와 방법을 강구해야 할 것이다.

호작용식 모델(interactive model)이다.

⑤ 텍스트 제작과 선정에 신중을 기해야 한다.

학습자의 숙달도 수준에 적합하며 또한 학습자의 흥미와 관심을 지속시킬 텍스트를 제작하고 선정하는 일은 읽기 교육의 출발점이라 할 수 있다. 또한 텍스트의 다양성과 실제성은 학습자의 교실 밖 적응력을 키워준다. 그러나 실제적 자료를 학습자의 숙달도 수준을 고려하려 개작하는 경우가 있는데, 학습자가 실제 의사소통 상황에서 유사한 텍스트를 접해 동일한 전략을 사용하기 위해서는 텍스트의 구조적 특징과 표현상의 특징들은 훼손하지 말아야 한다.

그 밖에 텍스트를 제작하고 선정할 때 텍스트의 주제나 길이 등도 고려할 요소이다. 텍스트의 주제는 학습자의 숙달도 단계에 따라 개인적이고 일상적인 것에서부터 점차 사회적이고 전문적인 영역으로 확대되지만 학습자의 요구, 교육적 의의가 있다면 선택할 수 있다. 읽기 수업이 제한된 시간 내에 이루어진다는 점에서 텍스트의 길이 역시 고려해야 할 요소이다. 그러나 텍스트의 물리적 길이와 난이도가 정비례하는 것이 아니고, 읽기 목적에 따라 읽기 방법이 달라지므로 길이에 대한 심리적 부담은 달라질 수 있다.

3.3.2. 한국어 읽기 교육의 실제

여기에서는 초급에서 교육을 목적으로 제작한 자료를, 중급에서는 실제적 자료를 사용한 수업의 실제를 보이도록 하겠다. 초급은 초급에서 다루는 가장 보편적 주제 중 하나인 '가족'을, 중급에서는 다양한 활동이 가능하고 또한 학습자의 흥미를 끌만한 주제인 '성형수술'을 주제로 선정하였다.

① 초급 읽기 교육의 실제

- 단계 및 소요 시간: 초급 후반/ 1차시(50분 수업)
- 주제: 가족
- 목표: · 가족을 소개하는 글을 읽고 이해할 수 있다.
       · 가족 소개에 필요한 어휘와 문법을 이해할 수 있다.
- 의사소통 기능: 가족을 소개하는 글을 읽고 내용 이해하기
- 텍스트: 교육을 목적으로 학습자의 수준을 고려하여 제작된 자료

■ 읽기 전 단계

1. 여러분은 가족이 모두 몇 명입니까? 누구누구가 있습니까?
☞ • 전체 주제 도입을 위해 가족사진이나 그림을 활용할 수 있다.
   • 초급 후반의 학생들이므로 가족 명칭에 대해서는 이미 어느 정도 알고 있다. 예상되는 대답은 '(외)할아버지, (외)할머니, 아버지, 어머니, 형, 누나, 오빠, 언니, 남/여동생' 정도이다. 본인의 성별에 따라 달라지는 형제, 자매 어휘는 다시 한 번 짚어 주고 학습자가 요구하는 어휘가 있다면 가르쳐 준다.
   • 또한 이 활동은 가족을 소개할 때 보통 누구부터(윗세대부터, 남성부터) 소개하는 것이 자연스러운지를 알리는 즉, 텍스트 구조 이해에 도움이 된다.

2. 가족을 소개하는 글에는 어떤 내용이 들어갈까요?
☞ • 예상되는 대답은 '나이, 직업, 성격, 외모' 정도이다. 초급 후반의 학습자이므로 이미 '수, 직업, 취미, 성격, 외모, 좋아하는 것' 등의 기초 어휘는 학습한 경험이 있을 것이다. 직업, 취미, 성격 등을 나타내는 어휘와 나이를 나타내기 위해 필요한 고유어 숫자를 읽기 전에 복습한다.

3. 다음 문장을 비교해 보고, 어떤 차이가 있는지 생각해 보세요.

   형은 키가 큽니다.   어머니께서는 날씬하십니다.
   저는 학교에 다닙니다.   아버지께서는 회사에 다니십니다.

☞ • 초급 후반의 학생이므로 주체 높임법 '-(으)시, -께서(는)'과 높임 어휘(연세, 성함, 편찮으시다, 돌아가시다 등)에 대해서 어느 정도 알고 있을 것이다. 이 활동을 통해 학습자들은 가족을 소개할 때 세대에 따라 존대와 비존대 표현을 달리 사용해야 한다는 것을 다시 한 번 확인하게 된다.

■ 읽기 단계

다음은 한국에서 한국어를 공부하고 있는 일본인 유타 씨가 쓴 '사랑하는 나의 가족' 입니다. 유타 씨가 자신의 가족을 어떻게 소개하고 있는지 읽어 보세요.

> 사랑하는 나의 가족
>
> 　우리 가족은 모두 여섯 명입니다. 할머니와 부모님, 그리고 형과 여동생이 있습니다.
> 　할머니께서는 연세가 일흔이나 되셨지만 무척 건강하십니다. 제가 어릴 때 어머니께서는 고등학교에서 영어를 가르치셨습니다. 그래서 할머니께서 형과 저 그리고 여동생을 돌봐 주셨습니다.
> 　아버지께서는 작은 회사를 경영하십니다. 매일 아침 일찍부터 밤늦게까지 일을 하느라 바쁘십니다. 아버지께서는 말씀이 별로 없고 조금 엄격하신 편입니다. 어머니께서는 3년 전에 학교를 그만두셨습니다. 그래서 요즘은 할머니와 함께 자주 쇼핑도 다니고 운동도 하십니다. 어머니께서는 아버지와 달리 이야기도 많이 하시고 재미있는 분이십니다.
> 　형은 자동차 회사에 다닙니다. 취직한 지 2개월 밖에 안 되어서 아직 일이 서툴지만 회사 생활이 아주 즐겁다고 합니다. 여동생은 중학생입니다. 노래 부르고 춤추는 것을 아주 좋아합니다. 여동생의 꿈은 한국의 '보아' 같은 유명한 가수가 되는 것입니다.
> 　저는 5개월 전부터 한국에 와서 한국어를 공부하고 있습니다. 한국 생활이 힘들거나 아플 때는 가족들이 무척 보고 싶습니다. 빨리 방학이 되었으면 좋겠습니다.

1. 유타 씨의 가족은 모두 몇 명입니까? 누구누구가 있습니까? 가족을 나타내는 단어를 찾아 ○표 하세요.

☞ • 이것은 특정 정보만을 찾아 빠른 속도로 훑어 읽는 scanning의 방법이다. 이 밖에도 읽기 단계에서 활용할 방법에는 skimming의 방법과 intensive reading이 있다.
  • 또 읽기 단계에서는 '혼자 읽기, 동료 학습자와 함께 읽기, 묵독하기, 낭독하기'와 같은 다양한 방법을 사용할 수 있는데 1번에서는 학습자 혼자 빠른 속도로 묵독하며 가족 어휘만을 찾아 표시하도록 한다.
  • 모든 단계에서 이루어지는 활동들은 동료 학습자들끼리 그 결과물을 비교할 수 있다. 그러나 마지막에는 반드시 교사가 확인해 주어야 한다.

2. 유타 씨의 가족들은 어떤 일을 하고 있습니까? 다시 읽으면서 직업을 나타내는 단어나 표현을 찾아 △표 하세요.

☞ · 이 역시 scanning의 방법이다. 그러나 1번에 비해 2번은 직업 어휘 대신 '회사를 경영하다, 회사에 다니다'와 같은 표현이 있어 다소 주의를 요하는 활동이다. 학습자들이 어휘 차원이 아닌 구 이상의 언어 단위에서 의미를 유추하는 연습은 텍스트의 정확한 의미 파악에 필수적이다.

3. 유타 씨는 할머니와 부모님, 형과 여동생을 서로 다른 표현을 써서 소개하고 있습니다. 다시 읽으면서 할머니와 부모님을 소개할 때 쓴 '께서(는), -(으)십니다, -(으)셨습니다'를 찾아 밑줄(_____)을 그으세요.

☞ · 이 활동은 형태에 주의를 기울여 꼼꼼히 읽지 않으면 수행할 수 없다. 높임법의 올바른 사용은 학습자의 사회언어학적 능력을 보여 주는 지표가 된다. 초급 단계에서 가족을 주제로 한 읽기 · 쓰기 교육에서 높임법을 함께 가르치는 예가 많은데 이 텍스트 역시 그러한 점을 고려하여 제작하였다.

4. 다시 읽으면서 유타 씨가 가족에 대해 소개한 내용이 있으면 O, 없으면 X하세요.

가족	나이	직업	성격	취미	꿈
할머니	O				
아버지				X	
어머니					
형					
여동생					

☞ · 이것은 3번과 더불어 꼼꼼히 읽어야 수행할 수 있는 활동이다. 텍스트 세부 내용 이해와 관련이 있다.

5. 유타 씨의 글과 내용이 같으면 O, 다르면 × 하세요.
　　(1) 유타 씨의 할머니께서는 편찮으십니다.　　(　　)
　　(2) 유타 씨의 아버지께서는 사장님이십니다.　　(　　)
　　(3) 유타 씨의 어머니께서는 선생님이셨습니다.　　(　　)
　　(4) 유타 씨의 부모님께서는 성격이 서로 비슷합니다.　　(　　)
　　(5) 유타 씨의 형은 회사 생활이 힘듭니다.　　(　　)
　　(6) 유타 씨의 여동생은 가수입니다.　　(　　)

☞ · 이것은 빨리 읽기 두 번과 꼼꼼하기 읽기 두 번을 거친 후의 활동이므로 다시 읽지 않아도 충분히 해결할 수 있다. 그러나 텍스트에 나와 있지 않은 어휘가 문제 속에 포함되어 있으므로 이를 반드시 확인해야 한다.

6. 다시 한 번 읽고 모르는 표현을 확인해 보세요.
☞ • 지금까지 학습자들은 모르는 단어나 표현이 있어도 문맥 속에서 그 의미와 기능을 유추하고 지나가도록 격려되었다. 그러나 초급 학습자들은 교사를 통해 단어와 표현의 정확한 의미와 기능을 확인하려는 욕구가 강하고 또 초급 단계에서 교수되는 단어와 문법은 중요도, 사용 빈도가 높다는 점에서 이러한 활동은 의미가 있다.

■ 읽기 후 단계

유타 씨의 글을 읽고 이해할 수 있었습니까? 이제 여러분의 가족을 소개해 보세요.
☞ • 읽기 교육은 전체 교육 과정 틀 속에서 다른 언어 기능과 통합하여 구성·실시되어야 한다. '가족'이라는 주제는 읽기·쓰기·말하기와의 연계가 자연스럽고 이러한 읽기 후 단계에서 수행할 쓰기·말하기 활동은 비교적 실제성이 높은 과제이기도 하다. 쓰기와 말하기에 대한 구체적인 방법은 해당 단원을 참고하기 바란다.

② 중급 읽기 교육의 실제

- 단계 및 소요 시간: 중급 중반/ 2차시(100분 수업)
- 주제: 성형수술
- 목표: · 성형수술에 대한 신문 기사를 읽고 이해할 수 있다.
        · 설문 조사 결과를 기사화한 신문 기사의 텍스트 구조를 이해할 수 있다.
        · 성형수술에 대한 신문 기사 읽기에 필요한 어휘와 표현을 이해할 수 있다.
- 의사소통 기능: 성형수술에 대한 신문 기사를 읽고 내용 이해하기
- 텍스트: 2007년 2월 22일 조선일보 사회면 기사, 실제적 자료

■ 읽기 전 단계 1 (주제 도입 단계)

1. 여러분은 자신의 외모에 대해 어떻게 생각합니까?
☞ • 중급 중반의 학생들이므로 다양한 견해가 예상된다. 이러한 주제 도입으로서의 질문은 읽기 전 단계에서 학습자의 스키마를 활성화시키는 데 도움이 된다.

2. 여러분은 성형수술에 대해 어떻게 생각합니까?
☞ • 이 역시 다양한 견해가 예상되는데, 찬반으로 의견이 대립된다면 잠시 토론해 볼 수 있다. 학습자의 관심을 제고하기 위해 영화 '미녀는 괴로워'의 일부 장면이나 영화 포스터를 보여 줄 수 있다. 이것은 4가지 기능의 통합이라는 측면에서도 의의가 있다.

■ 읽기 전 단계 2 (기사문 읽기 전 단계)

1. 제목(headline) 〈성인여성 절반 "성형수술 경험"〉을 보고 본문에서 어떠한 내용이 나올지 예측해 봅시다.
   ☞ • 제목을 보고 본문의 내용을 예측하는 읽기 전 활동은 학습자의 스키마 활성화에 도움이 된다. 제목을 문장으로 완성시키는 활동도 가능하다.
   • 신문 기사는 독자가 제목을 보고 읽을지 말지를, 또 꼼꼼히 읽을 것인지 빨리 훑어 읽을 것인지를 결정하는 매체적 특성이 있다. 만약 학습자가 이 기사의 제목을 보고 관심을 가지고 한 번 읽어 볼 만하다고 판단했다면 이 텍스트는 자료의 실제성과 더불어 과제의 실제성을 확보했다고 볼 수 있다.

2. 소제목(subheadline) 〈경희대 박사 학위 논문…70% "외모 때문에 스트레스"〉를 보고 본문에서 어떠한 내용이 나올지 예측해 봅시다.
   ☞ • 이 역시 제목을 보고 본문의 내용을 예측하는 읽기 전 활동이다.
   • 1번 제목과 함께 문장으로 완성시키는 활동도 가능하다.(예: 경희대 박사가 논문을 썼는데 성인 여성의 절반이 성형수술을 받은 적이 있고, 외모 때문에 스트레스를 받는 사람은 그 이상이라고 합니다.)

3. 오른쪽 상단의 표에서 알 수 있는 내용은 무엇입니까? 성형수술을 경험한 비율이 가장 높은 연령대부터 낮은 연령대의 순서를 메모해 보세요.
   ☞ • 학습자는 표를 통해, 조사 대상이 18세 이상 성인여성 810명이라는 것과 연령대별로 성형수술을 한 경험의 비율이 다르다는 것을 알 수 있다. 표나 그림, 사진 등을 읽기 전 단계에서 활용하는 것은 향후 읽기 단계에서 텍스트를 읽고 이해하는 데 도움이 된다.
   • 메모한 것을 동료 학습자와 비교해 보도록 하고 교사가 확인해 준다.

4. 만약 여러분이 성형 수술과 관련하여 한국 여성들에게 설문조사를 한다면 어떤 질문을 하겠습니까? 짝과 함께 메모해 보세요.
   ☞ • 이것은 말하기·쓰기와 연계된 활동으로 텍스트의 세부 내용을 예측하는 활동이기도 하다. 교사는 자칫 지루해지기 쉬운 읽기 수업에서 다양하고 유의미한 활동을 통해 학습자의 학습 의욕을 지속시켜야 한다. 이 단계에는 완전한 문장이 아닌 메모의 수준으로 쓰게 한다.

■ 읽기 단계

다음은 성형수술에 관한 설문 조사 결과를 실은 신문 기사입니다.

성인여성 절반 "성형수술 경험"

경희대 박사 학위 논문 · · ·
70% "외모 때문에 스트레스"

우리나라 18세 이상 여성 10명 중 8명 꼴로 미용을 위해 성형수술이 필요하다고 느끼고 있고, 두 명 중 한 명꼴로 한 번 이상 성형수술을 받은 경험이 있는 것으로 조사됐다.

21일 경희대 의상학과 엄현신 씨가 발표한 박사 학위 논문 '얼굴에 대한 미의식과 성형수술에 대한 인식'에 따르면, 서울·경기 지역에 거주하는 18세 이상 여성 810명을 대상으로 한 설문 조사에서 응답자 중 69.9%인 566명이 "외모 때문에 스트레스를 받은 적이 있다"고 대답했다.

특히 25-29세의 여성 중 81.5%가 성형수술의 필요성을 느끼고 있으며, 61.5%가 수술 경험이 있다고 답해 20대 후반 여성들 사이에서 성형수술이 일반화되어 있는 것으로 나타났다.

"성형수술이 필요한가"라는 질문에 대해서는 응답자 72.6%가 "필요하다면 해야 한다"고 답한 반면 "가능하면 안 하는 것이 좋다"는 응답은 20.4%에 그쳤다.

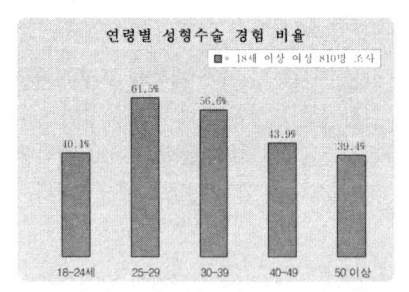

외모 중 가장 불만족스러운 부분(3개씩 복수 응답)은 하체(17.1%), 배(14.6%), 몸무게(12.5%), 키(11.6%), 피부(11.1%), 얼굴(9.6%), 상체(9.5%) 순인 것으로 나타났다.

한편 미(美)를 결정짓는 가장 중요한 요인으로는 얼굴(35.8%), 몸매(18.6%)라는 답변이 마음씨(13.5%)와 매너(10%)보다 많았다. 또 조사 대상의 55%(446명)가 "사람의 아름다움을 결정하는 요소 중 내적인 면보다 외적인 면이 더 크다"고 응답해 외모를 중시하는 사회 분위기를 반영했다.

오윤희 기자
oyounhee@chosun.com

1. 여러분이 생각한 질문이 본문에 있습니까? 본문을 읽으면서 질문에 해당하는 내용에 밑줄을 그으세요.

☞ · 이것은 읽기 전 단계에서 예측한 내용이 맞는지 확인하는 활동이다. 읽으면서 질문 부분에 밑줄을 긋도록 한다. 밑줄 친 부분에 대해 동료 학습자 또는 교사와 확인한다.
  · 또 읽기 전 예측과 같은지, 다르다면 어떻게 다른지 동료 학습자 또는 교사와 반드시 확인한다.

2. 밑줄 친 부분을 완전한 문장으로 만들어 아래 설문 조사지를 완성해 보세요.

> ## 설문 조사지
>
> (예) 1. 외모 때문에 스트레스를 받은 적이 있습니까?
> 2.
>   ·
>   ·

☞ · 이것은 정확성 제고를 위한 문장 차원의 쓰기와 연계된 활동이다.
 · 학습자들이 만든 설문의 순서와 개수는 팀별로 다를 수 있다. 작성한 것을 팀별로 비교해 보는 활동도 의미가 있다.
 · '설문 조사' 프로젝트 수업이 교육 과정 속에 포함되어 있다면 설문 조사지를 구성하기 전 단계로 본 수업을 활용할 수 있다. 그런 차원이라면 피조사자의 개인 신상에 대한 질문부터 선택지를 만드는 방법까지 좀 더 세밀한 절차가 필요하겠다.

3. 완성된 설문 조사지를 가지고 짝과 함께 질문하고 대답해 보세요.
☞ · 이 활동을 위해 학습자들은 대답에 해당하는 어휘를 본문에서 빌려 올 것이다. 중급 후반의 학습자에게 그리 어렵지 않은 단어들이다.
 · 이것은 읽기와 말하기를 통합한 활동이다. 공식적인 말하기 기회가 부족한 학습자들이므로 가능하면 격식체를 사용하여 묻고 답하도록 한다. 또 질문자의 경우는 설문 조사지를 그대로 읽지 않도록 주의를 준다.

4. 짝이 답한 내용을 신문 기사의 내용과 비교해 보세요.
☞ · 이것은 신문 기사의 응답자 답변 부분에 특히 집중해 읽고, 또 다른 측면의 말할 기회를 제공해 준다는 점에서 의미 있는 활동이라 할 수 있겠다.

5. 본문의 내용과 <u>다른 것</u>을 고르세요. (   )
    (1) 응답자 중 25세 이상 20대 응답자들이 성형수술을 가장 많이 받았다.
    (2) 응답자의 반 이상이 만약 성형수술이 필요하다면 해야 한다고 답했다.
    (3) 응답자 중 반 이상이 외모 때문에 스트레스를 받은 적이 있다고 답했다.
    (4) 응답자들은 얼굴이 아름다움을 결정짓는 가장 중요한 기준이라고 답했다.

☞ • 이것은 세부 내용 이해 여부를 묻는 활동으로 이 문항을 해결하기 위해 본문의 어느 부분을 꼼꼼히 읽어야 하는지 알아야 한다.

6. 본문을 크게 세 부분으로 나눈다면 어떻게 하겠습니까? 다시 읽으면서 본문을 세 부분으로 나누어 보세요.

☞ • 설문 조사 결과를 실은 대부분의 신문 기사 텍스트 구조는 다음과 같다.

   첫 번째 부분 - 설문 조사의 요지나 독자의 흥미를 자극할 만한 내용을 실은 부분
         (보통 한 단락으로 되어 있다.)

   두 번째 부분 - 설문 조사 주체와 대상 그리고 설문의 주제를 실은 부분
         (보통 한 단락으로 되어 있다.)

   세 번째 부분 - 세부적인 설문 조사 결과를 실은 부분
         (설문 조사의 세부 내용에 따라 단락의 수는 다르다.)

• 물론 첫 번째와 두 번째 단락이 하나의 단락으로 묶이기도 하고 그 순서가 바뀌기도 하지만 설문 조사 결과를 실은 신문 기사는 대체로 이와 유사한 구조를 가지고 있음을 알려 준다. 이 텍스트의 경우도 첫 번째 부분(1단락) - 두 번째 부분(2단락) - 세 번째 부분(3, 4, 5, 6단락)으로 나눌 수 있다.

• 텍스트 구조에 대한 교육은 학습자가 교실 밖에서 이와 유사한 텍스트를 만났을 때 동일한 전략을 사용하여 읽고 이해할 수 있다는 점에서 의의가 있다.

7. 두 번째 단락을 다시 한 번 읽고 아래 문장과 비교해 봅시다. 어떤 공통점과 차이점이 있습니까?

> 취업정보사이트 잡코리아(www.jobkorea.co.kr)가 6일 직장인 753명을 대상으로 이메일 설문 조사를 한 결과, 응답자의 96.8%가 '아파도 참고 출근한 적이 있다'고 응답했다.
>
>   2007년 3월 21일 조선일보에서 발췌

> 영화진흥위원회가 최근 여론조사기관 엠브레인을 통해 전국의 만 15-49세 남녀 2358명을 대상으로 실시한 '2007 영화 소비자 설문 조사' 결과, 최근 1년간 인터넷 파일 공유 사이트를 통해 무료 또는 100원 수준의 사이버 머니로 영화를 내려 받은 적이 있다는 응답자는 47.2%였다.
>
>   2007년 12월 20일 무가지 AM 7에서 발췌

☞ • 이 세 문장은 표현에 있어 미세한 차이가 있으나 공통적으로 조사자(기관), 피조사자

와 그 수, 조사 시기, 설문 조사의 주제를 담고 있다.

8. 아래 표현이 어디에 나오는지 확인하면서 다시 한 번 읽어 보세요.

> -명 중 -명꼴로....,   -에 따르면,
> -는(은) 것으로 나타났다,   -다(라)고 답변한 반면....,
> -다(라)는 응답은 -에 그쳤다,   -순인 것으로 나타났다

☞ · 이것은 읽기 교육 내용의 일부인 문어적 표현 중 설문 조사 결과를 실은 신문 기사의 특징적인 표현을 익히기 위한 활동이다.

9. 다시 한 번 읽고 모르는 표현을 확인해 보세요.
☞ · 이것은 읽기 마무리 단계로 활용한다.

■ 읽기 후 단계

> 신문 기사를 읽은 여러분의 소감을 이야기해 보세요.
> ☞ · 이것은 성형 수술 자체나 기사가 소개한 한국 사회에 대해 비판적으로 자신의 견해를 말하는 읽기 후 활동이다. 비판하며 의견을 말하는 활동은 대체로 중급 이상에서 가능하다. 이 부분에 대해서는 말하기 단원을 참고하기 바란다.

3.4. 한국어 읽기 평가

한국어 읽기 평가는 한글로 된 문어 텍스트에 대한 이해 정도를 평가하는 것이다. 읽기 평가는 크게 한국어 의사소통 능력의 하위 범주로서의 읽기 능력을 평가하는 수달도 평가와 읽기 교육 과정 중에 이루어지는 구체적인 학습 목표의 달성 여부를 평가하는 성취도 평가로 나뉠 수 있다. 본 절에서는 후자에 초점을 맞추어 3.3.2. 한국어 읽기 교육의 실제에서 다룬 초·중급 텍스트와 수업 내용을 토대로 구체적인 평가 문항을 제시하도록 하겠다.

1) 초급 평가 문항의 실제

☞ • 초급 성취도 평가에서 사용되는 텍스트는 수업에서 사용된 텍스트와 주제를 일치시키고 난이도는 유사한 수준으로 제작되었다.

※ 다음을 읽고 물음에 답하십시오.

> 저는 할아버지와 부모님 그리고 언니가 한 명 있습니다. 할머니께서는 3년 전에 ㉠_____ 안 계십니다. 할아버지께서는 ㉡_____이/가 많으시지만 굉장히 건강하십니다. 할아버지의 취미는 친구 분들과 공원에서 운동하는 것입니다. 아버지께서는 식당을 하나 경영하십니다. ㉢_____ 매일 아침 일찍부터 밤 늦게까지 일을 하느라 바쁘십니다. 아버지께서는 재미있게 말씀을 많이 하셔서 손님들이 아버지를 무척 좋아합니다. 어머니께서는 중학교에서 수학을 가르치십니다. 어머니께서는 아버지와 다르게 엄격한 편이라 학생들이 어머니를 '호랑이' 같은 선생님이라고 부릅니다.
> 언니는 지금 컴퓨터 회사에서 컴퓨터 프로그램을 만듭니다. 언니의 어릴 때 꿈은 의사였습니다. 그렇지만 언니는 ㉣지금 하고 있는 일이 아주 즐겁다고 합니다.
> 저는 4개월 전부터 한국에 와서 한국어를 공부하고 있습니다. 한국 생활이 힘들거나 아플 때는 가족들이 무척 보고 싶습니다. 빨리 방학이 되었으면 좋겠습니다.

1. 글의 제목으로 가장 알맞은 것을 고르십시오.
   ① 우리 가족의 성격
   ② 우리 가족의 직업
   ③ 보고 싶은 나의 가족
   ④ 재미있는 우리 가족

☞ • 텍스트의 전체 내용 파악 여부를 묻는 문항이다.

2. ㉠_____과 ㉡_____에 들어갈 알맞은 것을 고르십시오.
   ① ㉠ 돌아가셔서 ㉡ 성함
   ② ㉠ 돌아가셔서 ㉡ 연세
   ③ ㉠ 편찮으셔서 ㉡ 연세
   ④ ㉠ 편찮으셔서 ㉡ 성함

☞ • 어휘력을 측정하는 문항이다. 문장의 일부를 빈칸으로 제시하여 문맥에 맞는 단어나 표현을 고르도록 하는 문항은 수업의 목표 어휘나 표현의 학습 여부를 평가한다.
  • '호랑이 같은 선생님'의 경우 수업에서 다루지 않았기에 문항으로 제시하지 않았으나 만약 '호랑이' 자리를 빈칸으로 주고 호랑이, 닭, 개, 돼지, 소 등 초급 학습자가 알 만한 단어 중에서 고르게 한다면 한국어의 수사적인 표현의 이해 여부를 물을 수 있다.

3. ⓒ_____에 들어갈 가장 알맞은 것을 고르십시오.
    ① 그리고   ② 그런데
    ③ 그래서   ④ 그러니까

☞ • 문장 간의 관계를 이해하는 능력을 묻는 문항이다. 올바른 접속어의 선택은 학습자의 담화 능력(discourse ability)을 보여 준다. 또한 이 문항은 문어에서 '그러니까'를 사용하지 않는다는 점도 알고 있어야 올바른 답을 선택할 수 있다.

4. ⓔ'지금 하고 있는 일'은 무엇을 의미합니까? 쓰십시오.
   답: _____

☞ • 대용어가 가리키는 내용을 찾는 문항이다. 이 역시 학습자의 담화 능력을 평가할 수 있다. 이 문항의 경우 '(컴퓨터 회사에서) 컴퓨터 프로그램을 만듭니다. 컴퓨터 회사에 다닙니다.'와 같은 답이 예상되는데 쓰기 평가가 아니라는 점에서 크게 감점하지는 않는다. 물론 '컴퓨터 프로그램을 만드는 일'과는 약간의 차별을 두어야 할 것이다.

5. 이 글의 내용과 다른 것을 고르십시오.
    ① 우리 부모님께서는 성격이 비슷하십니다.
    ② 우리 아버지께서는 식당 사장님이십니다.
    ③ 우리 어머니께서는 수학 선생님이십니다.
    ④ 우리 할아버지께서는 운동하는 것을 좋아하십니다.

☞ • 텍스트의 세부 내용 파악 여부를 묻는 문항이다.
  • 모두 고르게 하거나 다른 것, 들어갈 수 없는 것 등을 고르게 할 때는 그 부분에 밑줄을 긋거나 글꼴, 글자 크기 등을 달리해 학습자가 실수하지 않도록 표시해 주어야 한다.

2) 중급 평가 문항의 실제

☞ • 중급 성취도 평가에서 사용되는 텍스트는 수업에서 사용된 텍스트와 주제는 다르나 어휘적·구조적 난이도가 유사한 설문 조사 결과를 실은 신문 기사를 선정하였다.

※ 다음을 읽고 물음에 답하십시오.

직장인 2명 중 1명 "나는 불행"

"행복하다" 9.8% 불과… 2년 전보다 2.2% 줄어

　직장인 2명 중 1명은 자신이 불행하다고 느끼고 있으며, 일과 직장이 불행의 가장 큰 원인으로 조사 됐다.
　20일 취업사이트 잡코리아(www.jobkorea.co.kr)가 직장인 931명에게 '지금 행복한가'라는 질문을 던진 결과, 48.2%가 '행복하지 않다'고 응답했다.
　'행복하다'는 응답은 9.8%에 ㉠불과했고, 42.0%는 '보통'이라고 답했다. 잡코리아가 2년 전 실시한 조사 결과와 비교할 때 '행복하지 않다'는 응답은 40.2%에서 8% 늘어났고 '행복하다'는 12.0%에서 2.2% 줄었다.
　직장인들은 불행을 가져오는 스트레스 요인으로 '㉡_____'(35.1%)을 가장 많이 지적했다. 이어 '경제력'(32.5%), '인간관계'(11.2%), '내 집 마련'(8.9%) 등의 순이었다.
　행복해지기 위해 필요한 세 가지 조건(복수응답)으로 '경제적 여유'(55.4%)와 '건강'(36.5%), '화목한 가정생활'(32.7%), '여유시간과 취미활동'(26.1%) 등을 꼽는 직장인이 많았다.

1. 이 글은 어떤 글입니까?
　　① 설문 조사 결과를 비판적으로 쓴 글
　　② 설문 조사 결과를 객관적으로 쓴 글
　　③ 다른 사람의 생각을 비판적으로 쓴 글
　　④ 나의 생각을 다른 사람에게 알리는 글
☞ • 이것은 텍스트의 종류를 묻는 문항으로 수업 시점과 평가 시점이 가깝다면 아주 쉽게 해결할 수 있다. 텍스트의 종류를 아는 것은 어떻게 읽어야 할지 그 방법을 알려 준다는 점에서 하나의 읽기 전략으로 활용될 수 있다.

2. ㉠<u>불과했고</u>와 바꿀 수 있는 것을 고르십시오.
　　① 그쳤고　　　　　　② 답했고
　　③ 반영했고　　　　　④ 나타났고
☞ • 어휘력을 측정하는 문항이다. 문맥을 통해 실제 수업에서 배운 '그치다'와 '불과하다'가 동일한 의미로 쓰인다는 것을 유추할 수 있어야 문제를 해결할 수 있다.

3. '㉡_____'에 들어갈 알맞은 말을 본문에서 찾아 쓰십시오.
　답: _____

☞ · 텍스트의 세부 내용 파악 여부를 묻는 문항이다. 이 문항의 경우 본문 첫 단락에서 답을 찾을 수 있다.

4. 이 글을 읽은 어느 외국인이 다음과 같은 글을 썼습니다. 이 사람이 잘못 이해하고 쓴 부분은 어느 것입니까?

① 한국 직장인들의 절반 정도가 자신이 불행하다고 생각한다니 정말 놀랍다. ② 그렇지만 행복하다고 생각하는 사람들이 2년 전보다 늘었다니 다행이다. ③ 한국 사람들이 내 집 마련의 이유로 스트레스를 받는 것은 우리나라 사람들과 좀 다른 것 같다. ④ 그렇지만 돈, 건강, 화목한 가정 등을 행복의 조건으로 꼽은 것은 우리나라 사람들과 비슷한 것 같다.

☞ · 텍스트의 세부 내용 파악 여부를 묻는 문항이다. 세부 내용 파악 여부를 묻기 위해서 선다형 · 진위형 · 단답형 등의 문항을 구성할 수 있다. 그러나 이 문항의 경우 단순히 진위를 가리는 것이 아니라 다시 하나의 소텍스트를 읽고 이해한 후 문제를 해결해야 한다는 점에서 부담이 클 수 있다. 소제목과 본문 세 번째 단락에서 답을 찾을 수 있는 단서가 반복되어 나온다.

참고문헌

강승혜 외(2006), [한국어 평가론], 태학사.
국제한국어교육학회 편(2005), [한국어교육론] 3, 한국문화사.
권미정(1999), 외국어로서의 한국어 읽기 교육: 독해 전략을 통한 효율적인 읽기 방안, [한국어교육] 10-1, 국제한국어교육학회, 1-28.
김정숙(1996), 담화 능력 배양을 위한 읽기 교육 방안, [한국말교육] 7, 국제한국어교육학회, 295-309.
김정숙(1997), 외국어로서의 한국어교육 원리 및 방법, [한국어학] 6, 한국어학회.
김정숙(1998), 숙달도 배양을 위한 한국어교육 원리 및 모형, [이중언어학] 15, 이중언어학회, 103-118.
김정숙(1999), 담화 능력 배양을 위한 외국어로서의 한국어 쓰기 교육 방안, [한국어교육] 10-2, 국제한국어교육학회, 195-213.
김정숙(2003), 통합 교육을 위한 한국어 교수요목 설계 방안 연구, [한국어교육] 14-3, 국제한국어교육학회, 119-143.
김정숙(2004), 한국어 읽기 · 쓰기 교재 개발 방안 연구: 교수요목의 유형과 과제 구성을 중심으로, [한국어교육] 15-3, 국제한국어교육학회, 1-21.

김정숙(2006), 고급 단계 한국어 읽기 자료 개발 방안, [이중언어학] 32, 이중언어학회, 139-158.

김지영(2005), 담화능력 배양을 위한 읽기·쓰기 통합 교재 개발 방안, [한국어교육] 16-2, 국제한국어교육학회, 109-129.

김중섭(2002), 중국인 학습자를 위한 한국어 읽기 교육 방법 연구, [한국어교육] 13-1, 국제한국어교육학회, 47-70.

노명완(1994), 읽기의 관련 要因과 효율적인 읽기 指導, [이중언어학] 11, 이중언어학회, 171-194.

박영순 편(2002), [21세기 한국어교육학의 현황과 과제], 한국문화사.

박영순(2004), [한국어 담화·텍스트론], 한국문화사.

배두본(2002), [영어교육학 총론], 한국문화사.

송금숙(2002), 한국어 읽기 교육의 텍스트 유형 연구, 고려대학교 교육대학원 석사논문.

신미경(2003), 한국어 교재로서의 신문 활용 방안 연구: 중·고급 학습자를 대상으로, 고려대학교 교육대학원 석사논문.

신헌재 외 역(2004), [구성주의와 읽기·쓰기], 박이정. (Spivey, N. N.(1997), *Constructivist metaphor - Reading, writing and the making of meaning*, Academic Press)

심상민(2001), 외국어로서의 한국어 읽기 교수·학습 방안 연구, [외국인을 위한 한국어교육], 우리어문학회, 국학자료원, 93-120.

원진숙(2000), 숙달도 배양을 위한 한국어 교재의 단원 구성 체제 개선 방안, [이중언어학] 17, 이중언어학회, 172-179.

이해영(2005), 한국어 이해능력 평가의 원리 및 실제, [한국어교육] 16-3, 국제한국어교육학회, 275-304.

이해영 외(2006), 한국어능력시험 문항 유형 개발을 위한 기초 연구, 한국교육과정평가원 연구보고서.

임병빈 외(2003), [제 2언어 교수학습], 한국문화사. (Nunan, D.(1999), *Second Language Teaching & Learning*, An International Thomson Publishing Company)

정길정·연준흠 편저(2000), [외국어 읽기 지도의 이론과 실제], 한국문화사.

주옥파(2004), 고급 한국어 학습자를 위한 읽기 교육에 관한 연구: 논설문 텍스트를 중심으로, [한국어교육] 15-1, 국제한국어교육학회, 165-188.

한국어세계화재단·한국어세계화추진위원회(2001), 한국어 초급 읽기·쓰기 실물 교재 개발 보고서, 한국어세계화재단.

한재영 외(2005), [한국어 교수법], 태학사.

Brown, H. D.(1994), *Teaching by Principles - An Interactive Approach to Language Pedagogy,* Prentice Hall Regents.

LoCastro, V.(2003), *An Introduction to Pragmatics - Social Action for Language Teachers,* The University Michigan Press.

Omaggio, A. H.(1993), *Teaching Language in Context,* Heinle & Heinle Publishers.

4. 한국어 쓰기 교육

새끼 흰곰

어느 날, 한 마리 새끼 흰곰 아버지 한태 질문했십니다;
"아빠, 아빠! 나는 흰곰 입니까?" 아버지는 대답했습니다;
"네, 틀림없어. 너는 흰곰입니다."

다음에 새끼 흰곰은 어머니 한태 질문했습니다;
"엄마, 엄마! 나는 흰곰 입니까?" 어머니는 대답했습니다;
"네, 정확히. 너는 흰곰 입니다."

다음에 새끼 흰곰은 할아버지 한태 같은 질문했습니다;
"할아버지, 할아버지! 나는 흰곰입니까?" 할아버지는 같은 대답했습니다;
"네, 물론. 너는 흰곰입니다."

새끼 흰곰 다른 질문 했습니다: "나는 양자 입니까?"
그들은 대답했습니다; "아니어, 너는 양자 아닙니다."

드디어, 새끼 흰곰은 질문 했습니다.
"나는 흰곰 이면, 왜 나는 추위를 느낍니까?"
내가

아이한
13.12.2002 / 금요일

앞의 자료는 한국어를 배우고 있는 한 외국인 학생이 쓴 글이다. 한 눈에 보아도 이 글에는 여러 가지 유형의 오류들이 눈에 띈다. 표기 오류, 문법적 오류, 부적절한 어휘 선택 문제…. 이 글을 좀 더 자세히 살펴보다 보면, 글에 나타난 오류(error)들이 사실은 학생의 머릿속에서 이루어지는 인지적인 사고 과정을 들여다 볼 수 있게 해 주는 창문(window)이라는 말의 진가를 확인하게 된다. 이 글에는 자신의 모국어와 다른 목표 언어인 한국어를 배우는 과정의 부산물로 생길 수밖에 없는 여러 가지 흥미로운 중간 언어(中間言語)들이 있어서 흥미롭다.

모국어로도 자신의 생각을 말이 아닌 글로 표현하는 일은 쉬운 일이 아니다. 하물며 자신의 언어와 전혀 다른 한국어로 글을 쓰는 일은 얼마나 어려울 것인가? 한국어를 배우려는 외국인 학생들에게 쓰기를 가르치려면 어떻게 해야 할까? 이 단원에서는 외국인 학생들에게 한국어로 쓰기를 가르치기 위해서 알아야 할 기본 지식과 방법들에 대해서 살펴보기로 하자.

4.1. 쓰기의 개념과 특성

4.1.1. 쓰기의 개념

한국어교육에서 교육 내용으로 삼고 있는 쓰기는 일차적으로 'ㄱ', 'ㄴ', 'ㄷ', 'ㅏ', 'ㅑ', 'ㅓ'와 같은 문자 기호를 이용해서 '학교', '한국', '서울'과 같은 낱말이나 '나는 한국어를 공부합니다'와 같은 문장을 베껴쓰는 전사 행위(transcribing)를 지칭한다. 그러나 우리는 단순히 이러한 문자 기호를 조립해서 만들어진 문장들의 배열을 '글(text)'이라 하지 않는다. 글이 되기 위해서는 문자 기호를 조합하여 만든 일련의 문장들이 형식적인 응집성(cohesion)[1]과 논리적인 일관성(coherence)[2]을 갖추어야 하며, 이러한 요건을 갖춘 글(text)[3]을 쓸 때 비로소 '한국어로 글을 쓸 줄 안다'고 말을 한다. 이런 관점에서 본다면, 결국 쓰기란 형태에 초점을 맞춘 발화의 전사(transcribing)로부터 자신의 생각이나 감정을 자유롭게 표현하는 작문 활동

---

[1] 형식적인 '응집성'(cohesion)이란 텍스트 표층(surface text)의 구성 요소들이 통사적인 의존 관계를 바탕으로 하여 서로 관련을 맺는 방식을 말한다.
[2] '결속성'(coherence)이란 텍스트내에서 활성화되어 나타나는 개념들 사이에 존재하는 의의의 연속성(continuity of senses)을 토대로 한 개념으로서 텍스트를 의미론적으로 완결된 내적 구조로 만들어 주는 기능을 한다.
[3] 텍스트란 입말이든 글말이든 관계없이 텍스트 생산자가 소기의 의사 소통적 목적을 달성하기 위하여 생산해 내는 문장 이상의 언어 단위이다. 이러한 텍스트는 최소한 형식적인 응집성과 내용적인 결속성을 갖춤으로서 서로 관련성을 지닌 문장들의 연쇄체로서 有意的 總體로 기능할 수 있다.

에 이르는 일련의 활동 연속체(김정숙 1999: 195)라 할 수 있을 것이다.

과거에는 쓰기 개념을 단순히 필자가 전달하고자 하는 메시지를 문자 기호를 조합하여 기호화(encoding)하는 일체의 활동으로 이해해 왔으나 이제는 쓰기를 필자가 자신이 의도한 메시지를 독자에게 전달하고 소통하는 의사소통 과정으로 보게 되었다. Widdowson(1978)이 쓰기를 의사소통 활동이라 규정하고 의사소통적 상호 작용이 없는 작문은 그야말로 언어의 나열에 불과한 것이라고 지적했던 것 역시 이와 같은 맥락에서 이해되어야 할 것이다.

사실, 언어는 본질적으로 의사소통적 기능을 수행하기 위해 존재한다. 언어는 구두 언어이든 문자 언어이든 진공 상태 속에서 존재하는 법이 없다. 언어는 언제나 구체적인 상황 맥락 속에서 그 누군가에게 영향을 미치기 위해서 사용된다. 이런 관점에서 본다면 쓰기란 다음 [그림 1]과 같이 필자와 독자, 그리고 글(text)의 삼각 구도 속에서 이루어지는 의사 소통 행위라 할 수 있다.

필자는 자신이 의도한 메시지를 글을 읽게 될 독자를 염두에 두고 그에서 뭔가 영향을 미치기 위해 글을 쓰고, 독자는 문자 언어로 표현된 글(text)을 매개로 하여 필자가 전달하고자 하는 의미를 해석하는 읽기 행위를 수행한다. 이렇게 필자와 독자, 글의 삼각 구도 속에서 이루어지는 의사소통 과정 속에서 쓰기는 비로소 그 본연의 자리를 갖게 되는 것이다.

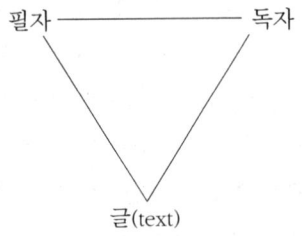

[그림 1] 쓰기를 둘러싼 의사소통의 삼각형

또한 쓰기는 필자의 사고하는 과정 내지는 일련의 목표 지향적인 문제 해결 과정(원진숙·황정현 역 1999)의 관점에서 이해될 필요가 있다. 우리는 쓰기를 통해서 사고하고, 글을 써야 하는 문제 상황에서 아이디어를 생성하고, 조직하고, 초고를 쓰고, 쓴 글을 다시 고쳐 써가는 일련의 과정을 통해서 접하게 되는 여러 가지 인지적인 제약들을 목표 지향적으로 해결해 가면서 글을 쓰게 된다. 우리는 쓰기 행위를 통해서 사고를 확장하고 정련해 가면서 당초에 전달하고자 했던 의미에 보다 근접해 갈 수 있는 것이다. 이런 면에서 본다면 글을 쓰는 일은 고도의 사고 작용과 인지적인 부담, 그리고 필자의 의도적인 노력을 요하는 작업이라 할 수 있다.

본절에서는 이상의 논의를 바탕으로 하여 쓰기의 개념과 성격을 다음과 같이 정리하기로 한다.

① 쓰기는 문자 언어를 통하여 자신의 의사를 표현하고 다른 사람에게 전달하는 의사소통 행위이다.
② 쓰기는 고도로 복잡한 사고 과정 및 문제 해결 과정을 필요로 하는 인지 기능이다.
③ 쓰기는 새로운 의미를 발견하고 사고를 정련해 가는 행위이다.

4.1.2. 외국어로서의 한국어 쓰기 학습의 어려움

사람들은 대개 말하기, 듣기, 읽기, 쓰기의 4가지 언어 사용 기능 가운데 쓰기를 가장 어렵게 생각한다. 말하기와 듣기와 같은 구두 언어는 누구나 언어 환경에 노출되기만 하면 자연스럽게 습득이 가능한 반면, 읽기와 쓰기와 같은 문자 언어는 말을 배우고 난 후에 상당 기간 의도적으로 학습하지 않으면 안 되기 때문이다.

또한 쓰기는 발화 상황 맥락을 청·화자가 공유함으로써 상대방으로부터 즉각적인 반응을 얻을 수 있는 말하기와 달리 독자를 직접 대면하지 못한 채 의사를 전달해야 하기 때문에 필자의 의도가 제대로 전달되지 못할 가능성이 높다. 필자는 독자와 시·공간적으로 떨어져 있기 때문에 독자의 배경 지식이나 이해 정도에 대해 필자 자신이 짐작하여 글을 쓸 수밖에 없다. 또한 쓰기는 억양, 강세와 같은 운율적 수단이나 얼굴 표정, 몸짓과 같은 비언어적 수단을 통해 상대방으로부터 즉각적인 반응이 오고 이에 대해 바로 대응을 해야 하는 말하기에 비해서 시간적 압력을 덜 받게 마련이다. 바로 이러한 시간적 여유로 인해 필자는 수많은 머릿속 생각을 되풀이하는 연습(mental rehearsal)을 통해서 많이 생각하고 고치고 다시 쓰고 하는 과정을 반복하게 되고, 그 결과 상대적으로 인지적인 정보 처리 부담을 더 많이 질 수밖에 없다(이완기 2007:170).

이러한 쓰기 기능을 숙달하는 일은 모국어 학습자에게조차도 결코 쉬운 일이 아니다. 더욱이 외국인이 한국어로 쓰기를 학습한다는 것은 자신의 모국어가 아닌 한국어로 사고하고 표현하는 방법을 익혀야 한다는 점에서 여간 어려운 일이 아니다. 많은 사람들이 모국어로 글을 쓰거나 외국어로 글을 쓰는 일은 서로 언어만 다를 뿐, 같은 기능이 요구된다는 점에서 모국어 쓰기 능력이 우수하면 외국어 쓰기 능력도 우수할 것이라고 가정하지만(Cumming 1989; Zamel 1983) 실제로는 그렇지 않다. 일반적인 외국어 능력 수준이 모국어 쓰기 능력의 외국어로의 전이를 방해하기 때문이다. 이 말은 국어 쓰기 능력이 외국어 쓰기 능력으로 전이되는 경우는 외국어 능력이 우수할 경우에만 해당된다는 것을 의미한다. 즉 외국어 능력(L2)의 향상이 없이는 모국어 쓰기 능력이 외국어 쓰기 능력으로 전이되지 않는다(Choi 1995)는 말이다.

Silva(1993:670)는 대개 외국어 또는 제2언어로서 글을 쓰는 사람들은 모국어로 글을 쓰는 사람들에 비해 덜 계획적이고, 덜 유창하며, 문법적인 오류가 더 많고 글쓰기 목적에 맞게 자료를 조직하는 데 효율성이 떨어지는 경향이 있음을 보고하고 있다.

이러한 경향은 학습자들의 인지적 성숙도에 비해서 이를 글로 표현할 수 있는 쓰기 능력이 제한되기 때문이라고 설명할 수 있을 것이다. 학습자들의 인지적 성숙도와 실제적인 쓰기 능력간의 차이는 자칫 외국어 쓰기 학습에 대한 학습자의 흥미나 동기 자체를 잃게 만들 우려가 있기 때문에 학습자의 지적 능력이나 외국어 쓰기 능력 수준에 맞는 쓰기 활동을 선별하여 제공할 필요가 있다(Byrne 1988; 최연희·김신혜 2006:114에서 재인용).

외국어 쓰기를 어렵게 만드는 또 다른 요인으로 Kaplan(1966:14)이 말하는 언어권별로 각기 수사적 조직(rhetorical pattern)이 다르다는 점을 들 수 있다. 예컨대, 다음 [그림 2]에서와 같이 영어는 직선적인 수사 구조를 가지고 있는 반면, 동양어권의 담화 구조는 나선형의 수사 구조를 기반으로 하고 있다는 것이다. 바로 이런 이유로 영어권 학습자들은 글을 쓸 때 바로 논점을 제시하고 결론으로 들어가는 데 비해서, 한국어 학습자들은 간접적인 언급으로 일관하다가 마무리 부분에 이르러서야 결론에 도달하는 순환적 구성 형태로 글을 쓴다는 것이다.

[그림 2] Kaplan의 수사 조직 대조

외국어 쓰기에 있어 학습자의 모국어가 지니는 수사적 조직과 문화적 사고 방식의 서로 다름이 영향을 미친다는 Kaplan의 주장은 너무 단순하고 과일반화되었다는 점에서 문제점이 없지는 않다. 그러나 이렇게 외국인 학습자의 모국어가 지니고 있는 특성과 사고 방식의 차이는 어떤 방식으로든 그들이 한국어로 글을 쓰는 데 어려움으로 작용하게 된다.

이상에서 살펴본 바와 같이, 외국어로서의 한국어 쓰기 학습은 모국어를 대상으로 하는 쓰기와는 또 다른 어려움이 있다. 쓰기 기능 자체의 어려움뿐만 아니라 외국인 학습자의 모국어(L1)와 학습해야 할 목표언어(L2)로서의 한국어 사이에 존재하는 언어적 차이 — 어휘, 문법, 수사 구조 — 와 문화적 사고 방식의 차이 등으로 인해 외국어로서의 한국어 쓰기 학습의 어려움은 더욱 더 가중될 수밖에 없다. 따라서 한국어 교사들은 외국어로서의 한국어 쓰기 학습이 자국어 쓰기 교육과는 다른 방법으로 접근되어야 할 필요성을 인식하고 외국인 학습자의 쓰기에 대한 요구, 인지 수준, 언어적 차이 등을 충분히 고려하여 구체적인 학습 목표와 교수 방법을 설정할 필요가 있다.

4.1.3. 한국어 쓰기 능력의 구성 요인 및 쓰기 지식

한국어 쓰기 능력은 자신의 생각을 논리적인 언어로 정확하고 설득력있게 전달하는 의사소통 능력일 뿐만 아니라 사고를 언어로 옮겨서 표현해 내는 고등 정신 기능을 바탕으로 하는 문제 해결 능력이라 할 수 있다. 이러한 쓰기 능력은 문자언어로 표현할 때의 유창성, 내용 생성의 능숙성, 작문의 일반적인 규칙과 관습에 대한 통달, 글을 쓰는 상황을 적절히 고려할 수 있는 사회적 인지 능력, 우수한 글을 판단할 수 있는 감상력과 비판력, 통합적 사고력과 통찰력 등의 하위 기능으로 구성된다(교육부 1997).

한편 Scarcella와 Oxford(1992)는 Canale & Swain(1980)가 의사소통능력의 하위 구성 요인을 분류한 체계에 따라 쓰기 능력의 구성 요인을 다음과 같은 네 가지 범주로 정리하고 우수한 필자일수록 이 네 가지 유형의 능력 모두가 탁월하다고 보았다.

〈표 1〉 쓰기 능력의 하위 구성 요인 (Canale & Swain 1980)

- 문법적 능력(grammatical competence) - 철자, 형태, 어휘, 문법 등의 사용 능력
- 사회언어학적 능력(sociolinguistic competence) - 다양한 사회적 맥락에 맞게 쓰기 목적, 주제, 독자 등의 요인을 충분히 고려하면서 표현이나 내용을 적절하게 사용할 수 있는 능력
- 담화 능력(discourse competence) - 문장 이상의 담화 수준에서 응집력과 일관성을 확보한 글을 구성하는 능력
- 전략적 능력(strategic competence) - 토의를 통해 의견 모으기, 초고 쓰기, 수정하기 등과 같은 쓰기 전략을 사용할 줄 아는 능력

유능한 필자가 지닌 쓰기 능력과 관련하여, Lynch(1996)는 쓰기를 의사소통 과정으로 간주하면서 좋은 필자가 되려면 독자에 대한 감각(sense of audience)을 익힐 필요가 있음을 주장하였다. 즉 읽을 독자가 누구이며, 어떤 배경 지식을 가지고 있으며, 독자가 알고자 하는 것이 무엇인지를 예상할 수 있어야 한다는 것이다.

이러한 제반 쓰기 구성 요인[4]들로 이루어지는 쓰기 능력을 제대로 발휘하기 위해서 필자는 적어도 쓰기와 관련된 다음 〈표 2〉와 같은 지식 기반(Hillocks ; 1987)을 갖출 필요가 있다. 즉 글 쓸 주제와 관련된 내용 지식, 한 편의 글을 쓰기 위해서는 아이디어를 어떻게 생성하고, 조직해야 하는지에 대한 쓰기 방법과 관련된 절차적 지식, 글 구조와 형식, 띄어쓰기, 맞춤법 등 제반 쓰기와 관련된 쓰기의 관습적 규약에 관한 지식, 이러한 여러 유형의 지식을 모두 통합해서 글을 구성할 줄 아는 방법에 관한 지식 등을 필요로 한다는 것이다.

〈표 2〉 쓰기를 하는 데 필요한 지식 기반(Hillocks ; 1987)

- 내용 지식(knowledge of the content)
- 내용 구성에 관한 절차적 지식(procedural knowledge to organize the content)
- 담화 구조, 구문 형식 및 쓰기 관습에 관한 지식(knowledge of discourse structures, syntactic forms, and conventions of writing)
- 제반 쓰기 관련 지식을 통합하는 절차적 지식(procedural knowledge for integrating all the other types of knowledge)

---

4) Raimes(1983:5)는 하나의 글을 완성하는 데 관여하는 요인으로 문법, 철자법, 문장 구성, 내용, 쓰기 과정, 독자, 쓰기 목적, 어휘 선택, 글 구성의 9가지를 들고 있다. 최연희·김신혜(2006:117)에서 재인용.

한편 Tribble(1996)은 쓰기 과제를 수행하기 위해 필요한 지식을 다음과 같은 네 가지로 제시하고 있다. 즉, 써야 할 글의 주제와 관련된 내용 지식(content knowledge), 쓰기 목적, 예상 독자의 지식 정도나 기대 등을 고려할 수 있는 맥락적 지식(context knowledge), 쓰기 과제를 완수하는 데 필요한 언어 체계에 대한 제반 지식(language system knowledge), 쓰기 과제를 적절한 방식으로 수행하는 데 필요한 쓰기 과정에 관한 지식(writing process knowledge)을 들고 있다. 이러한 쓰기 지식들은 쓰기 과제를 수행하기 위해 서로 긴밀한 상호 작용을 한다.

그렇다면, 결국 유능한 필자란 쓰기가 이루어지는 상황 맥락을 정확하게 파악하고, 이에 필요한 내용적 지식, 맥락적 지식, 언어적 지식, 쓰기 과정 지식 등을 접목하여 활용할 수 있는 능력을 갖춘 사람이라 할 수 있을 것이고 쓰기 교육의 목표 역시 이러한 지식과 능력을 갖춘 유능한 필자를 교육하는 데 초점이 맞춰져야 할 것이다.

4.2. 쓰기 지도 접근법[5]

4.2.1. 결과 중심 쓰기 지도 접근법

우리 나라에서 문형 반복 훈련과 연습 위주의 청각구두식 교수법(audiolingual apporach)이 지배적인 교수 학습법이었던 1990년대 초반까지만 해도 외국어로서의 한국어 쓰기 교육은 주로 문법적 형태 중심의 연습이나 통제적 쓰기 활동이 주를 이루었다(안경화 2006:63).

이 시기에 교사들은 쓰기를 문법 요소나 구조를 연습하는 부차적이고 보조적인 언어 기술로만 인식하고, 구두로 문형 연습(pattern practice)을 충분히 한 후에 이미 구두로 연습한 문형을 중심으로 쓰기 지도를 해 왔다. 이러한 방식의 쓰기는 문법적으로 올바른 문장을 생성할 수 있도록 하는 통제 작문 형태로서, 쓰기 평가 역시 글쓰기 활동 전 과정에서 이루어지는 의미 구성이나 내용에 초점을 맞추어 실

---

[5] Raimes(1991)는 쓰기 지도 이론과 실제의 변화를 지도법의 초점에 따라 크게 결과물로서의 글을 강조하는 형식 중심 접근법, 필자의 인지적 사고 과정으로서의 쓰기 과정을 중시하는 필자 중심 접근법, 학습자가 쓰기를 해야 하는 실질적인 내용을 중심으로 읽기와의 연계성을 강조하는 내용 중심 접근법, 사회 구성주의 쓰기 이론에 따라 목표 집단에서 요구하는 쓰기 양식에 부합되는 글을 강조하는 독자 중심 접근법의 네 가지로 나누어 설명하고 있다.

시하기보다는 최종 쓰기 결과물에 대하여 철자법, 문법, 구문 등 주로 정확성(accuracy) 범주를 평가 기준으로 삼고 글에 얼마나 오류가 있는지를 중심으로 평가해 왔다.

이러한 결과 중심 쓰기 지도 방법은 주로 교사에 의해 제공된 글을 베껴쓰고 모방하거나 부분적으로 바꾸어 쓰는 통제 작문 형태로 이루어졌는데, 이러한 지도법은 문장 단위의 문법 요소들은 글(text)을 이루는 벽돌이며, 이러한 벽돌들을 쌓아가는 훈련을 통해 궁극적으로 오류가 없는 글을 쓸 수 있게 된다는 신념에 기초하고 있다.

결과 중심의 쓰기 지도 방법[6]은 외국어로서의 한국어 학습 초기에 외국인 학습자들에게 많은 부담을 주지 않으면서도 오류가 없이 정확한 글을 쓸 수 있게 도와준다는 이점이 있다. 또한 한국어 쓰기 지도 방법을 체계화하고 구체적인 연습을 통해 지도할 수 있다는 점에서 그 긍정적인 측면이 인정된다. 그러나 기계적인 반복 학습으로 자칫 학습자에게 지루함을 유발하기 쉽고 무엇보다 실제 의사소통 능력으로서의 쓰기 능력으로 전이되지 못할 우려가 있다는 점에서 그 한계점이 지적된다.

4.2.2. 과정 중심 쓰기 지도 접근법

1990년대 중반 이후 국어 교육 분야에 도입된 과정 중심 쓰기 이론의 영향을 받아 외국어로서의 한국어 쓰기 교육 현장에도 소위 과정 중심 지도 접근법(process approach)이 자리잡게 되었다.

과정 중심 쓰기 지도 방법에서는 쓰기가 필자가 자신의 생각을 글로 옮기는 선조적(lineal) 과정으로 보아 오던 기존의 결과 중심 접근법에 비해 쓰기를 글을 썼다가도 다시 고쳐서 최종본 작성에 이르거나 또는 정보를 다시 수집하여 글을 수정하는 단계가 반복될 수 있는 회귀적(recursive)인 과정[7]으로 보았다. 과정 중심

---

[6] 최연희·김신혜(2004:119-125)에서는 본절의 결과 중심 쓰기 접근법을 형식 중심 접근법으로 명명하고, 이의 하위 범주로 통제·자유 작문 접근법, 자유 작문 접근법, 단락 문형 중심 접근법, 문법·구문·구성 중심 접근법, 언어 경험 중심 접근법, 의사소통 접근법 등을 들고 있다.
[7] Zamel(1983:165)는 이러한 쓰기 과정 중심 접근법의 특성을 "nonlinear, exploratory, and generative process whereby writers discover and reformulate their ideas as they attempt to approximate meaning."으로 요약하고 있다.

쓰기 접근법에서는 필자가 글을 써 나가는 과정 동안 구체적으로 무엇을 하는지에 초점을 두고, 필자 고유의 목소리를 글로 표현하는 것에 우선적 가치를 둔다.

　쓰기 과정 중심 이론의 특성은 다음 [그림 3]의 Flower & Hayes(1981)의 인지적 작문 모형에서 핵심적으로 드러난다. 이 모형에서는 작문 행위를 고정된 단계로 보지 않고 필자가 작문 과정에서 조절하고 통제해야 하는 몇 가지 하위 과정들의 집합으로 본다. 이 모형에서는 쓰기를 작문 과제 환경과 필자의 장기 기억, 그리고 작문 과정이라는 세 가지 요인으로 설명하고 있다. 즉 쓰기는 필자의 장기 기억과 작문 과제 환경 속에서 계획하기, 작성하기, 재고하기, 조절하기 등 역동적인 의미 구성 과정을 통해서 이루어지는 일련의 문제 해결 행위요, 사고 과정이라는 것이다. 따라서 과정 중심 쓰기 이론에서는 기존의 결과 중심의 쓰기 교육을 지양하고 일련의 쓰기 과정을 조절하고 통제할 수 있는 기능이나 전략을 쓰기 교육의 주된 내용으로 삼는다.(원진숙:2001에서 재인용)

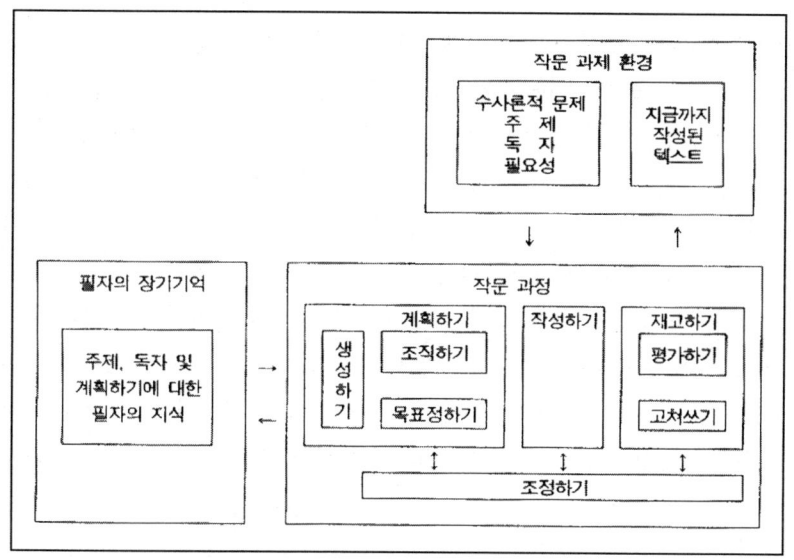

[그림 3] Flower & Hayes(1981)의 인지적 작문 모형

　과정 중심 쓰기 지도 방법은 단계별로 지도가 이루어지는 데 쓰기 전 단계에서는 글의 내용 구상을 위해 생각을 정리하고 정보를 수집하는 단계이므로 토의와 의견 모으기와 같은 활동이 중심이 된다. 다음 단계인 쓰기 단계에서는 학습자가 초고를 작성하고, 쓰기 후 단계에서는 교사나 다른 학습자들로부터 받은 피드백을

바탕으로 초고를 수정하는 작업이 이루어진다.

이러한 과정 중심 쓰기 지도 방법은 결과 중심 쓰기 지도 방법에서 경시해 온 쓰기 과정의 중요성이나 쓰기 방법으로서의 쓰기 전략을 중심으로 가르치는 긍정적인 측면이 인정되기는 하지만 쓰기를 개인에 한정된 문제로만 인식한 나머지 쓰기가 이루어지는 구체적인 사회 문화적 상황이나 맥락을 간과하고 있다는 점에서 문제점이 지적된다. 또 지나치게 쓰기가 이루어지는 인지적인 의미 구성 과정 자체에만 초점을 둔 나머지 결과물로서의 글 자체에 대해서 소홀했다는 점 역시 문제점으로 지적된다. 쓰기의 궁극적인 목적이 결국은 결과물로서의 글을 생산해 내는 것이라는 점을 감안한다면 쓰기의 과정 못지 않게 결과물로서의 글 자체도 중시되어야 할 것이기 때문이다.

4.2.3. 장르 중심 쓰기 지도 접근법

2000년대 이후 과정 중심 쓰기 지도 방법은 자칫 특정 학문 분야의 전문적 독자를 염두에 두고 글을 써야 하는 외국인 학습자들의 필요와 요구를 간과할 수 있다는 점에서 새롭게 학문적 목적의 쓰기가 주요 수업 활동으로 도입되기 시작했다(안경화 2006:64). 학문적 목적의 쓰기가 주요 수업 활동으로 도입된 배경으로는 일차적으로 과정 중심 쓰기 지도 접근법이 쓰기 과정과 필자 자신의 사고 표현에 너무 치중한 나머지 외국인 한국어 학습자들의 현실적인 쓰기 요구에 부합되지 못한다[8]는 반성적 인식을 들 수 있다. 학문적 목적으로 한국어 쓰기를 배우려는 외국인 유학생들의 요구에 부합하는 쓰기 교육이 되기 위해서는 먼저 학습자가 어떤 학문적 담화 공동체(academic discourse community)에 속할 것인지를 파악하고 이 특정 분야의 전문적 독자의 요구를 예상하고 이를 만족시킬 수 있어야 한다는 사회적 구성주의(social constructivism)[9]의 전제(Ferris & Hedgcock 1998)를 고려해야 할

---

[8] Horowitz(1986)는 쓰기 과제에 따라 쓰기 과정도 달라지게 마련인데 과정 중심 접근법은 모든 쓰기 활동이 동일한 과정에 의해 이루어진다고 본다는 점을 들어 과정 중심 접근법의 문제점을 지적한 바 있다. 또한 Hamp-Lyons(1986)는 과정 중심 접근법이 모국어 교육에는 효과적이지만, 제2언어나 외국어 교육 맥락에서는 학습자의 쓰기가 향상되는 결과가 미흡하다고 주장하고 있다.

[9] 사회 구성주의 작문 이론은 지식이란 담화 공동체 구성원들 간의 사회적 상호 작용에 의해서 생성되고 유지되는 언어적 실체라는 관점을 갖는다. 이들은 필자를 고독한 존재가 아니라 사회 문화적 상황 맥락 안에서 다양한 모습으로 존재하는 타자들과 상호작용을 하면서 글을 쓰는 존재라고 본다. 또 이러한 필자가 생성해 낸 글은 필자 개인이 생성한 결과라기

필요가 있다.

　텍스트의 목적과 그에 따른 텍스트 형식과 내용적 제약을 강조하는 이러한 접근법은 소위 장르 중심 접근법(genre approach)과 연계된다. 장르 중심 접근법은 문법적 요소나 글 구조 등 쓰기의 결과물인 텍스트를 강조한다는 점에서 결과 중심 쓰기 접근법과 상당 부분 유사성이 인정되지만 그보다는 쓰기를 둘러싼 사회적 상황 맥락을 강조한다. 장르 중심 접근법에서는 쓰기란 언제나 특별한 사회적 상황 맥락 위에서 존재하며, 어떤 목적으로 글을 쓰는가에 따라 텍스트 유형이나 형태가 달라진다고 본다.

　장르란 특정 의사소통의 목적을 공유하는 담화 공동체 구성원들 간의 대화를 통해 사회적으로 구성되는 것으로 유사하게 반복되는 사회적 상황에 대한 수사적 반응(Miller 1994)이라 할 수 있다. Swales(1990:23-27)는 장르[10]를 특히 담화 공동체에서 사용하는 의사소통의 도구 내지는 지식으로 파악하였다. 이러한 장르는 담화 공동체 안에서 그 구성원들 간에 이루어지는 효율적인 의사소통의 매체 내지는 도구로 활용되기 때문에 특정 담화 공동체 구성원들과 원활한 의사소통을 하기 위해서는 그 집단에서 소통되는 매체인 장르를 익힐 필요가 있다. 이 장르는 미리 정해져 있는 틀이나 규칙이라기보다는 그 특정 담화 공동체의 사회적 필요와 요구에 의해 만들어지고 발전되고 소멸되는 역동성을 지닌다. 또한 장르에는 그 담화 공동체에서 사용하는 쓰기 목적, 사회 문화적 상황 맥락, 언어의 형식과 내용, 방법 등이 반영되어 있으므로 담화 공동체 구성원들이 공유하지 않는 장르의 사용은 용인되지 않는다.

　장르 중심 접근법은 독자가 글의 사회적 목적을 파악하지 못하면 의사소통이 성공할 수 없다는 전제하에 목표 집단에서 요구하는 글의 수사적 구조에 초점을 둔다. 이러한 장르 중심 접근법은 학습자로 하여금 쓰기를 통해 독자에게 영향을 주고 사회적 목적을 달성하는 능력을 기르는 데 목적이 있기 때문에 특정 담화 공동

　　보다는 담화 공동체 안에서 교사나 동료와의 의미 협상을 통한 상호작용의 결과라고 본다. 사회 구성주의 작문 이론에서는 사고가 인식 주체인 개인의 정신활동의 결과가 아니라 담화 공동체 구성원들 간에 이루어지는 언어적 대화가 내면화된 것이라는 Vygotsky의 관점을 받아들여 작문을 필자가 사회 문화적 맥락 안에서 담화 공동체 구성원들과 나누는 대화의 과정으로 본다.

10) A genre comprises a class of communicative events, the members of which share some set of communicative purposes. These purposes are recognised by the expert members of the parent discourse community, and thereby constitute the rationale for the genre. This rationale shapes the schematic structure of the discourse and influences and constrains choice of content and style(Swales 1990, p.58).

체의 일원들이 기대하는 수사적 구조와 글쓰기 규범에 부합하는 글을 쓸 수 있도록 지도하는 것이 관건이다.

특히 학문 목적의 한국어를 배우고자 하는 외국인 학습자를 대상으로 하는 쓰기 교육은 한국의 학문적 담화 공동체가 기대하고 요구하는 쓰기 방식에 맞추어 글을 쓰게 지도해야 한다. 다양한 담화 유형에 사용되는 정형화된 표현이나 담화 표지, 수사적 글쓰기 양식에 익숙해지도록 실제적인 자료(authentic text)를 중심으로 그 특징들을 익히게 하고 실제 글을 써보도록 하는 것이 중요하다.

4.3. 한국어 쓰기 교육의 목표와 내용

모국어 학습자를 대상으로 하는 자국어 쓰기 교육의 목표가 쓰기 능력과 함께 언어적 사고력 신장에 있다면, 외국어로서의 한국어 쓰기 교육의 목표는 쓰기를 통한 의사소통능력 신장에 있다(안경화 2006). 물론 외국인 학습자들이 한국어 쓰기를 배우고자 하는 목적[11]은 개인적인 목적에서부터 사회적인 목적에 이르기까지 다양해서 어느 한 가지로 압축하기는 어렵지만 대체로 쓰기를 통해 자신의 의사를 정확하고 효과적으로 전달하고 소통하려는 의사소통 능력 신장에 있다 할 수 있을 것이다.

국가 수준의 교육과정에 의해 운영되는 국어 교육과 달리 한국어교육 분야에는 표준화된 교육과정이 없기 때문에 한국어 쓰기 교육의 합의된 교수 학습 목표와 내용을 제시하기는 어렵다. 그러나 국가 수준에서 한국어 능력 시험(TOPIK: Test of Proficiency in Korean)[12]의 평가 도구를 개발하고 시행하는 과정을 통해서 마

---

11) 쓰기의 목적이 무엇인가에 따라 쓰기의 성격 및 쓰기의 장르가 결정되게 마련이다. White(1980)는 쓰기의 유형을 크게 실무 편지, 법규, 보고서 등의 제도적 쓰기(institutional writing)와 개인적 편지 쓰기, 창작으로서의 글쓰기와 같은 개인적 쓰기(personal writing)로 양분하고 있다. Hedge(1988)는 쓰기의 목적에 따라 쓰기 유형을 personal writing, public writing, creative writing, social writing, academic writing, institutional writing으로 분류하고 있다. O'Malley와 Valdez Pierce(1996)는 쓰기의 목적을 informative/expository writing, expressive writing/narrative writing, persuative writing으로 분류하고 있다. 필자는 이러한 쓰기 목적에 따라 장르를 선택하게 되고, 이 선택된 장르에 따라 글의 스타일, 수사적 글 구조, 어휘 등이 결정되는 것이다. 최연희·김신혜(2006:101-103)에서 재인용.
12) TOPIK은 한국 문화 이해 및 유학 목적 등 학술적 성격에 필요한 한국어 능력을 측정하고 평가하는 일반 한국어 능력(Standard TOPIK, S-TOPIK)과 한국의 일상 생활 및 한국 기업

련한 평가 기준 덕분에 적어도 국내의 여러 한국어교육 기관에서 일반적으로 활용할 수 있는 쓰기 영역의 교육 목표와 내용을 정리하여 제시하는 일은 가능하다.

한국어 능력 시험은 기본적으로 한국어를 공부하는 외국인 학습자들의 한국어 숙달도13)를 중심으로 1급에서 6급까지 6개의 등급으로 나누고 다시 각각의 등급별로 어떠한 맥락에서 어떤 내용의 말을 할 수 있는 지에 대한 '소재 범주'(Content Area), 목표언어로 무엇을 할 수 있는가에 대한 '기능범주'(Global Tasks/Function), 어떤 텍스트 유형을 생산해 낼 수 있는가 하는 '텍스트 유형(Text Type)'의 평가 범주를 중심으로 구성되어 있다.

이때 '언어숙달도(Proficiency)'란 기본적으로 '언어에 대한 지식(Knowledge)'이라기보다는 목표언어로 무엇을 어떻게 어느 정도로 수행할 수 있는가라는 기술(Skill)적 측면일 뿐만 아니라 실제적이면서도 상대적인 정도성(degree)에 기초한 개념이다. 학습자들은 목표언어를 사용해서 기본적인 문장 정도밖에 구성할 수 없는 1급 수준으로부터 사회적, 업무적, 학문적 영역에서 요구되는 글쓰기까지 할 수 있는 6급 수준까지 언어 숙달 정도를 높여갈 수 있다. 즉 쓰기를 통한 '의사소통능력(communicative competence)'의 정도나 단계는 이 '언어 숙달도'라는 구성 원리 안에서 구체화됨으로써 객관적인 평가 대상이 될 수 있는 것이다. 아울러 이러한 한국어 능력 시험의 쓰기 평가 체계는 다음과 같이 외국인 학습자의 한국어 숙달 정도에 따라 교수 학습 목표와 구체적인 교육 내용으로 전환되어 활용할 수 있을 것이다.

4.3.1. 초급: 쓰기 교육 목표와 내용

초급은 학습 시간 200시간 내외의 1급과 학습 시간 200~400시간 내외의 2급에 해당되며 주로 일상생활에 필요한 수준의 쓰기 능력을 학습한다.

① 1급 (학습 시간 200시간 내외)

• 목표 : 외운 문장을 이용하거나 문장의 기본 구조를 이해하여 간단한 문장을

체의 취업에 필요한 의사소통능력을 측정하고 평가하는 실무 한국어 능력 시험(Business TOPIK, B-TOPIK)이 있다.
13) 언어 숙달도 개념은 '그 언어를 사용해서 실제 의사소통에서 무엇을 할 수 있는가'라는 기능적 측면을 강조한 용어로 1980년대 이후 언어 능력 평가 분야에 도입되었다.

생성할 수 있다. 일상 생활과 관련된 매우 간단한 대화나 생활문을 쓸 수 있다. 맞춤법의 기본 원리에 맞춰 글자를 쓸 수 있다.
- 소재 : 자신, 일상 생활, 물건, 장소, 위치, 시간, 음식, 취미, 교통, 운동, 가족, 쇼핑, 날씨
- 기능 : - 기본적인 문장 구성하기
  - 간단한 대화 구성하기
  - 자기 소개하기, 물건사기, 주문하기, 위치 표현하기, 시간 표현하기
  - 일상생활 표현하기, 요청하기, 명령하기
- 텍스트 유형-문장, 문장의 연쇄, 대화문, 서술문

② 2급(학습 시간 200-400시간 내외)

- 목표 : 자주 쓰이는 문장의 종결형과 연결형을 사용하여 간단한 문장을 구성할 수 있다. 일상생활에서 요구되는 평이한 대화나 생활문을 쓸 수 있고, 자주 접하는 실용문을 쓸 수 있다.
- 소재 : 자신, 일상생활, 물건, 장소, 방향, 시간, 음식, 취미, 교통, 운동, 가족, 날씨, 직업, 쇼핑, 집, 약속, 편지, 옷, 전화, 우체국, 은행, 계획, 감정
- 기능 : - 간단한 문장 구성하기
  - 간단한 대화문 구성하기
  - 간단한 실용문과 설명문 쓰기
  - 묻고 대답하기, 설명하기, 비교하기, 제안하기, 요청하기, 동의하기, 거절하기
  - 허가하기, 추측하여 표현하기, 메모하기
- 텍스트 유형 : - 문장, 문장의 연쇄, 매우 간단한 문장
  - 대화문, 서술문, 실용문, 설명문, 메모, 편지, 서식, 안내문, 광고문

4.3.2. 중급: 쓰기 교육 목표와 내용

중급은 학습 시간 400시간-600시간 내외의 3급과 학습 시간 600-800시간 내외의 4급에 해당되며 주로 일반적인 영역의 사회 생활에 필요한 쓰기 능력 함양을 목표로 한다.

① 3급(학습 시간 400-600시간 내외)

- 목표 : 일상 생활과 관련된 친숙한 소재에 관하여 정확하고 유창하게 글을 쓸 수 있으며, 생활과 밀접한 관련이 있는 사회적 소재에 대해서도 어느 정도 글을 쓸 수 있다. 설명, 비교의 기능을 수행할 수 있으며, 문단 단위로 글을 쓸 수 있다.
- 소재 : 가족, 직접, 쇼핑, 근황, 여행, 계획, 친구, 학교 생활, 직장 생활, 사건, 사고, 모양, 외모, 복장, 성격
- 기능 : - 문단 구성하기
  - 일상 생활 관련 대화나 실용문을 유창하고 정확하게 쓰기
  - 친숙한 사회적 소재로 대화 구성하거나 글쓰기
  - 설명하기, 기술하기, 묘사하기, 비교하기, 후회 표현하기, 가정 표기하기, 우려 표현하기
- 텍스트 유형 : - 문장의 연쇄, 문단
  - 대화문, 서술문, 실용문, 설명문, 메모, 편지, 서식, 안내문, 광고문, 기사

② 4급(학습 시간 600-800 시간 내외)

- 목표 : 표현할 수 있는 추상적 소재의 범위가 넓어지며, 보다 정확하고 유창하게 표현할 수 있다. 업무 환경에서 요구되는 일반적인 글쓰기 기능을 수행할 수 있다.
- 소재 : 가족, 직업, 근황, 학교 생활, 직장 생활, 업무, 사건, 사고, 모양, 외모, 복장, 성격, 사회, 문화, 경제, 언어, 유행, 교육, 인간
- 기능 : - 친숙한 추상적 소재로 대화를 구성하거나 글을 쓰기
  - 간단한 논리적 글을 쓰기
  - 하나의 의미를 다양하게 표현하기
  - 설명하기, 묘사하기, 비교하기, 후회 표현하기, 가정 표현하기, 우려 표현하기
  - 설명문 쓰기, 안내문 만들기, 가사 작성하기
- 텍스트 유형 : - 문장의 연쇄, 문단

　　　　－ 대화문, 서술문, 실용문, 편지, 안내문, 광고문, 기사, 감상문,
　　　　서평, 수필

4.3.3. 고급: 쓰기 교육 목표와 내용

　고급은 학습 시간 800시간~1000시간 내외의 5급과 학습 시간 1000~1200시간 내외의 6급에 해당되며 정치, 경제, 사회, 문화 전반에 걸쳐 친숙하지 않은 주제에 대해서나 사회적, 학문적 영역에서 요구되는 글을 쓸 수 있는 능력 함양을 목표로 한다.

① 5급(학습 시간 800-1000시간 내외)

- 목표 : 정치, 경제, 사회, 문화 전반에 걸쳐 친숙하지 않은 주제에 대해 어느 정도 표현할 수 있다. 자신의 전공 분야에서 요구되는 글쓰기 기능을 부분적으로 수행할 수 있으며, 논증이나 추론 과정을 거쳐 자신의 주장을 논리적으로 펴는 글을 쓸 수 있다.
- 소재 : 업무, 사건, 사고, 사회, 문화, 경제, 언어, 교육, 과학, 인간, 사랑, 가치관, 성
- 기능 : － 격식에 맞는 문체와 어휘를 사용하여 글쓰기
　　　　－ 다양한 표현법 중 가장 적절한 표현 선택해 사용하기
　　　　－ 비교적 간단한 요약하기, 의견 주장하기, 비판하기, 가설 뒷받침하기
　　　　－ 서류/보고서 작성하기, 번역하기
- 텍스트 유형 : － 문장의 연쇄, 문단
　　　　　　　　－ 대화문, 서술문, 설명문, 논설문, 편지, 안내문, 광고문, 기사, 서평, 수필, 소설, 시

② 6급(학습 시간 1000-1200시간 내외)

- 목표 : 정치, 경제, 사회, 문화 전반에 걸쳐 친숙하지 않은 주제에 대해 표현할 수 있다. 사회적, 업무적, 학문적 영역에서 요구되는 글쓰기 기능을 전면적으로 수행할 수 있으며, 자신의 업무나 전공 분야와 관련된 글을

정확하고 유창하게 쓸 수 있다. 간혹 오류가 나타날 수 있으나, 의미 파악에는 지장을 주지 않는다.
- 소재 : 업무, 사회 현상, 문화 비평, 가치관, 의학 기술, 정치 구조, 경제 현상, 제도, 관념
- 기능 : - 격식에 맞는 문체와 어휘를 사용하여 유창하고 정확하게 글쓰기
  - 다양한 표현법 중 가장 적절한 표현 선택해 사용하기
  - 한국어 담화 구조에 맞춰 글쓰기
  - 의견 주장하기, 비판하기, 가설 뒷받침하기, 요약하기, 서류/보고서 작성하기, 번역하기
- 텍스트 유형 : - 문장의 연쇄, 문단
  - 대화문, 서술문, 설명문, 논설문, 편지, 안내문, 광고문, 기사, 서평, 수필, 소설, 시

4.4. 한국어 쓰기 교육의 방법

4.4.1. 한국어 쓰기 교수 학습의 원리

쓰기 교육은 교사가 어떤 교육적 신념이나 지식, 이해, 경험을 가지고 있는가에 따라 그 구체적인 교육 방향이 결정되게 마련이다. 예컨대 쓰기는 작문 이론이나 교수 방법론을 가르치기보다는 직접 많이 써 보는 활동을 통해서 숙달되는 것이라는 신념을 가진 교사라면 자유 작문 지도법을 활용할 것이다. 그런가 하면 쓰기는 필자가 글을 통해 사고하는 과정이기 때문에 무엇보다 쓰기를 통해 사고하는 방법을 가르쳐야 한다고 믿는 교사라면 과정 중심 쓰기 지도법으로 가르칠 것이다. 또한 쓰기의 다양한 목적과 유형에 따라 다른 장르의 쓰기 규약을 가르치는 것이 중요하다고 믿는 교사라면 장르 중심 지도 방법으로 쓰기를 지도하게 될 것이다.

쓰기 교육을 계획할 때는 학습자 변인을 충분히 고려하는 것도 매우 중요하다. 쓰기 학습은 학습자의 구체적인 학습 목적이 무엇인지, 학습자가 어떤 언어권을 배경으로 하고 있는지, 학습자의 인지 수준 정도를 고려하여 쓰기 교수 학습 방향을 설정해야 할 것이다.

쓰기 지도 방안을 계획할 때 다음과 같은 일반 원리들을 바탕으로 쓰기 활동의

적절성과 유용성을 판단해야 할 것이다.

Brown(2001:346-356)은 외국어로 쓰기 지도를 계획할 때 고려해야 할 일반 원리를 다음과 같이 포괄적으로 제시하고 있다.

① 능숙한 필자들이 사용하는 쓰기 전략들을 통합해서 가르쳐라.
② 쓰기의 과정과 결과의 균형잡힌 교수를 하라.
③ 학습자의 모국어 기반을 고려하여 목표 언어와의 수사적 차이를 고려하면서 가르쳐라.
④ 읽기가 쓰기의 입력이 된다는 점을 고려하면서 읽기와 쓰기를 연계해서 가르쳐라.
⑤ 가급적 실제성이 높은 쓰기 과제를 제공하라.
⑥ 쓰기 전 단계, 초고 쓰기 단계, 고쳐 쓰기 단계별로 쓰기를 가르쳐라.
⑦ 가급적 동료들과의 상호작용 속에서 쓰기를 가르쳐라.
⑧ 학생의 글에 반응하고 글을 고치는 방법을 신중하게 제공하라.
⑨ 쓰기의 수사적, 형식적 규약을 명시적으로 가르쳐라.

Brown(2001)은 최근 쓰기 이론에서 축적된 논의들을 바탕으로 하여 외국어 쓰기 지도 원리의 핵심을 잘 제공해 주고 있어 우리 한국어 쓰기 교육 현장에서 원용할 만하다.

외국어로서의 한국어 쓰기 능력 신장을 위한 교수 방안을 제공한 김정숙(1999:200-204)의 논의 또한 주목할 만하다. 김정숙(1999)는 쓰기를 특히 의사소통 능력을 배양하기 위한 도구적 차원에서 인식하고 실제적인 담화(discourse)로서의 한국어 쓰기 교육 방안을 다음과 같이 제시하고 있다.

① 철자나 문법 항목의 정확성 위주로 평가하던 전통적 쓰기 방식에서 벗어나 의사소통을 목적으로 한 글쓰기를 실시해야 한다.
② 쓰기 결과물을 중시하는 데서 벗어나 최종적 쓰기 생산물로 나아가는 쓰기 과정에 초점을 두어야 한다.
③ 학습자들이 실제 의사소통 상황에서 수행할 가능성이 높은 과제[14] 중심으로 쓰기 교육을 실시해야 한다.

---

14) 실제성이 높은 쓰기 과제로는 엽서나 편지 쓰기, 축하 카드 쓰기, 신상 정보를 묻는 양식 채우기, 전화 메시지 듣고 메모하기, 이력서 쓰기, 자기 소개서 쓰기, 안내문 쓰기, 업무 관련 보고서 쓰기, 학술 보고서 쓰기 등을 들 수 있다.

④ 한국어 담화 공동체가 기대하고 요구하는 새로운 글쓰기 방식에 맞추어 글을 쓰도록 해야 한다.
⑤ 글의 효과를 극대화하기 위하여 독자들의 반응을 예상하며 글을 쓰는 연습을 하도록 한다.
⑥ 쓰기 교육이 상호 활동적, 협력적 활동이 되도록 한다.
⑦ 다른 언어 기술과의 통합 교육을 실시해야 한다.
⑧ 다양한 쓰기 전략을 이용할 수 있도록 교육해야 한다.

이상과 같이 김정숙(1999)이 제시한 쓰기 원리는 의사소통능력 배양을 위한 쓰기 교육의 핵심을 잘 정리한 논의로 적극 활용할 만하다.

요컨대, 쓰기 지도는 교사 자신의 교육관과 쓰기 지도에 대한 지식, 이해, 경험, 더 나아가 지도하는 학습자 대상 및 그 학습 요구 등을 종합적으로 고려하여 그 교육 방향을 설정해야 할 것이다.

4.4.2. 과정 중심 쓰기 교육 방법

과정 중심 쓰기[15] 교육 방법은 쓰기를 아이디어를 생산하고 조직하여 표현하는 일련의 문제 해결 과정으로 보고 이 과정에서 요구되는 구체적인 문제 해결 전략들을 중심으로 하는 쓰기 교육을 강조한다. 쓰기는 글을 써 가는 과정 중에 언제나 그 이전 단계로 되돌아갈 수 있다는 회귀성을 본질로 하지만 크게 쓰기 전 단계, 쓰기 단계, 쓰기 후 단계로 나누어 다음과 같이 단계별로 지도할 필요가 있다.

① 쓰기 전 단계

쓰기 전 단계에서는 글을 써야 할 백지 공간 자체를 두려워 하는 학생들을 위해 충분한 시간을 두고 교사가 다양한 전략을 통해 학생을 격려하고 일단 쓰기 과제를 시작할 수 있게 하는 것이 중요하다. 아울러 글의 주세나 방향의 윤곽을 잡고 정보를 수집하기, 쓰기 과제에 대한 분석과 글을 쓰는 목적, 글을 읽을 독자에 대

---

15) Maxwell & Meister(1993)는 쓰기 과정을 발견 단계(discovery stage), 초고 작성 단계(draft stage), 수정 단계(revising stage), 편집 단계(editing stage)로 나누었다. 또 Flower(1993)는 쓰기 과정이 계획하기, 아이디어 생성하기, 아이디어 조직하기, 초고 쓰기, 교정하기, 편집하기 단계로 이루어진다고 보았다.

한 인식을 분명히 하는 일이 중요하다. 또한 교사는 다양한 아이디어를 탐색할 수 있도록 다음과 같은 쓰기 전략들을 중심으로 지도하도록 한다.

- 다양한 자료 읽기
- 브레인스토밍(brainstorming)
- 인터뷰 하기
- 목록화하기(listing)
- 마인드 맵(mind-mapping)
- 다발짓기(clustering)
- 개요짜기(outling)

② 쓰기 단계

쓰기 단계는 쓰기 전 단계에서 이끌어내고 조직한 아이디어들을 초고 형태로 옮겨쓰는 단계이다. 이 단계에서는 표현의 정확성보다는 유창성에 초점을 두고 전체적인 의미 구성에 주안점을 두도록 한다. 초고란 문자 그대로 완결된 글이 아니라 고쳐쓸 것을 전제로 하여 쓰여지는 글이기 때문에 이 초고 쓰기 단계에서는 띄어쓰기, 맞춤법 등 글의 형식적인 측면은 신경쓰지 않으면서 내용 자체에만 집중해서 떠오르는 생각을 빠른 속도로 적어나가는 '빨리 쓰기(speed writing) 전략', 내용의 흐름을 놓치지 않기 위해 앞에 쓴 글을 계속 읽어 가면서 글을 써 나가는 '읽으면서 고쳐 쓰기 전략'을 활용하도록 한다. 이 단계에서 가장 중요한 것은 학습자들에게 글이란 초고 단계에서 대번에 완성되는 것이 아니라 고쳐쓰기, 편집하기 등 일련의 과정을 거쳐서 완성해 가는 것이라는 인식을 갖게 해 주는 일이다.

③ 쓰기 후 단계

쓰기 후 단계는 자신이 쓴 초고를 다시 읽어보면서 글의 내용적인 측면을 중심으로 다듬어 나가는 고쳐쓰기 단계와 띄어쓰기, 맞춤법 등 형식적인 측면에 오류가 없도록 글을 깔끔하게 다듬어 나가는 편집하기 단계로 구분된다. 고쳐쓰기 단계에서는 교사와 동료 학습자들의 피드백을 바탕으로 학습자들이 자신의 글을 주로 내용적인 측면과 전체적인 글 구성 등을 중심으로 교정할 수 있도록 한다. 아울러 편집하기 단계에서는 띄어쓰기, 맞춤법 등 형식적인 측면에 오류가 없도록 글을 매끄럽게 다듬어 나가는 데 주안점을 둠으로써 결과물로서의 글의 완성도를 높이는 데 초점을 둔다.

4.4.3. 쓰기 활동 유형

① 한글 자모 베껴쓰기와 받아쓰기

쓰기 학습 초기 단계에서 한글 자모를 가르칠 때는 필순을 잘 지도할 필요가 있다. 낱자를 '위에서 아래로', '왼쪽에서 오른쪽으로'로 이루어지는 필순을 꼼꼼하게 지도해야 'ㅂ', 'ㅁ', 'ㅌ' 등의 자음과 이중모음을 쓸 때 실수를 방지할 수 있기 때문이다. 먼저 단모음 'ㅏ, ㅓ, ㅗ, ㅜ, ㅡ, ㅣ'를 차례로 발음하는 방법과 쓰는 연습을 시킨 다음, 자음(ㄱ, ㄴ, ㄷ, ㄹ, ……)을 단모음에 붙여서 발음을 시키면서 글자를 쓰는 연습을 시키도록 한다.

또, 교사의 발음을 듣고 받아쓰기를 하도록 하면 학습자가 소리를 구별하는 능력이 있는지를 확인할 수 있다. 받아쓰기 연습은 한 음절 단위에서 차츰 두, 세 음절 단위의 낱말과 '안녕하세요', '고맙습니다'와 같은 짧은 문장 수준으로 확장해 가도록 한다.

② 통제 작문하기

초급 단계에서 기초적인 쓰기 능력 함양을 위해 가장 많이 사용되는 방법이 통제 작문이다. 통제 작문은 주로 문법적인 형태를 익힐 수 있도록 쓰기를 활용하는 방법으로 시제에 맞춰 바꿔 쓰기, 격식에 맞게 바꿔 쓰기, 경어법에 맞게 바꿔 쓰기 등과 같이 답이 정확하고, 객관적으로 학생들의 쓰기를 통제하고 평가할 수 있다는 장점이 있다. 그러나 너무 기계적인 학습 방법이어서 자칫 학습자가 지루함을 느끼기 쉽고, 실제적인 쓰기 능력을 키우기 어렵다는 한계점이 있다. 따라서 초급 단계에서 통제 작문을 활용하더라도 학습자에게 필요한 쓰기 능력이 함양될 수 있도록 실생활과 관계 있는 유의미한 과제를 제시하도록 노력할 필요가 있다.

예1) 바꿔쓰기 활동

* 다음 글을 시제에 맞게 고쳐 쓰세요.
  나는 수영을 좋아합니다. 그래서 자주 수영장에 갑니다. 지난 주말에도 가족과 같이 수영장에 갑니다. 기분이 좋습니다. 다음 주말에도 친구들과 수영장에 갑니다.

예2) 질문에 대한 답을 선택하여 주어진 글 완성하기 활동

* 다음 질문에 답하면서 글을 쓰세요.
  1. 타임 머쉰을 타고 어디에 가고 싶습니까?
     미국, 중국, 호주, 화성
  2. 거기서 무슨 일을 했습니까?
  3. 무엇을 보았습니까?
  4. 무슨 일이 있었습니까?

  타임머신을 타고 100년 전 미국에 갔습니다.
  _____
  _____
  _____
  _____

③ 담화 완성하기

담화 맥락에 맞게 비어 있는 부분을 완성하거나 두 문장을 맥락에 맞게 연결하는 방법이다(김정숙 1999:209). 앞뒤 문장, 혹은 문단간의 관계를 파악한 후 적절한 접속사나 담화 표지를 넣어 담화를 완성하기, 문장의 일부를 비워 두고 앞뒷절, 혹은 앞 뒤 문장의 맥락을 이용해 문장을 완성하기, 한 문단의 일부를 비워 두거나 둘 이상의 문단으로 구성된 담화 중 한 문단을 비워 두고 앞뒤 문맥을 활용하여 맥락에 맞게 비워 있는 부분을 완성하기 등을 활용할 수 있다.

④ 살 붙여 바꿔 쓰기

제시된 핵심어, 이야기 등을 활용해 살을 붙여 바꿔 쓰기를 함으로써 확장된 담화로 완성해 보는 활동 유형이다.

예3) 다음 제시된 어휘들을 이용해서 재미있게 이야기를 구성해 보십시오.

> 어젯밤, 폭풍, 비, 천둥 번개, 발자국 소리, 유리창이 깨지다, 초인종이 울리다, 전화 벨 소리, 손님, 촛불, 정전

⑤ 유도 작문하기

유도 작문은 통제 작문과 달리 학습자 스스로 어휘와 구문을 선택하여 주어진 내용에 관한 글을 쓰는 것을 말한다. 즉 언어가 아닌 내용만 제한되는 형태이다. 일련의 그림을 이용하여 구두 언어로 이미 학습한 문형을 활용하여 자신의 일상 생활을 시간 순서대로 써보는 활동, 그림 모둠을 이용하여 그림에 나타난 차이점과 공통점을 문장으로 써 보고 이를 연결하여 단락으로 완성하는 활동, 주어진 메모를 활용하여 글을 완성하는 활동, 만화 속에 일어난 일을 주인공의 입장에서 친구에게 일어난 일을 설명하는 편지글 쓰기 활동, 이야기 재구성하기 활동 등을 활용할 수 있다.

⑥ 단락 구성하기

글의 내용이나 언어적 표현보다는 단락을 중심으로 글 구성 자체에 초점을 두는 방법이다. 모범적인 텍스트를 모방하거나 활용하여 글 구성을 분석하기, 글 구성 익히기, 문장을 올바르게 배열하기(unscramble sentence), 주제에서 벗어난 문장 찾기, 주제문 선택하기, 주제문에 맞게 뒷받침 문장들로 단락 구성하기 등을 통한 쓰기 연습에 역점을 둔다.

⑦ 읽기와 연계한 쓰기

읽기 자료는 어휘나 문체, 표현, 글 구조 등을 활용하여 모방하여 글을 쓸 수 있

도록 하는 입력 자료가 된다는 점에서 아직 한국어 숙달도가 낮은 단계의 학습자들에게 교육적 효용도가 높다. 읽기 자료를 활용한 쓰기 방법으로는 읽고 핵심 내용을 중심으로 요약하기, 읽기 자료에 제시된 문체, 어휘, 구성, 수사적 전략 등을 모방하여 글쓰기, 특정 사안에 대해 쟁점이 드러나 있는 글을 읽고 그 글을 지지하거나 논박하는 글쓰기 등이 있다.

⑧ 시각 자료를 활용한 쓰기

시각 자료를 활용한 쓰기 교육 방법은 학습자의 흥미를 높일 수 있을 뿐만 아니라 실생활에서 지도나 그래프, 도표 등의 자료를 바탕으로 글을 쓰는 일이 많아졌다는 점에서 교육적 활용도가 높다. 일련의 그림을 보고 이야기 만들기, 그림을 보고 주어진 글 완성하기, 지도를 이용해 길 찾기 지시문 쓰기, 여행 안내서 작성하기, 그래프나 도표를 이용하여 설명문 작성하기 활동 등을 활용할 수 있다. 또 비디오를 활용하여 내용을 재구성하여 쓰기, 요약하기, 종결 부분 쓰기 등의 활동과 연계하여 인접 기능과의 통합 학습도 해 볼 수 있다.

⑨ 자유 작문하기

자유 작문하기는 학습자의 쓰기 연습 양과 쓰기 능력 함양이 비례한다는 가정하에 일정한 주제를 주고 자유롭게 글을 쓰게 하는 방법이다. 자유 작문하기는 쓰기의 양과 내용을 중시하므로 쓰기에서 나타나는 오류의 수정을 지양한다. 자유롭게 표현하고자 하는 내용을 효과적으로 전달할 수 있는 쓰기 능력의 함양이라는 궁극적인 쓰기 학습 목표에 부합되기는 하지만 쓰기에 필요한 능력을 체계적으로 함양시켜 주지 못한다는 어려움이 있다.

4.5. 한국어 쓰기 교육 평가

4.5.1. 쓰기 능력 평가 범주

Hymes(1972)는 진정한 의미의 언어 능력은 언어에 대한 지식이 아니라 실제 언어 상황에서 사용되는 언어의 사회 문화적 의미를 이해하고 범주에 따라 적절히 사용할 줄 아는 능력으로 보았다. 그렇다면 한국어 쓰기 능력 평가 역시 형식적인 언어의 정확성보다는 실제 언어 사용에 중점을 두어 고립된 어휘나 문법 단위에 대한 지식을 측정하기보다는 의사소통적인 관점에서 문맥과 실제 자료를 사용해 평가하는 것이 보다 바람직하다 할 것이다(김유정 외 1998:37).

한국어 쓰기 능력 평가는 대개 여러 한국어교육 현장에서 성취도 평가 형식으로 학습자가 학습 내용을 얼마나 잘 알고 있는지 교과 과정 및 교수 요목에 따라 이루어지고 있지만, 의사소통 차원에서 학습자의 실제적인 한국어 쓰기 능력 숙달 정도를 함께 평가하는 것이 바람직하다. 결국 이러한 평가는 한국어교육 현장에서 학습자 요인을 고려하여 한국어 의사소통 능력을 신장시킬 수 있도록 교육 목표를 설정하고 그에 맞는 교수 행위를 통해서 그 교육 목표가 얼마나 잘 달성되었는가를 확인하는 도구로서 매우 중요한 의미가 있다.

그렇다면 과연 한국어 쓰기 능력을 평가한다고 할 때 무엇을 평가해야 할 것인가? 김유정 외(1998)에서는 쓰기 평가 범주 항목으로 맞춤법, 어휘력, 문법력, 형식적 결합력(cohesion), 내용적 긴밀성(coherence), 사회언어학적 기능 수행력, 정확성, 유창성, 전략적 능력의 9가지를 제시하고 있다. 김유정 외(1998)에서 제시한 쓰기 평가 범주는 쓰기의 결과물로서의 글을 질적으로 평가하기 위한 척도가 된다는 점에서는 긍정적인 측면이 인정되나 평가 범주가 너무 세분화되어 실제 평가 국면에서 실용성이 떨어지고, 서로 층위가 다른 평가 범주들을 평면적으로 나열했다는 점에서 논리적인 설득력을 확보하기 어렵다.

쓰기 평가는 쓰기 능력을 구성하고 있는 보편적이면서도 중핵적인 요소들을 중심으로 평가하는 것이 타당도를 확보하는 차원에서 보다 바람직하다. 보편적으로 쓰기 평가 범주로 고려할 수 있는 요소들로는 다음과 같이 글을 쓰는 내용에 대한 지식의 폭과 깊이(content knowledge), 글의 조직(organization), 문법적 정확성(accuracy), 어휘나 문체 등의 적절성(appropriacy), 띄어쓰기·맞춤법 등의 기계적 측면(mechanics) 등을 들 수 있다.

① 내용 지식(content knowledge)

쓰기 평가에서는 항상 무엇을 어떻게 쓰라는 쓰기 과제가 주어지는데, 필자는 쓰기 과제가 요구하는 것에 부합되는 내용을 쓰기의 목적, 독자의 요구와 기대에 맞춰 명료하게 글로 쓸 수 있어야 한다. 내용 지식이란 쓰고자 하는 내용의 폭과 깊이가 얼마나 넓고 깊은가, 필자의 생각이 얼마나 잘 부각되어 있는가 하는 정도를 말한다.

② 글의 조직(organization)

쓰기 평가에서는 쓰기 과제가 요구하는 바를 독자가 읽고 이해하기 쉽게 글을 잘 조직하는 능력을 중시할 필요가 있다. 예컨대, 적절한 예를 제시하는 능력, 자신의 생각을 논리적으로 연결하여 조직하는 능력, 단락을 중심으로 글의 논지를 전개하는 능력, 개별 문장들간의 관계를 잘 연관지어 제시하는 능력, 글의 목적에 맞게 전체적인 의미를 통일성있게 표현하는 능력 등이 필요하다.

③ 정확성(accuracy)

쓰기 평가에서 정확성이란 글에 문법적인 오류가 없거나 적은 정도를 가리킨다. 정확성 범주는 문장의 문법 구조나 대용어, 어휘 등이 정확하게 구현됨으로써 응집력을 확보하고 의미 전달에 지장을 초래하지 않는지를 중심으로 평가하게 된다. 문법적인 오류는 독자의 오해를 불러 일으켜서 의미 전달에 지장을 초래하기 때문에 언제나 유의해야 할 부분이다.

④ 적절성(appropriacy)

글을 쓰는 목적이나 글을 읽을 독자의 수준, 성격 등을 고려하여 그에 어울리는 문체를 선택하여 일관성 있게 글을 쓰는 능력 역시 쓰기 평가에서 중요하게 고려해야 할 요소이다. 쓰기 능력에서 적절성이란 어휘, 문장 구조, 글의 전개 방식, 글의 장르와 문체 등을 글을 쓰는 목적과 독자의 특성에 얼마나 적합하게 썼는가 하는 정도를 나타낸다.

⑤ 띄어쓰기·맞춤법 등의 기계적 측면(mechanics)

독자는 필자가 써 놓은 글만으로 필자가 전달하고자 하는 의미를 파악해야 한다. 그런데 한국어 쓰기 평가에서 띄어쓰기·맞춤법 등의 기계적 측면이 올바로 사용되지 않았을 경우, 글의 의미를 파악하는 데 많은 어려움을 초래하게 된다. 최근에는 쓰기의 이러한 기계적 측면들은 학습자에게 심리적 압박감을 준다는 점에서 경시되는 측면이 있으나 정확한 맞춤법의 사용은 의사소통의 기초가 된다는 점에서 쓰기 평가 국면에서 매우 중요하게 고려되어야 한다.

4.5.2. 쓰기 평가 유형

쓰기 평가 유형은 평가 대상이 무엇인가, 문항에서 제공되는 정보의 형태가 무엇인가, 문항에서 제공되는 정보의 양이 어느 정도인가, 쓰기 목적이 무엇인가에 따라 매우 다양하다. 대개 초급단계에서는 맞춤법과 어휘, 문법을 측정하는 문항이 많고, 고급 단계로 갈수록 쓰기의 종합적인 능력을 평가하는 문항이 많다.

① 어순에 맞게 배열하기

주어진 어절들을 어순에 맞게 배열하도록 하는 문제 유형이다. 어휘의 뜻을 파악하고 있는가, 한국어의 문장 구조를 알고 있는가를 측정할 수 있다.

② 문장 연결하기

의미의 연결관계에 유의하여 적합한 연결어미를 사용하여 문장을 만들 수 있는 능력을 측정하는 문제 유형이다. 문항 작성은 용이하지만 주로 문법적인 지식만을 평가할 뿐 자신의 의미 표현과 전달을 위한 쓰기 평가라고 보기 어렵다.

③ 서류 양식의 빈칸 메우기

이력서나 지원서 등과 같이 일정 형태의 서류 양식을 주고, 그 양식의 빈 칸에 이름, 주소, 전화번호, 직업 등에 대한 인적 사항 등을 기입하도록 하는 문제 유형이다. 이러한 유형의 문제는 자신의 정보를 독자적으로 서류 양식에 기입하도록 함으로써 실제 생활에서 사용되는 의사소통적 쓰기 능력을 평가할 수 있다는 긍정적 측면이 있다.

④ 요약하기

상당 분량의 긴 글을 읽고 그 글의 핵심 내용을 요약하여 쓰도록 하는 문제 유형이다. 요약된 글의 군데군데 빈 칸을 미리 만들어 제시한 후, 빈 칸에 알맞은 단어나 어구를 써 넣게 하는 방식, 글의 요지를 간단히 몇 문장 이내로 요약하게 하는 방식 등을 활용할 수 있다.

⑤ 틀린 곳 고쳐 쓰기

한 단락 정도의 글에 의도적으로 틀린 낱말이나 문장을 삽입하여 제시한 후, 틀린 곳을 고쳐서 다시 쓰게 하는 문제 유형이다. 틀린 부분이 구체적으로 몇 군데인지를 미리 밝혀주는 것이 수험자의 심리적 부담을 줄여주고, 문항 자체가 필요 이상으로 어려워지지 않게 한다는 점에서 바람직하다.

⑥ 그림을 활용해서 이야기 꾸며 쓰기

어떤 간단한 사건이나 줄거리가 있는 내용의 연속적인 그림이나 만화를 제시한 다음, 이를 이용하여 이야기로 풀어쓰게 한다. 그림이나 만화로 제시된 것을 수험자가 적절하게 해석하고 판단하여 그 내용을 글로 옮겨 쓰도록 하는 방법으로 어휘력, 문법적 정확성, 맞춤법, 문장 구성력, 담화 구성력 등을 종합적으로 평가하기에 적합한 방식이다.

⑦ 주어진 글을 완성하게 하기

한 두 문장 정도를 미리 제시한 다음, 그 제시된 문장의 의미와 상황, 맥락 등을 학습자 스스로 해석하여 주어진 문장의 뒤를 이어 하나의 완결된 글로 완성해 가도록 하는 문제 유형이다. 학습자의 상상력과 판단력을 동원해야 한다는 점에서 다양하고 창의적인 글을 유도할 수 있다는 장점이 있다.

⑧ 글을 읽고 일부분 완성하기

글의 일부분을 빈칸으로 두고 그 내용을 완성하도록 한다. 글의 전체적인 흐름을 고려하여 부족한 내용을 채울 수 있는지를 평가한다. 읽기 능력과 쓰기 능력이 종합적으로 요구되는 유형이다.

⑨ 주장하는 글 쓰기

자신의 의견을 논리적으로 주장하는 글을 쓸 수 있는지 평가한다. 특정 관점을 제시한 글을 주고 이에 찬성 또는 반대하는 글을 쓰게 할 수도 있고, 특정 주제만을 제시하여 의견을 개진하도록 할 수도 있다. 작문의 길이를 통제하기 위해 일정한 분량을 쓰기 조건으로 제시하기도 한다.

4.5.3. 쓰기 채점 방법

일반적으로 학생들의 글을 평가하는 직접 평가 방식 가운데 가장 보편적인 방법으로 총체적 채점 방식(holistic scoring method)과 분석적 채점 방식(analytic scoring method)을 들 수 있다. 총체적 채점 방식은 글 전체가 부분보다 크다는 가설(Cooper 1977; Hirsh & Harrington 1981; Mullis 1984)에 기초하여 평가자가 글 전체를 하나의 단위로 보고 글에 대한 전체적 인상에 의해 평가하는 방식이다. 이러한 채점 방식은 분석적 채점 방법에 비해 경제적이고 효율적이기는 하지만 글의 전체적인 질에 대해서 평가할 뿐 글의 각 부분들에 대한 충분한 진단적 정보를 전혀 제공해 주지 못한다는 점에서 한계가 있다. 뿐만 아니라 평가자의 주관에 따라 평가의 결과가 결정되기 때문에 객관도나 신뢰도를 보장받기 힘들다.

이에 비해 분석적 채점 방식은 '교수-학습 목표'를 평가의 준거로 삼고 구체적인 평가 범주 및 평가 기준을 설정하여 이를 중심으로 학생들의 글을 평가하기 때문에 개개 학생들의 글이 지닌 장단점에 대해 진단적 정보를 제공해 줄 수 있을 뿐만 아니라 총체적 평가 방식에 비해 보다 높은 객관도와 신뢰도를 확보할 수 있다는 장점이 있다. 이러한 맥락에서 본다면 분석적 채점 방식은 '교수-학습 목표'를 평가의 준거로 삼고 학습자가 어떤 범주의 기능을 얼마만큼 수행할 수 있는지를 평가한다는 점에서 절대 평가 방식인 목표 지향 평가(Criterion-referenced evaluation)와도 맥을 같이 한다.16) 또한 분석적 채점 방식은 인상적으로 전체적인 글쓰기의 수준만을 판단하는 총체적 채점 방식에 비해 교수-학습 활동의 효과를 검증하거나 그 결과를 다시 교수-학습 활동에 재투입하는 데 유용한 정보를 제공해 줄 수 있다는 점에서 보다 교육적인 평가 방식이라 할 수 있다.

그러나 Perkins(1983)에서는 분석적 평가가 지닌 문제점으로 하나의 글은 단순히 부분들의 합이 아닌 그 이상인데 분석적 평가 방식은 전체 맥락으로부터 글의 특정 부분만을 고립시킬 수 있음을 지적한다. 이러한 지적은 언어 능력은 결코 따로 분리될 수 없다는 Oller(1979)의 '單一性 假說'(unitary trait hypothesis)과도 일맥상통한다. 언어 능력은 분절된 부분들의 총합체가 아니라 지식의 통합적 체계이기 때문에 결코 분절된 항목들을 평가함으로써 측정될 수 있는 것이 아니기 때문이다.

아울러 분석적 채점 방식에 의해 학생들의 글을 채점하기 위해서는 우선적으로 선결되어야 할 과제가 있다. 분석적 채점 방식은 기본적으로 채점의 기준을 평가 요소별로 분석해서 배점하고 그 각각의 평가 기준에 따라 채점한 다음 득점을 합산하기 때문에 무엇보다 타당성과 객관적인 신뢰성을 갖춘 평가 범주 및 평가 기준을 확립하는 것이 중요하다(원진숙 1995).

---

16) 평가의 잣대 즉 평가의 준거를 무엇으로 볼 것인가에 따라 규준 지향 평가와 목표 지향 평가로 구분할 수 있다. 규준 지향 평가(Norm-referenced evaluation)는 상대 기준 평가라고도 하는데 평가의 '준거'로 평가 대상의 모집단에서 표본 검사를 실시하여 거기서 얻은 점수 분포를 기초로 하여 '규준'(norm)을 정하고 이 규준에 기초하여 개별 학생이 얻은 점수의 위치를 판정한다. 즉 학생의 학습 성취도를 그가 속해 있는 집단의 성적에 비추어 상대적으로 나타내는 평가 방법으로서 개인차 변별에 의하여 학생의 선발과 배치에 주로 이용하며 경쟁을 통해서 외발적 동기를 유발시키는데 적합하다. 이에 비해서 목표 지향 평가(Criterion-referenced Evaluation)는 절대 기준 평가라고도 하는데 '교수-학습 목표'를 평가의 준거로 삼고 학습자가 어떤 범주의 기능을 얼마만큼 수행할 수 있는지를 평가한다. 이러한 목표 지향 평가는 학습자가 무엇을 알고 무엇을 할 수 있는지에 대한 보다 직접적인 정보를 제공해 줄 수 있다는 이점이 있다.

참고문헌

강명순(2005), "쓰기 교육의 연구사와 변천사", [한국어교육론 3], 한국문화사.
강승혜(2002), "한국어 쓰기 교육의 이론과 실제", [21세기 한국어교육학의 현황과 과제], 한국문화사.
교육부(1997). [제7차 국어과 교육과정](교육부 고시 제1997-15호 (별책5)).
권오량·김영숙·한문섭 역(2001), [원리에 의한 교수-언어 교육에의 상호작용적 접근법], H. Douglas Brown(2001), *Teaching by Principles-An Interactive approach to language pedagogy*. Longman.
김유정·방성원·이미혜·조현선·최은규(1998), "한국어 능력 평가 방안 연구: 성취도 평가를 중심으로", [한국어교육] 9-1, 국제한국어교육학회.
김정숙(1999), "담화 능력 배양을 위한 외국어로서의 한국어 쓰기 교육 방안", [한국어교육] 10-2. 국제한국어교육학회.
김정숙(2004), "한국어 읽기·쓰기 교재 개발 방안 연구: 교수요목의 유형과 과제 구성을 중심으로", [한국어교육] 15-3, 국제한국어교육학회.
김정숙(2007), "읽기·쓰기 활동을 통합한 학술 보고서 쓰기 지도 방안", [이중언어학] 33.
남기심 외(1991), [외국인을 위한 한국어교육의 방법과 실제], 한국방송대학교 출판부.
박영순(2001), [외국어로서의 한국어교육론], 월인.
박영순 편(2002), [21세기 한국어교육학의 현황과 과제], 한국문화사.
박태호(2000), [장르 중심 작문 교수 학습론], 박이정.
박혜숙, [영어 쓰기 교육의 이해], 한국문화사, 2006.
백봉자(1987), [교포 2세의 한국어와 쓰기 교육], 이중언어학회지 3.
안경화(2006), "한국어 쓰기 교수 학습법의 현황과 과제". [국어교육연구] 18. 서울대 국어교육연구소.
원진숙(1995), [논술교육론], 박이정.
원진숙·황정현 역(1999), [글쓰기의 문제해결전략], 동문선.
원신숙(2001), "구성주의와 작문", [초등국어교육] 18, 초등국어교육학회.
이미혜(2000), "과정 중심의 쓰기 교육: 작문 수업을 중심으로", [한국어교육] 11-2, 국제한국어교육학회.
이재승(2002), [글쓰기 교육의 원리와 방법], 교육과학사.
이완기(2003), [영어 평가 방법론], 문진미디어.
이완기(2007), [초등영어교육론], 문진미디어.

임병빈·한혜령·송해성·김지선 역(1999), [제2언어 교수 학습], David Nunan, *Second Language Teaching & Learning*, 한국문화사.

임병빈 외 역(2004), 교사를 위한 영어 교육의 이론과 실제, 경문사. Marrianne Celce-Murcia ed. *Teaching English as a Second or Foreign Language*, Thomson.

장향실(2006), 중국 대학의 한국어 전공 학습자를 위한 쓰기 교육 연구: 교수요목 설계를 위한 교육 내용 선정에 대하여, [이중언어학] 32. 이중언어학회.

정광·고창수·김정숙·원진숙(1994), "한국어 능력 평가 방안 연구: 언어 숙달도(proficiency) 측정을 중심으로", [한국어학회] 1, 한국어학회.

조경숙(2003), [초등영어 읽기 쓰기 교육], 한국문화사.

진대연(2004), "한국어 쓰기 능력 평가에 대한 연구: 텍스트 생산 능력 평가를 중심으로", [국어교육학연구] 19집.

최연희·김신혜(2006), "영어 쓰기 교육론" [영어과 교육론 2 교과 지도법], 한국문화사.

허용 외(2005), [외국어로서의 한국어교육학 개론], 박이정.

Brown, H. D.(1994), *Teaching by principles: An interactive approach to language pedagogy*, Englewood Cliffs, NJ: Prentice-Hall.

Canale, M. & Swain, M.(1980), "Theoretical bases of communicative approaches to second language teaching and testing", *Applied Linguistics*, 1, 1-47.

Choi, Y. H.(1995), "Transfer of literacy skills from Korean to English", *English Teaching*, 50(4), 71-96.

Cumming, A.(1989), "Writing expertise and second language proficiency", *Language Learning*, 39, 81-141.

Ferris, D. & Hedgcock, J. C.(1998), *Teaching ESL composition: Purpose, process, and practice*. Mahwah, NJ: Boynton/Cook.

Grabe W. & R. B. Kaplan(1996), *Theory of Writing*, Longman.

Hillocks, G., Jr.(1987). "Synthesis of research on teaching writing", *Educational Leadership*, 44(8), 71-82.

Hyland, K.(2002), *Teaching and researching writing*, Longman.

Kaplan, R. B.(1966), Cultural thought patterns in intercultural education. *Language Learning*, 16, 1-20.

Lynch, T.(1996), *Communication in the language classroom*, Oxford: Oxford University Press.

Maxwell, R. & Meister, M.(1993), *Teaching English in middle and secondary schools*, New York; Macmillan.

Omaggio, A. H.(1993), *Teaching Language in Context*, Heinle & Heinle Publishers.

Raimes, A(1991), "Out of the woods: Emerging traditions in the teaching of writing". *TESOL Quarterly* 25(3), 407-430.

Reid, J. & Kroll, B.(1995), "Designing and assessing effective classroom writing assignments for NES and ESL students". *Journal of Second Language Writing* 4: 17-41.

Silva, T.(1993), "Towards an understanding of the distinct nature of L2 writing: The ESL research and its implications", *TESOL Quarterly*, 27, 657-677.

Scarcella, R. & Oxford, R.(1992). *The tapestry of language learning*, Boston, MA: Heinele & Heinle.

Swales, J.(1990), *Genre analysis,* Cambridge University Press.

Tribble, C.(1996), *Writing,* Oxford University Press.

White, R. & Arndt, V.(1991), *Process Writing.* London.

Widdowson, H. G.(1978), *Teaching language as communication.* Oxford: Oxford University Press.

Zamel, V.(1983), "The composing processes of advanced ESL students: Six case studies", *TESOL Quarterly,* 19, 79-101.

5. 한국어 문법 교육

5.1. 한국어 문법 교육의 목표와 얼개[1]

한국어교육에서 문법을 가르친다는 것은, 한국어 학습자로 하여금 낯선 한국어를 체계적으로 접근함으로써 보다 쉽게 한국어의 원리를 깨우치게 하는 데 의의가 있다. 이를 통해 기대할 수 있는 효과는 크게 두 가지로 볼 수 있을 것이다. 그 하나는 적극적인 측면에서 문법 교육이 올바른 문장 또는 담화의 생성에 필요한 지식을 제공해 줄 수 있다는 점이고(백봉자 2001:417), 다른 하나는 소극적인 측면에서 문법적 오류를 인지하고 이를 바람직한 문장으로 고칠 수 있는 능력을 배우게 한다는 점이다(한송화·김제열 2001:34). 이 중에서도 한국어 문법 교육에서 특히 강조되어야 할 것이 전자임은 두 말할 나위가 없다. 물론 어느 정도 수준에 도달한 이들에게는 후자의 측면도 고려될 수 있을 것이다. 반면에 한국어 모어 화자들은 이미 한국어를 능숙하게 구사하는 데 필요한 능력(competence)을 갖고 있으므로 그들에게 문법 교육이란 오류를 예방하는 효과와 규범에 맞는 한국어의 사용 등이 교육 목표가 될 뿐, 새로운 문장이나 발화를 생성해 내는 능력을 배양하는 것은 교육의 주요 목표가 되지는 않는다. 이런 점에서 한국어 문법 교육의 목표는 매우 명확하고 분명하다고 할 것이다.

문제가 되는 것은 그 다음이다. 한국어 문법 교육을 한다고 할 때 제기되는 질

---

[1] 여기서 말하는 '문법 교육'에서의 '문법'은 본서의 구성에 맞춰 형태·통사론적인 것에 한정됨을 밝혀 둔다. 한편, 지금까지의 한국어 문법 교육과 관련된 선행 논의들을 검토해 볼 때, 문법 교육에 관련된 논의를 아우르고 누구나 동의할 수 있는 문법교육론을 마련한다는 것은 아직까지는 시기적으로 이르다는 느낌을 지울 수 없다. 설령 만든다 하더라도 매우 큰 진통이 필요한 작업이라 생각된다. 기존 논의에서는 주로 문법 교육의 당위성과 관련된 논의가 많고, 초급을 위주로 한 문법 교육 논의가 많았기 때문이다. 이에 따라, 여기서 다루는 한국어 문법 교육 논의 역시 일반적인 논의 수준에 머무르게 될 수밖에 없다는 것이 솔직한 고백이다. 한국어 문법 교육에 관한 한, 본격적인 연구는 이제 시작이라고 해도 과언이 아니다.

문은 다음의 세 가지라 할 수 있다. 그 첫 번째는 '문법 교육에서 무엇을 가르쳐야 하는가'의 문제로서 문법 교육의 내용에 관련된 것이고, 두 번째는 '그 내용을 토대로 어떻게 가르칠 것인가'라는 질문으로서 문법 교육의 방법, 그리고 마지막으로는 '어떻게 평가할 것인가'라는 문제로서 문법 교육의 평가와 관련된다. 이들 세 질문은 순차적이고 일방향적인 관계로 연결돼 있다. 둘째의 문법 교육의 방법은 첫째의 문법 교육의 내용이 없이는 성립할 수 없고, 마찬가지로 셋째의 문법 교육 평가는 둘째의 문법 교육의 방법과 실행이 전제되지 않으면 불가능하다. 이렇게 볼 때, 한국어 문법 교육에서 제일 중요하고 기초가 되는 것은 '문법 교육의 내용'이라 할 수 있다.

지금까지 한국어 문법 교육의 내용에 대해서는 크게 '한국어교육만의 독자적인 것이어야 한다'는 의견과 '한국어교육 문법이 학교 문법과 다를 수 없다'는 견해가 대립하였던 것으로 알려져 있다. 하지만 이들 논의들을 깊이 검토해 보면 사실 이 둘이 서로 모순되는 관계는 아님을 알 수 있다. 이 두 견해가 대립적인 것으로 이해되고 있다면, 아마도 이는 순전히 한국어 문법 교육의 '내용'의 범위를 규정하는 데 있어서 두 입장 간 차이가 있기 때문이라 생각된다. '학교 문법'과 '한국어교육 문법'이 다를 수 없다는 입장을 대표하는 견해로 흔히 거론되는 민현식(2003)을 찬찬히 검토해 보면, '문법 교육의 내용'은 곧 '한국어의 문법 체계'를 뜻하는 데 반해, 새로운 한국어교육 문법을 주장하는 김재욱(2003) 등의 견해에서 '내용'은 국어 문법의 체계는 물론 '가르칠 내용'으로까지 확대돼 있음을 읽을 수 있다. 여기서 흥미로운 것은 전자의 논의에서 후자의 논의에서 '가르칠 내용'으로 보는 부분을 교육 방법론의 문제로 간주하고 있다는 점이다. 따라서 이들 논쟁의 이면에는 분명 '학교 문법의 체계'와 '한국어교육 문법'의 체계는 완전히 이질적인 것은 아니라는 합의는 돼 있다고 생각된다.[2] 이견이 대립하는 부분은 사실 '가르칠 내용'에 대한 관점의 차이, 즉 '문법 교육 내용'을 교육 문법의 일부로 보느냐 아니면 교육 방법론의 일부로 보느냐 하는 입장 차이뿐이다.[3]

---

[2] 국립국어원(2005)에 제시된 체계도 학교 문법과 큰 차이를 보이지 않는 것에서 이를 확인할 수 있다.
[3] 이에 대해서 이해영(1998:413)에서의 '교육 문법'과 '교수 문법'을 구분하는 것은 유용하리라 본다. 전자는 실제 수업 현장에서 교사들에게 지침이 될 수 있는 문법이고, 후자는 학습자의 학습을 도와 의사소통적 문법 교수를 가능하게 해 주는 문법이다. 그러나 본고는 이러한 구분이 초급의 학습자들이 중심이 될 때에 유용하며, 일정 수준에 이른 경우에는 교육 문법이나 교수 문법의 구분이 무의미해질 수도 있다고 본다. 다만, 초급의 학습자를 위한 별도의 문법 교육 내용을 담은 교수 문법이 필요하다는 데에는 깊이 공감한다.

새삼 이런 논쟁에 대한 이야기를 꺼내 든 데에는, 이들 논쟁을 통해서 한국어 문법 교육에 관한 중요한 구분을 이끌어 내기 위함이다. 한국어 학습자들이 문법 교육을 받음으로 해서 머릿속에 한국어에 대한 언어 능력이 들어서게 된다면, 그것은 아마도 학교 문법의 체계에서 크게 벗어나지는 않을 것이라 기대된다. 그렇다고 해도 형태소나 구조의 '분석'을 위주로 하는 학교 문법 그대로의 모습을 이제 갓 한글 자모를 익히기 시작한 학습자들에게 전달할 수는 없는 노릇이다. 이에 대해 학교 문법이 ― 또는 학교 문법에 준하는 체계가 ― 한국어 문법 교육 내용의 전부가 될 수 있는가 하는 문제를 제기해 보면, 아마도 이 글의 독자를 포함한 많은 한국어교육 연구자들은 고개를 가로젓겠지만, 실상 고급의 한국어 학습자, 좀 더 한국어의 체계를 배움으로써 오류를 예방하고자 원하는 학습자들에게는 분석 위주의 입장에 놓여 있는 학교 문법이 나을 수도 있다.[4]

여기서 얻을 수 있는 함의는 이것이다. 즉, 학습자의 수준에 따라서 가르치고자 하는 근본적인 한국어의 체계는 차이가 없으나, 가르치는 내용에 있어서는 다를 수 있다는 점이다. 예컨대, 의존명사 '줄'과 '수'가 어떤 동작의 방법을 나타낸다는 공통점과 미묘한 쓰임의 차이를 가르치기보다는, 두 형태를 '-을 줄 알다'와 '-을 수 있다'와 같이 종합적인 형태, 즉 패턴(pattern)으로 가르치는 것이 효과적이다. 하지만, 고급의 학습자에게는 '줄'과 '수'가 일반 명사와는 달리 기능적인 측면을 갖고 있고, 그리하여 관형형 어미 '-을'이 선행하는 절의 수식을 받아야 하며, 이러한 특성으로 이들을 의존 명사라고 지칭한다는 것을 알게 된다면, 모든 단어는 띄어 쓴다는 원칙과 연계하여, 띄어쓰기를 비롯한 각종 오류의 예방에도 도움이 될 수 있다. 요컨대, 초급의 학습자일수록 낱낱의 형태보다는 의사소통상 유의미한 최소 단위로서의 패턴을 위주로 교육하고, 고급의 학습자에게는 낱낱의 형태, 즉 유의미한 최소 단위로서의 형태소에 주의를 기울이게 하는 것이 좋다는 것이다.

그런데 한국어의 문법 체계를 명문화하여 놓은 대표적인 것은 우리가 익히 배워 온 학교 문법이므로, 학교 문법이 비록 한국어의 문법을 필요충분하게 반영하고 있지는 못한다고 해도 그 대표적 성격을 존중하여 이를 한국어교육 문법의 기저로 삼는 것은 크게 문제되지 않는다고 본다. 또한 '체계'라는 말 자체가 어떤 요소들로 구성된 구조체를 의미하므로, 기본적으로 분석을 위주로 하는 학교 문법 체계는 현실적으로 한국어교육에 필요한 기저 문법으로 보는 데에는 ― 다소 아쉬움이 남

---

[4] 고급 수준의 학습자를 위한 목표에서 '오류 예방'은 공통적으로 제시되고 있는 것이기도 하다. 이는 방성원(2003:147)에서도 확인이 된다.

는다고 할지라도 — 큰 무리가 되지 않는다. 이상의 논의를 토대로 생각해 볼 때, 한국어교육 문법은 학습자의 수준이나 요구에 따라 두 종류의 문법으로 구분해 볼 수 있다고 하겠다. 이를 도표로 보이면 아래와 같다.

(1) 한국어교육 문법의 얼개

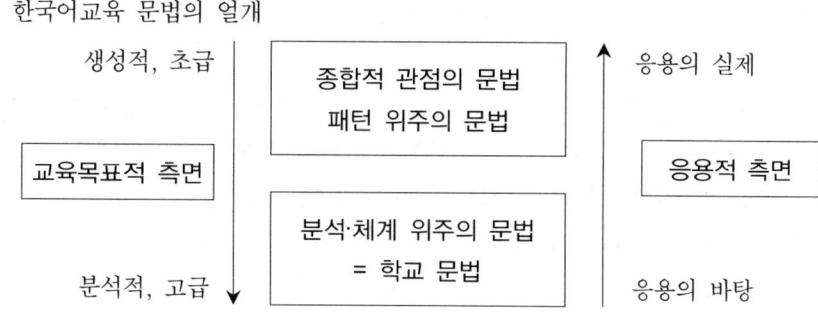

위 도표는 한국어교육 문법이 갖춰야 할 두 가지 속성과 그 관계를 보인 것이다. 먼저, '교육 목표적 측면'에서는 앞서 언급했던 문법 교육의 적극적 목표인 '생성적 측면'에서 종합적 관점과 패턴 관점의 문법을 우선적으로 제시하고, 일정 수준에 이른 고급의 학습자에게는 문법 교육의 소극적 목표라 할 수 있는 분석적 측면도 아울러 고려해야 함을 의미한다. 그런데, 다른 한편으로 '응용'이라는 면에서 볼 때에는 종합적 문법, 패턴 위주의 문법이란 것이 기본적으로 학교 문법의 체계에 기반하고 있음을 의미한다.

그러나 이러한 구분도 임의적이고 잠정적이다. 교육의 현장에서 적용할 때에는 때로 분석적 관점을 취해야 할 때도 있고, 종합적인 관점을 취해야 할 때도 있다. 아마도 이는 초급과 고급을 잇는 중급의 학습자들에게는 종종 있을 법한 일이라 생각된다. 그렇다고 해도 이러한 구분이 전혀 무의미하지는 않다. 교사에게 있어서 '종합적인 관점'으로 한국어를 가르칠 때에도 항상 '분석과 체계의 관점'에서 한국어 문법을 잘 인지해야 한다는 시사를 주기 때문이다. 앞서 들었던 예로 다시 말하자면, '줄'은 항상 '-ㄹ 줄 알다'만으로 쓰이지 않고 때로는 '나는 그 사람이 부자인 줄로 알았다'에서나 '이 일은 철수가 하는 줄로 알았는데'에서 보는 것처럼 '줄' 앞에 반드시 관형형 어미 '-ㄹ'만 오는 것은 아니며, 다른 관형형 어미가 쓰이는 경우 의미도 달라진다는 사실을 알고 있어야 하는데, 이는 오로지 '-ㄹ 줄 알다'라는 종합적 패턴만이 '줄'의 문법 전부라고 생각하는 태도가 아니라, 분석적 측면에서 '줄'에 선행할 수 있는 여러 형태를 지식적으로 알고 있을 때 가능하다. 요컨대 당장 가르칠 학습자들에게 '-을 줄 알다'만을 가르치는 것이 목표가 될 수는 있지만, 교사는 이것이 '줄'의 전체 문법이라고 생각해서는 안 되며, 학습자가 어느 단계에 이르렀을 때 '-ㄴ 줄 알다'나 '-는 줄 알다' 등 여러 형태들을 가르칠 필요가 있다는 것을 인식하고 있어야 한다는 사실이 더 중요하다. 그런 면에서 체계로서의 문법, 내용으로서의 문법 체계를 숙지하는 것은 한국어 문법 교육을 담당하는 교사에게는 필수적이다.

이에 따라서 문법 교육에 있어서는 다분히 위 (1)에 보인 문법의 두 가지 구분을 염두에 두어야 할 것이다. 앞서 논의했던 것처럼 문법 교육의 방법과 평가는 내용이 전제되어야 논할 수 있기 때문에, 본고에서는 내용을 중심적으로 살펴보고 방법론과 평가는 그에 맞춰 매우 소략하게 살피기로 한다.

5.2. 한국어 문법 교육의 내용

'문법'이라고 할 때 흔히 생각하게 되는 것은 '규칙'이다. 규칙으로서의 문법은 규칙화할 수 있는 요소들이 존재한다는 것을 전제한다. 그 규칙화되는 요소들이 한국어 교사가 이미 알고 있는 한국어 문법에서 배태된 것들이 대부분이라고 보면, 실제로 외국인 학습자들에게 가르칠 때의 입장에서 그 규칙이란 것도 절대적 지위를 갖는다고 보기 어렵게 된다. 왜냐하면 앞서 (1)에서 보인 것처럼 한국어 학습자에 따라서 분석적인 관점에서 접근해야 할 규칙이 있는가 하면 종합적인 관점에서 다뤄야 할 규칙도 있기 때문이다.

그런데 실제로 한국어 교사들이 아는 규칙들의 대부분은 분석적인 관점에 기초한 것들이 많은 것이 사실이다. 우리가 배워 온 문법이 분석적인 관점에서 출발하였기 때문이다. 따라서 한국어 교사는 늘 가르치는 학습자의 수준이나 요구에 따라서 수업 중에 다뤄야 할 규칙의 성격이 과연 어떠한 것인지 검토하는 작업이 요구된다고 할 수 있다. 그런 점에서 앞서 (1)에서 본 바와 같이 초급용 문법과 고급용 문법을 구분하여 살피는 것이 도움이 된다.

물론, 초급과 고급을 나누는 경계는 뚜렷하지 않고 다소 모호한 면이 있다. 하지만 어떤 면에서 이것이 오히려 당연할 수밖에 없다. 이는 문법 자체의 문제가 아니라, 학습자의 수준에 대한 평가와 관련되는 문제이다. 한국어 문법의 여러 영역 중에서 특별히 어느 부분이 취약하고 어느 부분이 좋은지에 따라서 초급용 문법의 취지와 고급용 문법의 취지를 상보적으로 적용하는 게 나을 수 있다. 요컨대 중급의 학습자에게는 학습자의 특징에 따라서 초급과 고급의 문법의 상보적인 적용을 도모하는 것이 좋으리라 생각된다.

5.2.1. 한국어 초급용 문법의 내용

초급의 한국어 학습자에게 문법 규칙 자체를 교수하는 것은 생각하기 어렵다. 또한 당장 한국어를 사용하여 의미 있는 발화를 생성하고 이해하기 위해서는 그보다는 간단한 표현을 시작으로 하여, 한국어의 기초적인 표현을 익히고, 확장하는 것이 필요하다. 이 때문에 일반적인 의사소통에서 유의미하게 작용할 수 있는 표현이 위주가 되든, 혹은 외국인이 접할 수 있는 특정 환경을 전제하고 그 상황에서 자주 쓰이는 표현이 초급의 주요한 내용이 될 수 있다.

그러나 모든 표현도 문법이라는 커다란 체계 안에 포괄될 수 있는 만큼, 말하기·듣기·읽기·쓰기 등의 언어 기능 교육을 강조한다고 하더라도, 그 기저에는 문법이 작동하고 있음을 교사가 인지할 필요가 있다. 이런 점에서 초급의 학습자들에게는 향후 한국어 학습자들이 장차 분석적인 시각으로 한국어를 바라볼 수 있도록 가르칠 표현들을 적절한 형태로 구성하는 것이 필요하다.

흔히 말하는 어휘적 덩어리(lexical chunk) 혹은 패턴(pattern)은 초급의 학습자들에게 유용한 교수 내용으로 잘 알려져 있다.[5] 이를 테면, 의존 명사 '수'와 관련하여, 관형형 어미 '-ㄹ', 그리고 '있다'를 결합하여 '-ㄹ 수 있다'라는 어휘적 덩어리를 '가능'의 의미를 갖는 덩어리로 보는 것이 대표적인 예라 할 것이다. 여기서 중요한 것은 '가능'이라는 의미가 의사소통적인 관점에서 이해될 수 있다는 점이며, 형태소를 선정할 때의 관점에서 '유의미한 최소 단위'를 말할 때 일컬어지는 '의미'는 아니라는 것이다. 따라서 초급의 한국어 학습자를 위해서는 가능한 의사소통적으로 유의미하게 쓰일 수 있고 외국인의 직관으로도 쉽게 접근할 수 있는 어휘적 덩어리를 선정하고 발굴하는 것이 중요한 내용이라고 할 수 있다.

현재의 한국어 문법 교육을 살펴보기 위해 국내에서 출간된 여러 한국어 교재들을 종합한 이병규 외(2005)를 보면, 많은 교재들이 이러한 패턴의 특징들을 염두에

---

[5] 어휘적 덩어리(lexical chunk)는 단순히 여러 형태소(문법 형태를 포함)들이 어울려서 하나의 의미 기능 단위를 이루는 경우를 통칭하는 것으로서, 문법 교육에서 어휘적 덩어리는 이미혜(2005)의 '표현 항목' 또는 최윤곤(2004)의 '구문 표현' 등으로 논의되고 있다.

두고 있음을 알 수 있다. 가령, '미래'나 '추측'을 담당하는 '-을 것이다'나 '이유'의 '-기 때문에', '대상'의 '-에 대하여' 등은 복합 형태로 구성된 패턴이라 할 수 있다. 그런데 이들은 단순히 문법적인 기능을 갖는 구성에 한정돼 있는 양상을 띠고 있다. 이로 인해서 드러날 수 있는 문제는 한국어의 통사적 지식을 위한 격조사 관련 교육이다. 현재 격조사는 그 낱낱의 형태를 중심으로 하여 그 기능이나 의미에 초점을 맞춰 진행되는 경향이 강하다. 이는 앞서 거론한 이병규 외(2005)에 제시된 각종 문법 항목 목록에서도 짐작이 된다. 여기에서는 주요한 격조사— 특히 부사격 조사— 와 관련하여 개별 격조사가 하나의 문법 교육의 형태로 자리잡고 있다.

김재욱(2003)에서 격조사의 개별 교수와 관련된 유용한 논의가 보이기는 하지만, 이는 일부 부사격 조사가 몇몇 이동 동사와 관련될 때로 한정된다. 그 외에 격조사의 개별적인 교육이 매우 유용할 수 있다는 점은 인정하더라도, 문제는 중급과 고급의 학습자들이 접하는, 그리고 우리들이 일상적으로 접하는 텍스트에서의 격조사들이 모두 그 개별 기능을 설명하는 것으로 온전한 '습득'이 가능한지 의문시된다는 점에 있다. 예컨대, '-로'가 '경로', '도구', '이유' 등의 의미를 갖고 있고, 이를 '알고 있다'고 해서 모든 한국어 학습자들이 '-로'를 잘 사용하게 된다고 기대하기는 어렵다. '도구'는 '-에'에 의해서 실현되기도 하고, '대상'이 '-로'에 의해 실현되기도 한다. 더욱이 '경로'나 '도구' 등이라고 말하는 것 자체가 문법 의미나 기능에 대한 일종의 상위 술어(meta language)이다. 이를 이해시킨다는 것은 초급의 학습자들에게 무척 어려운 일이 아닐 수 없다.

그런 점에서 고경태(2008)에서는 문장의 근간 성분인 동사와 그의 구체적 실현에 영향을 미치는 격조사를 하나의 패턴으로 간주하여 제시하는 것이 바람직하다는 제안을 한 바 있다. 즉, '보다'의 경우에는 의미상 '-을/를 보다'와 '-을/를 -로 보다'와 같이 쓰이는 경우에 있어 '보다'의 의미 해석이 달라지는데, 이때 '보다'의 해석에 영향을 미치는 것은 그에 인접 선행하는 격조사 '-을/를' 혹은 '-로'의 차이에 있다. 따라서 의사소통적으로 유의미한 상황 맥락 가운데 학습자들이 배워야 하는 형태는 단순히 개별 동사나 단어가 아니라, 그 동사와 어울려 쓰이는 격조사를 패턴이 되게끔 해야 한다는 것이다. 이를 예로 들면 다음과 같다.

  (2) '나는 학교에 갑니다'
    ㄱ. 분석적 관점 : 나, -은/는, 학교, -에, 가다, -ㅂ니다
    ㄴ. 패턴의 관점 : 나는, 학교, -에 가다, -ㅂ니다

'나는 학교에 갑니다'라는 단순한 문장을 중심으로, 현재 한국어 교재에 나타난 문법 항목을 추려 내면 (2ㄱ)과 같다. 이를 보면 언어 기능 교육을 중심으로 하고 있다고 하지만, 실제로 '나는 학교에 갑니다'는 문장에 대한 형태소를 중심으로 열거되어 있음을 볼 수 있다. 그러나 (2ㄴ)은 약간 다르다. 먼저 '나'가 주어로 쓰일 때에는 '나는'이 된다는 점에서 또 이것이 축약형으로서 '난'과 같이 쓰인다는 점에서 아예 '나는'을 하나의 단위로 묶은 것이다.6) 또한 '가다'는 '-에 가다'와 같이 패턴으로 바꿔 보았다. '가다'는 전형적인 이동 동사로서 선행하는 격 조사로는 '-로', '-을/를', '-와/과', '-(이)랑', '-에서' 등 다양하지만, 여기서 '목적지에 가는 것'을 뜻하는 것은 '-에 가다'나 '-을/를 가다'이다. 이는 위와 같은 문장에서 '가다'가 문장이나 담화에서 구체적으로 실현될 때에는 부사격 조사 '-에'가 반드시 필요하다는 것을 강조하기 위한 것이며, 동사의 통사 교육을 목적으로 의도한 형태이다. 이렇게 하면 '학교에 가다'는 단순히 '학교', '-에', '가다'에 대한 낱낱의 의미 또는 기능에 대한 문법 교육이 아니라, '학교'라는 명사와 '-에 가다'라는 동사 교육 패턴의 교육이 되는 것이다.

아마도 '가다'가 쓰이는 맥락에서 함께 자주 나타날 것으로 예상되는 '갈아타다' 역시 이런 관점에서 새롭게 볼 수 있으리라 생각된다. '갈아타다'는 '-로 갈아타다'라는 패턴이 되는 것이 바람직하다는 것이다. '갈아타다'가 갖는 의미와 통사를 배우기에 이전에 '-로'를 따로 학습한 이들에게는 '-로'가 '방향이나 경로'로 인식될지 모르지만, '-로 갈아타다'에서 '-로'는 '방향'이라고 꼬집어 말하기도, '경로'라고 말하기에는 더욱 어렵다. 그렇지만 '-로 갈아타다', '-로 가다'와 같이 하나의 동사와 긴밀한 패턴으로 묶어 처음부터 가르친다면 굳이 '-로'의 의미 기능을 설명해 주고 이해시켜야만 하는 번거로움은 덜 수 있을 것이다. 이런 점에서 동사 및 그와 긴밀한 격조사를 패턴으로 묶는 것은 문법적 설명을 최소화하는 동시에 의사소통의 목적에 부합하도록 하는 교육에 보탬이 될 수 있다.

패턴의 관점은 각종 어미에 대한 교육에서도 적용될 수 있다. 가령 우리가 익히 사용하고 있는 '-는데'는 뒷말에 대한 상황이나 근거를 미리 말하기 위해 사용하는 연결 어미 또는 '노래 잘 하는데!'에서 보는 것과 같은 '감탄'을 나타내는 용법으로 쓰이게 되는 경우이다. 다음을 보도록 한다.

---

6) 이는 다소 잠정적인 것이다. 초급의 학습자들에게는 자기소개나 자기 의사 표현이 많은 까닭에 이를 굳이 분석할 필요가 없기 때문이라는 생각이 반영돼 있다. 물론 이에 대한 이의는 있을 수 있음을 인정한다.

(3) '-는데'의 의미 기능
　　ㄱ. 커피가 없는데 다른 차를 드릴까요?
　　ㄴ. 어제 산에 갔는데 사람들이 너무 많았어요.
　　ㄷ. 야~ 노래 잘 하는데!

　우리의 직관으로는 (3ㄱ)이나 (3ㄴ)은 모두 '뒷말에 대한 상황이나 근거를 미리 말하기 위해 사용한 것'으로서 동일한 용법으로 볼 수 있다. 그렇지만, 이러한 문법적 설명을 통해 초급의 학습자들에게 '-는데'를 효과적으로 사용하게 할 수 있을지는 장담하기 어렵다. 첫째로는 '뒷말에 대한 상황이나 근거'라는 설명 자체가 초급의 학습자들에게는 어렵다. 둘째로는 '실제로 전달하고자 하는 의미'는 (3ㄱ)에서 '다른 차를 제공하는 것이 어떤지를 묻는' 것이고 (3ㄴ)에서는 '사람들이 너무 많았다'는 설명인데, 이를 한데 묶는다는 것 자체가 초급의 학습자들에게는 무리이다. 실제로 의사소통의 측면에서 볼 때에 이 둘의 의미 기능은 전혀 다르다. (3ㄱ)은 '제안'이고, (3ㄴ)은 단순한 상황 설명이다. 이렇게 볼 때 (3)의 '-는데'는 다음과 같이 새롭게 조망할 필요가 있다.

(4) '-는데'의 한국어교육적 적용 예
　　ㄱ. -는데 -을까요?/-읍시다 : 커피가 없는데 다른 차를 드릴까요?
　　ㄴ. -(았/었)는데 : 어제 산에 갔는데 사람들이 너무 많았어요.
　　ㄷ. -는데! : 야~ 노래 잘 하는데!

　한국어 교사나 고급의 학습자들에게는 앞서 본 (3ㄱ)이나 (3ㄴ)의 '-는데'가 동일한 의미나 기능으로 인지된다고 할지라도 초급에서는 '의사소통에서 드러나는 의미'를 중시하는 관점에서 (4ㄱ)과 (4ㄴ)처럼 취급해 볼 수 있다. (4ㄱ)은 제안의 용법으로 사용되는 전형적인 패턴이다. 이때 '-는데' 앞에는 '-고 있는데'와 같은 표현이 나타날 수는 있어도 과거의 선어말 어미 '-았/었'이 나타날 가능성은 무척 낮다. 반면, (4ㄴ)은 상황 설명을 위한 형태로 제시한 것이다. (4ㄱ)과 달리 이때에는 과거의 경험을 설명할 수도 있기 때문에 과거의 선어말 어미 '-았/었'이 함께 할 수 있다는 것을 보여주는 것이 필요하므로 '-았/었'과 '-는데'를 한데 묶어 패턴으로 처리해 볼 수도 있다. 초급의 학습자에게 중요한 것은 '-는데'를 잘 활용할 수 있는 것이지 '-는데'의 문법적 기능과 의미를 제대로 인지하는 것이 중요한 목표는 아니다. 따라서 (4)와 같은 구분이 의미가 있다고 할 수 있다.

Nation(1991)에서는 '하나의 단어를 안다는 것은 그것의 의미는 물론, 그것의 문법까지도 아는 것'이라고 언급한 바 있다. 이는 초급의 문법 교육에서 놓쳐서는 안 되는 중요한 사항이라 할 것이다. 이런 점에서 초급의 학습자를 위한 문법 교육에서 중요한 것은 주요한 표현을 중심으로 하여, 패턴으로 삼을 만한 것들을 선정하고 발굴하는 일이라 할 것이다. 한국어 교사는 초급의 문법을 다룰 때에 있어서 이 점을 염두에 두고 새롭게 한국어의 모습을 관찰하는 것이 필요하다 하겠다.

그러나 앞서도 언급했듯이 한국어 교사는 (4ㄱ)이나 (4ㄴ)의 '-는데'가 직관적으로 동일한 의미 기능을 갖고 있다는 것을 인식하고 이 두 가지 용법이 기본적인 의미 기능에서는 본질적으로 동일하다는 사실을 인식할 필요가 있다. '-는데'에 대한 기존 문법의 설명이 (4ㄱ)-(4ㄴ)을 하나로 보고 (4ㄷ)을 달리 보고 있다는 사실을 인식할 수 있어야만 좀 더 고급의 단계에 이른 학습자들이 한국어를 분석하고 체계를 이해하게 하는 데 도움이 될 것이기 때문이다.

5.2.2. 고급용 문법의 내용

고급의 한국어 학습자들에게는 일정 수준의 한국어 구사 능력이 있다고 볼 수 있다. 그러나 일정 수준의 한국어 실력을 갖추었다고 하더라도 이들에게는 새로운 어휘들을 꾸준히 습득하게 되는 과정 중에 있으므로, 새로운 어휘의 습득과 더불어 그 어휘가 갖는 문법적 특징도 함께 학습되어야 한다. 최근 고급의 문법 교육에서는 담화적 차원에서의 언어 기능 교육을 강조하여, 쓰기나 담화 구성 등에 초점을 두는 경우가 많이 보인다. 그러나 문법 교육은 방성원(2003)에서 논의한 것처럼 문장의 구성과 담화적 능력을 신장시키기 위한 도구로서 여전히 강조될 필요가 있다.[7] 왜냐하면, 고급의 학습자라고 하더라도 아직 한국어를 배워가고 있는 과정 중에 있기 때문이다. 특히, 새롭게 접하게 되는 어휘에 대해서도 그 의미를 유추하고 그 어휘가 갖는 문법적 특징을 이해하는 데에는 문법 교육이 필수적이다.

이런 점에서 어휘 습득의 측면에서 분석적인 관점의 문법 교육이 병행되는 것이 바람직하다. 특히, 형태론적 지식은 고급의 학습자들에게 무척 유용한 교육 내용

---

7) 문법 교육이 담화 교육에 직접적인 연관을 맺어야 하는지는 다소 논란이 될 수 있다고 본다. 방성원(2003)은 문법 교육이 담화 교육을 위한 수단으로 강조되고 있는 듯한 반면, 성기철(2002)에서는 '문법성'과 '담화성'을 구별하고, 이 둘의 관계가 완전히 일치하지는 않는다는 점에서 문법 교육과 담화 교육의 사이에 약간의 거리를 두고 있다.

이 될 수 있다. 특히 어근과 접사에 대한 인식은 학습자들에게 무척 쓸모 있는 지식으로 자리잡을 수 있다. 한국어의 계통론에서 흔히 제기되는 한국어의 특질이기도 하고, 초창기 한국어교육서에서도 언급된 바 있는 '부동사'(converb)의 개념도 이런 관점에서 새롭게 조망될 필요가 있다. 한국어에서 연결 어미 '-아/어'가 두 개의 동사를 연결하여 새로운 동사를 만드는데, '나오다', '나가다', '들어오다', '들어가다', '나들다' 등은 '나다'와 '들다'라는 두 가지 동사의 결합에 의해 새로운 동사로 자리 잡은 것들이다. 이렇듯 학습자들이 어떤 동사에서 어미 '-아/어'의 형태를 찾을 수 있을 때, 해당 동사가 어떤 동사의 결합으로 이뤄졌는지 분석하고, 그 의미를 추측할 수 있도록 한다면, 한국어에 존재하는 상당수의 동사 의미를 깨닫게 하는 데도 도움이 될 것이다.[8]

이밖에도 한국어에 발달한 각종 한자 계열의 접사 등을 교육시키는 것은 새로운 어휘의 습득과 이해를 돕는 데 좋은 방법이 될 수 있다. 특히 생산적인 한자어 접사를 위주로 하는 교육은 고급 단계의 학습자들에게 별도의 시간을 할애하여 가르쳐 봄직하다고 하겠다. 고(高)-, 무(無)-, 미(未)-, 불(不)- 등의 접두사, 그리고 -적(的), -성(性), -식(式) 등의 접미사들은 무척 생산적이므로 우선적으로 고려되어야 할 교육 내용이라고 할 수 있겠다. 이상을 포함하여 기타 고급 수준에서 다룰 수 있는 형태론 중심의 교육은 다음과 같이 보일 수 있다.

   (5) 고급 수준에서 다룰 수 있는 형태 중심 문법 교육
      ㄱ. 접두사와 접미사에 의한 파생법
      ㄴ. '동사+ -아/어 + 동사' 구성의 동사
      ㄷ. '-하다' 및 '-되다' 구성의 주요 용언
      ㄹ. 각종 고빈도 합성어

두 번째로 고급의 학습자들에게 다뤄져야 할 문법은 오류 교정을 위한 문법이다. 이 시기의 학습자들은 스스로 문법적 오류를 찾을 수 있어야 하며, 좀 더 세련되고 한국어 화자와 비슷한 수준의 한국어를 구사할 수 있어야 한다. 이런 점에서 문법 교육은 단순히 의사소통의 향상만을 위한 것이 아니라, 스스로 교정할 수 있는 수준의 문법 지식을 갖출 수 있게 하는 것이 좋으리라 본다.

---

[8] 필자가 개인적으로 1천만 어절의 세종계획기초말뭉치를 조사해 본 결과, 전체 사용된 동사 중에서 기원적으로 '동사+-아/어+동사'의 형태가 매우 높은 빈도를 보이고 있음을 알 수 있었다. 이밖에도 연속 동사 구성과 보조용언 구성을 합하면 그 수효는 매우 많아진다.

한국어 학습자들이 흔히 보이는 오류에는 띄어쓰기로부터 형태적인 오류는 물론, 통사적인 오류까지도 다양하므로, 여건이 허락된다면, 동일한 종류의 오류를 보이는 학습자를 대상으로 하여, 그 원인에 해당되는 문법을 따로 가르치는 것도 고려될 수 있을 것이다. 띄어쓰기를 위한 교육의 예만 들어 본다면, 혼돈하기 쉬운 형태들, 가령 의문형 어미 '-는지'와 '기간'이나 '시간'을 나타내는 '-는 지' 등의 구분, 관형사와 접두사의 차이점 등이 고려될 수 있다. 이밖에도 다음과 같은 형태들에 대한 구분도 문법 교육의 측면에서 다룰 수 있다.

(6) 오류 교정을 위한 문법 교육의 내용(예)9)
  ㄱ. '그러므로 / 그럼으로'와 같이 발음은 같으나 달리 쓰이는 형태
  ㄴ. '귓병', '아랫방'처럼 사이시옷을 쓰는 형태와, '지게꾼'이나 '일꾼'처럼 사이시옷을 쓰지 않고 된소리를 표기에 적용하는 형태
  ㄷ. '-든지'와 '-던지'처럼 의미에 따라 달리 쓰이는 형태
  ㄹ. '그렇잖다', '만만찮다' 등 '-지 않-'이 반영되거나, '간편토록', '이용케' 등처럼 '하다'의 형태가 반영된 준말을 만드는 규칙
  ㅁ. 수를 나타내는 말의 띄어쓰기
  ㅂ. '솔직히, 가만히, 특별히' 등과 같이 '-히'로 끝나는 부사어와 '깨끗이, 반듯이, 버젓이, 겹겹이' 등 '-이'로 끝나는 부사어

세 번째로 거론할 만한 것은 주요 문법 범주와 규칙을 위주로 하는 문법 교육이다. 학습자들이 기존에 잘 사용하고 있는 사동사나 피동사 등을 중심으로 하여, 사동사나 피동사가 갖는 통사적 특징을 확인해 보고, 직접 사동과 간접 사동 등의 구분을 해 보는 것도 의미가 있다. 절이 다른 절에 연결되거나 내포될 때의 특징도 한국어 문법 교육에서 다룰 수 있는 내용이라 하겠다. 대체적으로 우리가 익히 알고 있는 학교 문법의 내용의 상당수가 규칙적인 것이므로, 학습자의 수준이나 요구에 따라 이들이 적절히 문법 교육의 일부로 포함될 수 있을 것이다. 학교 문법에서 다루는 주요 품사와 그것의 통사적 특징을 다루는 것은 이 시기에서 다뤄볼 수 있는 주요 교육 내용이라 할 것이다.

(7) 주요 문법 범주에 대한 교육

---

9) 이들 중에서 몇몇은 음운 교육과도 연관이 있을 수 있으나, 올바른 형태를 알게 하고 쓰게 한다는 점에서 형태 교육의 소관으로도 볼 수 있으므로 여기에서도 언급하기로 하였다.

ㄱ. 자립 형태 : 체언(명사, 대명사, 수사), 용언(동사, 형용사), 수식언(관형사, 부사), 독립언(감탄사)
ㄴ. 의존 형태 : 조사(격 조사, 보조사), 어미(연결 어미, 전성 어미, 선어말 어미, 종결 어미 등)

　(7)에서는 주요 문법 범주를 두 가지로 크게 구별하고 있는데, 그 하나는 자립 형태이고, 다른 하나는 의존 형태이다. 현재의 학교 문법에서 조사는 단어로 인정하여 관계언으로 취급하고, 어미는 단어로 인정하여 품사론에서는 제외돼 있다. 그러나 서정수(2002)에서의 지적처럼 외국인 학습자들에게는 한국어의 교착적 특성을 인식시키는 것이 더 유용하다. 그런 점에서 교착적 특성을 가장 잘 드러내는 조사와 어미는 별도로 구분하는 것이 더 낫다. 학교 문법의 체계를 따르면, 조사 '-에'는 '에'와 같이 '-'(하이픈)을 제거하는 것이 옳지만, '-에 대하여', '-에 따라서'와 같은 형태에서 '-'을 쓰는 것과의 연관성을 고려한다면, 하이픈을 넣어 의존 형태로 간주하는 것이 바람직하다.10)

　한편, 규칙의 학습은 때로 형태소의 세밀한 의미 차이와 연관될 수도 있다. 가령, 학습자의 언어권을 불문하고 자주 혼돈되는 '-고 있다'와 '-아/어 있다'의 차이점은, 학습자들이 알고 있는 동사를 중심으로 각종 '-고 있다'나 '-아/어 있다'의 예문을 들어 본 후, '-고'와 '-아/어'의 차이에 주목하여 가르치는 방식도 생각해 볼 수 있다. 예를 들어, 일회적인 동작에서 끝나는 동사인 '앉다', '서다' 등은 '-아/어 있다'와 어울릴 수 있고, 동작의 처음과 끝보다는 동작의 양태에 초점이 있는 '뛰다', '걷다' 등은 '-고 있다'와 쓰일 수 있다는 것은 규칙으로서 삼아볼 수 있다. 이런 점에서 고급 수준의 학습자를 위한 문법 교육에서는 학교 문법에 명시된 것만이 아니라, 그 이상의 국어학적 지식이 요구될 수 있다.

---

10) 이러한 처리는 학교 문법의 체계나 국립국어원(2005)과는 약간 다른 분류이다. 또한 어떤 면에서는 형태의 의존성에 따라 문법 범주를 새롭게 고찰한 서정수(2002)와 학교 문법 체계의 절충처럼 보일 수도 있다. 그러나 여기서 보인 것은 품사론의 측면에서 본 것이 아니라, 단순히 형태의 의존성 유무를 기준으로 한 것이다. 문법 용어는 일정한 체계를 전제하고 있으므로, 조사를 '관계언'이라고 하는 것과 그렇지 않은 경우의 체계가 달라질 수밖에 없다. 다만 여기서는 문법 용어에 대한 엄격한 체계성보다는 형태의 의존성에 따른 잠정적인 분류임을 밝혀둔다. 조사를 단어로 볼 것인지, 또한 학교 문법에서 서술격 조사라 명명돼 있는 '-이다'를 형용사로 볼 것인지 지정사라는 단독의 품사로 볼 것인지 등의 구분도 문제가 될 수 있지만, 여기서는 다루지 않는다. 참고로 국립국어원(2005)에서는 '-이다'를 서술격 조사라고 명명하지 않고 있다.

5.3. 한국어 문법 교육의 방법

초급의 문법 교육에서는 문법 규칙보다는 가장 빈번하게 생길 수 있는 상황에서 자주 쓰이는 표현을 위주로 가르칠 수밖에 없다. 초급의 학습자에게 가장 대표적인 상황이라면 시장이나 가게, 편의점 등 상거래 행위가 이뤄지는 공간이나 출입국과 관련하여 공항 또는 출입국 관리 사무소 등에서 쓰일 수 있는 표현, 그리고 체계적으로 한국어 교수가 이뤄지는 학교나 학원 등 교육 기관에서 쓰여야 하는 가장 기초적인 대화들, 이주 여성과 같은 경우에는 시댁 식구와의 대화는 물론, 동사무소나 면사무소 등에서 치러야 할 간단한 대화들이 이에 포함될 수 있다. 그렇지만, 이때에도 문법 교육의 측면에서 주의해야 할 바가 없지 않다.

첫째, 이 시기의 학습자들은 한국어를 문법 규칙으로 받아들일 수 없기 때문에, 다양하면서도 쉬운 표현을 통해 한국어의 기본적인 구조와 구성을 익히게 하는 데 주안을 둘 필요가 있다. 그런 점에서 초급의 학습자들에게는 흔히 말하기, 듣기, 읽기, 쓰기 등 소위 언어 기능 교육이 강조되는 것은 자연스러운 이치이다. 과제 수행 중심의 교육도 이러한 측면에서 적용이 가능할 것이다. 그러나 문법 교육의 측면에서 말한다면, 이때의 문법 교육은 명시적인 문법의 학습보다는 암시적인 문법의 학습을 도모한다는 것이라 할 수 있다.

한국어 학습자들은 기존의 한국어 지식을 가지고 새로운 한국어의 문법을 받아들이기 때문에, 처음부터 오롯이 규칙으로 문법 교육을 하겠다는 것은 불가능에 가깝다. 다만, 자주 쓰이는 어미나 표현에 대해서는 어느 정도 연습을 한 단계에서 규칙으로 제시해 줄 수 있지만, 여기에서도 '조사'나 '어미' 등과 같은 문법적 메타 용어의 사용은 극히 제한적으로 제시될 수밖에 없을 것이다.[11]

두 번째로 초급 단계에서 한국어 학습자들은 간단한 대화를 배우고 연습하면서 상호 대화가 오고갈 수 있도록 가르치는 것이 좋을 것이며, 일정한 수준에 이르면 자신이 배운 표현을 이용하여 담화를 조직하고 말할 수 있도록 하는 것이 제시될 수 있다. 이 정도의 단계에 이르게 되었을 때, 어떤 한국어의 문법 요소가 갖게 되는 의미나 기능을 규칙으로 제시해 봄직도 하다. 이때 중요한 것은 해당 문법 요소

---

[11] 메타 언어의 선정과 활용에 관한 논의는 홍윤기(2006)가 참고된다. 다만 여기서 아쉬운 것은 메타 언어의 선정 기준이 지나치게 화용적인 상황을 전제하고 있다는 점인데, 그보다는 '의사소통적인 의미'라고 보는 것이 더 정확하리라고 생각된다. '의사소통적 의미'라는 용어는 형태의 기본 의미도 고려할 수 있지만, '화용적 의미'는 순전히 맥락에서 결정되는 의미만을 부각하는 느낌이 강하기 때문이다.

가 갖는 의미를 가르칠 때에는 의사소통에서 사용될 때의 대표적인 것으로 제시하는 것이 좋다는 것이다.

그러나 이것이 곧 어떤 문법 형태나 요소의 화용론적 의미를 우선시해야 한다는 것은 아니다. 의사소통을 위한 문법 교육은 화용적인 특성이 고려되어야 하는 것이 마땅하지만, 이때에도 그 기본 의미나 기능에 대한 고려는 필수적이다. 화행적 의미라는 말 자체는 상황과 맥락에 따라 해당 문법 형태나 요소의 해석이 결정된다는 것이다. 따라서 처음부터 화행적 의미로만 가르친다는 것은 당장의 학습을 위해서는 좋을 수 있지만, 해당 요소나 형태나 다른 화행적 해석을 가질 때 그 각각에 일일이 화행적인 의미를 제시하고 가르치는 데 한계가 드러날 수 있다. 따라서 교사의 입장에서는 어떤 문법 형태나 요소가 담당하는 의미가 화용론적 해석을 가지는지를 가르치면서도, 동일한 형태가 다양하게 해석될 수 있는 가능성을 염두에 두고, 그 기본적인 의미나 기능이 무엇인지를 먼저 파악해 두는 것이 필요하다.[12]

셋째로 초급의 학습자들에게 가르치는 내용들이 의사소통 상황과 내용에 맞도록 가공된 짧은 형태의 단문이나 혹은 단순한 표현이라면, 여기서 간과해서는 안 될 주요한 문법 교육 내용으로 통사론적 지식을 중시해야 한다는 점이다. 흔히 초급의 학습자들에게 언어 기능 교육을 강조하면서 이와 문법 교육이 무관하거나 관련이 적다고 생각할 수도 있다. 그러나 모든 언어 기능이 기초하고 있는 것은 한국어의 체계이며, 한국어의 문법이다. 따라서 초급의 문법 교육이 비록 명시적인 '문법 형태나 요소에 대한 교육'이 아니라고 해도, 이 시기의 언어 기능 교육을 통해서 한국어의 기초적 문법 의식이 싹튼다는 점에서 문법 교육적으로도 그 중요성은 과소평가될 수 없을 것이다.

특히 이 시기에서 결코 소홀히 여길 수 없는 것은 바로 한국어의 통사론이다. 한국어는 어순이 '주어-목적어-서술어'의 순으로 돼 있는 것은 물론, 각 문장 성분은 적절한 격조사를 취함으로써 온전한 문장이 조직될 수 있고, 적절한 발화로 나타날 수 있다. 그런데 한국어의 문장은 맥락에 따라서 문장 성분의 생략이 잘 나타나며, 순수하게 어순으로만 문장 성분의 격이 결정되는 다른 언어에 비해서 어순

---

[12] 아마도 한국어 문법 교육에서 화행적 의미가 중요하게 부각된 것은 Larsen-Freeman(2001)의 영향이 없지 않다고 본다. 그런데, 여기서도 화행적 의미 외에 그 기본적인 의미에 대한 고려가 있었음을 간과하면 안 된다. 그런 점에서 교사는 한국어의 문법 체계는 물론 각각의 문법 요소와 형태의 기본적인 의미 기능을 숙지하여야 할 필요가 있는 것이다.

역시 비교적 자유롭기 때문에, 근본적으로 한국어 통사적 지식에서 중요한 것은 격조사라 할 수 있다.

그런데 초급에게 제시되는 언어 형태들이 대체로 일상 대화가 많은 탓에, 격조사가 생략된 형태의 언어 표현을 초급에서 가르치면서, 한국어의 격조사 생략이 비교적 자유롭다는 언급까지 하는 경우가 있다. 결론적으로 말해서 이는 결코 바람직하지 않다. 한국어에서 격조사의 생략이 비일비재한 것은 사실이지만, 생략이 되는 경우는 일상적인 대화에서 자주 쓰이는 몇몇 표현이나 구문에 한정된다. 우리의 대화에서 격조사가 생략되는 일은 매우 흔한 일이지만, 그것이 실현되는 범위는 매우 한정돼 있다. 요컨대, 격조사의 생략은 빈도가 높은 토큰(token)에 해당되지만, 그 현상이 일어나는 타입(type)은 상대적으로 적다는 것이다. 그런데도 한국어 학습 초기에서부터 마치 격조사의 생략이 빈번한 현상임을 들어 이를 규칙으로 제시하거나 교수한다면, 학습자들은 조사의 생략을 한국어의 주요한 특징으로 인식할 수 있다. 그로 인해 잘못된 문법 인식이 머릿속에 박히면, 그 이후에는 교사가 아무리 격조사를 강조하여 통사적 특징을 가르치려고 해도 학습자들은 조사를 유의미하게 받아들이지 않는 경우가 발생할 수도 있다.[13] 그런 점에서 '학교 가다'가 실제 '학교에 가다'보다 더 자주 사용되고, '영화 보다'가 '영화를 보다'보다도 더 빈번하게 사용되며 자연스럽다고 할지라도 초급의 학습자들에게는 일부러 '학교에 가다'와 '영화를 보다'라는 형태를 제시하는 것이 더 나을 수 있는 것이다.

반면, 고급의 학습자들에게는 형태소를 중심으로 하는 분석적 관점의 문법 교육이 적용될 수 있다. 그렇지만, 한국어의 주요 어미들은 규칙으로 학습해야 할 필요가 있다. 이때에는 다음에 유의할 필요가 있다.

첫째, 교사는 가능한 한 문법에서의 규칙성을 찾아 이에 집중하는 것이 필요하

---

[13] 이효상(2005:247-8)에서는 격조사가 생략되는 것이 자연스러운 예를 들어, 각종 교재에서 격조사가 나타남으로 해서 어색해진 문장이나 형태를 가르치는 데 대한 의문을 제기하고 있다. 이에 대해서 본고의 입장은 단호하다. 본문에서 언급한 대로, 격조사의 생략을 가르침으로써 얻을 수 있는 부작용이 더 클 수 있다는 우려 때문이다. 또한 이효상(2005)에서의 지적대로 격조사 생략에 대한 일반적인 원칙이나 규칙에 대하여 국어학에서도 세밀하게 다뤄진 바 없다는 것도 격조사 생략을 무작정 가르칠 수 없다는 현실적인 이유가 된다.

　조사의 생략에 대한 별도의 아마도 현장에 몸담고 있는 교사들 중에서는 실제로 듣고 읽는 데 어려움을 겪지 않는 일부 중국어권 학습자들 중에서 다양한 격조사를 의도적으로 생략한 형태로 작문을 하거나 말하는 경우를 본 적이 없지 않으리라 생각된다. 문제는 이러한 오류가 중·고급에까지 이어지기도 한다는 점이며, 격조사를 주요한 형태로 인지하지 못하는 현상으로 굳어질 수 있다는 것이다.

다. 초급의 수준에서는 명시적인 문법 교육이 어려울 수도 있지만, 규칙적인 것과 그렇지 않은 것을 구분하는 문제는 매우 중요하다. 가령, 활용에 있어서 우리는 모음으로 시작되는 어미가 붙어 용언 어간의 형태가 바뀌는 것을 '불규칙 활용'이라 명명했지만, 이를 무작정 불규칙이라고 단언할 수는 없다. '어렵다', '쉽다', '곱다', '덥다', '춥다' 등은 흔히 'ㅂ 불규칙 용언'이라 불리지만, 이들은 어간 말 'ㅂ'이 '오/우'로 바뀌는 규칙을 갖고 있다. 문제가 되는 것은 어간 말음이 'ㅂ'이라고 해도 모두가 이런 규칙을 가지지는 않는다는 것이다. 교사는 어간 말이 'ㅂ'으로 끝난다고 해도 모두가 '오/우'로 변하는 것은 아니라는 생각으로 이를 '불규칙'이라고 할 것이 아니라, 오히려 초급에서 배우는 주요한 'ㅂ 불규칙 용언'들이 규칙성을 갖고 있다는 점에 초점을 두고, 이를 제대로 활용할 수 있도록 지도하는 것이 필요하다.

둘째, 초급 수준에서는 기본적인 의사소통을 위한 한국어 학습이 우선시되어야 하므로, 문법 교육에서도 낱낱의 형태에 대한 개별 교수가 필요할 때에도 의미가 와 닿을 수 있는 패턴으로 가르치는 것이 좋으며, 그 활용례는 텍스트나 맥락에서 제시하는 것이 좋다. 예컨대 '-ㄹ 수 있다'에 대한 교육은, 최소한 '갈 수 있어요, 먹을 수 있습니까, 받을 수 있을 거예요' 등과 같은 형태에서 출발하여, '학교에 갈 수 있어요', '이 음식을 먹을 수 있습니까?', '조금 기다리면 받을 수 있을 거예요'와 같은 문장이나 발화에서 쓰이는 활용례로 확장할 수 있도록 도움을 주는 것이 좋다는 것이다.

이와 마찬가지로 중요한 동사에 대한 교육에서 역시 그 동사의 의미 실현에 중요한 격 조사를 동사와 함께 패턴으로 볼 수 있는 형태들을 아우르는 것이 좋다. '보다'가 아니라 '-을/를 보다'가 되어야 하고, '갈아타다'는 '-로 갈아타다'가 되어야 한다는 것은 앞서도 언급한 바 있다.

그러나 고급 수준에서는 '그러다가 까무러치는 수가 있어'에서 보이는 '-는 수가 있다' 등을 염두에 두어, 관형형 어미 '-(으)ㄴ/는' 또는 '-(으)ㄹ'과 의존 명사 '수' 등으로 분리하여 가르치는 것이 한국어의 특성을 이해하는 데 도움을 줄 수 있으므로, 이를 반영하여 가르치는 것이 좋을 것이다.

셋째, 언어 기능 교육 중에서도 학습자들이 익히는 문법을 잘 표현하고 사용할 수 있도록 말하기와 쓰기를 병행하는 것이 좋다. 이 시기에는 단독의 문법 교육이 어려우므로, 대신 교사는 문법에 대한 인식을 갖고 학습자의 말과 글을 접하면서 올바른 문법을 사용하게끔 유도하는 것이 필요하다. 그러나 고급 수준의 학습자들에게는 한국어에 대한 심화 이해를 위하여 별도의 문법 학습을 고안해 볼 수도 있을 것이다.

5.4. 한국어 문법 교육 평가

한국어교육에서 문법 교육은 그간 문법 교육의 당위성이나 방법론과 관련된 문제가 많이 논의되어 온 터여서, 그 평가에 대한 논의는 그다지 많지 않은 편이다. 다만, 일반적인 차원에서 논한다면, 크게 두 가지의 평가 원칙을 생각해 볼 수 있다고 본다.

첫째는, 초급과 고급 학습자의 문법 교육의 내용이 다른 만큼, 그 평가 역시 당연히 다를 수밖에 없다는 점이다. 초급에서는 주로 의사소통이라는 기준을 중심으로 문법이 올바르게 쓰이고 있는지를 평가하는 면에 초점이 있다면, 고급에서는 정확한 문법을 구사하고 있는지를 평가하는 데 주안을 두게 된다. 여기서 '문법성'과 '담화성'을 구분하는 것이 필요할 수도 있다. '문법성'은 문법적 정확성에 주안을 둔 개념이고, '담화성'은 문법성과 별도로 전체적인 텍스트와 내용 면에서의 응집성이나 응결성의 문제를 다루는 것이다. 고급의 학습자라고 하더라도, 문법 면에서는 정확하지만 담화적으로는 만족스럽지 못할 때에, 이 중에서 문법성 부분을 어떻게 평가할 것인지를 구별해 내는 것이 중요한 문제가 될 수 있다.[14]

둘째는, 평가를 할 때에 있어서 이것이 학습자의 능력인지 아니면 단순한 수행 상의 실수인지를 판단하는 것이 중요하다. 만일 틀리기 쉽고 혼돈이 쉬운 문제를 위주로 문법을 평가한다면, 해당 학습자의 수준을 올바로 판단하기는 어려울 것이기 때문이다. 이런 점에서 해당 급 수준에서 학습자들이 어느 정도 성취하였는지를 올바르게 판단하기 위한 척도가 마련되는 것이 바람직하며, 이것을 기초로 하여 문법에 대한 평가가 이뤄지는 것이 좋을 것이다.

셋째는, 문법을 평가할 때 일반적인 문법의 규칙보다는 개별 어휘의 문법에 대한 평가가 이뤄져야 한다는 것이다. 문장 및 담화의 핵심이라 할 수 있는 서술어는 동사나 형용사 등이 맡고 있으므로, 이들 품사에 대한 교육은 개별 어휘의 의미적

---

[14] 이는 아마도 문법 교육의 목표에 따라서 이견이 있을 수 있다고 본다. 문법 교육이 효과적인 담화 구성의 도구로 간주되는 교실에서는 문법성과 담화성이 크게 구분되는 일이 없을 것이기 때문이다. 본고에서는 순전히 형태·통사적 측면에서의 문법을 보고 있으므로, '문법성'과 '담화성'을 구별하고자 한다.

특징뿐만이 아니라, 그것이 갖는 통사적 특징까지 학습되어야 한다. 이것은 특별히 용언이 취하게 되는 각종 격조사에 대한 평가, 즉 문형에 대한 평가를 의미한다.15)

참고문헌

고경태(2007), 한국어교육에서 패턴(pattern)을 이용한 '격조사+명사' 교육의 필요성, [문법교육] 6, 한국문법교육학회.
고경태(2008), [한국어 동사 교육 연구 : 동사의 통사 및 의미 교육을 위한 패턴(pattern) 선정을 중심으로], 고려대학교 박사학위 논문.
국립국어원(2005), [외국인을 위한 한국어 문법 1], 커뮤니케이션북스.
권재일(2000), 한국어교육을 위한 표준 문법의 개발 방향, [새국어생활] 10-2, 국립국어연구원.
김영만(2005), [한국어교육의 이론과 실제], 도서출판 역락.
김유정(1997), 외국어로서의 한국어 문법 교육 : 문법 교육의 위치·교육·원리에 관하여, [한국어학] 6, 한국어학회.
김일병(2005), 한국어 문법 교육의 실태와 발전 방향 : 한국어 핵심 문법, [한국어교육] 16-2, 국제한국어교육학회.
김재욱(2003), 외국어로서의 한국어 문법 교육, [이중언어학] 22, 이중언어학회.
김정숙(1997), 외국어로서의 한국어교육 원리 및 방법, [한국어학] 6, 한국어학회.
김정숙(2002), '한국어 문법 교육의 체계와 방법론' 토론문, [외국어로서의 한국어 문법 교육], 국제한국어교육학회 추계 학술대회 발표 논문집.
김정은·이소영(2001), 제2 언어로서의 한국어 표준 문법 : 조사, 어미, 관용 표현을 중심으로, [이중언어학] 19, 이중언어학회.
김제열(2005), 문법 교육의 과제와 발전 방향, [한국어교육론] 2, 한국문화사, 국제한국어교육학회.
민현식(2003), 국어 문법과 한국어 문법의 상관성, [한국어교육] 14-2, 국제한국어교육학회.

---

15) 이런 관점에서 보면, 용언을 제외한 다른 품사가 특정한 문장 성분이나 단어와 맺는 연어(collocation)의 문제를 생각해 볼 수도 있지만 이는 문법 형태와 맺는 관계라기보다는 실질 형태 간의 관계가 더 중시되므로, 문법 교육의 측면보다는 어휘 교육의 측면에서 볼 수 있으리라고 생각된다.

박영순(1998), [한국어 문법 교육론], 도서출판 박이정.
박영순(2001), [외국어로서의 한국어교육론], 개고판, 월인.
방성원(2003), 고급 교재의 문법 내용 구성 방안, [한국어교육] 14-2, 국제한국어교육학회.
서정수(2002), 외국어로서의 한국어교육을 위한 새 문법 체계, [외국어로서의 한국어교육] 27, 연세대학교 한국어학당.
성기철(2002), 외국어로서의 한국어 문법 교육, [국어교육] 107, 한국어교육학회.
우형식(2002), '한국어 문법 교육의 체계와 방법론' 토론문, [외국어로서의 한국어 문법 교육], 국제한국어교육학회 추계 학술대회 발표 논문집.
이관규(2004), 문법 영역의 위상과 문법론의 내용 체계, [이중언어학] 26, 이중언어학회.
이관규(2005), [학교 문법론], 개정판, 도서출판 월인.
이미혜(2005), [한국어 문법 항목 교육 연구], 박이정.
이병규 외(2005), [한국어 교재 분석 연구], 국립국어원.
이효상(2005), 외국어로서의 한국어 교재와 문법 교육의 문제점, [국어교육연구] 16, 서울대학교 국어교육연구소.
이해영(1998), 문법 교수의 원리와 실제, [이중언어학] 15, 이중언어학회.
최윤곤(2004), [한국어교육을 위한 구문표현 연구], 동국대학교 박사학위논문.
홍윤기(2006), 메타언어(Meta-language)를 활용한 한국어 문법 교육 방법론 연구, [이중언어학] 32, 이중언어학회.

Hunston, S. and Francis, G.(1999), *Pattern Grammar : A Corpus-driven approach to the lexical grammar of English,* John Benjamins Publishing Company.

Larsen-Freeman, D.(2001), Teaching Grammar, Celce-Murcia, M. ed. *Teaching English as a Second or Foreign Language.* 3rd Edition. Heinle & Heinle Thomson Learning.

Nation(1991), *Teaching and Learning Vocabulary,* Heinle & Heinle Publisher.

6. 한국어 어휘 교육

못 먹는 [생일빵] 싫어요!

며칠 전에 제 생일이었습니다. 사장님께서 선물 준다고 오라 해서 갔더니 갑자기 막 때렸어요. 왜 때리냐고 했더니 [생일빵]이라고 계속 막 때렸어요. 전 너무 아파서 그만하라고 했더니 사장님 작은 마음의 표시니 거절하지 말라며 계속 막 [생일빵]을 막 줬어요. 뭡니까 이게. 사장님 나빠요. 월급 올려 달라 하면 [생일빵] 줍니다. 몸 아파서 일 못 하겠다 하면 [생일빵] 줍니다. 저 1년에 생일 한번 있어요. 왜 자꾸 사장님 매일 [생일빵] 줍니까. 뭡니까 이게. 사장님 나빠요. 한국에 외국인 노동자 40만 명 있어요. 더 이상 [생일빵]으로 고통 받는 외국인 노동자 없길 바라겠습니다. 블랑카였습니다. 감사합니다.

블랑카가 처음 [생일빵]이라는 말을 들었을 때 무엇을 상상했을까? 혹 맛있는 생크림이 듬뿍 뿌려진 케이크를 상상하진 않았을까? [생일빵]이라는 발음은 동일하지만 '생일빵'(生日+빵)과 '생일방'(生日+放)은 천국과 지옥만큼이나 차이가 난다. 이와 같이 한국어의 어휘는 다양한 구조적, 의미적 특성을 지닌다. 이 단원에서는 한국어 어휘들을 체계적이고 효과적으로 교육하기 위해 필요한 내용과 방법 등에 대해 살펴보자.

6.1. 어휘 교육의 중요성과 목표

6.1.1. 어휘 교육은 중요한가?

한 언어를 구사하는 데 있어 그 언어에서 사용되는 어휘를 얼마나 많이, 정확하게 알고 있는가 하는 것은 매우 중요한 일이다. 그러므로 성공적인 언어 교육은 언어 학습자의 어휘력을 어떻게 그리고 얼마만큼 신장시킬 수 있는가 하는 것이 관건이라고 해도 과언이 아니다. 이것은 한국어교육에서도 예외 없이 적용되는 언어교육의 일반론이다.

어휘는 언어 습득의 시작이다. 또한 단계가 높아질수록 외국어 학습이 어려워지는 것은 어휘 때문이다. 독해 및 듣기에 어려움을 겪는 많은 학습자들이 그 원인을 어휘로 돌리고 있다는 것에도 주목해야 한다. 즉, 언어 학습의 마지막 역시 어휘에 있는 것이다(조현용 2000).

한때 언어 교육에서 어휘 학습이 단지 어휘들을 축적해 가는 것이라고 보거나, 해당 언어의 문법 구조 학습에서 어휘는 단지 재료적이고 주변적인 대상으로서 체계적인 질서나 구조가 있다고 보지 않았던 적이 있었다. 그러나 현재의 언어 교육에서는 의미와 관련해 어휘 교육의 중요성을 강조하고 있다.

문법 구조가 정확하지 않더라도 어휘들에 의해 대략적인 의미가 전달될 수 있는 반면, 문법 구조가 정확하더라도 적절한 어휘를 사용하지 못한다면 의미 전달에 문제가 발생함을 생각할 때, 어휘 교육의 중요성은 분명해진다. 더욱이 외국어 학습에서 어휘는 언어 표현이란 퍼즐을 풀어갈 수 있는 결정적인 실마리를 제공하는 존재라고 할 수 있다.

발음과 문법이 각각 언어의 외형과 골격을 구성하는 요소라고 한다면 어휘는 언어의 피와 살을 구성하는 요소라고 할 수 있다. 피와 살이 없는 생명체를 생각할 수 없듯이 어휘 교육 없는 언어 교육도 생각하기 어렵다. 따라서 외국어로서의 한국어교육에서도 어휘 교육은 중요한 요소가 되므로 이에 대한 체계적인 교육 내용과 효과적인 교수 방법이 필요하다.

6.1.2. 어휘 교육의 목표는 무엇인가?

그렇다면 이렇듯 중요성을 갖는 어휘 교육의 목표는 무엇일까? 한마디로 언어 학습자가 해당 언어의 어휘들을 이해하고 표현하는 데 불편함이 없도록 하는 것인데, 학습자의 수준과 단계별로 그 구체적인 목표는 달라질 수 있을 것이다. 현행 한국어능력시험에서 제시된 어휘 관련 등급별 평가 항목 내용을 중심으로 한국어 어휘 교육의 목표를 다음과 같이 설정해 볼 수 있다.[1]

---

[1] 한국어능력시험에서 제시된 어휘 관련 등급별 평가 항목 내용에 대해서는 김왕규 외(2001) 참조.

〈표 1〉 한국어 어휘 교육의 목표

등급		목표
초급	1급	• 일상생활, 사교활동 등에 필요한 가장 기본적인 어휘의 습득 • 물건 사기, 음식 주문하기 등 기본적인 생활과 관련된 기초 어휘 • 주변의 사물 이름, 위치 관련 어휘의 습득 • 수와 셈 관련 어휘의 습득 • 기본 인칭 및 지시대명사, 의문대명사의 습득 • 기본적인 형용사(크다, 작다 등)와 동사(오다, 가다 등)의 습득
	2급	• 일상생활, 공공시설 이용 시에 자주 사용되는 어휘의 습득 • 공적인 상황(우체국 이용, 회의 등)과 관련된 기본 어휘의 습득 • 약속, 계획, 여행, 건강과 관련된 어휘의 습득 • 자주 접하는 고유 명사(제주도, 민속촌 등)의 습득 • 주변 상황을 나타내는 형용사(깨끗하다, 조용하다 등)의 습득 • 일상생활에서 자주 사용되는 동사(출발하다, 고치다 등)의 습득 • 기본적인 빈도부사(자주, 가끔, 거의 등)의 습득
중급	3급	• 일상생활에서 자주 사용되는 대부분의 어휘의 습득 • 업무나 사회 현상과 관련된 기본 어휘의 습득 • 직장 생활, 병원이나 은행 이용과 관련된 기본 어휘의 습득 • 감정 표현 어휘(행복하다, 섭섭하다 등)의 습득 • 사회 현상과 관련한 간단한 어휘(늘어나다, 위험하다 등)의 습득 • 직장 생활과 관련한 기본적 어휘(참석하다, 찬성하다 등)의 습득 • 기본적인 한자어(장점, 절약 등)의 습득 • 간단한 연어(생각이 나다, 버릇이 없다 등)의 습득
	4급	• 일반적인 소재를 표현하는 데 필요한 추상적인 어휘의 습득 • 직장에서 일상적인 업무를 수행하는 데 필요한 어휘의 습득 • 신문 기사 등에 자주 등장하는 어휘의 습득 • 빈도가 높은 관용어와 속담의 습득 • 자연, 풍습, 문화, 경제, 과학, 예술, 종교 등 일반적인 사회 현상과 관련된 핵심적인 개념어의 습득
고급	5급	• 사회 현상을 표현하는 데 필요한 추상적인 어휘의 습득 • 직장에서의 특정 영역과 관련된 기본적인 어휘의 습득 • 세부적인 의미를 표현하는 어휘(아프다 : 결리다 등)의 습득 • 자주 쓰이는 시사용어의 습득 • 사회의 특정 영역에서 자주 쓰이는 외래어(이데올로기, 매스컴 등)의 습득 • 일반적으로 사용되는 관용어와 속담
	6급	• 사회 현상을 표현하는 데 필요한 추상적인 어휘의 습득 • 널리 알려진 방언, 자주 쓰이는 약어, 은어 속어의 습득 • 사회 각 영역과 관련해 널리 쓰이고 있는 전문용어의 습득 • 복잡한 의미를 갖는 속담이나 관용어의 습득

6.2. 어휘 교육의 내용

우리는 앞에서 어휘 교육이 중요하다는 사실과 더불어 학습자의 수준별로 어휘 교육의 대략적인 목표를 살펴보았다. 그렇다면 이러한 목표를 달성하기 위해 한국어 어휘의 무엇을 얼마만큼 가르쳐야 하는가가 논의되어야 한다.

6.2.1. 무엇을 가르쳐야 하나?

먼저 무엇을 가르쳐야 하는가 하는 문제와 관련해서는 지금까지 진행되어 온 실제적인 한국어 어휘 교육을 참조해 볼 때 다음과 같은 내용들에 대한 교육이 필요한 것으로 보인다.[2]

(1) 어휘 교육의 질적 내용
   ㄱ. 어휘의 형태: 품사 정보, 접사 결합 정보, 동사 유형 정보, 활용 정보, 호응 관계 정보
   ㄴ. 어휘의 의미: 의미 정보(중심의미→주변 의미), 의미관계 정보, 의미의 정도성 정보
   ㄷ. 어휘의 사용: 공기 제약 정보(선택적 제약/연어적 제약/존비 제약), 격식 정보(문어 · 구어/격식 · 비격식 여부)

(1)에서 어휘의 형태, 의미, 사용과 관련된 내용들로 하나의 어휘를 습득한다는 것은 그 어휘가 지니고 있는 이와 같이 다양한 정보들을 알고 사용할 수 있음을 말하는 것이다. 개별 어휘가 지닌 이러한 정보들은 구체적으로 다음과 같은 대상들에 대한 학습을 통해 전달되고 이해될 수 있다.

(2) 어휘 교육의 구체적 학습 대상
   ㄱ. 형성 원리: 파생어, 합성어, 음성상징어
   ㄴ. 어휘 유형: 고유어, 한자어, 외래어, 호칭어, 문화 어휘
   ㄷ. 의미 관계: 상하의어, 반의어, 유의어, 다의어, 동음이의어, 연어, 관용표현
   ㄹ. 화용 정보: 청자와 화자의 관계, 나이, 성별, 지위, 문맥 상황

먼저 (2ㄱ)에서 '풋-고추, 샛-노랗다, 합리-적(的), 개념-화(化), 건강(健康)-하다, 걱정-되다'와 같이 접사와 어근 또는 어근과 접사가 결합된 파생어, '논밭, 비빔밥,

---

[2] 아래 (1)과 (2)에 대한 보다 자세한 내용은 문금현(2005) 참조.

밤낮, 본받다, 뛰놀다, 검붉다, 물어보다, 빨개지다'와 같이 어근과 어근이 결합된 합성어, '졸졸:줄줄, 주룩주룩, 데굴데굴'과 같이 음운의 교체 및 중첩 등을 통해 다양한 소리를 표현한 음성상징어의 경우는 그 형성 원리를 학습 대상으로 할 수 있다.

(2ㄴ)의 경우 '달걀', '계란(鷄卵)', '샴페인', '여보', '선비정신'과 같은 단어들이 각각의 예가 될 수 있다. 특히 한국어의 어떤 단어가 고유어인가 한자어인가를 구별하는 것은 한국인들에게도 쉽지 않은 일이다. 한 예로 '사이비 종교'에서 '사이비'라는 말은 고유어일까 한자어일까, 아니면 외래어일까. '사이비'가 '似而非'라는 한자어라고 하는 사실을 아는 것은 이 단어의 의미를 파악하는 데 결정적인 열쇠가 된다. 또한 '페트병, 주스, 패스포트[지갑], 셀프[self-service]' 등과 같이 본래의 발음이나 의미와는 달리 한국적인 발음과 의미를 갖게 된 외래어의 경우는 그 표기에 주의하여 별히 학습되어야 하는 대상이다. 한편, '문화 어휘'란 한국어교육에 반영하여야 할 문화적 요소나 배경을 담고 있는 어휘를 말하는데, 특히 고급 과정의 한국어 학습자에게 한국의 유형적, 무형적 문화유산들을 담고 있는 이들 어휘는 꼭 필요한 학습 대상이 된다.

(2ㄷ)을 통해서는 단어들 사이의 의미를 따져 보고 서로간의 관계를 파악함으로써 한국어의 어휘를 체계적으로 이해할 수 있다. '과일:바나나', '길다:짧다', '말[言]:언어', '손', '승강(昇降):승강(乘降)', '맛이 가다/오다', '입이 짧다'가 각각의 예가 될 수 있는데, 이렇듯 어휘가 지니는 의미들 사이의 관계가 해당 또는 관련 어휘를 이해하는 데 중요한 학습 대상이 됨을 알 수 있다.

(2ㄹ)은 '밥:진지', '먹다:드시다', '묻다:여쭙다', '나:저', '자기(가):당신(께서)' 등과 같은 경우 사용되는 문장의 화용 정보에 의해 어휘의 취사선택이 결정되는데, 이렇게 화용 정보에 따라 어휘를 달리해야 하는 것이 한국어의 특징임을 고려할 때 이 역시 어휘 교육에서 중요한 학습 대상이 된다.

> **tip** **연어(鰱魚 salmon)보다 더 맛깔스러운 '연어'(連語 collocation)**
>
> '연어'(連語 collocation)란 상호의존적 기대치를 갖는 단어들의 결합체라고 할 수 있다. 예를 들어, '줄을 끊다/자르다'는 성립하지만 '소식을 끊다/*자르다'의 경우에는 '소식을 끊다'만 성립함을 볼 수 있다. 이때 '줄'은 '끊다', '자르다'와 모두 연어 구성을 이루고 있지만, '소식'은 '끊다'와만 연어 구성을 이루고 있음을 알게 된다. 이와 같이 '연어'는 긴밀한 결합 관계를 형성하고 있는 단어들의 연결이라는 점에서 언어의 흥미로운 모습을 보여주는 맛깔스러운 존재라고 할 수 있다.

6.2.2. 교육용 기본 어휘 목록의 선정

다음으로 얼마만큼 가르쳐야 하는가 하는 문제와 관련해서는 한국어교육을 위한 기본 어휘의 선정을 생각해 볼 수 있다. 한국어 어휘 교육의 첫 출발점은 바로 이 '교육용 기본 어휘 목록'을 선정하는 일이다.3) 한국어의 어떤 어휘를 어느 단계에서 가르칠 것인가 하는 것은 한국어교육에서 매우 중요한 사항이 된다. 이때 어휘 목록은 중요도와 난이도가 함께 고려되어 체계적이고 단계적으로 선정되어야 하는데, 먼저 어휘의 난이도는 다음과 같이 필요한 내용별과 수준별로 배열해 볼 수 있다.

    (3) 난이도에 따른 어휘의 분류(박영순 2004:166)
       ㄱ. 어휘력 1(내용별 어휘)
          ① 생존에 필요한 어휘
          ② 자연 어휘
          ③ 교육에 필요한 어휘
          ④ 문화와 관련된 어휘
          ⑤ 정치, 경제, 사회, 법률과 관련된 어휘
          ⑥ 예술 어휘
          ⑦ 학문 어휘
          ⑧ 관용어
          ⑨ 은유
       ㄴ. 어휘력 2(수준별 어휘)
          ① 기초 어휘
          ② 초급 어휘
          ③ 중급 어휘
          ④ 고급 어휘
          ⑤ 전문 어휘

이밖에도 다양한 기준에 의해 난이도에 따른 어휘의 분류가 가능할 수 있을

---

3) 교육용 기본 어휘 목록의 선정에는 기본적으로 ⅰ)사용 빈도가 높고 ⅱ)사용 범위가 넓으며 ⅲ)조어력이 높고 ⅳ)학습 단계에 적절하며 ⅴ)문화적 요소를 지니고 있고 ⅵ)차용어의 경우 국제적인 성격을 지닌 것이어야 한다는 정도의 일반적인 기준이 적용될 수 있을 것이다.

것이다. 사실상 한국어교육을 위한 '교육용 기본 어휘 목록'의 선정은 그 규모나 권위를 고려해 볼 때 개인적 차원이 아닌 국가적 차원에서 이루어지는 것이 바람직하다. 그러나 아직까지 국가적 차원에서의 어휘 목록은 마련되어 있지 않고, 다만 수천만 어절의 말뭉치를 이용한 1,296개의 고빈도 기초어휘 목록이나(1998년-2000년, 문화부 주관) 몇몇 개인 연구자에 의해 교육용 어휘 목록이 제시된 정도이다.4) 그 중 조현용(2000)에서 제시한 725개의 '한국어교육용 기본어휘'의 전체적인 모습만을 보이면 다음과 같다.5)

(4) ㄱ. 명사(373)
가게, 가방, 가슴, 가을, 가족, 가지, 값, 강, 개, 거리, 건강, 건물, 검사, 겁, 겨울, 결석, 결혼, 경제, 경찰서, 계단, 계산, 고기, 고등학교, 고향, 곳, 공, 공기, 공장, 공책, 공항, 과일, 교과서, 교문, 교수, …, 칼, 커피, 코, 키, 태권도, 태극기, 택시, 토요일, 팔, 편지, 평화, 표, 하늘, 하숙집, 학교, 학생, 학생증, 한국, 한국어, 한복, 한식, 해, 한자, 할머니, 할아버지, 행복, 형, 형제, 호텔, 화, 화요일, 환자, 회사, 횡단보도, 후, 힘

ㄴ. 대명사(14)
거기, 그것, 나, 누구, 무엇, 언제, 얼마, 여기, 우리, 이것, 자기, 자신, 저것, 저기

ㄷ. 수사(30)
구, 넷, 둘, 마흔, 만, 백, 사, 삼, 서른, 셋, 쉰, 스물, 십, 아홉, 억, 여덟, 여든, 여섯, 열, 예순, 오, 육, 이, 일, 일곱, 일흔, 천, 칠, 팔, 하나

ㄹ. 동사(155)
가다, 가르치다, 가지다, 감다, 건너다, 걷다, 걸다, 걸리다, 고르다, 고치다, 구하다, 그리다, 그만두다, 그치다, 기다리다, 꾸다, 끓다, 끝나다, 끝내다, 나가다, 나오다, …, 전하다, 정리하다, 주다, 주의하다, 즐기다, 지나가다, 지내다, 지키다, 짓다, 찍다, 차다, 참다, 찾다, 치다, 켜다, 타다, 팔다, 펴다, 피다, 하다

ㅁ. 형용사(81)
가깝다, 간단하다, 감사하다, 계시다, 고맙다, 괜찮다, 급하다, 기쁘다, 길

---

4) 이들에 대한 소개와 평가는 박영순(2004:165-176) 참조.
5) 실제로 조현용(2000:86-95)에서 품사별로 제시한 어휘의 수는 명사 373개, 대명사 14개, 수사 30개, 동사 155개, 형용사 81개, 관형사 14개, 부사 52개, 감탄사 5개로 모두 724개임을 확인할 수 있다.

다, 깊다, 까맣다, 깨끗하다, 나쁘다, 낮다, 넓다, 노랗다, 높다, 늦다, 다르다, 달다, 대단하다, 더럽다, 따뜻하다, 마르다, 맞다, 멀다, 무겁다, 무섭다, 미안하다, 바쁘다, 반갑다, 밝다, 복잡하다, 부끄럽다, 부족하다, 비싸다, 빠르다, 빨갛다, 쉽다, 슬프다, 시원하다, 싫다, 심하다, 싶다, 싸다, 아니다, 아름답다, 아프다, 안녕하다, 약하다, 어둡다, 어떻다, 어렵다, 어리다, 없다, 예쁘다, 외롭다, 위험하다, 유명하다, 이렇다, 이상하다, 있다, 작다, 적다, 정확하다, 조심하다, 조용하다, 좁다, 좋다, 즐겁다, 짜다, 짧다, 착하다, 춥다, 크다, 틀리다, 파랗다, 편하다, 푸르다, 필요하다, 하얗다

ㅂ. 관형사(14)

그, 네, 다섯, 두, 몇, 세, 스무, 아흔, 어느, 어떤, 여러, 이, 저, 한

ㅅ. 부사(52)

가장, 갑자기, 같이, 곧, 그래서, 그러나, 그러면, 그렇게, 그리고, 꼭, 너무, 높이, 다, 다시, 더, 도대체, 또, 마침, 많이, 매우, 먼저, 몹시, 무척, 바로, 벌써, 빨리, 아무리, 아주, 아직, 안, 어서, 언제나, 얼마나, 열심히, 오래, 왜, 왜냐하면, 이리, 이제, 일찍, 자꾸, 자세히, 자주, 잘, 잘못, 잠깐, 제일, 조금, 지금, 참, 천천히, 혼자

ㅇ. 감탄사(5)

그래, 네, 아, 아니오, 자

이 어휘 목록은 고빈도어 2000 어휘를 주요 대상으로 하여 선정된 것인데, 이 목록이 실제 한국어교육에 적용되기 위해서는 다양한 형태의 가공이 필요하다. 다시 말해 학습자의 나이, 학습 목적, 학습 기간 등에 따라서 학습 대상 어휘의 목록과 순서를 다시 결정해야 한다는 것이다. 이것이 한국어교재 편찬에 체계적으로 반영될 때 한국어교육을 위한 교육용 기본 어휘 목록의 선정 작업이 그 소임을 다할 수 있다.

> **tip 표현 어휘(active vocabulary)와 이해 어휘(passive vocabulary)**
>
> 어휘 중에는 화자가 이해하는 것은 물론이고 의지에 따라 자유롭게 표현할 수도 있는 어휘가 있는데, 이를 '표현 어휘' 또는 '능동 어휘'라고 한다. 반면 표현할 때는 사용하지 못해도 듣거나 보았을 때 이해할 수 있는 어휘도 있는데, 이를 '이해 어휘' 또는 '수동 어휘'라고 한다.

6.3. 어휘 교육의 방법

6.3.1. 어떠한 어휘 교육 방법론이 있는가?

이제 한국어의 어휘들을 어떻게 가르치는 것이 효율적인지에 대해 알아보자. 그동안 한국어의 어휘교수법에 대한 여러 견해들이 제시되었는데, 여기에서는 이들을 정리하여 소개함으로써 한국어 어휘 교육의 다양한 방법론을 선보이기로 한다.

〈표 2〉 한국어 어휘 교육 방법론

	방법론

조현용
(2000)
	• 어휘 구조에 따른 교육
	  : ①파생어, ②합성어, ③관용표현, ④음성상징어
	• 의미 관계에 따른 교육
	  : ①유의어, ②반의어, ③다의어, ④상의어·하의어, ⑤동음이의어, ⑥이철자 동음이의어
	• 사회 언어학적 특징에 따른 교육
	  : ①경어, ②완곡어·비속어·유행어, ③방언, ④외래어

박영순 (2004)	• 어휘 차원에서 관련 있는 어휘를 함께 가르친다. • 문장을 공부하면서 자연스럽게 어휘를 학습하도록 한다. • 핵심적인 문형을 복습하면서 연관되는 새로운 단어를 추가해 제시하는 방향으로 어휘력을 높여간다.
허용 외 (2005)	• 실물이나 그림, 동작을 통한 어휘 제시 방법 • 분석적 정의를 활용하는 어휘 제시 방법 • 문맥을 활용하는 어휘 제시 방법 • 학습자의 모국어 번역을 활용하는 어휘 제시 방법 • 말하기, 듣기, 읽기, 쓰기, 어휘 게임을 통한 어휘 학습 방법

문금현
(2005)
	• 어휘 교수법 일반
	  : 제2언어의 어휘 습득에 대한 교수법
	• 어휘 제시 방법
	  : ①문맥과 상황 활용 방법, ②시·청각적인 방법, ③설명·예시·연상 방법
	• 학습 단계별 중점 교육
	  : ①초급1 단계_집중적이고 기계적인 암기식 교육
	   ②초급2 단계_반의어, 유의어 교육
	   ③중급1 단계_파생어, 복합어, 연어 구성 교육
	   ④중급2 단계_복합어, 다의어, 동음이의어에 대한 소량의 교육, 관용표현에 대한 집중적 교육, 속담 교육
	   ⑤고급 단계_내포의미의 차이를 보이는 유의어, 다의어, 동음이의어 교육, 관용표현과 함께 속담이나 고사성어도 교육

• 각 분야별 교수법 　: ①의미장 교수법, ②반의어 교수법, ③복합어 교수법, ④다의어 교수법 • 다른 영역과의 연계성 　: 말하기, 듣기, 읽기, 쓰기, 문법 교육과의 연계 • 기타 　: ①게임을 통한 어휘 교육, ②인터넷 사전과 인터넷 자료 검색

　이렇듯 다양하게 제시된 어휘 교육 방법론들을 종합하여 중요하고도 공통적인 방법론을 뽑아 정리해 보면 다음과 같다.

　　첫째, 어휘의 구조적 특징을 이용해 가르친다.
　　둘째, 어휘들 사이의 의미 관계를 이용해 가르친다.
　　셋째, 어휘의 의미는 사전적 의미보다는 문맥적 의미에 중점을 두어 가르친다.
　　넷째, 어휘는 언어의 표현 기능 및 이해 기능과 연계해 가르치면 보다 효과적이다.

6.3.2. 어휘 교육, 실제로 이렇게 해 보자!

　그렇다면 앞에서 제시된 방법론을 적용해 실제로 한국어의 어휘를 어떻게 하면 보다 흥미롭게 가르치고 배울 수 있을까? 여기에서는 교육 현장에서 실제로 활용해 볼 수 있는 구체적인 어휘 교육 방법, 특히 게임을 활용한 방법들을 소개하고자 한다.[6]

◆ 게임을 활용한 한국어 어휘 교육 방법
　• 보고, 기억하고 본문 예측하기: 암기한 어휘들이 등장할 본문에 관해 토론한 후 본문을 나눠줘 본문의 내용을 예측하게 하는 게임
　• 벽에 붙이기: 수업 전 배울 단어를 벽에 붙여 놓고 수업 후 암기한 어휘를 말해 보게 하는 게임
　• 거짓 정의 찾기: 본문에 등장하는 일부 어휘들에 밑줄을 그어 그 정의를 본문 아래에 쓰되 본문에 나오지 않은 어휘의 정의도 함께 쓴 후 각각의 어휘에 맞는 정의를 찾게 하는 게임
　• 이야기 듣고 그림 그리기: 그림이나 사진을 보며 그에 대한 이야기를 들려주며 그림을 그리게 한 후 본래의 그림이나 사진과 맞춰 보는 게임

---
[6] 게임을 활용한 한국어 어휘 교육 방법에 대해서는 조현용(2000), 허용 외(2005) 참조.

- 그림을 통한 침묵 교수: 제시된 그림의 물건 이름을 말하게 하되 교사는 침묵을 지키고 모두가 모르는 어휘는 비워 두었다가 나중에 어휘 목록 속에서 찾게 하는 게임
- 핵심 어휘 찾기: 조별로 주어진 본문의 주제에 관한 핵심 어휘를 적고 후에 비교해 보도록 하는 게임
- 이야기 사슬: 학생들에게 어휘를 하나씩 나눠 주고 그것을 이용해 문장을 만들게 한 후 이 문장들을 이어서 하나의 이야기를 구성하는 게임
- 실물 보고 한국어로 써 보기: 본 것을 많이 기억해 정확히 쓰는 사람이 이기는 게임
- 같은 소리로 시작하는 말 잇기: 처음에 제시된 어휘와 같은 자음으로 시작하는 어휘를 말하거나 쓰는 게임
- 모음 찾기 게임: 어휘에서 모음을 뺀 자음만을 제시하고 교사가 그 어휘를 발음해 주면 학생들이 알맞은 모음을 찾는 게임
- 틀린 철자 찾기: 틀린 철자가 있는 카드를 찾는 게임
- 낱말 맞추기: 가로, 세로 열쇠의 설명을 보고 낱말을 써 나가는 게임
- 모눈종이 속 어휘 찾기: 사각형 속에 어휘를 숨겨 놓고 어휘를 찾게 하거나 해당 어휘의 설명을 보고 찾게 하는 게임
- 끝음절 잇기: 제시된 어휘의 끝음절과 같은 음절로 시작되는 어휘를 계속 이어서 말하는 게임
- 귓속말로 전달하기 게임: 어휘를 듣고 다른 사람에게 귓속말로 전달하여 얼마나 정확하게 전달했는지를 알아보는 게임
- 사전 찾기 게임: 말로 제시된 어휘를 학생들이 그 발음을 적고 사전을 찾는 게임
- 설명 듣고 어휘 맞추기: 한 학생에게만 어휘를 보여주고 그것을 한국어로 설명하게 하면 다른 학생들이 알아맞히는 게임
- 예문 듣고 어휘 맞추기: 하나의 특정 어휘에 대한 예문을 몇 개 제시하고 그것이 어떤 어휘인지를 알아맞히는 게임
- 스무고개 게임: 학생들의 질문과 대답으로 스무 번 안에 해당 어휘를 알아맞히는 게임
- 띄어 쓰지 않은 문장을 띄어 읽기: 띄어쓰기를 하지 않은 문장을 얼마나 정확하게 끊어 읽는지를 알아보는 게임

게임을 이용한 이러한 어휘 교육 방법의 학습 효과로 학습자가 긴장감을 해소하고 자발적이고 창조적인 언어 사용의 측면이 강화되며 강화·복습·발전의 촉매 기능을 할 수 있다는 점을 꼽는다. 다만 게임을 할 때는 학습목표를 분명히 하고 게임이 학습자의 흥미를 끌고 있는지 확인해야 한다. 아울러 학습자의 연령이나 성향에 맞는 게임을 개발하는 것이 중요하다(허용 외 2005).

6.4. 어휘 교육에서의 평가 방안

6.4.1. 평가의 목표는 무엇인가?

학습자가 한국어 어휘를 얼마나 잘 습득했는지를 평가하는 한국어 어휘 능력 평가는 한국어능력평가에서 독립된 평가 항목이 될 수 있다. 이때 평가의 목표는 어법에 맞는 어휘의 사용과 더불어 단순히 어휘의 사전적 의미보다는 사용된 어휘의 지시적, 문맥적, 비유적, 관용적 의미를 이해했는가 하는 것에 두어야 한다.

한국어능력평가(Korean Proficiency Test, KPT)에서 제시된 각 등급별 요구 능력 중 어휘 관련 평가 내용을 참조해 어휘 능력 평가의 구체적인 목표를 다음과 같이 설정해 볼 수 있다.

〈표 3〉 한국어 어휘 능력 평가의 목표

등급	목표
1급	• 기본적인 인칭 및 지시 대명사, 수사(1-100), 고빈도의 명사 및 용언들을 알고 있어야 한다.
2급	• 기본적인 사회 활동을 할 수 있는 어휘, 특히 각종 상품명, 기본적 고유명사, 자기 전문분야의 기본 어휘를 습득한 상태이고, 기본적인 변칙 활용 용언을 이해한다.
3급	• 일상생활에서의 어휘 사용에는 불편함이 없다. 추상적 의미가 아니면 모르는 단어는 설명을 통해 이해 가능하다. 중요 시사 어휘를 이해한다.
4급	• 일상적 어휘는 충분히 숙달하였다. 그러나 추상적 어휘는 생활과 전문 영역 주변에서만 가능하다. 부분적으로 한자 사용 및 이해가 가능하고, 까다로운 변칙 용언도 잘 사용한다.
5급	• 빈도가 높은 추상적인 어휘는 이해한다. 그 밖의 추상적인 어휘도 설명을 통해 이해 가능하다.
6급	• 대부분의 일상적 어휘나 전문적 어휘를 구사한다. 그 밖의 어휘도 문맥에 의지하거나 사전을 능숙하게 이용하며 해결한다.

6.4.2. 평가는 어떻게 이루어져야 하는가?

우선 생존과 기본적인 생활에 필요한 어휘, 한국문화와 밀접한 어휘, 정치·경제·법·사회에 관한 어휘, 학문에 필요한 어휘 등으로 범주화하고, 그 안에서 난이도와 사용 빈도수 순으로 평가를 실시할 수 있다(박영순 2004). 여기에는 구체적으로 다음과 같은 평가 방법들이 사용될 수 있을 것이다.

(5) ㄱ. 적당한 어휘를 넣어 문장 완성하기
ㄴ. 문장 속에서 주어진 어휘 대치하기
ㄷ. 동의어, 반의어, 상·하위어 찾기
ㄹ. 주어진 어휘들로 문장 만들기

이러한 평가 방법을 토대로 다양한 문제들이 출제될 수 있는데, 한국어능력시험의 어휘 평가 문제 유형을 살펴보면 유의어, 다의어, 반의어, 관용표현, 음성상징어, 어휘 선택, 어휘 응용과 관련된 문제들이 출제되었음을 보게 된다.

또한 지금까지 실시된 한국어능력시험에서 어휘는 문법, 쓰기와 함께 표현 영역에서 평가되었음을 볼 수 있다. 그러나 표현 영역의 특성상 주관식으로 문제가 출제되는 것이 바람직함을 고려할 때 이제까지 어휘 문제들이 주로 객관식으로 출제되었다고 하는 사실은 현재의 어휘 평가는 표현 영역보다는 이해 영역에 포함시켜 읽기 영역과 함께 제시되는 것이 바람직할 것이다(조현용 2000:251).

이러한 현행 한국어 어휘 능력 평가에 대해 조현용(2000)에서는 다음과 같은 개선 방안을 제시한 바 있다.

(6) ㄱ. 이해와 표현으로 나누어 각 영역에 걸쳐 평가를 실시하여야 한다.
ㄴ. 시험의 목적을 기본적으로는 수험자를 고려하여 외국어로서 한국어 능력 시험으로 두는 것이 올바를 것이나, 제2언어로서의 한국어 능력을 궁극적인 목적으로 한다고 볼 때 문화 어휘를 제한적으로 반영하여야 한다.
ㄷ. 신뢰도가 확보되어야 한다.
ㄹ. 의사소통 어휘능력이라는 점을 분명히 할 필요가 있다.
ㅁ. 문제 유형을 가급적 통일해야 한다.
ㅂ. 난이도에 따른 배치가 이루어져야 한다.

이와 같은 개선 방안이 반영되어 보다 체계적이고 신뢰도 높은 한국어 어휘 능력 평가가 실시될 때, 한국어 어휘 교육의 내용과 방법 또한 제 궤도에 오르는 것은 물론 한국어교육 전체의 위상을 공고히 하는 데도 크게 이바지하리라 생각한다.

참고문헌

김광해(2004), [국어 어휘론 개설], 집문당.
김왕규 외(2001), [한국어능력시험의 평가기준 개발 연구], 교육인적자원부.
문금현(2005), 어휘 교육의 과제와 발전 방향, [한국어교육론 2](국제한국어교육학회 편), 한국문화사. 73-101.
박영순(2002), [한국어교육을 위한 한국문화론], 한국문화사.
박영순 편(2002), [21세기 한국어교육학의 현황과 과제], 한국문화사.
박영순(2004), [외국어로서의 한국어교육론](개고판), 월인.
안영훈·김유범·송병우(2006), [대한민국 대표한자], 넥서스ACADEMY.
임지룡(1992), [국어 의미론], 탑출판사.
조현용(2000), [한국어 어휘교육 연구], 박이정.
허용 외(2005), [외국어로서의 한국어교육학 개론], 박이정.

7. 한국어 문화 교육

7.1. 언어 능력과 문화 인지

한 언어의 어휘는 단순히 어떤 사물을 지시하는 임의적인 기호의 목록이 아니다. 화자들은 단어들의 기본 의미를 조절하거나, 변화하거나 첨가함으로써 여러 가지의 문화적 의미를 전달한다. 민족언어학자들은 의미의 연합이나 확대, 그리고 상징적이거나 이념적인 내용을 전달하기 위하여 문화적 전제(cultural presupposition)를 연구한다.

'문화적 전제'란 대화참여자들이 언어로 표현하거나 전달된 서로의 문화를 이해함으로써 공유하는 지식이 같다는 것이 보장되는 것을 말한다. 예를 들어서, 만일 한 화자가 윷놀이에 관하여 이야기한다면 그것은 한국의 전통놀이이며 두 명 이상 수십 명이 한 번에 놀 수도 있고 '말'이라는 수단으로 승패를 가린다는 것을 청자도 알고 있다고 전제하고 이야기하게 된다. 또한 대부분의 나라에서는 한 개인의 성과 이름이 한 번 정해지면 일생 동안 바꿀 수 없다. 그러나 인도네시아와 태국에서는 성을 언제든, 어떤 것으로든 바꿀 수 있다. 부모의 성이 아닌 제3의 성으로 마음대로 바꿀 수 있는 제도가 있는 것이다. 그러므로 만일 한국인과 태국인이 '성'에 관한 이야기를 한다면 문화적 전제가 다르게 된다.

한국 사회에서 만일 한 사람이 '안녕하세요?'로 인사했을 때 그 사람은 이 물음에 대한 구체적인 답을 정말로 알고 싶어서 의문문을 사용한 것이 아니다. 반가움의 표현이나 의례적인 표현일 뿐이다. 그렇기 때문에 한국어의 경우 상대방이 '안녕하세요?'라고 하면 청자도 똑같이 '안녕하세요?'라고 서로 똑같은 말로 인사함을 볼 수 있다. 그러나 영어 화자라면 'How are you?'라고 인사하면 상대방은 'I'm fine, and you?'라고 인사할 것이다.

언어의 이러한 은밀한(covert) 기호성 때문에 다른 문화권에 있는 사람에 의해 표현된 넓은 범위의 의미를 완전히 이해하기는 쉽지 않다. 이것이 외국어의 정확한 번역과 통역이 어려운 이유가 된다.

그러므로 사람들의 가치 체계나 세계관을 투시할 수 있기 위해서는 그들의 말 속에 내포된 문화적 기호를 확실하게 아는 것이 필요하다. 문화를 정확하게 이해하지 못하면 상대 언어에 있는 단어의 독립적인 의미는 번역될 수 있지만 이들 단어들의 문맥 속에 내포된 문화적 의미는 쉽게 그리고 명료하게 해석하기 어렵다. 예를 들어, 한국 사람은 '알아서 해라'와 같은 표현을 잘 쓰는데 다른 언어권 화자에게는 매우 모호하게 들려서 당황하거나 낭패를 당하기도 한다.

Osagawara(1995)에 의하면 일본인은 내집단(ingroup)과 외집단(outgroup)을 구별하고 내집단에게만 인사를 하고 미소를 보낸다. 또한 일본인은 대화할 때 일반적으로 상대방의 눈을 응시하지 않으며 남이 얘기할 때 고개를 자주 끄덕이는 습관이 있는데 이것은 청자의 말에 반드시 동의한다는 뜻은 아니고 '눈맞춤(eye contact)' 대신에 '내가 아직 당신 얘기를 듣고 있다'는 표시로 한다. 그런데 영어 화자들은 일본인들의 이러한 고개 끄덕임을 동의의 의미로 오해하는 경우가 많다는 것이다. 그 다음은 화자가 하는 말을 이해한다는 의미로도 고개를 끄덕인다. 그러므로 일본인들은 상대방이 고개를 끄덕여 주지 않으면 자기가 하는 말을 이해하지 못하거나 동의하지 않는 것으로 오해하기도 한다는 것이다.

일본인들은 길에서 아는 사람을 만났을 때 보통 '어디 가세요?(Dochira-ni-o-dekakesu-ka?)'라는 인사말을 한다. 이때 정확한 대답을 할 필요도 없고 또한 기대하지도 않는다. 반대로 미국인들은 'how are you?'라는 인사말을 하는데, 반드시 상대방의 근황을 묻는 것이 아님은 물론이다. 그런데 일본인들은 영어로 그 말을 들으면 'I am not very well.'이나 'I have a headache.' 같은 구체적인 답변을 하는 경우가 많다고 한다.

'privacy'에 대한 개념도 문화마다 다르다. 일본의 경우, 대부분의 일본 기업에서는 사원들에게 연령에 따라서나 입사 연한에 따라서 월급을 정한다. 즉 그의 봉급과 그의 능력과는 거의 상관이 없으므로 자기의 월급을 쉽게 공개하고 남의 봉급도 쉽게 물어본다. 한국 사람은 처음 만난 사람에게 나이를 묻는 것이 보통이나 서양에서는 상대방의 월급이나 나이를 묻는 것은 큰 실례이다.

일본인들은 또한 남 앞에서 겸양의 미덕을 보인다. 선물을 줄 때도 '이것, 아무 것도 아니지만 받아달라.'라든가 식사 초대를 해놓고 '아무 것도 차린 것도 없고, 우리 마누라는 음식도 잘 못하지만 많이 드시라.'와 같은 말을 한다. 잔뜩 맛있는 음식을 차려놓은 것을 보고 손님이 감탄하거나 칭찬하면 '아니다' 또는 '그렇지 않다'고 하면서 칭찬을 잘 받아들이지 않는다고 한다. 이런 면에서는 한국도 매우 비슷한 문화를 가졌다고 할 수 있다. 그러나 영어권에서라면 당연히 'Thank you'라고 하면서 상대방의 칭찬을 수용한다.

이와 같이 언어마다 문화의 차이가 있으므로 외국어를 배울 때 목표언어의 문화에 대해서 아는 것이 언어 학습에 도움이 되고, 교육자는 학습자의 언어와 문화를 아는 것이 요긴하다. 이것은 언어 교육에서 문화 교육이 포함되어야 한다는 것을 시사하고 있다.

현대의 언어 교육에서는 문화적 현상이나 문화적 요소가 포함되어야 한다는 데 이의를 다는 사람은 별로 없다. 언어는 그 자체가 매우 체계적이고 일정한 형식과 내용으로 조직되어 있지만 그 형식과 내용에 문화적인 요소가 포함되어 있는 것도 적지 않으며, 주어진 어휘나 표현을 이해하기 위해서는 문화적 배경을 먼저 알아야 하는 것도 많기 때문이다. 하나의 외국어를 통달한다는 것은 순수언어학적인 발음, 문법, 어휘만을 아는 것이 아니고, 그 언어의 사회언어학적 규칙과 문화적인 요소를 모두 통달했을 때 비로소 획득된다. 그러므로 현대의 언어 교육에서는 언어 교육이 곧 문화 교육이 되어야 함을 주장하고 실천하는 경향이 두드러지게 되었다. 그러므로 한국어 교육자는 제2언어로서나 외국어로서의 한국어를 교육하는 데 있어서 다루어야 할 문화적 요소가 무엇인지 알아야 하며, 그 문화적 요소들을 교수-학습하고 평가하여 궁극적으로 학습자가 목표언어인 한국어에 대한 유창도를 극대화하도록 이끌어 주어야 할 것이다.

언어 교육의 내용은 말하기, 듣기, 읽기, 쓰기, 문법, 문화 등으로 나눌 수도 있다. 또한 언어적 요소, 문화적 요소 등으로 나눌 수도 있으며, 언어형식론, 언어기능론, 언어내용론 등으로 나눌 수도 있지 않을까 한다. 어떻게 분류하든 언어 교육에 문화가 포함되어야 하는 것은 분명한 것 같다.

문화(culture)는 자연(nature)에 대칭되는 의미로, 인간에 의해 창조된 모든 무형적, 유형적 소산물을 말한다. 그러므로 '문화'라는 개념은 광범위하고 복합적이다. 문화의 영역을 관념문화, 물질문화, 규범문화로 삼분하기도 한다. 관념문화에는 과학, 종교, 신화, 전통, 문학, 미신, 격언, 속담, 민화를, 규범문화에는 법률, 명령, 규칙, 규제, 관습, 민속, 금기, 유행, 의식, 예절, 인습을, 물질문화에는 기계, 도구, 건물, 공예품, 의상, 식료, 약품, 음식을 포함시키고 있다.

그러나 대부분의 학자들은 문화를 정신문화와 물질문화로 나누는 것이 보통이다. 여기서 언어 교육에서 다루어야 할 문화는 어떤 것인가? 사실 언어를 배우는 것이 곧 문화를 배우는 것이요, 문화를 배우는 것이 언어를 배우는 것으로 보아도 좋을 것 같다. 그러나 문화란 교육의 구체적인 대상이 되기에는 너무 광범위하고 모호하다. 따라서 언어와 직접적으로 관련된 문화적 요소만을 추출하여 언어 교육에 포함시켜야 한다고 본다. 그런데 이러한 문화는 문화보편적인 면도 있고, 개별 문화적인 것도 있으며, 종교적으로 말한다면 불교문화, 기독교문화, 이슬람문화, 유교문화 등과 같이 종교에 따라서도 문화가 많이 달라진다.

1970년대와 1980년대에는 외국어교육에서 '문화'라는 개념이 '사회적 상호작용(social interaction)'의 핵심적인 부분으로 보았다. 그러나 90년대 이후 언어교육에서 관심을 두는 '문화'의 개념은 'difference' 즉 차이, 차별, 구별, 다름'으로서의 문화를 말하는 것이다. 이러한 'difference' 혹은 'otherness'는 결과만을 지칭하는 것이 아니고 행동, 신앙, 신념, 사고방식을 결정하는 과정으로서의 문화를 함께 지시하는 개념이다. 예를 들어 한국과 중국 그리고 일본은 역사적으로 밀접하게 연관되어 왔고, 따라서 매우 유사한 문화를 가지고 있는 것 같으며 서로 '한자'를 공유해 왔다.

그러나 호칭법에서 차이를 보인다. 중국인들은 같은 학교 친한 동료의 경우 'first name +선생'이라고 부를 수 있다. 한국어로 말하면 '철수 선생'이라고 부를 수 있다는 것이다. 그러나 한국어에서는 이런 호칭은 불가능하다. 또한 일본어에서는 한국어의 '氏'에 해당하는 '樣(san)'을 손윗사람에게도 사용할 수 있으나 한국어에서는 손위사람에게 '김철수 씨'로 부를 수 없다. 이와 같이 언어와 문화가 만나는 '경어법'이라는 공통된 사회언어학적 규범이 있지만 구체적인 면에서는 서로 다르다.

또 하나의 예를 들어 보자. 친구의 결혼식에 초대되어 간다고 가정해 보자. 한국 사람이라면 친소관계나 신분에 따라 3만원, 5만원, 10만원을 봉투에 넣고 겉봉에 '축 결혼' 혹은 '축 화혼'이라고 쓰고 뒷면에는 자기 이름을 써서 내고 혼주에게 '축하한다'는 말을 건넬 것이다. 그러나 동일한 행위라도 중국에서라면 이런 축의금은 성의가 없는 것으로 간주된다. 이들은 행운의 수인 888이 들어가는 액수를 봉투 안에 넣어야 한다. 일본인의 경우는 또 다르다. 액수의 많고 적음보다 얼마나 예쁜 봉투에 얼마나 장식을 많이 하고, 얼마나 정성스럽게 몇 겹을 쌌느냐가 중요하다. 봉투 하나에도 정성이 들어가야만 진정한 축하로 받아들이는 것이다.

이처럼 비슷한 문화를 가진 것 같은 한·중·일 세 나라도 이러한 간단한 상황에서도 문화의 차이를 보인다. 이름을 보더라도 일본에는 약 30만개의 성(姓)이 있어서 세계에서 가장 다양한 성을 가진 나라이고, 이름도 워낙 넓은 분포를 보이므로 같은 일본인 지식층에서도 상대방의 이름과 성을 읽지 못하는 경우가 허다하며 동명이인이 별로 없다. 한국은 성이 300개 밖에 되지 않고, 이름에 쓰는 한자도 매우 제한적이어서 동명이인이 매우 많다. 또한 한국인과 몽골인은 비슷하게 생겼지만 문화는 매우 다르다. 몽골에는 유교 문화가 거의 없고 '집'에 대한 개념도 한국과는 많이 다르다. 그러므로 언어 능력은 순수언어학적인 능력만을 말하는 것이 아니고 문화 인지도(cultural awareness)도 포함한다고 할 것이다.

이와 같은 문화 인지는 언어학습자로 하여금 목표 언어를 올바르게 해석하고 고정관념이나 오해를 피하는 데 도움을 준다. 목표 문화에 대한 문화적 자각은 결국 학습자로 하여금 목표 언어를 더 빨리 더 정확하게 배우는 데 도움을 준다.

Celce-Murcia(1995)에서는 언어능력을 다음과 같이 여섯 가지로 나누어 설명하고 있다.

(1) 문법적 능력(Grammatical competence): 음운, 형태, 통사, 의미 등 문법 분야의 능력을 말하는 것이다.
(2) 전략적 능력(Strategic competence): 화자의 발화 목적에 따라 적절한 전략을 구사할 수 있는 능력을 말한다. 언어적 공격, 방어, 칭찬, 공손한 태도, 상대방이 좋아할만 한 화제 도입 등이 그 예다.
(3) 담화적 능력(Discourse Competence): 담화능력은 통일된 텍스트를 만들기 위하여 단어, 문장, 담화들을 선택하고, 연결하고, 배열하는 능력을 말한다.
(4) 사회문화적 능력(Sociocultural Competence): 사회문화적 능력은 상황과 그 사회의 문화와 정서에 맞게 말할 수 있는 능력을 말한다.
(5) 형식화의 능력(Formulaic competence): 형식화의 능력은 '안녕하세요'와 '미안합니다', '고맙습니다'와 같이 의례적으로 하는 고정된 형식의 언어를 능력을 말한다.
(6) 비언어적인 능력(Paralinguistic competence): 그것은 주로 제스처나 얼굴 표정과 같은 비언어적 의사소통을 포함한다. 그것은 또한 대화자들 간의 신체적 접촉에 관계되는 공간적인 거리, 접촉에 관한 관습, 침묵과 관계된 관습, 투덜거림과, 쉿 하는 소리와 같은 정서적인 영향을 받은 비언어적 소리 같은 것을 말한다.

위의 여섯 가지 중 (4)-(6)은 모두 문화와 관계가 있다.

7.2 문화 교육의 필요성과 목표

언어 교육에서 문화 교육이 필요한 이유에 대하여 김정숙(1997:319)은 다음과 같이 말하고 있다. 언어 교육의 목표는 학습자가 목표어를 사용해 원만히 자신이 원하는 기능을 수행하도록 하는 데 있다. 그런데 이 경우 문화적 숙달도가 없이는 원만히 기능을 수행할 수 없다. 언어 교육의 궁극적 목적이 다양한 의사소통 상황에서의 기능 수행이라고 볼 때 언어와 문화는 통합해 교육될 수밖에 없다. 이와 같이 김정숙(1997)은 다양한 상황에서의 원만한 언어 기능 수행을 위해서는 문화적 숙달도가 필요하기 때문에 문화 교육은 언어 교육에서 통합적으로 이루어져야 한다고 하면서, 문화 목록의 작성이 시급함을 주장하고 있다.

조항록(2001:39)은 문화적 능력이 의사소통 능력을 향상시키고 학습 과정에서 흥미와 동기를 강화한다는 최근 외국어 교수 이론을 반영해야 한다고 보고 한국어를 통한 한국 문화의 세계적 보급은 국제화시대에 한국의 이미지를 높이는 역할을 함으로써 국가 사회에도 크게 기여한다고 하였다. 박영순(1989, 2001, 2006)에서도 문화 교육론의 필요성을 주장한 바 있다.

이와 같이 제2언어 또는 외국어로서의 언어 교육에서 문화 교육이 필요함은 두말할 나위도 없는데, 조금 더 구체적으로 항목화해 보면 다음과 같다.

① 언어 이해 교육의 효율성을 위하여
② 언어 교육의 정확성을 위하여
③ 올바른 언어사용을 위하여
④ 올바른 번역과 통역을 위하여
⑤ 원만한 의사소통을 위하여
⑥ 목표언어 사회의 전문적인 연구를 위하여

위의 여섯 가지 필요성은 더 세분하여 논의될 수 있을 것이다.

Bollibian(1997:48)에 의하면 권리나 의무를 나타내는 데 있어서 영어와 나바호 언어(Navajo)는 다음과 같이 다르다는 것을 보고하고 있다.

    English speaker   :   I must go there.
    Navajo speaker   :   It is only good that I shall go there.

English speaker : I make the horse run.
Navajo speaker : The horse is running for me.

즉 영어화자들은 자신들이 남이나 동물을 조종하는 권리를 가지거나 조종당하는 의무를 가진다고 생각하는 반면, 나바호 사람들은 남을 조종하거나 의무감 없이 모든 만물이 자기의 능력에 따라 자기 자신들을 위해 선택하는 것으로 생각한다는 것이다. 따라서 영어에는 강요와 관련되는 단어가 많이 있다. cause, force, oblige, make, compel, order, command, constrain, must, have to, ought to 등이 그것이다. 한국어도 '영어와 같이 해야 한다, 하지 않으면 안 된다, 할 책임이 있다, … 하는 것은 필수적이다' 등과 같은 표현이 있다. 그러나 Navajo에서는 이러한 종류의 단어가 없다고 한다(Bollibian 1997:64).

또한 Navajo언어에서 '-ma(mother)'를 보자. '-ma'는 어머니, 땅, 농토, 옥수수, 양을 가리킨다. 왜냐하면 나바호 사회에서는 농축업이 주산업이며, 그 중에서도 옥수수와 양이 주된 생산품이기 때문이다. 즉 이 사회에서는 땅, 농토, 옥수수, 양이 '어머니'와 같이 가장 소중하고 필요한 생명의 원천인 것이다.

Edward Sapir(1884-1939)와 Benjamin Whorf(1897-1941)는 소위 언어상대성 원리(linguistic relativism)를 발표한 인종언어학(Ethnolinguistics)의 선구자들로서, 언어와 문화 그리고 의식구조가 밀접하게 연결되어 있다고 보았다. Sapir(1949:90-91)는 모든 인간의 경험은 어떤 면에서 문화와 언어를 통하여 이루어진다고 보았다. 또한 현실세계의 모든 사물들은 문화적 의미를 가질 때만(즉 사람들의 관심의 대상이 될 때만) 언어로 명명된다. 그리고 일단 언어가 어떤 사물에 대하여 단어를 부여하면, 그 사물은 문화적으로 의미가 있게 된다(culturally significant). 단어와 문화적 가치의 관계는 다원적이다. 언어와 민족과 사상 간에 관련이 있다는 언어상대성 이론(linguistic relativism)의 창시자로 잘 알려진 Whorf(1959:159)는 언어와 문화가 상호작용을 하되, 경직되게 하는 것이 아니라 유연하게 그리고 역동적으로 한다고 하였다. 그는 언어가 다르면 문화나 민족성도 달라지는 것으로 보았다.

이러한 차이점은 해당언어의 화자들로 하여금 색채에 대한 인지작용이나 의식구조에서 차이가 날 것이라는 것을 미루어 짐작할 수 있다. 색채어가 많이 있는 경우는 그 언어의 화자들이 그 색깔에 대하여 섬세하게 구별하고 관심도 갖게 될 것이나, 색채어가 적은 언어사용자들은 색깔에 대해서는 아마도 무관심하거나 여러 가지 색깔을 구별하지 않을 것이다.

다음 표에서는 언어와 색채어의 차이점을 보여준다.

〈표 1〉 색채어의 수와 언어

용어의 수	색채어	언어
2	white, black	Jale (New Guinea), Ngombe (Africa)
3	white, black, red	Arawak (Caribbean), Swahili (South Africa)
4	white, black, red, yellow	Ibo (Nigeria), Tongan (Polinesia)
5	white, black, red, yellow, green	Tarascan (Mexico)
6	white, black, red, yellow, green, blue	Tamil (India) Mandarin (China)
7	white, black, red, yellow, green, blue, brown	Nezperce (Montana) Javanese
8	white, black, red, yellow, green, blue, purple and/or pink	English,Tagalog (Philippines) Korean

이와 같은 사실을 통하여 우리는 색깔에 대해서도 인식과 표현이 언어마다 다르다는 것을 알 수 있다. 그러나 모든 언어가 적어도 흰색과 검은색을 구별하여 이해하고 그것을 표현하는 단어가 있다는 것은 언어 보편성이 있다는 것을 보여준다. 그런데 태국에서는 요일과 색깔을 연관시키고 있다. 즉 월-노랑, 화-분홍, 수-초록, 목-오렌지, 금-파랑, 토-보라, 일-빨강과 대응하여 대부분의 국민이 월요일에는 노랑 옷을 입고, 화요일에는 분홍옷을 입는다. 따라서 요일색이 없는 흰색과 검은 옷은 잘 입지 않는다. 또한 대학 졸업식에는 왕, 왕자, 공주 중 한사람이 참석하여 졸업생 한 명, 한 명에게 졸업장을 주므로 각 대학의 졸업식 날짜는 이들의 일정에 맞추어 정해진다. 따라서 대학 졸업식은 한국처럼 2월에 일률적으로 거행하는 것이 아니고 일년 내내 왕실의 스케줄에 따라 거행된다. 또한 한국은 종교가 다양하나 불교도는 사찰에 가서, 기독교인은 교회에 가서 기도를 하지만 태국에서는 국교가 불교지만 가정이나 직장마다 사당이 있어서 언제나 사당에 가서 기도를 한다. 이와 같이 각국의 문화가 다르므로 언어교육에서 문화를 다루지 않으면 안 된다.

특히 한국어교육에서 문화교육이 필요한 이유는 다음의 예에서도 분명히 볼 수 있다. 아래에서 밑줄 친 단어는 바로 이 단어의 문화적 배경을 모르고는 그 의미를 정확하게 이해하기 어려운 것들이다.

① 영희는 춘향이야.
② 우리 아버지는 멋있는 분이야.
③ 올해는 세뱃돈을 별로 못 받았어.
④ 효도할 부모님도 안 계시니 정말 쓸쓸해.
⑤ 한국 사람은 정에 약해.
⑥ 올 추석에는 꼭 성묘를 가야겠어.
⑦ 가는 날이 장날이다.
⑧ 한국에는 족보를 가진 가정이 많다.
⑨ 한국집은 반드시 온돌방이 있다.
⑩ 씨름은 한국의 독특한 운동이다.

김정숙(1997)은 Seelye(1988)를 인용하여 문화 교육의 목표를 다음과 같이 7가지로 제시하고 있다.

① 문화적으로 조건화된 행동에 대해 이해한다.
② 나이, 성, 사회 계층과 같은 사회적 변수와 언어간의 상호 작용을 이해한다.
③ 일반적인 상황에서의 관습적인 행동을 이해한다.
④ 문화적으로 조건화된 단어와 구를 이해한다.
⑤ 사회와 관련된 명제를 평가한다.
⑥ 문화에 관한 정보를 모으고 분석하는 기술을 발전시킨다.
⑦ 감정 이입과 같은, 목표 문화에 대한 태도나 견해를 갖는다.

이와 같은 목표는 타당하다고 할 수 있으나, 또 한편으로는 너무나 추상적이고 모호한 면도 있어 보인다. 예를 들어 ①과 ③이 어떻게 다른지 이해하기 어렵다. 또한 ⑤는 구체적으로 어떤 것인지도 이해하기 어렵다. 따라서 본고에서는 문화 교육의 목표를 다음과 같이 제시하고자 한다.

① 목표언어가 속해 있는 문화의 대략적인 특징을 이해한다.
② 모문화와 목표문화의 공통점과 차이점을 이해한다.
③ 문화적으로 조건화된 행동과 언어 표현에 대해 이해하고, 그에 알맞은 행동과 언어적 대응을 적절하게 할 수 있다.

④ 자신의 문화와 언어에 대해 객관적인 분석과 평가를 할 수 있고, 다른 언어와 문화를 비교, 대조할 수 있다.
⑤ 목표언어를 구사할 때는 목표언어가 속해있는 문화적 관습이나 가치관에 따라 적절하게 수행할 수 있다.
⑥ 학습자 자신의 모국어 문화와 목표언어 문화와의 공통점과 차이점에 대한 이해를 통하여 두 언어 문화에 대한 더 정확한 이해와 사용 능력을 향상시킨다.

이러한 목표를 달성하기 위해서는 여러 가지 교육적 조치가 필요하다. 교육과정, 실러버스, 교재, 교수법 등이 그 예이다.

7.3 문화 교육의 내용

문화 교육의 내용은 매우 광범위하고 관점에 따라 달리 논의될 수 있겠으나 본고에서는 우선 문화를 크게 (1) 정신문화 (2) 언어문화 (3) 생활문화 (4) 예술 문화 (5) 제도문화 (6) 과학기술문화 등으로 크게 분류하고자 한다.

참고로 위의 여섯 가지 문화의 하위분야를 다시 조금 더 세분한다면 (1) 정신문화(관념문화)는 가치관, 민족성, 세계관, 정서, 상징체계, 사상 및 종교 등으로 하위 분류가 가능하고, 언어문화는 다시 음운, 형태, 통사, 의미, 경어법, 속담과 관용어 등과 같은 언어적 요소와 시, 소설, 수필 희곡 등과 같은 장르로 나누어 논의될 수 있을 것이다.[1]

또한 예술 문화는 크게 대중 예술과 고급 예술로 나누고 각각 음악, 미술, 무용, 영화, 연극 등으로 나누어 논의할 수 있을 것이며, 생활문화는 의식주생활과 여가생활 등으로 하위분류할 수 있을 것이다. 제도문화는 법, 정치, 경제, 사회, 교육, 언론 제도 등을 포함한다.

문화재[2]는 크게 전통문화재와 현대문화재로 나누고, 각각은 다시 무형문화재와

---

[1] 물론 문학은 '언어문화'가 아닌 '예술문화'에 포함시킬 수도 있겠으나 언어로 된 생산물이므로 '언어문화'에 포함시켜도 무방하다고 본다.
[2] '문화재'는 독립된 문화의 하위분야로 볼 수는 없으나, 생활, 풍속, 역사, 예술이 어우러진 문화유산으로서 범국가적 차원에서 보존될 가치가 있는 것을 국가에서 지정한 것으로, 대표적인 한국문화의 전범이므로 한국어교육에서 다룰 필요가 있으며, 그 범위가 적지 않으므로 독립항목으로 다룬 것이다.

유형문화재로 나누어 논의될 수 있을 것이다. 과학기술문화는 본고에서는 언급하지 않기로 한다. 과학 기술 분야를 제외하더라도 이 모든 내용들은 너무 방대하여 한 과목이나, 한 과목의 일부로서 다룰 수는 없을 것이므로 교육과정, 실러버스, 교재 등에서 수준별로, 또한 학습자의 필요성에 따라 적절하게 나누어 다루어야 할 것으로 보인다. 본고에서는 한국어교육을 위한 문화의 내용을 다음과 같이 한국 문화의 특징, 한국 문화의 정체성, 언어 문화 등으로만 간단히 살펴보고자 한다.

7.3.1 한국 문화의 특징

조흥윤(2001:23)에 의하면 한국문화의 특징은 "조화의 문화"이다. 일과 놀이와 삶의 조화, 문무의 조화, 개인과 사회, 靜과 動, 음과 양, 정신과 육체, 하늘과 땅과 사람 등이 모두 그것이라는 것이다. 이러한 지적은 어느 정도 타당해 보인다. 그러나 이러한 조화의 문화는 자칫 특징이 없을 수도 있다고 본다. 그러므로 분명히 한국적인 것, 한국적인 요소를 찾아 제대로 이해하고 널리 알려야 할 필요가 있다.

한국문화의 뿌리는 巫에 있다고 하는 학자들이 많다. 즉 巫는 한민족의 종교와 문화의 기반이자 생명이고, 조상숭배의 신앙이자 축제이고 살아있는 신화의 세계라는 것이다. 아직도 대부분의 한국가정에서 이사를 가거나 혼인날을 받을 때는 이러한 巫에 바탕을 둔 吉日을 택하여 하는 것이나, 새로운 건물을 신축하거나 새로운 사업을 시작할 때 고사를 지내는 풍습 등은 이러한 巫의 근원설을 뒷받침한다고 할 수도 있다. 어쩌면 巫는 모든 나라의 문화적 뿌리인지도 모른다. 왜냐하면 어느 나라나 공통적으로 巫가 존재하기 때문이다.

그러나 한국은 이미 신라 때 불교가 전파되어, 고려 때까지 깊숙이 뿌리를 내렸기 때문에 현존하는 문화재의 상당수는 불교와 관련된 것이다. 그리고 조선시대에는 국교가 유교였으므로 생활양식이나 가치관은 유교정신의 영향을 많이 받았고, 이러한 유교적인 사고방식과 생활풍습은 현대에도 많이 남아 있다. 그러나 유교적 문화재는 특별히 남아 있는 것이 많지 않으나, 궁궐이나 서원, 향교, 사대부의 가옥 구조 같은 것은 유교사상을 반영한다고 할 수 있다. 남녀를 구별하고, 상하를 구별하는 사상이 가옥의 구조에도 반영되었기 때문이다.

그러다가 조선말에 들어온 기독교가 계속 팽창하고 있어 지금은 기독교적 사고를 하는 사람도 많아졌고(현재 30% 이상) 교회 건물이 부지기수로 세워졌다. 그렇다고 전통적인 한국인의 사고방식이나 종교관이 크게 달라지지도 않았다. 의식주에서도 토종한국식, 동양식, 서양식이 모두 혼재되어 있다.

아마 한국처럼 여러 가지 종교를 다 인정하고 모두 공휴일로 지정한 나라도 드물 것이다. 한국은 한국의 개국 신화에 따른 개천절(10.3), 음력에 따른 설(1.1)과 추석(8.15), 석가탄신일(4.8), 예수 그리스도의 탄신일(12.25)을 모두 인정하여 똑같이 공휴일로 정해 놓았다.

그러나 이런 다양성으로 인한 사회적 갈등은 거의 없다. 이것이 곧 위에서 말하는 "조화의 문화"일 것이다. 이와 같이 한국인은 혈연적으로나 역사적으로는 단일민족, 단일언어 국가지만 서양식, 동양식, 한국식을 조화롭게 적당히 융합하여 다양하면서도 독특한 한국 문화를 만들어 낸 것 같다. 한국의 문화는 사회적 특성으로 볼 때 궁중문화, 양반문화, 서민문화로 나눌 수 있고, 종교적으로는 무속문화(또는 민간신앙문화), 불교문화, 유교문화, 기독교문화 등으로 나눌 수도 있으며, 시대적으로 보면, 삼국시대 이전, 삼국시대, 통일신라시대, 고려시대, 조선시대, 일제강점기, 광복 후 문화, 6-70년대 문화, 80년대 문화, 90년대 이후 문화 등으로 나눌 수도 있을 것 같다. 또한 최근에는 세대별 문화 차이도 보인다.

따라서 동일한 문화 교육이라고 해도 순수 외국어로서의 한국어교육에서 다루어야 할 한국문화와 한국국민으로 살아가야 할 사람들에게 교수-학습해야 할 한국문화 교육은 달라야 할 것이다. 외국어로서의 한국어문화교육은 이해 교육이 주가 되어도 되지만, 제2언어로서의 한국어교육에서는 문화 교육이 이해에 그쳐서는 안 되고 체험 교육을 통한 실행 교육이 되어야 할 것이기 때문이다.

7.3.2 한국 문화의 정체성

한국 문화의 정체성을 한마디로 명쾌하게 대답하기는 어려울 것 같다. 왜냐하면 첫째는 사람들의 관점에 따라 문화를 보는 시각이 다를 것이며, 두 번째는 한국문화가 워낙 다양해졌기 때문이다. 세대간, 계층간, 지역간, 성별간, 또는 인생관에 따라서 생각하고 행동하는 양식이 다르다. 그러나 이 모든 변인을 뛰어넘는 한국인만이 가진, 그리고 적어도 한국 사람이라면 동의할 공통분모는 분명히 있을 것이다. 그리고 이 시대에 사는 한국인이라면 지니고 있을 문화적 정체성이 있을 것이다.

그러면 한국 문화라고 할 수밖에 없는 경우를 생각해보자.

(1) 한국에서 태어나서, 한국어를 모국어로 하고, 한국에서 자라고, 한국에서 교육받은 사람이라면 가질 수밖에 없는 사고방식, 가치관, 생활양식과 한국에서 생산된 유형적, 무형적 산물
(2) 한국사람이나 다른 나라 사람에 의해 '한국문화'라고 인식되는 요소들

그러면 (1)-(2)가 가지는 한국문화의 정체성이란 구체적으로 어떤 것이냐에 대해서는 여러 가지 방법으로 설명 가능하나 여기서는 정신적 정체성, 상징적 정체성, 정치·제도적 정체성, 사회적 정체성 등 네 가지로 나누어 간단히 살펴보겠다.

정신적 (관념적) 정체성

① 유교적인 사고방식이 주류를 이룬다.
② 이성과 논리보다는 감성과 인정에 의해 판단하고 결정하는 경향이 있다.
③ 대체로 성급하다.
④ 법을 만능으로 생각하지 않는다.
⑤ 종교에 대해 개방적인 태도를 가지고 있으나, 뿌리깊은 민간 신앙인 무속이 기저에 있다.
⑥ 조상을 공경하고, 효를 주요 덕목으로 생각한다.
⑦ 개인보다는 가족을, 나라보다는 '우리 회사'를 더 중시한다
⑧ 집단을 만들고, 집단 속에 소속되는 것을 좋아한다.
⑨ 어려운 사람에게는 동정심이 많으나, 남이 잘 되는 것에 대해 시기심이 많다.
⑩ 민주주의를 숭상하고 정의를 사랑하긴 하나, 개인적인 의리를 더 중시하는 경향도 동시에 있다.
⑪ 예술보다는 자연을 더 좋아하고, 특히 산을 소중히 여긴다.

한국 정신문화를 이해할 수 있는 핵심적인 용어는 다음과 같다. 이때의 정신문화는 전통적인 것과 현대적인 것을 모두 포함한다.

홍익인간, 선비, 효도, 권선징악, 양반, 절개, 의리, 자연 사랑, 조급성, 시기와 질투, 동정, 무속, 애국애족, 충성, 덕, 성실, 칠전팔기, 情, 恨, 興, 善, 신명, 체면, 지조, 성실, 사주팔자, 운명, 숙명, 가족, 연고주의(血緣, 地

緣, 學緣), 열정, 멋, 냄비 근성, 역동성, 진취성 등.

요약하면 한국인의 정신적 정체성은 유교적, 집단적, 연고적, 감성적, 역동적, 진취적이라고 할 수 있을 것 같다.

상징적 정체성

한국을 상징하는 대표적인 것은 한글과 태극기라 할 수 있을 것이다. 이 두 가지는 모두 天地人의 조화와 陰陽五行說을 이념적 기저로 한다.

한글에 대해서는 앞장에서 살펴보았거니와 한국의 국기인 태극기는 우주자연의 원리를 나타내는 음양의 원리와 天地日月과 四時四方이 仁義禮智의 추구를 상징하는 창조적인 우주관과 우리의 민족정신인 단일, 광명(발전), 자유, 평등, 영원무궁을 뜻하는 전체적인 의미를 담고 있다.

궁궐이나 기와집, 국회의사당, 예술의 전당과 같은 건축물, 한복, 그리고 석굴암, 다보탑, 신혼부부의 이불과 베개 등에서 보여주는 부드럽고 아기자기한 곡선미와 궁궐의 단청에서 보여주는 색채미는 '백의 민족'이라는 것과 대조를 보이는 것인데, 임금이나 왕후의 화려한 의상은 상류사회의 미적 경향이었고, 일반 백성들은 주로 깨끗하고 단순하며, 검소한 흰옷을 즐겨 입었다는 것은 상류층의 문화와 서민층의 문화가 달랐음을 여실히 보여주는 것이다. 한국음악에서 보여주는 단순하면서도 부드러운 음, 한국화에서 보여주는 여백의 미, 김치, 된장, 감주에 나타나는 발효음식의 선호에서 보여주는 깊고 독특한 맛도 한국문화의 정체성을 보여주는 것이다.

짝수보다는 홀수를 좋아하고, 동일한 홀수의 반복을 좋아하는 경향이 있고, 중간색보다는 원색을 더 좋아한다. 한국의 상징적 정체성은 한글, 태극기, 애국가, 무궁화, 서울, 한강, 김치, 불고기, 된장, 한복, 석굴암, 고인돌, 국악, 한글서예, 인삼, 종묘제례악, 온돌, 씨름, 태권도, 국궁 정도라고 할 수 있을 것이다. 따라서 이런 단어들은 한국어교육에서 필수적으로 다루어야 할 것이다.

정치·제도적 정체성

대한민국(Republic of Korea)은 대통령 중심, 입헌, 의회 민주주의 공화국으로서

삼권이 분리되어 있다. 한반도의 남부가 우리의 국토이고, 지방자치제를 실시하고 있고, 다당제, 다종교 국가이고, 수도가 '서울(Seoul)'이며, 전세계에 개방되어 있고, 2007년 현재 180개국과 외교관계를 맺고 있다. 9년간의 의무교육을 하여 문맹이 없으며, 사회계층이 전혀 고정되어있지 않고 유동적이다. 납세와 국방의 의무는 있으나 종교, 직업, 거주지, 결사, 언론의 자유가 완전 보장되어 있고, 남녀가 평등한 권리를 갖는 자유민주주의적 제도와 시장경제를 신봉하는 국가이다. 2007년 12월 10일 현재 U$1=950이고 OECD 회원국이며, APEC의 회원국이고, 유네스코 이사국이다.

사회적 정체성

인구는 2007년 현재 5000만 명(북한 인구를 합하면 7천 만 4백 만)이며, 불과 10년 전만 해도 인종적, 언어적 갈등이 거의 없는 단일 언어, 단일 민족, 단일 문화 국가였다. 종교는 불교, 기독교, 천주교, 천도교 등 다양하나 종교적 갈등이 거의 없고 성은 300여 가지밖에 되지 않으므로 같은 성을 가진 사람이 무척 많다. 특히 김, 이, 박 3성은 인구의 약 40%를 차지하도록 큰 비중을 차지하고 있다. 1988년에 서울올림픽을 성공적으로 개최하였고, 2002년에 일본과 함께 월드컵 대회를 성공적으로 개최하였으며, 4강에 진입하는 저력도 보여 주었다. 사회계층은 대체로 상중하로 나눌 수 있으나, 중류층이 대부분이다. 현재 자동차 보급이 2천만대 이상이 되었고 휴대전화도 3000만 대, pc도 인구 1.5인당 1대꼴로 보급되었으며 인터넷 인구의 비율이 세계 1, 2위를 다투고 있고, 초고속 인터넷 인구가 약 3000만 명으로 거의 매가구 초고속 인터넷이 보급되었으며, IT산업이 세계에서 가장 앞섰다.

7.3.3. 언어문화

한국어의 문자는 '한글'이라 하며, 자모가 스물 네 개밖에 되지 않고, 모음과 자음은 기본 글자에 획을 더하여 만들어졌으며, 하나의 음절이 하나의 글자를 이루고 있다.

경어법

한국어의 경어법은 주로 다음의 다섯 가지 문법 범주에 나타난다.

① 문장 어미: 존대의 정도에 따라 최고 6등분까지 나누나 존대/비존대로 나눌 수도 있다.
② 호칭: 세대, 연령, 성별, 거리(촌수)를 훨씬 복잡하고 섬세하게 분류한다.
③ 조사: 객체를 존대하느냐, 주체를 존대하느냐에 따라 조사와 어미가 달라진다.
④ 겸손법: 화자자신을 낮춤으로써 상대방을 높이는 방법을 말한다. 주로 1인칭 대명사를 '나' 대신 '저'로 바꾼다.
⑤ 압존법: 비록 화자 자신에게는 손위인 3인칭이 청자인 2인칭보다 아래일 때, 청자 앞에서 3인칭을 존대하지 않는다.

경어법은 한국어교육에서 필수적으로 다루어야 할 한국어 문화적 요소로 볼 수 있는데, 특이하게 한국어에만 있는 호칭법 중의 하나는 비친척에게 대한 친척호칭의 사용이다. 예를 들어 한국인은 자기의 부모 외에 친구의 부모에게도 똑같이 '아버님', '어머님'이라 부르고, 처음 만나는 비친척 남자 성인에게 '아저씨', 여자에게는 '아주머니, 아줌마'라고 부르고 노인들에게는 '할아버지, 할머니'라 부르며, 친구의 형, 누나에게도 역시 '형/형님', '누나/누님'으로 부르는 현상이다.

관용어

    (1) 관용구
- 개밥에 도토리 → 격에 맞지 않거나 어색한 상황
- 하늘에 별따기 → 아주 어려운 일, 거의 불가능한 일
- 누워서 떡먹기 → 쉬운 일
- 도토리 키재기 → 시비 우열을 가리기 어려운 일을 가지고 다툼
- 그림의 떡 → 현실적으로 이루어지기 어려운 희망
- 안성맞춤 → 필요하거나 원하는 사물에 딱 들어맞음
- 콩가루 집안 → 질서나 사랑이 결여된 집안
- 새 발의 피 → 아주 사소한 일

    (2) 관용절
- 바람 맞다 → 약속어김을 당하다

- 국수먹다 → 결혼하다
- 바람피우다 → 외도를 하다
- 오리발 내밀다 → 잘못하고도 시치미를 떼다
- 김치국 마시다 → 아직 좋은 일이 일어나지도 않았는데, 성급하게 마음이 들뜨다
- 개천에서 용나다 → 어려운 집안에서 훌륭한 인재가 나다
- 손을 끊다 → 교제관계를 끊다

은유

정치 은유, 경제 은유, 사회 은유, 스포츠 은유 등 수없이 많다.

넘어야 할 산이 많다
정치가 경제의 발목을 잡는다
장미 빛 공약
방탄 국회
다우가 기침하면 코스피는 독감을 앓는다 등이 그 예다.

속담

최창렬(1999:21)에서는 속담이 화자가 자신의 표현 의도를 감화적으로 청자에게 전달하기 위해 사용하는 관용표현의 일종이라고 하였다. 아울러 말하기에 편리하도록 형식이 간결하고 대중적이며, 구체적인 어휘를 매체로 한 비유표현이다. 속담의 기능은 교화와 풍자 두 가지로 요약할 수 있다. 좁은 의미에서의 속담은 교훈, 기지, 경계, 비유, 풍자 등을 바탕으로 통속적이고 진솔함이 깃든 구비 전승의 언어를 지칭하는 것으로, 언중의 경험과 교훈에서 우러난 진리를 지닌 간결하고 교훈적이며 은유적인 표현의 관용어라고 정의할 수 있다는 것이다.

속담의 예

- 윗물이 맑아야 아랫물도 맑다.

- 식자우환
- 구렁이 담넘어 가듯
- 엎드려 절받기
- 불난 데 부채질한다.
- 말 한 마디에 천냥 빚도 갚는다.
- 선무당이 사람 잡는다.
- 들으면 병이요, 안 들으면 약이다.
- 까마귀 날자 배 떨어진다.
- 낮말은 새가 듣고 밤말은 쥐가 듣는다.
- 풍년 거지 더 섧다.
- 우물을 파도 한 우물을 파라.
- 하나만 알고 둘은 모른다.
- 시장이 반찬
- 숭어가 뛰니까 망둥이도 뛴다.
- 벙어리 냉가슴 앓듯
- 달면 삼키고 쓰면 뱉는다.
- 염불에는 맘이 없고 잿밥에만 맘이 있다.
- 믿는 도끼에 발등 찍힌다.
- 천리 길도 한 걸음부터
- 고생 끝에 낙이 온다.
- 오는 말이 고와야 가는 말이 곱다.
- 손뼉도 마주쳐야 소리가 난다.
- 팔이 안으로 굽지 밖으로 굽나
- 미꾸라지 한 마리가 한강 물을 다 흐린다.
- 식은 죽 먹기

한국을 상징하는 말들

서울, 한글, 태극기, 김치, 아리랑, 불고기, 한복, 태극마크, 온돌, 한강, 애국가, 된장, 씨름

한국인들은 누구한테서 칭찬을 받으면 쑥스러워하면서 사양하는 표현을 자주 한다. 예를 들면 상대방이 그린 그림이나 공연, 저서들을 보고 "정말 훌륭하십니다"나 "그림이 참으로 아름답네요" 등과 같은 칭찬의 말을 하면 "뭘요", "과찬이십니다", "부끄럽습니다", "아니에요" 등과 같이 겸양의 반응을 보인다. 이것은 나이가 많은 연령층일수록 더욱 심하다. 그러나 동일한 경우에 영어화자라면 "thank you" 등과 같이 상대의 칭찬을 수용하는 반응을 보일 것이다. 그러므로 칭찬을 받은 사람은 누구든지 기분이 좋을 것인데, 언어마다 표현하는 방법이나 형식은 다르다. 그러므로 한국어를 외국어로 배우는 사람은 언어 표현의 진정한 의미를 이해하기 위해서는 이와 같은 문화적 배경을 알아야 할 것이다.

문화 용어

한국어의 문화 용어는 매우 많은데, 분야별로 크게 나누어 보면 다음과 같다.

- 국악 용어
- 한국화 용어
- 국문학 용어
- 민간신앙 용어
- 한국의 의식주 용어
- 한국의 고유명사
- 한국의 직업, 행정, 사회 용어

한편 강현화(2002)에서는 한국문화 교육을 위하여 학습자 사전에 수록되어야 할 문화어휘로 330개의 목록을 제시한 바 있다. 몇 가지의 예를 보면 다음과 같다.

ㄱ	가래떡, 가야금, 강강술래, 고속도로, 고추장, 경찰, 김치, 김치 찌개, 김밥	48개
ㄴ	나물, 널뛰기, 노래방, 농악, 누룽지, 냉면, 남대문	12개
ㄷ	다가구, 다리밟기, 단골, 단무지, 동창회, 된장, 떡	39개
ㅁ	마고자, 마늘, 마을버스, 매운탕, 무궁화, 명절, 무당, 미역국, 민요	21개
ㅂ	밥, 반찬, 밥상, 백설기, 보리차, 부의금, 부채춤, 불고기, 불교, 불국사	34개
ㅅ	사물놀이, 사주, 쌀, 생맥주, 서예, 선비, 석굴암, 소주, 수저, 설, 송편, 씨름	50개
ㅇ	아리랑, 안방, 양반, 연날리기, 엿, 온돌, 윷놀이, 인삼, 인절미	27개
ㅈ	장구, 장기, 저고리, 절, 집, 제사, 족보, 주민등록증, 죽, 지하철, 찌개	35개
ㅊ	찹쌀떡, 창경원, 처가, 처남, 청첩장, 초가집, 초인종, 추석, 축의금	20개
ㅋ	칼국수, 콜택시, 콩나물, 키	5개
ㅌ	탈춤, 태권도, 태극기, 토정비결	12개
ㅍ	파출부, 팔자, 판소리, 팽이치기	5개
ㅎ	하회탈, 한글, 한류, 한복, 한식, 한의사, 향가, 화투	24개

이러한 목록은 상당히 유용해 보인다. 그러나 체계성이 떨어지고, 어떤 주요 어휘가 빠졌는지 알기 어렵다. 따라서 다시 정치, 경제, 사회 문화, 예술, 생활, 놀이 등의 분야별로 다시 정리를 하면 더 합리적인 목록이 만들어질 수 있을 것이다. 또한 위의 어휘들은 다시 난이도별로 몇 단계로 나누든가 하는 후속 작업이 뒤따라야 하며, 각 어휘별 혹은 분야별 교수-학습방안도 나오면 좋을 것 같다.

위의 목록은 반드시 문화 교육에 포함되어야 할 것임은 분명하나, 예를 한국인의 의식구조나 정서적인 면을 나타내는 문화어는 빠져있다는 아쉬움이 있다. 예를 들어 홍익사상, 효 사상, 정, 멋, 의리, 사랑 등과 같은 한국인의 정서나 가치관을 나타내는 말들, '우리'로 대표되는 연고주의, 인의예지신 같은 유교이념을 나타내는 말들, 자비, 부처, 염불 등과 같은 불교 용어, 같은 것이 빠져 있다는 것이다.

또한 언어에 나타나는 문화적 요소로 한국어의 독특한 호칭법, 관혼상제에 사용되는 특수어휘들도 난이도를 고려하여 단계별 문화어휘에 포함시켜야 할 것이다.

7.4. 문화 교육 방법과 평가

문화 교육 방법론은 활동에 따른 방법론, 분야에 따른 방법론, 주제에 따른 방법론, 학습도구에 따른 방법론 등으로 나누어 논의할 수 있을 것이나 본고에서는 종합적으로 살펴보기로 한다. 문화 교육 방법론으로 가장 모범적이고 이상적인 것을 지정할 수는 없을 것이다. 우선 성기철(2001:130-131)은 문화 교육 전반에 대하여 개선방안을 다음과 같이 제안하고 있다.

① 학술적 측면 : 문화 교육에 대한 연구가 활성화되어야 하고 연구자와 현장 교사간의 협동이 필요하다.
② 교사 측면 : 문화 교육에 대한 올바른 이해를 가진 인력의 저변 확대가 필요하다.
③ 교과과정과 교재 측면 : 교육과정에 문화 교육에 대한 내용이 좀 더 체계적이고 구체적으로 명시되어야 한다.
④ 문화요소 측면 : 문화 요소는 엄선되어야 하고, 이 선정된 요소에 대한 학습 내용이 명시되어야 한다.
⑤ 문화반영 언어 영역 : 문화요소는 읽기뿐 아니라 듣기, 말하기, 쓰기에서도 가능한 한 다룰 수 있게 되도록 문화요소가 반영된 언어자료를 구성하는 것이 바람직하다.
⑥ 문화요소 반영 방법 : 언어교육에서 문화요소는 완전 통합되는 방법이 이상적이다.
⑦ 교재의 문화요소 소개 고정란은 생활의 길잡이 정도의 제목으로 대체하고, 문화는 언어에 완전통합하되 부족한 것은 보완한다.
⑧ 교사의 자국문화에 대한 정밀한 통찰이 필요하다.
⑨ 한국어교육 기관 사이의 협력 기반 구축이 필요하다.
⑩ 문화 교육 평가방법도 계속 연구되고, 개발되어야 한다.

이러한 제안에는 상당히 수긍되는 면도 있으나, 보는 바와 같이 매우 포괄적이고 거시적이고 추상적이며 피상적이다. 따라서 교사들이 한국 문화에 대한 체계적인 이해와 교육철학을 가지고 교육현장에서 문화 교육이 제대로 이루어지게 하기 위해서는 우리 문화에 대한 기술이 우선되어야 한다. 문화 교육 방법은 아직 현장 연구가 많이 보고되지 않아 논의하기 어렵다. 그러므로 장차 문화 교육에 대한 현장 연구가 많이 이루어져야겠다. 그러나 우선 원론적인 면에서 적어도 다음과 같은 점은 반영되어야 하지 않을까 한다.

① 문화를 문화의 유형에 맞게 교수·학습한다. 예를 들어 체험이 필요한 것은 체험교육을 시킨다. 가령 한국의 전통문화재를 이해시키기 위해서는 박물관 탐방을 실제로 시킨다든가, 한국의 음식에 대해서 이해시키기 위해서는 실제로 한국음식을 먹어보게 한다든가, 한국영화를 실제로 관람해 보도록 하는 것 등이다. 그리고 한국인의 가치관에 대해서 이해시키기 위해서는 드라마나 소설, 또는 관련된 책을 보게 하는 등 적극적으로 한국문화를 이해하고, 한국어 표현과 어울리는 행동을 할 수 있게 하기 위한 교사의 적극적인 노력이 필요하다.
② 문화를 이해할 수 있는 기회를 많이 제공한다.
③ 학습자의 고유문화와 한국문화를 비교 대조하여 발표하는 과제를 많이 준다.
④ 문화를 알아야만 말이나 글의 진정한 의미를 해석할 수 있는 자료를 많이 제공하여, 의미를 발표하도록 한다. 관용어, 은유, 유머, 농담 등은 특히 이러한 자료의 보고이다.
⑤ 한국문화를 체득할 수 있는 소그룹 활동을 많이 시킨다.
⑥ 최신 문화 이론도 다루고, 이 이론에 따른 문화 분석이나 평가를 하는 활동을 한다.
⑦ 가능한 한 그룹여행이나 한국의 판소리 공연이나, 국악 연주, 한국화 전시회 같은 것을 많이 관람하도록 권유한다.
⑧ 한국의 명절 행사나 문화 행사에도 가능한 한 많이 참여할 것을 권유한다.
⑨ 되도록 한국의 유형, 무형 문화재에 대한 기본적인 안내와 더불어 실제로 감상할 수 있는 시간을 갖게 한다.
⑩ 한국의 독특한 문화재를 몇 가지 골라 그것에 대하여 조사하여 그 문화재의 성격과 가치에 대하여 발표하도록 한다.
⑪ 한국어에 있는 문화어 목록을 만들어 쉬운 것부터 체계적으로 가르칠 수 있는 방안을 모색한다.

문화 교육 평가는 왜 하는가, 무엇을 평가할 것인가, 어떻게 평가할 것인가, 평가 결과를 어떻게 활용할 것인가가 모두 논의되어야 할 것이다.

7.4.1. 문화 교육의 평가는 왜 하는가?

문화 교육의 필요성이나 당위성은 문화 교육의 목적에 따라서 일차적으로 달라질 것이다. 그러나 여기에서는 한국어교육을 위한 문화론만을 논의하고 있으므로, 문화 교육의 목적을 한국어 학습의 효율성으로 한정하여 생각해 보기로 한다.

한국어 교수·학습에서 문화 교육은 한국어에 대한 신속하고 정확한 이해와 적절한 사용에 큰 도움을 줄 것이다. 언어 자체만으로는 이해하기 힘든 표현이 워낙 많기 때문이다. 몇 가지 예를 들어 보자.

① 지금 한국에는 <u>세종대왕</u> 같은 대통령이 필요해.
② 철수는 언제나 보아도 <u>양반</u>이야.
③ 한국에서는 명절에 어른들께 <u>큰절</u>을 해.
④ 그 분은 한마디로 <u>선비</u>야.
⑤ 영희는 <u>심청</u>이야.
⑥ 월드컵 기간 중에 <u>한복</u> 패션쇼를 하는 것도 괜찮을 것 같애.
⑦ 한국 사람은 <u>의리</u>를 중요시 해.
⑧ <u>명성왕후</u>는 정말 감동적이었어.
⑨ <u>판소리</u> 공연은 언제 보아도 재미있어.
⑩ <u>서당</u> 개 삼년이면 풍월을 읊는다.

이와 같은 표현들의 진정한 의미는 한국의 문화를 모르고는 이해할 수 없을 것이다. 따라서 이러한 문화어의 진정한 의미를 이해하는지를 평가하는 것이 필요할 것이다.

7.4.2. 문화 교육 평가에서는 무엇을 평가할 것인가?

문화 교육 평가에서 무엇을 평가할 것인가는 곧 평가 내용을 말하는 것이다. 평가 내용은 위에서 문화 교육 내용 전부가 그 대상이 될 수 있을 것이다. 물론 위의 그 많은 내용을 완벽하게 모두 다룬다는 것은 현실적으로 불가능하다. 그러나 이런 내용들을 학습자들이 얼마나, 어느 정도 인지하였는가 하는 것은 평가되어야 할 것이다. 그런데 문화 교육 목표에 도달하기 위해서는 교사, 교과과정, 교재, 교수법에 대한 평가가 모두 문화 교육 평가와 동시에 이루어지거나 혹은 선행되어야 할 것이다.

교재 평가

우선 문화 교육 내용은 교재에 반영되기 마련인데, Cortazzi and Jin(1999)은 교재에 포함된 문화요소 평가 기준을 다음과 같이 제시한 바 있다.

① 최근의 사실을 정확하게 제시하였는가?
② 문화적 자각을 통해 진부한 고정관념을 변화시키고 있는가?
③ 실제적인 그림을 제시하고 있는가?
④ 이념적 경향으로부터 자유로운가?
⑤ 고립된 사실이 아닌 맥락을 갖춘 현상을 제시하고 있는가?
⑥ 역사적 자료와 함께 현대 사회와의 상관성을 보여주는가?
⑦ 시대적 산물이 어떤 특징을 가졌는가를 분명하게 보여주는가?

그러나 이런 기준은 본격적인 문화 전문가를 위한 문화 교육 교재에는 필요한 기준일지 모르나 적어도 언어학습을 위한 문화론 내용을 평가하는 기준으로는 그렇게 타당한 것 같지 않다.

예를 들어 최근의 사실을 제시하였는가라는 기준은 내용의 제재에 따라 타당할 수도 있고 그렇지 않을 수도 있을 것이기 때문이다. 또한 ②도 문화적인 면을 학습시키는 것이 목적인 언어 교재에서 진부한 고정 관념을 변화시키는 것이 목적이 될 수 없다고 본다. 그러므로 교재의 문화요소 평가 기준은 오히려 다음과 같은 것이 되어야 할 것으로 보인다.

① 주어진 문화적 배경을 이해함으로써 언어능력 신장에 도움이 되는가?
② 그 언어를 통달하기 위해서 꼭 알아야 할 문화적 내용인가?
③ 그 언어의 화자들이 보편적으로 갖는 문화적 내용인가?
④ 언어능력에 맞게 문화적인 내용도 알맞게 배치되었는가?
⑤ 제시된 문화적 내용이 그 언어를 학습하는 데 더 큰 흥미와 관심을 불러일으키는 것인가?
⑥ 그 제시된 내용의 문화적 자각으로 인하여 언어학습에 긍정적인 효과를 제공하는가?

학습자들의 문화인지도 평가

위의 기준에 따라 문화 교육 평가는 목표문화의 내용에 대한 인식과 활용 능력을 평가하는 것이 바람직하다. 즉 문화에 대한 이해력 평가, 분석력 평가, 종합력 평가, 수행력 평가, 비교 대조 능력 평가 등과 같이 나눌 수도 있을 것이고, 분야별 능력을 평가할 수도 있을 것이다. 예를 들면 언어문화 이해력, 의식구조 이해력, 생활문화 이해력, 법과 제도 이해력, 예술문화 이해력 등으로 나눌 수도 있다는 것이다. 그리고 이해에 그치지 않고 실제로 수행이 뒤따라야 하는 사항도 많이 있을 것이다. 예를 들면 절하는 법, 젓가락 사용법, 한복 입는 법, 경어법 사용 능력 등이다.

이 경우는 평소의 문화학습 현장에서 그때그때 평가해도 좋을 듯하다. 즉 포트폴리오를 통하여 얻은 결과와 지필검사를 종합하여 각 항목별로 채점하는 것이다. 문화인지도 평가를 위해서는 가령 조항록(2001:50)의 기초문화 항목을 하나씩 점검해 나가는 식으로 실시하여도 좋을 것 같다. 예를 들어 기초적 언어규범 항목에 대한 평가를 위해서는 다음과 같은 문항이 제시될 수 있을 것이다.

① 어떤 사람을 만났을 때 한국어 경어법에 맞게 인사할 수 있는가?
② 상대방에게 적절한 호칭을 사용할 수 있는가?
③ 상황에 따라 격식체와 비격식체를 적절하게 사용할 수 있는가?
④ 한국어 경어법의 구성요소에는 어떤 것이 있는지 설명할 수 있는가?
⑤ 나보다 나이 많은 직장 상사에게 퇴근 후에 함께 저녁식사를 할 수 있는지를 물으려고 한다. 만일 상대방이 가능하다고 하면 그 다음에는 무슨 말을 하면 좋을지 다음에 2, 3개의 문장으로 나타내보자.
⑥ 인사동에 가서 전통공예품을 사려고 하는데 친구한테 같이 가달라고 부탁하려고 한다. 어떻게 말하면 좋을지 2, 3개의 적절한 문장을 제시해 보자.
⑦ 용인민속촌을 가려고 하는데, 어떻게 가면 좋으며, 또한 가서는 어떤 것을 볼 수 있는지를 알기 위해 민속촌에 전화를 하려고 한다. 어떻게 말하면 좋을지 몇 개의 문장으로 나타내 보자.

이와 같이 추상적인 문항과 구체적인 문항으로 한국어 언어규범을 어느 정도 알고 있는지를 평가해 볼 수 있을 것이다. 만일 결과가 매우 낮게 나왔다면 교사는 무엇을 어떤 방법으로 보충 학습시킬 것인지를 연구해 보아야 할 것이다.

여기서 중요한 것은 학습자들의 문화능력 평가뿐만 아니라, 교사의 교수법도 점검해 보는 것이 필요하다는 것이다. 즉 문화적인 능력은 학습자 스스로의 의식적인 노력으로도 획득할 수 있지만 교사의 노력과 열성에 따라서도 학습자들의 문화능력 획득도가 달라질 것이기 때문이다. 이러한 교수법 평가는 학습자들의 성취도 평가를 통하여 간접적으로 평가할 수도 있고, 학생들에게 설문지 조사나 면담 등을 통해 직접 할 수도 있으며, 문화 교육 교수법과 평가론의 이론에 입각하여 할 수도 있을 것이다. 교수법에 대한 평가는 특별한 이유가 없는 한 반드시 제3자가 할 필요는 없다고 본다. 학습자들의 문화인지도 평가를 통하여 드러난 결과를 분석하여 교사 스스로가 자신의 교수법의 효율성을 점검하고 확인하여, 그 결과를 다음의 교수-학습법에 반영하면 될 것이다.

문화 인지 능력 평가의 실제

문화능력 역시 크게는 주관식, 객관식 등으로 평가할 수도 있고, 직접평가, 간접평가 등으로 나눌 수도 있으며, 이해 평가, 수행 평가식으로 나눌 수도 있을 것이다. 그리고 평가 방법은 지필검사, 구두시험, 실기시험 등으로 나눌 수도 있고, 이것 역시 주관적 시험, 객관적 시험으로 유형 분류도 가능하나, 주관식 비중이 높은 것이 더 합당하지 않을까 한다. 그리고 이러한 평가의 평정은 A, B, C와 같은 등급화 및 수, 우, 미, 양, 가 혹은 1, 2, 3, 4, 5등급 등으로 절대평가를 하는 것도 좋을 것 같다. 또는 단순히 주어진 문화적 상황에 대하여 아는지 모르는지를 확인하기 위하여 yes-no로 평가할 수도 있을 것이다. 그러나 역시 어느 정도의 우열은 분명히 있을 것이므로 적어도 3등급 정도는 구별되는 것이 좋을 듯하다.

평가 항목은 여러 유형이 가능할 것이다. 다음과 같은 것들이 그 예가 될 것이다.

(1) 다음 날 중 한국의 명절이 아닌 것은? (4지 선다형)
(2) 서로 관계있는 것끼리 줄긋기를 하시오.
(3) 빈칸 채우기를 하시오.
(4) 다음 설명이 맞으면 O, 틀리면 X를 하시오.
(5) 한국의 주요 문화재 3가지 이상을 들고 각각에 대하여 해설하시오.
  (예: 한글의 창제원리에 대하여 설명하시오.)
(6) 자신의 모문화와 한국문화가 매우 다른 경우를 3가지 들고 각각에 대하여

예를 들어 설명하시오.

(7) 다음의 대화문을 읽고 한국인들의 가치관에 대하여 기술해 보시오.

(8) 다음의 신문기사를 읽고 한국인의 정서에 대하여 논하시오.

(9) 다음의 속담 혹은 관용어가 무슨 뜻이며, 한국의 어떤 문화와 관련이 있는지 설명해 보시오.

① 엎드려 절 받기

② 가는 날이 장날

③ 김칫국부터 마신다

④ 십년 공부 도로아미타불

⑤ 뚝배기보다 장 맛

⑥ 중이 제 머리 못 깎는다

⑦ 굿이나 보고 떡이나 먹자

⑧ 선무당이 사람 잡는다

⑨ '아' 다르고 '어' 다르다

⑩ 남아일언은 중천금

(10) 다음 단어나 구를 넣어 짧은 글을 지어 보시오.

① 의리

② 몸살

③ 정(情)이 들다

④ 찬밥 신세

⑤ 안방 차지

⑥ 두루마기

⑦ 거북선

⑧ 개천절

⑨ 효도

⑩ 대보름맞이

⑪ 세종대왕

⑫ 석굴암

⑬ 국악

⑭ 여자 한복

⑮ 선비정신

이와 같이 문화 능력 평가는 다양한 방법으로 수행할 수 있을 것이다.

한국어교육에서 한국문화 교육의 필요성은 분명하다. 왜냐하면 이러한 문화적 요소들에 대한 이해 없는 순수언어학적 능력은 한계가 있을 수밖에 없으며, 진정한 의미의 의사소통이 이루어질 수 없기 때문이다. 그러므로 제2언어로서나 외국어로서의 한국어교육에서 의사소통 능력(communicative competence)을 교육목표로 해야 하며, 이러한 의사소통 능력을 획득하기 위해서는 한국어의 문화적인 요소를 이해하여야 한다. 최근의 외국어교육은 "문화 간의 의사소통(cross-cultural, intercultural communication) 혹은 문화 간의 의사소통 능력"을 길러주는 것을 목표로 하고 있다.

언어와 문화는 보편성도 있지만 언어개별성도 있기 때문에 실제의 대화 현장에서는 화−청자가 사용하는 언어가 속한 사회의 관습이나 문화적 배경을 알아야만 충분한 의사소통이 가능하다. 그러므로 말이나 글의 완전한 의미 해석과 적절한 반응을 위해서는 화자-청자는 상대방 언어의 문화적 배경을 아는 것이 중요하다. 요컨대 언어교육에서는 문화 교육의 효과적인 교수-학습 방법과 평가, 그리고 다시 평가의 결과가 교수-학습방법에 반영되어 학습자의 목표언어에 대한 문화인지 능력을 높여서 궁극적으로 한국어의 유창도를 높일 수 있는 최선의 교수-학습방법이 개발되어야 할 것이다. 그리고 문화 교육을 위한 자료나 프로그램 개발도 좀 더 다양하게 이루어져야 할 것으로 보인다. 예를 들면 좋은 영화나 드라마, 애니메이션같은 시청각 자료를 가공하여 문화교육의 자료로 개발해도 좋고, 한국문화를 알 수 있는 다양한 책 속에서 필요한 것만 뽑아 문화교육 자료로 활용해도 좋을 것 같다.

참고문헌

강승혜(2002), 재미 교포 성인 학습자 문화프로그램 개발을 위한 요구조사 분석 연구, [한국어교육] 13-1, 국제한국어교육.
강승혜 외(2006), [한국어 평가론], 태학사.
강현화(2002), 한국어문화 어휘의 선정과 기술에 대한 연구, 박영순 편저, [21세기 한국어교육의 현황과 과제], 한국문화사.
구미래(2000), [한국인의 상징체계], 교보문고.

김영아(2002), 한국어교육과 문화: 다문화 이해의 창, 박영순 편저, [21세기 한국어교육의 현황과 과제], 한국문화사.
김유정(2002), 외국어로서의 한국어능력 평가론, 박영순 편저 [21세기 한국어교육의 현황과 과제], 한국문화사.
김정숙(1997), 한국어 숙달도 배양을 위한 문화교육 방안, [교육한글] 10, 한글학회
박영순(1989), 제2언어교육으로서의 문화 교육, [미국에서의 한국어교육], [이중언어학] 제 5호. 이중언어학회.
박영순(2001), [외국어로서의 한국어교육론], 월인.
박영순(2002), [한국어교육을 위한 한국문화론], 한국문화사.
박영순(2007), [다문화사회의 언어문화교육론], 한국문화사
성기철(2001), 한국어교육과 문화교육, [한국어교육] 12-2. 국제한국어교육학회.
오세인(2004), 시를 활용한 한국문화교육 방안, [한국어교육] 15-1, 국제한국어교육학회.
윤여탁(2002), 한국어 문화교수론, 박영순 편저, [21세기 한국어교육의 현황과 과제], 한국문화사.
이정희(1999), 영화를 통한 한국어 수업 방안 연구, [한국어교육] 10-1, 국제한국어교육학회.
조항록(1998), 한국어고급학습자를 위한 한국문화교육 방안, [한국어교육] 9-2, 국제한국어교육학회.
조항록·강승혜(2001), 초급 단계 한국어 학습자를 위한 문화교수 요목의 개발, [한국어교육] 12-2, 국제한국어교육학회.
조항록(2002, 한국어문화교육론의 주요 쟁점과 과제, 박영순 편저, [21세기 한국어교육의 현황과 과제]. 한국문화사.
조흥윤(2001). [한국문화론], 동문현대신서 91.
한재영 외(2005), [한국어교수법], 태학사.
Ana et al.(1993), "Cultural studies for advanced language learners." In David Graddol, et al.(eds.) *Language and Culture*, Clevedon, U.K.: BAAL and Multilingual Matters. 55-69.
Bonvillain, Nancy(1997), *Language, Culture, and Communication*, New Jersey: Prentice-Hall.
Cele-Murcia, Marianne(1995), "The Elaboration of sociolinguistic competence: Implications for teacher education" In *Georgetown University Round Table on Languages and Linguistics 1995.*
Graddol, David, Linda Thomson, and Mike Byram(eds.)(1993), *Language and Culture*, Clevedon, U.K.: BAAL and Multilingual Matters.

Hinkel, Eli(ed.)(1999), Culture as Language Teaching and Learning, Cambridge: Cambridge University.

Kramsch, Clair(1993), *Context and culture in language teaching*. Oxford Univ. Press.

Oasagawara, Linju(1995), "Native cultural Interference in Japanese English." In *Georgetown University Round Table on Languages and Linguistics 1995*.

Papaefthy, Lytra, Sophia C.(1995), Culture and the teaching of foreign languages: A Case Study. *Georgetown University Round Table on Languages and Linguistics 1995*.

8. 한국어 발음/억양 교육

8.1. 한국어 발음/억양 교육의 목표

발음과 억양은 듣기, 말하기, 소리 내어 읽기에서 중요한 역할을 한다. 한국어의 발음/억양 교육은 말소리의 분절음과 초분절음 영역에 해당되는데 분절음은 자음이나 모음으로 분리할 수 있는 음이고 초분절음은 말소리 내기에서 분절음과 함께 실현되는 음높이(pitch), 크기(loudness), 길이(length), 쉼(끊김, break) 등의 요소이다. 분절음은 현재 한국어 표기 체계와 밀접한 관련이 있고 표기 체계로 예측할 수 없는 발화의 음향적 특성은 초분절음의 영역이다. 한국어 표기 체계가 한국어의 분절음 발음과 관련이 있다고 하지만 일반적인 언어 교육에서 그러하듯 한국어의 발음 역시 교사와 학습자, 원어민 화자와 비원어민 학습자의 직접적인 접촉을 통해 정확하게 인식되고 교육될 수 있다.

한국어 학습자들은 필연적으로 학습 초기부터 발음을 배우지만 역설적으로 발음은 학습자들이 가장 어려워하는 영역이기도 하다. 이는 발음이 외국어 학습에 있어서 학습자의 모국어 간섭 현상을 가장 많이 받으며, 해당 외국어로 이루어지는 의사소통에서 발음의 자연스러운 구사에 대한 학습자들의 요구 수준이 상당히 높기 때문이다.

유창한 발화를 위해서는 분절음의 교육과 초분절음의 교육이 동시에 이루어져야 한다. 유창한 발음과 적절한 억양의 구사를 통해 학습자는 말하기에서 자신감이 생기고 자신이 말하고자 하는 바를 원어민/비원어민 청자에게 쉽게 이해할 수 있도록 할 수 있다. 따라서 한국어의 발음/억양 교육을 하는 교사는 발음이 가진 언어적 기능과 언어외적 기능들을 이해하고 학습자가 원하는 수준까지 발음교육이 이루어질 수 있도록 노력해야 할 것이다.

한국어 발음/억양 교육의 목표는 학습자가 한국어의 분절음과 초분절음을 이해하고 인식하여 이를 의사소통에서 자연스럽고 효율적으로 구사하게 하는 데 있다.

이 글에서 대상으로 삼고 있는 한국어 학습자는 한국어를 배우기 시작한 성인들이다. 한국어의 발음/억양 교육의 효과는 학습자의 연령이나 학습 단계에 따라 달라질 수 있다. 학습자들은 발음에서 나타나는 모국어의 간섭 현상도 극복해야 하고 자신의 모국어 체계에 존재하지 않는 한국어의 분절음과 초분절음도 구분해야 하는데 성인 학습자의 경우 모국어의 음운 체계를 완전히 습득한 상태이기 때문에 한국어의 발음을 학습하는 것이 쉽지 않다. 학습자의 한국어 학습 단계 역시 발음 교육에 영향을 미친다. 허용·김선정(2006:33)에서는 학습 초기에 굳어진 발음은 고치기 어려우니 초급 단계에서 정확한 발음을 할 수 있도록 교사가 지도해야 한다고 강조하고 있다.

8.2. 한국어 발음/억양 교육과 교사 교육

한국어 교사는 한국어의 발음/억양 교육을 위해 한국어의 음성적, 음운론적 특질을 잘 알아야 하고, 무엇보다 담당한 학습자들의 발음을 주의 깊게 관찰하여 오류의 형태, 오류 발생 원인, 오류 수정 방법 등을 파악하고 기술하여 학생들의 발음을 적극적으로 교정해 줄 수 있어야 한다. 이를 위해서 교사는 말소리에 대한 일반적 지식과 더불어 다양한 언어권 출신 학생들의 발음을 객관적으로 듣고 적기 위한 청취/전사 훈련을 하고, 발음을 시청각적으로 나타낼 수 있는 오디오/컴퓨터 보조 도구의 사용법을 익힐 필요가 있다.

교사는 항상 학습자를 중심으로 수업을 진행해야 한다. 발음은 개인차도 있고 언어권별로도 차이가 난다. 이는 동일한 초급반에 모인 학습자들이라고 해도 그 구성원들의 발음 수준이 모두 다를 수 있다는 것을 의미한다. 따라서 교사는 자신이 맡은 학습자들의 수준을 빨리 파악하여 학습자에게 필요한 발음 및 억양 지식을 알려주고 적절한 연습을 할 수 있도록 도와줘야 한다.

교사는 학생 스스로가 자신의 발음과 억양을 교정할 수 있도록 해야 한다. 학생 스스로 자신의 발음에 대해서 인식하고 교정할 수 있으면 학생의 발음과 억양은 수업이 진행될수록 유창해질 것이다.

8.2.1. 한국어 발음/억양 교육 방법

한국어 수업에서 가장 흔하게 사용하는 발음 교육 방법은 '한국인의 발음이나 억양을 듣고 따라서 말하기'이다. 여기에 교사가 학습자의 모국어와 한국어의 음소를 대조적으로 제시하여 학습자들로 하여금 자신의 발음에 어떤 오류가 왜 발생하는지 이해하게 하는 방법과 발음할 때 입의 모양이나 혀의 위치, 공기의 흐름 등을 교육하는 조음음성학적 교육 방법, 학습자 모국어의 변이음을 이용한 발음 교육 방법1) 등이 있는데 이들 가운데 가장 우위를 차지한다고 말할 수 있는 방법은 없다. 수업의 목표에 따라 적절한 방법을 교사가 잘 선택해야 할 것이다.

분절음의 발음 교육과 달리 억양 교육은 조직적이고 구체적인 교육 방법의 원리나 교수법이 거의 제시되지 못하고 있는 실정이다. 한국어 억양 교육에 대한 연구가 부족했던 원인은 한국어 억양(표준어 기준)에는 어휘적 의미 변별 기능이 없어서 부차적인 요소로 파악한 것과 관련이 있다. 그렇지만 실제로 학습자와 교사들은 개별 분절음의 발음뿐만 아니라 억양에도 많은 관심을 가지고 있다. 학습자가 아무리 많은 어휘와 문법 표현들을 알고 있다고 하더라도 실제로 그것이 정확하게 발화되지 않으면 말하기는 물론 듣기에서도 많은 어려움을 경험하게 된다. 그런데 특히 억양이 부자연스러우면 학습자가 아무리 고급 어휘를 사용하고 개별 음소의 발음이 정확해도 한국어 실력이 유창하다는 인상을 주기 어렵다. 따라서 발음과 억양에 대한 학습자들의 요구와 관심도가 매우 높은 편이다. 외국어 억양을 배우는 일은 개별 분절음을 배우는 일보다 더욱 어렵다. 게다가 모국어의 억양은 개별 음가나 낱말, 문장보다 더 이른 시기에 학습되므로 외국어를 학습할 때 모국어의 다른 요소보다도 모국어의 억양은 외국어 학습에 많은 영향을 미친다.

억양 교육은 한국어를 처음 접하는 초급 학습자에게만 일시적으로 필요한 것이 아니다. 초급부터 중급, 고급에 이르기까지 단계적으로 지속적으로 이루어져야 한다. 실제로 교육 현장에서 보면 한국어를 몇 년 동안 배운 고급 학습자임에도 모국어의 억양이 한국어에 그대로 남아 있는 경우가 많다. 학습자 스스로도 그 사실을 인지하고 있지만 이미 습관이 되어 버리거나 화석화되어 버려서 이때는 이미 억양

---

1) 정명숙(2002)에서는 외국인들이 어려워하는 한국어 발음이 학습자 모국어에 변이음으로 존재할 경우, 이것을 역으로 한국어 발음 교육에 이용할 수 있다고 하였다. 이는 학습자들이 인식할 수 없었던 한국어 음소가 자신이 사용하는 모국어의 어떤 음과 일치한다는 것을 이해시키는 방법으로 한 번 이것에 관한 설명을 들으면 교사의 도움 없이도 혼자 자신의 발음을 교정할 수 있다.

을 고치기가 쉽지 않다. 억양 교육은 초급 때 특히 많은 시간을 할애하여 이루어져야 하며 중급, 고급에서도 수준별, 단계별로 지속되어야 한다.

> **tip 동일 언어권 출신 학습자들을 모아서 가르치는 것이 효과적인가, 아니면 다양한 언어권의 학습자들을 모아서 가르치는 것이 효과적인가?**
>
> 동일 언어권 출신 학습자들은 모국어의 간섭에 의한 오류가 유사하게 나타날 수 있다. 따라서 동일 언어권 출신 학습자들이 모인 학급에서 교사는 학생들의 발음 오류를 예측하고 집중적으로 이를 수정해 줄 수 있다.

8.2.2. 한국어 음운론의 지식

교사는 한국어의 음운 체계와 음운 현상에 대해 기본적인 지식을 갖추고 있어야 한다. 한국어에 대한 음운론적 지식은 본서의 2장 한국어의 발음에 자세히 설명한 바 있으니 여기서는 다루지 않는다. 다만 이 장에서는 한국어의 억양에 관련된 지식에 대해 추가하여 설명하고자 한다. 이 장에서 제시하는 억양의 개념과 억양 단위에 대한 설명은 신지영·차재은(2003)의 한국어 억양에 관한 기술을 기초로 한 것이다.

한국어의 억양을 이해하기 위해서 한국어의 운율 단위에 대해 설명하고자 한다. 운율 단위는 한국어를 발화할 때 말의 가락이 실현되는 단위로 한국어의 운율 단위를 작은 단위부터 기술하면 '음절 → 음운단어 → 강세구(Accentual phrase) → 억양구(intonational phrase) → 발화(speech)' 순서이다. 이 가운데서 한국어 억양에 밀접하게 관련이 있는 단위는 강세구와 억양구이다.

음운단어는 발화에서 하나의 단어처럼 중간에 쉬지 않고 발음되는 단위이다. 음운단어 개념을 교사가 인식하고 이 개념에 대해 학습자에게 적절한 설명을 할 수 있다면 교사는 학습자에게 자연스러운 끊어 읽기를 가르칠 수 있다.

〈음운단어의 예〉
ㄱ. 그 사람이 <u>그럴 리가</u> 없어요.
ㄴ. 오늘은 <u>할 일이</u> 많다.

ㄷ. 그 사람 어딨니?
ㄹ. 너는 할 수 있어.
ㅁ. 그때는 그럴 수 밖에 없었어.

강세구는 하나 이상의 음운단어들이 모여서 형성한 상위의 운율 단위이다. 자연스러운 강세구 억양 실현을 위해서 교사는 학습자에게 음절 개념과 함께 자연스러운 음높이 유형을 알려줘야 한다. 표준어를 기준으로 한국어의 전형적인 강세구 유형은 4음절을 기준으로 '저고저고(LHLH)'와 '고고저고(HHLH)'로 구분되는데, 강세구의 첫 음절이 저조(L) 또는 고조(H)로 실현되는 기준은 강세구 첫 음절의 음소와 관련이 있다. 강세구의 첫 음절이 경음, 격음, 마찰음으로 시작하는 경우에는 고조로 시작되고, 이 외의 자음이나 모음으로 시작될 때는 저조로 시작된다. 한국어의 보통 속도 발화에서 하나의 강세구는 2음절에서 5음절 정도로 구성된다는 것도 자연스러운 발음을 익히는 데 도움이 되는 정보이다.

억양구는 하나 이상의 강세구들이 모여서 이루어진 운율 단위이다. 한국어에서 억양구를 구성하는 마지막 강세구 마지막 음절의 음높이와 문장의 의미는 밀접한 관련이 있다. 이 음절에는 일정한 음성적 특징이 있는데 1) 장음화가 일어나고 2) 휴지를 동반하며 3) 문장의 의미 차이를 나타내는 특정한 음높이 유형이 실현된다. 이 마지막 음절에 실현되는 음높이 유형을 억양구의 '경계 성조(boundary tone)'라고 한다. 전선아(2000)에서 제시한 한국어의 억양구 경계 성조 유형을 정리하면 다음과 같다(% - 억양구 마지막 경계).

L% : 사실의 기술, 낭독체에서 평서문의 억양.
H% : 가부의문문에서처럼 정보를 구할 때 주로 사용된다.
LH% : 의문문, 문장이 계속됨. 설명적 종결에서 주로 사용된다. 짜증, 분노, 불신 등을 나타내기도 한다.
HL% : 평서문과 의문사 의문문에 주로 사용된다. 뉴스 발화에서 자주 사용된다.
LHL% : HL%의 의미를 강조할 때 사용되기도 하지만 LH%와 같이 설득, 주장, 확인 등의 의미를 가져오기도 한다. 또한 짜증났음을 보이는 데도 사용된다.
HLH% : 지금까지 앞에서 언급한 경계 성조들만큼 일반적이지는 않다. 화자가 확신에 차거나 청자의 동의를 기대할 때 사용된다.
LHLH% : 다른 성조에 비하여 드물다. LH%의 일부 의미, 즉 짜증, 분노, 불신 등을 강조한다.

HLHL% : LHLH%보다는 흔하지만 단독 성조나 이중, 삼중 성조에 비하여 흔하지는 않다. 자신의 견해를 확인하고 주장하는 HL%의 의미를 강조하거나 LHL%과 같이 조름, 설득의 의미를 나타낸다.

LHLHL% : 아주 드문 형태로 LHL%과 유사한 의미를 지니지만 짜증남을 훨씬 강하게 의미한다.

이제까지 설명한 내용을 바탕으로 요약하자면 한국어 발화에서 자연스러운 억양의 실현은 억양구의 첫 번째 강세구와 억양구의 마지막 강세구에 특정한 유형의 억양이 부여되고 그 사이에 오는 강세구들에는 의미 전달에 적절한 음절 구분과 휴지가 실현되는 것이라 할 수 있다.

8.2.3. 청취와 전사 훈련, 시청각 보조 자료의 활용

교사가 개별 학습자들의 발음을 파악하기 위해서는 낭독, 녹음, 일상회화에 나타나는 학생의 발음을 주의 깊게 듣고 전사(轉寫, transcription)하는 훈련이 필요하다. 전사는 발화된 인간 언어의 말소리를 상징 부호를 통해 눈에 볼 수 있도록 제시하는 것이다. 교사는 청취와 전사 훈련을 통해 학생들의 발음을 기록하고 분석할 수 있게 된다.

① 청취 훈련 : 청취 훈련(Ear training)은 말소리의 내용을 듣는 것이 아니라 말소리의 특징을 듣는 훈련이다. 발음 교정을 위한 청취는 한국어 교사가 한국어 학습자의 발음을 교정하기 위해 낭독 또는 발화 자료를 들을 때 낭독 원고 또는 발화 내용에 주의를 기울이지 않고 학습자의 자음과 모음, 억양 등의 발음 특징에 주의를 기울여 듣는 것이다. 한국어 교사는 청취 훈련을 통해 학습자가 교정해야 할 발음의 특징과 동일 언어권 출신의 학생들이 공유하는 발음 오류에 대해 분명하게 알아야 한다.

ㄱ. 한국어 교사를 위한 청취 훈련의 예
   a. 동일 언어권 출신 학생의 한국어 낭독이나 한국어 연설을 녹음하거나 녹화한 자료를 통해 학생 발음의 특징을 파악한다.
   b. 한국어가 모국어인 같은 또래 학생의 한국어 문장 낭독과 한국어가 모국어

가 아닌 학생의 동일한 한국어 문장 낭독을 녹음하거나 녹화한 자료를 통해 학생 발음의 특징을 파악한다.
　　c. 동일 언어권 출신 학생들의 한국어 대화나 역할극을 녹음하거나 녹화한 자료를 통해 동일 언어권 화자들이 유사한 발음 오류를 일으키는지, 교정해야 할 발음이 특정한 학생의 개인적 실수인지 파악한다.

이 외에도 교사의 의도에 따라서 다양한 조합, 다양한 유형의 청취 자료를 만들 수 있다. 교사는 청취 훈련을 통해 학생들의 발음 특징을 언어권별, 수준별, 모국어별, 발화 상황별(일상 회화, 낭독, 연설 등)로 파악하고 이렇게 파악된 내용을 음성 전사 방식을 선택하여 기록하고 분석할 수 있다.

② 음성 전사 훈련 : 음성 전사 훈련은 다양한 말소리를 듣고 적어서 분석하는 기본 기술을 익히는 것으로 위에서 언급한 청취 훈련의 결과물을 음성 전사 기록으로 남길 수 있다. 음성 전사 훈련을 위해 한국어 교사가 알아야 할 것은 음성 전사에 적당한 문자와 그 사용법이다. 음성 전사에 일반적으로 사용하는 문자인 국제음성기호(IPA : International Phonetic Alphabet)는 언어학자들, 외국어 교육자들, 언어병리학자들, 사전편찬자들 등이 사용하는 음성 전사용 문자로 라틴 알파벳과 그리스 알파벳, 현재 유럽에서 사용하는 알파벳을 기본으로 만들어졌다. 음성 전사는 청취한 말소리의 특징을 얼마나 자세히 옮겨 적느냐에 따라 간략 전사와 정밀 전사로 구분할 수 있다. 음성 전사와 음성 전사를 위한 표기 규약에 관한 자세한 사항은 이 책의 별도의 장 '한국어의 발음'에 기술하였으니 참고하기 바란다.

---

tip : 음성 전사 훈련 요령

① 사람은 말소리를 있는 그대로 듣는 것이 아니라 자신의 언어 인식에 맞추어 선별해서 듣는다. 따라서 음성 전사 훈련을 위해서는 '내 귀에 들리는 모든 소리를 받아 적는다'는 마음가짐이 중요하다.
② 들리는 소리를 음성 기호로 적을 때 원칙적으로 다른 사람이 그 기록을 보고 기록한 사람이 들은 소리를 그대로 재현할 수 있어야 한다.
③ 반복 청취가 가능한 음향기기를 사용한다. 디지털 녹음을 통해 컴퓨터의 음성재생 프로그램을 사용하여 반복 청취를 하는 것도 요령이다.
④ IPA를 숙지하여 IPA와 IPA가 나타내는 소리에 익숙해지도록 한다.

⑤ '귀명창'이라는 말이 있다. 본인이 판소리를 할 줄 아느냐와 상관 없이 한국의 판소리를 감상하는 능력을 제대로 갖춘 사람을 이르는 말이다. 청취 전문가가 되는 훈련은 일종의 '귀명창 되기'라고 할 수 있다. 외국어의 청취와 전사를 위해 본인이 해당 외국어를 할 수 있다면 좋겠지만 그렇지 않아도 좋다. 반복 훈련을 통해 소리를 들어서 구분할 수 있으면 된다.
⑥ 자신이 동일한 소리라고 인식하여 받아 적은 내용들이 진짜 동일한 소리인지 다시 들어 본다.
⑦ 자신이 받아 적은 것을 소리 내어 읽어 보고 자신이 들은 것과 유사한지 점검한다.

③ 시청각 보조 자료와 발음 사전의 활용

ㄱ. 음성기관 단면도는 학생들에게 조음 위치를 알려주는 보조 자료로 활용될 수 있다. 허용·김선정(2006:33)에서는 음성기관 단면도를 준비하여 구강 부위를 오려 내고 교사가 직접 손에 혀 모양의 장갑을 끼고 구강 부위에 손을 넣어 조음점을 가리키는 방법을 소개하고 있다.

ㄴ. 입모양을 촬영한 조음 사진과 조음 동영상은 학생들에게 조음 위치와 조음 방법, 모음의 개구도를 알려주는 보조 자료로 활용될 수 있다. 요즘 디지털 카메라가 일반화 되어서 조음 사진이나 조음 동영상을 촬영하고 보기가 쉬워졌다. 학생 스스로 자신의 조음 사진이나 조음 동영상을 찍어서 분석하는 활동은 학생 스스로 자신의 발음을 교정하는 데 도움이 된다. 또한 교사 역시 자신의 발음하는 입모양이 학생들에게 어떻게 보이는지 확인하기 위해 자신의 조음 사진이나 조음 동영상을 찍어서 보는 활동이 필요하다. 조음 동영상의 구체적인 활용 예는 다음과 같다.

a. 단모음의 발음을 연습하는 데 사용한다.
b. 이중모음의 발음을 연습하는 데 사용한다.
c. 학생들이 어려워하는 음운 현상이 나타나는 단어를 발음할 때 사용한다.

ㄷ. 컴퓨터에서 사용할 수 있는 음성 분석 프로그램을 활용하는 것은 학생들의 발음과 억양 교정에 도움이 된다. 학생들은 교사의 설명과 함께 자신의 발음이 한국인 원어민의 발음과 얼마나 차이가 있는지 컴퓨터 모니터를 통해 확인할 수 있다.

ㄹ. 장기적으로는 한국어 교육기관에서 전문적인 발음, 청취 교육용 시청각 교재를 개발하여 어학실습실을 갖추고 학생들의 수준(초급, 중급, 고급)에 맞는 한국어교육용 청취/발음 전문 학급을 운영할 필요가 있다. 특히 해외에서 이루어지는 한국어교육 현장에서는 숙련된 한국어 원어민 교사가 없는 대신 이러한 것들을 적절히 활용할 수 있을 것이다.

ㅁ. 교사는 학습자들에게 발음 사전을 소개하고 활용하는 방법을 알려줄 필요가 있다. 교사 스스로도 사전을 활용하여 정확한 발음을 찾아 구사하는 노력이 필요하다. 국어사전의 표제어에는 발음 정보가 들어 있으니 이를 활용하는 것도 바람직하다. 전자 사전을 이용하면 표제어의 발음을 직접 들어볼 수도 있다. 국립국어원의 표준국어대사전 홈페이지(http://www.korean.go.kr/)에서는 표제어의 발음을 들어볼 수 있는 서비스를 제공하고 있다.

8.2.4. 학습자의 언어적 배경에 대한 지식

학습자의 유창한 한국어 발음을 위해 한국어 교사는 학습자의 언어적 배경을 알고 있는 것이 좋다. 특히 학습자의 배경 언어에 대한 음운론적 지식은 교사가 학습자의 발음 오류를 예측하는 데 도움을 줄 수 있다. 교사는 언어권별로 학습자의 발음 오류 성향에 대한 정보를 파악해야 하는데 기존의 연구 자료를 활용할 필요가 있다. 교사들이 활용할 수 있는 한국어교육 자료로는 대조분석 자료, 오류분석 자료, 음성학적 자료가 있다.

8.3. 한국어 발음/억양 교육의 실제

8.3.1. 초급 학습자의 발음/억양 교육

(1) 억양 교육

한국어 초급 학습자는 한국어를 처음 접하여 한국어의 자모를 익힌 상태의 학습자들이다. 따라서 한국어 문장을 읽을 수 있고, 아주 기본적인 문장의 의미와 내용을 파악할 수 있다. 초급 단계에서는 짧은 문장을 이용하여 앞서 제시한 것과 같은 강세구의 기본 유형을 가르쳐야 할 것이다.

> ㄱ. 평서문의 억양
>
> → 준비물: 듣기 테이프, 읽기 연습지, 문장 카드, 공테이프, 마이크
> → 수업 목표: 한국어 평서문의 기본적인 억양을 익히고 실제로 말할 수 있다.

도입 단계

① 먼저 학생들에게 간단한 질문과 대답을 통해 억양의 중요성을 환기시키고, 한국어 억양에 기본적인 규칙이 있음을 알려준다.

② 짧은 문장으로 구성된 글을 한국인의 자연스러운 억양으로 읽은 것을 녹음하여 학생들에게 들려준다. 이때 교사는 학생들에게 녹음된 한국인의 발화를 들으면서 개개 분절음의 발음에 초점을 두지 않고 억양만을 주의 깊게 들어보게 유도한다.

> 나의 이름은 마리아예요. 나는 미국에서 왔어요. 학교에서 매일 한국어를 공부해요. 한국어는 아주 재미있어요. 나는 한국 친구들이 많아요. 나는 철수 씨를 가장 좋아해요. 철수 씨는 아주 친절해요.

③ 학생들은 녹음된 발화를 들으며 한국어 억양의 특성을 추측해 보고, 짝과 함께 혹은 소그룹별로 그 규칙과 특성을 이야기해 본다.

제시와 설명 / 연습 단계

① 교사는 질문을 통해 학생들이 테이프를 듣고 느낀 점, 발견한 점 등을 이야기하게 하면서 'LHLH' 유형의 억양이 실현되는 예를 짧은 문장을 통해 설명한다.

→ 예〉 [영수씨는] [미영씨를] [좋아해요.]
　　　 LHLH　　 LHLH　　 LHLL

　　　 [저는]　　 [미영씨를] [좋아해요.]
　　　 LH　　　 LHLH　　 LHLL

　　　 [오늘]　　 [날씨가]　 [좋아요.]
　　　 LH　　　 L H　　　 LHL

② 무의미한 단어로 이루어진 문장을 이용하여 'LHLH' 억양의 유형을 반복적으로 연습하게 한다. 이때 너무 기계적으로 하면 지루해지기 쉬우므로 다양한 변화를 시도한다. 예

를 들면 돌아가면서 한 명씩 해보게 하거나 짝끼리 연습하기, 교사를 따라서 하기 등을 적절하게 섞어서 연습시킨다.

 → 예〉 가가가가 가가가가 가가가가
    나나나나 나나나나 나나나나
    다다다   다다다다 다다다다다
    마마마마 마마마마마 마마마마마

③ 'LHLH' 유형의 억양 연습이 끝나면 'HHLH' 유형의 억양을 역시 짧은 문장을 예로 들어 제시, 설명한다.

 → 예〉 [할머니는] [영수씨를] [좋아해요.]
    HHLH LHLH LHLL

    [할머니는] [철수씨를] [좋아해요.]
    HHLH HHLH LHLL

    [철수씨는] [나를] [사랑해요.]
    HHLH LH   HHLL

④ 역시 무의미한 문장들을 이용하여 다양한 방법으로 반복, 연습시킨다.

 → 예〉 사사사사 사사사사 사사사사
    차차차   차차차차 차차차차차
    하하하하 하하하하하 하하하하하

마무리 단계

① 처음 도입 단계에서 들려주었던 내용을 나누어주고 정확한 억양으로 읽어보게 한다. 이때 교사는 학생들이 읽는 것을 녹음하여 들려준다.

② 학생들이 어려워했거나 제대로 하지 못했던 억양을 다시 한 번 교사와 함께 확인, 연습 해본다.

ㄴ. 의문문의 억양

 → 준비물: 듣기 테이프, 읽기 연습지, 문장 카드, 공테이프, 마이크
 → 수업 목표: 한국어 의문문의 기본적인 억양을 익히고 실제로 말할 수 있다.

도입 단계

① 먼저 학생들에게 평서문 억양을 제대로 익혔는지 간단히 확인한다. 짧은 문장이나 글을 주고 읽어 보게 할 수 있다.

② 두 사람의 대화가 녹음된 짧은 녹음 자료를 들려주고, 학생들에게 물어보는 말과 대답하는 말의 억양이 어떻게 다른지 그 차이점을 발견하게 한다.

> 가: 마리아 씨, 안녕하세요? 지금 어디 가요?
> 나: 밥 먹으러 식당에 가요. 줄리안 씨는 어디 가요?
> 가: 저도 밥을 먹으러 가요. 같이 갈래요?
> 나: 네, 좋아요. 같이 가요. 무슨 음식을 먹고 싶어요?
> 가: 저는 삼계탕이 먹고 싶어요. 마리아 씨, 삼계탕 좋아해요?
> 나: 네, 좋아해요. 같이 먹으러 가요.

③ 학생들은 녹음된 대화를 들으면서 평서문과 의문문의 억양이 어떻게 다른지 서로 이야기해본다.

제시와 설명

① 학생들이 평서문과 의문문 억양의 차이점을 발견하고 나면 들려 주었던 대화에서 한 부분을 제시하고, 먼저 들은 대로 읽어보게 한다.

이때 처음에는 'Yes/No 의문문'을, 다음으로 'WH 의문문'을 제시해 준다.

〈Yes/No 의문문의 예〉

> 가: 마리아 씨, **삼계탕 좋아해요?**
> 나: 네, 좋아해요. 같이 먹으러 가요.

〈WH 의문문의 예〉

> 가: **무슨 음식을 먹고 싶어요?**
> 나: 저는 삼계탕이 먹고 싶어요. 라리사 씨는 **뭘 먹고 싶어요?**
> 가: 저는 된장찌개가 먹고 싶어요.

② 학생들에게 녹음 자료를 다시 들려주거나 교사가 정확하게 다시 읽어준 뒤 학생들 스스로 두 가지 의문문 억양의 차이점에 대해 인식할 기회를 준다.

③ 아래와 같이 'Yes/No 의문문'과 'WH 의문문' 억양의 대표적인 차이점을 설명해 주고 다시 한 번 들려준다.

- Yes/No question : 문장 마지막 음절에서의 억양의 상승이 매우 급격하다.
- WH의문문 : 문장 마지막 음절에서의 억양이 완만하게 상승한다.

연습

① 교사가 먼저 두 가지 의문문으로 구성된 연습지를 나누어 주고, 학생들에게 연습할 기회를 준다. 학생들에게 연습을 시키기 전 먼저 교사가 정확한 억양으로 읽어준다.

　　〈연습지의 예〉

1)	가: 어디 가요? 나: 도서관에 가요.	2)	가: 어디 가요? 나: 네, 친구 만나러 명동에 가요.
2)	가: 오늘 뭘 해요? 나: 집에서 쉴 거에요.	4)	가: 오늘 뭘 해요? 나: 아니요, 아무 것도 안 해요.
3)	가: 오늘 누구 만나요? 나: 친구하고 선생님을 만나요.	6)	가: 오늘 누구 만나요? 나: 네, 친구하고 약속이 있어요.

② 학생들끼리 연습이 끝나면 교사가 연습지에 나온 질문을 가지고 학생들에게 개인적으로 질문을 하여 의도에 맞는 대답을 하는지 확인한다.
③ 처음에 들었던 녹음 자료의 대화문을 나누어 주고 두 가지 의문문의 억양을 잘 구별하여 짝과 함께 읽어 보게 한다.

마무리

① 두 사람의 대화를 녹음하여 함께 들어보고 억양이 자연스러운지 아닌지를 확인해 본다.
② 교사는 평서문과 의문문의 억양에 대해 다시 한 번 간단히 설명하여 마무리 한다.

(2) 분절음의 발음과 음운 규칙의 교육

　초급 단계 학습자들은 기본적으로 한국어의 자모를 익혀가고 있는 단계이기 때문에 발음 교육도 이러한 교육과정과 긴밀하게 연관되어 이루어져야 한다. 분절음 발음 교육에서 교사가 모음과 자음의 발음을 한꺼번에 제시하여 연습을 시키면 학습자들에게 혼란을 주게 되므로 순서를 정해서 하는 것이 바람직하다. 교사는 학생들에게 먼저 모음 발음을 연습하고 자음 발음을 연습하게 한다. 모음도 단모음을 먼저 제시하고 이중모음을 그 다음에 교육하는 것이 좋을 것이다.

[모음 발음 교육]

① 단모음 발음 교육

ㄱ. 먼저 학생들에게 단모음 자모(ㅏ, ㅓ, ㅗ, ㅜ, ㅡ, ㅣ, ㅔ, ㅐ)를 제시하고, 정확하게 읽는 연습을 하게 한다. 'ㅔ'와 'ㅐ'의 경우 특별히 발음의 차이를 인지하게 하지 않아도 될 것이다.[2]

ㄴ. 단모음 가운데 구별이 어려운 단모음을 쌍으로 제시하여 집중적으로 연습한다. 예를 들어 학생들에게 '어'와 '오', '으'와 '우'를 설명한다면 다음과 같다.

ㅓ 대 ㅗ   /   ㅡ 대 ㅜ

교사는 학생들에게 개별 모음 발음 방법의 특징을 학생들이 이해하기 쉬운 말로 설명하여 제시한다.

* '오, 우'는 입술을 최대한 동그랗게 만들어 발음한다.
* '어'는 '아'와 비슷한 입모양에서 턱만 조금 올려 발음한다.
* '으'는 어금니를 붙이고 입술을 옆으로 찢으면서 발음한다.

ㄷ. 학생들에게 거울을 준비하게 하여 자신의 입 모양을 확인하면서 연습하게 한다. 이때 짝과 함께 연습하면서 틀린 부분을 서로 지적하게 할 수도 있다.[3]

ㄹ. 개별 단모음에 대한 발음 연습이 끝나면 문장을 주어서 말놀이를 통해 자연스럽게 익숙해지도록 한다.

* 모리 씨는 머리가 길어서 머리를 하러 모리 씨 집 근처 머리방에 가요.
* 지금은 저금이 조금 적어서 그것을 살 수 없어요.
* 사자는 으르렁으르렁 크게 울고 또 울었어요.

---

[2] 사실 'ㅔ'와 'ㅐ'는 현대의 일상 회화에서 한국어 모어 화자들도 발음상으로 거의 구분하지 않는 소리이므로, 이 단계의 외국인 학습자에게 구별하여 연습시키지 않아도 좋다.
[3] 발음 연습을 재미없어 하거나 지나치게 이해를 못하는 경우, '놀랐을 때 어떤 소리를 내는가?', 혹은 '화장실에서 힘을 줄 때 어떤 소리를 내는가?' 등 재미있는 질문이나 상황을 도입하여 연습을 시킬 수도 있다. 아니면 학생들의 모국어 중에서 비슷한 소리로 발음되는 것이 있으면 그것과 연결하여 제시할 수도 있다. 예를 들면 영어권 학습자의 경우, 'butter'를 발음하게 한 뒤, 이때 'u'가 한국어의 'ㅓ'와 음성적으로 비슷한 소리임을 알려 줄 수 있을 것이다. 즉 발음 교육을 할 때는 음운적인 차원뿐만 아니라 음성적인 차원에서 접근하는 것이 필요하다.

② 이중모음 발음 교육

ㄱ. 교사는 한국어의 이중모음을 제시하고[4] 학생들에게 발음을 하게 하여 어려운 발음이나 문제가 되는 발음을 학생들 스스로 발견하게 한다.

ㄴ. 이중모음에도 발음이 똑같은 것들이 있으므로 먼저 이것들을 설명한다. 'ㅢ'의 경우 단모음이지만 사실상 이중모음으로 실현되기 때문에 이중모음 교육에서 다룬다.[5]

ㅒ ㅐ ㅖ	/	ㅢ ㅐ ㅙ ㅐ ㅞ

ㄷ. 교사는 다음과 같은 이중모음 발음의 대표적인 규칙들을 제시, 설명해준다.

* 자음 뒤의 'ㅒ, ㅖ' 발음은 단모음 'ㅔ'로 발음된다. (시계[시게], 세계[세게])
* 'ㅢ'는 세 가지 발음으로 나타난다.
  - 의자, 의사 : '의'로 발음된다. (음절 앞에 올 때. 단 '희망'은 '이'로 발음함.)
  - 회의, 예의 : '이'로 발음된다. (음절 뒤에 올 때)
  - 나의 가방, 우리의 꿈 : '에'로 발음된다. (속격으로 사용될 때)

ㄹ. 교사는 학생들에게 이중모음이 결합된 문장들을 듣고 따라서 읽게 하기, 음성 자료의 발음을 듣고 따라서 하기, 이중모음의 발음을 알 수 있는 조음 동영상을 보고 따라하게 하기, 짝과 함께 연습하기 등 다양한 방법을 통해 반복적으로 익히도록 한다.

[자음 발음 교육]

① 어두의 평음, 경음, 격음의 구별

자음 발음에서 중요한 것은 어두의 '평음-경음-격음'의 구별이다. 일례로 국립국어원(2005)에서 조사한 이주 여성들의 발음 오류를 살펴보면 조사 대상자의 출신 국적, 배경 언어와 상관 없이 한국어 자음의 '평음-경음-격음'의 변별에 어려움을 겪는 것을 볼 수 있다. 따라서 교사는 학습자에게 소리를 잘 듣게 하고 구별하여 발음할 수 있도록 지도하는 것이 필요하다.

---

4) 학생들이 어느 정도 단어를 안다면 주변의 사물의 이름을 이야기해 보게 하면서 도입을 할 수도 있다.
5) 이는 'ㅟ'도 마찬가지이다.

ㄱ. 교사는 '평음-경음-격음' 세 계열의 자음을 칠판에 적고[6], 학생들에게 교사의 발음을 따라서 읽어보게 한 후, 그 차이점에 대해 느낀 점을 학생들 스스로 이야기하게 한다.

ㄴ. 학생들의 이야기를 들으며 교사는 이들 발음의 차이점에 대해 이해하기 쉽게 설명한다.

```
* 파열음('ㄱ'계열, 'ㄷ'계열, 'ㅂ'계열), 파찰음('ㅈ'계열)의 경우
   - 평음 : 낮은 소리, 약한 기식
   - 격음 : 높은 소리, 강한 기식
   - 경음 : 높은 소리, 무기음
* 마찰음('ㅅ'계열)
   - 높은 소리
   - 'ㅆ'이 'ㅅ'에 비해 입천장과 혀 사이의 간격이 좁다.
```

ㄷ. 교사의 설명이 끝나면 학생들은 다시 한 번 테이프나 교사의 발음을 듣고 따라하는 연습을 한다. 이때 교사는 화장지를 활용하여 연습을 시킬 수 있다. 화장지를 준비하여 학생들에게 나누어주고 각각 '평음-경음-격음'을 발음하게 한다. 평음을 발음할 때는 화장지의 흔들림이 약하고, 경음을 발음할 때는 화장지가 흔들리지 않는다. 그러다가 마지막으로 격음을 발음할 때는 화장지의 흔들림이 심하게 된다. 이러한 것을 시각적으로 보여주면 학생들이 더욱 쉽게 소리의 차이를 인식하고, 재미있게 연습할 수 있다.

ㄹ. 교사의 발음 듣고 따라서 하기, 짝과 함께 연습하기, 교사의 발음 듣고 맞는 소리 구별하여 찾기 등 다양하고 재미있는 연습을 통해 자음 발음을 익힌다.

② 종성 발음 교육

초급 학습자들이 익혀야 할 종성 자음의 발음은 크게 폐쇄음(ㄱ, ㄷ, ㅂ)과 비음(ㄴ, ㅁ, ㅇ), 유음(ㄹ)으로 나누어 볼 수 있다.

가. 폐쇄음/비음 발음 교육

폐쇄음과 비음의 종성 발음은 조음 위치에 따라 세 종류로 나누어 볼 수 있다.

---

[6] 이때 자음을 독립적으로 적으면 소리를 낼 수 없으므로 모음과 결합하여 적는다. 예를 들면 '가, 까, 카'와 같은 식으로 제시한다.

> * 양순음으로 발음 - ㅁ, ㅂ
> * 치경음으로 발음 - ㄴ, ㄷ
> * 연구개음으로 발음 - ㄱ, ㅇ

ㄱ. 종성 자음의 발음에 대한 학생들의 청취도를 알아본다. 학생들이 어느 정도 받침 발음을 들을 수 있는지, 오류는 주로 어떤 받침에서 생성되는지를 스스로 발견하게 하기 위해 테이프를 들려주고 연습지에서 맞는 발음을 선택하게 한다.[7]

> 〈연습지의 예〉
>
> (1) ① 각도   ② 갑도   ③ 갓도
> (2) ① 인간   ② 인감   ③ 인강
> (3) ① 안타   ② 암타   ③ 앙타

학생들에게 한국어의 종성 자음에 대한 개괄적인 설명을 해준다.

> * 한국어의 받침에는 표기법상 14개의 자음이 모두 사용 가능하며, 겹받침도 사용이 가능하다.[8]
> * 실제적으로 한국어 받침 소리(종성)는 아래의 7가지 소리로만 실현된다.
>   : ㄱ, ㄴ, ㄷ, ㄹ, ㅁ, ㅂ, ㅇ

ㄴ. 각 받침별로 여러 단어가 적힌 연습지를 주고, 교사가 먼저 읽어 준 다음 따라 읽게 하고 학생들끼리 연습할 시간을 준다. 이때 어떤 받침 발음이 가장 어려운지를 발견해볼 수 있도록 한다. 일반적으로 학생들이 구별하기 어려워하는 종성 발음은 'ㄱ/ㄷ'의 구별, 'ㅇ/ㄴ'의 구별이다. 'ㅁ/ㅂ'은 양순음이라는 특징 때문에 발음법이 눈에 쉽게 보이므로 상대적으로 구별하기가 쉬운 편이다.

---

7) 이때 각 단어의 의미에는 신경을 쓰지 말고, 발음에만 신경을 쓰도록 한다. 때로 무의미 단어를 사용할 수도 있고, 초급 학습자에게는 다소 어려운 단어들을 이용할 수도 있기 때문이다.
8) 그러나 겹받침까지 한꺼번에 초급 학습자들에게 제시하는 건 무리이다. 학습자들의 수준을 고려하여 겹받침 발음은 뒤에 따로 제시할 수 있다. 이 단계에서는 겹받침도 올 수 있다는 인식 정도만 갖게 하고, 그것의 발음 역시 7가지 소리 중 하나로 된다는 것만 간단히 주지시킨다.

> 〈연습지의 예〉
>
> * ㄱ종성 : 책, 떡, 부엌…
> * ㄷ종성 : 낫, 몇, 낮…
> * ㅂ종성 : 집, 입, 앞…
> * ㄴ종성 : 산, 신발, 문…
> * ㅁ종성 : 몸, 바람, 감자…
> * ㅇ종성 : 강, 상가…

ㄷ. 'ㄱ/ㄷ'의 구별과 'ㅇ/ㄴ'의 구별을 중심으로 위 발음들의 차이를 인식하게 하고, 발음이 나는 조음 위치의 차이를 제시, 설명한다. 이때 교사는 직접 칠판에 그림을 그려 조음 위치를 알려줄 수도 있고 별도로 마련한 음성기관 단면도를 이용할 수도 있다.

> * 입술소리를 발음할 때는 입을 다문다.
> * 'ㄱ/ㄷ'의 구별을 어려워하면, 뒤에 같은 계열의 자음을 집어넣어 발음하도록 한다.
>   예〉 '악' → '악가',   '닫' → '닫다'

ㄹ. 본격적으로 듣고 구별하는 연습과 발음하는 연습을 해본다. 이때 연습지와 녹음기 등을 이용할 수 있다. 연습지를 통해 듣고 구별하는 연습을 하고, 자신의 발음을 녹음하여 어떤 문제점이 나타나는지 발견하고 수정한다.

③ '유음(ㄹ)' 발음 교육

'유음(ㄹ)'의 경우는 한국어에서 두 가지 소리로 발음이 되기 때문에 따로 제시하는 것이 좋다. 유음의 발음은 언어권에 관계없이 많은 오류가 나오는 받침이기 때문에 독립적으로 제시하기로 한다. 한국어의 'ㄹ'은 아래와 같이 실현된다.

> * 초성에서는 탄설음[9]으로 발음된다. → 예〉라면, 라디오
> * 종성에서는 설측음[10]으로 발음된다. → 예〉달, 길
> * 유음과 유음이 만날 때 설측음으로 발음된다. → 예〉달라지다

---

[9] 탄설음은 혀끝과 잇몸 사이가 한 번 닫혔다가 열리는 동안 혀 옆으로는 공기가 새어 나가면서 나는 소리로서 '두들김소리'라고도 한다. '라디오', '라면' 등을 발음할 때 나는 구르는 듯한 'ㄹ' 소리가 여기에 해당한다.

[10] 설측음은 혀끝을 윗잇몸에 아주 붙이고, 혀 양쪽의 트인 데로 날숨을 흘려 내는 소리로서

ㄱ. 먼저 학생들에게 유음이 들어간 단어들을 제시하고 읽어보게 하여 학생들 스스로 발음의 차이를 인식하게 한다.

ㄴ. 간단한 연습지 등을 이용하여 학생들이 얼마나 유음을 잘 구별하여 인식하고 있는지를 확인한다. 다음은 교사가 발음을 하면 학생들이 듣고 맞는 것을 선택하는 연습이다.

```
〈연습지의 예〉
(1) ① 나라      ② 날라
(2) ① 자라      ② 잘라
(3) ① 빨아      ② 빨라
```

ㄷ. 학생들에게 유음의 발음이 환경에 따라 두 가지로 실현되는 것을 설명해 준다. 이때 '탄설음'이나 '설측음' 같은 전문용어들을 제시하는 것은 피해야 한다.[11] 가능하면 학생들에게 친숙한 단어들을 제시하여 실제적으로 발음하면서 그 차이를 인식할 수 있게 한다. 유음의 발음은 학습자들의 언어권에 따라 상당히 보편적인 오류가[12] 나타나므로 이를 간단히 설명해 줄 수도 있다.

ㄹ. 유음이 들어간 다양한 단어와 문장이 적힌 연습지를 주고 반복적으로 연습시킨다. 나중에 녹음을 하여 학생들이 자신의 발음을 듣고 문제점을 발견할 수 있도록 한다.

'쌀', '길' 따위의 'ㄹ' 음이다. '혀옆소리'라고도 한다. 상당수의 외국인 학습자들이 영어의 [l] 발음과 혼동하는 경우가 있는데, 영어의 [l]과는 분명히 다른 소리이다. 영어의 [l]은 혀가 더 많이 구부러지고 뒤로 가는 경향이 있다.

11) 발음뿐만 아니라 다른 부분의 교육에 있어서도 외국인 학습자들에게 지나치게 어려운 용어들을 제시하는 건 지양해야 한다. 가능하면 쉽게 실제적인 예를 통해 설명하는 것이 바람직하다.

12) 예를 들면 일본어권 학습자들은 'ㄹ' 받침을 '루'로 발음하거나(예) 달 → [다루]) 'ㄹ'을 발음하는 데 시간을 많이 들여 발음하는 경향이 있다. 한편 중국어권 학습자들의 경우는 'ㄹ' 받침을 발음할 때 혀가 위로 말려 올라가 [r]로 발음하는 경향이 있다. 중국어권 학습자들에게는 'ㄹ' 받침을 발음할 때 혀끝이 반드시 입천장에 닿아야 한다는 것, 혀끝이 앞부분에 닿는다는 것을 주지시키고, 혀를 앞으로 미는 기분으로 혀끝을 윗잇몸에 붙여 발음하도록 연습시킨다.

[음운규칙 교육]

　개개 분절음의 발음 교육도 중요하지만, 정확한 발음을 하기 위해서는 음운규칙을 무시할 수 없다. 그러나 초급 수준의 학습자들에게 한국어의 모든 음운규칙을 한꺼번에 제시하는 것은 바람직하지 못하다. 물론 학습자들의 요구에 따라 달라질 수 있지만 초급 수준의 학습자들에게는 가장 기본적이면서도 일반적인 음운규칙을 제시하는 것이 학습 면에서 효율적이고 학습자들의 부담을 덜어주는 일이기도 하다.

　본고에서는 초급자들을 위해 음운 규칙 가운데 가장 기본적이라고 할 수 있는 '연음규칙'과 '음절말 끝소리 규칙', '비음동화'만을 제시하기로 한다.[13]

　연음규칙이란 앞 음절의 종성 자음에 모음으로 시작되는 형식 형태소가 이어지면, 앞 음절의 종성 자음이 뒤 음절의 첫소리로 발음되는 음운 규칙으로서 '바람이'가 [바라미]로 소리 나는 것이 이에 속한다. 음절말 끝소리 규칙이란 합성어나 단어 사이에서 앞의 받침이 모음을 만날 때, 받침이 그 모음 위에 연음되지 않고 대표음으로 발음되는 현상이다. 예를 들면 '꽃 아래'가 [꼬차래]가 되지 않고 [꼬다래]로 바뀌는 것 따위이다. 비음동화는 비음이 아닌 자음이 비음 앞에서 비음으로 변하는 것이다. 예를 들면 '국민[궁민]', '잡는[잠는]' 등이 있다.

① 연음규칙
　연음규칙은 문장을 읽을 때 가장 기본적으로 나타나는 음운현상이므로 음운규칙 중에서도 제일 먼저 교육하는 것이 좋다.

　ㄱ. 학생들에게 아래와 같이 연음규칙이 적용된 짧은 문장들을 주고 읽어 보게 한다. 교사는 이 문장들을 읽어 주면서 연음규칙에 대해 설명해 준다.

---

[13] 아직 한국어교육계에서는 학습자 수준에 따른 음운규칙 제시에 대하여 합의된 사항이 없다. 앞으로 이런 부분이 차차 연구되어야 할 것이다. 일단 그 전에는 각 교육 기관이나 교사가 학습자들의 수준과 요구, 교육 과정 등에 따라 단계적으로 제시하여 교육하여야 할 것이다.

> * 나는 집에 있어요. → [나는 지베 이써요]
> * 방에 책이 많아요. → [방에 채기 마나요]
> * 연필을 찾아요. → [연피를 차자요]
> * 맛이 없어요. → [마시 업써요]
>
> ▷ 연음규칙: '받침+모음'의 경우, 뒤에 조사나 어미가 오면 그대로 그 받침 발음이 발음된다. 단 'ㅎ'의 경우는 예외로서, '좋아요[조아요]'와 같이 연음되지 않는다.

ㄴ. 교사는 예시문을 많이 준비하여 학생들에게 많은 문장들을 읽게 하고, 듣고 따라하는 연습을 반복한다. 이때 자연스럽게 끊어 읽는 연습을 함께 하는 것이 좋다.[14]

ㄷ. 학생들에게 짧은 글을 주어 읽게 하고 녹음한 뒤, 나중에 그 글을 눈으로 읽으면서 녹음한 것과 비교하게 하는 연습을 하는 것도 좋다. 또는 어떤 문장이나 글을 읽으면서 연음법칙이 적용되는 부분에 표시를 하게 하는 것도 좋다.

② 음절말 끝소리 규칙

연음규칙에 이어 음절말 끝소리 규칙을 가르친다. 그렇지 않으면 학습자가 모든 단어를 연음시켜 발음할 우려가 있기 때문이다.

ㄱ. 연음규칙을 학습한 뒤 학생들에게 간단한 질문을 통해 음절말 끝소리 규칙을 도입한다. 예를 들면 아래와 같은 질문을 할 수 있다.

> 교사: 여러분, 비빔밥 어때요?
> 학생: **맛있어요.**
> 교사: 그러면 순대는 어때요?(순대 외에 학생들이 싫어할 만한 음식을 이용한다.)
> 학생: **맛없어요.**

ㄴ. 위의 대화를 통해 '맛있어요'는 '마시써요'로 연음되지만, '맛없어요'는 '마섭써요'가 아닌 '마덥써요'가 된다는 것을 알려준다. 학생들이 이미 연음규칙에 대해 배운 뒤이므로 교사는 음절말 끝소리 규칙이 적용된 문장을 제시하고 설명한다.

---

14) '끊어 읽기'는 외국인 학습자들이 잘 못하는 부분 중의 하나이므로, 초급 때부터 자연스럽게 입에 붙이도록 연습하는 것이 바람직하다.

> 1) 가: 생일이 몇 월 며칠이에요?   나: 8월 27일이에요.
> 2) 가: 옷이 많아요?   나: 아니요, 나는 옷 없어요.
> 3) 가: 동생은 어디에 있어요?   나: 동생은 부엌 안에 있어요.
>
> ▷ 음절말 끝소리 규칙: '받침+모음'인 경우에도 뒤에 이어지는 말이 조사나 어미가 아닌 경우 각각의 받침이 대표 발음 그대로 발음되는 것을 말한다. 이런 경우 받침의 대표 발음이 그대로 발음된 후 연음 규칙의 적용을 받게 된다.
>
> ※ 단 아래와 같은 예외가 있음을 알려준다.
> ⇒ '맛있어요'[마시써요]/[마디써요], '멋있다'[머시써요]/[머디서요]는 두 가지 발음이 모두 가능하다. 반면 '맛없어요', '멋없어요'는 [마덥써요]/[머덥써요]로만 발음된다.

ㄷ. 학생들에게 연음규칙과 음절말 끝소리 규칙이 적절히 조화된 문장이나 짧은 글을 주고 읽으면서 이 두 가지 규칙을 구별하여 표시하게 한다.

ㄹ. 교사는 연음규칙 연습 때와 마찬가지로 학생들에게 문장이나 글을 읽게 하고, 그것을 녹음한 뒤에 제대로 발음했는지 학생들 스스로 발견할 수 있게 한다. 또한 '문장 전달하기[15]', '받아쓰기', '듣고 알맞은 문장 고르기' 등의 활동을 통해 재미있게 연습할 수 있도록 돕는다.

③ 비음동화

ㄱ. 먼저 학생들에게 "오늘 아침에 **밥** 먹었어요?", 또는 "오늘 어디에 **갑니까**?"와 같은 질문을 하고, 이것을 어떻게 쓰는지 써 보게 한다. 그리고 '밥 먹었어요'와 '갑니까'의 발음과 표기법이 어떤 차이를 보이는지 비교해 보게 한다. 그리고 이들 발음에서의 공통점이 무엇인지 이야기해 보게 한다.

> * 밥 먹었어요? → [밤 머걷써요]
> * 갑니까? → [감니까]
>
> ⇒ 폐쇄음인 'ㅂ'이 비음인 'ㅁ'과 'ㄴ'을 만나서 비음인 'ㅁ'으로 변했음.

---

[15] '문장 전달하기'는 학생들을 몇 팀으로 나누고, 귓속말로 문장을 전달하는 게임이다. 마지막 사람이 최종적으로 문장을 쓰는데 이때 가장 정확하게 전달한 팀이 승리한다.

ㄴ. 교사는 학생들에게 비음 동화에 예문을 사용하여 알기 쉽게 설명하고 학생들 스스로 규칙을 찾아보게 유도한다. 이때 비음동화가 일어나는 부분에 밑줄을 쳐서 제시해 줄 수도 있다.

> 1) 나는 **책만** 읽었**습니다**. → [챙만], [씀니다]
> 2) 내 취미는 음악을 **듣는** 것**입니다**. → [든는], [임니다]
> 3) **밥만** 먹지 말고 반찬도 먹어요. → [밤만]
> 4) 프랑스 축구 선수 **앙리**를 좋아해요. → [앙니]
> 5) 올해는 은행 **금리**가 높아요. → [금니]

학생들이 짝과 함께 읽으면서 규칙을 찾고 나면, 교사가 문장을 다시 읽으면서 확인해주고, 간단히 비음동화의 원리를 정리해준다.

> * ㄱ,ㄷ,ㅂ 받침이 비음 (ㄴ,ㅁ)앞에서 (ㅇ,ㄴ,ㅁ)이 된다.
> * (ㅁ,ㅇ) 뒤에 오는 'ㄹ'은 'ㄴ'으로 발음된다

ㄷ. 비음동화가 일어나는 문장을 확인하면서 많이 읽는 연습, 말하는 연습, 듣는 연습 등을 반복적으로 진행한다. 특히 정확하게 듣고 표현할 수 있는지 확인하기 위해 테이프를 듣고 맞는 문장을 고르는 연습을 하거나 받아쓰는 연습을 하는 것이 필요하다. 또한 같은 소리로 발음되더라도 그것이 상황에 따라 다른 문장으로 표기된다는 원리를 알려준다. 예를 들면 '[감만 비싸요]'라는 문장을 들었을 때, 어떤 문맥이 주어지지 않은 상황이라면 그것이 '감만 비싸요'가 될 수도 있고 '값만 비싸요'라는 문장이 될 수도 있다는 것을 설명해 준다.

8.3.2. 중고급 학습자의 발음/억양 교육

중고급 학습자라고 해서 초급에서 배웠던 개별 음소의 발음이나 억양, 음운규칙 등을 완전히 숙지했다고 보기는 어렵다. 성인 학습자들에게 발음/억양 교육은 단시간 내에 이루어지는 것이 아니기 때문이다. 따라서 교육 과정에서 초급 때 배웠던 내용들을 수시로 상기시켜 주는 것이 필요하다. 중고급 학습자는 초급 학습자에 비해 한국어 숙달도도 높고 많은 어휘와 표현을 습득한 상태이기 때문에 학습자의 수준에 맞는 발음/억양 교육을 실시하도록 한다.

(1) 억양 교육

본고에서는 중고급 수준의 학습자를 대상으로 특수 억양을[16] 중심으로 한 억양 교육, 문장 단위의 끊어 읽기를 위주로 한 억양 교육이 필요하다고 여겨져 이를 중심으로 교육 내용과 방법을 소개하고자 한다.[17]

```
〈 특수 억양 예 ① 〉   '-지 그래요'
* 형식 : ① 동사 + -지 : 2인칭/3인칭, 반말 표현
         ② 동사 + -지 그래요 : 2인칭에만 가능, 미완료된 일에 대해 사용함.
         ③ 동사 + -지 그랬어요 : 2인칭에서만 가능, 완료된 일에 대해 사용함.
* 의미 : 다른 사람의 행동을 보고 아쉬움을 나타낼 때 사용하는 표현이다.
         '--하는 게 좋았을 텐데 왜 그렇게 하지 않았느냐'의 의미를 가진다.
* 예문 : ① A: 왜 그만 먹어요? 더 먹지.
             B: 배가 불러서 더 이상 못 먹겠어요.
             A: 민정 씨도 같이 가지.
             B: 민정 씨는 오늘 일이 있어서 못 간대요.
         ② A: 민수 씨, 우리 차를 타고 가지 그래요.
             B: 괜찮아요. 지하철로 갈게요.
         ③ A: 넘어져서 다리가 너무 아파요.
             B: 좀 조심하지 그랬어(요).
```

일반적으로 '-지 그래요'의 경우는 문장으로 실현되었을 때 문미억양이 약간 길어지면서 올라가는 특징을 보인다. 다만 ①번의 두 번째 예문('민정 씨도 같이 가지.')처럼 '동사 + -지'의 대상이 3인칭 경우는 오히려 끝이 길어지면서 음의 높이가 많이 내려가는 경향을 보인다. 따라서 '-지 그래요'를 교육할 때는 이러한 점을 유념하여 교육하여야 할 것이다.

---

16) 본고에서 '특수 억양'이라 함은 초급에서 배웠던 'LH' 억양과는 다른 억양으로 실현되는 억양을 의미한다. 이러한 억양은 담화 상황에 따른 화자의 감정 상태가 매우 중요하게 반영되는 억양이다. 따라서 이러한 억양을 자연스럽게 구사한다면 보다 자연스러운 한국어를 말하게 될 뿐만 아니라 화용적인 측면에서도 도움이 될 것이다.
17) 이 표현들은 중급에 해당하는 고려대학교 「한국어회화」 3, 4권에서 뽑아낸 것들이다.

```
〈 특수 억양 예 ② 〉   '-다니요'

* 형식 : (동사, 형용사) + -다니(요)?
         (명사) + -(이)라니(요)?
* 의미 : 어떤 사실에 대해 놀람이나 감탄 혹은 믿을 수 없음을 나타내는 표현으로서 '-다니'에
         높임의 '요'가 붙은 표현이다. (상대방의 말을 반문하는 표현)
* 예문 : A: 오늘 날씨 좀 덥지 않아요?
         B: **덥다니요**. 저는 추워 죽겠는데요.
         A: 철민 씨는 정말 구두쇠에요.
         B: **구두쇠라니요**. 절대 아니에요.
```

'-다니요'는 '-지 그래요'와 마찬가지로 평서문으로 표기되지만 실제 담화에서의 억양은 상승조로 실현된다. 교사가 예문을 읽어줄 때 놀람이나 믿을 수 없음을 나타내는 몸짓 등을 함께 섞어서 실감 나게 읽어주면 학습자들의 이해를 도울 수 있다.

```
〈 특수 억양 예 ③ 〉   '얼마나 … -다고요'

* 형식 : 얼마나 + (형용사)원형 + -다고요/-았/었다고요
         얼마나 + (동사) + -ㄴ/는/았/었다고요
         얼마나 + (명사) + -(이)라고(요)
* 의미 : '매우 -하다'라는 뜻을 나타내며, 다른 사람에게 자랑하듯 말할 때 사용한다.
* 예문 : A: 영민 씨 고향은 어때요? 아름다워요?
         B: 그럼요. **얼마나 아름답다고요**.
         A: 마이클 씨 있잖아요, 한국어 잘 해요?
         B: 네, **얼마나 잘 한다고요**.
         A: 민주 어렸을 때도 공부 잘 했어요?
         B: 그럼요. **얼마나 잘 했다고요**.
         A: 민수는 얌전하네요.
         B: 얌전하기는요. **얼마나 개구쟁이라고요**.
```

'얼마나 … -다고요'는 '매우 -하다'라는 강조의 의미를 가지고 있으며, 상대방에게 이야기할 때 자랑하는 듯한 말투로 실현된다. 따라서 다소 과장된 느낌과 억양으로 말해야 자연스럽게 들린다. 학생들에게 교육할 때는 무언가에 대해 상대방에게 자랑하거나 '매우 그렇다'라는 강조의 의미를 전달하고 싶을 때 어떤 억양으로 말하는 것이 어울릴지 그 느낌에 대해 생각해 보게 하고, 상황에 맞게 감정을 살려 읽어보게 한다.

〈 특수 억양 예 ④ 〉   '-만큼도'

* **형식** : (명사) -만큼도 + 부정 표현
* **의미** : 그 양이 아주 적음을 나타낸다. '-도'의 강조 표현이라고 할 수 있다.
* **예문** : A: 술 잘 마셔요?
  　　　　 B: 전 술은 **요만큼도** 못 마셔요.
  　　　　 A: 민수야, 네가 동생 때렸니?
  　　　　 B: 아니요. 전 **털끝만큼도** 건드리지 않았는데요.
  　　　　 A: 숙제 많이 했어?
  　　　　 B: 아니, **손톱만큼도** 안 했어. 큰일이야.

　　명사와 함께 부정 표현과 결합된 '-만큼도'는 '-도'의 강조 표현인만큼 억양도 강하게 실현된다. 예를 들면, '손톱만큼도', '털끝만큼도', '눈곱만큼도' 등의 표현들이 나타날 수 있는데 이것들을 발음할 때는 강세구 첫머리를 강하고 높게 발음하는 경향이 있다. 특히 '요만큼도', '이만큼도', '그만큼도' 등은 '요, 이, 그'를 짧게 발음하는 경향이 두드러진다. 소리의 길이를 함께 본다면 아래와 같이 나타낼 수 있을 것이다.

요	만	큼	도

　　학생들에게 위와 같은 소리의 길이를 함께 제시하여 자연스러운 억양으로 말할 수 있도록 교육한다.

 〈 특수 억양 예 ⑤ 〉   '-던데(요)'

* **형식** : (동사, 형용사) + -던데요
* **의미** : '-던데요'는 화자가 과거의 어떤 상황을 전달하면서 상대방의 반응을 기대함을 나타낸다.
* **예문** : A: 영아 보셨어요?
  　　　　 B: 아까 보니까 집에 가**던데요**.
  　　　　 A: 오늘은 선생님을 뵐 수 있을까요?
  　　　　 B: 글쎄요. 요즘은 항상 바쁘시**던데요**.

　　'-던데요'는 화자가 객관적으로 어떤 과거의 상황에 대해 청자에게 전달하는 것으로, 청자의 반응을 기대한다는 느낌이 담겨 있어서 실제 발화 상황에서 실현될 때 문미 억양이 약간 올라가는 특징이 있다.

위의 예문을 보면, "영아 보셨어요?"라는 A의 물음에 B가 "아까 집에 가던데요."라고 대답하고 있는데, B의 대답 뒤에는 '그런데 왜 그러세요?'라는 약간의 궁금함이 내재되어 있는 것 같은 느낌을 준다. 따라서 '-던데요'를 이용하여 이야기할 때는 문미를 살짝 올려 이야기하는 것이 자연스럽다.

'-던데요'와 비슷한 표현으로 '-더라고요'가 있는데, 이는 '-더라'의 높임말로 화자가 경험한 것을 주관적인 감정을 살려 전할 때 사용하는 표현이다. 그런데 '-던데요'와 달리 '-더라고요'는 문미 억양이 내려가는 경우가 일반적이다.

교사는 이러한 차이를 학습자들에게 잘 인식시켜서 비슷한 표현이지만 억양이 다르게 실현된다는 것을 알려주고, 자연스러운 억양으로 발화할 수 있도록 교육한다.

〈 특수 억양 예 ⑥ 〉 '-(으)ㄹ걸(요)'

* **형식** : (동사, 형용사) + -(으)ㄹ걸(요)
  (명사) + -(이)ㄹ걸(요)
* **의미** : 그럴 것이라고 짐작하거나 추측함을 나타내는 표현으로서 어미 '-을걸'에 높임의 '요'가 붙은 표현이다. 어느 정도 단서를 가지고 추측할 때 사용하는 표현으로서 '-(으)ㄹ 거에요'보다 확신의 정도성이 낮다.
* **예문** : A: 민지가 스키장 가는 걸 좋아할까?
  B: 안 **좋아할걸요**. 추운 걸 싫어하거든요.
  A: 지금 대구는 날씨가 어떨까요?
  B: 더 **더울걸요**. 서울보다 남쪽이잖아요.
  A: 정희 옆에 있는 남자가 누구지?
  B: 아마 **삼촌일걸**. 사진에서 본 것 같아.

'-(으)ㄹ걸요' 역시 문미 억양이 상승조로 실현된다. 이 표현의 경우 '추측'의 의미가 강하기 때문에 말하는 화자조차도 어느 정도 마음에 '불확실성'이나 '의문'을 품고 말하는 것이 일반적이다. 따라서 '-(으)ㄹ걸요'는 마지막 '요' 부분이, '-(으)ㄹ 걸'의 경우는 '-걸' 부분의 억양이 상승한다. 한편 '-(으)ㄹ 거에요' 보다 확신의 정도가 강한 '-(으)ㄹ 거에요'는 문미 억양이 하강한다. 교사는 학생들에게 이러한 차이를 알려주고, 상황에 따라 적절한 표현을 선택하며, 동시에 자연스러운 억양을 구사할 수 있도록 교육시킨다.

> 〈 특수 억양 예 ⑦ 〉 '-기만 해 봐라'
> * 형식 : (동사, 형용사) + -기만 해 봐(라)
> * 의미 : '-기만 하면 절대 용서하지 않겠다/참지 않겠다/가만히 있지 않겠다'는 화자의 강한 의지를 나타내는 표현으로서 독백조로도 사용된다.
> * 예문 : A: 또 한 번 늦기만 해 봐(라). 그땐 용서 안 해.
>   B: 다신 안 늦을게요.
>   B: 내가 정말 예쁜 여자 소개시켜 줄게.
>   B: 안 예쁘기만 해 봐(라).

'-기만 해 봐(라)'는 상대방에게 '-기만 하면 (절대 가만히 있지 않겠다/참지 않겠다/용서하지 않겠다)'와 같이 화자의 강한 의지를 표현할 때 사용하기도 하고, 역시 화자의 강한 의지를 표현하기는 하나 혼잣말, 즉 독백으로 이야기할 때도 사용된다. 상대방에게 직접 이야기할 때는 문미 억양이 올라가는 경향이 있는 반면 독백조로 이야기할 때는 문미 억양이 내려가는 경향이 있다. 교사는 이처럼 같은 표현이라고 할지라도 상황에 따라 실현되는 억양이 다르다는 점을 학생들에게 알려주고 상황에 맞게 자연스러운 이야기할 수 있도록 연습하게 해야 한다.

(2) 끊어 읽기[18]

중고급 학습자들의 경우, 기본적인 억양에 대한 인식도 있고, 위와 같은 개별 표현에 대한 특수한 억양도 잘 따라서 배우는 편이다. 그렇지만 그것은 짧은 문장 단위에서 그치는 경우가 많다. 학습자는 긴 대화나 담화 맥락, 텍스트를 읽을 때는 자기도 모르게 어색한 억양으로 말하거나 읽을 때가 많고, 무엇보다 끊어 읽기가 제대로 되지 않는 경우가 많이 있다. 따라서 중급부터는 보다 본격적으로 끊어 읽기를 연습할 필요가 있다. 이는 자연스러운 억양을 습관화하는 데도 필수적인 요소이다.

ㄱ. 끊어 읽기 연습을 할 텍스트가 적힌 연습지를 마련한다. 학생들에게 끊어 읽는 부분이 표시되지 않은 텍스트를 주고 나름대로 읽으면서 끊어 읽어 보게 한다. 그리고 짝과 함께 비교해 보게 한다.

---

[18] '끊어 읽기'는 초급부터 지속적으로 연습이 필요하다. 많은 교사들이 끊어 읽기의 중요성에 대해서는 간과하는 경우가 많다. 그러나 자연스러운 끊어 읽기가 습관화되지 않으면 고급 수준에 이르러서도 여전히 어색하고 부자연스러운 한국어를 구사하게 된다. 끊어 읽기는 띄어쓰기와는 또 다른 것인데 학습자들 중에는 이 두 가지를 혼동하는 경우도 있다.

> 개울물은 / 날로 여물어 갔다. / 소년은 / 갈림길에서 / 아래쪽으로 가 보았다. / 갈밭머리에서 바라보는 / 서당골 마을은 / 쪽빛 하늘 아래 / 한결 가까워 보였다. / 어른들의 말이, / 내일 소녀네가 / 양평읍으로 / 이사 간다는 것이었다. / 거기 가서는 / 조그마한 가겟방을 / 보게 되리라는 것이었다. /
>   소년은 / 저도 모르게 / 주머니 속 호두알을 만지작거리며, / 한 손으로는 / 수없이 / 갈꽃을 휘어 꺾고 있었다. / 그 날 밤, / 소년은 / 자리에 누워서도 / 같은 생각뿐이었다. / 내일 / 소녀네가 이사하는 걸 / 가보나 어쩌나. / 가면 / 소녀를 보게 될까 어떨까. /
>
>   - 황순원의 '소나기' 中 -

  ㄴ. 교사는 학생들에게 왜 그렇게 끊어 읽기를 했는지 물어보고 한국어 화자가 텍스트를 낭독한 녹음테이프를 들려주며 녹음테이프에 녹음된 대로 끊어 읽는 부분을 표시해 보게 한다.

  ㄷ. 학생들에게 처음에 끊어 읽은 것과 녹음테이프의 끊어 읽기를 비교하게 한다. 교사는 대체로 하나의 의미를 가진 단위 사이에 끊어 읽기를 한다는 것을 설명해준다.

  ㄹ. 학생들은 반복적으로 녹음테이프를 들으며 끊어 읽기를 따라서 연습하고, 나중에는 전체적으로 테이프 없이 읽어본다. 교사는 이때 억양에도 주의하며 읽게 하고 속도도 너무 느리지 않게 읽게 한다.[19]

  ㅁ. 교사는 학생들의 낭독을 개인적으로 녹음하여 다시 들으면서 자연스럽게 끊어 읽기를 했는지 억양은 자연스러운지를 점검한다. 다음 수업시간에 부족한 부분을 다시 반복 연습하게 한다.

(3) 분절음의 발음과 음운규칙 교육

  초급 단계에서 주로 개별 자모의 발음과 기본 받침 발음을 중심으로 연습했다면 중급부터는 겹받침의 발음에서 나타나는 자음군 단순화나 'ㅎ받침' 발음과 같이 보다 복잡한 규칙들을 제시해 줄 필요가 있다. 본고에서는 중고급 수준의 학습자들을 대상으로 한 겹받침과 'ㅎ받침' 발음에 대한 교육 내용과 방법을 제시하고, '경음화', '구개음화', '설측음화', '사잇소리 현상', 'ㄴ삽입' 등의 음운 규칙 교육의 내용과 방법을

---

[19] 중급부터는 텍스트를 읽을 때도 초급에 비해 빠르게 읽는 연습이 필요하다. 단, 무조건 빠르게 읽는 것이 아니라 끊어 읽기와 억양에 유의해서 읽도록 해야 한다.

제시하고자 한다.[20]

① 겹받침의 발음

겹받침의 발음은 방언과 세대에 따라 불규칙하게 나타나는 경향이 있다. 따라서 겹받침의 발음을 교육할 때는 특별히 표준 발음법을 기준으로 교육하는 것이 필요하다. 이때 교사는 한국어가 모국어인 화자를 대상으로 한 표준발음법의 모든 내용을 교육 내용으로 하지 않고 외국 학생들에게 필요한 가장 기본적인 내용들을 중심으로 교육한다는 것을 명심해야 한다.

ㄱ. 먼저 학생들에게 한국어의 종성은 7가지 소리로 난다는 것을 다시 한 번 인식시키고, 그렇다면 겹받침의 경우 어떻게 발음을 하는지 생각해 보자고 한다. 그러면서 학생들이 알고 있는 겹받침 단어가 무엇이 있는지 모두 말해 보게 한다. 단, 이때 'ㅎ'이 들어간 것은 일단 제외시킨다.[21]

ㄴ. 학생들이 단어들을 이야기하면 교사는 칠판에 적으면서 다양한 활용 형태로 제시한다. 환경에 따라 발음이 달라지는 것에 대해 주목하게 하고 규칙을 찾아보게 한다.

없다 → 없어서	없다면	없고	없는
읽다 → 읽어서	읽는다면	읽고	읽는
넓다 → 넓어서	넓다면	넓고	넓은
밟다 → 밟아서	밟는다면	밟고	밟는

ㄷ. 교사는 겹받침 발음의 규칙을 간단히 설명해 준다. 이때 학생들이 너무 어려워하지 않도록 가능하면 간략히 설명해 준다. 겹받침 발음을 할 때 첫 자음으로 발음되는 것이 일반적이라는 것을 알려주고, 어떤 상황에서 발음의 변화가 생기는지 중요한 단어 중심으로 알려준다.

② 'ㅎ받침' 발음 교육

---

[20] 발음과 음운 규칙에 대한 내용은 표준어 규정의 표준 발음법에 의거한다.
[21] 중급 이상의 학습자들이라면 상당히 많은 단어들을 알고 있을 것이다. 'ㅎ'이 들어간 것을 제외한 이유는 뒤에서 따로 다룰 것이기 때문이다.

'ㅎ받침' 발음의 경우 결합하는 소리에 따라 여러 가지로 발음되기 때문에 상당히 복잡한 편이다. 그래서 초급 수준에서는 이를 규칙화하여 제시하지 않고 기본적인 발음에 대한 예외적인 것으로만 다루었다. 예를 들면 연음규칙에서 'ㅎ'의 경우는 모음과 만나더라도 다른 자음과 달리 'ㅎ' 소리가 연음되지 않고, 생략된다고 가르치는 식이다(예〉 좋아요[조아요]).

중급부터는 이러한 규칙에 대해서도 어느 정도 학생들이 규칙화하여 알 수 있도록 정리하는 것이 필요하다. 이때 교사는 규칙을 공식처럼 먼저 제시하지 말고 단어와 문장 중심으로 접근하여 학습자들이 어렵지 않게 익힐 수 있도록 유도하는 것이 바람직하다.

ㄱ. 먼저 학생들에게 아래와 같은 문장들을 적어주고 읽어보게 한다. 그리고 'ㅎ 발음'이 어떻게 나는지 이야기해 보게 한다.

> 1) 황미경 씨는 학생으로서 포항에 있는 대학교에 입학해서 열심히 공부하고 있습니다.
> 2) 박희진 씨는 고향에서 회사원으로 근무하고 있습니다.
> 3) 성격이 급한 사람들은 스트레스가 쌓이면 바로 화를 냅니다.
> 4) 물건을 아무 데나 놓는 사람이 제일 싫어요.

ㄴ. 학생들의 이야기를 들으면서 교사는 학생들이 이미 알고 있는 기본적인 규칙부터 문장을 통해 간단히 정리해 준다.[22] 위의 경우를 정리해보면 아래와 같다.

> * 'ㅎ'은 단어 처음에 오면 정확히 발음된다. 그러나 모음과 결합되면 소리가 나지 않는다.(예〉 황미경[황미경], 학생[학쌩], 회사원[회사원] / 쌓이면[싸이면])
> * 'ㅎ'은 유성음 사이에서는 소리가 약해지거나 발음되지 않는다.(예〉 고향에서[고양에서], 공부하고[공부아고])
> * 'ㅎ'은 'ㄱ,ㄷ,ㅂ,ㅈ'과 결합하면 [ㅋ, ㅌ, ㅍ, ㅊ]으로 발음된다[23].(예〉 박희진[바키진], 급한[급판], 입학해서[입팍캐서])
> * 'ㅎ'과 'ㄴ'이 만나면 'ㅎ→ㄴ'으로 발음된다.(예〉 놓는[논는])

ㄷ. 이미 제시한 문장들을 다시 한 번 정확하게 읽으면서 규칙들을 정리하고,

---

22) 출현 빈도수가 매우 낮거나 불필요한 예외 규칙들은 제시하지 않는다.
23) 이러한 변화를 흔히 '격음화' 혹은 '거센소리되기'라고도 한다.

교사는 새로운 문장을 제시하여 학생들이 반복적으로 연습할 수 있도록 한다.

[음운 규칙 교육]

본고에서는 앞서 언급한 것과 같이 중고급 한국어 학습자들을 대상으로 한 음운 규칙 교육 내용으로 '경음화', '구개음화', '유음화', '사잇소리 현상' 등을 제시하고자 한다. 이러한 음운 규칙들은 초급 때부터 학생들이 단어들을 통해 접했지만 초급 때는 그 규칙이나 원리 등을 제시하지 않았던 것들이다. 초급에서는 배우는 어휘의 양도 적도, 문장도 단순하기 때문에 복잡하게 음운 규칙들을 제시하지 않았지만[24], 중고급 단계에서는 어휘도 많아지고, 문장도 복잡해지기 때문에 대표적인 음운 규칙들은 어느 정도 설명할 필요가 있다. 다만 중고급이라고 하더라도 가능하면 간략하게 제시하는 것이 바람직하기 때문에 각 음운규칙의 내용들을 되도록 핵심적인 내용 중심으로만 간단히 소개하고자 한다.

① 경음화

'경음화'는 평음이 '경음', 즉 '된소리'가 되는 현상이다. 경음화는 환경에 따라서 다양하게 나타나기 때문에 학생들에게 규칙을 설명하지 말고 학생들 스스로 규칙을 찾을 수 있는 기회를 주는 것이 바람직하다.

ㄱ. 경음화는 규칙이 상당히 복잡한 편이다. 따라서 처음부터 개별 단어나 단문으로 제시하기보다는 한 단락이나 두 단락 정도의 글을 제시하는 것이 좋다. 학생들에게 정해진 텍스트를 주고 녹음테이프를 들으며 경음으로 발음되는 곳에 밑줄 표시를 하게 한다. 예를 들면 아래와 같다.

---

[24] 초급 때는 단어 중심으로 음운 규칙에 맞게 발음하는 것을 배우게 된다.

> 나무는 덕을 지녔다. 나무는 주어진 분수에 만족할 **줄**을 안다. 나무로 태어난 것을 탓하지 아니한다. 나무는 언제나 하늘을 향하여 손을 쳐들고 있다. 제각**기** 하늘이 준 힘을 다하여 널리 가지를 펴고, 아름다운 꽃을 피우고, 열매를 맺는 데 더 힘을 쓴다. 천명을 다한 뒤에 하늘 뜻**대**로 다시 **흙과** 물로 돌아가는 것이다.
> － 이양하의 '나무' 中 －

ㄴ. 학생들에게 밑줄 친 부분에 대해 생각해 볼 수 있는 시간을 준다. 짝과 함께 혹은 소그룹 활동으로 할 수도 있다.
ㄷ. 교사는 학생들이 생각한 것들을 정리해 주고, 경음화 규칙에 대해 간단히 설명해 준다. 텍스트에 제시되지 않은 부족한 부분들은(학생들이 반드시 알아야 할 것이라고 판단되는 내용 중심으로) 다시 문장이나 단어를 통해 제시하고, 설명해 준다.
ㄹ. 다양한 텍스트를 반복적으로 읽으면서 자연스럽게 발음할 수 있도록 연습한다.

② 구개음화

구개음화는 음운 규칙이 적용되는 경우가 한정되어 있기 때문에 그다지 어렵지 않다. 또한 초급 때 이미 '같이'와 같은 단어를 배워 많이 사용해 왔으므로 비록 규칙화되지는 않았지만 그 발음에 익숙해 있기 때문에 단어들을 이용해 간단히 제시하면 좋을 것이다.

③ 유음화

유음화는 자음동화의 일종으로서 비음인 'ㄴ'이 유음인 'ㄹ'에 동화되어 'ㄹ'로 변하는 현상이다. 학생들은 유음화의 규칙을 모르더라도 단어를 통해 익숙해진 경우가 많다. 예외적으로 'ㄴ'과 'ㄹ'이 만났을 때 'ㄹ'이 'ㄴ'으로 바뀌는 경우가 있으므로 이러한 예는 따로 제시해준다.
유음화는 규칙보다는 발음 자체가 어렵기 때문에 발음 연습을 충실히 하는 것이 필요하다. 'ㄹ'이 겹치므로 특히 중국어권 학생들의 경우 발음에 오류를 보이는 경우가 많다. 일본어권 학생들도 'ㄹ' 발음을 어려워하므로 규칙을 제시한 후에는 정확하게 발음할 수 있도록 반복적으로 연습할 필요가 있다.

④ 사잇소리 현상

사잇소리 현상은 외국인의 경우 규칙을 모르면 제대로 발음하기가 거의 불가능하므로 중급 이상의 학습자들에게는 규칙을 제시해 주어야 한다. 사잇소리 현상은 경음으로 발음되는 경우와 'ㄴ 삽입'이 이루어지는 경우로 나누어 볼 수 있는데 예외가 많으므로 학생들에게 규칙을 제시해 주되 익숙한 단어 위주로 교육시키는 것이 바람직하다.

ㄱ. 학생들에게 사잇소리현상이 적용되는 단어들을 주고, 함께 읽어보자고 한다. 잘 읽지 못하면 교사가 읽어 주고 따라 읽게 한다. 단, 이때 경음화되는 경우와 'ㄴ삽입'이 이루어지는 경우를 나누어서 제시한다.
ㄴ. 교사는 학생들에게 주어진 단어들의 공통점이 무엇인지 찾아보게 한다. 그리고 합성어의 개념, 관형격의 기능을 지니는 사이시옷의 개념도 함께 제시하면서 사잇소리 현상이 일어나는 환경적 특징에 대해 간단히 설명해 준다.
ㄷ. 빈도수가 높은 단어 중심으로 연습하게 하고 나중에 단락 단위의 텍스트를 주어 그 안에 포함된 단어들을 자연스럽게 읽을 수 있도록 연습하게 한다.

8.4. 한국어 발음/억양 교육의 평가

사실 이제까지 대부분의 한국어교육 기관에서 발음 교육 자체가 체계적으로 이루어지지 못했기 때문에 평가에 대한 부분도 당연히 미흡할 수밖에 없다. 따라서 이 부분에 대한 많은 연구가 필요한 실정이다.
좋은 평가란 학습자들에게 학습 의욕을 북돋아 주고 학습자들이 자신들의 부족한 점을 깨달아 채울 수 있는 기회를 줄 수 있어야 한다. 또한 학습자의 수준에 맞는 정확한 평가 방법이 도입되어야 효과를 거둘 수 있다.
특히 발음을 평가할 때 주의해야 할 사항은 교사가 학생들의 정의적 측면을 고려해야 한다는 것이다. 즉 잘못하면 학습자들이 수치심을 느껴서 발음에 대한 의욕을 상실하거나 의기소침해질 수 있으므로, 교사는 발음을 연습시키거나 평가할 때 항상 학습자들에게 용기를 주고 학습자들이 자신감을 가지고 발음할 수 있도록 격려해야 한다.
또한 발음이란 것은 지나치게 긴장하면 평소에 잘 하던 것도 못하게 되므로 평가를 할 때도 엄격한 분위기보다는 자연스러운 분위기에서 재미있게 이루어질 수 있도록 노력해야 한다. 본장에서는 발음 교육에 대한 몇 가지 평가 방안을 학습자 수준별로 제시하고자 한다.

① 문장이나 짧은 단락 읽기 (초급)

이것은 문장이나 짧은 단락을 주고 읽게 하는 평가 방법으로서 초급 학생들에게 적용할 수 있는 방법이다. 이 평가 방법은 억양과 속도를 평가할 때, 음운 규칙에 알맞은 발음을 구사할 수 있는지 평가할 때 모두 사용 가능하다.

예를 들면 아래와 같은 문장을 주고 읽게 한 뒤, 자연스러운 억양으로 읽는지, 속도는 알맞은지, 음운 규칙에 맞게 읽는지 등을 평가할 수 있다.

> 예1) 평서문 억양 : 민수 씨는 마이클 씨와 영화를 봅니다.
> 　　　　　　　　　철민 씨는 한국 음식을 좋아합니다.
> 　　　의문문 억양 : 오늘 수업을 마친 후에 어디에 가요?
> 　　　　　　　　　미라 씨, 점심 먹었어요?

> 예2) 제 고향은 전주입니다. 전주는 서울 남쪽에 있습니다. 지난 여름에 가족하고 같이 전주에 다녀왔습니다. 우리는 서울에서 버스를 타고 전주에 갔습니다. 전주는 비빔밥이 아주 유명합니다. 그래서 외국 사람들이 비빔밥을 먹으러 많이 옵니다. 우리도 비빔밥을 먹으러 갔습니다. 비빔밥이 아주 맛있었습니다.

② 짝 활동으로 대화문 읽기 (초급/중급/고급)

'짝 활동으로 대화문 읽기'는 대화문을 주고, 두 사람이 함께 읽게 하는 방법이다. 역할극인 만큼 실감나게 자연스러운 억양과 발음으로 읽을 수 있는지를 평가한다. 짧은 문장으로 구성된 대화문일 경우에는 초급 학습자를 평가하기에 적당하지만 문장의 길이가 길어지거나 어휘가 복잡해지면 중급이나 고급 학습자를 평가하는 데도 사용할 수 있다.

예1〉 초급용 대화문

　　미　　영 : 마이클 씨, 오늘 오후에 약속 있어요?
　　마이클 : 아니요, 없어요. 그런데 왜요?
　　미　　영 : 같이 영화를 보러 갑시다.
　　마이클 : 네, 좋아요. 영화는 몇 시에 시작해요?
　　미　　영 : 영화는 7시에 시작해요.
　　마이클 : 아, 그래요? 그럼, 우리 몇 시에 만날까요?
　　미　　영 : 5시 반이 어때요? 같이 저녁을 먹고 극장에 갑시다.
　　마이클 : 5시 반이요? 알겠어요. 그럼, 어디서 만날까요?
　　미　　영 : 학교 앞이 어때요?
　　마이클 : 네, 좋아요. 그럼 학교 앞에서 5시 반에 만나요.

예2〉 중급용 대화문

　　미　　영 : 준희 씨는 결혼한 지 얼마나 됐어요?
　　준　　희 : 다음 달이면 결혼 5주년이에요.
　　미　　영 : 어머, 벌써 그렇게 됐어요? 아직도 시부모님이랑 같이 살아요?
　　준　　희 : 아니요, 1년 전부터 딸아이랑 저희 부부만 살고 있어요.
　　미　　영 : 따로 살면 이제 남편이 집안일 같은 건 잘 도와주겠네요?
　　준　　희 : 잘 도와주다니요. 매일 말로만 도와준다고 하고 손도 까딱 안 해요. 그런데 미영 씨 남편은 집안일 잘 도와주세요?
　　미　　영 : 물론이죠. 저희는 맞벌이잖아요. 회사일 먼저 끝나는 사람이 집안일을 해요.
　　준　　희 : 와, 미영 씨는 좋겠어요. 미영 씨 남편은 보통 한국 남자랑은 많이 다르네요.

③ 듣고 맞는 발음 선택하기 (초급)

'듣고 맞는 발음 선택하기'는 주로 초급에 적용할 수 있는 평가 방법으로서 녹음테이프나 교사의 발음을 듣고, 그것에 해당하는 단어를 선택하는 것이다.

이 평가 방법은 발음 수업 과정 중 혹은 끝난 직후에 간단히 수시로 사용할 수 있다. 평가 내용이나 방법이 단편적이기 때문에 총체적인 발음 능력을 평가하는 데는 적합하지 않고 퀴즈 형식으로 활용하는 것이 효율적이다. 예를 들면 아래와 같다.

```
예1) ※ 다음을 잘 듣고 알맞은 단어를 고르세요. ('단모음' 구별)

    1) ① 머리    ② 모리
    2) ① 서리    ② 소리
    3) ① 일번    ② 일본
    4) ① 으리    ② 우리
    5) ① 거름    ② 거룸    ③ 고름    ④ 고룸
```

```
예2) ※ 다음을 잘 듣고 알맞은 단어를 고르세요. ('평음-경음-격음' 구별)

    1) ① 고끼리   ② 코끼리   ③ 꼬끼리
    2) ① 다리     ② 따리     ③ 타리
    3) ① 바보     ② 빠보     ③ 파보
    4) ① 살       ② 쌀
    5) ① 자다     ② 짜다     ③ 차다
```

④ 억양에 따른 의미 변별하기 (초급)

이 평가 방법은 주로 의문문의 억양을 구별할 수 있는지를 평가하는 것이다. 두 가지 방법을 사용할 수 있는데, 첫 번째는 녹음된 의문문 문장을 들려주고 이에 적합한 대답을 선택하는 것이다. 두 번째는 반대로 대답이 제시되어 있는 상태에서 녹음된 두 가지의 질문을 듣고 맞는 것을 고르는 것이다.[25] 예를 들면 아래와 같다.

```
예1) ※ 질문에 알맞은 대답을 고르세요. (의문문 듣고 알맞은 대답 찾기)

    1) (질문: 민정 씨는 뭐 해요?)
        ① 네, 지금 TV 봐요.
        ② 지금 텔레비전 보고 있어요.

    2) (질문: 마이클 씨, 지금 어디 가요?)
        ① 네, 도서관에 가요.
        ② 공부하러 도서관에 가요.
```

---

25) 오미라・이해영(1994)에 이와 관련된 내용이 소개되어 있다.

> 예1) ※ 다음 대답에 알맞은 의문문을 듣고 고르세요. (대답 읽고 알맞은 의문문
>   듣고 고르기)
>
>   1) (대답: 저는 김밥 먹을래요.)
>   ① **뭐** 먹을래요? (부정사)
>   ② **뭐** 먹을래요? (의문사)
>
>   2) (대답: 아니요, 아무 데도 안 가요.)
>   ① 지금 **어디** 가요? (부정사)
>   ② 지금 **어디** 가요? (의문사)

⑤ 음운 규칙이 포함된 단어 카드 찾기 (중급/고급)

이 평가 방법은 어느 정도 다양한 음운 규칙에 대해 학습한 중급이나 고급 학습자에게 적용할 수 있는데, 게임을 활용한 평가라고 할 수 있다. 따라서 이 방법은 수업 중에 수행 평가 중의 하나로 이용할 수 있다. 이 평가 방법은 개인별로 할 수도 있고, 두세 명을 한 그룹으로 만들어 적용할 수도 있다. 게임이기 때문에 재미있고 학습자들의 경쟁심과 동기를 자극할 수 있다는 점에서 유용하지만 실제 발음에 대한 정확하고 객관적인 평가가 어렵다는 단점이 있다. 평가의 절차와 방법은 아래와 같다.

> ① 두세 명으로 팀을 나눈다. (개인별로 할 때는 상관없다.)
> ② 교사는 학생들 앞에 단어 카드를 흐트려 놓는다.[26]
> ③ 교사가 예를 들면 '좋다'라는 단어를 쓰고, 이러한 단어와 동일한 음운 규칙이 적용되는 단어를 1분 동안 찾으라고 한다. 이러한 방법으로 몇 번 반복한다 ('비음동화', '구개음화', '경음화' 등).
> ④ 정해진 시간 동안 가능한 한 많은 단어를 찾은 팀이 승리한다. 단, 이때 단어 선택이 정확해야 한다. 단어 선택이 틀리면 감점한다.
> ⑤ 마지막으로 찾은 단어를 돌아가면서 정확하게 읽는다. 이때 정확하게 읽지 못해도 감점한다.

⑥ 긴 텍스트를 읽기 (중급/고급)

초급 학습자들이 문장과 짧은 단락을 읽었다면, 중급이나 고급 학습자들의 경우, 보다 긴 텍스트를 주고 자연스러운 억양과 발음으로 읽는지를 평가할 수 있다.

---

[26] 이때 단어카드는 가능하면 많은 양을 준비하고, 다양한 음운 규칙이 적용된 단어들을 골고루 섞어 놓는다.

새로운 텍스트를 이용할 수도 있지만 평소 읽기 수업 시간에 접했던 텍스트나 교과서에 나온 텍스트 등을 활용하여 평가할 수도 있다. 교사의 입장에서는 평가가 용이하다는 장점이 있지만 교사가 자연스러운 억양과 발음에 대한 명확한 평가 기준을 제시하지 않으면 객관적인 평가가 이뤄지기 어렵다는 단점이 있다.

⑦ 발표하기 (초급/중급/고급)

'발표하기'는 초급, 중급, 고급에 걸쳐 두루 활용할 수 있는 평가 방법이다. 특정한 주제에 대해 스피치를 준비하게 하고, 그 과정에서 발음과 억양을 평가하는 것이다. '발표'라는 특징에 맞게 적절한 억양과 정확한 발음을 구사하는지 평가하고, 더불어 그것이 얼마나 내용 전달에 도움이 되는가를 평가한다. 발표하기의 경우 발음과 억양이 내용 전달에 핵심적인 역할을 하므로, 매우 유용한 평가 방법이라고 할 수 있다.

⑧ 드라마 더빙하기 (중급/고급)

'드라마 더빙하기'는 중급(특히 중급 후반)과 고급 학습자들에게 적용되는 평가 방법이다. 이것은 듣기, 말하기와 모두 긴밀하게 연관되어 총체적으로 평가할 수 있다는 장점이 있다. 그러나 적절한 드라마, 적절한 장면 등을 신중하게 선택해야 하고 드라마 자료(비디오테이프나 CD롬 등), 장비 등이 필요하므로 장소와 환경의 제약을 받는다는 단점이 있다. 평가 방법의 내용과 절차는 아래와 같다.

> ① 교사가 드라마 한 편을 선정하여, 일정 부분을 보게 한다. 이때 학생들에게는 미리 대본을 주지 않는다.
> ② 학생들은 드라마를 보면서 내용 파악을 하고, 짝과 함께 빈칸 채우기 등을 통해 대본을 완성한다. (두 번째 볼 때는 부분적으로 빈칸이 있는 대본을 준다.)
> ③ 대본을 보면서 다시 한 번 드라마의 내용을 정확하게 파악한다.
> ④ 대본을 보고 배우들의 대사를 들으면서 발음과 억양을 주의 깊게 듣는다. 그리고 여러 번 읽어보는 연습을 할 수 있는 시간을 준다.
> ⑤ 소리 없이 드라마를 보면서 더빙을 한다.[27] 이때 발화 속도, 발음, 억양 등이 얼마나 자연스럽고 실제에 가까운가를 평가한다.

---

27) 이때 드라마에 출연하는 배우 수만큼 팀을 만들어 하게 한다.

⑨ 목소리 연극하기 (중급/고급)

'목소리 연극하기'는 읽기, 쓰기, 말하기의 기능이 복합적으로 필요한 활동으로서 중급과 고급 학생들을 대상으로 발음과 억양을 총체적으로 평가할 수 있는 방법이다. 내용과 절차는 아래와 같다.

> ① 팀별로 한국의 전래 동화나 짧은 소설 등을 읽고, 그것의 한 장면을 극본으로 구성해 보게 한다.
> ② 교사는 학생들이 팀별로 작성한 극본을 보고 피드백을 해준다. 학생들은 교사의 피드백을 받아 극본을 수정하는 과정을 거친다.
> ③ 교사는 학생들에게 완성된 극본을 보고, 그 대사를 녹음해 오라고 한다.
> ④ 학생들은 역할을 정하고, 실제 연기를 하는 것처럼 극본의 대사를 녹음한다.
> ⑤ 각 팀의 녹음된 내용을 들으면서 얼마나 자연스러운 발음과 억양으로 실제감 있게 발화했는가를 평가한다. 이때 동료 평가를[28] 포함시킬 수도 있다.

⑩ 숙제를 통한 보충 연습, 평가(녹음하기) (초급/중급/고급)

발음이나 억양을 수업 시간 내에 충분히 연습하고 평가하는 것이 어려운 경우에 숙제를 통해 보충할 수 있다. 이 평가를 위해서는 학생들이 자신의 발화를 녹음할 수 있는 녹음기기가 필요하다. 학습자의 개인적 사정에 따라서 녹음기기를 갖추지 못한 경우에는 불가능하다는 단점이 있다.

교사는 일주일에 한두 번 정도, 아니면 발음 수업이 끝날 때마다, 학생들에게 발음 수업 시간에 배운 단어나 문장들을 집에서 연습하여 녹음해 오게 한다. 교사는 학생들이 녹음한 것을 듣고, 잘못된 발음을 고쳐 준 뒤에 다시 연습하여 녹음해 오게 한다.

이 평가는 숙제를 통한 보충 연습이기 때문에 지속적으로 이루어져야 할 필요가 있다. 다만 교사가 많은 시간과 정성을 할애해야 한다는 점에서 현실적으로 어려운 부문이 있기는 하지만 발음이나 억양이 단시간 내에 고쳐지는 것이 아닌 만큼 효과 면에서는 가장 좋은 평가 방법의 하나라고 할 수 있다.

---

28) 동료 평가의 경우 교사가 미리 평가표를 주고 각 항목에 대해 평가할 수 있게 한다. 그러나 동료 평가는 신뢰도가 떨어질 수도 있기 때문에 교사가 미리 계획을 잘 세워야 하며 평가의 비중을 잘 조절해야 할 필요성이 있다.

참고문헌

한국어문화연수부 편(2006), [한국어회화 3], 고려대학교 민족문화연구소.
한국어문화연수부 편(2006), [한국어회화 4], 고려대학교 민족문화연구소.
국립국어원(2005), [외국인을 위한 한국어문법 2], 국립국어원.
국립국어원(2005), [국제결혼 이주여성의 언어 및 문화 적응 실태 연구], 국립국어원.
김선정·허용(2005), 발음 교육의 연구사와 변천사, [한국어교육론 2], 국제한국어교육학회 편, 한국문화사.
김은애(2005), 발음 교육의 과제와 발전 방향, [한국어교육론 2], 국제한국어교육학회 편, 한국문화사.
나찬연·채영희(2005), 다중매체를 이용한 한국어 표준발음 교육용 콘텐츠 모형, [우리말 연구] 16, 우리말학회, 163-180.
박영순 편(2002), [21세기 한국어교육학의 현황과 과제], 한국문화사.
박진원(2001), 한중 여성화자의 한국어 발음의 실험음성학적 대조분석, 연세대학교 대학원 국어국문학과 석사학위 논문.
배주채(2003), [한국어의 발음], 삼경문화사.
신지영·차재은(2003), [우리말 소리의 체계], 한국문화사.
신지영(2000), [말소리의 이해], 한국문화사.
신호철(2003), 한국어 유음(流音)의 발음 교육에 대한 연구: 중국어 모어 화자를 중심으로, [국어교육학연구] 16, 국어교육학회, 253-272.
오미라·이해영(1994), 외국어로서의 한국어 억양 교육, [한국말교육] 5, 국제한국어교육학회, 109-126.
이경희·정명숙(2000), 학습자 모국어의 변이음 정보를 이용한 한국어 발음 교육의 효과: 일본인 학습자를 대상으로, [한국어교육] 11-2, 151-168.
장향실(2002), 중국어 모국어 화자의 한국어 학습 시 나타나는 발음상의 오류와 그 교육 방안, [한국어학] 15, 한국어학회, 211-227.
정명숙(2002), 한국어 억양의 기본 유형과 교육 방안, [한국어교육] 13-1, 국제한국어교육학회.
정명숙(2003), 한국어 발음 교육을 위한 음성 DB 구축 방안, [말소리] 47, 51-73.
조성문(2000), 효율적인 한국어 발음 교육을 위한 연구, [한민족문화연구] 6, 한민족문화학회, 229-249.
허용·김선정(2006), [외국어로서의 한국어 발음 교육론], 박이정.
Jun, Sun-Ah(2005), *Prosodic Typology: The Phonology of Intonation and Phrasing*, Oxford University Press.

찾아보기

┃ 한글색인 ┃

간접 평가 ······················· 424
간편체 ··························· 433
감탄법 종결어미 ············· 149
강명순 ··························· 413
강세구 ··························· 555
강승혜 ··························· 306
개념설 ··························· 181
객관도 ··························· 483
거성 ······························· 46
격식체 ··························· 159
격조사 ··························· 116
결과 중심 쓰기 지도 방법 ··· 464
결과 중심의 쓰기 교육 ···· 463
결속 ······························ 283
결속성 ··························· 427
결합 관계 ······················ 188
겹문장 ··························· 139
경계 성조 ······················ 556
경어법 ··························· 123
경음화 ···················· 92, 583
경제성 ···························· 83
고경태 ··························· 494
고고저고 ······················· 556
고대 한국어 ···················· 37
고영근 ···················· 145, 308
고유어 ···························· 99
공동체 교수법 ··············· 313
공명음 ····················· 64, 75
과대일반화 ···················· 395

과도기적 이중언어교육 ······ 30
과정 중심 쓰기 이론 ······· 463
과제 ······························ 380
과제 중심의 평가 ··········· 399
과제기반 언어교수법 ····· 324
관계 관형절 ··················· 142
관용 관계 ······················ 191
관형어 ··························· 136
관형절 ···················· 139, 141
교사의 분석적 피드백 ····· 399
교수법 ··························· 340
교수요목 ················· 232, 344
교육과정 ······················· 231
교육용 기본 어휘 목록 ···· 513
구별 기호 ························ 51
9품사 ···························· 110
국소적 오류 ··················· 396
국제 기준 ························ 33
국제음성기호 ················· 558
국제음성부호 ············ 59, 62
국제음성학회 ·················· 62
근대 한국어 ···················· 37
글의 조직 ················ 479, 480
기계적 측면 ··················· 481
기본어휘의 선정 ············ 513
기본형 ··························· 209
기저표시 ························· 83
기초어휘 ······················· 117
기호화 ··························· 456

길이	552	대등합성어	106
김광해	120	대명사	113
김기중	318	독립어	138
김선정	559	독자에 대한 감각	460
김영만	321	동음이의 관계	193
김유정	479	동형성	83
김재욱	489	듣기 단계	419
김정숙	252, 253, 258, 259, 262, 319, 456, 472, 530	듣기 전 단계	419
		들은 후	419
김정화	416	들은 후 단계	419
김제열	488	등급별 어휘	120
김중섭	325	띄어쓰기	222
끊어 읽기	579	띄어쓰기의 원리	221

ㄴ 삽입	93	**마찰음**	63, 74
나찬연	333	맞춤법	479
남기심	145, 308	매체 통합형 교재	333
내용 중심 교수법	325	맥락적 지식	461
내용 지식	461, 480	명령법 종결어미	150
내용적 긴밀성	479	명사	112
노대규	408	명사절	139
노명완	259	모음조화	91
높임법	158	모음충돌 회피	89
능률성	118	모형 이론	180
		목표 지향 평가	484
다언어문화주의	29	몬테규	180
다의어	192	무음가	44
단모음화	39, 90	무임승차 효과	394
단원 구성 방안	267	문금현	380
단일성 가설	484	문법 단위	123
담화	201	문법-번역 교수법	310
담화 구조	411, 458	문법력	479
담화 능력	283, 369, 449	문법번역식 교수법	281
담화 완성하기	476	문법적 능력	283, 526
담화적 능력	526	문법적 정확성	479
담화표지	202, 411	문자언어	60
대등하게 이어진 문장	145	문장 구성 성분	123

문장을 올바르게 배열하기	477
문장을 완성하기	476
문장의 구조	123
문형	348
문화	524
문화 간의 의사소통	549
문화 간의 의사소통능력	378
문화적 자각	525
문화적 전제	522
물질문화	524
미국한글학교연합회	18
민현식	259, 489
박영순	252, 398, 427, 513, 527
박창해	255
받아쓰기 연습	475
발음 규범	96
방성원	497
배경 지식	436
배치 평가	342
배치고사	236
백봉자	254, 258, 327, 488
번역 능력 혹은 통역 능력 평가	345
변이음	71
보존적 이중언어교육	30
복합어	105
봉 효과	394
부사어	136
부사절	139
부속 성분	134
부정 표현	123
부정문	176
분석적 채점 방식	483
불파음화	65
블룸필드	180
비강 폐쇄음	75
비언어적 능력	369

비언어적인 능력	526
비음	75
비음 동화	86
빨리 쓰기	474
사동 표현	123
사동문	167
사동표현	169
사이시옷	93, 219
사잇소리	52
사전 지식	436
사회·정의적 전략	410
사회문화적 능력	369, 526
사회방언	119
사회언어학적 기능 수행력	479
사회언어학적 능력	283
사회적 구성주의	464
사회적 자원	4, 30
사회적 정체성	536
살 붙여 바꿔 쓰기	477
삼재	48
상	157
상보적 분포	70
상성	46
상위 술어	494
상징적 정체성	535
상향식 정보처리 모형	406
상호텍스트성	205
상황 강화 교수법	313
상황성	205
새말	121
서술어의 자릿수	130
서술절	139, 140
선언 기능	206
설측음	76
성기철	497, 542
성분 분석 이론	183

성상형용사 ·································· 111
성조소 ······································· 46
성조의 소멸 ································ 39
성취도 평가 ················ 344, 398, 423
세 개의 언어교육모델 ·················· 29
세종대왕 ···································· 62
소쉬르 ······································· 60
손한 ·· 318
수긍 가능성 ······························· 83
수사 ·· 113
수사적 조직 ····························· 458
수식언 ···································· 114
숙달도 ···································· 428
숙달도 평가 ····························· 344
순연구개음 ································ 77
스키마 ···································· 436
시제 ·· 152
시제 표현 ································ 123
시청각 교수법 ·························· 313
신뢰도 ···································· 483
신어 ·· 121
신지영 ···································· 555
실제 자료 ································ 350
실제성 ···································· 380
실제적인 자료 ·························· 466
심리물리적 기술 ······················· 428
심재기 ···································· 380
쓰기 과정에 관한 지식 ·············· 461
쓰기 과제 ································ 480
쓰기 구성 요인 ························ 460
쓰기 평가 범주 항목 ················· 479

아이작 피트먼 경 ······················· 62
안경화 ············ 306, 308, 416, 464, 466
안긴 문장 ································ 142
안은 문장 ································ 142
양방향 이중언어교육 ··················· 30

어두 경음화 ······························· 85
어법 ·· 209
어휘나 문체 등의 적절성 ··········· 479
어휘력 ···································· 479
어휘목록 ··································· 21
어휘적 덩어리 ·························· 493
억양구 ···································· 555
언문일치 ··································· 40
언문자모 ··································· 54
언어 능력 ································ 428
언어 체계에 대한 제반 지식 ······· 461
언어능력 ································· 369
언어사용역 ······················ 411, 416
언어상대성원리 ························ 528
언어상실 ····································· 4
언어수행 ································· 369
언어숙달도 ······························· 467
언어적 능력 ····························· 369
연결어미 ································· 145
연어 ·· 506
예스페르센 ································ 62
예언력 ······································ 83
오류 ·· 395
완결성 ······························ 205, 427
외래어 ······································ 99
요구조사 ································· 232
용언의 불규칙 활용 ··················· 111
운소 ··· 82
원순모음 ··································· 78
원진숙 ····························· 259, 456, 484
원형 이론 ······················· 183, 184
월인천강지곡 ····························· 52
유럽공통참조기준 ······················ 286
유성음화 ··································· 64
유창성 ······························ 398, 479
융합합성어 ······························· 107
은유 ·· 195

음높이	552	자음군의 단순화	85
음성언어	61	장르 중심 접근법	465
음성학적 유사성	70	장애음	63, 74
음운사	39	저고저고	556
음운현상	83	적성 평가	343
음절말 평폐쇄음화	84	적절성	119, 480
음절말의 폐쇄음	65	전략적 능력	283, 369, 428, 479, 526
응집성	283, 427, 455	전사 행위	455
의무 기능	206	전선아	556
의문법 종결어미	149	전설모음	78
의미성	427	전은주	374
의사소통 능력	282	전체적 오류	396
의사소통 중심 교수법	322	접근법	462
의사소통능력	369, 459, 467	접근음	76
의사소통적 접근법	435	접미사	102
李基文	44	정명숙	554
이병규	493	정보 결함 활동	387
이상억	82	정서법	208
이승환	317	정승혜	309
이중모음	67	정신문화	524
이중모음 체계	79	정신적 (관념적) 정체성	534
이중목적어	132	정체성	205, 427
이중언어	3	정치・제도적 정체성	535
이지영	254, 306, 308	정확성	398, 479, 480
이해 가능한 입력	421	제2언어	3
이해영	259, 273, 403, 428	제보 기능	206
이형태	101	조어력	118
인용절	139	조음방법	73
인종언어학	528	조음위치	66, 73
인지적 작문 모형	463	조항록	254, 306, 527
인지전략	410	조현용	375, 509
일관성	455	조흥윤	532
		종성부용초성	57
자유 작문하기	478	종속적으로 이어진 문장	146
자유변이	71	종속합성어	106
자음 동화	86	주성분	125
자음 축약	86	주시경	56

주어의 생략	127	최정순	272
중모음 체계	45	최창렬	538
중설모음	78	취업 능력 평가	345
중성자의 삼재	57	치경경구개음	66
중세 한국어	46	7모음 체계	45
지시설	180		
지시형용사	111	**크**기	552
지식 기반	460		
지식의 폭과 깊이	479	**탄**설음	76
지역방언	119	텍스트	204
직접 청각 구두식 교수법	313	텍스트 구조	434
직접 평가	424	텍스트의 기능	206
진단 평가	343	통제 작문	475
진학 능력 평가	344		
집중적 활동	421	**파**생법	169
		파생어	105, 120
차자 표기	37, 38	파찰음	63, 75
차재은	555	패턴	493
찾아가는 서비스	26	평서법 종결어미	148
천경록	410	평성	46
첨가적 이중언어교육	30	평순모음	78
청각구두식 교수법	281, 461	폐쇄음	63, 74
청유법 종결어미	150	폐쇄음 탈락	87
청자 높임법	159	표음문자	61
청취 훈련	557	표의문자	61
체언	112	표준 발음	217
초단파 교수법	313	표준문법	22
초분절음소	82	표준발음법	96
초성	65	표준어	118
초성자의 발음기관 상형	57	피동 표현	123
초인지전략	410	필수 문장성분	124
총체적 채점 방식	483	필순	475
최세진	55		
최소대립	69	**하**향식 정보처리 모형	406
최소대립쌍	70	학교 문법	489
최소어군	70	학문적 담화 공동체	464
최은규	416	한국문화의 정체성	533

한국문화체험 ······················· 28
한국어 능력 시험 ············ 370, 466
한국어 능력 평가 ·············· 339, 341
한국어 역사의 시대 구분 ············ 38
한국어교육 문법 ···················· 489
한국어능력시험 ····················· 404
한국어세계화재단 ···················· 12
한국어의 단모음 ····················· 67
한국어의 세계화 ················ 11, 12
한국어의 어휘 ······················· 99
한국어진흥방안 ······················ 20
한국학 ······························· 14
한글 ································· 58
한글 맞춤법 ················ 56, 208, 209
한글 맞춤법 통일안 ················· 56
한글 맞춤법의 원리 ················ 221
한류열풍 ··························· 322
한송화 ····························· 488
한자어 ······························ 99
한재영 ····························· 430
합성 관계 ·························· 188
합성어 ······················· 105, 120
허용 ··············· 377, 387, 397, 559
허웅 ································ 44

현대언어 적성검사 ················· 343
현행 어문규정 ······················ 80
협력망 ······························ 26
형식적 결합력 ···················· 479
형식화 능력 ······················· 369
형식화의 능력 ···················· 526
형태소 ··························· 100
형태에 초점을 맞춘 활동 ·········· 289
호소 기능 ························· 206
호칭법 ··························· 525
혼종어 ··························· 109
홍정은 ··························· 327
확장적 활동 ······················ 421
환유 ····························· 196
활용정보 ························· 104
활음 ······························ 76
황인교 ··························· 403
황정현 ··························· 456
회귀적인 과정 ···················· 462
후설모음 ·························· 78
훈몽자회 ·························· 54
훈민정음 ······················ 37, 47
훈민정음의 제자(制字) 원리 ········ 55

▮영문색인▮

Abrams ···························· 402
academic discourse community ······ 464
Accentual phrase ················· 555
accuracy ···················· 479, 480
achievement test ············ 344, 423
ACTFL ···························· 285
affricate ·························· 75
allophone ························· 71
analytic scoring method ·········· 483
Anderson & Lynch ········ 381, 409

appropriacy ················ 479, 480
approximant ······················ 76
Aptitude Tests ··················· 343
Aspect ··························· 157
audiolingual apporach ··········· 461
authentic material ··············· 350
authentic text ··················· 466
authenticity ····················· 380

Bachman ························· 428

Bachman & Palmer ········· 284
back ········· 78
background knowledge ········· 436
Benjamin Whorf ········· 528
bilingual ········· 3
Bloomfield ········· 180
Bollibian ········· 527
Bottom-up model ········· 406
Brown ········· 377, 387, 472

Canale ········· 459
Canale & Swain ········· 369
Carroll and Sapon ········· 343
Celce-Murcia ········· 369, 526
central ········· 78
Chomsky ········· 369
Cognitive strategies ········· 410
coherence ········· 283, 455
cohesion ········· 283, 455
collocation ········· 506
Common European Framework of Reference ········· 286
Communicative Approach ········· 322
communicative competence ········· 282, 369, 467
communicative language approach ········· 435
communicative task ········· 380
community language learning ········· 313
competence ········· 369
completeness ········· 205
complex word ········· 105
componential analysis theory ········· 183
comprehensible input ········· 421
content knowledge ········· 461, 479, 480
Cooper ········· 483
Criterion-referenced evaluation ········· 484
cross-cultural ········· 549

cross-cultural, intercultural communication ········· 378
cultural presupposition ········· 522
culture ········· 524
Cumming ········· 458
curriculum ········· 231

diacritical symbol ········· 51
diagnostic tests ········· 343
direct measurement ········· 424
discourse ········· 201
discourse ability ········· 449
discourse competence ········· 283, 526
discourse index ········· 202
discourse marker ········· 411
discourse structure ········· 411
Doughty and Williams ········· 289

Ear training ········· 557
Eckardt ········· 309
Edward Sapir ········· 528
Ehrman ········· 343
Ellis ········· 395
encoding ········· 456
Enrichment Bilingualism ········· 30
errors ········· 395
Ethnolinguistics ········· 528
evaluation ········· 424
extensive ········· 421

feedback ········· 233
Ferris & Hedgcock ········· 464
flap ········· 76
Flower & Hayes(········· 463
Formulaic competence ········· 526
free variation ········· 70
free-rider effect ········· 394

fricative ········· 74
front ········· 78

G.N. Leech ········· 182
genre approach ········· 465
glide ········· 76
global errors ········· 396
Globalization of Korean language ··· 11
Grammar-Translation Method ········· 310
grammatical competence ········· 283, 526

Harmer ········· 397
Harris ········· 342
HHLH ········· 556
Hillocks ········· 460
Hirsh & Harrington ········· 483
holistic scoring method ········· 483
Hymes ········· 369, 478

identification ········· 205
inderect measurement ········· 424
Information Gap Activity ········· 387
intensive ········· 421
intensive reading ········· 435
intercultural communication ········· 549
international phonetic alphabet, IPA
········· 59, 62, 558
International Phonetic Association ··· 62
intertextuality ········· 205
intonational phrase ········· 555

Jespersen ········· 62
Jo McDonough and Christopher Shaw
········· 421
Johnson ········· 232

Kaplan ········· 458

Korean Proficiency Tests ········· 344
Korean Studies ········· 14

Language Competence ········· 428
language loss ········· 4
language system knowledge ········· 461
length ········· 552
lexical chunk ········· 493
LHLH ········· 556
linguistic relativism ········· 528
Lipson 교수법 ········· 313
listening ········· 419
local errors ········· 396
loudness ········· 552
Lynch ········· 460

Maintenance Bilingualism ········· 30
McDonough ········· 418
mechanics ········· 481
mental rehearsal ········· 457
meta language ········· 494
Metacognitive strategies ········· 410
metonymy ········· 196
Miller ········· 465
minimal pair ········· 70
minimal set ········· 70
model theory ········· 180
Modern Language Aptitude Test ··· 343
Montague ········· 180
Mullis ········· 483
multilingual-multiculturalism ········· 29

NAKS ········· 18
nasal ········· 75
nasal stop ········· 75
Nation ········· 497
needs analysis ········· 232

Nunan 380

Ogden 181
Oller 484
organization 479, 480
overgeneralization 395
Oxford 343, 459
O'Malley et al 410

Papaefthy 525
Paralinguistic competence 526
pattern 493
performance 369
Perkins 484
Pimsleur 343
pitch 552
PLAB: Pimsleru Language Aptitude Battery 343
placement test 236, 342
plain style 433
post-listening 419
PPP 288, 289
pre-listening 419
prior knowledge 436
process approach 462
Proficiency 428, 467
prosodeme 82
prototype theory 184
Psychophysical skills 428

recursive 462
register 411, 416
resonant 75
rhetorical pattern 458
Richards 181
Rivers 402
Robert K 232

rounded 78

Sapir 528
Saussure 60
scanning 435
Scarcella 459
schema 436
Scott 309
Second language 3
Seelye 530
sense of audience 460
sentence pattern 348
Silva 458
simple word 105
situationally 205
skimming 435
social constructivism 464
social intertaction 525
social resource 4
socioaffective strategies 410
sociocultural competence 283, 526
sonorant 75
speed writing 474
stop 74
strategic competence 283, 428, 526
sucker effect 394
suprasegmental phoneme 82
Swain 459
Swales 465
syllabus 232, 344

Task-Based Language Teaching 324
Taylor 196
Teaching Method 340
testing 424
Tests for employment 345
Tests for entrance into higher grade

... 344
Tests for translation ... 345
Text ... 204
the silent way ... 313
Three-Language Formula ... 29
Top-down model ... 406
TOPIK: Test of Proficiency in Korean
... 370, 404, 466
transcribing ... 455
Transitional Bilingualism ... 30

TTT ... 288
two-way bilingual education ... 31

umlaut ... 88
unrounded ... 78
unscramble sentence ... 477

Widdowson ... 456
writing process knowledge ... 461
written language ... 60